LES ŒUVRES COMPLETES DE VOLTAIRE

20A

VOLTAIRE FOUNDATION
OXFORD
2003

ISBN 0 7294 0753 5

Voltaire Foundation Ltd
99 Banbury Road
Oxford OX2 6JX

PRINTED IN ENGLAND
AT THE ALDEN PRESS
OXFORD

W. H. Barber

for W. H. Barber
on his eighty-fifth birthday

Writings of 1739-1741

CONTENTS

CONTENTS

ILLUSTRATIONS

ABBREVIATIONS

Bengesco   *Voltaire: bibliographie de ses œuvres*, 1882-1890
Bh   Bibliothèque historique de la ville de Paris
BnC   BnF, *Catalogue général des livres imprimés*, Auteurs, ccxiv
   [Voltaire]
BnF   Bibliothèque nationale de France, Paris
BnF F.   BnF, Manuscrits français
BnF Naf   BnF, Nouvelles acquisitions françaises
BV   *Bibliothèque de Voltaire: catalogue des livres*, 1961
CLT   Grimm, *Correspondance littéraire*, 1877-1882
D   Voltaire, *Correspondence and related documents*, OC 85-135,
   1968-1977
Desnoiresterres   *Voltaire et la société française au XVIIIe siècle*,
   1867-1876
DNB   *Dictionary of national biography*
Graffigny   *Correspondance de Mme de Graffigny*, 1985-
IMV   Institut et Musée Voltaire, Genève
Kehl   *Œuvres complètes de Voltaire*, 1784-1789
Moland   *Œuvres complètes de Voltaire*, 1877-1885
Morris   *L'Abbé Desfontaines et son rôle dans la littérature de son
   temps*, 1961
OC   *Œuvres complètes de Voltaire / Complete works of Voltaire*,
   1968- [the present edition]
OH   Voltaire, *Œuvres historiques*, 1957
Observations Desfontaines, *Observations sur les écrits modernes*
RHLF   *Revue d'histoire littéraire de la France*
SVEC   *Studies on Voltaire and the eighteenth century*
Trapnell   William H. Trapnell, 'Survey and analysis of
   Voltaire's collective editions', *SVEC* 77 (1970), p.103-99

Vaillot   René Vaillot, *Avec Mme du Châtelet (1734-1749)*, 1988
Voltairomanie   Desfontaines, *La Voltairomanie, ou Lettre d'un jeune avocat*

KEY TO THE CRITICAL APPARATUS

The critical apparatus, printed at the foot of the page, gives variant readings from the manuscripts and editions discussed in the introductions to the texts.

Each variant consists of some or all of the following elements:

— The number of the text line or lines to which the variant relates.

— The sigla of the sources of the variant as given in the bibliography. Simple numbers, or numbers followed by letters, generally stand for separate editions of the work in question; letters followed by numbers are normally collections of one sort or another, w being reserved for collected editions of Voltaire's works and t for collected editions of his theatre.

— Editorial explanation or comment.

— A colon, indicating the start of the variant; any editorial remarks after the colon are enclosed within square brackets.

— The text of the variant itself, preceded and followed by one or more words from the base text, to indicate its position.

Several signs and typographic conventions are employed:

— Angle brackets < > encompass deleted matter.

— Beta β stands for the base text.

— The forward arrow → means 'replaced by'.

— Up ↑ and down ↓ arrows precede text added above or below the line.

— A superior V precedes text in Voltaire's hand.

– A superior + indicates, when necessary, the end of material introduced by one of the above signs.
– A pair of slashes // indicates the end of a paragraph or other section of text.

ACKNOWLEDGEMENTS

The *Œuvres complètes de Voltaire* rely on the competence and patience of the personnel of many research libraries around the world. We wish to thank them for their generous assistance, in particular the personnel of the Bibliothèque nationale de France and the Bibliothèque de l'Arsenal, Paris; the Institut et musée Voltaire, Geneva; the Taylor Institution Library, Oxford; and the National Library of Russia, St Petersburg.

For the preparation of the present volume we are particularly grateful for the assistance of David Beeson.

PREFACE

We think of Cirey as a place of idyllic and studious retreat, but in reality the years 1739 to 1741 were often stressful ones for Voltaire, and he travelled restlessly during this period. In May 1739 Voltaire and Mme Du Châtelet left for Brussels, and from there, in August, they went to Paris, not returning to Cirey until November that year. In July 1740 Voltaire travelled to The Hague, then Brussels, and in September at Moyland he met Frederick for the first time. He visited Frederick again in Berlin in November and December 1740, then went to Brussels in January 1741, to meet Mme Du Châtelet and to oversee the prosecution of her lawsuit there. In May 1741 Voltaire reports on the first performance of *Mahomet* in Lille, and by June, he is back in Brussels, when he receives a visit from Lord Chesterfield. At the end of October Voltaire and Mme Du Châtelet travelled to Paris, only returning to Cirey in December that year.

Theatre, as always, was a major preoccupation. Voltaire had completed *Mérope* in 1738, but it was not immediately performed: it was rumoured that the play had been refused by the Comédie-Française. This setback provided material for a verse pamphlet, attributed to Piron, attacking Voltaire's theatre in general, published in 1739 as if by Voltaire himself, under the title *Adieux de M. de Voltaire aux Muses*. Voltaire needed another success, and in 1739 he worked on two plays simultaneously, *Zulime* (Volume 18), and *Mahomet* (Volume 20B). *Zulime*, first performed in June 1740, was poorly received, and Voltaire thereafter concentrated his energies on *Le Fanatisme, ou Mahomet le prophète*, which obtained a favourable reception from its first audiences in Lille, in April 1741. The present volume brings together the other writings of the years 1739-1741, and they range widely from science to polemic, from politics to poetry.

Scientific research remains at the forefront in these years. The *Eléments de la philosophie de Newton*, published in 1738, inspired a number of critical responses, some of them in pamphlet form, one of them, by the Cartesian physicist Jean Banières, in the form of a 400-page book. Voltaire published a full reply, which in its turn provoked a response in 1739 from two other physicists who disagreed with him. Nor was opposition to his scientific views confined to the outside world, for there existed an interesting climate of rivalry between Voltaire and Mme Du Châtelet. In her *Institutions de physique* of 1740, Mme Du Châtelet took the metaphysical views of Leibniz as the starting-point of her scientific discussion, and Voltaire in effect replies to her in print in *La Métaphysique de Newton, ou parallèle des sentiments de Newton et de Leibniz*, published separately in 1740, then incorporated the following year into a revised and enlarged edition of the *Eléments* (see Volume 15, p. 98-127). This is the background against which Voltaire writes the other shorter scientific works included in the present volume. While the *Mémoire sur un ouvrage de physique de Mme la marquise Du Châtelet* and the *Exposition du livre des Institutions de physique* are generously designed to promote Mme Du Châtelet's views and work, the *Doutes sur la mesure des forces motrices et sur leur nature* shows Voltaire silently refuting her views, in reaffirming his opposition to the philosophical ideas of Leibniz and Wolff.

The scientific controversies in which Voltaire was involved, at home and abroad, were at least conducted in a civilised manner. Casting a long shadow over the whole period are his public skirmishings with Desfontaines following the appearance at the end of 1738 of *La Voltairomanie*, followed, in 1739, by *Le Médiateur: Lettre à M. le Marquis de* ***. Voltaire replies to *La Voltairomanie* in the *Mémoire du sieur de Voltaire*, then, perhaps wisely, leaves the second pamphlet unanswered. His subsequent *Mémoire sur la satire* shows a distinct change of perspective, as, writing at greater distance, Voltaire engages in a more general discussion of literary quarrels.

If the *Fragment d'une lettre sur un usage très utile établi en Hollande* seems on the surface to be a contribution to political thinking, its argument is equally applicable to the painful literary controversies which consumed so much of Voltaire's time and energy. Even the *Lettre sur Roger Bacon*, which might have been written in the mode of the *Lettres philosophiques*, has an undercurrent of melancholy absent from the earlier work: 'Pauvres humains que nous sommes! que de siècles il a fallu pour acquérir un peu de raison!' Public quarrels seem to have become an integral part of literary life in the new republic of letters, and Voltaire's disillusionment is clear in the *Lettre sur les inconvénients attachés à la littérature*.

In contrast, the *Conseils à un journaliste* are, at one level, a conduct manual for the would-be author. These continuing reflexions on the nature of a literary career suggest perhaps that Voltaire is anxious in this period to consolidate his reputation: the decision to publish in 1739 a *Recueil de pièces fugitives en prose et en vers*, his first collection of this type, is an important part of this strategy. The volume opens with the *Essai sur le siècle de Louis XIV* and the first six of the *Discours en vers sur l'homme*. These are followed by a number of prose fragments (including *Du suicide*), three odes (including the *Ode sur le fanatisme*), a collection of poems (including *Le Mondain*, *L'Anti-Giton*, and *La Mort de Mademoiselle Lecouvreur*), then come a group of verse 'lettres familières' and a series of madrigals, and the volume closes with *Le Temple du goût*. The *Recueil* was published in Paris by Prault, 'sans privilège ni permission', and with the name of 'M. de Voltaire' clearly on the title-page. Copies of the book were seized, and an *Arrêt du conseil d'Etat du roi* of 4 December 1739 ordered that Prault's shop be closed for three months. This publicity harmed neither Voltaire, nor the work, and a clandestine edition was quickly produced in Rouen in 1740.

Amid all this activity, Voltaire still finds time to reflect on future works of history and fiction, and Frederick becomes a literary confidant with whom he can discreetly share future plans. In June 1739 Voltaire sends to Frederick what he calls 'une fadaise

philosophique' concerning a certain 'baron de Gangan' (D2033), an early version of the tale which would be published in 1751 under the title *Micromégas*. Voltaire also contemplates writing a history of Switzerland, and in June 1741 he writes to Frederick about his ambitions as a historian, in what is the first reference to the work which would become the *Essai sur les mœurs*: 'J'ai élargi un peu mes idées sur ce sujet [...]. Dans quelques mois, si Votre Majesté peut avoir du loisir, et si j'ai de la santé, je lui enverrai une partie de cet ouvrage que je veux achever en secret, et écrire avec liberté' (D2493). On a personal level, Voltaire's relations with Frederick (who became king in 1740) take an important new turn during these years. They meet for the first time, and there is evident warmth between them: Frederick sends Voltaire Tokay, Voltaire sends Frederick a desk which he has had specially made for him; Voltaire offers to edit Frederick's *Antimachiavel*, and seeks his permission to dedicate to him a new edition of *La Henriade*. The *Sommaire des droits de Sa Majesté le roi de Prusse sur Herstall*, published anonymously in the *Gazette d'Amsterdam*, and almost entirely ignored until now, sheds important new light on the complexities of their relationship at this time.

All in all, then, if these are stressful years, they are also highly creative ones, and there are hints too of the many and various projects to come. The writer, though mired in controversy, is ever mindful of his reputation in the republic of letters. On the one hand, we see the *philosophe* using classical tragedy to serve the crusade against fanaticism; on the other, we find him exploring new directions, and therefore new genres, in science, history and fiction. Nor should we ever forget the importance of poetry to Voltaire, whatever the other concerns and preoccupations of the moment. Françoise de Graffigny (who left Cirey in February 1739) described to Devaux an exchange she had had with Voltaire: 'Il me dit encore hier: "Ma foi! laissez là Newton, ce sont des rêveries, vivent les vers!' Il aime à en faire avec passion, et la belle dame le persécute toujours pour n'en plus faire. [...] c'est affreux d'empêcher Voltaire de faire des vers!' (D1725). The tensions we have noted are felt also in the

verse of the period: on the one hand, we have *L'Anti-Giton*, a reworking, and a crude reworking at that, of an early satire, done principally with the intention of humiliating Desfontaines. On the other hand, in a very different emotional key, we have the *Stances à Madame Du Châtelet*, one of the most touching lyrics ever to have come from his pen. The complexity of the poet, and of the man, derives from the fact that he was able to compose both works within a short space of time, and the stresses and strains of these years play no small part in fostering this complexity.

W. H. Barber was present at the meeting in 1967 which first conceived the *Œuvres complètes de Voltaire*, and he has devoted his energies selflessly to the project ever since. As general editor after Theodore Besterman from 1974, and as honorary president of the edition since 1993, no one has been more closely involved than he in the progress of the edition. A symbolic milestone was reached in 2001 with the publication of Volume 1A, for which William provided the Foreword to the edition as a whole. He has also made an important personal contribution to the edition, focusing critical attention on Voltaire's scientific thought. The edition of the *Eléments de la philosophie de Newton* (Volume 15, 1992), edited by Robert L. Walters and W. H. Barber, is a landmark in the study of Voltaire's scientific thought, and it is fitting that the present volume should contain their edition of the *Exposition du livre des Institutions de physique*.

William's intellectual, moral and practical support has been crucial to the continuing success of the edition. The Editorial Board of the Complete Works, together with the staff, authors and friends of the Voltaire Foundation are proud to dedicate this volume to William, with our esteem and affection, on the occasion of his eighty-fifth birthday.

NEC

Fragment d'une lettre sur un usage très utile établi en Hollande

Edition critique

par

Jeroom Vercruysse

TABLE DES MATIÈRES

INTRODUCTION

Le *Fragment* est un des premiers écrits juridiques de Voltaire. Publié en 1739, il révèle et célèbre l'existence, le fonctionnement et les avantages d'une institution qu'il a pu voir au cours de l'un de ses séjours en Hollande (soit en 1713, soit en 1722, soit encore en 1736-1737): il l'affirme clairement. Ce tribunal conciliateur qui fait songer à notre justice de paix a séduit l'auteur au point qu'il le recommande habilement et chaleureusement à ses concitoyens. Par la suite, Voltaire ne semble pas être revenu sur la question. Mais cet exemple d'une justice humaine, pratique et utile s'inscrit parfaitement dans la ligne de son attitude admirative pour la justice hollandaise et dans celle de sa croisade inlassable pour la réforme, le progrès et l'humanisation de celle de son propre pays.[1]

Son appel fut-il entendu? Voltaire est-il le lointain initiateur de la justice de paix? Il semble que non. Dans son célèbre traité *De la compétence des juges de paix* (Bruxelles 1822, p.1-20), le baron Pierre P. N. Henrion de Pansey en évoquant les ancêtres historiques du juge de paix, c'est-à-dire le 'defensor civitatis' romain, les juges de paix anglais et les auditeurs du Châtelet, ne cite ni l'exemple des conciliateurs hollandais ni les propos de Voltaire. Aux personnages de Pansey, P. Cuche ajouta celui des conciliateurs hollandais mais sans nommer Voltaire, ce qu'a fait G. Eisenzimmer en reprenant la question plus à fond.[2] L'exemple hollandais, qu'il connaît à travers Voltaire, ne semble guère lui présenter de ressemblances avec la justice de paix, estimant pour sa part qu'il 'offre plus d'analogie avec les comparutions personnelles'. Pour lui, quand même les constituants auraient eu connaissance de l'exemple hollandais et des souhaits de Voltaire,

---

[1] J. Vercruysse, *Voltaire et la Hollande*, *SVEC* 46 (1966), p.179-88.
[2] P. Cuche, *Précis de procédure* (Paris 1924), p.34; G. Eisenzimmer, *Les Transformations de la justice de paix depuis son institution* (Mulhouse 1925), p.213-19.

ils n'en ont pas tenu compte car Pansey, ajoute-t-il, n'aurait pas manqué de le dire s'il en avait réellement été ainsi. Cet argument est plus que faible. L'examen des écrits des constituants qui ont prôné et instauré la justice de paix en France s'imposait à tout le moins. Le rôle décisif pour son institution fut joué par Jacques G. Thouret. Que l'on lise son *Projet de l'organisation du pouvoir judiciaire, proposé à l'Assemblée nationale par le comité de consitution*, son *Nouveau projet sur l'ordre judiciaire*, son *Projet de décret contenant le réglement pour la procécure en justice de paix* ou son *Décret contenant réglement pour la procédure en justice de paix* (Paris 1790): on n'y trouvera aucune allusion à la Hollande ou aux propos de Voltaire, pas plus d'ailleurs que dans *Le Moniteur* des 6, 10, 12, 13 et 17 août 1790 qui rapporte les discussions, les propos de Thouret, Brillat-Savarin et Prugnon sur la justice de paix, ou encore dans les numéros quotidiens de la *Suite du procès-verbal de l'Assemblée nationale*. Le texte du décret du 16 août, et celui des lettres patentes du 24 qui le sanctionnaient, n'entrent évidemment pas dans des détails d'ordre historique. Ce mutisme des constituants est significatif et confirme mieux que tout autre argument le propos d'Eisenzimmer.

Est-ce à dire que Voltaire ne fut jamais écouté? A en croire les éditeurs de Kehl (xxx.4), 'Cet exemple a été suivi par M. le duc de Rohan-Chabot dans ses terres de Bretagne, où il a établi depuis quelques années un tribunal de conciliation.' Le propos est plausible.

Le *Fragment* a paru sous ce titre pour la première fois dans le *Recueil de pièces fugitives en prose et en vers par mr. de V**** donné par Prault (s.l. 1740). Un grand nombre d'exemplaires furent saisis, avec d'autres titres, le 24 novembre 1739 par le commissaire Lespinay dans la maison du joaillier Desfeves[3] sur le Pont-au-change. L'artisan se tira d'affaire en prouvant qu'il avait été abusé par son locataire et gendre, Prault fils, qui lui avait certifié qu'il

---

[3] Et non Desprès selon G. Desnoiresterres, *Voltaire à Cirey* (Paris 1868), p.263, ou Desfères selon L. Léouzon Le Duc, *Voltaire et la police* (Paris 1867), p.149-53.

s'agissait d'ouvrages autorisés. Les volumes saisis furent condamnés au pilon, Prault ne put pratiquer pendant trois mois et fut
condamné à 500 livres d'amende.[4] Au reste, ce n'est pas le
Fragment sans doute qui faisait du *Recueil* un livre prohibé. Son
édition clandestine explique à elle seule l'action policière; la
présence de l'*Essai sur le siècle de Louis XIV* ne pouvait que la
précipiter. C'est d'ailleurs à celui-ci seul que Voltaire fait allusion
lorqu'il apprendra et déplorera la saisie du *Recueil*. Il s'informe
d'abord auprès de Moussinot le 12 novembre (D2110) pour savoir
si la saisie est vraie. Le fait étant confirmé, il le déplorera en
nuançant ses propos selon la qualité de ses correspondants: à
Hérault le 1er décembre, à Helvétius le 5, à d'Argenson le 8, et à
Cideville le 9 janvier 1740 (D2115, D2130, D2135, D2137).

Éditions

RP40

Recueil de pièces fugitives en prose et en vers. [Paris, Prault], 1740
[1739]. 1 vol. 8°. Bengesco iv.218-19; BnC 369-370.
Le *Fragment* occupe les p.95-97.

Nous connaissons trois états du *Recueil* imprimé par Prault[5] et
sous le contrôle de Voltaire, alors résidant à Bruxelles (lettres des 8
et 9 janvier 1740 à d'Argenson et Cideville, D2135, D2137).

w36 (1742)

Œuvres de M. de Voltaire. Amsterdam [Rouen?], 1736. 4 vol. 12°.
Tome iv (1742), p.284-85.

Bengesco iv.5; Trapnell 36.

---

[4] *Arrest du conseil d'estat du roy, qui ordonne la suppression de feuilles imprimées sous le titre de Recueil de pieces fugitives, en prose & en vers, &c.* (Paris 1739). L'arrêt fut rendu le 4 décembre.

[5] Bengesco 2193. Exemplaires de [ii]iv[ii] 275 [i], de [iv]iv.223 [i bl.], de [viii] 224 pp. Paris, BnF Z Beuchot 54, 55, 56.

w38 (1745)

Œuvres de M. de Voltaire. Amsterdam, Ledet [ou] Desbordes, 1738-1756. 9 vol. 8°.
Tome vi (1745), p.133-35.
Bengesco iv.5-12; Trapnell 39A; BnC 7-11.

w42

Œuvres mêlées de M. de Voltaire. Genève: Bousquet, 1742. 5 vols. 12°.
Tome iv, p.284-85.
Bengesco 2125; Trapnell 42G; BnC 22-24.
Paris, BnF: Z 24570.

w46

Œuvres diverses de M. de Voltaire. Londres [Trévoux] Nourse. 1746. 6 vols 12°.
Tome iv, p.226-27.
Bengesco 2127; Trapnell 46; BnC 25-26.
Paris, Arsenal: THEAT. N. 1043; BnF: Rés. Z Beuchot 8 (4).

w48D

Œuvres de M. de Voltaire. Dresde: Walther, 1748-1754. 10 vols 8°
Tome ii, p.170-71.
Bengesco 2129; Trapnell 48D; BnC 28-35.
Paris, BnF: Rés. Z Beuchot 12 (2); Oxford, Taylor: V1 1748 (2).

w51

Œuvres de M. de Voltaire. [Paris: Lambert] 1751. 11 vols 12°.
Tome xi, p.317-19.
Bengesco 2131; Trapnell 51P; BnC 40-41.
Oxford, Taylor: V1 1751 (11). Paris, Arsenal: 8° B 13057; BnF: Rés. Z Beuchot 13.

w56

Collection complette des œuvres de Mr. de Voltaire. [Genève: Cramer], 1756. 17 vols 8°.

Tome iv, p.341-42.

Bengesco 2133; Trapnell 56, 57G; BnC 55-56.

Paris, Arsenal: 8° B 34 048 (4); BnF: Z. 24585; Oxford, Taylor: VF.

w57G1

Collection complette des œuvres de Mr. de Voltaire. [Genève: Cramer], 1757. 10 vols 8°.

Tome iv, p.341-42.

Bengesco 2134; Trapnell 56, 57G; BnC 67.

Paris, BnF: Rés. Z Beuchot 21 (4); Oxford, Taylor: VF.

w64G

Collection complette des œuvres de M. de Voltaire. [Genève: Cramer], 1764. 10 vols 8°.

Tome iv, p.358-59.

Bengesco 2133; Trapnell 64; BnC 89.

Oxford, Merton College; Taylor: V1 1764 (4); VF.

w70G

Collection complette des œuvres de M. de Voltaire. [Genève: Cramer], 1770. 10 vols 8°.

Tome iv, p.358-59.

Bengesco 2133; Trapnell 64, 70G; BnC 90-91.

Oxford, Taylor: V1 1770G/1 (4). Paris, Arsenal: 8 BL 34054 (4).

w75G

La Henriade, divers autres poèmes et toutes les piéces relatives à l'épopée. [Genève, Cramer et Bardin], 1775. 37 vol. 8°.

Tome xxxiii (*Mélanges*, i.320-21)
Bengesco iv.94-105; Trapnell 75G; BnC 158-161.

K84

Œuvres complètes de Voltaire. [Kehl], Société littéraire-typographique, 1784-1789. 70 vol. 8°.
Tome xxx, p.3-4.
Bengesco 2142; Trapnell K; BnC 164-169

Le texte

Aucun manuscrit valable n'étant parvenu jusqu'à nous, nous reproduisons le texte de 1775, revu par Voltaire (w75G), avec les variantes de RP40, w41C, w38, w48D, w51, w56, w57G1, w64G.

Le texte de w75G a fait l'objet d'une modernisation portant sur la graphie et l'accentuation. Les particularités du texte de base sont les suivantes:

I. Graphie

1. Consonnes

— emploi de *x* à la place de *s* dans: loix

2. Voyelles

— emploi de *eu* à la place de *û* dans: meurir
— emploi de *y* à la place de *i* dans: aye, envoyent

3. Le trait d'union

— est présent dans: genre-humain

II. Accentuation

1. L'accent aigu

— est employé au lieu du grave dans: troisiéme

2. L'accent circonflexe

— est présent dans: toûjours

8

FRAGMENT D'UNE LETTRE SUR UN USAGE TRÈS UTILE ÉTABLI EN HOLLANDE

Il serait à souhaiter que ceux qui sont à la tête des nations imitassent les artisans. Dès qu'on sait à Londres qu'on fait une étoffe nouvelle en France, on la contrefait. Pourquoi un homme d'état ne s'empressera-t-il pas d'établir dans son pays une loi utile, qui viendra d'ailleurs? Nous sommes parvenus à faire la même porcelaine qu'à la Chine; parvenons à faire le bien qu'on fait chez nos voisins, et que nos voisins profitent de ce que nous avons d'excellent.

Il y a tel particulier qui fait croître dans son jardin des fruits que la nature n'avait destinés à mûrir que sous la ligne. Nous avons à nos portes mille lois, mille coutumes sages; voilà les fruits qu'il faut faire naître chez soi; voilà les arbres qu'il faut y transplanter; ceux-là viennent en tous climats, et se plaisent dans tous les terrains. La meilleure loi, le plus excellent usage, le plus utile que j'aie jamais vu, c'est en Hollande. Quand deux hommes veulent plaider l'un contre l'autre, ils sont obligés d'aller d'abord au tribunal des conciliateurs, appelés faiseurs de paix. Si les parties arrivent avec un avocat et un procureur, on fait d'abord retirer ces derniers, comme on ôte le bois d'un feu qu'on veut éteindre. Les faiseurs de paix disent aux parties: Vous êtes de grands fous, de vouloir manger votre argent à vous rendre mutuellement malheureux; nous allons vous accommoder sans qu'il vous en coûte rien. Si la rage de la chicane est trop forte dans ces plaideurs, on les remet à un autre jour, afin que le temps adoucisse les symptomes de leur maladie; ensuite les juges les envoient chercher une seconde, une troisième fois. Si leur folie est incurable, on leur

2-3   K84: une nouvelle étoffe
10   K84: destinés qu'à mûrir
17   RP40, W36, W38, W48D, W51, W56, W57G1, W64G: des juges conciliateurs

permet de plaider, comme on abandonne au fer des chirurgiens des membres gangrenés; alors la justice fait sa main.

Il n'est pas nécessaire de faire ici de longues déclamations, ni de calculer ce qui en reviendrait au genre humain, si cette loi était 30 adoptée. D'ailleurs je ne veux point aller sur les brisées de M. l'abbé de S. Pierre, dont un ministre plein d'esprit appelait les projets, les rêves d'un homme de bien.[1] Je sais que souvent un particulier, qui s'avise de proposer quelque chose pour le bonheur public, se fait berner. On dit: De quoi se mêle-t-il? Voilà un 35 plaisant homme de vouloir que nous soyons plus heureux que nous ne sommes: ne sait-il pas qu'un abus est toujours le patrimoine d'une bonne partie de la nation? Pourquoi nous ôter un mal où tant de gens trouvent leur bien? A cela je n'ai rien à répondre.

.

27-28   RP40, W36, W38, W48D, W51: abandonne à l'amputation des
          RP40: membres cangrénés
32   RP40, W36C: Saint P...

[1] Le cardinal Dubois selon Beuchot (M.xxiii.128), témoignage accepté par J. Drouet, *L'Abbé de Saint-Pierre* (Paris 1912), p.133. Il ne semble pas que l'abbé ait conçu un projet de justice de paix. Son *Mémoire pour diminuer le nombre des procès* (Paris 1725) prônait l'unification des lois et coutumes pour améliorer le fonctionnement de la justice.

Mémoire du sieur de Voltaire

Edition critique

par

Olivier Ferret

TABLE DES MATIÈRES

INTRODUCTION

1. 'Un temps d'orage' (D1941)

'Nous sommes dans un temps d'orage qui passera', écrit le comte d'Argental à Thiriot en mars 1739 (D1941), après avoir fait état de la 'colère', de la 'douleur', de la 'crainte' et du 'malheur' qui affectent simultanément Voltaire. C'est que le 'cher ange', en tant que témoin, conseiller et acteur, se trouve au cœur du drame qui se joue à Cirey, à la suite de la publication, à la fin de l'année 1738, de *La Voltairomanie* de l'abbé Pierre-François Guyot Desfontaines. L'histoire de cette querelle est bien connue: les biographes de Voltaire en ont souvent rendu compte, qu'il s'agisse de Desnoiresterres[1] ou, plus récemment, de René Vaillot;[2] il en est largement question dans l'ouvrage de Charles Nisard sur les 'ennemis de Voltaire';[3] elle est également retracée dans l'étude que Thelma Morris consacre à l'abbé Desfontaines.[4] On n'abordera donc ici que les éléments indispensables à la compréhension du texte, des enjeux et de la portée du *Mémoire du sieur de Voltaire*: qu'en est-il de cette *Voltairomanie* qui offre à Voltaire l''occasion' de rédiger le *Mémoire*? Mais cette réponse littéraire, dont la publication est sans cesse différée, est aussi solidaire du procès criminel que Voltaire envisage d'intenter à l'encontre de son calomniateur.

---

[1] Desnoiresterres, ii, 'Voltaire à Cirey'. Voir, en particulier, le chapitre 5, p.175-222.

[2] Vaillot, *Avec Mme Du Châtelet*, *Voltaire en son temps* 2 (Oxford 1988), en particulier, le chapitre 5, p.101-15.

[3] Charles Nisard, *Les Ennemis de Voltaire* (Paris 1853), 'L'abbé Desfontaines', p.1-168.

[4] Thelma Morris, *L'Abbé Desfontaines et son rôle dans la littérature de son temps*, *SVEC* 19 (1961). Voir en particulier le chapitre 1, p.49-68.

La Voltairomanie[5]

L'objet explicite de l'ouvrage anonyme de l'abbé Desfontaines est bien, comme l'indique son titre et comme l'auteur le souligne à la dernière page, de démontrer ce qu'il appelle '*La Voltairomanie*', c'est-à-dire, pour reprendre les expressions de René Vaillot, de 'guérir Voltaire' de cette 'manie' de 's'admirer lui-même', de cette 'voltairomanie' qui 'fait que toute critique publique le rend furieux'.[6] L'entreprise prend alors la forme de ce que l'auteur nomme une 'Lettre salutaire', adressée par un 'jeune avocat' à un destinataire fictif, dont la 'charité ne manquera pas' de 'faire part' à Voltaire du 'contenu' de cet ouvrage 'capable d'abattre' son 'orgueil monstrueux, principe radical de tous ses vices et de tous ses opprobres' (*Voltairomanie*, p.48). Si la composition de cette lettre n'est pas nettement affichée,[7] quelques lignes de force permettent de définir l'intention qui anime son auteur. Le sous-titre l'indique, le 'jeune avocat' entend d'abord apporter une 'réponse au libelle du sieur de Voltaire intitulé: *Le Préservatif*'. Et, malgré sa volonté, affichée dès le début, de ne pas 'perdre son temps' en entreprenant de 'réfuter' la 'critique' de Voltaire (*ibid.*, p.4), c'est bien l'essentiel des coups portés dans *Le Préservatif* que l'auteur s'efforce de retourner contre son adversaire.[8] Sans entrer

---

[5] [Desfontaines], *La Voltairomanie, ou Lettre d'un jeune avocat, en forme de mémoire, en réponse au libelle du sieur de Voltaire intitulé: Le Préservatif* (Paris 1738). Dans les extraits cités, comme plus généralement dans l'ensemble des citations empruntées à des textes imprimés, on a modernisé l'orthographe selon les mêmes principes que ceux exposés ci-dessous, §6, à propos du 'Traitement du texte de base'.

[6] Vaillot, p.101.

[7] Dans l'introduction de son édition du texte (Exeter 1983), M. Waddicor souligne qu'"On ne peut pas dire que *La Voltairomanie* soit un ouvrage bien composé' (p.xlii).

[8] Plus loin, l'auteur fait état du même scrupule, qu'il lève aussitôt en justifiant le bien-fondé de sa réponse: 'Je voulais finir ici ma lettre, et je croyais que c'était trop m'humilier, que de répondre exactement à tous les points littéraires du libelle du sieur Voltaire: j'étais même honteux, en quelque sorte, d'avoir insisté sur

dans le détail des réponses apportées par Desfontaines,[9] on se limitera à ce qui touche la lettre de Voltaire à Maffei, dont le texte figure au numéro XXVII du *Préservatif*. Cette lettre est en effet essentielle, non seulement parce qu'il s'agit du seul passage du *Préservatif* que Voltaire ne peut renier alors même que, face aux accusations de Desfontaines, il ne cesse de se défendre d'être l'auteur d'un tel texte,[10] mais aussi parce que les propos qu'y tient Voltaire, tout comme la réfutation que leur apporte Desfontaines dans *La Voltairomanie*, sont l'objet des développements centraux du *Mémoire*. Dans sa lettre, Voltaire rappelle que c'est grâce à son intervention que Desfontaines a été élargi de Bicêtre où il avait été 'renfermé' pour un 'crime'[11] pour lequel, du reste, 'il avait été mis trois mois auparavant au Châtelet': 'je lui fis avoir la permission d'aller à la campagne chez M. le président de Bernières, mon ami', ajoute-t-il (*Le Préservatif*, n° XXVII). L'auteur de *La Voltairomanie* répond que si Voltaire est intervenu, c'est 'à la sollicitation de feu M. le président de Bernières, qui par complaisance le logeait alors chez lui, et que Voltaire ose appeler son *ami*'. D'ailleurs, 'Après 15 jours d'une disgrâce, qu'il n'avait ni prévue ni méritée',

---

quelques-uns des principaux, et d'avoir pris la peine de mettre en évidence, sur ces articles, son impéritie et son extravagance. Mais peut-être qu'il serait encore assez impudent, pour s'applaudir de ses autres objections frivoles, si l'on omettait d'y répondre, et que nos mépris serviraient à nourrir son orgueil, et s'il était possible, à augmenter sa fatuité' (*ibid.*, p.35).

[9] Voir l'édition du *Préservatif* à paraître dans *OC* (M.xxii.371-87).

[10] Voltaire explique notamment à d'Argental, le 2 avril 1739 (D1962) qu'il ne peut, pour cette raison, désavouer *Le Préservatif*: 'Ce préservatif publié par le Chevalier de M. contient une lettre de moi qui fait l'unique fondement de tout le procès. Cette lettre authentique articule tous les faits qui démontrent mes services et l'ingratitude du scélérat qui me persécute. Désavouer un écrit qui contient cette lettre c'est signer mon déshonneur, c'est mentir lâchement et inutilement. L'affaire me semble consiste à savoir si Desfont. m'a calomnié ou non. Si je désavoue ma lettre dans laquelle je l'accuse, c'est moi qui me déclare calomniateur.'

[11] Desfontaines est accusé d'être sodomite. Sur l'affaire de Bicêtre, voir Morris, p.38-47.

l'abbé 'fut honorablement rendu à la société et à son emploi littéraire' (*Voltairomanie*, p.9-10 et 12). Voltaire signale en outre que Desfontaines a mis à profit son séjour chez M. de Bernières pour faire un libelle contre lui: 'Il le montra même à M. Thiriot, qui l'obligea de le jeter dans le feu' (*Le Préservatif*, n° XXVII). Pure invention, rétorque l'auteur de *La Voltairomanie*: 'on a demandé à M. Tiriot, qui est cité ici pour témoin, si le fait était vrai: et M. Tiriot a été obligé de dire qu'il n'en avait aucune connaissance.' 'Le sieur de Voltaire est donc le plus hardi et le plus insensé des menteurs', conclut-il (*Voltairomanie*, p.20-21).

L'ensemble du développement de *La Voltairomanie* s'efforce ainsi de montrer que le 'dernier libelle' de Voltaire est 'écrit (comme tout ce qu'il a publié jusqu'ici en prose) sans jugement, sans soin, sans suite, sans style' et que 'toutes ses petites objections' sont 'dépourvues de lumières et de bon sens' (*ibid.*, p.4-5). 'Ce qu'il y a de pis', enchérit l'auteur à la dernière page, c'est que Voltaire est 'faux, impudent et calomniateur' (*ibid.*, p.48). On voit alors que l'attaque en règle contre *Le Préservatif* mais aussi, plus généralement, contre tous les ouvrages de Voltaire, va de pair avec un réquisitoire implacable contre l'homme qui en est l'auteur. Dans *La Voltairomanie*, Desfontaines brosse en effet, selon ses propres termes, un 'tableau de sa folie et de sa fausse érudition' qui est aussi le portrait d'un homme qui 'a essayé jusqu'ici de renverser successivement le monde moral, le monde littéraire, le monde physique' (*ibid.*, p.35 et 18). Que Voltaire soit 'un esprit faux, en matière de science, comme en matière de goût', c'est ce que démontre sa *Henriade* ('Poème sans feu, sans invention, sans goût, sans génie'), son *Temple du goût* ('la production d'une petite tête ivre d'orgueil'), son *Histoire de Charles XII* ('ouvrage d'un ignorant étourdi, écrit dans le goût badin d'une caillette bourgeoise, qui brode des aventures'), ou encore ses *Eléments de la philosophie de Newton* ('l'ébauche d'un écolier qui bronche à chaque pas', 'un livre ridicule [...] qui a rendu son présomptueux auteur la risée de la France et de l'Angleterre') (*ibid.*, p.4 et 6-7). Mais Voltaire est aussi 'un écrivain téméraire, pour qui ni les

mœurs, ni la bienséance, ni l'humanité, ni la vérité, ni la religion n'ont jamais eu rien de sacré'. S'il a été 'applaudi' au théâtre, c'est 'pour sa hardiesse satirique ou irréligieuse'. Du reste, 'Ses *Lettres*, où il a osé porter ses extravagances jusqu'à l'autel, le tiendront-elles moins éloigné de Paris toute sa vie, dans l'appréhension des recherches dangereuses, ordonnées par le sage et juste arrêt du parlement, qui a condamné ce monstrueux ouvrage au feu?' (*ibid.*, p.4, 5 et 6).[12] Desfontaines explique enfin que Voltaire est 'un homme déshonoré dans la société civile, par ses lâches impostures, par ses fourberies, par ses honteuses bassesses, et par sa superbe impertinence, qui lui a attiré jusqu'ici de si flétrissantes disgrâces', avant d'évoquer, en note, les bastonnades auxquelles il s'est exposé (*ibid.*, p.7).

Pour conférer plus de poids encore à ses attaques, Desfontaines fait appel à des témoignages extérieurs. Dans la lettre insérée dans le *Préservatif*, Voltaire se plaignait que Desfontaines avait 'envoyé vingt libelles en Hollande' contre lui (*Le Préservatif*, n° XXVII). Non seulement l'abbé 'a protesté, du ton le plus affirmatif, qu'il n'avait jamais fait imprimer aucun libelle en Hollande ni ailleurs, contre Voltaire', mais 'on [...] a répondu' à l'auteur de *La Voltairomanie*, qui a 'écrit en Hollande', 'qu'il n'en avait paru aucun' (*Voltairomanie*, p.19). Ces recherches n'ont pourtant pas été vaines puisqu'elles 'ont fait tomber' entre ses mains 'un livre de M. de S. Hyacinthe, intitulé *Le Chef-d'œuvre de l'Inconnu*' à la fin duquel on trouve, dans la *Déification du Docteur Aristarchus Masso*, le récit qui rapporte dans quelles circonstances 'un *officier* français, nommé Beauregard' en est venu à charger 'de quantité de coups de bâton' un '*poète* de la même nation': l'extrait est cité *in extenso*, et prouve du moins 'qu'il y a longtemps que les folies et les tristes aventures de notre poète ont retenti dans

---

[12] Le trait est habile: comme le rappelle R. Vaillot, 'le souvenir des *Lettres philosophiques* est toujours vivant' (p.101). Ce qu'atteste Mme Du Châtelet lorsqu'elle écrit à d'Argental, le 19 janvier 1739 (D1800), que les 'lettres philosophiques [...] laissent toujours un reste de terreur dans l'âme'.

l'Europe' (*ibid.*, p.30-33). Et si ce témoignage ne suffisait toujours pas, l'auteur de *La Voltairomanie* rapporte aussi des 'Vers de M. Rousseau *Sur la Philosophie neutonienne de Voltaire*'[13] et d'autres vers encore '*Au sujet de V. et de sa secte*'. Mais auparavant déjà l'auteur avait cité un 'fragment d'une lettre de M. Rousseau à M. l'abbé D.F. datée du 14 novembre 1738' comportant, entre autres, l'épigramme que Voltaire reproduit dans son *Mémoire* (p.114).

La Voltairomanie ne se limite donc pas à n'être qu'une simple réponse aux traits portés dans *Le Préservatif*. Desfontaines fait flèche de tout bois pour armer une machine de guerre qui vise en Voltaire à la fois l'auteur et l'homme. Une telle charge méritait bien une réponse.

Répondre ou pas?

La date du 12 décembre 1738 figure à la fin du texte de *La Voltairomanie*, qui, d'après Voltaire, aurait paru le 14 (D1735).[14] Les documents dont on dispose ne fournissent que des informations lacunaires sur sa diffusion. On trouve par exemple, dans les archives de la Bastille conservées à la Bibliothèque de l'Arsenal (ms. 11438), un ordre d'arrestation daté du 15 janvier 1739 à l'encontre d'un colporteur nommé François Margery (f.89), qui a été pris à la Comédie-Italienne 'debitant la voltairomanie qu'il pretend lui avoir été remise par M. l'abbé Desfontaines' (f.89*v* et D1811). Le rapport adressé au lieutenant général de police précise que Margery a été arrêté alors qu'il proposait une brochure à M. Bazin le fils, exempt, qui, en l'absence de M. Hérault, l'a

---

[13] 'Rare esprit, génie inventif, / Qui soutiens qu'à toi seul la Nature connue / N'a de principe opératif / Que dans l'attraction par Neuton soutenue, / Voltaire, explique-nous le principe attractif, / Qui fit tomber sur tes épaules / Cet orage de coups de gaules, / Dont tu reçus le prix en argent effectif (*ibid.*, p.34).

[14] La proximité de ces deux dates permet de penser, avec M. Waddicor, que la date du 12 décembre est sans doute celle de l'achevé d'imprimer (*La Voltairomanie*, p.xlii).

transféré au Fort-l'Evêque.[15] Le 6 février 1739 (D1858), Saintard informe Voltaire qu'il a 'parcouru' *La Voltairomanie*, car 'ces sortes de libelles ne s'achètent point par les honnêtes gens'. Pourtant, précise-t-il, 'Il n'en faut qu'un exemplaire pour infecter tout un café. Cela court de mains en mains: *La Voltairomanie* est ainsi tombée dans les miennes.' A l'en croire, la diffusion aurait été facilitée par le fait que, dès la parution du *Préservatif*, Desfontaines se serait plaint auprès du chancelier, et aurait obtenu 'qu'on n'inquiéterait point son imprimeur, et qu'il ferait imprimer tacitement *La Voltairomanie*, qu'il appelait sa justification'. En tout état de cause, il est sûr que le lieutenant général de police Hérault 's'est expliqué de façon à ne point laisser douter de son indignation contre ce libelle et son auteur: et de ce qu'il n'a pas agi, l'on peut conclure qu'il était lié par des ordres supérieurs'. On peut ainsi admettre que l'ouvrage de Desfontaines, à la diffusion duquel l'auteur a manifestement pris une part active, s'est répandu dans la capitale, et a été distribué dans les lieux habituels où se vendent les brochures clandestines. Peu de temps auparavant, Voltaire écrivait à d'Argental (D1837): 'On imprime actuellement en Hollande le libelle de ce misérable. Il s'en est vendu 2000 exemplaires en 15 jours.' A la fin du mois de mai, dans une autre lettre à d'Argental (D2019), Voltaire accuse Rousseau d'être 'allé en Hollande faire imprimer le libelle de Desfontaines': 'on en a fait une édition dont toute l'Allemagne est inondée'. Le témoignage de Du Sauzet confirme le fait le 4 juin (D2025): il s'agit bien d'une réimpression mais, contrairement aux craintes que manifeste Voltaire, 'la Brochure n'a pas fait fortune en Allemagne aux Foires de Francfort et de Leipzig; les honnêtes gens l'ont méprisée avec indignation, et ont refusé de l'acheter.' Même s'il est difficile d'évaluer l'ampleur de la diffusion de *La Voltairomanie*, il est

[15] Le colporteur, originaire de Thorigny, aurait été suborné par Desfontaines qui lui 'auroit proposé [...] de Ce Charger de quelques petitis Livres de sa façon, Et de Les vendre publiquement à Raison de 12ˢ pièce dont Led. sʳ abbé Luy donnoit de Chacun 4ˢ de profit Luy Dizant qu'il se vendoient actuellement Ce prix'; il en aurait pris 'une dousaine sur sa Bonne foy' (f.90). Margery sera libéré le 27 janvier.

établi que, dans les six mois qui suivent sa parution, le texte est connu à l'échelle européenne, ce qui peut aussi expliquer la constance avec laquelle Voltaire bataille pour faire connaître sa réponse.

La brochure est parvenue à Cirey le 26 décembre 1738 dans un paquet envoyé par l'abbé de La Marre: Mme Du Châtelet a vu 'cet affreux libelle', écrit-elle à d'Argental (D1712); elle est 'au désespoir' et fait tout pour que Voltaire ne le découvre pas. En vain car, sans en parler à la marquise, il a de son côté eu connaissance du texte, qu'il évoque dans une lettre à Boyer d'Argens le 2 janvier[16] (D1733). Dès le lendemain (D1738), Mme Du Châtelet annonce à d'Argental qu''Il ne répondra à cet affreux libelle que pour détruire des faits calomnieux [...] qu'il ne peut laisser subsister sans se déshonorer.' Mais elle-même avait pris les devants, et rédigé une 'Réponse à une lettre diffamatoire de l'abbé Desfontaines'[17] qu'elle envoie à d'Argental le 31 décembre 1738 (D1727). Après avoir effectué un 'récit succinct, et fidèle de ce qui s'est passé entre M. de Voltaire et l'abbé Desfontaines', la marquise s'en prend aux 'faussetés qu'il est nécessaire de réfuter' dans le 'libelle' de Desfontaines. Elle se propose en particulier de détruire trois 'impostures' contenues dans *La Voltairomanie*: celle qui consiste à minimiser le rôle de Voltaire dans l'affaire de Bicêtre; celle qui concerne la rédaction de l'*Apologie de M. de Voltaire*, 'libelle' que Desfontaines 'composa chez le [...] président de Bernieres contre M. de Voltaire à qui il devait l'air qu'il respirait et la lumière qui l'éclairait'; celle enfin qui tient à l'affirmation selon laquelle 'M. de V. depuis 5 ans n'ose plus retourner à Paris' et s'en trouve même 'éloigné pour toute sa vie'. Le texte de Mme Du Châtelet 'demeurera enseveli': dans sa lettre à d'Argental du

---

[16] Ce serait, selon English Showalter, la date à laquelle Voltaire aurait pris connaissance de *La Voltairomanie*. Voir 'Sensibility at Cirey: Mme Du Châtelet, Mme de Graffigny, and the *Voltairomanie*', *SVEC* 135 (1975), p.187.

[17] Le texte de cette réponse, reproduit par Longchamp et Wagnière dans leurs *Mémoires sur Voltaire* (ii.423-31), se trouve également dans l'édition Besterman de la correspondance (D.app.51).

3 janvier (D1738), elle précise que sa propre réponse 'devient inutile à présent', dès lors que Voltaire prépare la sienne.[18] D'ailleurs, note-t-elle, 'Je ne puis m'y opposer, moi qui en sentais si bien la nécessité que je voulais la faire pour lui.'

Reste que, la correspondance l'indique, si Mme Du Châtelet revient régulièrement sur la nécessité qu'il y a à faire paraître le *Mémoire du sieur de Voltaire*, d'autres s'avouent plus réservés sur l'opportunité d'une réponse émanant de Voltaire lui-même. Dès janvier 1739, alors qu'il a lu *Le Préservatif* et *La Voltairomanie*, Formont écrit à Thiriot (D1786) que Voltaire 'a fait une grande imprudence [...] de s'aller commettre avec cet enragé', mais qu''il en ferait une seconde de Répondre à ce Libelle': 'Il ne faut point entretenir l'attention du public'; 'Cela ne sera point regardé comme impuissance à répondre mais comme un juste mépris.' Frédéric émet un jugement semblable dans une lettre adressée à Mme Du Châtelet, le 27 janvier 1739 (D1826):[19] 'mr de Voltaire se compromet en quelque manière lorsqu'il honore Rousseau et des Fontaines d'une réponse à leurs infâmes écrits; je crois qu'il aurait suffi de se plaindre au chancelier des auteurs indignes de ce libelle injurieux, et que la punition de ces infâmes aurait été plus honorable à mr de Voltaire que les horreurs de leur vie dont il fait le portrait.'

Voltaire n'en demeure pas moins ferme dans son intention de faire paraître son mémoire. Mais cette réponse écrite aux calomnies de Desfontaines ne constitue pourtant qu'une démarche, conduite, selon l'expression de Voltaire (à d'Argental, 5 février 1739, D1848), 'indépendamment' de la suite judiciaire qu'il entend donner à la querelle.

---

[18] Comme on le verra, le *Mémoire* de Voltaire s'emploie aussi à réfuter les trois 'impostures' relevées par Mme Du Châtelet.

[19] Dans les mois qui suivent, Frédéric réitère son conseil de ne pas répondre à Desfontaines: à Voltaire lui-même, le 8 mars (D1932) et le 15 avril (D1979) et, le même jour encore, à Mme Du Châtelet (D1980).

'Je mourrai ou j'aurai justice' (D1787)

Dans la même lettre à d'Argental (D1848), Voltaire exprime la confusion qui caractérise la conduite du procès criminel qu'il envisage d'entreprendre, depuis Cirey, contre son adversaire: 'Les lettres se croisent, on prend des partis que l'événement imprévu fait changer, on donne un ordre à Paris, il est mal exécuté, on ne s'entend point, tout se confond.' Et c'est bien cette impression que produit la lecture de la correspondance, qui révèle à quel point, selon l'analyse de R. Vaillot, 'Voltaire agit sans plan et sans fermeté, voué aux sautes d'humeur, se déterminant selon les objections d'Emilie, les conseils et les réflexions de ses correspondants.'[20] On peut malgré tout tenter d'isoler quelques-unes des phases de ces démarches brouillonnes.

Il s'agit d'abord, pour Voltaire, de recueillir des témoignages de nature à confondre les calomnies de Desfontaines. Et, dans cette perspective, la lettre que Mme de Bernières adresse à Voltaire le 9 janvier 1739 (D1759) est décisive, ne serait-ce que parce que la présidente n'a pas de mots assez durs pour condamner 'l'horreur' et 'l'abomination' de Desfontaines: 'c'est un monstre qu'il faudrait étouffer; il ose donner au public les impostures les plus grossières et les plus affreuses, et l'ingratitude la plus noire à votre égard'. Surtout, contrairement à ce que prétend l'auteur de *La Voltairomanie*, Mme de Bernières confirme que lorsque Desfontaines a été enfermé à Bicêtre, Voltaire s'est donné 'tous les mouvements possibles pour l'en tirer': 'Ce ne fut assurément qu'à votre sollicitation', ajoute-t-elle, 'que mr de Berniere le réclama pour son parent, et répondit de sa vie et mœurs, et le mena à la Rivière Bourdet.' Elle précise en outre que Voltaire louait bien 'un appartement dans la maison où nous demeurions sur le quai', où il avait 'donné un logement à Tiriot' et insiste: non seulement 'vous avez très bien payé pour vous, et pour lui', mais 'Vous nous avez fait souvent prêter de l'argent sans aucun intérêt.' Et lorsque

[20] Vaillot, p.109.

Voltaire a quitté l'appartement en 1726, ses hôtes en ont été bien 'fâchés'. Le 21 janvier, Voltaire écrit à Mme de Bernières (D1809) qu'elle ne doit pas craindre 'd'être compromise' par la diffusion de cette lettre: avec sa permission, d'Argental l'a montrée 'à M. le chancelier et à quelques magistrats, et à quelques personnes supérieures qui peuvent punir l'abbé Desfontaines', mais elle n'est pas sortie de ce petit cercle. Il en est certes question dans le *Mémoire*,[21] mais le texte n'est pas cité. Voltaire sollicite par ailleurs Moussinot, le 28 janvier (D1830), pour que 'l'on engage le bâtonier et les anciens avocats à désavouer au nom du corps, le libelle qui est mis si impudemment sous le nom d'un avocat': 'Voyez si quelque avocat voudrait s'en charger. Il y a un monsieur Pajot qui demeure dans votre quartier, et qui était intime ami de mon père.' Le 5 février (D1851), Voltaire écrit lui-même en ce sens à Pageau qui lui adresse, le 12 (D1873), une réponse qu'il reproduira dans le *Mémoire sur la satire*.[22] Mais, étant donné le principe agonistique de *La Voltairomanie* qui repose notamment, comme on l'a dit, sur la démultiplication des attaques, Voltaire s'efforce aussi d'obtenir des désaveux de la part de ceux-là mêmes dont Desfontaines produit le témoignage. Ainsi de Saint-Hyacinthe dont Voltaire souhaite un 'désaveu, fort et authentique', 'au sujet du libelle dont il est question dans *la Voltairomanie*' (à Thiriot, 4 février, D1846). Saint-Hyacinthe écrit à Voltaire (D1859); il charge le chevalier de Mouhy de l'assurer de sa considération: il 'm'a répété dix fois', écrit Mouhy le 10 février (D1865), 'qu'il vous laissait le champ libre pour désavouer en son nom (par écrit imprimé) et l'ouvrage qu'on cite de lui et tout ce qui peut avoir rapport à votre réputation'. Voltaire n'est pas 'content' de ce désaveu (à d'Argental, le 12 février, D1874);[23] il

---

[21] Voir p.107.

[22] Voir 'Examen d'un libelle...', p.182-83. Voltaire aurait sans doute préféré que ce fût le bâtonnier Deniau en personne qui signât le désaveu.

[23] Le témoignage de Burigny permet d'apprécier les raisons du mécontentement de Voltaire. Lorsqu'il revient, des années plus tard, sur 'les démêlés de M. de Voltaire avec M. de Saint-Hyacinthe', il fait ainsi état des démarches entreprises par

multiplie les démarches... et les lettres, certaines assorties de menaces à peine voilées: à Burigny (D1845), à Berger (D1881), à Levesque de Pouilly (D1911). Entre temps, il essaie une autre voie (D1855): Mlle Quinault ne pourrait-elle pas obtenir que ses 'camarades' signent un 'certificat' (joint à la lettre) niant que 'M. de Voltaire a usé de rapines à l'occasion de ses pièces de théâtre' et qu'il 'a été insulté', en la présence de l'un des leurs, 'par un officier' nommé Beauregard? Le point essentiel réside cependant dans le témoignage de Thiriot: Thiriot est un proche de Voltaire, un ami de vingt-cinq ans pourrait-on dire; c'est aussi, on l'a vu, celui par lequel Voltaire affirme, dans la lettre à Maffei, avoir eu connaissance de l'*Apologie* rédigée par Desfontaines au sortir de Bicêtre. Or l'auteur de *La Voltairomanie* avance que Thiriot ne confirme pas cette accusation, et que Voltaire, qui ne se fonde que sur son témoignage, est donc convaincu de mensonge et de calomnie. Voltaire harcèle son ami: il doit désavouer les allégations de Desfontaines (D1736, D1748, D1758, D1761, D1780, etc.); Thiriot tergiverse,[24] produit des réponses évasives (D1777). Voltaire et Mme Du Châtelet invitent leurs proches à faire pression sur lui: M. Du Châtelet (D1762), Mme de Champbonin (D1788), Frédéric (D1823), Helvétius (D1783), d'Argental (D1787) rappellent tour à tour à Thiriot les devoirs de l'amitié. Du reste, puisqu'il s'obstine dans sa 'négligence', Voltaire signale à Thiriot, le 18 janvier (D1795), qu'il a conservé les 'anciennes lettres' dans lesquelles il accable Desfontaines: 'tout cela a été vu, lu, relu ici signé par 20 personnes, déposé chez un notaire'; il n'est ainsi 'nul besoin

---

'la parente de Voltaire' (peut-être Mme de Champbonin) pour que Saint-Hyacinthe désavoue l'*Apothéose ou la Déification du docteur Masso*: 'Cette dernière proposition fut entièrement rejetée. M. de Saint-Hyacinthe dit, que ce qu'on voulait exiger de lui était un mensonge dont il serait aisé de le convaincre; que tous ses amis savaient qu'il avait fait l'*Apothéose*; qu'il l'avait toujours avouée; il nous conta à ce sujet les raisons qui l'avaient déterminé à se venger de M. de Voltaire' (*Lettre de M. de Burigny*, Londres, Paris 1780, p.12).

[24] Sur le comportement peu glorieux de Thiriot, voir Desnoiresterres, p.180-92, et Vaillot, p.106-109.

d'éclaircissement' supplémentaire. Ces pièces, ainsi que la justification pleine et entière que contient en outre la lettre adressée par
Du Lyon à Voltaire le 7 janvier 1739 (D1750), ne parviennent
pourtant pas à remplacer, ni même à faire oublier, l'absence de
démenti net de la part de celui qui, le premier, aurait dû voler au
secours de son ami outragé.

Voltaire accumule donc ces témoignages, qui seront évoqués ou
cités dans le texte du *Mémoire*. Mais Voltaire entend aussi se fonder
sur leur autorité dans le cadre du procès qu'il envisage d'intenter à
l'encontre de l'abbé Desfontaines. 'Je mourrai ou j'aurai justice',
écrit Voltaire le 16 janvier (D1787), au terme d'une lettre dans
laquelle il informe d'Argental des appuis multiples qu'il a sollicités
pour soutenir sa cause: 'Je me flatte que m^r de Pondevele a bien
voulu parler fortement à M. de Maurepas. J'ai écrit à Barjac mon
ami, au curé de s^t Nicolas, ami de m^r Heraut, à m^r Dufay qui le voit
souvent, à Mad^e la princesse de Conty, accusée de protéger Desf., à
m^r de Locmaria, soupçonné de pareille horreur, à Silva, à m^r de
Lezouet, à m^r Dargenson.' Mais ici encore, les démarches de
Voltaire sont aussi fiévreuses que confuses. Il envisage d'abord
d'emprunter la voie du parlement et des ordres du roi. Le 7 janvier
(D1747), Moussinot est chargé 'd'envoyer quelqu'un acheter la
Voltairomanie chez Chaubert, en présence de 2 témoins' et d'en
faire 'faire un petit procès-verbal recordé des 2 témoins chez un
commissaire, secrètement': 'nous poursuivrons en temps et lieu'. Il
doit aussi signer un placet pour M. le chancelier, dont il lui envoie le
'modèle' le 10 janvier (D1760). Le 18 (D1794) il faut encore qu'il
passe 'chez l'avocat Pitaval, chez Andry le médecin, chez Procope le
médecin', tous également 'outragés dans la Voltairomanie'; que le
chevalier de Mouhy 'les ameute', 'les presse' avec lui 'de signer une
requête à M. le chancelier' dont il fournit le texte; que de 'pareilles
requêtes' soient adressées 'à m^r de Maurepas, à m^r d'Argenson, à
m^r Heraut, à m^r le p. général' du parlement Joly de Fleury. Le
2 février (D1841), Voltaire déplore 'que l'on n'ait pas commencé la
procédure'; devra-t-il se rendre en personne à Paris pour faire
avancer les choses? Mais Mme Du Châtelet et d'Argental travaillent

dans l'ombre: le même jour (D1842), la marquise conjure le cher
ange d'écrire à Voltaire 'pour le dissuader d'aller à Paris': 'Il veut
faire ce procès criminel, il envoie des procurations, il faudra enfin
qu'il y aille. Je crains les récriminations et les éclats.' D'Argental
paraît hostile à l'idée d'un procès: 'Vous me liez les mains', lui écrit
Voltaire le 9 février (D1862); 'Je suspends les procédures.' Enfin, le
17, le lieutenant de police Hérault l'invite à changer de stratégie: il
est certes 'favorablement disposé' pour lui 'rendre une justice
exacte' mais, après discussion avec le chancelier d'Aguesseau,
d'Argenson et lui ont 'pensé que la voie de l'autorité et des ordres
du roi n'était ni convenable ni utile en pareil cas'. Voltaire n'a donc
'd'autre parti à prendre' que d'adopter une 'voie [...] judiciaire' et de
présenter à Hérault une 'requête en forme' au sujet 'des injures et
calomnies' dont il s'estime victime dans *La Voltairomanie*.[25]
Mme Du Châtelet s'avoue 'très fâchée' que le lieutenant de police
veuille 'traiter cette affaire criminellem[en]t' (à d'Argental, le
20 février, D1895). Son correspondant ne semble pas plus enthousiaste: 'V[ou]s craignez que la démarche d'entamer ce procès
criminellem[en]t même par devant m^r Heraut au nom de votre
ami, ne soit dangereuse', écrit-elle le lendemain (D1899); elle-
même le craint aussi même si, précise-t-elle, 'elle l'est bien moins
qu'au parlement'. Dans une lettre adressée au marquis d'Argenson
le 24 mars (D1952), Voltaire reconnaît que son 'affaire contre Desf.
prend un fort méchant train'. On s'achemine vers un accommodement douloureux pour Voltaire.

Voltaire n'est pas plus constant lorsqu'il indique ce qu'il attend
de ceux à qui il s'adresse. Le 5 février (D1851), il demande à
Pageau s'il ne pourrait pas 'par le moyen de quelques conseillers
au parlement' qui sont au nombre de ses amis, 'demander qu'on
fasse brûler le libelle' de Desfontaines: 'Le bâtonnier ne pourrait-il
pas le requérir lui-même?'; 'il y en a des exemples'. Sans suite.
Mme Du Châtelet, de son côté, suggère à d'Argental le 19 février
(D1800) que les démarches engagées pourraient 'peut-être faire

[25] Le texte de cette requête est reproduit dans l'édition Besterman de la
correspondance (D.app.54).

supprimer les *Observations*': 'ce serait cela qui serait un coup de partie'. Voltaire est sceptique (D1847): à supposer que Hérault 'empêche de donner des *Observations*', Desfontaines 'donnera le lendemain des *Disquisitions*, et tout Paris y courra'. Dans le même temps, des rumeurs commencent à circuler d'une contre-attaque de Desfontaines: 'J'apprends que ce monstre se rend en sous main dénonciateur contre les Lettres ph.', écrit Voltaire à Thiriot le 29 janvier (D1835). Le 12 février (D1871), Mme Du Châtelet informe d'Argental que Le Ratz de Lanthenée aurait vu chez l'abbé Desfontaines 'une permission du lieutenant criminel, auquel il a présenté requête, p[ou]r informer contre m^r de V.', ainsi que 'des preuves testimoniales et d'autres choses p[ou]r le convaincre de l'épître à Uranie, et des lettres philosophiques'.[26] Dans ces circonstances, si le chancelier d'Aguesseau 'faisait faire quelques réparations à M. de V. il s'en contenterait, et se tiendrait tranquille'. Elle précise, le 9 mars (D1931): 'je désire que ce procès soit évité et que le désaveu finisse honorablement une si désagréable affaire'. Mais il ne saurait être question d'''accommodement'. Voltaire le signalait le 27 février à d'Argental (D1910): une telle proposition, qui vient de lui parvenir de la part de 'M. de Lesouet', a quelque chose d'''infâme'. Vers le 25 mars, c'est Desfontaines lui-même qui, comme l'écrit Mme Du Châtelet à d'Argental (D1955), en faisant paraître une brochure intitulée *Le Médiateur*,[27] 'veut préparer le public au désaveu qu'on

---

[26] En réalité, comme l'explique Mme de Graffigny à Devaux le 1er mars, c'est contre *Le Préservatif* que Desfontaines a obtenu la 'permission [...] de poursuivre' (Graffigny, *Correspondance*, éd. E. Showalter *et al.*, Oxford 1985-, i, lettre 98). Les pièces relatives à la plainte déposée par Desfontaines le 5 février 1739 figurent dans l'édition Besterman de la correspondance (D.app.53). Au cours de son interrogatoire, le libraire Merigot reconnaît qu'un particulier à lui inconnu lui a apporté plusieurs fois des exemplaires dud. imprimé intitulé Le préservatif, mais 'déclare qu'il ne connaît point les autheurs dud. imprimé'.

[27] La 'gloire' de Desfontaines et de Voltaire est 'à couvert', estime l'auteur de la brochure: 'Il est faux qu'ils aient écrit l'un contre l'autre. A quoi tient-il après cela qu'ils ne redeviennent bons amis? Je suis persuadé au moins qu'ils désavouent l'un et l'autre les deux derniers ouvrages, que le préjugé aveugle leur impute' (*Le Médiateur*, p.21-22).

exige de lui, et le faire regarder come un *accommodem*[*en*]*t*'. Mais, ajoute-t-elle, 'je me flatte que v[ou]s le ferés faire de façon que ce sera *une réparation authentique* sans quoi ce serait un nouvel affront'. Car si Desfontaines désavoue *La Voltairomanie*, Voltaire est de même invité à désavouer *Le Préservatif*, démarche réciproque qui, parce qu'elle place les adversaires sur un pied d'égalité, paraît odieuse à Cirey. Le 2 avril (D1964), Mme Du Châtelet expose à d'Argental ce qui apparaît bien comme une voie de conciliation: Voltaire 's'engagerait parole d'honneur [...] de faire paraître dans quelqu'ouvrage périodique dans l'espace de six semaines un désaveu du préservatif où sans le qualifier de libelle, il dirait *qu'il n'est point de lui, qu'il l'a toujours soutenu, qu'il a été très fâché de cet ouvrage, et surtout qu'on y ait inséré une lettre qui ne devait jamais être publique.* Et l'abbé des Fontaines mettra, dans huit jours son désaveu dans les observations où il insérera le mot *reconnaissance.*' Il faudra encore en rabattre sur ces deux dernières exigences: le 4 avril 1739, Desfontaines signe une déclaration dans laquelle il désavoue le 'libelle' intitulé *La Voltairomanie*, mais il n'est pas explicitement question de la 'reconnaissance' qu'il doit à Voltaire, et le texte ne paraît pas dans ses feuilles. 'Tout est apaisé, tout est fini', annonce Mme Du Châtelet à d'Argental le 27 avril (D1994): le 2 mai, Voltaire désavoue à son tour *Le Préservatif.*[28] Seule consolation pour lui, sans doute avec la complicité du marquis d'Argenson,[29] le désaveu de Desfontaines est imprimé dans la *Gazette d'Amsterdam* du 19 mai 1739: Voltaire peut se satisfaire d'en avoir 'tiré tout le fruit possible dans le monde et dans l'Europe', écrit d'Argenson le 20 juin (D2032), 'car il n'y a assurément aucun ouvrage périodique qui se répande tant'.

La conclusion de cette affaire est plus que nuancée: le procès tant souhaité par Voltaire n'a pas eu lieu; si Desfontaines a dû se résoudre à renier son 'libelle', Voltaire a de son côté été contraint

[28] Les textes des désaveux de Desfontaines et de Voltaire sont reproduits dans l'édition Besterman de la correspondance, dans les commentaires qui suivent respectivement D1972 et D1994.
[29] Voir Vaillot, p.114.

d'opérer une démarche semblable. Il a alors beau jeu de réécrire l'histoire de ce procès avorté contre son adversaire, dans une lettre adressée à Boyer d'Argens le 21 juin (D2034): 'Tout le public révolté contre ce misérable, voulait que je le poursuivisse en justice; mais je n'ai pas voulu perdre mon repos et quitter mes amis pour faire punir un coquin.' Il ne reste donc de cette 'si désagréable affaire', selon l'expression de Mme Du Châtelet, qu'une abondante correspondance, quelques pièces officielles, et un mémoire dont on peut s'efforcer de reconstituer la genèse.

2. *Histoire du texte*

Remaniements manuscrits

Le *Mémoire du sieur de Voltaire* a connu de nombreux remaniements et, même si l'on ne dispose plus de toutes les versions, la correspondance permet de reconstituer les étapes principales qui scandent l'évolution du texte.

Dès le 3 janvier 1739 (D1738), alors même qu'elle annonce au comte d'Argental que, malgré les précautions qu'elle a prises, le 'malheureux libelle' de Desfontaines est 'parvenu' jusqu'à Voltaire, Mme Du Châtelet signale qu'une réponse est en cours: 'Il m'a promis de n'y mêler ni injures, ni reproches, de faire une continuation du préservatif plus sage et plus modérée que la première partie, et dans laquelle les preuves des impostures avancées par l'abbé des Fontaines, et surtout celle qui regarde Tiriot seront insérées.' Voltaire le confirme quelques jours plus tard à d'Argental (D1746), et promet de lui soumettre son texte, qu'il lui fait parvenir par l'intermédiaire du 'jeune Helvétius' (D1755). D'emblée Voltaire envisage de faire imprimer ce texte en recourant, comme pour *Le Préservatif*,[30] aux services du chevalier

---

[30] Sur les circonstances de la publication du *Préservatif*, voir l'introduction de l'édition de ce texte.

de Mouhy, qui pourra en retirer 'quelque argent'. Le 7 (D1747), il adresse en effet à Bonaventure Moussinot 'un paquet' pour 'M. le chevalier': 'portez-le vous-même,' écrit-il, 'qu'il l'imprime, qu'il n'y ait pas le moindre retardement'.

Cette première version ne paraît pourtant pas du goût du comte d'Argental. Le 13 (D1770), Voltaire écrit à son 'cher ange gardien' qu'il a bien pris note de ses 'sages conseils'. Sans renoncer au principe même d'une réponse, 'qui est d'une nécessité indispensable', il 'réforme tout le mémoire' et esquisse l'orientation générale de sa refonte: 'Point de numéro, de peur de ressembler au *Préservatif*; plus de modération encore, plus d'ordre et de méthode.' Il faut croire que la première mouture, quoique présentée comme 'sage' (D1746), gagnerait encore à être édulcorée. C'est surtout la structure qui paraît inadéquate: une succession de paragraphes numérotés semble en effet dangereuse puisqu'elle rappelle la facture de ce *Préservatif* dont Voltaire ne cesse de nier la paternité. En lui envoyant, le 17 (D1790), le mémoire sous sa nouvelle 'forme', Voltaire souligne d'ailleurs qu'il s'est 'douté' que d'Argental ne voulait 'rien qui sentit trop le préservatif et trop le ressentiment'. Moussinot, quant à lui, ne doit faire 'aucun usage' du premier mémoire que doit lui avoir envoyé Helvétius: 'un meilleur' est en préparation (D1778).

Lorsque, le 18 janvier, Voltaire évoque, à l'intention de Frédéric, son 'petit mémoire apologétique', il fait état des corrections qu'il a apportées à la première version que Mme Du Châtelet lui avait envoyée le 12 (D1768): 'Je ne dis point d'injures; l'ouvrage n'est point contre l'abbé Desfontaines, il est pour moi'; surtout, ajoute-t-il, 'je tâche d'y mêler un peu de littérature, afin de ne point fatiguer le public de choses personnelles' (D1793). Cette nouvelle orientation ne semble pas convenir à Mme Du Châtelet. Le 15 (D1781), elle précisait en effet à d'Argental l'étendue des 'changements' qu'elle exige encore de Voltaire: non seulement le deuxième mémoire comporte 'encore trop d'injures' (Voltaire lui aurait 'promis de les ôter toutes'), mais il faudrait 'aussi supprimer tout le littéraire, car un homme bien touché ne va point parler de Neuton et de m^r de

Feuquieres.[31] Il faut toucher et intéresser le public, il le peut s'il le veut, mais il ne lui faut parler que de son affaire.' Ces recommandations restent apparemment lettre morte puisque la marquise revient sur ce point le 19 janvier, lorsqu'elle invite d'Argental à faire chorus avec elle (D1800): 'Il n'y a rien que je n'aie fait p[ou]r lui faire ôter tout le littéraire [...]. Tout cela n'a fait que blanchir, mais si v[ou]s persistez à le condamner il l'ôtera.' Il est alors à nouveau question de 'l'endroit de Neuton', mais aussi de 'la phrase de M. de Fontenelle' que Voltaire 'examine', passages qui ne figurent pas dans le texte imprimé. Mme Du Châtelet signale en outre que Voltaire 'a un peu corrigé l'endroit de Rousseau', et 'l'a distribué en 2 parties au lieu qu'il l'était par articles'. Quant à 'l'endroit qui tombe indirectem[en]t sur Tiriot', 'il l'adoucira aussi'. Il est enfin question de 'la lettre du p. Tournemine', que Voltaire et Mme Du Châtelet croient 'nécessaire à cause des lettres philosophiques, qui laissent toujours un reste de terreur dans l'âme'.

'La lettre au père Tournemine est essentielle', lit-on dans la lettre que Voltaire adresse au comte d'Argental, le 20 janvier[32]

---

[31] Mme Du Châtelet fait sans doute allusion au développement sur la valeur de la relation de la bataille de Spire par le marquis de Feuquières, qui figure encore dans la version imprimée du *Mémoire du sieur de Voltaire* (p.90-91). Le commentaire que propose Besterman (D1781, n.2) semble ainsi erroné, car il suggère une correction fondée sur un classement des lettres dont l'ordre est discutable: voir, plus loin, l'introduction du *Mémoire sur la satire*, p.124, n.2.

[32] C'est semble-t-il à tort que Besterman restitue pour cette lettre la date du 20 février. D'une part, il est question, dans la lettre de Voltaire à Moussinot datée du 28 [janvier 1739] (D1830), d'une 'cinquième fournée' qui ne peut, en toute logique, être antérieure à la 'troisième'. D'autre part, la référence à la 'lettre au père Tournemine' dans D1893 fait écho au passage cité de la lettre de Mme Du Châtelet du 19 janvier (D1800). Si l'on admet ce changement dans l'ordre des lettres, il faut également corriger la date de la lettre de Voltaire à Helvétius (D1891), qui serait écrite le 19 janvier. En lui envoyant 'le mémoire corrigé', Voltaire lui demande en effet de lui laisser 'la lettre au père Tournemine': 'Il la faut plus courte, mais il faut qu'elle paraisse.' Or lorsqu'il écrit à d'Argental (D1893) que 'La lettre au père Tournemine est essentielle', Voltaire ajoute: 'Helvétius raisonne en jeune philosophe hardi qui n'a point tâté du malheur, et moi en homme qui ai tout à craindre.' Ces craintes semblent du reste explicitées par la remarque faite le même 19 janvier par Mme Du Châtelet (D1800) sur ces 'lettres philosophiques, qui laissent toujours un reste de terreur dans l'âme'.

(D1893), en lui envoyant la 'troisième fournée'. Le même jour (D1803), il annonce à Moussinot qu'il a 'encore corrigé le mémoire pour la troisième fois'. Cette 'troisième leçon' du mémoire, il l'envoie 'à M. Dargental', et il l'enverra 'à plusieurs magistrats avant qu'il soit imprimé'. Voltaire insiste: 'Recommandez surtout au chev. de M. de ne rien faire sans m'avertir, que l'ancien mémoire ne lui reste point entre les mains, qu'il attende le nouveau.' Le 28 (D1828), Voltaire écrit à d'Argental: 'Je viens de corriger le mémoire suivant vos sages avis. Je vous l'envoie. Il est chez l'abbé Moussinot cloître st Mery.' Il pourrait s'agir d'une quatrième version du texte, remaniée par rapport à la 'troisième fournée' transmise le 20. En tout état de cause, on doit admettre l'existence d'un quatrième état du texte, ne serait-ce que parce qu'il est question, dans une lettre de Voltaire à Moussinot (D1830), d'une 'cinquième fournée'. Si cette hypothèse d'une quatrième version envoyée le 28 janvier est la bonne, cette version correspondrait à cet 'autre mémoire' envoyé à Thiriot, dont Voltaire parle le même jour à Helvétius (D1829) et à Thiriot (D1831): 'je sacrifie enfin le littéraire, au personnel', écrit-il au premier, 'mais m^r Dargental pense que c'est une nécessité'; 'on dit que le littéraire occupait trop de place', déclare-t-il au second. 'J'ai retranché', ajoute-t-il, 'tout ce qui ne servirait qu'à justifier mon esprit, et j'ai laissé tout ce qui est nécessaire pour venger l'honnête homme des attaques d'un scélérat.'

Mais si l'on suit la datation que restitue Besterman, il faut conclure que l'on ignore tout de la quatrième version, et que ce que Voltaire écrit le 28 janvier s'applique en fait à la 'cinquième fournée' transmise à Moussinot (D1830) dans l'espoir qu''enfin Mr Dargental sera content'. 'S'il l'est', explique Voltaire, une copie sera faite 'pour le chev. de M. qui en fera l'usage qu'il croira le plus convenable, c'est à dire que dès que m^r d'Argental aura approuvé vous mettrez le Mouhi en besogne.'

'Je compte que M^r d'Argental est content enfin de mon mémoire', écrit Voltaire au même Moussinot le 29 (D1833). Il demande alors à son correspondant de 'faire ajouter dans la

première partie' un passage sur les outrages faits par Desfontaines à l'abbé d'Olivet,[33] au 'moment' même où, comme il l'écrit à d'Olivet le même jour en reproduisant le texte de cet ajout (D1834), on lui apporte le 'libelle' que l'abbé Desfontaines vient de faire paraître contre lui: *Racine vengé*. 'Si m^r d'Argental est d'avis qu'on imprime', explique Voltaire à Moussinot, le 2 février (D1841), 'vous pourrez alors en donner un exemplaire bien exact au chevalier avec les corrections que je vous ai envoyées'. Le 12 février (D1870), Voltaire signale pourtant à Thiriot que bien que son mémoire soit 'infiniment approuvé', il ne veut 'point qu'il paraisse sitôt'.

En l'absence de toute indication chiffrée, il est difficile d'isoler les versions du *Mémoire* postérieures à la 'cinquième fournée'. Le 13 février (D1875), Mme Du Châtelet écrit à d'Argental qu''Il faut que son mémoire paraisse', mais que Voltaire 'le corrige encore'. Si d'autres retouches sont apportées au texte, ces témoignages ne permettent guère de déterminer les points sur lesquels elles portent.[34] Il n'est en effet plus explicitement question d'une nouvelle version précisément identifiée du *Mémoire*, jusqu'à ce que Mme Du Châtelet annonce à d'Argental, le 10 avril (D1972), que Voltaire 'retravaille son mémoire': son intention est d'en faire 'une dissertation contre les libelles'. Une telle définition s'accorde alors manifestement mieux au *Mémoire sur la satire*.

Publication

Reste que lorsque, le 2 avril (D1964), la marquise fait état du piétinement de la démarche judiciaire, et écarte l'idée d'un double désaveu de Desfontaines et de Voltaire, elle suggère aussi que ce dernier fasse 'paraître son mémoire dans une quinzaine de jours'. Il

---

[33] Ce passage figure, avec quelques variantes, dans la version imprimée: voir p.97.

[34] On ne dispose que de versions manuscrites du *Mémoire* postérieures au 29 janvier, car l'ajout envoyé à Moussinot et à l'abbé d'Olivet y figure. Voir ci-dessous, §5.

ne peut s'agir du *Mémoire sur la satire* car, comme elle l'écrit quelques jours plus tard (D1972), elle ne l'a pas 'encore vu'. Faut-il alors admettre qu'à cette date le *Mémoire du sieur de Voltaire* n'est toujours pas publié? Rien n'est moins sûr, étant donné que, d'après la datation de Besterman, des nouvelles contradictoires parviennent aux uns et aux autres à cette même époque. Dès le mois de février, Voltaire se fait l'écho de rumeurs de publication: 'le chevalier de Mouhi est trop ardent, mais il est zélé', écrit-il à d'Argental (D1892). D'un côté, 'il avoue le préservatif', et 'il faut l'encourager'. Mais il faut aussi 'le contenir': 'il avait reçu mon mémoire pour le montrer et le consulter, et il me dit qu'il l'a fait vite imprimer. J'ignore s'il l'a imprimé en effet, ou s'il veut s'en assurer par la l'impression, en disant que la chose est faite. Mais dans l'un et dans l'autre cas, assurez-le de l'indignation de m^r le chancelier et de M. Dargenson s'il en laisse transpirer un seul exemplaire. Dites lui d'ailleurs que je le corrige beaucoup, et que c'est me perdre, de le publier dans l'état où il est.' Mme Du Châtelet affirme pourtant à Frédéric le 27 février (D1912) que, comme le lui conseille son illustre correspondant, Voltaire 'n'a point fait paraître son mémoire'.

Le 27 avril (D1994), les rumeurs se précisent: Mme Du Châtelet écrit à d'Argental que le chevalier lui 'mande qu'il y a deux éditions de mémoires commencées': 'Il faut de l'argent p[ou]r les retirer.' Et le 7 mai (D2006), revenant sur le 'petit commerce clandestin' qu'elle entretient avec Mouhy, elle explique que ce dernier lui fait 'de telles peurs' en lui 'représentant sans cesse l'impatience du libraire qui a chez lui deux différentes éditions du mémoire de m^r de V.' qu'elle envoie à d'Argental un billet de trois cents livres à tirer sur son notaire à vue. Il n'est certes pas exclu que Mouhy, dont la vénalité est régulièrement attestée dans cette correspondance, joue un coup de bluff et désire retirer quelque argent en brandissant la menace d'une publication du texte. Mais il n'en est pas moins vrai que le mémoire qu'il a 'entre les mains' lui 'vaudrait de l'argent en le faisant imprimer', comme le redoute Mme Du Châtelet le 9 mars (D1931). D'ailleurs, poursuit-elle à

l'intention de d'Argental, 'Si avec cela m^r de V. paroit n'en pas être fâché il le lâchera et n[ou]s serions perdus.' Car il n'est pas exclu que la duplicité soit aussi le fait de Voltaire. Certes, la publication du mémoire ne serait pas opportune au point où en est l'affaire, Voltaire ne cesse de le répéter au comte d'Argental. Mais il affirme aussi régulièrement ne pas abandonner tout projet de publication. En tout état de cause, on dispose au moins de deux exemplaires imprimés du *Mémoire du sieur de Voltaire*, qui ne diffèrent pourtant que par quelques variantes orthographiques.[35]

On a vu en effet que, dès la première version du texte, Voltaire tient à ce que son 'mémoire justificatif' soit publié, même si le projet d'édition fluctue au gré des remaniements successifs. Voltaire envisage d'abord une publication séparée de son premier mémoire, et insiste sur la qualité de l'impression: 'On peut en tirer au moins 500 exemplaires' pour commencer, explique-t-il à Moussinot: 'J'espère que nous en aurons une seconde édition' (D1747). Mais 'qu'on corrige les fautes de copiste, qu'on n'épargne rien, que l'impression soit belle, sur le plus beau papier'. Le 10 janvier 1739, dans une lettre au comte d'Argental (D1763), Mme Du Châtelet estime d'ailleurs 'que l'on eût pu avoir la permission' pour l'impression, tant le mémoire lui paraît 'sage'. Après les premières retouches, il faut, écrit Voltaire à Moussinot, attendre que d'Argental ait 'approuvé' le 'nouveau mémoire' avant de le donner 'au chevalier pour le faire imprimer sur le champ'. Voltaire évoque encore la possibilité de 'demander un privilège' mais, précise-t-il, 'cela retarderait trop' (D1794). L'idée d'une diffusion manuscrite préalable se confirme le 19 janvier (D1800): Mme Du Châtelet informe d'Argental que Voltaire 'enverra son mémoire en manuscrit avant de l[e] faire imprimer, à plusieurs personnes'.

Rapidement, un nouveau projet d'édition se fait jour: dès le 26 (D1820), Voltaire annonce à d'Argental son intention de demander une permission tacite, cette fois-ci pour une édition en recueil.

---

[35] Voir ci-dessous, §5.

Ce recueil devrait comporter 'les 2 premiers chapitres de l'histoire de Louis 14', 'un écrit sur la manière de faire les journaux' (les *Conseils à un journaliste*, ci-dessous, p.449-516), 'les épîtres corrigées', et 'quelques autres pièces'. Aux textes mentionnés Voltaire ajoute, le 5 février (D1848), 'une lettre à m^r. de Maupertuis'; 'Je tâcherais que le recueil se fît lire', conclut-il. Mais le *Mémoire*, dûment corrigé, pourrait aussi paraître sans tarder, et 'ensuite' être inséré 'dans un recueil afin qu'il reste, ut testimonium', comme Voltaire semble le croire préférable dans une lettre adressée à d'Argental le 28 janvier (D1828). Cependant, lorsque se décide la composition du *Recueil de pièces fugitives en prose et en vers* qui paraîtra chez Prault en 1740, Voltaire écrit à son imprimeur, le 26 mars 1739 (D1956): 'Je serai fort aise que vous donniez incessamment un petit recueil contenant mes épîtres, quelques odes, le commencement de l'histoire de Louis 14, une lettre sur Neuton, etc.' Nulle mention n'est plus faite d'une éventuelle insertion du *Mémoire*.

Destinations

Si la correspondance ne permet pas d'en savoir davantage sur les circonstances précises de la publication, les éléments qu'elle comporte n'en éclairent pas moins la perception que Voltaire pouvait avoir de son *Mémoire*. L'intérêt que Voltaire porte à son texte transparaît déjà dans le soin qu'il affirme devoir être apporté à la qualité de l'impression. Le projet d'une édition en recueil, immédiate ou différée, suggère aussi la volonté de pérenniser un texte qui ne saurait se réduire à n'être que de circonstance: il faut qu''il reste' car il a valeur de témoignage (D1828). Et ce témoignage s'adresse d'abord à ceux auprès desquels Voltaire porte plainte contre Desfontaines. On connaît, à la lecture de la correspondance, l'identité de certains des destinataires privilégiés auxquels Voltaire fait parvenir le texte sous une forme manuscrite avant publication. Quelques-uns reçoivent même plusieurs des versions successives du *Mémoire*. D'Argental mis à part (le 'cher

ange' étant censé donner son aval, ou à défaut son avis, lors de chacun des remaniements), Frédéric mis à part (Son Altesse Royale étant tenue au courant du développement de cette affaire), Voltaire envisage de faire adresser les manuscrits au chancelier Henri-François d'Aguesseau (D1770), à ses fils l'avocat général (D1794, D1867) et d'Aguesseau de Fresnes (D1828), au lieutenant général de police René Hérault (D1790, D1866),[36] à son ancien condisciple René-Louis de Voyer de Paulmy marquis d'Argenson et au procureur général Marc-Pierre de Voyer comte d'Argenson, à l'avocat général Maurepas (D1790).

Mais la volonté réaffirmée de faire imprimer le *Mémoire* indique aussi, plus généralement, un souci de s'adresser au 'public'. Dès janvier 1739 (D1746), Voltaire estime 'nécessaire' de répondre au libelle de Desfontaines: 'il le faut pour les pays étrangers, et même pour beaucoup de Français'. Il le faut également 'pour la postérité' (D1755). C'est aussi dans cette perspective que prend sens la position de Voltaire dans le différend qui l'oppose notamment à Mme Du Châtelet sur la présence, dans le *Mémoire*, de considérations littéraires. Si Voltaire 'tâche d'y mêler un peu de littérature' c'est, déclare-t-il à Frédéric le 18 janvier (D1793), 'afin de ne point fatiguer le public de choses personnelles'. D'autant que, précise-t-il à d'Argental le 26 (D1820), 'si l'avidité du public malin ne désire actuellement que du personnel, les amateurs un jour préféreront beaucoup le littéraire'. Il l'exprime clairement à Thiriot le lendemain (D1824): son intention est bien de 'faire un ouvrage pour la postérité, non un simple factum'. Au contraire c'est à l'efficacité immédiate du *Mémoire* que songe Mme Du Châtelet lorsqu'elle insiste auprès du comte d'Argental pour qu'il invite à son tour Voltaire à 'supprimer tout le littéraire' (D1781). 'Je lui ai fait sentir', précise-t-elle au même le 19 janvier (D1800), 'qu'il sierait mal à un homme qui doit être pénétré et qui veut toucher le public, de discuter une question de métaphysique et d'épiloguer des mots.' On voit ainsi que le débat de fond, de même

---

[36] Voltaire envoie aussi à d'Argental son mémoire, ses pièces et ses prières pour M. de Meynières, beau-frère de Hérault (D1904).

que les modalités envisagées pour la publication du texte, engagent une certaine conception de la fonction et de la portée de l'ouvrage. Mais ces éléments invitent aussi à réfléchir à l'organisation rhétorique du texte, intimement liée à ces considérations.

3. *'Un mémoire sage, démonstratif et touchant'* *(D1837)*

Dans sa version imprimée, le *Mémoire du sieur de Voltaire* se développe en deux parties. Voltaire l'explique à la fin de l'introduction: 'Les accusations littéraires les plus graves seront le sujet de la première'; 'La seconde partie contiendra la réfutation par pièces originales, des plus outrageantes impostures, que jamais honnête homme ait essuyées, et qui aient armé la sévérité des lois' (p.89). C'est dire que les questions littéraires occupent une place primordiale dans le *Mémoire*, contre l'avis de Mme Du Châtelet, qui invitait Voltaire à ne parler 'que de son affaire' et craignait, comme on l'a vu, que des considérations d'un autre ordre ne nuisent à l'image d'un auteur qui doit apparaître 'pénétré' et qui veut 'toucher le public'. Bien plus, si l'auteur en vient à s'excuser auprès du lecteur, ce n'est pas d'avoir abordé des sujets littéraires, mais ces 'choses personnelles' que lui arrache 'la nécessité d'une juste défense' (p.113-14).

Il est vrai qu'il ne s'agit plus, dans cette partie du texte, d'agiter des questions pointilleuses de littérature, mais de contribuer à 'l'éclaircissement d'une vérité'. D'ailleurs, 'par une fatalité malheureuse, ces éclaircissements tiennent à des calomnies personnelles': provisoirement, le sieur de Voltaire 'impose quelque silence à sa douleur pour examiner ce qui concerne certaines accusations littéraires dans lesquelles il s'agit de noms illustres dont il doit venger l'honneur outragé' (p.89). Si ces calomnies ne concernent pas directement la seule personne de Voltaire, si le propos s'écarte donc, dans la première partie, de la stricte affaire qui l'oppose à l'abbé Desfontaines, se dessine malgré tout l'unité

d'un *Mémoire* qui vise à confondre les multiples 'impostures' du calomniateur, et peut-être aussi à conférer à cette affaire personnelle une dimension exemplaire.

C'est donc une 'réfutation' qu'entreprend Voltaire: elle est fondée sur des 'pièces originales' (p.89) et, dès les premières mentions qui apparaissent dans la correspondance, Voltaire la garantit 'sage, attendrissante, appuyée sur des faits, sans autre injure que celle qui résulte de la conviction de la calomnie' (à d'Argental, vers le 6 janvier 1739, D1746). Cette réfutation, qui prend la forme d'un 'mémoire justificatif' présenté au 'tribunal [...] du public' (p.89), se signale alors par sa dimension éminemment rhétorique: si, comme l'écrit Voltaire à Thiriot le 10 janvier 1739 (D1761), 'La justification la plus ample est d'une nécessité indispensable', elle passe par la rédaction d'un mémoire qui 'doit toucher et convaincre'.

Réfuter et contre-attaquer

'Non seulement j'ay besoin d'un mémoire, sage, démonstratif et touchant, auprès des trois quarts des gens de lettres', déclare Voltaire à d'Argental le 30 janvier 1739 (D1837), 'mais il me faut outre cela, un nombre considérable d'attestations par écrit, qui démentent toutes ces impostures.' Certes, comme il l'écrit, tous ces 'désaveux' ne sont pas destinés à être imprimés; reste que c'est bien sur de telles 'pièces originales' que le sieur de Voltaire entend fonder en vérité sa 'réfutation'. 'On ne vous répondra jamais que papiers sur table', lance-t-il à Desfontaines (p.108). Et ces 'papiers' ou ces 'pièces', régulièrement invoqués ou produits dans le texte, ont valeur de preuve: 'Nous n'avançons rien que nous n'allions prouver tout à l'heure, papiers originaux en main' (p.103); 'nous ne répondrons jamais que par pièces justificatives' (p.116). C'est ainsi que Voltaire cite des extraits de lettres censés le justifier face aux accusations portées contre lui dans *La Voltairomanie*, ce qui revient aussi à accabler son adversaire. Celui-ci s'efforce-t-il d'amoindrir la reconnaissance qu'il doit à Voltaire dans l'affaire

de Bicêtre? 'Quelle sera sa justification?', demande l'auteur: 'il rapportera seulement une des lettres du sieur Desfontaines même', la lettre du 31 mai 1725 dont des passages sont reproduits à la suite (p.105-106). 'Faut-il une autre preuve? On a la lettre du frère du sieur Desfontaines, qui remercie, en termes encore plus forts, le bienfaiteur de son frère' (p.106). Desfontaines laisse-t-il entendre que Voltaire n'a fait qu'obéir aux ordres de M. de Bernières son bienfaiteur? 'Mme la présidente de Berniere [...] certifie tout ce qu'on est obligé d'avancer. On atteste son témoignage, elle vient d'écrire la lettre la plus forte' (p.107-108). Desfontaines écrit-il que Thiriot nie avoir certifié que l'abbé avait écrit, au sortir même de Bicêtre, un libelle intitulé *Apologie de M. de Voltaire*? Voltaire cite des extraits de plusieurs lettres de Thiriot attestant le fait (p.109-10). Desfontaines remet-il en lumière un épisode de la querelle qui a opposé Voltaire à Rousseau en 1736, ce dernier affirmant que Voltaire 'l'avait voulu détruire dans l'esprit de M. le prince d'Aremberg' son protecteur? Voltaire n'opposera 'à cette calomnie du sieur Rousseau, que la lettre même de ce prince à M. de Voltaire, déjà rapportée dans le journal de Dusauzet' (p.106). Desfontaines a-t-il enfin pour dessein de 'perdre le sieur de Voltaire, par cette accusation affreuse d'irréligion et d'athéisme'? Il n'a qu'à lire la 'Lettre de M. de Voltaire au R.P. Tournemine' (p.118-20). [37]

Toutes les 'pièces' ne sont pas reproduites dans le texte. La justification de Voltaire passe ainsi également par l'évocation des démarches entreprises auprès du chancelier par 'cinq ou six personnes de lettres, qui, à la réserve d'un seul, n'ont jamais vu le sieur de Voltaire': sans en produire le texte, l'auteur du *Mémoire* fait état de la 'requête' qu'ils ont signée 'pour faire cesser de tels scandales' (p.98-99). 'Nous n'imprimerons point ici les pièces originales que nous avons', précise même Voltaire, à propos du

[37] On a déjà souligné l'importance que revêt, aux yeux de Voltaire et de Mme Du Châtelet, l'insertion de cette lettre dans le *Mémoire*, dans un contexte où la frayeur liée à l'affaire des *Lettres philosophiques* n'est pas encore tout à fait apaisée. Voir ci-dessus, §2, 'Remaniements manuscrits'.

'libelle diffamatoire' qu'a publié Rousseau dans la *Bibliothèque française*: 'Ne présentons ici que ces faits qui ne demandent qu'un coup d'œil, pour être jugés sans retour par le public' (p.115-16). Car, outre les 'pièces originales', Voltaire entend aussi, comme il l'explique à d'Argental dans la lettre déjà citée (D1746), livrer une 'réponse [...] appuyée sur des faits'. La plupart des documents évoqués sont dits 'déposés' auprès des autorités judiciaires (p.105, 108, 116 et n.): Voltaire n'écarte pas la possibilité de les produire, 'en cas de besoin', devant 'les tribunaux de la justice' (p.116).

Plus généralement, une des caractéristiques du *Mémoire* est de faire sans cesse référence à un hors-texte, convoqué pour être immédiatement réfuté ou pour servir de témoignage à charge contre Desfontaines. Ainsi de l'épigramme de Rousseau contre Voltaire (p.114), ou encore de l'extrait de *La Voltairomanie* (p.103-104), dont le contenu est réfuté point par point à partir des témoignages que l'on vient de signaler. Mais dans l'introduction et dans la première partie du *Mémoire* déjà, nombreuses étaient les références aux écrits de Desfontaines, qu'il s'agisse bien entendu de *La Voltairomanie*, mais aussi des *Observations sur les écrits modernes* (p.90-91, 92, 95-96), de la *Lettre d'un comédien français*, de la *Relation de ce qui s'est passé au sujet de la réception de messire Christophe Mathanasius à l'Académie française*, de l'*Eloge historique de Pantalon-Phoebus*, de la *Lettre d'un rat calotin* (p.94), des *Lettres... à M. l'abbé Houtteville* (p.95), de l'*Apologie du caractère des Anglais et des Français* (p.95), du *Racine vengé* (p.97), du *Dictionnaire néologique* (p.97, 111), des *Entretiens sur les Voyages de Cyrus* (p.96), de son édition du *Poème de la Ligue* (p.109), ou encore des *Pantalo-Phébeana* (p.110).[38] Sont aussi convoqués les écrits de Voltaire: *Le Siècle de Louis XIV* (p.90), la préface des *Eléments de la philosophie de Newton* (p.92), l'*Essai sur la poésie épique* (p.93), *La Henriade* (p.93, 119-20), la préface d'*Alzire* (p.118), *Mérope* (p.118), l'*Histoire de Charles XII*

---

[38] On ne signale pas ici les écrits de Saint-Hyacinthe et de Rousseau, d'ailleurs cités à partir de certains des ouvrages de Desfontaines mentionnés plus haut.

(p.120). Les références sont plus délicates dès lors qu'il est question du *Préservatif*, que Voltaire ne cesse de renier dans la correspondance mais aussi dès l'introduction du *Mémoire*: 'cet écrit n'est point du sieur de Voltaire; il s'occupe à des choses plus importantes' (p.87). [39] Il ne peut néanmoins qu'avouer la paternité de la lettre à Maffei à propos de l'affaire de Bicêtre, reproduite dans *Le Préservatif*; mais s'il évoque 'cette lettre, dictée par la vérité, et par la nécessité d'une défense légitime', il se déclare 'triste' qu'on l'ait imprimée à l'époque (p.101-102) et s'il mentionne aussi plus loin la récente réimpression de 'cette lettre du sieur de Voltaire', il l'attribue à 'l'auteur du *Préservatif* dont il se garde bien de préciser l'identité (p.103). Lorsque, dans la première partie du *Mémoire*, Voltaire évoque la 'scandaleuse méprise' dont Desfontaines s'est rendu coupable en rendant compte de l'*Alciphron* de Berkeley dans ses *Observations*, il souligne qu'il l'a détruite 'hautement dans vingt de ses lettres', mais s'il fait état d'une convergence d'appréciation avec 'l'auteur du *Préservatif*', il précise néanmoins que ce dernier rapporte 'à peu près le sentiment du sieur de Vol.' (p.92). Il s'efforce du reste de prendre quelque distance par rapport aux propos contenus dans *Le Préservatif*: c'est ainsi qu''il se plaint que l'éditeur, en opposant le témoignage de M. de Précontal [...] et celui de M. de Feuquiere [...], se soit servi d'un mot qui peut offenser la mémoire de M. de Feuquière'; mais, s'empresse-t-il d'ajouter, c'est 'en vain' que 'le sieur Desf. veut en cela noircir le sieur de Vol.' (p.91).

En multipliant les références et en produisant des 'pièces originales' ou des 'faits qui ne demandent qu'un coup d'œil, pour être jugés sans retour par le public', Voltaire entend obtenir justification pleine et entière des allégations, selon lui calomnieuses, de son adversaire. Il l'écrit à Frédéric, le 18 janvier 1739 (D1793): 'l'ouvrage n'est point contre l'abbé Desfontaines, il est

---

[39] Voir l'introduction à l'édition du *Préservatif*. On ne s'intéresse ici qu'aux mentions explicitement faites à ce texte. D'autres passages du *Mémoire* entrent en résonance avec les propos tenus dans *Le Préservatif*: voir l'annotation du texte.

pour moi'. Reste que si la première partie du *Mémoire* ne concerne pas essentiellement l'affaire qui l'oppose à Desfontaines, s'il évoque cette série de 'noms illustres' qui ont eu maille à partir avec l'abbé, c'est peut-être, comme il l'affirme à la fin de l'introduction, parce qu'il 'doit venger' leur 'honneur outragé'. C'est sans doute aussi afin de conférer à sa plainte une caution morale supplémentaire, en inscrivant son propre nom au terme d'une liste d'hommes publics dont l'autorité, Voltaire se plaît à le souligner, n'est pas contestée. Mais c'est peut-être enfin pour renforcer la machine de guerre lancée contre Desfontaines, qui tire son efficacité de l'effet cumulatif qui résulte d'un tel paradigme: s'il est établi que l'abbé se comporte de la même manière vis-à-vis d'un aussi large éventail de gens respectables, on aurait là sa peinture au naturel, tel qu'en lui-même. Le *Mémoire du sieur de Voltaire* construit alors, par la récurrence des traits, une représentation polémique de l'abbé Desfontaines en calomniateur, en ingrat, en homme dangereux.

Si l'on suit l'argumentation voltairienne, une constante se dégage qui s'impose, par la récurrence des faits avancés, avec la force d'une évidence: Desfontaines est un menteur doublé d'un calomniateur. Face à la 'méprise' aussi manifeste que 'scandaleuse' dont Voltaire a convaincu Desfontaines à propos du compte rendu de l'*Alciphron* paru dans ses feuilles, 'Qu'aurait fait alors un auteur, qui aurait eu du respect pour la vérité? Il se fût rétracté, il eût remercié le sieur de Vol.', répond l'auteur du *Mémoire* (p.92), qui laisse entendre que Desfontaines n'en a rien fait, sans doute parce que le souci de vérité n'est apparemment pas sa préoccupation principale. D'ailleurs, comme dans l'affaire de la traduction fautive de l'*Essai sur la poésie épique*, Desfontaines semble si peu supporter la vérité que 'lorsque enfin' celle-ci 'éclate', il préfère 'insulter à la mémoire' du comte de Plélo ('un mort qui ne peut vous contredire!', s'indigne Voltaire) en écrivant dans son 'libelle' que cette traduction émane de lui. N'est-ce pas vouloir 'par une calomnie, flétrir du ridicule le plus avilissant' un homme 'dont le nom sera toujours cher à la France et très respecté dans toutes les

43

nations' (p.92-93)? Mais le comte de Plélo n'est qu'une victime parmi tant d'autres des outrages renouvelés de Desfontaines, et Voltaire entend bien 'mettre sous les yeux du lecteur en peu de mots, qui sont ceux que cet écrivain a outragés et comment il les outrage' (p.95). Ainsi de Ramsay, 'cet étranger estimable' que Desfontaines 'outrage' en remplissant ses feuilles de 'censures injustes, amères, mais frivoles de l'*Histoire du vicomte de Turenne*' (p.95-96). Et Voltaire, on s'en doute, n'est pas épargné. S'il a écrit la lettre 'si simple et si vraie' à Maffei où il relate l'affaire de Bicêtre, c'est 'pour infirmer au moins les témoignages outrageants que rendait contre lui l'abbé Desfontaines, de bouche et par écrit, en public et en privé'. Et ce dernier, selon sa triste habitude, loin de faire amende honorable, n'a 'réparé son crime' qu'en proférant, dans *La Voltairomanie*, des 'outrages nouveaux' (p.103). Cela n'est pourtant guère étonnant, dans un ouvrage où, comme l'écrit Voltaire dans l'introduction du *Mémoire*, 'on ne prodigue [...] que des injures atroces' (p.88-89). D'ailleurs, 'Y a-t-il beaucoup de gens de lettres qu'il n'ait pas offensés? Par où est-il connu que par ses outrages?' (p.97). Si Voltaire évoque l'''acharnement personnel' que l'abbé Desfontaines a 'marqué contre feu M. de la Motte' (p.97), la seconde partie du *Mémoire* ne cesse d'établir que lui-même en a été la dernière victime. Car cet homme a fait profession d'''avilir' et d'''offenser'; il est animé d'une volonté de nuire qui ne connaît pas de bornes: Voltaire eut-il jamais un ennemi 'plus acharné'? Alors que 'les plus cruels se contentent d'ordinaire de leurs propres fureurs', Desfontaines 'y joint toutes celles qu'il peut ramasser', par exemple un 'malheureux libelle aussi inconnu qu'absurde et calomnieux, qu'il attribue au sieur de Saint Hiacinthe' (p.112). Il est dès lors stupéfiant qu'après avoir montré de tels emportements haineux Desfontaines ose parler de sa 'modération' (p.111).

Le comportement de Desfontaines à l'occasion de l'affaire de Bicêtre démontre encore qu'il joint à la calomnie l'ingratitude. Lorsque, sans pouvoir nier le fait bien établi de l'intervention de Voltaire en sa faveur, Desfontaines tente de réduire l'intention

généreuse qui gouvernait ce 'petit service' et laisse entendre que Voltaire n'a agi 'que pour obéir à M. le président de Berniere son bienfaiteur, son protecteur, qui le nourrissait, qui le logeait par charité, et qui l'a chassé de chez lui en 1726', Desfontaines intente là 'les plus noires des accusations': le geste est d'autant plus choquant qu'il émane de 'celui-là même' dont Voltaire 'eût dû attendre sa défense' (p.104 et 105). Voltaire entend alors exposer au grand jour cette 'logique des ingrats' (p.106-107):

Je veux que M. de Berniere eût nourri et logé M. de Vol. quelle excuse l'ingratitude y trouvera-t-elle? Quoi! vous vous croiriez en droit d'insulter pendant dix ans celui qui vous a sauvé; de susciter un libraire de votre pays contre lui, de le déchirer partout, de faire imprimer contre lui vingt libelles; enfin, pour comble d'outrage de le louer quelquefois, afin de donner plus de poids à vos injures, et tout cela pourquoi! parce qu'il était logé, dites-vous, et nourri chez un autre; voilà la logique des ingrats.

Cette 'ingratitude' est à ce point dépourvue d'excuses, et donc inexcusable, que Desfontaines écrivait à Voltaire, le 31 mai 1725: 'vous êtes l'ami le plus généreux qui ait jamais été' (p.105). Mais qu'est-ce que l'amitié pour un Desfontaines? En mettant en doute le témoignage de Thiriot à propos de l'*Apologie de M. de Voltaire*, que cherche à faire Desfontaines sinon, comme il l'a 'toujours fait', 'à rompre les liens d'une amitié de vingt-quatre années qui unissent le sieur de Voltaire et le sieur Tiriot', à 'brouiller', par 'tant de méchancetés', 'deux amis que tant de liens unissent' (p.108 et 110)?

Là ne se limite pourtant pas la nuisance de Desfontaines. Certes, martèle Voltaire, 'Il n'est [...] que trop avéré ingrat calomniateur' à son endroit (p.110). Mais l'auteur rappelait aussi, dès l'introduction du *Mémoire*, que d'aussi 'outrageantes impostures' ont parfois 'armé la sévérité des lois' (p.89). Ce que sait assurément mieux que personne 'l'estimable corps des avocats' qui ne peut que manifester son 'indignation' de voir que Desfontaines 'ose mettre sous le nom d'avocat' un 'écrit scandaleux' comme *La Voltairomanie* qui comporte 'tant d'horreurs'. Si Desfontaines est

45

coupable, ce n'est pas seulement parce qu'il s'acharne contre la personne de Voltaire et qu'il existe une législation condamnant les libelles diffamatoires; c'est aussi, plus généralement, parce qu'en agissant de la sorte il s'avère être 'un perturbateur du repos public' (p.89). Voltaire revient sur cette idée dans la première partie du *Mémoire*: Desfontaines a toujours 'voulu porter partout' le 'trouble'; or 'distribuer' et 'imprimer des feuilles scandaleuses' constitue bien un 'délit' dont, du reste, 'il a été juridiquement convaincu à la chambre de l'Arsenal, et pour lequel il a obtenu des lettres d'abolition' (p.97-98).[40] Ses outrages renouvelés troublent donc l'ordre public et, dans la première partie du *Mémoire*, Voltaire dresse la liste des hommes illustres injustement calomniés par Desfontaines: pour ne retenir que quelques exemples, Berkeley, 'évêque de Cloine, cet homme dans qui l'amour du bien public est la passion dominante, cet homme qui a fondé une mission pour civiliser l'Amérique septentrionale, [...] auteur d'un livre dans le goût de celui de M. l'abbé de Houteville, d'un écrit plein d'esprit et de sagesse en faveur de la religion chrétienne', que Desfontaines traite de 'libertin méprisable, qui écrit dans un cabaret contre la religion et contre la société'; le comte de Plélo, 'cet ambassadeur, qui vient de verser son sang pour l'honneur de sa patrie', 'ce ministre, ce guerrier digne d'être comparé aux anciens Grecs et aux anciens Romains'; M. de Ramsay, 'cet étranger estimable', ce 'savant Ecossais' qui 'écrit dans notre langue avec une éloquence singulière' et qui 'honore par là notre nation' (p.91-92, 92-93 et 96). La conclusion s'impose: on ne peut que s'élever 'contre les

---

[40] L'existence d'un tel précédent renforce l'image que construit Voltaire d'un Desfontaines fauteur de troubles impénitent. Mais la correspondance indique aussi que, en particulier dans l'esprit de Mme Du Châtelet, la situation induite par ce précédent peut constituer un objet de chantage, dans l'hypothèse où Desfontaines refuserait de signer le désaveu que Voltaire exige de lui. Elle écrit par exemple au comte d'Argental, vers le 25 mars 1739 (D1955): 'Si ce scélérat se rendait trop difficile il n'y aurait qu'à lâcher la bride au chevalier de Mouhi qui recommencerait ses procédures et qui le ferait sûrem[en]t chanter. Ce scélérat craint le procès, et il a raison, car à cause de la récidive, il ne peut éviter les galères et m[r] de V. ne paraissant point n'est point compromis.'

insultes faites à tant de citoyens, et dans la *Voltairomanie* et dans
tant d'autres écrits' (p.98). Or si, comme le rappelle Voltaire dans
la seconde partie, être citoyen, c'est vivre 'sous les lois de l'Etat et
sous celle de la religion', si 'Accuser un citoyen d'enfreindre l'un
de ces devoirs, c'est vouloir lui ôter tous les droits de l'humanité,
c'est vouloir le dépouiller d'une partie de son être, c'est un
assassinat qui se commet avec la plume' (p.118), alors non
seulement Desfontaines ne saurait être qualifié de 'citoyen', mais
il se place par ses calomnies mêmes hors la loi. On a vu que les
tribunaux avaient déjà sanctionné ses infractions aux 'lois de
l'Etat'. Mais l'abbé est-il irréprochable au regard de 'celle de la
religion'? Les calomnies que Desfontaines a publiées contre
l'évêque Berkeley démontrent le contraire. Comment dès lors
ose-t-il parler des 'égards que l'on doit' à son 'âge' et à sa
'prêtrise'? 'Votre âge et votre sacerdoce qui exigent de vous
plus de pureté et de vertu, sont en effet respectables', rétorque
Voltaire: 'mais ce sont de respectables témoins qui vous reprochent devant Dieu et devant les hommes, des crimes que la nature
abhorre',[41] entendons bien 'la calomnie' et 'l'ingratitude' (p.111-
12). Et, avec une ironie qui se dissimule à peine, Voltaire d'inviter
l'abbé à un juste repentir, en particulier pour avoir, dans l'affaire
de Bicêtre, 'payé' le 'bienfait' de Voltaire 'd'un libelle': 'Repentez-
vous en, s'il est possible' (p.110).

Loin de n'être qu'une auto-justification face à des accusations
aussi infondées qu'insultantes, le *Mémoire du sieur de Voltaire*
apparaît ainsi comme une machine de guerre contre l'abbé
Desfontaines, convaincu de calomnie, d'ingratitude et de turpi-
tudes de nature à perturber le 'repos public': s'il s'agit bien de
réfuter pour se défendre, il s'agit aussi de contre-attaquer pour
accabler l'ennemi. Dans ce texte éminemment oratoire, comme on

---

[41] On aura perçu l'équivoque que ménage Voltaire sur l'homosexualité de
Desfontaines, équivoque que souligne plus qu'elle ne la lève la précision apportée
par la phrase suivante. D'ailleurs il est à nouveau question, dans le paragraphe
suivant, de 'cette prison', Bicêtre, d'où Voltaire aurait sorti celui qu'il désigne
comme un 'coupable'.

s'en est aperçu à la lecture des extraits cités, Voltaire multiplie les effets de manche, brossant un sinistre portrait de l'abbé Desfontaines qu'il interpelle parfois à des endroits stratégiques de son argumentation, pour le prendre à partie, le tancer ou l'inviter ironiquement à se repentir de ses forfaits. Cette composante oratoire n'est du reste que l'un des aspects de la rhétorique d'un mémoire qui joue conjointement de l'art de persuader et de l'art de convaincre.

Toucher et convaincre

En produisant des 'pièces justificatives', en avançant des 'faits qui ne demandent qu'un coup d'œil', en développant une argumentation censée confondre l'abbé Desfontaines, Voltaire s'emploie à 'convaincre' le lecteur du bien-fondé de sa plainte. Mais s'il importe de 'convaincre', il faut aussi, et peut-être d'abord, 'toucher' ce lecteur, comme l'affirme Voltaire dans la lettre à Thiriot déjà citée (D1761). Le *Mémoire du sieur de Voltaire* mobilise à cette fin les ressources de l'éloquence persuasive. En envoyant une nouvelle version du texte à Moussinot, Voltaire déclare que le 'nouveau mémoire' est 'meilleur que le premier, plus modéré et peut-être plus touchant' (D1794). Touchante, la version imprimée l'est toujours, en ce qu'elle joue ponctuellement sur le pathétique. Mais Voltaire s'exerce aussi à l'art de persuader en construisant une représentation de lui-même dans le discours que favorise l'énonciation à la troisième personne.

Bien qu'il soit signé à la fin du nom de Voltaire, et que ce nom apparaisse aussi dans le titre même de l'ouvrage, rares sont en effet les occurrences du pronom de la première personne dans le *Mémoire du sieur de Voltaire*, surtout si l'on écarte les cas où le *je* se rapporte au locuteur commentant son propre discours (par exemple dans 'ce que je dis ici', p.99; 'dis-je', 'je parle de', p.103 et 112), pour ne s'intéresser qu'aux occurrences dans lesquelles *je* désigne manifestement l'actant Voltaire (par exemple dans 'publiez [...] ce que j'ai fait et ce que je n'ai point fait; [...] faites entendre

[...] que je n'ose revenir à Paris', p.110-11). A longueur de pages, Voltaire s'emploie à défendre l'honneur du 'sieur de Voltaire', et le recours à la figure de l'énallage de la personne, outre le fait qu'il participe de la rhétorique du mémoire justificatif, permet aussi à l'auteur d'élaborer ce qu'il est convenu d'appeler, depuis Aristote, l'*ethos* de l'orateur. Le *Mémoire* s'achève sur ces mots: 's'il n'y a point parmi nous de loi contre l'ingratitude, il y en a une gravée dans tous les cœurs, qui venge le bienfaiteur outragé et punit l'ingrat qui persécute' (p.120). Le texte aboutit ainsi, au moment de la péroraison, à opposer, à travers les personnes de Voltaire et de Desfontaines, deux hommes dont les représentations ont été construites dans le développement, et qui se trouvent résumées par les deux ultimes expressions ramassées: 'le bienfaiteur outragé' et 'l'ingrat qui persécute'. On a vu comment Voltaire parvient à enfermer Desfontaines dans l'image de 'l'ingrat qui persécute'. Il importe à présent de montrer comment l'*ethos* que construit le 'sieur de Voltaire' peut être perçu comme l'image inversée de l'abbé Desfontaines.

Dès les premières lignes, celui qui se présente comme 'l'auteur de ce mémoire' précise dans quel état d'esprit sa prise de parole trouve son origine: 'L'amour du vrai, le respect pour le public, la nécessité de la plus juste défense, et non l'envie de nuire à son ennemi dirigeront toutes ses paroles' (p.87). Ce faisant, Voltaire met en avant cette exigence de vérité qui le caractérise, comme l'illustre encore l'entreprise de longue haleine que représente la rédaction du *Siècle de Louis XIV*, cet 'ouvrage' qui 'n'aura de mérite que celui d'être vrai' (p.90). C'est d'ailleurs cette ambition qui le pousse à amasser 'de tous côtés des mémoires', tout particulièrement des 'mémoires authentiques' et, par exemple à propos de la bataille de Spire, à préférer au témoignage de M. de Feuquières, 'qui n'était pas à cette bataille', le 'témoignage de M. de Précontal témoin oculaire', qui a effectué une 'relation [...] conforme à celle de deux officiers' eux aussi 'témoins oculaires' (p.90-91). Une telle démarche explique aussi l'importance que revêt le témoignage de Thiriot dans l'affaire qui oppose

Voltaire à Desfontaines. Voltaire interpelle son adversaire: 'Quant à cet ami, témoin oculaire de votre libelle contre votre bienfaiteur, osez-vous bien affirmer qu'il dément aujourd'hui ce qu'il a dit tant de fois de bouche et par écrit, ce qu'il a confirmé en dernier lieu en présence de témoins respectables, dans son voyage à Cirey?' (p.108). De là sans doute l'insistance avec laquelle Voltaire exige de Thiriot qu'il démente Desfontaines[42] lorsqu'il affirme que 'M. Thiriot [...] déclare la fausseté du fait', que 'le sieur de Voltaire est donc le plus hardi et le plus insensé des menteurs' (*Voltairomanie*, p.21). Car, sur ce point comme sur bien d'autres, l'enjeu est d'établir que si l''amour du vrai' est l'apanage de Voltaire, le mensonge et la calomnie sont au contraire le fait de Desfontaines. L'antithèse est marquée aussi lorsqu'il est question de la modération. Dans la correspondance, Voltaire revient sans cesse sur cette idée: 'vous approuverez la modération extrême et la vérité de mon mémoire', écrit-il à Thiriot le 10 janvier 1739 (D1761); alors qu'il 'réforme tout le mémoire', Voltaire promet à d'Argental, le 13 janvier (D1770), 'plus de modération encore'. La modération est essentielle, non seulement parce que tout bon rhéteur doit se montrer modéré pour espérer persuader son auditoire, mais aussi parce que, comme il l'explique à l'abbé d'Olivet le 19 janvier (D1797), si Voltaire doit rédiger une réponse au libelle de Desfontaines, 'elle sera aussi modérée que son libelle est emporté, aussi fondée sur des faits que son écrit est bâti sur des calomnies, aussi touchante peut-être, que ses ouvrages sont révoltants'. Les faits sont là: si Voltaire s'est décidé à écrire la lettre à Maffei, 'ce n'est qu'au bout de près de dix années d'insultes, de libelles, de lettres anonymes', 'qu'après dix ans de la plus opiniâtre ingratitude' (p.103). Mais Voltaire entend aussi montrer, par le ton de son mémoire même, que, contrairement à Desfontaines, il ne cède pas à la facilité des injures; il renonce même à la tentation, pourtant légitime, d'accabler son ennemi. L'affaire Thiriot est ici encore emblématique: la nécessité de confondre l'affirmation mensongère

---

[42] Sur ce point, voir ci-dessus, §1, 'Je mourrai ou j'aurai justice'.

de Desfontaines oblige Voltaire à citer la lettre du 16 août 1726; mais, précise-t-il, 'je passe quelques lignes qui seraient trop accablantes pour vous' (p.108), ce qui est bien évidemment une manière de se montrer modéré tout en laissant le lecteur imaginer le pire. A la lecture des extraits cités, la conclusion s'impose pourtant avec la crudité d'une évidence: Desfontaines 'n'est que trop avéré ingrat calomniateur!' Mais la violence de l'expression semble aussitôt canalisée par le commentaire métalinguistique entre parenthèses: 'qu'on nous passe cette exclamation qui échappe à la douleur' (p.110). Voltaire apparaît dès lors d'autant plus modéré que l'emportement affleure ponctuellement, précisément dans ces moments où la passion semble devoir submerger la raison: mais c'est alors 'la douleur' qui s'exprime, une douleur d'autant plus forte qu'il est question d'une amitié que Desfontaines s'emploie à briser. Voltaire retrouve alors un ton plus sentencieux: 'Apprenez que l'amitié est presque la seule consolation de la vie, et que la détruire, est un des plus grands crimes' (p.110). Mais l'amitié est une vertu qui ne peut être qu'étrangère à Desfontaines dont l'ingratitude à l'égard de Voltaire est avérée. Voltaire peut en revanche se targuer d'avoir des amis: alors que 'souvent les amis craignent de se compromettre' et 'quelquefois même [...] voient avec une secrète complaisance, une accusation qui semble leur donner des droits sur vous', 'Des amis plus fermes, plus amis, engagent ici le sieur de V. à se défendre avec la même confiance qu'ils le justifient' (p.104-105). Il le répète dans la lettre au P. Tournemine citée à la fin du *Mémoire*: 'les mêmes amis que j'avais dans votre collège je les ai conservés tous' (p.120). Du reste l'amitié n'est qu'une facette de ces 'sentiments généreux' dont Voltaire s'avoue redevable à son ancien maître (p.118), et que Desfontaines, même s'il en est dépourvu, a reconnus en lui lorsqu'il lui écrivait, au sortir de Bicêtre: 'vous êtes l'ami le plus généreux qui ait jamais été' (p.105). Si Voltaire peut apparaître comme l'antithèse de Desfontaines, c'est enfin parce qu'il se présente comme un authentique 'citoyen'. L'idée est posée dès l'introduction: 'L'auteur de ce mémoire a des imputations injustes

à détruire, comme homme de lettres, et des accusations affreuses à confondre comme citoyen' (p.87). Et la démarche voltairienne se réclame d'une intention exprimée sous la forme d'une prescription quasi morale: 'tout homme de lettres doit justifier l'homme de lettres calomnié, comme tout citoyen doit secourir le citoyen qu'on assassine' (p.92). Or, en vertu du système mis en place par Voltaire, et qui fonctionne selon le principe de la variation complémentaire, Voltaire est 'citoyen' dans la mesure où précisément Desfontaines ne l'est pas; il l'est d'autant plus, pour ainsi dire, que son adversaire l'est moins. L'auteur du *Mémoire* l'affirme et le marque stylistiquement par le recours au chiasme: 'Prendre le parti de la vertu outragée, est presque toujours ce qu'on reproche au sieur de Vol. dans ce libelle fait pour n'outrager que la vertu' (p.91). Si donc, comme on l'a dit, Desfontaines bafoue les lois de l'Etat et celle de la religion, il appartient à Voltaire de montrer qu'il les respecte d'autant plus qu'il les défend. C'est ainsi, par exemple, qu'il prend le parti de Tallard et de Berkeley contre Desfontaines: 'Non seulement la cause d'un maréchal de France très estimé; celle d'un vertueux évêque, se trouvent ici jointes à celle du sieur de Vol. mais il a encore à venger', en la personne du comte de Plélo, 'la mémoire' d'un 'ambassadeur' (p.92). Par ailleurs, tout comme il ironisait déjà sur cette 'prêtrise' que l'auteur de *La Voltairomanie* met en avant avec imprudence, Voltaire ne veut pas croire 'que le sieur Rousseau, dans le temps même qu'il vient d'essayer après trente années, de fléchir la justice, d'apaiser et sa partie civile, et le procureur général, et le parlement, et le public; tandis qu'il veut mettre le rempart de la religion entre ses fautes passées et son danger présent', puisse écrire ces 'nouvelles satires' et ces 'nouvelles iniquités' que colporte Desfontaines. Quoi qu'il en soit il est sûr que, quant à lui, 'M. de Voltaire [...] saurait lui pardonner, s'il se rétractait de bonne foi'. Il lui appartient donc, tout comme à Desfontaines, de 'se repentir' (p.115 et 117). Et si l'on doute encore des vertus chrétiennes de Voltaire, la lettre au P. Tournemine devrait persuader quiconque que c'est par une maligne volonté de nuire que Desfontaines avance 'cette accusa-

tion affreuse d'irréligion et d'athéisme' et qu'il la répète 'sans cesse' (p.118).

Voltaire se livre donc, dans son *Mémoire*, à une mise en scène de soi qui contribue à la construction d'un *ethos* rhétorique reposant sur la valorisation de ces qualités que, dans le même mouvement, il dénie à son adversaire. Ce travail de persuasion s'opère d'autant plus efficacement que l'auteur sait aussi faire vibrer, dans les moments décisifs de son plaidoyer *pro domo*, la fibre pathétique. Au début du *Mémoire*, Voltaire en appelle certes à la raison du lecteur, ce 'juge qui décide de la vérité et de l'honneur en dernier ressort', mais il ajoute aussi que 'c'est à son cœur que l'injustice et la calomnie crient vengeance' (p.87); ses derniers mots sont pour cette 'loi contre l'ingratitude' qui n'existe certes pas dans les textes, mais qui est 'gravée dans tous les cœurs' (p.120). Entre ces deux temps forts du discours se développe encore cette rhétorique du 'touchant' que Voltaire revendique dans sa correspondance. On a vu, par exemple, comment l'auteur théâtralise l'indignation qui s'empare de lui à l'évocation des manœuvres de Desfontaines pour 'brouiller deux amis que tant de liens unissent'. Dans ce passage décisif où il est question de Thiriot, l'expression rapidement maîtrisée de l'emportement cède alors la place à une longue période qui vaut d'être citée dans son intégralité (p.110-11):

M. de Voltaire vous dira: Continuez vos outrages; publiez, imprimez, réimprimez sous cent noms différents, ce que j'ai fait et ce que je n'ai point fait; reprochez-moi de m'être conduit avec trop d'honneur, avec trop de fermeté, dans une affaire où le gouvernement s'interposa; accusez-moi d'avoir fait par vanité des libéralités; (Dieu m'est témoin si elles sont parties d'un autre principe que de l'humanité;) faites entendre que le roi m'a privé de la pension dont il m'honore, que je n'ose revenir à Paris, imaginez des querelles qui n'ont jamais existé; mentez hardiment; détruisez-moi si vous pouvez, mais laissez-moi mon ami.

L'adversaire est ici directement pris à partie à la faveur d'une interpellation dont le rythme, donné par la succession des impératifs, gagne progressivement en ampleur: un premier effet de rythme ternaire est renforcé par l'augmentation du volume

syllabique des verbes ('continuez' / 'publiez, imprimez, réimprimez'); l'amplitude des phrases se développe par l'adjonction de
compléments binaires dont les fonctions grammaticales et les
modalités de coordination varient pour éviter le risque de la
monotonie ('ce que j'ai fait et ce que je n'ai point fait'; 'avec trop
d'honneur, avec trop de fermeté'; 'que le roi m'a privé..., que je
n'ose revenir...'). La succession de quatre verbes introducteurs
('reprochez-moi', 'accusez-moi', 'faites entendre', 'imaginez')
précède une dernière variation avec le retour à un rythme ternaire
('mentez', 'détruisez-moi', 'laissez-moi') qui joue des effets de
symétrie engendrés par les constructions avec le pronom personnel tonique pour mieux faire entendre la rupture au sein du dernier
groupe ternaire: si, comme au début, trois impératifs se succèdent,
ils ne se succèdent plus en parataxe; la dernière phrase, introduite
par l'adversatif, se détache nettement ('mais laissez-moi mon
ami'). La période ainsi construite est entièrement orientée vers
la chute qui, dans sa brièveté, amène à son acmé l'expression du
pathétique. Car il s'agit bien d'émouvoir par le recours à une
éloquence persuasive.[43] Voltaire connaît également l'effet que
peut produire sur la sensibilité un tableau pathétique, même
rapidement esquissé. Peu après, il évoque en effet les circonstances
dans lesquelles il a rendu visite à Desfontaines, alors enfermé à
Bicêtre (p.112):

Certes, lorsque le sieur de Voltaire, attaqué pour lors de la fièvre, et
ranimé par le plaisir de secourir un malheureux, obtint la permission
d'aller à cette prison, y courut porter au coupable les premières
consolations; quand l'abbé Desfontaines se jeta à ses pieds, qu'il les
mouilla de larmes, et que le sieur de Voltaire ne put retenir les siennes; il
ne s'attendait pas alors qu'un jour l'abbé Desfontaines deviendrait son
plus implacable ennemi.

[43] Sans pour autant nier toute sincérité à cette vibrante protestation d'amitié, on
ne peut que la mettre quelque peu en perspective lorsqu'on lit, par exemple, en quels
termes (sans doute dictés par la colère) Voltaire évoque Thiriot dans la correspondance: 'Tournez cette âme de boue du bon côté', demande-t-il au comte d'Argental
le 16 janvier 1739 (D1787). Et, le 18, au même (D1792): 'Y a-t-il une âme de boue
aussi lâche, aussi méprisable?'

Ethos et *pathos* sont convoqués dans cette peinture du sieur de Voltaire qui, malgré la maladie, trouve la force d'aller 'porter [...] les premières consolations' à Desfontaines; ou, plus exactement, dont la générosité est telle qu'il se trouve 'ranimé par le plaisir de secourir un malheureux'. A la générosité viscérale de l'un répond la reconnaissance spontanée de l'autre, représenté dans la posture du malheureux qui se jette aux pieds de son sauveur. Au centre de ce tableau particulièrement touchant, Desfontaines et Voltaire sont, hélas pour la première et la dernière fois, réunis par cette communion dans les larmes partagées. Le contraste n'en est que plus frappant au moment où se superpose à ce qui pourrait passer pour une allégorie de l'amitié la mention de son devenir: celui qui doit tout à Voltaire est aussi 'son plus implacable ennemi'. Voltaire a donc réchauffé une vipère en son sein; le 'malheureux' n'était qu'un ingrat, mais à ce moment-là déjà, comme le note malicieusement Voltaire, Desfontaines était aussi 'coupable'...

Voltaire ponctue enfin son *Mémoire* de traits censés frapper l'imagination du lecteur. Il importe, comme on l'a dit, de dénoncer hautement l'imposture de la dévotion de Rousseau, ce calomniateur impénitent qui 'veut mettre le rempart de la religion entre ses fautes passées et son danger présent'. L'idée se trouve alors reprise et amplifiée dans une image saisissante, qui intervient au terme d'une question rhétorique dont le bénéfice est aussi d'associer Desfontaines à l'opprobre: 'Que penserait-on de celui avec qui vous vous êtes ligué depuis si longtemps, s'il trempait dans le fiel le plus amer, des mains affaiblies, qu'il joint tous les jours au pied des autels?' (p.115). Car Desfontaines et Rousseau sont des rangs de 'ces délateurs qui répandent l'accusation d'irréligion', également désignés comme des 'meurtriers qui prennent le couteau sur l'autel, pour égorger impunément l'innocence', comme des 'monstres d'autant plus à craindre, qu'ils ont souvent mis dans leur parti la vertu même' (p.118). La même image intervient d'ailleurs régulièrement dans le *Mémoire*, à l'appui de la dénonciation: la calomnie est un 'crime' et, dans le passé déjà, il a fallu que des lettres d'abolition du roi le pardonnent à Desfontaines, ce qui ne l'a

pas empêché de proférer des 'impostures plus criminelles' encore (p.99, 98 et 100); l'accusation d'irréligion est, quant à elle, 'un assassinat qui se commet avec la plume', et c'est le devoir de 'tout citoyen' que de 'secourir le citoyen qu'on assassine' (p.118; p.92).

Par le recours aux images qui s'organisent parfois en tableaux particulièrement émouvants, par la maîtrise également de l'éloquence persuasive, Voltaire imprime à son *Mémoire* une tonalité 'touchante', et renforce par là même les éléments qui construisent un *ethos* censé répondre, pour ainsi dire, à l'anti-*ethos* de l'adversaire qu'il élabore conjointement. Aristote signalait qu''il serait absurde qu'une personne ne fût pas digne de confiance et que ses discours le fussent'. [44] Il s'agit bien pour Voltaire de jeter le discrédit sur son adversaire et d'anéantir la crédibilité que l'on pourrait accorder à son discours; réciproquement, en se montrant 'digne de confiance', il entend conférer autorité et légitimité à sa plainte. C'est dire que l'on a affaire à un texte dans lequel la rhétorique est mise au service d'une bataille d'images, dont l'enjeu pragmatique est à rechercher dans l'opinion du public.

Le 'tribunal du public'

La querelle avec Desfontaines est d'abord l'affaire d'un individu, Voltaire, et éventuellement aussi celle de quelques autres (Pitaval, Andry, Procope) qui ont été frappés, comme par une balle perdue, dans *La Voltairomanie*. L'existence même du *Mémoire du sieur de Voltaire* pose ainsi avec acuité le problème de la frontière entre le public et le particulier: [45] comment l'auteur se justifie-t-il d'une entreprise qui vise à porter la plainte d'un particulier sur la place publique, à lui conférer, au sens strict, une publicité qui tient d'abord à la publication du mémoire? L'analyse des structures de destination du texte révèle qu'il obéit à une double stratégie: Voltaire fait appel à

[44] Aristote, *Rhétorique*, III, xv, 'Des moyens de réfuter une imputation malveillante', vii [1416a].

[45] Sur cette opposition, voir Hélène Merlin, *Public et littérature en France au XVIIᵉ siècle* (Paris 1994), en particulier p.47-56.

la puissance publique pour régler un différend privé; mais il en appelle conjointement au jugement du 'public', voire de la 'sphère publique', pour reprendre l'expression d'Habermas. [46]

Voltaire s'adresse explicitement à la puissance publique, dans un mémoire justificatif rédigé, comme on l'a dit, dans un contexte où son auteur envisage de conduire une action en justice contre Desfontaines. 'Nous voudrions nous borner à de telles plaintes', écrit-il à la fin de la première partie, 'mais il faut venir à ces impostures plus criminelles, dont on va peut-être presser la punition dans les tribunaux de la justice' (p.100). Et on a vu notamment que les récriminations développées dans le *Mémoire* sont systématiquement étayées par le même ensemble de 'pièces' que Voltaire s'est employé à réunir lors de la préparation du procès: le lettre de Du Lyon est 'déposée dans les mains d'un magistrat' (p.98); Mme de Bernières a permis qu'on 'montre' la sienne 'à monseigneur le chancelier, aux principaux magistrats', qui 'deviennent eux-mêmes témoins contre l'abbé Desfontaines avant d'être ses juges' (p.108); par une 'requête' récente, 'cinq ou six personnes de lettres [...] viennent de demander justice à monseigneur le chancelier' (p.98). Voltaire précise d'ailleurs que le mémoire a lui aussi valeur de 'requête': 'ce n'est point ici une simple réponse que l'on fait à un libelle, c'est une requête qu'on ose présenter aux magistrats contre les libelles de vingt années, contre l'abus le plus cruel des belles-lettres, enfin contre la calomnie' (p.98). En outre, lorsqu'il prie le 'lecteur' d'excuser 'les choses personnelles' qui se trouvent dans 'cet écrit', Voltaire rappelle à qui s'adressent ses 'plaintes': 'au public' d'abord, mais aussi 'aux magistrats' et 'à monseigneur le chancelier, père des lettres et des lois' (p.113-14). C'est dire que, derrière la figure générale du lecteur, le texte vise assurément ceux qui sont en position de rendre justice à Voltaire, s'il est vrai que, comme il l'affirme plus haut, il 'va peut-être' porter l'affaire devant 'les tribunaux de la justice'. Ces personnes publiques figurent du reste, comme on l'a signalé, en bonne

---

[46] Voir Jürgen Habermas, *L'Espace public* (1962; Paris 1978).

place parmi les destinataires privilégiés auxquels Voltaire fait parvenir les versions manuscrites successives. On voit donc que, contrairement à ce que Voltaire laisse entendre dans sa lettre à d'Argental du 5 février 1739 (D1848), la rédaction du *Mémoire* n'est pas entièrement indépendante du procès qu'il envisage d'intenter contre Desfontaines.

Reste que, comme il l'affirme dans l'introduction, 'Le sieur de V. préférant la retraite et l'étude à la malheureuse occupation de solliciter lui-même sa vengeance au tribunal de la justice, s'adresse d'abord à celui du public' (p.89). A travers la métaphore, sinon déjà lexicalisée, du moins en voie de lexicalisation, du 'tribunal du public', l'auteur invoque ainsi l'instance anonyme mais agissante d'un 'public' dont le *Mémoire* construit une certaine représentation. Dès les premières lignes, il est en effet question du 'public éclairé' (p.87) dont il s'agit de capter l'attention bienveillante. Ce public, érigé en 'tribunal', se signale par ses capacités de jugement: Voltaire avance des 'faits qui ne demandent qu'un coup d'œil, pour être jugés sans retour par le public' (p.116). Mais il est aussi capable de sentiments: *La Voltairomanie* est présentée, dès l'introduction, comme le 'plus affreux libelle diffamatoire, qui ait jamais soulevé l'indignation publique' (p.88); quant à Rousseau, il est à peine croyable qu'il 'puisse exposer à ce public qu'il veut apaiser, de nouvelles satires et de nouvelles iniquités qui le révoltent' (p.115). Ces sentiments trouvent alors leur expression dans une 'voix publique' qui 's'élève contre les insultes faites à tant de citoyens, dans la *Voltairomanie* et dans tant d'autres écrits', et qui 'console l'innocent' alors que 'le magistrat inflige les peines au coupable' (p.98 et 99). Ce public apparaît ainsi comme le destinataire tout désigné d'un texte qui, à travers l'action rhétorique, s'adresserait au jugement, mais viserait aussi à susciter des passions et à encourager leur expression, en conférant notamment un retentissement plus fort encore à la voix dénonciatrice du plaignant. Mieux, Voltaire se fait en quelque sorte l'écho d'une protestation indignée qui précéderait sa propre prise de parole: ainsi de ces hommes de lettres qui, 'à la réserve d'un seul, n'ont

jamais vu le sieur de Voltaire' et qui, en demandant justice au chancelier 'dans le temps qu'il ne la demandait pas encore', 'sont intervenus, au nom du public, pour faire cesser de tels scandales' (p.98-99).

Car Voltaire pose comme une maxime que tout 'homme public' doit 'repousser les calomnies publiques' (p.104). S'il a écrit la lettre à Maffei, adressée à un particulier et rendue publique par sa publication dans *Le Préservatif*, c'est 'pour infirmer au moins les témoignages outrageants que rendait contre lui l'abbé Desfontaines, de bouche et par écrit, en public et en particulier' (p.103). C'est donc parce qu'il y a eu outrage public que Voltaire contre-attaque sur la scène publique: il prétend d'ailleurs n'avancer que des 'faits publics' (p.95). Mais s'il ne s'agit que d'une affaire personnelle, comment parviendra-t-elle à s'imposer 'au milieu de ce tumulte d'intérêts publics et particuliers, d'affaires, et de plaisirs qui emportent si rapidement les moments des hommes', dont il est question dans les premières lignes du *Mémoire*? C'est que 'l'intérêt d'un seul particulier devient souvent l'affaire de tout honnête homme', s'il est vrai que tout 'homme de bien' est 'exposé à la calomnie plus ou moins publique' (p.87). Et si 'Chaque particulier est jaloux justement de sa réputation', 'le public', qui est 'composé d'hommes qui ont tous le même intérêt', 'prend à la longue, et même hautement, le parti de quiconque a été injustement immolé à la satire' (p.99).

L'appel que Voltaire lance conjointement aux 'magistrats' et au 'public' paraît ainsi symptomatique du flottement du sens du mot 'public' qu'analyse Hélène Merlin, mais aussi de son évolution à la charnière des dix-septième et dix-huitième siècles. Initialement conçu comme 'la totalité de la *chose publique*, l'unité de ses membres et de ses biens matériels et immatériels', le 'public', au sens politique, correspondant au 'paradigme de la *respublica*' évolue vers un sens civil.[47] Voltaire s'adresse certes toujours

---

[47] H. Merlin, 'Figures du public au 18e siècle: le travail du passé', *Dix-huitième Siècle* 23 (1991), p.345-46.

aux 'magistrats', au 'chancelier' qui peuvent apparaître comme les représentants de la *respublica*, mais aussi, et peut-être d'abord, à ce 'public' qui juge, à ce public 'civil' devenu le 'juge souverain' dont parle Hélène Merlin, citant le *Dictionnaire de Trévoux*. Dans cette acception, 'la chaîne des êtres n'est plus hiérarchisée selon l'ancienne conception aristotélicienne, mais attache le particulier à ses 'proches', et, *de proche en proche*, par diffusion horizontale, et non verticale, à l'ensemble des particuliers'. 'Le fondement légitime de toute société, c'est désormais le rapport d'homme à homme, l'*amicitia* cicéronienne [...] et lien civil par excellence.'[48] De là, peut-être, l'insistance avec laquelle Voltaire met en avant la valeur de l'amitié qui, dans cette perspective, ne serait pas uniquement polémique.[49] De là, aussi, cette représentation d'une communauté d'intérêts particuliers définie comme le 'bien public', qui 'procède du particulier seul, d'un particulier commun à chacun: un particulier réalisé dans le public'. Dès lors, 'Le public possède en lui-même, collectivement, la mesure du bien public, en vertu de cette humanité commune, qui fait passer le simple particulier au rang d'universalité.'[50]

En portant son affaire devant le 'tribunal du public', Voltaire confère donc à une question particulière une dimension exemplaire, de nature à solliciter l''intérêt' d'un 'public' civil défini comme une communauté d'honnêtes gens nécessairement concernés puisque tous, pris individuellement, sont susceptibles d'être les victimes de l'injuste calomnie, qu'elle émane de Desfontaines ou d'un autre. Dans ce 'mémoire sage, démonstratif et touchant', Voltaire construit ainsi autant son objet qu'il construit son destinataire: une querelle personnelle, en définitive assez banale, se trouve érigée en cause publique (il faut poursuivre, en Desfontaines, le 'perturbateur du repos public'); une affaire particulière pour laquelle Voltaire demande justice devient une

---

48 *Ibid.*, p.355 et 351-52.
49 Sur la valeur de l'amitié, voir ci-dessus, 'Toucher et convaincre'.
50 H. Merlin, 'Figures du public au 18e siècle', p.356.

question susceptible d'intéresser, sinon l'opinion publique, du moins un 'public', peut-être distinct du public réel, que l'auteur représente comme une force agissante. Car, en ce qui concerne le destinataire du texte, on n'échappe pas non plus à la représentation: le 'public' auquel fait appel Voltaire est bien un public 'éclairé', un public qui 'prend [...] le parti de quiconque a été injustement immolé à la satire', mais qui ne prend ce parti qu''à la longue', ce qui semble contradictoire avec l'action immédiate que l'auteur d'un mémoire justificatif cherche à susciter. Dans la lettre qu'il envoie à d'Argental le 26 janvier (D1820), Voltaire se montre en effet conscient que 'l'avidité du public malin ne désire actuellement que du personnel'. Mais Voltaire envisage aussi l'action de son texte dans un plus long terme: 'les amateurs un jour préféreront beaucoup le littéraire', ajoute-t-il. On sait que, sous la pression conjuguée de Mme Du Châtelet et du comte d'Argental, Voltaire finit par éliminer des développements littéraires jugés superflus. Pour autant, les questions littéraires ne disparaissent pas entièrement, dès lors que Voltaire dénonce 'l'abus le plus cruel des belles-lettres', et dès lors qu'il entend faire cause commune avec des écrivains chez qui, à l'instar de l'évêque Berkeley, 'l'amour du bien public est la passion dominante' (p.91). En s'adressant à un public rhétoriquement déjà constitué en 'public éclairé', Voltaire s'adresse peut-être aussi à un public à éclairer, c'est-à-dire à rendre solidaire d'un 'bien public', en même temps qu'il s'en présente lui-même comme un éminent défenseur. On voit que l'analyse des enjeux du *Mémoire* doit s'efforcer de prendre en compte les deux régimes que Voltaire a envisagés au moment de sa rédaction: celui d'un texte de circonstance, et celui d'un 'ouvrage pour la postérité' (à Thiriot, 27 janvier 1739, D1824).

4. Des 'combats de cailles' (D1793)?

Le 18 janvier 1739 (D1793), alors qu'il a rapporté à Frédéric la 'nouvelle persécution' dont il est l'objet de la part de Desfontaines

et de Rousseau, Voltaire craint de fatiguer Son Altesse Royale 'par tout ce bavardage'. 'Quel entretien pour un grand prince!' s'exclame-t-il, avant d'ajouter: 'Mais les dieux s'occupent quelquefois des sottises des hommes, et les héros regardent des combats de cailles.' Est-ce un effet de modestie de la part de Voltaire qui vient de faire état, par le menu, de ses démêlés avec ses adversaires? Le fait est pourtant que Voltaire prend cette affaire très au sérieux et que, si les témoignages contemporains soulignent volontiers la futilité d'une si mesquine querelle et en retiennent surtout la composante passionnelle, l'importance qu'accorde Voltaire à ce qu'il appelle, dans le *Mémoire*, une 'triste guerre où la victoire même serait un opprobre pour l'agresseur' (p.115), ne s'explique peut-être pas uniquement par la sensibilité de l'auteur. On ne peut certes pas exclure que Voltaire adopte ici une posture pétrie de mauvaise foi: après tout, dans cette querelle, n'est-ce pas l'auteur du *Préservatif* qui a été le premier agresseur? et si l'auteur du *Mémoire* stigmatise 'ces querelles si déshonorantes', s'il affirme souhaiter qu'elles s'éteignent 'aussi aisément [...] qu'elles ont été allumées' et qu'il en résulte pour 'avantage' que 'les gens de lettres' sentissent 'mieux le prix de la paix, et l'horreur de la satire' (p.117), n'y a-t-il pas quelque paradoxe à rechercher la paix en repartant en guerre? Toutefois, les développements que Voltaire consacre à la définition de la vocation de l'homme de lettres invitent peut-être à rechercher les enjeux d'un texte comme le *Mémoire* dans la revendication de la dignité d'un état, et dans l'ambition de ne pas laisser un journaliste influer seul sur l'opinion.

Une 'triste guerre'

Si l'on s'en tient aux réactions des contemporains, c'est bien l'image d'une regrettable querelle qui s'impose. Procope lui-même qui, on s'en souvient, fait partie des victimes de Desfontaines dans *La Voltairomanie*, retrouve des accents cicéroniens pour exprimer l'indignation que suscite ce déferlement de médisance et de calomnies:

Jusqu'à quand, Messieurs, abuserez-vous de notre patience? Croyez-vous que le public soit bien satisfait de se voir inondé de vos misérables libelles? Quoi! vous êtes les héros du Parnasse, et vous ne rougissez point de vous livrer la guerre d'une manière capable de faire honte aux hommes même les plus grossiers! La médisance et la calomnie sont donc les seules armes dont vous savez faire usage? Quel scandale pour un nombre d'auteurs qui se faisaient gloire de marcher sous vos étendards! Hélas! les plus grandes folies seront donc toujours le partage des grands hommes. [51]

Le 'jugement' de l'auteur, qui se présente comme un homme 'désintéressé', semble partagé par les observateurs impartiaux de la querelle. 'A bon chat, bon rat', écrit par exemple le commissaire Dubuisson le 2 janvier 1739; 'si M. de Voltaire a dit des injures à l'abbé Desfontaines dans le *Préservatif*, celui-ci en a répondu qui les valent bien dans la *Voltairomanie*. Tudieu! quels champions que ces deux auteurs! L'abbé, surtout, montre un talent qui pourrait être admis aux halles mêmes. Comme ses coups tombent drus!' [52] 'La *Voltairomanie* est l'opprobre de cet abbé', écrit l'abbé Irailh en 1761. 'D'ailleurs cet écrit n'est que pour amuser la canaille: aussi trouva-t-on l'ouvrage si affreux, qu'il le désavoua bien vite à la police.' Il ajoute toutefois, prenant la défense de Voltaire: 'Cet excès de vengeance ne fut, dit-on, qu'une réponse au *Préservatif* ou *Critique des Observations sur les écrits modernes*. Quelle justification! D'abord, une faute n'autorise pas l'autre; secondement, le *Préservatif* est d'un autre ton; en troisième lieu, cet ouvrage est-il de M. de Voltaire? M. le chevalier de *** n'en a-t-il pas tout l'honneur?' [53] Boyer d'Argens avançait déjà le premier argument:

Les injures d'un ennemi ne doivent point autoriser un savant à user de représailles; les défauts d'autrui n'excusent point les nôtres. [...] Lorsqu'un homme de lettres est attaqué d'une manière indécente par

[51] *Jugement désintéressé du démêlé qui s'est élevé entre M. de Voltaire et l'abbé Desfontaines* (s.l.n.d.), non paginé (début).

[52] *Mémoires secrets du XVIIIe siècle* (Paris 1882), p.503.

[53] *Les Querelles littéraires* (Paris 1761), ii.68-70.

son adversaire, son silence et sa modération doivent être les principaux moyens de sa justification: il ne doit point repousser les injures par des injures. S'il suit l'exemple pernicieux qu'on lui donne, il court le risque de voir le public aussi surpris de son procédé, qu'il l'est de celui de son ennemi.

Mais c'est à présent Voltaire qu'il condamne:

Il serait à souhaiter que Voltaire pût imiter cette sage retenue: trop sensible quelquefois aux traits de ses ennemis, il les repousse par des saillies vives, plaisantes; mais qui sortent de la décence qui convient à un auteur aussi estimé, et aussi véritablement estimable. Quoiqu'il soit fondé dans les reproches qu'il fait à ses adversaires, et qu'il ne leur dise rien qui ne soit conforme à la plus exacte vérité, il ferait mieux de les mépriser et de laisser au public le soin de le venger. La passion l'emporte quelquefois trop loin, la haine qu'il a pour l'auteur lui fait juger partialement du mérite de l'ouvrage. Il blâme les sentiments et les mœurs de Rousseau: il eût mieux fait de n'en rien dire. [54]

L'explication première de la promptitude voltairienne à la riposte serait donc à rechercher dans la passion qui l'anime. [55] L'idée n'étonne pas, lorsqu'on la lit sous la plume de Sabatier de Castres, dont l'inimitié pour Voltaire est connue. L'abbé Desfontaines est 'un de ceux envers qui M. de V. a gardé le moins de mesure, et que sa haine s'est efforcée de souiller par les plus noires horreurs', affirme-t-il. [56] Elle est cependant corroborée par Mme de Graffigny, qui se trouve à Cirey au moment de la querelle. La 'chère Abelle' confirme à Devaux, le 18 février 1739, que *La Voltairomanie* est une 'horrible chose'. Mais elle fait aussitôt état

---

[54] *Mémoires secrets de la république des lettres* (Amsterdam 1744), i.42-43.

[55] Le jugement vaut également pour Desfontaines, si l'on en croit, par exemple, la lettre que Boutet de Montéry adresse à Rousseau le 2 janvier 1739 (D1737): 'J'ai lu la réponse de l'abbé Desfontaines à Voltaire. Pour un homme d'esprit, il s'est furieusement oublié. Je ne sais où il est allé ramasser toutes les pouilles et toutes les ordures qu'il vomit contre lui. Est-ce de cette façon qu'un homme qui sait écrire doit répondre? Quand la passion nous aveugle, elle nous ôte la raison.'

[56] *Tableau philosophique de l'esprit de M. de Voltaire* (Genève 1771), chap. II, 'L'abbé Guyot Desfontaines', p.27.

de ses répercussions sur l'humeur de Voltaire: 'cette affaire ronge sa vie et le met dans une torture égale à celle de Ravaillac' (lettre 93, i.326). [57] A l'époque du *Préservatif* déjà, elle s'interrogeait sur les manifestations physiques qu'entraînait chez Voltaire l'évocation de Desfontaines et de Rousseau: 'Je ne sais s'il ne parle point de ces deux hommes sans que la fermentation du sang ne devienne fièvre, mais enfin elle lui prit, nous sortîmes pour le laisser se coucher' (lettre 61, i.196). En mars, dans une lettre qui fait le point sur les démêlés de Voltaire avec Desfontaines, Mme de Graffigny détaille, à l'intention de Panpan, 'les excès de rage où tombe V. quand il apprend qu'on a fait quelque chose contre lui': 'il hurle, il se débat, il ne parle que de dévorer, de faire pendre, de faire rouer: ce sont des excès que Dom Prevot seul pourrait dépeindre.' Enfin, conclut-elle, 'il s'est mis dans la tête que personne ne devait prononcer son nom qu'avec une louange au bout. Le plus petit examen de ses ouvrages le met au désespoir' (lettre 103, i.376). On ne saurait certes nier cette influence de la composante passionnelle sur les résolutions de Voltaire, souvent invoquée par ses commentateurs. [58] Mais, au-delà d'une sensibilité exacerbée à la critique, ne peut-on pas considérer aussi que la protestation qu'il prétend faire entendre provient d'une conscience aiguë d'avoir été, en tant qu'homme de lettres, bafoué dans sa dignité?

La dignité de l'homme de lettres

De nombreux passages du *Mémoire* ainsi que de la correspondance construisent en effet une représentation de l'homme de lettres

---

[57] Dans ses lettres au comte d'Argental, Mme Du Châtelet décrit aussi l'état dans lequel se trouve Voltaire: elle évoque entre autres 'les agitations de son âme' (D1842), ou encore 'la fureur de ses résolutions' (D1871).

[58] A propos de la querelle avec Desfontaines, Desnoiresterres évoque par exemple en Voltaire une 'tête volcanique, irritable jusqu'à la frénésie', plus loin 'un homme auquel la colère monte à la tête, qu'elle aveugle, qui n'est plus maître de lui et qu'il ne faut pas prendre au sérieux' (ii.201 et 208).

caractérisé par sa dignité et par son utilité, que Voltaire revendique pour son propre compte en même temps qu'il en refuse et le titre et la qualité à son adversaire. Une affirmation bien imprudente de l'abbé Desfontaines permet d'abord à Voltaire d'établir, pour l'homme de lettres, la primauté des talents sur la naissance. 'Qu'il appelle M. de Voltaire petit-fils d'un paysan', lit-on dans le *Mémoire*, celui qui se désigne à présent comme 'l'auteur de la *Henriade*' 'n'en sera pas plus ému: uniquement occupé de l'étude, il ne cherche point la gloire de la naissance'. Retournant alors contre son adversaire le reproche, souvent formulé à son encontre, de laisser la haine guider sa plume, Voltaire remarque 'qu'il faut que la haine aveugle étrangement un ennemi pour le porter jusqu'à imaginer une si frivole accusation contre un homme de lettres, qu'un tel reproche (s'il était vrai) ne pourrait jamais humilier' (p.101). Plus généralement, c'est son 'honneur' que Voltaire entend défendre. Le mot est répété avec insistance dans la correspondance: 'Ceci est un procès, où il s'agit de l'honneur', écrit-il à Thiriot le 2 janvier 1739 (D1736); je 'n'ai pour but que la réparation de mon honneur', répète-t-il à René Hérault le 21 février (D1897), en lui demandant d'"interposer' son 'autorité de magistrat de la police, et de père des citoyens'. Le mot intervient aussi dans les premières lignes du *Mémoire*: 'Tout lecteur sage devient en de pareilles circonstances, un juge qui décide de la vérité et de l'honneur en dernier ressort' (p.87). Or c'est bien cet honneur que Desfontaines s'emploie à flétrir. Voltaire interpelle son adversaire et l'accuse: 'Vous prétendez [...] composer un poison mortel, qui, selon vous, flétrira à jamais, qui anéantira parmi les hommes, l'honneur d'un homme que ses services vous ont rendu insupportable' (p.112-13). De là une entreprise de justification qui trouve sa légitimité dans le souci de ne 'pas laisser [...] le moindre doute, puisque le doute en matière d'honneur, est un affront certain' (p.100). La consolation doit venir de 'la voix publique', car 'Si les traits des hommes méchants, quoique punis, laissaient des cicatrices, la condition de l'offensé serait pire que celle de l'imposteur le plus sévèrement châtié'

(p.99). Mais s'il importe de réagir, c'est aussi pour préserver l'image que la 'postérité' conservera de Voltaire: 'Je serais indigne de la vie présente', écrit-il à Thiriot le 9 janvier (D1758), 'si je ne songeais à la vie à venir, c'est-à-dire au jugement que la postérité fera de moi.' Et, précise-t-il à d'Argental le même jour (D1755), cette démarche est indissociable de la publication de ce 'petit mémoire' qui lui 'paraît absolument nécessaire, pour ce pays-ci, pour les étrangers, et pour la postérité', si son auteur 'ose porter' ses 'vues jusqu'à elle'. D'autant que, remarque Voltaire dans le *Mémoire*, 'le mal est fait, il passera peut-être à la postérité' (p.117).

'Ces libelles servent quelquefois d'autorité dans l'histoire des gens de lettres', soulignait Voltaire plus haut. 'On est donc réduit à la nécessité d'arrêter dans leur source, autant que l'on peut, le cours de ces eaux empoisonnées.' Et 'On les arrête en les faisant connaître, on prévient le jugement de la postérité.' Toutefois, loin de ne concerner que le seul Voltaire, ce jugement doit être au centre des préoccupations d'un 'homme public'. Car 'tout homme public, soit ceux qui gouvernent, soit ceux qui écrivent, soit le ministre, soit l'auteur ou le poète, ou l'historien doit toujours se dire à soi-même: Quel jugement la postérité pourra-t-elle faire de ma conduite?' Il s'agit là, insiste Voltaire, d'un 'principe' dont se sont prévalu 'tant de ministres et de généraux' lorsqu'ils 'ont écrit des mémoires justificatifs', et 'tant d'orateurs, de philosophes et de gens de lettres' lorsqu'ils 'ont fait leur apologie' (p.113). Au-delà de son exemple singulier, non seulement la cause que défend ici Voltaire s'élargit donc à ses proches (car il s'agit aussi de 'l'honneur de sa famille', de 'l'honneur d'une famille outragée' par Desfontaines – p.104 et 101), à ces 'noms illustres dont il doit venger l'honneur outragé' (p.89),[59] mais elle se fonde aussi sur un 'principe' de nature à réunir, sous l'appellation générique d''hommes publics', des hommes de lettres ('auteur', 'poète', 'historien', 'philosophes') et des hommes puissants ('ministres', 'généraux'). Certes, Voltaire souligne immé-

---

[59] Sur ces 'noms illustres' avec lesquels Voltaire entend faire cause commune, voir ci-dessus, §3, 'Réfuter et contre-attaquer'.

diatement la 'grande distance' qu'il y a 'entre eux et nous'; certes, il se présente lui-même comme 'un homme public, qui n'est pas un homme puissant' (p.113 et 104). Reste que l'auteur du *Mémoire* dit avant tout, par le biais de parallélismes qui ont également pour conséquence d'opérer des rapprochements, l'existence d'une communauté de 'devoir' ou de destin qui rassemble les hommes de lettres et les grands. L'exemple du président de Bernières vient encore renforcer cette idée d'une association, que l'on pourrait dire 'de raison', entre eux. Si, comme on l'a vu, l'homme de lettres ne doit pas d'abord se prévaloir de sa naissance, et si la fortune lui fait parfois défaut, ses seuls talents justifient que des 'hommes puissants et riches' l'admettent dans leur entourage. Quand bien même 'M. de Voltaire eût été sans fortune', quand bien même 'M. de Berniere l'eût recueilli', 'il n'y aurait rien là de déshonorant', affirme Voltaire: 'Heureux les hommes puissants et riches qui s'attachent à des gens de lettres, qui se ménagent par là des secours dans leurs études, une société agréable, une instruction toujours prête' (p.107).

La dignité qui s'attache à l'homme de lettres tient donc aussi à son utilité. Il peut certes se rendre utile auprès des puissances; mais c'est, plus généralement, à la nation tout entière qu'il fait honneur par ses travaux. A l'instar de Muralt, 'qui fait tant d'honneur à la Suisse', de Ramsay qui, écrivant 'dans notre langue avec une éloquence singulière', 'honore par là notre nation' (p.95 et 96), 'le sieur de Vol.' entend convaincre que, lorsqu'il croise le fer avec Desfontaines, par exemple à propos de la relation par Précontal de la bataille de Spire, il 'n'a dans tout ce différend d'autre part que d'avoir soutenu l'honneur de sa nation' (p.91). C'est également dans cette perspective que l'on comprend pourquoi Voltaire se définit indissociablement comme homme de lettres et comme 'citoyen' connu du public 'par un travail assidu de vingt-cinq années' (p.114) qui, en tant que tel, n'est animé que par l'amour du bien public et par le respect de la religion. [60] Parce qu'il défend son

---

[60] Sur la représentation de Voltaire en citoyen, qui fait partie de la construction de l'*ethos* du locuteur, voir ci-dessus, §3, 'Toucher et convaincre'.

honneur, parce qu'il fait valoir son utilité dans l'entourage des grands, pour le public et pour l'ensemble de la nation, Voltaire s'attache à promouvoir la dignité de l'homme de lettres qui est aussi un citoyen. Une telle représentation illustre ainsi la conscience qu'il manifeste de remplir une 'fonction d'écrivain' qui, selon l'expression d'Alain Viala, tente, depuis le siècle précédent, de s'instituer en 'fonction sociale en voie d'accéder à l'autonomie'. [61] Mais cette image de l'homme de lettres n'est sans doute pas exempte d'intentions polémiques, dès lors que l'enjeu demeure aussi d'amener le lecteur à prendre conscience de toute la distance qui sépare, non plus l'homme de lettres de l'homme puissant, mais bien un Voltaire homme de lettres d'un Desfontaines faiseur de libelles.

La conquête de l'opinion

Selon Charles Nisard, si un 'pamphlet' comme *La Voltairomanie* 'restera l'éternel opprobre de son auteur', 'La honte en retombe aussi sur le public d'alors qui s'en amusa, sur les magistrats qui n'eurent pas le courage de le poursuivre, et sur les ministres qui le tolérèrent, l'achetèrent et le lurent avec le plaisir qu'éprouve tout gouvernement corrompu et faible, quand on prend soin de déshonorer publiquement les hommes qu'il redoute, et contre lesquels il n'ose pas sévir.' [62] L'analyse mériterait sans doute d'être mise en perspective, ne serait-ce qu'en raison même du contexte dans lequel l'ouvrage de Nisard a été rédigé; [63] elle a cependant le mérite de faire apparaître le fossé qui sépare la représentation de Voltaire en homme de lettres qui, par ses talents, s'estime digne de fréquenter l'entourage des grands, et la réalité de sa situation concrète: si l'on suit Nisard, le gouvernement ne serait pas

---

[61] A. Viala, *Naissance de l'écrivain* (Paris 1985), p.293.

[62] Ch. Nisard, *Les Ennemis de Voltaire*, p.110.

[63] L'auteur précise, dans la préface, que cet ouvrage, qui paraît en 1853, a été 'écrit pour la plus grande partie du moins, un peu tumultuairement, dans les premiers mois qui succédèrent à la révolution du 24 février' (p.1).

mécontent que Desfontaines, même méprisé dans le fond, serve à en faire rabattre à Voltaire. Quelques années plus tard, en 1765, dans l'article 'Lettres, gens de lettres ou lettrés' du *Dictionnaire philosophique*, Voltaire paraît aussi moins optimiste: il rappelle en effet que 'Les gens de lettres qui ont rendu le plus de service au petit nombre d'êtres pensants répandus dans le monde' ont 'presque tous été persécutés', et remarque avec lucidité que 'Ces pauvres gens en place sont comme le docteur Balouard de la comédie italienne, qui ne veut être servi que par le balourd Arlequin, et qui craint d'avoir un valet trop pénétrant' (*OC*, t.36, p.285-86). Mais ce fossé qui apparaît à la lecture du *Mémoire* de 1739 peut aussi symboliser l'espace à franchir pour que se réalise pleinement la fonction que l'auteur assigne à l'homme de lettres, même si elle ne s'exprime pas encore de manière nette en 1739.[64] Surtout, en construisant cette image de la dignité de l'homme de lettres, Voltaire s'efforce de souligner l'écart qui le sépare d'un Desfontaines. Ce qui est insupportable en effet, dans les démarches de désaveu réciproque que l'on réclame en haut lieu,[65] tout comme dans les réactions que l'on citait plus haut, c'est l'idée, que sous-entend par exemple la désignation conjointe de Voltaire et de Desfontaines en tant que 'héros du Parnasse',[66] qu'il pourrait y avoir une commune mesure entre les deux hommes.

En répondant aux insinuations calomnieuses de Desfontaines, Voltaire affirme certes que la dignité de l'homme de lettres ne réside ni dans sa naissance, ni dans sa fortune, mais il se démarque aussitôt de cette image, et laisse entendre qu'il n'est ni petit-fils d'un paysan, ni auteur famélique. Ce faisant, il creuse encore la distance qui le sépare de Desfontaines. Dans son *Mémoire*, le sieur de Voltaire se croit obligé de préciser que, contrairement à ce qu'avance l'auteur de *La Voltairomanie*, pendant son séjour auprès de M. de Bernières, 'tout a été exactement payé' (p.107). L'idée est

---

[64] Voir, sur ce point, l'ouvrage de Jean Sareil intitulé *Voltaire et les grands* (Genève 1978).

[65] Voir ci-dessus, §1, 'Je mourrai ou j'aurai justice'.

[66] Voir ci-dessus, la citation du début du *Jugement désintéressé*.

reprise dans le *Mémoire sur la satire* ('Examen d'un libelle calomnieux...', p.184), dans lequel Voltaire rappelle aussi 'la réponse que fit il y a quelques années un de ces malheureux écrivains à un magistrat qui lui reprochait ses libelles scandaleux. Monsieur, dit-il, il faut que je vive', et souligne qu'*Il s'est trouvé réellement des hommes assez perdus d'honneur pour faire un métier public de ces scandales* ('Des calomnies contre les écrivains de réputation', p.180-81). L'enjeu est ici multiple: non seulement il s'agit de faire sentir que Voltaire est loin d'être dans la situation de nécessité matérielle dans laquelle se trouve Desfontaines, que ceux qui connaissent l'anecdote auront reconnu derrière le 'malheureux écrivain' qu'évoque Voltaire;[67] il s'agit aussi de combattre l'image, communément véhiculée notamment dans la presse et les correspondances privées, qui le réduit 'à la mesure commune [...] du poète famélique prêt à tout pour tirer un écu'.[68] En présentant l'abbé Desfontaines comme un homme 'assez perdu d'honneur' pour faire un 'métier public' de 'scandales', il nie enfin à son adversaire le titre même d'homme de lettres, auquel le souci de l'honneur est consubstantiellement attaché. Car si Voltaire peut être un homme de condition, un homme riche et un homme talentueux, son adversaire ne possède aucune de ces qualités. On comprend dès lors la douleur de Voltaire lorsqu'il écrit au comte d'Argental, le 9 février 1739 (D1862):

Je suis donc un homme bien méprisable, je suis donc dans un état bien humiliant, s'il faut qu'on ne me considère que comme un bouffon du public, qui doit, déshonoré ou non, amuser le monde à bon compte, et se

---

[67] Desfontaines est ailleurs accusé de tenir un 'bureau de médisance' dans lequel 'on vendait l'éloge et la satire à tant la phrase' (*A M.*** sur le mémoire de Desfontaines*, M.xxiii.26).

[68] H. Duranton, 'Les circuits de la vie littéraire au XVIIIe siècle: Voltaire et l'opinion publique en 1733', dans P. Rétat (dir.), *Le Journalisme d'Ancien Régime. Questions et propositions* (Lyon 1982), p.101-15, ici p.109. Henri Duranton précise qu'*En 1733 Voltaire est déjà bien au-delà des expédients de traîne-misère. Quelques beaux coups l'ont mis dans une situation financière plus que confortable. Mais on continue à le mesurer à l'aune des Roy, Rousseau et autres Desfontaines.'

montrer sur le théâtre avec ses blessures. La mort est préférable, à un état si ignominieux. Voilà une récompense bien horrible de tant de travail; et cependant Desfontaines jouira tranquillement du privilège de médire; et on insultera à ma douleur.

Les correspondants de Voltaire l'assurent pourtant du mépris dans lequel les 'hommes puissants' tiennent l'auteur de *La Voltairomanie*. Frédéric écrit à Mme Du Châtelet, le 27 janvier 1739 (D1826): 'Un lecteur sensé se rappelle le caractère de Rousseau et l'ingratitude de des Fontaines en lisant leurs écrits; et il se révolte lorsqu'il voit les nouveaux libelles dont on ne cesse de poursuivre Voltaire.' 'N'appréhendez pas de n'avoir pas les puissances pour vous', déclare à Voltaire le marquis d'Argenson, le 7 février (D1860). Et le 17 (D1887), c'est au tour du lieutenant de police Hérault de prier Voltaire 'de ne pas douter' qu'il ne soit 'favorablement disposé' pour lui 'rendre une justice exacte'. Voltaire n'en est pas moins à la fois indigné et inquiet de l'audience dont bénéficient les écrits de son adversaire. En supposant que Hérault 'empêche de donner des *observations*', écrit-il à d'Argental en février (D1847), Desfontaines 'donnera le lendemain des *disquisitions*, et tout Paris y courera'. Ses craintes ne peuvent d'ailleurs qu'être amplifiées par le témoignage de Saintard qui lui déclare, le 6 février (D1858), qu'on l'a assuré que Desfontaines 'était l'oracle et l'idole' de la province. Sans pour autant céder à l'illusion rétrospective, on peut observer que les témoignages ultérieurs confirment la place qu'occupent les journalistes dans la constitution de l'opinion. Dans l'article 'Critique' de l'*Encyclopédie*, Marmontel note, à propos de ceux qu'il nomme les 'critiques ignorants': 'comme ce qu'on méprise le plus, n'est pas toujours ce qu'on aime le moins, on a vu le temps où ils ne manquaient ni de lecteurs ni de Mécènes. Les magistrats eux-mêmes cédant au goût d'un certain public, avaient la faiblesse de laisser à ces brigands de la littérature une pleine et entière licence.' Et 'si les auteurs outragés sont trop au-dessus des insultes pour y être sensibles, s'ils conservent leur réputation dans l'opinion des vrais juges; au milieu des nuages dont la basse envie s'efforce de l'obscurcir, la

multitude n'en recevra pas moins l'impression du mépris qu'on aura voulu répandre sur les talents, et l'on verra peu à peu s'affaiblir dans les esprits cette considération universelle, la plus digne récompense des travaux littéraires, le germe et l'aliment de l'émulation'. Grande est donc la différence entre un journaliste et un auteur digne de ce nom. Cette distinction, que Voltaire s'efforce d'établir dans le feu de sa polémique avec Desfontaines, tend à s'accuser au cours du dix-huitième siècle. Dans le *Tableau de Paris*, si Louis-Sébastien Mercier consacre un chapitre à faire une 'Apologie des gens de lettres',[69] il s'en prend aussi aux 'demi-auteurs, quarts d'auteurs, enfin métis, quarterons, etc.', derrière lesquels il vise, entre autres, 'des critiques sans lumière et sans sel, et qui s'arrogent ensuite dans les sociétés le titre d'*hommes de lettres*'. Il livre alors une peinture au vitriol de ces usurpateurs, de ces 'maîtres journalistes, feuillistes, folliculaires, compagnons, apprentis satiriques, qui attendent, pour écrire, qu'un autre ait écrit, sans quoi leur plume serait à jamais oisive':

Ils forgent ce tas d'inepties périodiques, dont nous sommes inondés dans les arsenaux de la haine, de l'ignorance et de l'envie; ils sentent par instinct que le métier de jugeur est le plus aisé de tous; et ils soulagent à la fois le double sentiment de leur impuissance et de leur jalousie.

Au nom du goût, ils mordent ou déchirent; tous frappent et sont frappés: on croit voir des écoliers qui ont dérobé une lourde férule qu'ils s'arrachent tour à tour, et dont ils se donnent des coups violents. Des écrivains imberbes font la leçon aux anciens, et ne se la font jamais à eux-mêmes.

Quand ils ont démontré le vice d'une période, décomposé un hémistiche, et souligné quatre à cinq mots, ils se croient les restaurateurs de la poésie et de l'éloquence; ils vont d'une injustice à une injustice plus grande, d'une méchanceté à une méchanceté plus injurieuse. Voués au journalisme, ce mélange absurde du pédantisme et de la tyrannie, ils ne seront bientôt plus que satiriques; et ils perdront avec l'image de l'honnête le moral des idées saines.

[69] L.-S. Mercier, *Tableau de Paris* (Amsterdam 1782; reprint Genève 1979), chap. CCCL, iv.273-76.

Mercier précise alors que cette 'tourbe subalterne donne seule au public ce scandale renaissant, dont il s'amuse, et qu'il voudrait malignement rejeter sur les gens de lettres honnêtes et silencieux'. Il souligne cependant que même si 'le public sait bien' toute la 'distance' qu'il y a 'entre ces *aboyeurs* et les écrivains', 'Tout ce tapage littéraire fournit néanmoins un aliment à l'insatiable voracité de ce public pour tout ce qui respire la critique, la satire et la dérision.'[70] Si le principe d'une telle distinction est d'ores et déjà au centre de la représentation de l'homme de lettres que le sieur de Voltaire propose dans le *Mémoire* de 1739,[71] on voit que, au-delà du souci qu'il semble avoir du 'jugement' de la 'postérité', un des enjeux d'un texte comme le *Mémoire* paraît bien résider dans la lutte que Voltaire entend mener, auprès des grands comme auprès du public, à Paris mais aussi en province, pour la maîtrise de l'opinion au sein de la république des lettres.[72]

C'est dire que loin de se réduire à un simple 'combats de cailles', la querelle circonstancielle au cours de laquelle est rédigé le *Mémoire du sieur de Voltaire* présente des enjeux pragmatiques qui, en même temps qu'ils sont intimement liés à l'image que Voltaire entend imposer de lui, engagent aussi une conception de la fonction de l'homme de lettres, et une réflexion sur les conditions qu'il s'agit de réunir pour lui permettre de l'exercer pleinement. Les textes que Voltaire rédige par la suite dans le cadre de cette campagne posent avec une acuité certaine la question des moyens auxquels il est convenable de recourir pour satisfaire cette ambition: adopter un point de vue encore plus modéré et plus général en élaborant, avec le *Mémoire sur la satire*, une dissertation contre les libelles diffamatoires ou, comme il le fait quelques années plus tard, tirer parti, au

[70] *Ibid.*, chap. CXXXVIII, ii.113 et 115-17.

[71] Cette distinction n'est pas non plus sans incidences sur la conception qu'il forge, dans le *Mémoire sur la satire*, de la 'saine critique'. Voir l'introduction du *Mémoire sur la satire*, §3, 'Sur l'usage de la critique...'.

[72] Voir E. Showalter, 'Sensibility at Cirey', p.191: Voltaire 'was ready for a decisive campaign in Paris, over what we might call today control of the literary establishment'.

risque de se contredire, [73] de l'efficacité avérée de ces mêmes libelles, en livrant, avec le texte *A M.* *** *sur le mémoire de Desfontaines*, une lettre-pamphlet qui accable l'abbé de ridicules et de sarcasmes?

5. *Manuscrits et éditions*

En dépit du nombre important des remaniements qu'a connus le texte, on ne dispose pas, et de loin, de tous les états successifs du *Mémoire*. Lionello Sozzi a consulté un manuscrit déposé à la Bibliothèque impériale de Saint-Pétersbourg. Il existe en outre une copie, datant du dix-neuvième siècle, d'un manuscrit provenant des archives de la Bastille, qui ne présente pas toujours les mêmes variantes qu'a identifiées Lionello Sozzi. L. Léouzon Le Duc a, de son côté, imprimé des passages d'un manuscrit conservé à Saint-Pétersbourg, qui offre sur quelques points une leçon encore différente. Ces trois textes semblent avoir été rédigés après le 29 janvier 1739, car ils comportent tous, à quelques variantes près, le texte de l'ajout concernant l'abbé d'Olivet que Voltaire transmet à Moussinot (voir ci-dessous). En raison des différences, même minimes, que l'on a pu repérer entre ces versions manuscrites, on a choisi de les présenter successivement sous les sigles respectifs MS1, MS2 et MS3.

MS 1

Mémoire / contre le Sr Giot Desfontaines / Présenté a Monsieur herault / conseiller d'etat, Lieutenant general de La police / par son tres humble et tres / obeissant serviteur *Voltaire*.
Manuscrit de la Bibliothèque impériale de Saint-Pétersbourg, qu'a consulté Lionello Sozzi. D'après les variantes identifiées par le critique, le texte présente les mêmes caractéristiques générales que MS2.

---

[73] La contradiction subsiste même si, comme on en formule l'hypothèse (voir l'introduction), cette lettre-pamphlet est en réalité de plusieurs années postérieure aux deux *Mémoires*. Elle est toutefois moins flagrante que si cet ensemble avait été rédigé à la même époque et, pour ainsi dire, dans un seul et même mouvement.

MS2

Mémoire / contre le S^r. Giot desfontaines / Presenté à Monsieur héraut / conseiller d'état, Lieutenant / général de la police, / par son très humble / et trés obeissant serviteur / Voltaire.
Copie faite au dix-neuvième siècle par A. de Gouroff, ancien recteur de l'Université de Saint-Pétersbourg, et adressée à Beuchot. Il s'agit de la copie d'un manuscrit provenant des archives de la Bastille qui manque dans le dossier Autographes 288 de la Bibliothèque nationale de Russie. [74] Le texte est précédé du faux-titre: 'Memoire Pour / Le S^r. de Voltaire'.

    Le texte diffère de la version imprimée principalement en deux endroits: le passage sur Rousseau est moins développé (Voltaire affirme ne pas vouloir montrer 'la lettre de M. le duc d'Aremberg' qui est reproduite dans le texte imprimé); surtout, la péroraison est différente, et ne comporte pas le texte de la lettre au P. Tournemine, qui figure dans la version imprimée. En l'absence d'indication de date à la fin du texte, il est difficile de déterminer à quelle version du *Mémoire* correspond ce manuscrit. Dans le recueil conservé à la Bibliothèque nationale de France, le *Mémoire* est suivi du texte de la lettre d'envoi qui l'accompagne (f.59r), sans nom de destinataire (mais il s'agit très certainement de René Hérault, auquel, d'après le titre, est présenté le *Mémoire*) et sans date. Dans la correspondance, Besterman estime que cette lettre a été rédigée autour du 10 février 1739 (D1866), ce qui est vraisemblable, dans la mesure où le manuscrit du *Mémoire* comprend, à quelques variantes ponctuelles près, le texte de l'ajout dont parle Voltaire à Moussinot (D1833) et à l'abbé d'Olivet (D1834) le 29 janvier. Reste que ce texte, comme on l'a dit, diffère sensiblement de la version imprimée qui porte la date du 6 février. Même si l'indice demeure fort mince, l'existence d'une variante

[74] Voir Fernand Caussy, 'Inventaire des manuscrits de la bibliothèque de Voltaire, conservée à la Bibliothèque impériale publique de Saint-Pétersbourg', *Nouvelles archives des missions scientifiques et littéraires: choix de rapports et instructions publié sous les auspices du Ministère de l'instruction publique et des beaux-arts*, nouvelle série, fascicule 7 (Paris 1913), p.94.

incite à penser que le texte manuscrit correspond à un état antérieur du *Mémoire*, que Mouhy aurait fait imprimer par la suite. [75] Dans le manuscrit, Voltaire déclare en effet, à propos de la lettre de Desfontaines du 31 mai 1725: 'on va la deposer chez un nottaire'; dans le texte imprimé, on peut lire: 'on vient de la déposer' (p.105, l.343-44).
Paris, BnF: F12943, f.41r-55r.

MS3

Extraits publiés par L. Léouzon Le Duc, dans *Voltaire et la police. Dossier recueilli à Saint-Pétersbourg, parmi les manuscrits français originaux enlevés à la Bastille en 1789* (Paris, A. Bray, 1867). Les passages du *Mémoire* sont imprimés aux pages 186 à 194.

39A

MÉMOIRE / DU SIEUR / DE VOLTAIRE. / [*66 fleurs en forme de triangle*] / A LA HAYE, / Chez J. Neaulme. / [*filet*] / M. DCC. XXXIX.
[*faux-titre*] [*vignette: panier de fleurs avec feuillages*] MÉMOIRE / DU SIEUR / DE VOLTAIRE.
Texte publié par les soins du chevalier de Mouhy, à Paris, sous la rubrique de *La Haye* (Bengesco, 1574). L'exemplaire conservé à la Bibliothèque nationale de France comporte des notes manuscrites dont on ignore l'origine: l'annotateur précise ainsi, sur la page-titre, que ce mémoire 'contre l'abbé des fontaines' est 'rarissime'; au fil du texte, il corrige des erreurs orthographiques résiduelles ou certains traits de style, rectifie parfois la ponctuation, et ajoute une note. Comme l'identité de cet annotateur n'est pas établie, on ne tiendra pas compte de ces modifications apportées au texte dans l'établissement des variantes.
Paris, BnF: 8° Ln²⁷ 35543.

---

[75] Sur les circonstances de la publication du *Mémoire*, voir ci-dessus, §2, 'Histoire du texte'.

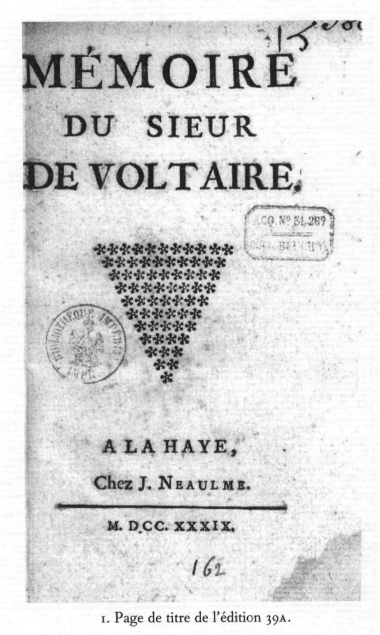

1. Page de titre de l'édition 39A.

MÉMOIRE
DU SIEUR
DE VOLTAIRE.

U milieu de ce tumulte d'intérêts publics & particuliers d'affaires, & de plaifirs qui emportent fi rapidement les momens des hommes, ne fera-t-il point trop téméraire de conjurer le Public éclairé de lire avec quelqu'attention ce Mémoire qu'on lui préfente? Il ne s'agit en apparence, que de quelques Citoyens. Mais l'intérêt d'un feul particulier devient fouvent l'affaire de tout honnête homme;

A 2

2. Faux-titre de l'édition 39A.

39B

Identique au précédent pour ce qui est de la pagination, mais dans lequel deux erreurs typographiques ont été corrigées à l'impression: 'Votre âge et votre sacerdoce [...] exigent de vous' (et non 'exige', p.111, l.452) et 'la lettre [...] déjà rapportée dans le journal de Dusauzet' (et non 'rapporté', p.116, l.551-52).
Paris, BnF: Z Beuchot 551.

6. *Principes de cette édition*

L'édition retenue comme texte de base est 39B, c'est-à-dire la version imprimée du *Mémoire* dans laquelle ne figurent pas les coquilles mentionnées plus haut. Cette version paraît en effet plus sûre que celle proposée dans le manuscrit, qui ne comporte pas en outre la lettre au P. Tournemine que Voltaire et Mme Du Châtelet jugent 'essentielle'. On a en revanche indiqué, dans l'apparat critique, les variantes qui proviennent des manuscrits (MS1, MS2 et MS3). Ces variantes ne portent pas sur les différences de ponctuation, sauf quand elles entraînent des modifications de sens. Dans les passages reproduits dans les variantes, on a scrupuleusement respecté le texte qui figure dans le manuscrit. On a cependant suppléé parfois au manque d'apostrophes ('s'il' pour 'sil', par exemple); on a mis des majuscules aux noms propres et en début de phrase; on n'a ajouté un accent que dans les cas où une confusion était possible (du type a/à); toutes les fois que la ponctuation a été jugée déficiente, le signe qu'il a fallu ajouter a été placé entre crochets.

Traitement du texte de base

On a respecté l'orthographe des noms propres de personnes et de lieux, y compris lorsqu'ils sont écrits sous une forme abrégée (Vol., V. pour Voltaire; Desf., Des F. pour Desfontaines). On n'a dérogé à ce principe que lorsque l'on n'a rencontré qu'une seule fois la graphie particulière d'un nom orthographié différemment partout ailleurs: dans ces rares cas,

on a restitué la graphie habituelle ('M. de Précontal' au lieu de 'M. Précontal', p.91, l.74-75; 'M. de Murat' au lieu de 'M. Murat', p.95, l.160; 'Locke' au lieu de 'Lock', p.119, l.614).

On a conservé les italiques du texte de base, que l'on a également ajoutées pour les titres des œuvres citées: Alzire, Apologie de M. de Voltaire, la Bibliotheque françoise, Dictionnaire Néologique, Elemens de Newton, Essai sur la Poësie Epique, la Henriade, Histoire de Charles XII, Histoire du Vicomte de Turenne, Journal des Sçavans, Lettres à un Comédien, la Mere Coquette, Mérope, Lettres contre l'Abbé de Houteville, les Observations, Pantalons, Poëme de la ligue, la Ramsaïde, Rats Calotins, réceptions à l'Académie, Vitruve. On a en revanche supprimé les italiques pour les dates.

On a respecté scrupuleusement la ponctuation. On a toutefois supprimé le point qui suit toujours les chiffres romains et arabes, que l'on a parfois remplacé par une virgule. En ce qui concerne le point qui suit un nom propre sous une forme abrégée, il a été conservé, mais on a parfois dû, pour la cohérence du texte, soit ajouter une virgule (p.92, l.99 et l.112; p.93, l.127 et p.94, l.148), soit considérer que ce point faisait aussi office de ponctuation forte, et ajouter une majuscule au mot suivant (p.92, l.103 et l.105; p.106, l.363).

On a en outre corrigé trois coquilles: on a rectifié l'orthographe du titre de l'ouvrage de Desfontaines dans une occurrence ('la *Volteromanie*', p.98, l.197); on a restitué la préposition *à* dans l'expression 'il passera peut-être la postérité' (p.117, l.572-73), ainsi que le pronom *ce*, pour rétablir le balancement de la phrase dans 'c'est-là dont il se plaignoit..., c'est là ce qu'il appelle' (p.118, l.599-600).

Par ailleurs, le texte de 39B a fait l'objet d'une modernisation portant sur la graphie, l'accentuation et la grammaire. Les particularités du texte de base dans ces trois domaines étaient les suivantes:

I. Particularités de la graphie

1. Consonnes

– absence de la consonne *p* dans le mot 'tems' et son composé 'long-tems'.
– absence de la consonne *t* dans les finales en *–ans* et en *–ens*: cens, charmans, différens, éclaircissemens, Elémens, humilians, languissans, méchans, momens, parens, présens, puissans, sçavans (une exception), sentimens.

– redoublement de consonnes contraire à l'usage actuel: (s')addresse, appaiser, appercevois, coutte, honnore, intarrissables (une occurrence), jetta, jetter, rappellez.
– présence d'une seule consonne là où l'usage actuel prescrit son doublement: on aprend, raporter (et raportant), éfacer.

2. Voyelles

– emploi de *y* à la place de *i* dans: ayent, voyent, May, vraye, Satyres (également, 'Satires'), Satyrique.
– emplacement du *–e* final par une apostrophe devant voyelle: entr'eux, lorsqu'enfin, quelqu'avantage.

3. Divers

– orthographe 'étymologique': sçai, sçait, sçauroit, sçavez, sçavoit, sçavoir, sçavans.
– emploi de la graphie *–oi* pour *–ai* dans les formes verbales à l'imparfait ou au conditionnel, ainsi que dans: affoiblie, Anglois, Ecossois, François (et Académie Françoise), (re)connoît, connoissez, connoissoit, connoître, reconnoissance.
– emploi discret de la graphie *–ez* pour les participes passés: accablez, approuvez, conservez, élevez, pensez, sacrifiez, tronquez.
– coupure des mots ne correspondant pas à l'usage moderne: sur tout, du quel; inversement, absence de coupure là où l'usage moderne en place une: dequoi, faire ensorte que.
– utilisation systématique de la perluette.

4. Graphies particulières

– l'orthographe moderne a été rétablie dans le cas des mots suivants: anthousiasme, autentique (également, 'authentiques'), Bienfaicteurs (une occurrence, partout ailleurs: 'bienfaiteur'), hazardoit (et hazardés), rampart, vange (mais aussi, 'venger').

5. Abréviations

– Sieur, Sr. et S. deviennent 'sieur'; Madame devient 'Mme'.

6. Le trait d'union

– il a été supprimé dans les noms et expressions suivants: à-peu-près (locution adverbiale), aussi-bien que, bien-aisé, bien-tôt, dès-lors, c'est-là, ce sont-là, il n'y auroit rien-là (de déshonorant), par-là, long-tems, mal-adroitement, ne comblez-pas, par-tout, sur-tout (égale-

ment: 'sur tout'), tout-à-l'heure (mais aussi, 'tout à l'heure'), très-bien, très-bons, très-cher, très-corrigée, très-estimé, très-faussement, très-humble, très-indigné, très-mauvais, très-obéissant, très-puissants, très-respecté, très-Révérend Pere, très-surpris.

– il a été rétabli dans les noms et expressions suivants: beaux Arts, belles Lettres (une exception), toute puissance.

7. Les majuscules ont été supprimées

– dans les noms suivants: Abbé, Acte, Action, (en) Anglois, Anecdotes, Année, Anti-Chrétien, Apologie, Appartement (mais aussi, 'appartement'), Artistes, Arts, Autels, Auteur (mais aussi, 'auteur'), Bataille, Brochûres (mais aussi, 'brochure'), Cabaret, Calomnie, Cause, Chambre (de l'Arsenal, des Comptes), Chancelier, Chevron, Citoyen, Collége, Colporteur, Comédie, Comédien, Comte, Corps, Critique, Cyclope, Duc, Ecrit (mais aussi, 'écrit'), Ecrivain, Editeur, Edition, Epigrammes, Etranger, Evêque, Exemplaire, Gazettes, Gens de Lettres, Grands Hommes, Guerrier, Histoire, Historien, Petit Hôtel, Journal, Judicature, Juge, Justice, Lecteur, Lettres (et 'Lettres d'abolition'), Libelle (mais aussi, 'libelle'), Libraire, Lieutenant, Livre (mais aussi, 'livre'), Loi(x) (mais aussi, 'loi'), Magistrature, Maréchal, Marquis, Marteaux, Mémoire, Messieurs, Milord, Mission, Monseigneur, Monstres, Nation, Objections, Officiers, Opera, Orateurs, Ouvrage, Païsan, Parlement, Partie, Pere, Périodiques, Philosophes, Pieces, Plume, Poëme, Poësie, Poëte, Préface, President(e), Prêtrise, Prélats, Prince, Procès, Prose, Province, Public (mais aussi, 'public'), Recueils, Réfutation, Relation, Religieux, Religion, Requête, Rimeur, Roi, Sacerdoce, Satyres (mais aussi, 'satyre'), Satyrique, Sçavant, Scenes, Société, Souverain, Témoin, Traducteur, Traduction, Tragédie, Trésorier, Tribunal.

– dans les noms désignant les mois de l'année: Janvier, Février, May, Août, Septembre, Novembre, Décembre.

– dans les adjectifs suivants: Calotins, Catholique, Chrétienne, Coquette, Divine, Epique (mais aussi, 'épique'), François(e), Général (Lieutenant), Littéraire (mais aussi, 'littéraire'), Militaire, Néologique, Protestant.

II. Particularités d'accentuation

1. L'accent aigu

- il est absent dans: caracterise, experience, ferocité, helas (une occ.), litteraire (une occ.), Opera, posterité (mais aussi, 'postérité'), President, reprimé, reserve, superiorité, temeraire, verité (mais aussi, 'vérité').
- contrairement à l'usage actuel, il est présent dans: réposez(-vous).
- il est employé au lieu du grave, dans: caractére, Collége, entiéres (et entiérement), j'espére (également, 'j'espere'), fiévre, matiére (également, 'matiere'), piéces (également, 'Pieces'), régles, siécle.

2. L'accent grave

- il est absent dans: ameres, Bibliotheque, caractere (également, 'caractére'), colere, derniere, éleve, j'espere (également, 'j'espére'), freres, irreligion, maniere, matiere (également, 'matiére'), Mere, modele, Pere, Pieces (également, 'piéces'), premiere, Scenes, secrete, singuliere, séverement.

3. L'accent circonflexe

- il est présent dans des mots qui ne le comportent pas selon l'usage actuel: assûrément, Brochûres, coûteau, ajoûte(r), émû, plû, pû et vû(e) (participes passés), pût (passé simple).
- il est absent dans: ames.
- il est absent dans la forme de subjonctif imparfait 'il eut dû attendre'.

4. Le tréma

- contrairement à l'usage actuel, on le trouve dans: athéïsme, (nous) avoüons, emploïa (et emploïée), feüilles (mais aussi, 'feuilles'), lieuës, obéïssance, oüi, Poëme, Poësie, Poëte, païs, Païsan, (se) réjoüissent, Roüen, soutenuë (participe passé).

III. Particularités grammaticales

1. L'accord du participe passé est tantôt réalisé correctement; tantôt il l'est de manière incorrecte ('L'importunité de quelques amis lui avoit arrachée cette lettre', p.101-102, l.274-75; 'avez-vous pensez que...', p.111, l.445; 'nous n'avons pas assez détruit la calomnie, ni assez prévenue ses attaques', p.117-18, l.583-84); tantôt il ne l'est pas ('les éloges que M. de Vol. [...] a donné à votre Ouvrage', p.94, l.135-36; 'Y

a-t-il beaucoup de gens de lettres qu'il n'ait pas offensé?', p.97, l.182-83; 'ces sentimens généreux que vous m'avez inspiré', p.118, l.607).

2. Emploi de l'*s* adverbial dans: jusques.

3. Emploi du pluriel en *−x* dans: loix.

4. Absence d'accord de *même* dans 'les libelles même qu'il avoue'.

MÉMOIRE DU SIEUR DE VOLTAIRE

Au milieu de ce tumulte d'intérêts publics et particuliers, d'affaires, et de plaisirs qui emportent si rapidement les moments des hommes, ne sera-t-il point trop téméraire de conjurer le public éclairé de lire avec quelque attention ce mémoire qu'on lui présente? Il ne s'agit en apparence, que de quelques citoyens. Mais l'intérêt d'un seul particulier devient souvent l'affaire de tout honnête homme; car quel homme de bien n'est point exposé à la calomnie plus ou moins publique?[1] On prie chaque lecteur de se dire ici, *Homo sum humani nihil a me alienum puto*.[2] Tout lecteur sage devient en de pareilles circonstances, un juge qui décide de la vérité et de l'honneur en dernier ressort, et c'est à son cœur que l'injustice et la calomnie crient vengeance.

L'auteur de ce mémoire a des imputations injustes à détruire, comme homme de lettres, et des accusations affreuses à confondre comme citoyen. L'amour du vrai, le respect pour le public, la nécessité de la plus juste défense, et non l'envie de nuire à son ennemi dirigeront toutes ses paroles.

Un petit écrit intitulé *le Préservatif* a paru dans le monde;[3] cet écrit n'est point du sieur de Vol., il s'occupe à des choses plus importantes. On n'y retrouve assurément ni son caractère ni son

a   MS1, MS2: Memoire Pour / Le S^r. de Voltaire.
3   MS2: ne seroit-il point

[1] Cf. *Mémoire sur la satire*, 'Des calomnies contre les écrivains de réputation', p.181, l.411-14.

[2] Térence, *Héautontimorouménos*, I, i.25. Traduction: 'Je suis homme: j'estime que rien de ce qui est humain ne m'est étranger.' Cf. aussi le début de D1983 (Voltaire à Bernoulli, 16 avril 1739).

[3] Voltaire a toujours nié avoir écrit *Le Préservatif*, pamphlet qui prend pour cible les *Observations sur les écrits modernes* de l'abbé Desfontaines, dont il attribue la paternité au chevalier de Mouhy. Voir l'introduction du *Préservatif*.

style; il ne dit pas cependant, que sa manière d'écrire soit meilleure, il dit qu'il est bien aisé de voir si elle est différente.

Un ennemi cruel du sieur de V (Eh pourquoi est-il son ennemi, on le sait!) prend ce prétexte pour inonder Paris du plus affreux libelle diffamatoire, [4] qui ait jamais soulevé l'indignation publique. Comment ne serait-on pas révolté d'un libelle où l'on traite si injurieusement M. Andry, [5] qui travaille avec applaudissement depuis 30 ans sous M. Bignon au *Journal des Savants*: [6] où l'on appelle un autre médecin, Tersite de la faculté, [7] M. de Fontenelle ridicule, [8] celui-là faquin, [9] celui-ci polisson, un autre cyclope, [10] un autre colporteur, [11] un autre enragé etc.? [12] Où l'on ne prodigue

25

30

21-22 MS1, MS2: il ne dit pas que sa maniere d'ecrire soit meilleure, mais il dit
24 MS3: prétexte du Préservatif pour inonder
27 MS2, MS3: M^r. Audry
29 MS3: Tersite de la famille

[4] *La Voltairomanie*. A en croire Voltaire, ce pamphlet de Desfontaines a fait l'objet d'une large diffusion dans la capitale. Voir l'introduction, §1, 'Répondre ou pas', p.18-20.

[5] Cf. *Voltairomanie*, p.46, n. Nicolas Andry de Boisregard (1658-1742), célèbre médecin devenu régent à la faculté de médecine, censeur royal pour des ouvrages de médecine, rédacteur au *Journal des savants* et auteur, comme Procope (voir ci-dessous, n.7), d'ouvrages polémiques contre la chirurgie. Voir le *Dictionnaire des journalistes*, p.10-11. Cf. aussi D1814 (Trublet à Voltaire, 22 janvier 1739).

[6] L'abbé Jean-Paul Bignon (1662-1743) dirige le *Journal des savants* entre 1701 et 1714, puis entre 1723 et 1739. Voir le *Dictionnaire des journalistes*, p.98-103.

[7] Cf. *Voltairomanie*, p.46, n. Selon Le Blanc (D1773 – à Bouhier, 13 janvier 1739) et selon le commissaire Dubuisson (*Mémoires secrets du XVIIIe siècle*, p.504), il s'agit du médecin Michel Coltelli, dit Procope-Couteaux, fils de François Procope, fondateur du Café.

[8] Si, dans *La Voltairomanie*, l'appellatif 'ridicule' est fréquemment appliqué à Voltaire, il n'est jamais employé pour qualifier Fontenelle.

[9] Cf. *Mémoire sur la satire*, 'Examen d'un libelle...', p.181, l.418-22.

[10] Cf. *Voltairomanie*, p.46, n. Selon Le Blanc (D1773), il s'agit de Louis de Boissy.

[11] Parmi les 'ignobles partisans' de Voltaire, Desfontaines brocarde 'le polisson, éditeur connu, et colporteur intéressé, de toutes les rapsodies de Voltaire' (*Voltairomanie*, p.4, n.).

[12] C'est Voltaire lui-même qui est qualifié de 'faquin' (*Voltairomanie*, p.11, n.) et d'"enragé' (*ibid.*, p.48).

enfin que des injures atroces? Malheureux partage de la colère et de l'aveuglement! J'ose demander surtout à l'estimable corps des avocats, quelle est leur indignation contre un perturbateur du repos public, qui ose mettre sous le nom d'avocat cet écrit   35
scandaleux, comme s'il y avait un avocat, qui fît un mémoire sans le signer, qui pût se charger de tant d'horreurs, qui pût jamais écrire dans un semblable style! [13]

On divisera la réfutation en deux parties. Les accusations littéraires les plus graves seront le sujet de la première: on se   40
détermine à en parler parce que le public en peut retirer quelque avantage, et qu'on ne doit jamais négliger l'éclaircissement d'une vérité; d'ailleurs par une fatalité malheureuse, ces éclaircissements tiennent à des calomnies personnelles, la vertu s'y trouve souvent intéressée ainsi que les belles-lettres. La seconde partie contiendra   45
la réfutation par pièces originales, des plus outrageantes impostures, que jamais honnête homme ait essuyées, et qui aient armé la sévérité des lois. [14] Le sieur de V. préférant la retraite et l'étude à la malheureuse occupation de solliciter lui-même sa vengeance au tribunal de la justice, s'adresse d'abord à celui du public, et impose   50
quelque silence à sa douleur pour examiner ce qui concerne certaines accusasions littéraires dans lesquelles il s'agit de noms illustres dont il doit venger l'honneur outragé.

---

32   MS1, MS2, MS3: injures atroces ce malheureux partage
35   MS1, MS2, MS3: nom d'un avocat
38   MS1, MS2: ecrire d'un semblable stile?

---

[13] *La Voltairomanie* est sous-titrée *Lettre d'un jeune avocat en forme de mémoire.* Sur les démarches entreprises par Voltaire pour obtenir, de la part des avocats, un désaveu public du pamphlet, voir l'introduction, §1, 'Je mourrai ou j'aurai justice', p.23.
[14] Sur les poursuites qui pouvaient être engagées à l'encontre de ceux qui écrivent, impriment ou diffusent des libelles diffamatoires, voir en particulier Delamare, *Traité de la police*, i.201-207, et Ferrière, *Dictionnaire de droit et de pratique*, art. 'Libelles diffamatoires'.

Première partie

Il y a dix ans que le sieur de Vol. amasse de tous côtés des
mémoires pour écrire l'histoire du siècle de Louis XIV, de ce siècle   55
fécond en tant de grands hommes, et qui doit servir d'exemple à la
postérité. Ne se flattant pas de pouvoir mêler son nom au nombre
des artistes, qui ont fait l'honneur de ces temps trop courts, il veut
au moins essayer de les consacrer dans un ouvrage, qui n'aura de
mérite que celui d'être vrai.   60

L'histoire militaire y trouve sa place aussi bien que celle des
arts; et c'est surtout dans la guerre, que le sieur de Vol. avait besoin
d'instructions et de mémoires authentiques.

Parmi plusieurs lettres de M. de Précontal, lieutenant général, [15]
il y en a une qui contient une relation exacte de la bataille de Spire.   65
Cette relation est conforme à celle de deux officiers, qu'on a aussi
entre les mains: tous sont témoins oculaires, et il faut avouer à
l'honneur du nom français et à celui du feu maréchal de Tallard,
que jamais action ne fut conduite avec plus de sagesse, de célérité,
et de valeur. [16] Il y a environ 4 ou 5 ans que l'abbé Desf. dans ses   70
feuilles périodiques, a avancé que M. le maréchal de Tallard gagna

57-58   MS1, MS2: nom au nom des artistes
59-60   MS1, MS2: d'autre merite que d'etre vray.
68   MS1: celle de feu M. le maréchal
71   MS1, MS2: , avance que

[15] Pendant la guerre de Succession d'Espagne, Armand de Pracomtal, lieutenant
général des armées du roi, passe en Flandre en 1703 sous le maréchal de Villeroy,
conduit ensuite 24 escadrons à l'armée du Rhin et opère sa jonction avec le maréchal
de Tallard le 15 novembre 1703. Il est tué à la bataille de Spierbach le même jour, dès
les premières charges.

[16] Au cours de la bataille de Spire (1703) la France remporte une victoire sur le
prince de Hesse. Dans *Le Siècle de Louis XIV*, Voltaire brosse un portrait élogieux
de Camille de La Beaume, duc de Hostun et comte de Tallard (1652-1728), et précise
que 'La bataille de Spire lui avait fait un très grand honneur, malgré les critiques de
Feuquières' (*OH*, p.830). Cf. aussi *OH*, p.827. Sur Feuquières, voir ci-dessous, n.17
et 18.

la bataille de Spire par une bévue et contre toutes les règles, *il y avait déjà longtemps*, dit-il, *qu'il le savait.*[17] Le sieur de V. dès lors fit donner copie à plusieurs personnes de la lettre de M. de Précontal; il se faisait un devoir de venger la mémoire d'un général français malheureux une fois, mais toujours estimable. On vient en dernier lieu d'imprimer cette lettre, c'est de quoi le sieur de Vol. ne peut se plaindre; mais il se plaint que l'éditeur, en opposant le témoignage de M. de Précontal témoin oculaire, et celui de M. de Feuquiere,[18] qui n'était pas à cette bataille, se soit servi d'un mot qui peut offenser la mémoire de M. de Feuquiere. En vain le sieur Desf. veut en cela noircir le sieur de Vol., qui n'a dans tout ce différend d'autre part que d'avoir soutenu l'honneur de sa nation.[19]

Prendre le parti de la vertu outragée, est presque toujours ce qu'on reproche au sieur de Vol. dans ce libelle fait pour n'outrager que la vertu. Dans quel autre livre eût-on pu faire un crime au sieur de Vol. d'avoir depuis longtemps justifié un des plus estimables et des plus savants prélats qui soient au monde? milord Barkley évêque de Cloine, cet homme dans qui l'amour du bien public est la passion dominante, cet homme qui a fondé une mission pour civiliser l'Amérique septentrionale, est l'auteur d'un livre dans le goût de celui de M. l'abbé de Houteville, d'un écrit plein d'esprit et de sagesse en faveur de la religion

75

80

85

90

79-80 MS1, MS2: oculaire, à celuy de
91 MS2: est une passion
93-94 MS1, MS2: d'un livre plein

---

[17] Cf. *Observations*, lettre LII (3 mars 1736), iv.165. Contrairement à Voltaire, Desfontaines insiste sur l'impartialité de Feuquières. Cf. aussi les *Mémoires sur la guerre, écrits par feu M. le marquis de Feuquières* [...] *pour l'instruction de son fils*, 2ᵉ éd., 1735.

[18] Dans *Le Siècle de Louis XIV*, Voltaire fait état à plusieurs reprises de la sévérité des jugements d'Antoine de Pas, marquis de Feuquières: cf. *OH*, p.783-84.

[19] Cf. *Le Préservatif*, n° XXIV, et *Voltairomanie*, p.22.

chrétienne.[20] L'abbé Desf. ayant pris peut-être les objections qui 95
se trouvent dans ce livre pour les sentiments de l'auteur même,
avance dans ses *Observations*, que cet ouvrage est celui d'un
libertin méprisable, qui écrit dans un cabaret contre la religion
et contre la société.[21] Le sieur de Vol., ami depuis longtemps de
milord Barkley, a détruit hautement dans vingt de ses lettres, cette 100
scandaleuse méprise;[22] il en parle même dans sa préface des
Eléments de Newton:[23] l'auteur du *Préservatif* rapporte à peu
près le sentiment du sieur de Vol.[24] Qu'aurait fait alors un
auteur, qui aurait eu du respect pour la vérité? Il se fût rétracté,
il eût remercié le sieur de Vol. Mais à sa place les honnêtes gens 105
seront pour nous, ils feront ce que M. de Vol. a fait pour l'évêque
de Cloine, tout homme de lettres doit justifier l'homme de lettres
calomnié, comme tout citoyen doit secourir le citoyen qu'on
assassine.

Non seulement la cause d'un maréchal de France très estimé; 110
celle d'un vertueux évêque, se trouvent ici jointes à celle du sieur
de Vol., mais il a encore à venger la mémoire de cet ambassadeur,
qui vient de verser son sang pour l'honneur de sa patrie; de feu M.
le comte de Plelo, dont le nom sera toujours cher à la France et très

112   MS1: vanger le mémoire
114-115   MS1, MS2: la france et respecté

[20] Georges Berkeley, philosophe anglais (1685-1753), auteur notamment d'*Alciphron ou le petit philosophe*. L'abbé Alexandre-Claude-François Houtteville (1686-
1742) est membre de l'Académie française en 1723, dont il est devenu secrétaire
perpétuel en 1742. Sur ce dernier, voir ci-dessous, n.34.
[21] Cf. le virulent compte rendu, par Desfontaines, de l'*Alciphron*, présenté comme
'un tissu de sophismes libertins, forgés à plaisir pour détruire les principes les plus
sûrs et les plus élevés de la morale, de la politique, et même de la religion':
Observations, lettre VIII (7 mai 1735), i.179-81.
[22] Cf. par exemple D915 (Voltaire à Cideville, 20 septembre 1735).
[23] Cf. les *Eclaircissements nécessaires*, datés du 20 mai 1738, qui sont, d'après
Beuchot, envoyés à plusieurs journaux et placés en tête de l'édition de 1738 des
Eléments de la philosophie de Newton (*OC*, t.15, p.662-63).
[24] Cf. *Préservatif*, n° XXVI.

respecté dans toutes les nations.[25] C'est ce ministre, ce guerrier   115
digne d'être comparé aux anciens Grecs et aux anciens Romains,
que l'abbé Desf. veut par une calomnie, flétrir du ridicule le plus
avilissant: voici le fait. L'abbé Desf. traduit en 1729 un *Essai sur la
poésie épique* que le sieur de Vol. avait composé en anglais: il la[26]
fait imprimer chez son libraire Chaubert. Le sieur de Vol. quelque   120
temps après a la complaisance de corriger plus de cinquante
contresens de cette traduction. Il en fait tout l'honneur à l'abbé
Desf. dans deux éditions de la *Henriade*; mais comme cet ouvrage
avait toujours un air de traduction, un air étranger, l'auteur le
refondit entièrement et le donna ensuite sous son propre nom:[27]   125
voilà ce qui aigrit le traducteur, voilà peut-être la source de toute la
haine; il l'osa même reprocher un jour à M. de Vol., il ne put lui
pardonner d'avoir usé de son bien. Mais aujourd'hui qu'ose-t-il
dire dans son libelle? que sa traduction imprimée chez Chaubert, et
qui fourmille de fautes, n'est pas de lui; mais de feu M. le comte de   130
Plelo.[28] Pouvez-vous ainsi insulter à la mémoire d'un homme
aussi cher à la France? Qui l'eût cru qu'un ambassadeur, qui a

131   MS1, MS2: pouvés vous insulter ainsy a la mémoire

[25] Louis-Robert-Hippolyte de Bréhant, comte de Plélo (1699-1734), diplomate
français, ambassadeur de France au Danemark depuis 1729, est mort à Dantzig en
allant porter secours à Stanislas Leszczynski assiégé par les Russes pendant la guerre
de succession de Pologne.

[26] 'La', sous-entendu: la traduction.

[27] Desfontaines est effectivement l'auteur d'une traduction de l'*Essai sur la poésie
épique*, à laquelle renvoie Voltaire dans un passage qui figure, à la fin de l'"Histoire
abrégée des événements sur lesquels est fondée la fable', dans l'édition de 1730 de *La
Henriade* (*OC*, t.2, p.306-307). La traduction de Desfontaines, corrigée par Voltaire,
est imprimée en 1732 dans le tome i des *Œuvres de Voltaire*, à la suite de *La Henriade*,
sous le titre d'*Essai sur la poésie épique de toutes les nations écrit en anglais par M. de
Voltaire en 1726, et traduit en français par M. l'abbé Desfontaines*. Ce n'est qu'en 1733
que Voltaire publie une version remaniée de son ouvrage en français: cf. M.viii.305-
63.

[28] *Voltairomanie*, p.26. Cf. aussi D1746 (Voltaire à d'Argental, vers le 6 janvier
1739).

versé son sang pour la patrie, dût être avec vous en compromis! quoi pendant six années entières, vous avouez cette traduction, vous recevez les éloges que M. de Vol. (votre bienfaiteur en tout) a donnés à votre ouvrage, corrigé de sa main; et lorsque enfin la vérité éclate, ce n'est plus vous qui avez fait cette traduction, c'est un mort qui ne peut vous contredire! 135

Serait-ce encore le comte de Plelo qui serait l'auteur d'un libelle clandestin fait contre le sieur de Vol. dans le temps des représenta- 140 tions d'*Alzire*? [29] serait-ce lui qui aurait fait toutes ces brochures dont on est inondé depuis si longtemps: ces *Lettres à un comédien*, [30] ces *Réceptions à l'Académie*, [31] ces *Pantalons*, [32] ces *Rats calotins*, [33] tous ces petits recueils des plus basses satires dont l'auteur est si connu? 145

Pour mieux confondre toutes ces satires, toutes ces accusations que le sieur Desf. a semées, et qu'il voudrait répandre dans toute l'Europe savante contre le sieur de Vol., nous ne voulons ici que

---

133   MS2: pour sa patrie
133-134   MS1, MS2: en compromis pour une traduction ridicule. quoi
146   MS1, MS2, MS3: satires infames, toutes
148-149   MS2: voulons que mettre [ici, ajouté au crayon] sous

---

[29] Tout comme Beuchot, on ignore de quel texte il s'agit. L'existence d'un 'libelle au sujet d'*Alzire*' semble toutefois attestée par une mention qui figure dans la lettre adressée à Voltaire par Du Lyon le 7 janvier 1739 (D1750), que Voltaire prie d'Argental d'envoyer à René Hérault (D1787).

[30] *Lettre d'un comédien français au sujet de l'Histoire du Théâtre Italien écrite par M. Riccoboni, dit Lélio, contenant un extrait fidèle de cet ouvrage, avec des remarques* (Paris 1728).

[31] La *Relation de ce qui s'est passé au sujet de la réception de messire Christophe Mathanasius à l'Académie française*, imprimée à la suite de la 3e édition du *Dictionnaire néologique*, vise en particulier Fontenelle, qui est le défunt académicien auquel succède Christophe Mathanasius (Mirabaud).

[32] L'*Eloge historique de Pantalon-Phoebus*, également imprimé à la suite du *Dictionnaire néologique*, s'en prend essentiellement à Houdar de La Motte.

[33] Dans la 3e édition du *Dictionnaire néologique*, on trouve aussi les textes de deux *Lettres d'un rat calotin, à Citron Barbet*, dans lesquelles l'auteur, M. de la Clède, s'offusque de l'honneur, selon lui excessif, qui a été rendu aux *Chats* de Moncrif (1727).

mettre sous les yeux du lecteur en peu de mots, qui sont ceux que cet écrivain a outragés et comment il les outrage: ne parlons que des libelles même qu'il avoue et ne citons que des faits publics. 150

M. l'abbé de Houteville, fait-il un livre éloquent et estimé sur la religion chrétienne; l'abbé Desf. écrit contre ce livre à mesure qu'il le lit, fait imprimer à mesure qu'il compose et enfin (a) (quel aveu pour un satirique!) il est obligé d'avouer dans le cours de sa 155 critique, qu'il s'est hâté de reprendre dans la première partie du livre de M. l'abbé de Houteville, les choses dont il trouve l'explication dans la seconde: [34] y a-t-il un plus grand exemple d'une satire injuste et précipitée?

Imprime-t-on un livre sage et ingénieux de M. de Murat, qui fait 160 tant d'honneur à la Suisse, et qui peint si bien les Anglais chez lesquels il a voyagé; l'abbé Desf. prend la plume, déchire M. de Murat qu'il ne connaît pas, et décide sur l'Angleterre qu'il n'a jamais vue. [35] Quelles censures injustes, amères, mais frivoles de

(a) *Lettres contre l'abbé de Houteville.*

n.(a) MS2: Lettres contre l'abbé de houteville par Desfontaines.
157 MS1, MS2, MS3: , des choses

[34] Cf. *Lettres de M. l'abbé *** à M. l'abbé Houtteville, au sujet du livre De la Religion chrétienne prouvée par les faits.* Voltaire fait peut-être allusion au début de la dix-huitième lettre, qui dénonce l''art séducteur' de l'abbé Houtteville: l'abbé *** concède que l'auteur apporte le 'contrepoison' de ses 'réponses' après avoir versé 'le poison le plus subtil de l'incrédulité'. Mais 'le remède ne fait point son effet', conclut-il, avant de stigmatiser celui 'qui, malgré la droiture de son cœur, ruine à son insu la religion, en la voulant établir' (p.338-39).
[35] Cf. *Apologie du caractère des Anglais et des Français, ou Observations sur le livre intitulé, Lettres sur les Anglais et les Français, et sur les Voyages.* L'auteur se prononce personnellement sur les '*Lettres sur les Français et sur les Voyages*'; mais 'n'ayant jamais été en Angleterre', il s'en remet, 'pour celles qui regardent les Anglais' au jugement d''un Anglais homme de condition' avec lequel il a lié 'une étroite amitié, pendant le séjour qu'il fit à Paris en 1719 et 1720' (p.5-6) et auquel il a fait parvenir l'ouvrage de Béat de Muralt. Cette fiction mise en place, l'auteur livre la prétendue réponse de l'ami anglais, cette 'Lettre écrite de Londres, au sujet des Lettres sur les Anglais' que l'auteur dit 'traduite de l'anglais'.

l'*Histoire du vicomte de Turenne* par M. de Ramsay! Ce savant   165
Ecossais écrit dans notre langue avec une éloquence singulière: il
honore par là notre nation. Et un homme qui dans ses gazettes
littéraires, ose parler au nom de cette nation, outrage cet étranger
estimable! [36] L'illustre marquis Maffey fait-il un voyage en France,
l'Observateur saisit cette occasion pour l'avilir, pour parler   170
indignement de la tragédie de *Mérope*; il en traduit des scènes,
et on lui a prouvé qu'il en avait altéré le sens. [37] Avec quelle
opiniâtreté ne s'est-il pas longtemps déchaîné contre M. de
Fontenelle, jusqu'à ce qu'enfin on lui ait imposé silence? [38] Mais

166   MS1, MS2, MS3: une elegance singuliere
167   MS2: nation; un homme
170-171   MS2: occasion pour parler indignement
172   MS1, MS2: on luy prouve qu'il
     MS3: où on lui prouve qu'il

[36] Le chevalier André-Michel de Ramsay (1686-1743), précepteur du duc de
Château-Thierry et du prince de Turenne, intendant du prince de Turenne, ami de
Louis Racine et de Jean-Baptiste Rousseau, fait paraître, en 1735, une *Histoire du
vicomte de Turenne*. Desfontaines en effectue un compte rendu en demi-teinte
(*Observations*, lettre XVI, 1er juillet 1735, ii.3-20) qui pointe notamment des 'fautes
d'expression', des 'contradictions', des 'anachronismes' et des 'erreurs' mais conclut
que les 'réflexions' 'sont au fond pour la plupart ingénieuses et solides, et ne sont
défectueuses que par leur forme et leur *enchassure*'. Desfontaines est aussi l'auteur de
quatre *Entretiens* qui, en 1728, s'en prennent aux *Voyages de Cyrus* de Ramsay. Sur
Ramsay, voir aussi ci-dessous, n.42.
[37] Le marquis Scipion de Maffei (1675-1755) a donné, en 1713, la tragédie de
Mérope, dont Voltaire atteste la réussite (D908), mais dont il s'est détaché pour
composer sa propre pièce. Dans ses *Observations* (lettre LVIII, 14 avril 1736, iv.289-
308), Desfontaines rend compte d'une édition du *Théâtre de M. le marquis Maffei*, et
traduit certains passages de *Mérope* (iv.299-306). Toutefois, s'il ironise sur 'de
pareilles scènes' et sur 'un pareil goût', Desfontaines reconnaît qu'il y a 'véritablement dans plusieurs endroits' de la pièce 'vis tragica', et fait état de 'la réputation de
son illustre auteur', 'parfaitement établie dans l'univers littéraire' (iv.306). Cf. aussi
Le Préservatif, n° XXVIII.
[38] Cf. *Préservatif*, n° VIII. Fontenelle est fustigé dans le *Dictionnaire néologique*
pour son *Traité du bonheur*, les *Eloges*, et les *Lettres du chev. d'Her****. Il est également
une cible privilégiée de la *Relation de ce qui s'est passé au sujet de la réception de messire
Christophe Mathanasius à l'Académie française* (voir ci-dessus, n.31).

que la satire est aveugle, et qu'on est malheureux de ne chercher   175
qu'à reprendre, là où tous les autres hommes cherchent à
s'instruire! Il s'honorait de l'amitié et des instructions de M.
l'abbé d'Olivet. Il fait imprimer furtivement un livre contre lui;
il ose le dédier à l'Académie française; et l'Académie flétrit à jamais
dans ses registres et le livre et la dédicace et l'auteur. [39]   180

Quel acharnement personnel l'abbé Desf. n'a-t-il pas marqué
contre feu M. de la Motte? [40] Y a-t-il beaucoup de gens de lettres
qu'il n'ait pas offensés? Par où est-il connu que par ses outrages?
Quel trouble n'a-t-il pas voulu porter partout, tantôt imprimant les
satires les plus sanglantes contre un certain (b) auteur, [41] tantôt se   185
liguant avec lui pour écrire des libelles, pour faire la *Ramsaïde*, [42]

(b) Dans son *Dictionnaire néologique*.

178   MS I, MS 2: imprimer clandestinement un livre
179-180   MS I, MS 2, MS 3: l'academie eternise dans ses registres son indignation
contre le livre la dedicace et l'auteur.

[39] Cf. *Racine vengé, ou Examen des remarques grammaticales de M. l'abbé
d'Olivet, sur les œuvres de Racine*, qui commence par une épître 'à l'Académie
française'. Les *Registres de l'Académie française* rapportent, à la date du 19 janvier
1739, que 'L'Académie ayant vu ce livre qui lui était dédié s'est tenue pour offensée
de cette dédicace faite sans sa permission et sans son aveu, d'autant plus que si
l'auteur lui eût demandé cette permission la compagnie la lui aurait refusée' (ii.438).
[40] Desfontaines a dirigé plusieurs écrits contre La Motte: cf., en particulier, les
Paradoxes littéraires au sujet de la tragédie d'Ines de Castro, tragédie dont de
nombreuses expressions sont aussi épinglées dans le *Dictionnaire néologique*. La
Motte n'est naturellement pas oublié dans les *Observations*. Voir aussi ci-dessous, n.79.
[41] L'auteur en question est sans doute l'abbé François Granet (1692-1741), qui a
notamment collaboré avec Desfontaines pour la rédaction du *Nouvelliste du
Parnasse* et des *Observations sur les écrits modernes*, et qui a co-écrit avec Desfontaines
des *Entretiens sur les Voyages de Cyrus* (voir ci-dessus, n.36). Cependant le nom de
Granet ne figure pas dans la 'Table des livres cités dans le *Dictionnaire néologique* et
des noms de leurs auteurs'.
[42] *La Ramsaïde, ou brevet de calotte*, pour M. de Ramsai a été publiée dans les
Mémoires sur la calotte: voir Bois-Jourdain, *Mélanges historiques, satiriques et
anecdotiques...*, iii.112-15. Cf. aussi D908 (Voltaire à Thiriot, 1er septembre 1735).
Sur les calottes, voir le *Mémoire sur la satire*, 'Des satires nommées calottes'.

qu'il osa bien envoyer à Cirey pour distribuer dans Paris; pour imprimer des feuilles scandaleuses; délit dont il a été juridiquement convaincu à la chambre de l'Arsenal, et pour lequel il a obtenu des lettres d'abolition? [43] Mais ces lettres du roi, qui ont   190
pardonné un crime, donnent-elles le droit d'en commettre encore? Nous avons la preuve dans une lettre déposée dans les mains d'un magistrat, que le jour même qu'il fut condamné, il acheva ce libelle contre le sieur de Vol. (au sujet d'*Alzire*) duquel nous venons de parler tout à l'heure. [44]   195

La voix publique s'élève contre les insultes faites à tant de citoyens, et dans la *Voltairomanie* et dans tant d'autres écrits. Non ce n'est point ici une simple réponse que l'on fait à un libelle, c'est une requête qu'on ose présenter aux magistrats contre les libelles de vingt années, contre l'abus le plus cruel des belles-lettres, enfin   200
contre la calomnie.

On apprend dans ce moment que cinq ou six personnes de lettres, qui, à la réserve d'un seul, n'ont jamais vu le sieur de Voltaire, viennent de demander justice à monseigneur le chancelier, dans le temps qu'il ne la demandait pas encore. Ils ont signé   205

187   MS2: Cirey; pour distribuer dans Paris, pour
192   MS1, MS2, MS3: preuve par une
192-193   MS3: mains du magistrat
204-205   MS1, MS2: chancelier et a plusieurs magistrats dans

[43] Les lettres d'abolition sont, selon Ferrière, 'des lettres du grand sceau, par lesquelles Sa Majesté, par la plénitude de sa puissance, abolissant le crime, qui aurait été commis par l'impétrant, déclare être bien informé du fait dont il s'agit, sans même qu'il soit énoncé dans les lettres, que le roi entend, que le crime soit entièrement aboli et éteint, et pardonne le cas, de quelque manière qu'il soit arrivé, sans que l'impétrant en puisse être aucunement poursuivi à l'avenir' (*Dictionnaire de droit et de pratique*, ii.174). En 1736, Desfontaines a été emprisonné au Châtelet pour avoir fait paraître le *Discours que doit prononcer l'abbé Séguy pour sa réception à l'Académie française*: cf. D1819 (Voltaire à Moussinot, 26 janvier 1739) et D1912 (Mme Du Châtelet à Frédéric, 27 février 1739); cf. aussi *Le Préservatif*, n° XIV, et la réplique de Desfontaines (*Voltairomanie*, p.13). Sur cette affaire, voir Morris, p.73-76.
[44] Voir ci-dessus, p.94 et n.29.

une requête, ils sont intervenus, au nom du public, pour faire cesser de tels scandales. [45] C'est une grande consolation pour lui et pour tous ceux qui cultivent les beaux-arts: il est pénétré de reconnaissance; et sa voix, soutenue par la leur, en devient plus forte contre l'injustice.   210

En effet, que le sort d'un homme à talent, d'un artiste, d'un écrivain serait à plaindre, si, toujours en guerre dans sa profession paisible, toujours en butte à des ouvrages imprimés, toujours calomnié, ou du moins cruellement offensé, il ne trouvait aucun tribunal qui confondît enfin les agresseurs, et qui défendît la vérité   215 contre l'oppression. Ce n'est pas assez que la magistrature ait réprimé souvent le sieur Desfontaines, et le contienne encore autant qu'elle le peut. Si les traits des hommes méchants, quoique punis, laissaient des cicatrices, la condition de l'offensé serait pire que celle de l'imposteur le plus sévèrement châtié: mais le   220 magistrat inflige les peines au coupable, et la voix publique console l'innocent.

Ce que je dis ici des atteintes de l'imposture, je le dis à proportion de la satire et de cette raillerie amère, qui n'est pas à la vérité un si grand crime que la calomnie, mais qui est une offense   225 souvent aussi cruelle. Chaque particulier est jaloux justement de sa réputation, non seulement de la réputation d'honneur, mais de celle de n'être point ridicule dans son art, dans son emploi, dans la société civile: le public, composé d'hommes qui ont tous le même intérêt, prend à la longue, et même hautement, le parti de   230 quiconque a été injustement immolé à la satire.

Quand on lit les opéras charmants de Quinault, la comédie excellente de la *Mère coquette*,[46] ce modèle des pièces d'intrigues;

208   MS1, MS2: il en est
224   MS2: satire de cette

[45] Voir l'introduction, §1, 'Je mourrai ou j'aurai justice', p.25.
[46] *La Mère coquette ou les amants brouillés*, comédie en cinq actes et en vers de Quinault, représentée en 1665. Sur l'auteur de *La Mère coquette*, voir le *Mémoire sur la satire*, 'De Despreaux', p.172.

quand on étudie les bons ouvrages de messieurs Perraut, comme le
Vitruve et tant de savantes recherches de ces deux frères;[47]   235
lorsqu'on sait enfin quelles étaient leurs mœurs; il faut bien
aimer les vers corrects de Despreaux, pour ne pas haïr alors sa
personne.[48] Mais quel sentiment éprouverait-on pour des écrivains qui, avec moins de talent, ou sans talent même, passeraient
leur vie à déchirer leurs bienfaiteurs, leurs amis, tous leurs   240
contemporains; et qui, des belles-lettres destinées pour adoucir
les mœurs des hommes, feraient l'instrument continuel de la
malignité et de la férocité?

Nous voudrions nous borner à de telles plaintes; mais il faut
venir à ces impostures plus criminelles, dont on va peut-être   245
presser la punition dans les tribunaux de la justice,[49] et sur
lesquelles il ne faut pas laisser ici le moindre doute, puisque le
doute en matière d'honneur, est un affront certain.

Seconde partie

Le sieur Desfontaines dans son libelle, appelle celui qu'il a voulu
perdre: *fou, impie, téméraire, brutal, fougueux, détracteur, voleur,*   250
enragé, il ajoute encore un *et cætera* à cet amas d'injures.[50] On ne

---

249   MS1: Desfontaines, de son

---

[47] Claude Perrault (1613-1688), frère de Charles (1628-1703), a été la cible des
épigrammes de Boileau (voir, en particulier, dans les *Œuvres complètes* de Boileau,
Paris 1966, les épigrammes XL et LIII) qui reconnaît cependant, dans son *Art
poétique*, que Perrault 'De méchant médecin devient bon architecte' (iv.24). Sur la
demande de Colbert, Perrault réalise, en 1673, une traduction de Vitruve: *Les Dix
Livres d'architecture de Vitruve, corrigés et traduits nouvellement en français avec des
notes*.
[48] Dans le *Mémoire sur la satire*, tout le développement intitulé 'De Despreaux'
rend justice aux victimes successives des *Satires* de Boileau.
[49] On se souvient que le présent *Mémoire du sieur de Voltaire* prend place dans
une procédure engagée par Voltaire devant les tribunaux. Voir introduction, §1, 'Je
mourrai ou j'aurai justice', p.22 et suiv.
[50] Cf. *Voltairomanie*, p.48.

s'en plaindra point ici; des injures vagues sont-elles autre chose que des traits lancés maladroîtement, qui ne blessent que celui qui les décoche? Qu'il appelle M. de Voltaire petit-fils d'un paysan,[51] l'auteur de la *Henriade* n'en sera pas plus ému: uniquement occupé de l'étude, il ne cherche point la gloire de la naissance; content comme Horace de ses parents,[52] il n'en aurait jamais demandé d'autres au ciel, et il ne réfuterait pas ici ce vain mensonge, s'il n'avait beaucoup de parents dans l'épée et dans la robe, qui s'intéresseront peut-être davantage à l'honneur d'une famille outragée, laquelle a été longtemps dans la judicature en province, et qui n'a exercé aucun de ces emplois, que la vanité appelle bas et humiliants. Nous remarquerons seulement ici qu'il faut que la haine aveugle étrangement un ennemi pour le porter jusqu'à imaginer une si frivole accusation contre un homme de lettres, qu'un tel reproche (s'il était vrai) ne pourrait jamais humilier.[53] Nous espérons que ceux qui font tant de recueils d'anecdotes, qui compilent la vie des gens de lettres, qui écrivent dans toute l'Europe tant de nouvelles, qui même transmettent à la postérité tant de faits hasardés; jugeront au moins de toutes les calomnies du sieur Desfontaines, par ce trait qui caractérise si bien la satire aveugle et impuissante. Mais en voici un autre dont peut-être il n'y a point d'exemple.

Il est triste qu'on ait imprimé une lettre écrite il y a environ deux ans, par M. de Voltaire, à M. Maffei.[54] L'importunité de quelques

255

260

265

270

275

---

255   MS1, MS2: pas emu
258   MS1, MS2: refuteroit point icy
261   MS1, MS2: outragée, longtemps honorée de charges de judicature
266   MS1, MS2: jamais afliger.
274-275   MS1, MS2: environ un an par M^r. de Voltaire. L'importunité

---

[51] *Ibid.*, p.10, n.
[52] *Meis contentus*. Horace, *Satires*, I.vi.96.
[53] Cf. *Mémoire sur la satire*, 'Examen d'un libelle...', p.183-84, l.472-85.
[54] Au numéro XXVII, l'auteur du *Préservatif* reproduit une lettre écrite par Voltaire à Maffei en 1736. Besterman reproduit cette lettre d'après *Le Préservatif* (D1147). Voir aussi D1665.

amis lui avait arraché cette lettre, dictée par la vérité, et par la nécessité d'une défense légitime. La lettre exposait naïvement un fait connu de tout Paris et de toute l'Europe littéraire:[55] ce fait est que le sieur abbé Desfontaines, enfermé dans une maison de force, après l'avoir été au Châtelet, et prêt de succomber sous un procès criminel, qui devait se terminer d'une façon bien terrible, n'eut recours qu'au sieur de Voltaire, qu'il connaissait à peine. Le sieur de Voltaire était assez heureux alors pour avoir des amis très puissants: il fut le seul qui s'employa pour lui, et à force de soins, il obtint son élargissement de Bissêtre, et la discontinuation d'un procès où il s'agissait de la vie. Cette lettre ajoute à ce fait si connu, que vers ce temps-là même, le sieur Desfontaines retiré chez le président de Berniere à la seule sollicitation de celui qui l'avait sauvé, fit, pour récompense, un libelle contre son bienfaiteur: nous avouons que la chose est horrible, mais elle est vraie. Ce libelle était intitulé *Apologie du sieur de Voltaire*:[56] oui il fit imprimer à Rouen cette apologie ironique et sanglante;[57] oui il eut la hardiesse

280

285

290

280   MS2: et près de

[55] Sur l'affaire de Bicêtre, voir Morris, p.38-47. S'il n'est pas douteux que Voltaire soit intervenu en faveur de Desfontaines, les papiers conservés à la bibliothèque de l'Arsenal prouvent que d'autres personnes ont aussi été sollicitées. On peut toutefois penser, avec M. Waddicor (*La Voltairomanie*, p.xiv), que l'insistance avec laquelle Desfontaines engage ses correspondants à s'adresser à Voltaire signifie qu'il compte sur lui plus que sur les autres.

[56] L'*Apologie de Monsieur de Voltaire* est attribuée à l'abbé Simon-Joseph Pellegrin ou à l'abbé Desfontaines. O. R. Taylor signale (*OC*, t.2, p.56, n.102) qu'elle circulait en manuscrit dès le 2 avril 1725 (BnF F 25541, f.39). Dans ce texte, également reproduit dans la *Bibliothèque française* de juillet-août 1726 (vii.257-80), l'auteur effectue une apologie ironique de la 2e édition du poème de *La Ligue*, en particulier d'une addition au songe de Henri dans laquelle saint Louis est représenté comme 'un satirique et un médisant' qui 'parle mal de Pradon, de M. de la Motte et même de Perrault' (vii.263).

[57] Cf. *Mémoire sur la satire*, 'Examen d'un libelle...', p.185, l.530-36.

de la montrer imprimée au sieur Tiriot, qui la jeta dans les flammes. [58]

Nous n'avançons rien ici que nous n'allions prouver tout à l'heure, papiers originaux en main; mais nous protestons d'abord, que ce n'est qu'au bout de près de dix années d'insultes, de libelles, de lettres anonymes; que ce n'est, dis-je, qu'après dix ans de la plus opiniâtre ingratitude, que M. de Voltaire a écrit enfin cette lettre si simple et si vraie, pour infirmer au moins les témoignages outrageants que rendait contre lui l'abbé Desfontaines, de bouche et par écrit, en public et en particulier.

Qu'avait le sieur Desfontaines à faire quand l'auteur du *Préservatif* outragé par lui, a publié enfin cette lettre du sieur de Voltaire? [59] rien autre chose qu'à dire ce qu'il avait dit autrefois à M. de V. même au sujet du libelle en question: [60] *Je suis coupable, je demande pardon, j'ai offensé celui à qui je devais la vie et l'honneur, je passerai le reste de ma vie à réparer un tort que je supplie qu'on n'impute qu'à mon malheureux penchant pour la satire, que j'abjure à jamais.*

Au lieu de prendre ce parti, le seul qui lui restait, voyons ce qu'il a fait, et par quels outrages nouveaux il a réparé son crime. *Je suis,* dit-il, *un homme de condition. Il y a une présidente qui est mon alliée,*

295

300

305

310

307-310   MS1, MS2: [*omettent:* j'ai offensé... j'abjure à jamais]

---

[58] C'est par le témoignage de Thiriot que Voltaire a eu connaissance de l'existence de ce pamphlet: un extrait de sa lettre à Voltaire du 16 août 1726 est reproduit plus loin (p.109, l.411-14). Après la publication de *La Voltairomanie*, Thiriot se fait quelque peu tirer l'oreille pour confirmer l'accusation contenue dans cette lettre: de là l'abondante correspondance que Voltaire adresse à Thiriot (D1736, D1748, D1758, D1761, D1780, D1795, D1798, D1799, D1810, D1831, D1832, D1835, D1846, D1870), pour ne rien dire des lettres qui émanent des proches de Voltaire. Sur cet épisode de la querelle, voir l'introduction, §2, 'Je mourrai ou j'aurai justice', p.24-25. On peut cependant conclure de l'analyse de M. Waddicor que, contrairement à ce qu'avance Voltaire, Desfontaines avait vraisemblablement déjà composé l'*Apologie* avant son incarcération à Bicêtre (éd. citée, p.xviii).

[59] Il s'agit de la lettre à Maffei. Voir ci-dessus, n.54.

[60] On n'a trouvé aucune autre trace d'une telle déclaration.

*le sieur de Voltaire m'a rendu à la vérité, un petit service, mais il est
petit-fils d'un paysan, et ce qu'il a fait en ma faveur, il ne l'a fait que* 315
*pour obéir à M. le président de Berniere son bienfaiteur, son
protecteur, qui le nourrissait, qui le logeait par charité, et qui l'a
chassé de chez lui en 1726.*[61] *A l'égard du libelle prétendu qu'il
m'impute, M. Tiriot, aussi honoré des honnêtes gens que Voltaire en
est détesté, dément publiquement Voltaire, qui est un menteur* 320
impudent.[62] Ce sont là presque toutes les paroles du sieur
Desfontaines; elles feraient un tort irréparable au sieur de Voltaire,
s'il y en avait une seule de vraie: l'honneur de sa famille l'oblige à
les réfuter. Méprisez les calomniateurs, dit-on, reposez-vous sur
votre innocence, sur la honte de vos ennemis; ce sont là des 325
conseils très bons à donner, sur un ouvrage de goût, sur un poème
épique, sur une tragédie; mais, quand il s'agit de l'honneur, ils sont
très mauvais. J'ai assez d'expérience pour savoir qu'un homme
public, qui n'est pas un homme puissant, doit repousser les
calomnies publiques: eh! d'ordinaire quels amis s'en chargeraient! 330
hélas! souvent les amis craignent de se compromettre. Quelquefois
même ils voient avec une secrète complaisance, une accusation qui
semble leur donner des droits sur vous! ils se consolent de

---

314   MS I, MS 2: *Voltaire m'a rendu quelque petit*

[61] Cf. *Mémoire sur la satire*, 'Examen d'un libelle...', p.184, l.492-95.
[62] Voltaire recompose ici librement un discours que ne tient pas tel quel l'auteur
de *La Voltairomanie*. D'une part, il attribue à Desfontaines des propos qui relèvent
du commentaire personnel: si Desfontaines affirme bien, en note, que Voltaire est
'petit-fils d'un paysan' (voir ci-dessus, n.51), s'il précise, dans une autre note, que
'feu M. le p. de Bernieres était frère, de père, de Mme de Flavacourt, et de Mme la
présidente de Louraille, cousines de l'abbé Desfontaines, qui était d'ailleurs son ami
et son confident' (*Voltairomanie*, p.11, n.), il ne se présente jamais explicitement
comme 'un homme de condition'. Voltaire rapproche d'autre part deux développements que séparent plusieurs pages: le premier (*ibid.*, p.9-11) concerne les
obligations que Voltaire aurait vis-à-vis de M. de Bernières, qui seules explique-
raient l'intervention de Voltaire en faveur de Desfontaines et en particulier la
rédaction d'un mémoire démontrant 'la fausseté et l'absurdité de l'accusation' portée
contre 'M. l'abbé D.F.'; le second (*ibid.*, p.20-21) porte sur le témoignage de Thiriot
à propos de l'*Apologie de M. de Voltaire* (voir ci-dessus, n.58).

l'outrage fait à leur ami, par la petite supériorité qu'ils en retirent. Des amis plus fermes, plus amis, engagent ici le sieur de Vol. à se 335 défendre avec la même confiance qu'ils le justifient.[63] Quel cœur assez cruel trouvera mauvais que celui qui a rendu le plus grand des services, confonde les plus noires des accusations intentées par celui-là même dont il a dû attendre sa défense?

Mais quelle sera sa justification? Eclatera-t-elle en plaintes, 340 rassemblera-t-il quelques circonstances éparses pour en faire un corps de preuves? Non il rapportera seulement une des lettres du sieur Desfontaines même, écrite en sortant de Bissêtre; on vient de la déposer chez un notaire, la lettre est signée, le cachet est encore entier, c'est un chevron et trois marteaux:[64] 345

De Paris ce 31 mai.

'Je n'oublierai jamais les obligations infinies que je vous ai. Votre bon cœur est bien au-dessus de votre esprit, vous êtes l'ami le plus généreux qui ait jamais été. Que ne vous dois-je point? ma vie doit être employée à vous en marquer ma reconnais- 350 sance....................

'L'abbé Nadal, l'abbé de Pont, Danchet, Freret[65] se réjouissent, ils traitent ma personne comme je traiterai toujours leurs indignes écrits....................

343-344 MS1, MS2: on va la
350 MS1: vous marquer

---

[63] Voir ci-dessus, n.45.

[64] Cf. *Mémoire sur la satire*, 'Examen d'un libelle...', p.185, l.516-25. Les propos de Desfontaines se trouvent effectivement pour l'essentiel dans sa lettre, parfois cités approximativement (voir D235), mais certains passages (l.349-51 et 357-58) n'y figurent pas.

[65] L'abbé Augustin Nadal (1659-1741), membre, depuis 1706, de l'Académie des inscriptions, dirige, avec Piganiol de La Force, *Le Nouveau Mercure* de janvier 1708 à mars 1709 et de janvier à mai 1711 (voir le *Dictionnaire des journalistes*, p.742-43). Selon Le Blanc (D1773), Nadal serait brocardé, dans *La Voltairomanie* (p.46, n.), sous les traits de cet 'autre, qui, par un acte typographique, passé par-devant Briasson, vient de substituer aux épiciers de Paris un recueil complet de ses *Œuvres mêlées*'.

'Ne pourriez-vous point faire en sorte que l'ordre qui m'exile à   355
30 lieues soit levé? Voilà, mon cher ami, ce que je vous conjure
d'obtenir encore pour moi; je ne me recommande qu'à vous, qui
seul m'avez servi; etc. . . . .'

Le sieur de Voltaire ne put obtenir la révocation de l'exil, mais il
obtint que cet exil fût chez le président de Berniere, qui avant ce   360
temps n'avait jamais parlé à l'abbé Desfontaines. [66] Faut-il une
autre preuve? On a la lettre du frère du sieur Desfontaines, qui
remercie, en termes encore plus forts, le bienfaiteur de son frère. [67]
Je veux que M. de Berniere eût nourri et logé M. de Vol. quelle
excuse l'ingratitude y trouvera-t-elle? Quoi! vous vous croiriez en   365
droit d'insulter pendant dix ans celui qui vous a sauvé; de susciter
un libraire de votre pays contre lui, [68] de le déchirer partout, de

357   MS1:   ne recommande
361   MS1, MS2:   desfontaines et qui ne luy parla jamais depuis. Faut

L'abbé Jean-François de Pons (1683-1732), devenu sous-diacre après des études
théologiques chez les oratoriens, prend, au cours de la querelle d'Homère, le parti de
La Motte contre Mme Dacier.
     Antoine Danchet (1671-1748), auteur de tragédies et d'opéras, membre de
l'Académie française, associé de l'Académie des inscriptions, est aussi titulaire
d'une place à la Bibliothèque du roi.
     Nicolas Fréret (1688-1749), membre de l'Académie des inscriptions dès 1714, en
devient par la suite secrétaire perpétuel.
     [66] T. Morris soutient (p.43-44) que Desfontaines doit davantage à son hôte qu'à
Voltaire d'avoir été exilé à la Rivière Bourdet. M. Waddicor cite le placet envoyé par
M. de Bernières au duc de Bourbon, et reprend une discussion qui est loin d'être
tranchée (éd. citée, p.xvi): Bernières a-t-il spontanément rédigé ce placet, ou l'a-t-il
fait à la demande de Voltaire, comme l'affirme Mme de Bernières dans sa lettre
(D1759, à Voltaire, 9 janvier 1739) que l'on peut aussi suspecter d'être un
témoignage de complaisance?
     [67] On n'a pas trouvé de trace de cette lettre dans la correspondance.
     [68] Voltaire fait peut-être allusion à l'affaire qui l'a opposé au libraire rouennais
Jore à propos d'une édition des *Lettres philosophiques*. Le *Mémoire pour Claude
François Jore contre le sieur François Marie de Voltaire* est en effet parfois imprimé
avec les textes relatifs à la querelle de Voltaire avec Desfontaines: voir, par exemple,
La Voltairomanie avec le Préservatif et le factum du sieur Jore (Londres 1739), p.65-84.

faire imprimer contre lui vingt libelles; enfin, pour comble d'outrage de le louer quelquefois, afin de donner plus de poids à vos injures, et tout cela pourquoi! parce qu'il était logé, dites-vous, et nourri chez un autre; voilà la logique des ingrats. [69]

Que M. de Voltaire eût été sans fortune, que M. de Berniere l'eût recueilli, il n'y aurait rien là de déshonorant. Heureux les hommes puissants et riches qui s'attachent à des gens de lettres, qui se ménagent par là des secours dans leurs études, une société agréable, une instruction toujours prête: mais M. de Voltaire et M. de Berniere n'étaient point dans ce cas. Et puisqu'il faut couper toutes les branches de la calomnie, on est obligé de rapporter un acte fait double passé entre M. de Berniere et M. de Voltaire, le 4 mai 1723. [70] Par cet acte le sieur de Voltaire loue un appartement dans la maison du président de Berniere pour la somme de six cents livres par an; et s'accordent en outre à douze cents livres de pension pour lui et pour son ami, [71] qui lui faisait l'honneur d'accepter la moitié de cet appartement; même sa pension, son loyer, tout a été exactement payé, la dernière quittance doit être entre les mains du sieur Arrouet, trésorier de la chambre des comptes, frère du sieur de Voltaire; et Mme la présidente de Berniere, qui a toujours eu une amitié inviolable pour M. de Voltaire, certifie tout ce qu'on est obligé d'avancer. [72] On atteste

370

375

380

385

369   MS2: de fonds à
371   MS2: voilà donc la
374   MS2: s'attachent des
382   MS1: s'accorde en
389   MS1, MS2: certifie generalement tout ce qu'on est obligé d'avancer icy.

[69] Voir ci-dessus, p.104. Cf. aussi *Mémoire sur la satire*, 'Examen d'un libelle...', p.184, l.499-501.

[70] M. Waddicor précise que le bail de sous-location était établi au nom de Mme de Bernières et renvoie, pour une photographie de la maison et quelques détails supplémentaires, à l'ouvrage de J. Hillairet, *Dictionnaire historique des rues de Paris* (Paris 1963), i.661.

[71] Il s'agit de Thiriot.

[72] Cf. *Mémoire sur la satire*, 'Examen d'un libelle...', p.184, l.501-508.

son témoignage, elle vient d'écrire la lettre la plus forte, elle   390
permet qu'on la montre à monseigneur le chancelier, aux
principaux magistrats.[73] Ils deviennent eux-mêmes témoins
contre l'abbé Desfontaines avant d'être ses juges.

Oser dire que le sieur président de Berniere ait chassé de chez
lui le sieur de Voltaire en 1726, c'est une imposture aussi grande   395
que toutes les autres: ni l'un ni l'autre ne pouvaient se donner
congé; jamais ils n'en eurent la moindre volonté, jamais le moindre
petit mécontentement domestique n'altéra leur union; et c'est ce
qui est encore attesté par la lettre de Mme de Berniere.

Quant à cet ami, témoin oculaire de votre libelle contre votre   400
bienfaiteur, osez-vous bien affirmer qu'il dément aujourd'hui ce
qu'il a dit tant de fois de bouche et par écrit, ce qu'il a confirmé en
dernier lieu en présence de témoins respectables, dans son voyage
à Cirey?[74] En vain vous cherchez, comme vous avez toujours fait,
à rompre les liens d'une amitié de vingt-quatre années qui unissent   405
le sieur de Voltaire et le sieur Tiriot: on ne vous répondra jamais
que papiers sur table. On a une des lettres de cet ami du 16 août
1726,[75] elle est aussi déposée chez un notaire; je passe quelques

393   MS1, MS2: [omettent: avant d'être ses juges]
398-399   MS1, MS2: [omettent: et c'est ce qui... Berniere]
406   MS2: vous répondrait jamais
407   MS1: cet amy à son amy du

[73] D1759. Le 21 janvier 1739, Voltaire signale à Mme de Bernières (D1809) que sa lettre a été montrée 'à M. le chancelier et à quelques magistrats'; une copie est aussi entre les mains de René Hérault.

[74] Dans sa 'Réponse à une lettre diffamatoire de l'abbé Desfontaines' (p.427), Mme Du Châtelet faisait déjà état du témoignage verbal qu'aurait effectué Thiriot à propos de cette affaire, lors d'un passage à Cirey.

[75] Cf. *Mémoire sur la satire*, 'Examen d'un libelle...', p.186, n.(c). La lettre de Thiriot du 16 août 1726 est établie, dans la correspondance (D300), d'après les citations qu'en a fait Voltaire, notamment dans la lettre qu'il lui adresse le 2 janvier 1739 (D1736). Sur l'affaire de l'*Apologie de M. de Voltaire*, voir ci-dessus, n.58.

lignes qui seraient trop accablantes pour vous. Vous les verrez si
vous voulez, voici celles qui regardent le fait en question.   410

Il a fait du temps de Bissêtre un ouvrage contre vous, intitulé,
Apologie de M. de Voltaire, *que je l'ai forcé avec bien de la peine à
jeter dans le feu. C'est lui qui a fait à Evreux une édition du* Poème de
la Ligue *dans laquelle il a inséré des vers contre M. de la Motte, etc.* [76]

Et dans une lettre récente du 31 décembre 1738 à une autre   415
personne, voici comme il s'exprime: [77] *Je me souviens très bien qu'à
la Rivière Bourdet, chez feu M. le président de Berniere, il fut
question d'un écrit contre M. de Voltaire, que l'abbé Desfontaines me
fit voir, et que je l'engageai de jeter au feu, etc.*

Et dans une autre lettre du 14 janvier 1739, [78] *Je démens les*   420
impostures d'un calomniateur, et je méprise les éloges qu'il me donne:

410   MS2: voulez, voiez celles
420   MS2: du 24 janvier

[76] Dans l'édition de *La Ligue* qu'effectue Desfontaines en 1724, des vers ont
effectivement été ajoutés, en particulier au chant VII, v.382, var.: 'En dépit des
Pradons, des Perraults, des H**, / On verra le bon goût fleurir de toutes parts' (*OC*,
t.2, et introduction, p.54-55). Ce sont en particulier ces vers qui suscitent les
remarques ironiques contenues dans l'*Apologie*: voir ci-dessus, n.56.

[77] Voltaire ne cite ici qu'une phrase de cette lettre adressée à Mme Du Châtelet
(D1728), isolée d'un contexte qui rend le témoignage de Thiriot beaucoup plus
ambigu: 'Tout l'éclaircissement que je peux vous en donner, madame, c'est qu'il fut
question dans ces temps-là à la Riviere Bourdet d'un écrit contre M. de V. que l'abbé
des Fontaines me fit voir, et que je fis supprimer. Quant à la date et au titre de cet
écrit (circonstance très importante au fait) je proteste en honneur que je ne m'en
souviens pas, non plus que des autres.' Mme Du Châtelet, qui annote ce texte,
souligne non seulement que Thiriot semble ne pas oser explicitement 'dire que
l'abbé Desfontaines était l'auteur de ce libelle', mais surtout que la parenthèse 'est
assurément très malicieuse': 'car c'est dire, *vous ne pouvez tirer aucun avantage de ce
que la force de la vérité me contraint d'avouer ici, car j'ignore la date et le titre de cet écrit,
or l'abbé Desfontaines dit seulement que je nie qu'il ait fait en 1725 un libelle contre vous
intitulé* Apologie de V. *Je ne me souviens ni du temps ni du titre, donc l'abbé
Desfontaines a raison*'.

[78] Cette phrase ne figure pas dans la lettre de Thiriot à Voltaire qui est reproduite,
dans la correspondance, à la date du 14 janvier 1739 (D1777).

je témoigne ouvertement mon estime, mon amitié et ma reconnaissance pour vous (c).

Il n'est donc que trop avéré ingrat calomniateur, (qu'on nous passe cette exclamation qui échappe à la douleur) il n'est que trop public que le bienfait a été payé d'un libelle. Repentez-vous-en, s'il est possible, du moins ne comblez pas la mesure de tant de méchancetés, en les faisant servir à brouiller deux amis que tant de liens unissent. Apprenez que l'amitié est presque la seule consolation de la vie, et que la détruire, est un des plus grands crimes. M. de Voltaire vous dira: Continuez vos outrages; publiez, imprimez, réimprimez sous cent noms différents, ce que j'ai fait et ce que je n'ai point fait; reprochez-moi de m'être conduit avec trop d'honneur, avec trop de fermeté, dans une affaire où le gouvernement s'interposa;[80] accusez-moi d'avoir fait par vanité des libéra- 435

(*c*) Avec quelle audace aveugle le sieur Desfontaines ose-t-il défier, qu'on lui montre un seul exemplaire de ce libelle intitulé, *Apologie*? peut-il nier que malgré les soins du sieur Tiriot, il n'en ait échappé quelques exemplaires? L'abbé Desfontaines lui-même dans un autre de ses libelles intitulé: *Pantalon Phébus*, pag. 73, fait parler ainsi M. de la Motte. *J'ai été bien maltraité dans un écrit intitulé:* Apologie de Voltaire; *ce qui me console, est que cet ouvrage a été supprimé.*[79] Voilà donc l'abbé Desfontaines convaincu par lui-même.

n.(c), l.5   MS2: feu M^r. de
n.(c), l.7   MS2: voila l'abbé
425   MS2: n'est donc que
426   MS2: Représentés vous, et s'il
432   MS1, MS2: [*omettent:* sous cent noms différents]

[79] Cf. *Voltairomanie*, p.20. La citation figure dans le chapitre LXIV des *Pantalo-Phébeana, ou Mémoires, observations et anecdotes, au sujet de Pantalon-Phébus,* imprimés à la suite de la 3e édition du *Dictionnaire néologique*, p.73.

[80] Voltaire fait peut-être ici une nouvelle référence à l'affaire de Bicêtre, dont l'auteur de *La Voltairomanie* s'efforce de réduire la portée: il ne s'agissait que d'un 'ordre précipité du magistrat de la police, sur la déposition équivoque d'un délateur inconnu, et suborné' et 'Comme la police du gouvernement, et l'ordre public exigent quelquefois qu'on s'assure, sur un simple avis, de la personne d'un sujet, on serait bien à plaindre, si dans ces cas on était déshonoré' (p.11-12).

lités; (Dieu m'est témoin si elles sont parties d'un autre principe que de l'humanité;) faites entendre que le roi m'a privé de la pension dont il m'honore,[81] que je n'ose revenir à Paris,[82] imaginez des querelles qui n'ont jamais existé; mentez hardiment; détruisez-moi si vous pouvez, mais laissez-moi mon ami.   440

Mais, quoi! l'abbé Desfontaines ne voit-il pas qu'il outrage plus le sieur Tiriot en le louant, qu'il ne l'offensait autrefois en le traitant si indignement dans son *Dictionnaire néologique*, où il l'appelle *colporteur*, et où il le charge d'injures.[83] Satirique malheureux, et plus malheureux flatteur, avez-vous pensé que   445 l'affront d'être loué par vous, pût jamais le porter à cet excès de bassesse, de trahir la vérité, l'amitié, l'honneur! Eh! pour qui? Pour vous, auteur des libelles qui le déchirent.

Après tant d'iniquités, il n'y en a point de si punissable, que celle d'oser parler de votre modération, et des égards qu'on doit à votre   450 âge, et à votre prêtrise.[84] Quelle modération! le public la connaît. Votre âge et votre sacerdoce qui exigent de vous plus de pureté et

442   MS2: louant, ainsi qu'il
444   MS1, MS2: colporteur, où
447-448   MS2: qui? et quoi pour vous, auteur des libelles

[81] L'auteur de *La Voltairomanie* ironise sur la vanité avec laquelle Voltaire voudrait 'apprendre au public, qu'il a eu autrefois une pension de la cour' (p.42). Voltaire fait peut-être allusion à l'insinuation qu'il est permis d'entendre dans l'emploi du passé composé, temps d'un procès dont l'aspect est accompli; insinuation que renforcerait la présence de l'adverbe 'autrefois'.

[82] Cf. *Voltairomanie*, p.6: Desfontaines déclare que les *Lettres philosophiques* tiendront leur auteur 'éloigné de Paris toute sa vie'.

[83] Dans l'abondante correspondance avec Thiriot au début de l'année 1739 (voir ci-dessus, n.58), Voltaire rappelle fréquemment les outrages que lui a infligés Desfontaines, en particulier dans le *Dictionnaire néologique*. Cf. aussi D1783 (à Helvétius, vers le 15 janvier). D'après Nisard (*Les Ennemis de Voltaire*, p.97), Thiriot aurait protesté que ces injures auraient été introduites par un éditeur de Hollande, qui aurait imprimé le *Dictionnaire* à l'insu de Desfontaines.

[84] Selon l'auteur de *La Voltairomanie*, 'M. l'abbé D.F.' est 'd'un âge et d'un caractère, qui pardonnent trop aisément les injures' (p.3); il ajoute que 'La modération et la charité conviennent à une personne de son état' (p.8). Desfontaines est resté jusqu'à sa mort curé de Thorigny-sur-Vire en Normandie.

de vertu, sont en effet respectables: mais ce sont de respectables témoins qui vous reprochent devant Dieu et devant les hommes, des crimes que la nature abhorre. Je parle de la calomnie et de l'ingratitude. 455

Certes, lorsque le sieur de Voltaire, attaqué pour lors de la fièvre, et ranimé par le plaisir de secourir un malheureux, obtint la permission d'aller à cette prison, y courut porter au coupable les premières consolations; quand l'abbé Desfontaines se jeta à ses 460 pieds, qu'il les mouilla de larmes, et que le sieur de Voltaire ne put retenir les siennes; il ne s'attendait pas alors qu'un jour l'abbé Desfontaines deviendrait son plus implacable ennemi.

En fut-il jamais un plus acharné! les plus cruels se contentent d'ordinaire de leurs propres fureurs. L'abbé Desfontaines y joint 465 toutes celles qu'il peut ramasser. Il fait trophée de je ne sais quel malheureux libelle aussi inconnu qu'absurde et calomnieux, qu'il attribue au sieur de Saint Hiacinthe. [85] Vous prétendez de tant de poisons, composer un poison mortel, qui, selon vous, flétrira à jamais, qui anéantira parmi les hommes, l'honneur d'un homme 470

468   MS1, MS2:   S^t. hiacinte et qu'on trouva dit il à la suite du chef d'œuvre de l'inconnu ou au matanasius ouvrage que M^r. de Sallengre, Sgravesende et S^t. hiacinte, ont fait en commun[.] Vous pretendez

[85] La *Déification du Docteur Aristarchus Masso* paraît pour la première fois dans la 6e édition du *Chef-d'œuvre d'un inconnu* (ii.350-528): cf. le compte rendu de Desfontaines (*Observations*, Lettre XXVII, 16 septembre 1735, ii.282-85). Dans *La Voltairomanie* (p.31-33), Desfontaines reproduit en effet un passage qui se trouve aux pages 362-65 du *Chef-d'œuvre*, à deux erreurs près que relève M. Waddicor (note aux l.494-543, éd. citée, p.57). L'extrait rapporte comment Voltaire fut bastonné par un officier nommé Beauregard, sous les yeux d'un comédien: cf. R. Pomeau, *D'Arouet à Voltaire*, p.150. Voltaire ignore, au début de janvier 1739 (D1732), l'existence de ce libelle, dont il vient d'apprendre l'existence en lisant *La Voltairomanie* et dont il demande un exemplaire à Moussinot (D1850). Sur les démarches entreprises par Voltaire auprès de Saint-Hyacinthe puis auprès des comédiens pour obtenir d'abord un désaveu du libelle, ensuite un démenti de cette mésaventure: voir l'introduction, §1, 'Je mourrai ou j'aurai justice', p.23-24. L'anecdote est reprise dans les *Conseils à un journaliste* (voir ci-dessous, p.503).

que ses services vous ont rendu insupportable. Le sieur de Saint Hiacinthe serait bien malheureux, sans doute, s'il était l'auteur des libelles que vous lui imputez, s'il avait outragé un homme qui ne l'a jamais offensé; s'il avait augmenté le nombre de ces brochures criminelles, qui sont la honte de la littérature et de l'humanité: il est   475
certain que la Hollande en a été trop longtemps infectée, les magistrats commencent à réprimer les progrès de cette contagion; elle s'est glissée jusque dans plusieurs journaux: quelque soin que la prudence humaine apporte à prévenir ce mal, il est difficile d'en étouffer les semences; la pauvreté, la liberté d'écrire, la jalousie,   480
sont trois sources intarissables de libelles,[86] un grand mal en est la suite. Ces libelles servent quelquefois d'autorité dans l'histoire des gens de lettres; l'illustre Bayle lui-même s'est abaissé jusqu'à en faire usage.[87] On est donc réduit à la nécessité d'arrêter dans leur source, autant que l'on peut, le cours de ces eaux empoisonnées.   485
On les arrête en les faisant connaître, on prévient le jugement de la postérité, car tout homme public, soit ceux qui gouvernent, soit ceux qui écrivent, soit le ministre, soit l'auteur ou le poète, ou l'historien doit toujours se dire à soi-même: Quel jugement la postérité pourra-t-elle faire de ma conduite? C'est sur ce principe   490
que tant de ministres et de généraux, ont écrit des mémoires justificatifs; que tant d'orateurs, de philosophes et de gens de lettres, ont fait leur apologie. Imitons-les, quelque grande distance qui soit entre eux et nous. Le devoir est le même. Pardonnez donc encore une fois, lecteur, qui jetterez les yeux sur cet écrit; excusez   495
des choses personnelles que la nécessité d'une juste défense

472-473   MS1, MS2: l'auteur du plat et infame libelle que
488   MS1: soit l'orateur, ou
495   MS1, MS2: qui jettez les

[86] Cf. *Mémoire sur la satire*, 'Des calomnies contre les écrivains de réputation', p.180, l.390-91.
[87] L'abbé d'Olivet déplore, dans son *Histoire de l'Académie française* (ii.170-71), de 'voir que M. Bayle, un si beau génie, se plaise à déterrer les plus méprisables brochures, pour en tirer des anecdotes scandaleuses, qui reçoivent dans ses *in-folio* une seconde vie, plus durable que la première'.

arrache à un citoyen, connu de vous, par un travail assidu de vingt-
cinq années, et qui, du fond de son cabinet, où il ne cherche qu'à
s'instruire, et à vous servir, porte au public, aux magistrats, à
monseigneur le chancelier, père des lettres et des lois,[88] des   500
plaintes qui ne seront point étouffées par la calomnie.

Le sieur Desfontaines a-t-il rendu sa cause meilleure, en
rapportant encore dans son libelle quelques nouveaux vers du
sieur Rousseau, qu'il qualifie d'épigrammes, tels que ceux-ci, dans
lesquels il fait parler l'abbé Desfontaines: 505

> Petit rimeur anti-chrétien,
> On reconnaît dans tes ouvrages,
> Ton caractère, et non le mien;
> Ma principale faute, hélas! je m'en souviens,
> Vint d'un cœur qui, séduit par tes patelinages,   510
> Crut trouver un ami, dans un parfait vaurien,
> Charme des fous, horreur des sages,
> Quand pour lui mon esprit aveuglé, j'en conviens,
> Hasardait pour toi ses suffrages;
> Mais je ne me reproche rien,   515
> Que d'avoir sali quelques pages
> D'un nom aussi vil que le tien.

Il cite un autre morceau de prose de Rousseau, une lettre du 14
novembre 1738, dans laquelle le sieur Rousseau dit, *Qu'on attend le
dernier coup de foudre, qui doit écraser le sieur de Voltaire.*[89] C'est 520

---

501   MS1, MS2: plaintes que la calomnie veut etouffer.
505   MS1, MS2: lesquels Roussau fait
510   MS2: par le patelinage
518-519   MS2: du 17 novembre

---

[88] Henri-François d'Aguesseau, auquel Voltaire adresse, entre autres, une
version manuscrite du *Mémoire*: voir D1770, et l'introduction, §2, 'Destinations',
p.36-37.

[89] L'épigramme et la lettre du 14 novembre 1738 (D1656) dans laquelle elle figure
sont reproduites dans *La Voltairomanie*, p.29-30. D'après Beuchot, cette épigramme
est absente des œuvres de Jean-Baptiste Rousseau.

avec de telles armes que le sieur Desfontaines veut soutenir cette triste guerre où la victoire même serait un opprobre pour l'agresseur.

Non, nous ne croirons jamais que le sieur Rousseau, dans le temps même qu'il vient d'essayer après trente années, de fléchir la   525 justice, d'apaiser et sa partie civile, et le procureur général, et le parlement, et le public; tandis qu'il veut mettre le rempart de la religion entre ses fautes passées et son danger présent,[90] puisse exposer à ce public qu'il veut apaiser, de nouvelles satires et de nouvelles iniquités qui le révoltent. Que penserait-on de celui avec   530 qui vous vous êtes ligué depuis si longtemps, s'il trempait dans le fiel le plus amer, des mains affaiblies, qu'il joint tous les jours au pied des autels.

Continuez; remettez-nous sous les yeux, les horreurs que le sieur Rousseau (avant sa conversion sans doute) a fait imprimer   535 contre le sieur de Voltaire, pendant tant d'années en Hollande. Rappelez surtout le libelle diffamatoire, qu'il a publié en dernier lieu dans le journal de la *Bibliothèque française*,[91] et qui pourrait

525   MS1: vient essayer
533   MS1, MS2: des autels, s'il se jouait ainsy de dieu et des hommes.
534-569   MS1, MS2: [*omis et remplacé par*: Nous nous taisons icy parceque nous avons trop à dire[.] Nous n'étalerons point au public les preuves de dix années de calomnies, les remords de ceux qui ont eu part à tant d'horreurs, nous ne ferons point remarquer que les coupables les plus punis sont ceux qui se corrigent le moins. Nous avons de quoy faire un procez criminel plus funeste que celuy qui priva le S^r. Roussau de sa patrie, nous ne montrons point icy la lettre de M. le duc d'Aremberg qui convainc cet homme d'une nouvelle imposture. Nous luy souhaitons seulement des remords veritables. Plut à Dieu...]
MS3: [*identique, sauf*: Nous n'étalerons pas au public]

[90] Voltaire fait allusion au procès intenté par Saurin contre Rousseau, qui l'avait dénoncé comme l'auteur des couplets dont il était lui-même l'auteur (sur ces couplets, voir le *Mémoire sur la satire*, p.174, n.35). L'affaire est racontée en détail dans le chapitre V de la *Vie de M. J.-B. Rousseau* (M.xxii.343-46), qui se termine par le texte de l'"Arrêt du parlement contre J.-B. Rousseau'.
[91] Il s'agit de la 'Lettre de M. Rousseau à M.***', datée d'Enghien, le 22 mai 1736, imprimée dans la *Bibliothèque française*, xxiii.138-54. Rousseau réagit à l'*Epître sur la calomnie*, adressée à Mme Du Châtelet (*OC*, t.9, p.293-308).

être, ainsi que le vôtre, la source d'un procès criminel, aussi funeste que celui qui lui attira la condamnation du parlement. 540 Nous n'imprimerons point ici les pièces originales que nous avons; nous ne publierons point encore les remords de ceux qui ont eu part à ces libelles; nous réservons, en cas de besoin, ces productions pour les tribunaux de la justice. Ne présentons ici que ces faits qui ne demandent qu'un coup d'œil, pour être jugés 545 sans retour par le public. Le sieur Rousseau imprime[92] que la source de sa haine contre le sieur de Voltaire, vient en partie de ce que le sieur de Voltaire l'avait voulu détruire dans l'esprit de M. le prince d'Aremberg: nous ne répondrons jamais que par pièces justificatives; nous n'opposerons à cette calomnie du sieur Rous- 550 seau que la lettre(d) même de ce prince à M. de Voltaire, déjà rapportée dans le journal de Dusauzet,[93] mais peu connue en France.

A Anghien, ce 8 septembre 1736.

'Au reste, je suis très surpris et très indigné, que Rousseau ait osé 555 me citer dans l'article de la *Bibliothèque française* qui vous regarde; ce que je puis vous assurer, c'est qu'il me fait parler très faussement. Je suis, Monsieur, votre très humble et très obéissant serviteur.

Le duc d'Aremberg' 560

S'il est vrai que cette imposture détermina ce prince à bannir le sieur Rousseau, du petit hôtel d'Aremberg, on ne désire point que

(d) Elle a été aussi déposée.

---

[92] Cf. *Bibliothèque française*, xxiii.149.

[93] *Bibliothèque française*, xxiv.152-66. Cette lettre, datée de Cirey, le 20 septembre 1736, et reproduite dans la correspondance (D1150), répond point par point aux accusations portées par Rousseau dans sa lettre du 22 mai 1736 (voir ci-dessus, n.94). Le texte de la lettre du duc d'Aremberg, citée après, se trouve à la page 157. Voir aussi D1144. Cf. encore la *Vie de J.-B. Rousseau* (M.xxii.351). Voltaire ne se prive pas de signaler à ses correspondants, en juin 1739, que Rousseau est toujours indésirable chez le duc d'Aremberg (voir, en particulier, D2037, D2038 et D2039).

ceux qui daignent le recueillir encore, en usent de même. On lui souhaite seulement de longs remords dans une vie longue, et dont les derniers jours soient moins orageux. M. de Voltaire, qui a dû se 565 venger, saurait lui pardonner, s'il se rétractait de bonne foi, s'il pouvait enfin ouvrir les yeux, et se souvenir efficacement de ce beau vers de Boileau, [94]

Pour paraître honnête homme, en un mot il faut l'être.

Plût à Dieu que ces querelles si déshonorantes, pussent aussi 570 aisément s'éteindre, qu'elles ont été allumées! plût à Dieu qu'elles fussent oubliées à jamais! mais le mal est fait, il passera peut-être à la postérité; que le repentir aille donc aussi jusqu'à elle. Il est bien tard, mais n'importe; il y a encore pour le sieur Rousseau quelque gloire à se repentir; peut-être même si nos fautes et nos malheurs 575 peuvent corriger les autres hommes, naîtra-t-il quelque avantage de ces tristes querelles, dont le sieur Rousseau a fatigué deux générations d'hommes. Cet avantage que j'espère de ce fléau malheureux, c'est que les gens de lettres en sentiront mieux le prix de la paix, et l'horreur de la satire; et qu'il arrivera dans la 580 littérature, ce qu'on voit dans les Etats qui ne sont jamais mieux réglés, qu'après des guerres civiles.

Encore quelques paroles: nous n'avons pas assez détruit la

573   MS3: donc jusqu'à
583-661   MS1, MS2, MS3: [*omis et remplacé par*: Que les gens de lettres songent encor une fois quels sont les fruits amers de la critique; qu'ils songent qu'après trente années on retrouve un ennemy; et qu'un mot suffit pour empoisonner toute la vie. Pourquoy l'abbé Prévost qui juge très librement des ouvrages d'esprit ne s'est-il point fait d'ennemis? c'est qu'il est poli, et mesuré dans ses critiques les plus severes, pourquoy celui qui en use autrement est il en execration dans Paris[?] Chaque lecteur trouvera aisement la réponse. Le S[r]. de Voltaire avouera sans peine qu'il a ete trop sensible aux traits de ses deux ennemis, Roussau et Desfontaines, aux injustices du premier, parcequ'il estimait beaucoup quelques uns de ses anciens ouvrages, et que l'auteur de la henriade ne meritait pas ses insultes; aux outrages du second, parcequ'il est affreux d'etre ainsy traité pour prix de ses bienfaits. Il y a des hommes qui ont l'art d'opposer le silence aux injures, et de forger sourdement les traits de leur vengeance, il y en a d'autres qui nez avec un cœur plus ouvert, et incapable[s] de dissimuler, disent

[94] Boileau, *Satires*, xi.34.

calomnie, ni assez prévenu ses attaques pour l'avenir; il reste quelque chose de plus important mille fois que tout ce qu'on a vu. 585 Les citoyens sont membres de la société en deux manières; ils vivent sous les lois de l'Etat et sous celles de la religion; leur soumission à ces lois fait leur sûreté. Accuser un citoyen d'enfreindre l'un de ces devoirs, c'est vouloir lui ôter tous les droits de l'humanité, c'est vouloir le dépouiller d'une partie de son 590 être, c'est un assassinat qui se commet avec la plume. Les hommes de tous les temps et de tous les lieux, s'accordent à flétrir d'une exécration éternelle, ces délateurs qui répandent l'accusation d'irréligion; ces meurtriers qui prennent le couteau sur l'autel, pour égorger impunément l'innocence; monstres d'autant plus à 595 craindre, qu'ils ont souvent mis dans leur parti la vertu même. Votre dessein est donc de perdre le sieur de Voltaire, par cette accusation affreuse d'irréligion et d'athéisme, que vous répétez sans cesse; c'est là ce dont il se plaignait si justement dans sa préface d'*Alzire*, [95] c'est là ce qu'il appelle la dernière ressource des 600 calomniateurs: Eh bien, connaissez celui que vous voulez perdre, et lisez la lettre suivante. [96]

Lettre de monsieur de Voltaire au R.P. Tournemine.

L'original est entre les mains de ce respectable religieux.

Mon très cher et très révérend père. 605

'Est-il vrai que ma *Mérope* vous ait plu? Y avez-vous reconnu quelques-uns de ces sentiments généreux que vous m'avez inspirés dans mon enfance? *Si placet, tuum est.* [97] Ce que je dis toujours en parlant de vous et du père Porée. Je vous souhaite la bonne année,

---

hautement ce qu'ils sentent et ce qu'ils pensent. Le S[r]. de V. est de ce nombre[.] Il espere que les magistrats auxquels il a l'honneur de presenter ce memoire compatiront à sa sensibilité, et rendront justice à sa bonne foy.]

[95] *OC*, t.14, p.121-22.
[96] D1729.
[97] Traduction: 'Si cela te plaît, cela t'appartient'.

et une vie aussi longue que vous la méritez. Aimez-moi toujours 610
un peu, malgré mon goût pour Locke et pour Newton. Ce goût
n'est point un enthousiasme qui s'opiniâtre contre des vérités.

Nullius addictus jurare in verba magistri. [98]

'J'avoue que Locke m'avait bien séduit par cette idée que Dieu
peut joindre quand il voudra le don le plus sublime de penser à la 615
matière en apparence la plus informe: [99] il me semblait qu'on ne
pouvait trop étendre la toute-puissance du Créateur. Qui sommes-
nous, disais-je, pour la borner? Ce qui me confirmait dans ce
sentiment: c'est qu'il semblait s'accorder à merveille avec l'immortalité de nos âmes; car la matière ne périssant point qui 620
pourrait empêcher la toute-puissance divine de conserver le don
éternel de la pensée à une portion de matière qu'il ferait subsister
éternellement? Je n'apercevais pas l'incompatibilité; et c'est en cela
probablement que je me trompais. Les lectures assidues que j'ai
faite de Platon, de Descartes, de Malebranches, de Leibnitz, de 625
Wolf, et du modeste Locke n'ont servi toutes qu'à me faire voir
combien la nature de mon âme m'était incompréhensible, combien
nous devons admirer la sagesse de cet Etre suprême, qui nous a fait
tant de présents dont nous jouissons sans les connaître, et qui a
daigné y ajouter encore la faculté d'oser parler de lui. Je me suis 630
toujours tenu dans les bornes où Locke se renferme n'assurant rien
sur notre âme; mais croyant que Dieu peut tout. Si pourtant ce
sentiment a des suites dangereuses, je l'abandonne à jamais de tout
mon cœur.

'Vous savez si le poème de la *Henriade* dont j'espère vous 635
présenter bientôt une édition très corrigée, respire autre chose que
l'amour des lois et l'obéissance au souverain. Ce poème enfin, est
la conversion d'un roi protestant à la religion catholique. Si dans
quelques autres ouvrages qui sont échappés à ma jeunesse, (ce
temps de fautes) qui n'étaient pas faits pour être publics, que l'on a 640

[98] Horace, *Epîtres*, I.i.14. Traduction: 'Aucune astreinte ne m'a contraint de jurer
sur les paroles d'un maître.'
[99] Cf. *Essai philosophique concernant l'entendement humain*, iv.3-6.

tronqués, que l'on a falsifiés, que je n'ai jamais approuvés, il se trouve des propositions dont on puisse se plaindre, ma réponse sera bien courte; c'est que je suis prêt d'effacer sans miséricorde tout ce qui peut scandaliser, quelque innocent qu'il soit dans le fond. Il ne m'en coûte point de me corriger. Je réforme encore ma 645
Henriade; je retouche toutes mes tragédies; je refonds l'*Histoire de Charles XII*. Pourquoi en prenant tant de peine pour corriger des mots, n'en prendrais-je pas pour corriger des choses essentielles quand il suffit d'un trait de plume?

'Ce que je n'aurai jamais à corriger, ce sont les sentiments de 650
mon cœur pour vous, et pour ceux qui m'ont élevé; les mêmes amis que j'avais dans votre collège je les ai conservés tous. Ma respectueuse tendresse pour mes maîtres est la même. Adieu mon révérend père. Je suis pour toute ma vie, etc.'

Après ce témoignage authentique des sentiments d'un homme, 655
sans ambition, sans brigue, qui n'a jamais sollicité la moindre place, dont tous les jours languissants et accablés de maladies sont sacrifiés à l'étude, qui ne demande rien, qui ne veut rien, sinon la retraite et la paix; lui envierez-vous cette paix consacrée au travail; chercherez-vous à troubler sa vie? Vous qui après tout lui devez la 660
vôtre.

Ce mémoire composé à la hâte par un homme qui n'a que la vérité pour éloquence et son innocence pour protection, apprendra du moins à la calomnie à trembler. Son véritable supplice est d'être réfuté; et s'il n'y a point parmi nous de loi contre l'ingratitude, il y 665
en a une gravée dans tous les cœurs, qui venge le bienfaiteur outragé et punit l'ingrat qui persécute.

Voltaire.

A Cirey, ce 6 février 1739.

668-669   MS2: [*omet signature et indications du lieu et de la date*]

Mémoire sur la satire

à l'occasion d'un libelle de l'abbé Desfontaines
contre l'auteur

Edition critique

par

Olivier Ferret

TABLE DES MATIÈRES

INTRODUCTION

1. *Du* Mémoire du sieur de Voltaire *au* Mémoire sur la satire

De nouveaux remaniements

Le 10 avril 1739, alors que le procès que Voltaire s'efforce d'engager contre l'abbé Desfontaines est au point mort, alors que les principaux personnages que Voltaire tente d'intéresser à sa cause ont déjà reçu plusieurs versions différentes du *Mémoire du sieur de Voltaire*,[1] Mme Du Châtelet déclare au comte d'Argental (D1972): 'Votre ami retravaille son mémoire, il veut en faire une dissertation contre les libelles et y faire son apologie sans nommer seulement l'abbé des Fontaines.' Comme il en a l'habitude depuis le début de cette affaire, Voltaire 'ne veut pas faire un pas' sans que son 'cher ange' ne le dicte: c'est pourquoi il lui 'soumettra' le texte de ce nouveau mémoire, auquel il vient de donner une orientation radicalement différente. Jusque-là en effet, il n'avait fait, pour autant qu'on puisse en juger par la correspondance et par les versions successives dont on dispose, qu'apporter des remaniements de plus ou moins grande ampleur à un *Mémoire* dont l'objectif demeurait de justifier le 'sieur de Voltaire' contre les accusations portées par Desfontaines dans sa *Voltairomanie*. Le nouveau texte qu'annonce Mme Du Châtelet adopte à présent la forme d'une 'dissertation contre les libelles' et semble bien correspondre au *Mémoire sur la satire* dans lequel, sans aller jusqu'à renoncer à 'nommer seulement l'abbé des Fontaines' comme l'écrit la marquise (mais elle signale aussi qu'au moment où elle écrit, elle n'a 'pas encore vu' le texte), Voltaire profite de 'l'occasion' que lui

---

[1] Sur les circonstances de l'affaire qui oppose Voltaire et l'abbé Desfontaines à propos de *La Voltairomanie*, ainsi que sur les différents remaniements du mémoire justificatif de Voltaire, voir l'introduction du *Mémoire du sieur de Voltaire*, §1 et 2.

offre la publication 'd'un libelle de l'abbé Desfontaines contre l'auteur' pour développer des réflexions sur le recours à la satire. Dans une lettre envoyée vers le 20 avril (D1989), Voltaire évoque à son tour un 'écrit que le ch. de Mouhi' a 'présenté' de sa part à d'Argental. On peut émettre l'hypothèse qu'il s'agit de ce 'mémoire sur la satire' que Mme Du Châtelet mentionnait dans une lettre adressée le 13 au même (D1771):[2] 'M. de V. envoie par cette poste au ch^er Demouhi un mémoire sur la satire dans lequel il insère assez adroitement son affaire.' Se fondant sur cette chronologie, on peut alors considérer que c'est ce même *Mémoire sur la satire*, 'composé depuis peu', que Voltaire envoie au marquis d'Argenson le 16 avril (D1982), et qu'il évoque à nouveau dans sa lettre du 2 mai (D1999): Paulmy d'Argenson peut 'garder le manuscrit' qu'il a eu l'honneur de lui 'faire tenir et de soumettre' à son jugement. Car, poursuit Voltaire, 'si vous en êtes un peu content, il faut qu'il ait place au moins dans le sottisier. Je garde copie de tout; et s'il est imprimable, il paraîtra avec quelques autres guenilles littéraires.'[3]

[2] La datation de cette lettre est sans doute inexacte: Besterman restitue la date du 13 [janvier 1739], mais la désignation du texte sous le titre de 'mémoire sur la satire' incite à penser que cette lettre est du 13 avril. Si la datation de D1972 et de D1989 est exacte, cette lettre est nécessairement postérieure au 10 avril (D1972), date à laquelle Mme Du Châtelet annonce à d'Argental la décision de Voltaire de 'faire une dissertation contre les libelles', et antérieure au 20 avril (D1989), date à laquelle Voltaire fait allusion au texte que Mouhy est censé lui avoir présenté de sa part. On peut ajouter que lorsque Mme Du Châtelet évoque, à l'intention du comte d'Argental (D1781), le développement que Voltaire consacre à 'M. de Feuquieres', il s'agit bien, comme on l'a signalé (voir l'introduction du *Mémoire du sieur de Voltaire*, p.31, n.31), du passage du *Mémoire du sieur de Voltaire* relatif à la relation de la bataille de Spire, et non d'une erreur de la marquise, qui, selon Besterman (lettre citée, n.2), aurait écrit 'Feuquieres' pour 'Fontenelle' ou encore pour 'Furetière'. Il est plus simple de considérer que D1781 fait référence au *Mémoire du sieur de Voltaire* et que D1771, qui mentionne le 'mémoire sur la satire', est en fait postérieure de trois mois à la date restituée.

[3] Besterman signale en note qu'il s'agirait du manuscrit de l'*Essai sur le siècle de Louis XIV*. Outre les raisons qui tiennent à la chronologie que l'on vient de reconstituer, les termes mêmes qu'emploie Voltaire, qui assigne à ce texte une place dans le 'sottisier', parmi d'autres 'guenilles littéraires', paraissent plus appropriées pour désigner le *Mémoire sur la satire*.

Voltaire envisage en effet toujours la publication de son texte. Lorsqu'elle évoque pour la première fois le nouveau *Mémoire* dans sa lettre à d'Argental (D1771), Mme Du Châtelet émet l'hypothèse qu'il pourrait même peut-être 'être approuvé': 'A moins que v[ou]s ne voyiez à cela un danger évident', écrit-elle, 'je crois qu'on peut permettre ce léger contentem[en]t à votre ami.' Voltaire ne pense pas, quant à lui, que 'le chevalier de Mouhy risquât rien en demandant une permission tacite' (D1989). Reste que, quelques jours plus tôt (D1987), Mme Du Châtelet avoue ignorer les 'raisons' du comte d'Argental 'p[ou]r ne pas permettre l'impression de ce petit ouvrage'. Mais la correspondance ne permet pas d'en savoir davantage: les lettres ultérieures n'évoquent que le sort des deux éditions du *Mémoire du sieur de Voltaire* qui, Mouhy le prétend, ont été entreprises par l'imprimeur, et ne font plus allusion au *Mémoire sur la satire*, qui pourrait bien être demeuré à l'état de manuscrit. En effet, on ne connaît pas d'édition séparée de ce texte, qui n'a pas été intégré aux œuvres complètes de Voltaire avant l'édition de Kehl. [4]

Parler en historien / parler de soi

La nouveauté du *Mémoire sur la satire* tient, on l'a vu, à un changement de perspective. Revenant à des considérations plus littéraires, [5] Voltaire se propose à présent, comme il s'en explique dans l'introduction du *Mémoire*, de livrer 'quelques idées sur la satire; accompagnées de l'histoire récente des injustices, des crimes même, et des malheurs qu'elle a produits de nos jours'. Ce nouvel objectif s'accompagne de l'adoption d'une nouvelle posture: 'je tâcherai de parler en philosophe et en historien', écrit Voltaire (p.163); 'J'écris ici dans la vue, d'être utile à la littérature encore

---

[4] Voir ci-dessous, §4.
[5] Sur le débat qui oppose Voltaire à Mme Du Châtelet et à d'Argental, sur l'opportunité d'insérer des considérations littéraires dans son mémoire justificatif, voir l'introduction du *Mémoire du sieur de Voltaire*, §2, 'Remaniements manuscrits'.

plus qu'à moi-même', rappelle-t-il dans les dernières lignes ('Examen d'un libelle...', p.187). Car, contrairement à la fonction d'auto-justification qu'il assignait au *Mémoire du sieur de Voltaire*, le 'dessein' de l'auteur n'est plus 'de répondre en détail à des discours dignes de la plus vile canaille' (*ibid.*, p.186-87). Après quelques réflexions générales sur 'la nature de la critique' ('De la critique permise'), le *Mémoire sur la satire* prend alors la forme, définie dans l'introduction, d'un 'tableau', gouverné par une progression chronologique, 'dont le premier trait sera l'abus que Boylau a fait de la critique et le dernier sera l'excès horrible où la satire s'est portée de nos jours' (p.163). Cette 'histoire [...] de la satire' se développe ainsi à partir de jalons successifs: le recours à la satire tel que l'ont pratiqué Boileau ('De Despreaux') et ses successeurs ('De la satire après le temps de Despreaux'), le terme de ce parcours étant marqué par le libelle de l'abbé Desfontaines ('Examen d'un libelle calomnieux intitulé *La Voltairomanie, ou Mémoire d'un jeune avocat*'). Mais Voltaire envisage également, entre temps, une des formes particulières qu'a pu prendre la satire ('Des satires nommées calottes'), sans oublier le cas des écrivains, de Charron à... Voltaire, qui ont été victimes d'auteurs qui prétendaient parler au nom de la justice et de la religion ('Des calomnies contre les écrivains de réputation'). Dans la mesure où il se caractérise par un élargissement des perspectives, le *Mémoire sur la satire* tranche donc radicalement, par son contenu comme par sa forme, avec le *Mémoire du sieur de Voltaire*. D'un texte à l'autre, Voltaire n'a guère conservé que l'essentiel des données qui sont exposées dans le dernier développement, centré sur *La Voltairomanie*, ainsi que le passage sur Jean-Baptiste Rousseau, repris et amplifié dans le chapitre consacré à 'la satire après le temps de Despreaux'. Pour autant, malgré son intention proclamée de ne pas perdre 'un temps précieux' à combattre Desfontaines et de dépasser la stricte question personnelle en écrivant 'pour l'honneur des lettres' ('Examen d'un libelle...', p.187), Voltaire est loin d'éliminer toute considération personnelle, et ne perd jamais vraiment de vue le texte 'à l'occasion'

duquel il rédige son *Mémoire sur la satire*, pas plus qu'il n'épargne l'auteur de ce texte.

Certes, le nouveau *Mémoire* adopte une orientation historique, mais cette 'histoire [...] de la satire' gouvernée, comme on le verra, par une progression graduelle de l'audace et de la calomnie, s'achève sur l'évocation du 'libelle calomnieux' de Desfontaines. Il est aussi question de l'abbé dans le développement précédent, lorsque Voltaire rappelle 'la réponse que fit, il y a quelques années, un de ces malheureux écrivains à un magistrat qui lui reprochait ses libelles scandaleux', anecdote qui amène naturellement l'évocation de ce 'libelle aussi déshonorant pour l'humanité' qui 'parut à Paris au mois de janvier de cette année 1739 sous le titre de *Voltai-romanie, ou Mémoire d'un jeune avocat*' ('Des calomnies contre les écrivains de réputation', p.180 et 181). Si la composante offensive que l'on avait pu identifier dans le *Mémoire du sieur de Voltaire* n'est pas absente du *Mémoire sur la satire*, on peut en dire autant de la composante défensive. Dans le chapitre sur les 'calomnies contre les écrivains de réputation' par exemple, il s'agit bien de prendre la défense des philosophes présentés comme 'les plus paisibles des hommes, incapables de jamais nuire, par cela même qu'ils sont philosophes' (p.179); la perspective historique adoptée dans le *Mémoire* conduit toutefois Voltaire à faire état des calomnies dont il a lui-même été l'objet, de la part de Desfontaines, on l'a dit, mais aussi, quelques lignes plus haut, d'autres écrivains comme La Jonchère, dont il reproduit une lettre 'assez singulière' (p.180). Mais Voltaire était aussi impliqué dans le développement consacré à Rousseau, 'homme flétri pour avoir abusé à ce point du talent de la poésie, pour avoir fait les satires les plus horribles' ('De la satire après le temps de Despreaux', p.174). Il ne le 'dissimule point', 'étant outragé par lui comme d'autres', Voltaire a 'perdu patience' et a 'marqué' toute son 'indignation contre le calomniateur' notamment dans son *Epître sur la calomnie*: mais, explique-t-il, 'J'ai cru être en droit de venger et mes injures et celles de tant d'honnêtes gens', 'faute' peut-être regrettable, mais 'bien excusable' dès lors que c'est 'un citoyen' qui écrit 'contre le perturbateur

du repos public' (*ibid.*, p.175).[6] C'est également à son corps défendant que Voltaire affirme devoir parler de *La Voltairomanie*: 'C'est de quoi je suis obligé par toutes les lois de l'honneur de dire un mot ici' ('Des calomnies contre les écrivains de réputation', p.181). Mais lorsqu'il s'agit de louer les écrivains qui ont su faire un sain usage de la critique, Voltaire ne manque pas de rappeler qu'il a été amené, dans le passé, à écrire contre La Motte. Ce sont, ici encore, les 'circonstances' qui justifient cette prise de parole: 'Il me convient mal de parler de moi et je me garderais bien d'en demander la permission, si je ne me trouvais dans une circonstance qui autorise cette extrême liberté.' Et de conclure le récit de cette anecdote, sur le mode de la prétérition: 'Encore une fois, je suis bien loin d'oser me citer pour exemple mais il me semble qu'on peut tirer de là une règle bien sûre pour juger si un homme s'est tenu dans les bornes d'une critique honnête' ('De la critique permise', p.165-66). L'exemplarité d'une telle conduite dans la critique est certes toute à l'honneur de Voltaire, et participe à coup sûr d'une apologie personnelle; mais elle prend également sens lorsqu'on la confronte au comportement de l'abbé Desfontaines vis-à-vis du même La Motte: 'Quel acharnement personnel l'abbé Des F. n'a-t-il pas marqué contre feu M. de la Motte?', demande l'auteur du *Mémoire du sieur de Voltaire*, qui rapporte également la lettre du 16 août 1726, dans laquelle Thiriot rappelle que c'est Desfontaines 'qui a fait à Evreux une édition du *Poème de la Ligue* dans laquelle il a inséré des vers contre M. de la Motte' (p.97 et 109). Du reste, cet extrait est à nouveau reproduit, en note, dans le *Mémoire sur la satire*, peu après que Voltaire a rappelé que Desfontaines a aussi commis une *Apologie de M. de V.*, 'apologie ironique et sanglante' qui était un 'libelle diffamatoire' contre lui 'et contre feu M. de La Motte' ('Examen d'un libelle...', p.186, n.c, et p.185).

---

[6] Voltaire emploie d'ailleurs la même expression pour désigner Desfontaines, dans le *Mémoire du sieur de Voltaire*: 'J'ose demander surtout à l'estimable corps des avocats, quelle est leur indignation contre un perturbateur du repos public, qui ose mettre sous le nom d'avocat cet écrit scandaleux' (p.89).

Bien des éléments concourent donc, dans le *Mémoire sur la satire*, à poursuivre, sur un mode différent, et peut-être plus 'modéré' encore, pour reprendre l'un des *leitmotive* de la correspondance, une entreprise de justification publique qui, depuis le *Mémoire du sieur de Voltaire*, repose sur le double souci de se défendre et de contre-attaquer. Toutefois, à la différence du premier *Mémoire*, le *Mémoire sur la satire* se distingue par la volonté qu'affiche Voltaire d'inscrire la querelle qui l'oppose à Desfontaines dans l'histoire élargie des démêlés tumultueux qui agitent, depuis un siècle au moins, la 'république des lettres'.

2. *Progrès ou décadence?*

Le tableau historique que brosse Voltaire se signale, sinon par des contradictions irréductibles, du moins par des tensions manifestes: d'une part en effet, Voltaire, amorçant une réflexion qui trouvera son plein accomplissement, par exemple, dans des œuvres historiques comme *Le Siècle de Louis XIV*, célèbre les progrès accomplis dans le domaine des belles-lettres et, plus généralement, de la société; les exemples qui constituent les jalons de l'évolution décrite dans le *Mémoire sur la satire* construisent d'autre part une histoire de la médisance qui est aussi celle d'une dégradation de l'état de la 'république des lettres'. Afin de repenser cette opposition apparente entre perspectives de progrès et ferments de décadence, il faut alors réfléchir au choc, que révèle le *Mémoire*, entre deux ordres de considérations: les faits et la norme, l'être et le devoir-être.

Une histoire de la médisance

Paradoxalement, s'il est bien question de 'progrès' dans le *Mémoire sur la satire*, il s'agit d'abord de ceux de la médisance: à la fin du développement sur 'la critique permise', Voltaire rappelle en effet qu'il a promis de livrer au lecteur une 'histoire de la satire', qui est aussi celle de 'ses effets' et, hélas, de 'ses progrès' ('De la critique

permise', p.168). Et l'articulation des chapitres successifs indique clairement que cette histoire va dans le sens d'une aggravation progressive de l'audace et de la calomnie. Voltaire stigmatise certes chez Boileau[7] les 'fautes de sa jeunesse' ('De Despreaux', p.173), mais c'est pour signaler sans tarder que 'dans ses satires, quoique cruelles', il 'avait toujours épargné les mœurs de ceux qu'il déchirait': la triste gloire d'avoir poussé 'plus loin la licence' revenait à ses successeurs. C'est ainsi qu'à la suite des calomnies d'un Rousseau, 'les journaux' mêmes, 'destinés à l'honneur des lettres', 'devinrent le théâtre de l'infamie' ('De la satire après le temps de Despreaux', p.173 et 175). Mais la palme doit incontestablement être décernée à Desfontaines qui, avec *La Voltairomanie*, a enfanté un 'libelle' d'une méchanceté inouïe: 'je ne crois pas', explique Voltaire, que l''on ait jamais mis au jour un libelle aussi déshonorant pour l'humanité' ('Des calomnies contre les écrivains de réputation', p.181). L'histoire de la satire que retrace le *Mémoire* fait donc apparaître l'emprise croissante d'une 'licence' qui n'est qu'un indice particulièrement révélateur de la corruption qui a peu à peu infecté la 'république des lettres': à l'instar des journaux évoqués plus haut, tout ce qui était censé lui faire 'honneur', une fois gagné par l'audace satirique, paraît avoir été détourné de sa vocation initiale et glorieuse, et utilisé à la seule fin de répandre l''infamie'.

Une atmosphère de corruption a ainsi envahi jusqu'à l'air de Paris, comme l'indique clairement l'attaque du développement sur ces formes particulières de satires que sont les calottes: 'Au milieu des délices pour lesquelles seules on semble respirer à Paris, la médisance et la satire en ont corrompu souvent la douceur.' Et Voltaire ne tarde pas à traduire ce climat délétère en termes de 'décadence': les calottes l'illustrent de manière éclatante, 'si quelque chose marque sensiblement la décadence du goût en

---

[7] Sur la représentation de Boileau dans l'œuvre de Voltaire, voir O. Ferret 'Voltaire et Boileau', Actes du colloque *Voltaire et le 'Grand Siècle'* (2001), à paraître dans *SVEC*.

France c'est cet empressement qu'on a eu pour ces misérables ouvrages', qualifiés plus loin de 'monuments infâmes de méchanceté et de mauvais goût' ('Des satires nommées calottes', p.177). Mais les propos de Voltaire montrent aussi que si 'décadence' il y a, elle tient certes à la nature même des satires incriminées mais aussi, indissociablement, à l'engouement que le public manifeste pour ces textes: la 'méchanceté' de quelques auteurs aigris ne serait que de peu de conséquence si elle ne rencontrait la malignité d'un public toujours prêt à faire bon accueil à ces 'bagatelles infâmes'. En effet, 'la malignité humaine assure toujours un prompt débit' à de tels ouvrages 'si malheureusement faciles à faire' (*ibid.*, p.177 et 178). Car si l'audace des auteurs va en s'accroissant, cette 'malignité humaine' paraît être une constante: Voltaire en fait déjà indirectement état à l'époque de Boileau, lorsqu'il affirme ne connaître 'de véritablement bons ouvrages que ceux dont le succès n'est point dû à la malignité humaine' ('De Despreaux', p.173).

L'histoire de la médisance que reconstitue Voltaire semble ainsi se développer sur un arrière-fond d'anthropologie pessimiste. Certes le libelle de Desfontaines mérite d'être distingué parce qu'il atteint une sorte de paroxysme dans l'abjection; mais il s'inscrit aussi dans une continuité historique dont l'origine est indiquée par une formule aussi indéterminée que lourde de sous-entendus: 'depuis que les hommes sont méchants et calomniateurs' ('Des calomnies contre les écrivains de réputation', p.181). Un constat aussi accablant, qui porte d'abord sur les écrivains mais aussi, comme on l'a vu, sur leur public, contraste alors de manière saisissante avec le rappel, que ne cesse de faire Voltaire, de ce que l'humanité se doit à elle-même.

Vers un contrat social?

Si la malignité est une constante historiquement attestée de la nature humaine, les règles bien comprises de la vie sociale pourraient-elles y remédier? C'est en effet sur des considérations

d'ordre anthropologique que s'ouvre, de manière inattendue, le développement sur la 'critique permise': Voltaire 'entre un moment dans l'intérieur de l'homme' car, explique-t-il, 'c'est sur cette connaissance que toute la vie civile est fondée' ('De la critique permise', p.164). L'argumentation explicite alors un certain nombre de postulats, d'où découlent des 'règles' susceptibles d'esquisser une sorte de contrat social[8] dont on peut rapidement cerner les données. L'état social dans lequel l'homme est appelé à vivre reçoit d'abord une légitimité incontestable, dès lors que Voltaire pose que 'Dieu [...] a voulu que nous vécussions en société'. Et, 'comme il a donné l'instinct, aux fourmis et aux abeilles pour vivre en commun', il a donné à l'homme un 'sentiment ineffaçable' de nature à réguler les relations qu'il doit nouer avec son prochain (p.164). Ce sentiment, qui entretient avec le maintien de la vie sociale un rapport de nécessité, Voltaire l'a précisé quelques lignes plus haut: il s'agit de cette 'horreur pour le mépris aussi nécessaire pour la conservation de la société et pour le progrès des arts que la faim et la soif le sont pour nous conserver la vie' (p.164). On voit que, par les comparaisons qu'il opère avec l'instinct animal et avec les besoins liés à la conservation de l'homme en tant qu'espèce, Voltaire souligne que ce 'sentiment ineffaçable' est étroitement relié à la nature.[9] Car 'Il n'est pas plus dans la nature qu'un homme puisse vivre avec des hommes qui lui feront sentir des dédains continuels, qu'avec des meurtriers qui lui

8 Il ne saurait être question, en 1739, de polémique avec Jean-Jacques Rousseau, dont les *Discours* sont d'une dizaine d'années postérieurs. Reste que les propos de Voltaire, si on les prend au sérieux (et rien, dans le texte, n'autorise à en faire une lecture ironique), font d'ores et déjà apparaître les points de désaccord qui ne manqueront pas d'éclater lorsque Voltaire aura connaissance de la pensée du citoyen de Genève.

9 'L'idée d'un principe spirituel, qui fonderait en nature la supériorité de l'espèce humaine, est étrangère à la pensée de Voltaire, qui donne à Dieu seul la place éminente qu'elle refuse à l'homme', explique Michèle Duchet qui précise, plus loin, que 'L'idée que Voltaire se fait de la nature humaine et de l'ordre nécessaire de la Création commande l'interprétation des faits: fondée sur un ensemble de postulats, l'anthropologie voltairienne renvoie constamment à une métaphysique dont elle ne peut se dissocier' (*Anthropologie et histoire au siècle des Lumières*, p.283 et 286).

feraient tous les jours des blessures' (p.164). Ces postulats, avancés sur un mode assertif et, malgré la présence de modalisateurs, volontiers péremptoire ('Je crois qu'il y a', 'Il n'est pas plus'), servent alors de socle à l'énoncé de certaines règles fondamentales censées gouverner le commerce des hommes au sein de la société.

Il résulte de l'existence de ce sentiment, ancré en nature, de cette 'horreur pour le mépris', un mode particulier de relation entre les hommes, que les Français ont poussé à son point de perfection: 'ce caractère de politesse qu'ils ont dans le commerce'. En effet, précise Voltaire, 'toute la politesse des hommes ne consiste qu'à se conformer à cette horreur invincible que la nature humaine aura toujours pour ce qui porte le caractère de mépris'. De là découle la 'première règle de l'éducation', valable 'dans tous les pays', qui est 'de ne jamais rien dire de choquant à personne', et sur laquelle les Français, allant 'plus loin en cela que les autres peuples', ont fondé une 'loi de la société' consistant à 'dire des choses flatteuses' ('De la critique permise', p.164). Cette 'règle', en ce qu'elle est universelle, concerne également ces hommes particuliers que sont les hommes de lettres, *a fortiori* ceux qui vivent dans 'la nation la plus polie de l'Europe' (p.164). Et c'est bien la leçon de 'la plus parfaite politesse' qu'a donnée Vaugelas; tout comme l'"exemple' de Voltaire, lors de sa querelle avec La Motte, permet d'énoncer 'une règle bien sûre pour juger si un homme s'est tenu dans les bornes d'une critique honnête, *Osez montrer votre ouvrage à celui même que vous censurez*' (p.165 et 166). Reste que, sans se prononcer sur ce qu'il en est en réalité de cette politesse de rigueur dans le commerce des hommes, le *Mémoire* prouve, ne serait-ce que par l'"occasion' qui lui a donné naissance, que les relations entre auteurs sont loin d'être aussi policées.

Les propos de Voltaire pourraient même paraître contradictoires avec le constat historique de la médisance humaine qu'il dresse avec amertume, si l'on ne prenait pas en considération le fait qu'il s'agit là d'une construction théorique. Le contrat social dont Voltaire met au jour les fondements semble se limiter à un

pacte de non-agression, et il n'a, à ce titre, ni la portée ni l'ampleur théorique de celui qu'élaborera, une vingtaine d'années plus tard, le citoyen de Genève. Il prend pourtant ici une valeur de modèle sur lequel penser et fonder la nature du commerce que les hommes doivent entretenir entre eux dans la société, et singulièrement les écrivains au sein de la 'république des lettres'. Si une tension subsiste, c'est celle qui oppose la 'malignité humaine' et une 'humanité' qu'il ne faut ni 'blesser' ('De la critique permise', p.164-65) ni déshonorer, au sens où Desfontaines a commis 'un libelle [...] déshonorant pour l'humanité' ('Des calomnies contre les écrivains de réputation', p.181). C'est précisément cet hiatus entre la bassesse des pratiques des hommes et une conception, certes confusément déterminée, mais érigée en valeur sur laquelle fonder un impératif moral, qu'exhibe Voltaire à la faveur d'un trait d'esprit: 'On appelle les belles-lettres *humaniores litteræ*, les lettres humaines mais, dit un homme d'esprit, en voyant cette fureur réciproque de ceux qui les cultivent, on les appellera plutôt les lettres inhumaines' (p.179). C'est enfin et surtout cet écart entre l'être et le devoir-être qu'il s'agit de s'employer à réduire pour que l'idée de progrès prenne sens.

Savoir raison garder

Mais comment réduire cet écart, s'il est vrai que, ainsi que le démontre le 'tableau' que brosse le *Mémoire*, les écrivains n'ont cessé, depuis Boileau jusqu'à Desfontaines, de bafouer les 'règles' que Voltaire présente comme universelles? Dès les premières lignes, Voltaire évoque ce 'gouvernement de sagesse et de paix qui semble faire de la France une seule famille', et souligne la honte que représente, pour 'l'esprit humain', la 'discorde' qui 'règne dans les belles-lettres' et qui, seule, trouble la 'société' (p.163). Pourtant, en matière de critique par exemple, les abus peuvent être réprimés par cette instance supérieure, émanation du gouvernement, qu'incarnent 'les magistrats qui veillent sur la littérature'. D'ailleurs, ajoute Voltaire, 'il n'y a point aujourd'hui de

censeur de livres qui pût donner son approbation à un écrit mordant' ('De la critique permise', p.165). Peut-on pour autant s'en remettre au rôle régulateur des autorités de la librairie? Voltaire affirme l'avoir fait lorsqu'il a entrepris de critiquer La Motte: Crébillon et lui ont demandé 'tous deux à M. de la Motte la permission d'écrire contre ses sentiments' et, chose inouïe, 'un auteur censeur royal' est devenu 'l'approbateur d'un ouvrage écrit contre lui-même' (p.166). Cette démarche exemplaire, Voltaire la rend particulièrement édifiante par l'amplification qu'il lui confère, et il en fait une caractéristique de sa propre conduite passée mais aussi présente: 'le chef de la justice et plusieurs autres magistrats ont vu la lettre de la veuve du président de B... qui dément d'une manière si forte toutes les impostures du libelle' de Desfontaines; toutefois, ajoute-t-il, 'Nous ne la rapportons point ici parce que nous n'en avons pas demandé la permission comme nous avions demandé celle de la faire voir à M. le chancelier' ('Examen d'un libelle...', p.184-85). Voltaire fait de cette idée de permission, délivrée par les autorités ou, plus généralement, octroyée dans le respect des règles de l'honnêteté, non seulement un préalable à sa conduite, mais aussi un présupposé de son discours: 'Il serait [...] bien étrange que dans la nation la plus polie de l'Europe il fût permis d'écrire, d'imprimer, de publier d'un homme, à la face de tout le monde, ce qu'on n'oserait jamais dire à lui-même'; 'Il n'est permis de critiquer par écrit sans doute, que de la même façon dont il est permis de contredire dans la conversation' ('De la critique permise', p.164); 'Je ne crois pas qu'il soit permis d'accuser sans preuves juridiques un citoyen de quelque faute que ce puisse être' ('Examen d'un libelle...', p.186). L'exemple de Voltaire, qui a ici une valeur éthique, n'est hélas pas représentatif du comportement des écrivains, et en particulier de ses ennemis: dans la situation qui est la sienne, à la fois 'flétri' pour ses abus et désireux de 'laver cette tache', Rousseau 'ne devait jamais se permettre la moindre raillerie contre personne' ('De la satire après le temps de Despreaux', p.174-75); selon la 'logique de l'ingratitude' d'un Desfontaines, 'il serait permis d'insulter son

bienfaiteur parce qu'il aurait été logé et nourri chez un autre'
('Examen d'un libelle...', p.184). Le système des approbations et
des permissions, que Voltaire affirme respecter, est donc censé
contrôler la bonne conduite des écrivains, et Voltaire déplore 'qu'il
ait fallu tant de temps pour établir dans la littérature, ce qui l'a
toujours été dans le commerce des hommes, et qu'on se soit aperçu
si tard que des injures ne sont pas des raisons' ('De la critique
permise', p.165). Desfontaines n'en est pas moins l'auteur d'un
'malheureux libelle où les injures et les calomnies les plus atroces
tiennent lieu de raisons' ('Examen d'un libelle...', p.181). Voltaire
ne peut d'ailleurs ignorer, au moment où il écrit ces lignes, que
l'abbé a obtenu une permission tacite pour la publication de *La
Voltairomanie*, en raison précisément de la violence des attaques
dont il a été l'objet dans *Le Préservatif*,[10] texte lui-même publié
sans nom d'auteur et revêtu d'aucune forme de permission... Plus
généralement, ainsi que Malesherbes en fera le constat vingt ans
plus tard,[11] le système de la librairie ne permet pas d'endiguer le
flot des brochures clandestines qui sont imprimées et distribuées en
France. En invoquant les 'magistrats qui veillent sur la littérature',
Voltaire compte peut-être moins sur leur vigilance pour mettre en
conformité le fait et le droit, que sur leur influence à une époque
où, en même temps qu'il rédige ce nouveau *Mémoire*, il ne
désespère pas d'obtenir justice contre Desfontaines.[12]

Si l'hiatus que l'on évoquait plus haut peut espérer être réduit,
c'est davantage par un travail mené sans relâche sur la 'raison' d'un
lecteur de 'ce siècle si éclairé', dont Voltaire s'efforce, dans son
Mémoire, de capter la bienveillance en sollicitant, par exemple,

[10] Voir la lettre de Saintard à Voltaire du 6 février 1739 (D1858) et l'introduction
du *Mémoire du sieur de Voltaire*, §1, 'Répondre ou pas', p.19. Desfontaines
souscrirait du reste volontiers à l'analyse de Voltaire qui déclare certes qu'aucun
censeur ne donnerait 'son approbation à un écrit mordant', avant de préciser, en
note, que ce principe pourrait souffrir une exception: 'A moins peut-être que cet
ouvrage ne fût une réponse à un agresseur' ('De la critique permise', p.165 et n.(a)).

[11] Voir ses *Mémoires sur la librairie* de 1759.

[12] Voir l'introduction du *Mémoire du sieur de Voltaire*, §1, 'Je mourrai ou j'aurai
justice', p.22s.

qu'il accorde lui aussi une permission à sa prise de parole: 'J'espère que ce siècle si éclairé permettra d'abord que...' ('De la critique permise', p.164). Le lecteur est aussi pris à partie en tant qu''esprit raisonnable': à propos des vers de Boileau contre Pelletier, Voltaire demande 'à tout esprit raisonnable en quoi ces traits assez bas et assez indignes d'un homme de mérite pouvaient contribuer à établir en France le bon goût'. Plus loin, c'est toujours la 'raison' qui est mise en avant et érigée en critère du jugement: 'la raison n'a jamais dit que Virgile soit sans défaut, la raison dit seulement que Virgile malgré tout ce qui lui manque est le plus grand poète de Rome' ('De Despreaux', p.170 et 171). Le développement sur les calottes s'achève encore sur l'affirmation d'une confiance dans cette 'raison qui prend toujours le dessus et qui domine dans la saine partie des Français', raison qui 'condamne ensuite à un mépris éternel' cette littérature calotine à laquelle 'la malignité humaine assure toujours un prompt débit' ('Des satires nommées calottes', p.178). Mais si la raison n'opère qu''ensuite', qu'une fois que le mal est fait pourrait-on dire, c'est peut-être qu'il ne suffit pas d'en appeler au public,[13] et qu'il faut s'efforcer d'agir sur les auteurs eux-mêmes afin que leur raison l'emporte sur les passions égoïstes et haineuses: 'plût à Dieu', s'exclame Voltaire, 'que toutes ces haines si flétrissantes, ces querelles également affreuses et ridicules fussent éteintes parmi des hommes qui font profession non seulement de cultiver leur raison mais de vouloir éclairer celle des autres' ('Examen d'un libelle...', p.187). Significativement, dès la fin de l'introduction, le *Mémoire* est adressé 'aux magistrats qui veillent sur les mœurs' mais, si l'on suit l'ordre du propos, il concerne d'abord les 'jeunes gens' qui le liront et, en particulier, 'Ceux qui ont embrassé ce genre funeste d'écrire' qu'est la satire (p.163). 'Plût à Dieu que les exemples que j'ai rapportés pussent rendre sages ceux qui sont tentés de les suivre', reprend Voltaire à la fin du *Mémoire*, Voltaire

---

[13] Sur la question du public, voir l'introduction du *Mémoire du sieur de Voltaire*, § 3, 'Le tribunal du public', p.56s.

qui estime aussi ne pas avoir perdu sa 'peine' s'il a pu, à travers 'ce petit écrit', 'exciter le repentir dans un cœur coupable de ces horreurs' ('Examen d'un libelle...', p.187). Le *Mémoire* est donc certes tourné vers le passé et vers des auteurs satiriques incités à faire amende honorable, même si Voltaire ne semble pas avoir beaucoup d'illusions sur l'efficacité de cette démarche: à tout le moins l'exemple de Rousseau 'prouve bien que quand on n'a pas travaillé de bonne heure à dompter la perversité de ses penchants on ne se corrige jamais et que les inclinations vicieuses augmentent encore à mesure que la force d'esprit diminue' ('De la satire après le temps de Despreaux', p.176-77). Cependant l'ouvrage paraît surtout résolument orienté vers l'avenir et vers les 'jeunes gens' qui écouteront peut-être la parole de Voltaire, à défaut de suivre en tous points son exemple.

Le développement du *Mémoire sur la satire* fait apparaître des tensions entre des constats de fait touchant la permanence de la malignité humaine et des postulations idéales vers une organisation sociale assurant un commerce entre ses membres fondé sur l''horreur' que chacun ressent 'pour le mépris' que lui témoignerait autrui et, plus généralement, sur l'aspiration au respect de l''humanité' en l'homme. Mais l'hiatus est particulièrement sensible dans la 'république des lettres', en ce qu'il remet en cause l'idée de progrès, envisagée dans ses deux composantes morale et esthétique. Si toute critique doit viser à accompagner le 'progrès des arts', elle s'avère en effet non seulement inopérante mais aussi pernicieuse lorsqu'elle passe par le recours à la satire rendue responsable d'une 'décadence du goût'. Si en outre la législation que s'efforcent de faire appliquer les magistrats n'a pu enrayer ce phénomène et réduire l'écart entre le fait et le droit, il convient alors de s'en remettre à la raison du lecteur qui juge sainement, mais aussi et peut-être surtout à celle des auteurs eux-mêmes, que Voltaire invite à contenir leurs passions. Envisagé du point de vue de son destinataire, le *Mémoire sur la satire* se distingue alors du *Mémoire du sieur de Voltaire* dans la mesure où l'auteur n'adresse plus son 'petit écrit' aux magistrats et au public,

mais explicitement 'à tous les gens de lettres' ('Examen d'un libelle...', p.187) présents, et aussi futurs. Au moment où Voltaire rédige par ailleurs ses *Conseils à un journaliste*,[14] il semble bien, avec ce texte, livrer des conseils à un homme de lettres, assortis d'exemples à suivre et à ne pas suivre.

3. *Ethique de l'homme de lettres*

On a déjà vu comment, dans son *Mémoire*, le sieur de Voltaire s'emploie à élaborer une représentation de l'homme de lettres et de sa fonction.[15] Son propos, dans le *Mémoire sur la satire*, vise plutôt à définir la nature des relations entre les écrivains, ce qui l'amène à établir, pour reprendre l'expression de Roland Mortier, une 'nouvelle déontologie de l'homme de lettres'.[16] Dans le premier développement du *Mémoire* en effet, Voltaire s'efforce d'abord de resituer la place qu'occupe l'homme de lettres parmi ceux qui cultivent les arts. Pourtant l'objet de cette mise au point réside peut-être moins dans le souci d'opérer une redescription du système des arts que de poser les fondements d'une distinction entre 'critique', 'satire' et 'libelle': si, lorsqu'on s'intéresse aux belles-lettres, la critique même paraît superflue, les dérives condamnables que représentent les recours à la satire, voire au libelle diffamatoire, peuvent alors être présentées comme des 'abus intolérables'. Mais il n'est pas exclu non plus que derrière la construction théorique qu'annonce le titre et que rappellent ceux qui sont donnés à chacun des développements du texte, Voltaire

---

[14] Selon Jean Sgard, contrairement à la date qu'a indiquée Voltaire, ce texte aurait été rédigé 'entre février et juin 1739'. Voir 'Voltaire et la passion du journalisme', dans *Le Siècle de Voltaire. Hommage à René Pomeau* (Oxford 1987), ii.849.

[15] Voir l'introduction du *Mémoire du sieur de Voltaire*, §4, 'La dignité de l'homme de lettres', p.65s.

[16] Voir R. Mortier, 'La satire, ce "poison de la littérature": Voltaire et la nouvelle déontologie de l'homme de lettres', dans J. Macary (éd.), *Essays on the age of Enlightenment in honor of Ira O. Wade* (Genève 1977), p.233-46.

poursuive, par des moyens qui ne relèvent plus d'emblée de la dénonciation ouverte, ses attaques contre Desfontaines.

Sur l'usage de la critique dans les 'sciences' et les 'arts'

En évoquant, dans le *Mémoire*, les sciences et les arts, Voltaire rappelle la place qu'occupe la littérature dans ce que les encyclopédistes vont appeler le 'système des connaissances humaines'. Il est ainsi question de la 'physique', de l''histoire', de la 'philosophie' d'une part, et des 'arts' que sont la peinture, la sculpture et la musique d'autre part ('De la critique permise', p.166-67). Voltaire fait aussi état de toute une série d'inventions, dont il développe la liste non exhaustive: 'la poudre, les télescopes, l'imprimerie, les machines pneumatiques, les pendules, etc.' ('Des satires nommées calottes', p.178). Cette présentation est d'ailleurs tout à fait conforme à la description qui est en vigueur dans la première moitié du siècle, et dont se font notamment l'écho les articles qui paraissent dans l'*Encyclopédie*. 'C'est l'industrie de l'homme appliquée aux productions de la nature [...] qui a donné naissance aux sciences et aux *arts*', précise Diderot dans l'article 'Art', 'et ces points de réunion de nos différentes réflexions ont reçu les dénominations de *science* et d'*art*, selon la nature de leurs objets *formels*': 'Si l'objet s'exécute, la collection et la disposition technique des règles selon lesquelles il s'exécute, s'appellent *art*. Si l'objet est contemplé seulement sous différentes faces, la collection et la disposition technique des observations relatives à cet objet, s'appellent *science*.' D'une manière traditionnelle toujours, les exemples cités par Voltaire en fait d'arts se distribuent selon deux catégories également signalées par Diderot: les arts qui sont 'l'ouvrage de l'esprit' sont les 'arts libéraux'; ceux qui sont l'ouvrage 'de la main' sont les 'arts mécaniques'. Dans ce système implicitement convoqué, c'est aussi sans surprise que les lettres, que Voltaire mentionne à travers ceux qui les pratiquent ('Les poètes et ceux qu'on nomme littérateurs'; 'De la critique permise', p.167), trouvent leur place parmi les arts libéraux, aux côtés de la

peinture, de la sculpture et de la musique. Distinguer ne signifie cependant pas opposer: 'on ne peut', lit-on dans l'article 'Lettres' de l'*Encyclopédie*, acquérir les sciences 'à un degré éminent sans la connaissance des *lettres*', et 'il en résulte que les *lettres* et les sciences proprement dites, ont entre elles l'enchaînement, les liaisons, et les rapports les plus étroits'. Ce sont d'ailleurs les lettres et les sciences 'qui font fleurir une nation, et qui répandent dans le cœur des hommes les règles de la droite raison, et les semences de douceur, de vertu et d'humanité si nécessaires au bonheur de la société'. Voltaire ne dit pas autre chose lorsqu'il affirme, dans les premières lignes du *Mémoire*, que ceux qui cultivent les belles-lettres devraient 'faire la douceur principale' de la société (p.163), ou lorsqu'il parle des belles-lettres comme des 'lettres humaines' ('Des calomnies contre les écrivains de réputation', p.179).

Pourtant, si Voltaire retrouve ces distinctions habituelles, c'est sans doute moins pour fournir, comme le feront les encyclopédistes, une 'explication détaillée du système des connaissances humaines', que pour en tirer un bénéfice polémique. Certes, 'On appelle les belles-lettres [...], les lettres humaines mais', précise-t-il, 'en voyant cette fureur réciproque de ceux qui les cultivent, on les appellera plutôt lettres inhumaines' (p.179); 'Il est honteux pour l'esprit humain [...] que la discorde règne dans les belles-lettres' et que la société, loin d'en être rendue plus douce, s'en trouve au contraire 'troublée' (p.163). De même, Voltaire n'énumère les inventions des arts mécaniques que pour souligner que les pays qui les ont vu naître 'n'ont rien qui ressemble à des recueils soit de chansons infâmes, soit de calottes, etc.' ('Des satires nommées calottes', p.178), et ainsi pour opposer à des inventions utiles, qui font honneur à l'esprit humain en ce qu'elles sont les vecteurs d'un progrès, des productions de l'esprit aussi inutiles que dégradantes, qui sont, comme on l'a vu, des causes de décadence. C'est également dans cette perspective qu'il faut, semble-t-il, interpréter l'opposition établie entre les sciences et les arts, lorsque Voltaire s'intéresse à la 'critique permise': 'en

physique, en histoire, en philosophie, on est obligé de relever des erreurs' et de substituer, pour prendre l'exemple des règles cartésiennes du mouvement, de 'véritables règles' à des 'règles fausses'; mais, explique Voltaire, 'en fait d'arts c'est [...] tout autre chose' ('De la critique permise', p.166-67). Dans ce qu'il appelle 'les ouvrages de goût et de sentiment', la critique même paraît superflue: alors que 'les hommes ne peuvent savoir si Descartes et Meseray ont tort sans le secours de la critique', 'il suffit' au contraire 'd'avoir des yeux et des oreilles pour juger d'un beau tableau et d'une belle musique'. L'inscription des belles-lettres dans la catégorie des arts libéraux ne rend dès lors que plus choquante l'exception que constitue la pratique des 'poètes' et autres 'littérateurs', qui 'sont presque les seuls artistes auxquels on puisse reprocher ce ridicule de se déchirer mutuellement sans raison' (p.166 et 167). La prise de position de Voltaire apparaît ici radicale. Dans l'article 'Goût' de l'*Encyclopédie*, il est vrai bien postérieur au texte du *Mémoire*, Voltaire adopte un point de vue plus nuancé: 'Il ne suffit pas pour le goût, de voir, de connaître la beauté d'un ouvrage', écrit-il; 'il faut la sentir, en être touché.' Du reste, si l'on considère l'exemple d'un 'jeune homme sensible, mais sans aucune connaissance', ce n'est que 'peu à peu' que 'ses oreilles apprennent à entendre, et ses yeux à voir' (*OC*, t.33, p.128-30). Si cette formation exige du 'temps', et si elle passe d'abord par la fréquentation des artistes de talent, Voltaire n'exclut pourtant pas toute discussion. Certes, 'il ne faut point disputer des goûts' en matière de nourriture par exemple, mais 'Il n'en est pas de même dans les arts': 'comme ils ont des beautés réelles, il y a un bon goût qui les discerne, et un mauvais goût qui les ignore; et on corrige souvent le défaut d'esprit qui donne un goût de travers.' Bien plus, si le goût, 'comme la philosophie', 'appartient à un très petit nombre d'âmes privilégiées', c'est en grande partie grâce à elles qu'une nation forme le sien: 'Les connaisseurs seuls ramènent à la longue le public, et c'est la seule différence qui existe entre les nations les plus éclairées et les plus grossières; car le vulgaire de Paris n'a rien au-dessus d'un autre vulgaire; mais il

y a dans Paris un nombre assez considérable d'esprits cultivés pour mener la foule' (M.xix.272, 282, 284). Dans ces conditions, un critique qui serait aussi un 'esprit cultivé' ne pourrait-il pas jouer le rôle qu'assigne Voltaire aux 'connaisseurs'? Dans l'article 'Critique' de l'*Encyclopédie*, Marmontel consacre en effet une section à la critique 'dans les arts libéraux ou les beaux-arts'. Il est vrai qu'il prend soin de distinguer le 'critique supérieur' du 'critique subalterne' et du 'critique ignorant', et qu'il ose avancer que la littérature 'a eu peu de *critiques* supérieurs'. Mais il n'en défend pas moins l'*utilité* d'un exercice exigeant de la critique.

Il ne s'agit évidemment pas d'opposer Voltaire à Marmontel, ni même le Voltaire du *Mémoire sur la satire* au Voltaire des *Questions sur l'Encyclopédie*. Si, dans le *Mémoire*, Voltaire fait l'économie des développements qu'il consacre plus tard à la formation du goût, et s'il nie *a priori* la pertinence d'un discours critique sur les 'ouvrages de goût et de sentiment', c'est peut-être moins par faiblesse théorique que par intention polémique. En effet, s'il est question de critique ici, Voltaire évoquerait plutôt, en recourant par anticipation aux catégories de Marmontel, cette sorte de 'critique ignorant' qu'incarne le journaliste. Citant les *Mensonges imprimés* à l'endroit où Voltaire condamne à l'ignorance 'les auteurs de toutes les plates calomnies, de toutes les critiques impertinentes dont le public est inondé', l'auteur de l'article 'Critique' de l'*Encyclopédie* remarque ainsi que 'les derniers' de cette 'dernière classe' de critiques 'sont ceux *qui attaquent tous les jours ce que nous avons de meilleur, qui louent ce que nous avons de plus mauvais, et qui font, de la noble profession des lettres, un métier aussi lâche et aussi méprisable qu'eux-mêmes*'. Or il est aisé d'identifier le journaliste derrière cette forme de critique qui procède par 'extraits mutilés', par 'analyses sèches', par 'décisions ineptes'.[17] Voltaire développe la même idée dans les *Questions sur l'Encyclopédie*: 'On a vu, chez

---

[17] Sur la distance qui sépare le journaliste et l'homme de lettres digne de ce nom, voir l'introduction du *Mémoire du sieur de Voltaire*, §4, 'La conquête de l'opinion'.

les nations modernes qui cultivent les lettres, des gens qui se sont établis critiques de profession, comme on a créé des langueyeurs de porcs pour examiner si ces animaux qu'on amène au marché ne sont pas malades.' Ces 'langueyeurs de la littérature', qui 'rendent compte deux ou trois fois par mois de toutes les maladies régnantes', Voltaire les compare 'aux crapauds qui passent pour sucer le venin de la terre, et pour le communiquer à ceux qui les touchent'. Il ne tarde pas alors à évoquer 'l'ex-jésuite Guyot-Desfontaines, qui embrassa cette profession au sortir de Bicêtre' auquel il associe, avec le recul qu'autorisent la distance temporelle et les querelles postérieures à celle de *La Voltairomanie*, cet 'autre ex-jésuite nommé Fréron' qui a remplacé Desfontaines 'dans cette charge de Zoïle subalterne'. Mais si 'Critique signifie *bon juge*', il est évident qu''On ne doit pas donner le nom de *critiques* à ces gens-là.' 'Quelquefois', explique Voltaire, 'les journaux se négligent, ou le public s'en dégoûte par pure lassitude, ou les auteurs ne fournissent pas des matières assez agréables; alors les journaux, pour réveiller le public, ont recours à un peu de satire' (M.xviii.289-91). D'ailleurs, l'auteur de l'article 'Critique' du *Dictionnaire philosophique*, dans sa version augmentée de 1771, précise d'entrée qu'il va traiter, 'sous le même titre', 'une matière toute différente' de celle de Marmontel dans l'*Encyclopédie*: 'Nous entendons ici cette critique née de l'envie, aussi ancienne que le genre humain' (M.xviii.286); 'J'ai en vue les critiques qui tiennent à la satire' (*OC*, t.35, p.656).

La réflexion de Voltaire présente donc une nouvelle fois des enjeux multiples. Le développement sur le bien-fondé de la critique dans les sciences et les arts semble bien alimenter indirectement la polémique avec Desfontaines: après avoir refusé à son adversaire le titre d'homme de lettres, il lui refuse ici celui de critique. Il se pourrait bien aussi qu'en dépit de l'intention manifeste de faire le départ entre ce qu'il convient d'entendre sous les termes de 'critique', de 'satire' et de 'libelle', l'auteur du *Mémoire sur la satire* poursuive, sous l'apparence d'un discours théorique, la dénonciation en Desfontaines d'un pauvre

diable qui, sous couvert de pratiquer une critique honnête, enfante la satire la plus éhontée, voire le libelle le plus odieux.

Critique, satire, libelle

Dans la *Lettre à M. de Cideville sur le Temple du goût*, Voltaire sentait déjà la nécessité de 'distinguer entre la critique, la satire et le libelle', et posait abruptement: 'Tous les honnêtes gens qui pensent sont critiques; les malins sont satiriques; les pervers font des libelles' (*OC*, t.9, p.208). Les développements du *Mémoire sur la satire* reprennent cette question sous un angle plus théorique, et permettent de préciser, même rapidement, les critères sur lesquels se fonde cette distinction, ainsi que les valeurs au nom desquelles se justifie la condamnation voltairienne du recours à la satire et au libelle.

On l'a dit, la perspective adoptée dans le *Mémoire* trace l'histoire d'une dégradation, que marquent les progrès d'une 'licence' de plus en plus grande.[18] Or dès le début se dessinent les lignes de force d'une axiologie négative: le 'dernier libelle diffamatoire' de Desfontaines, qui illustre aussi 'l'excès horrible où la satire s'est portée de nos jours', constitue le dernier trait du 'tableau' qui commence avec 'l'abus que Boylau a fait de la critique' (p.163). L'évolution regrettable que dénonce Voltaire peut dès lors être décrite par le glissement de la critique à la satire, qui en constitue une pratique dévoyée ('abus'), enfin de la satire au libelle, qui ne ferait qu'en pousser démesurément la logique maligne ('excès horrible'). Si Vaugelas a donné 'un bel exemple de la critique la plus judicieuse et la plus sage', c'est ainsi parce que, tout en critiquant 'trente auteurs', 'il n'en nomme ni n'en désigne aucun'. Bien plus, 'il prend souvent même la peine de changer leurs phrases en y laissant seulement ce qu'il condamne, de peur qu'on ne reconnaisse ceux qu'il censure' ('De la critique permise', p.165). Tel n'est pas le scrupule de Boileau, comme en témoignent les extraits des *Satires* que cite Voltaire dans le

---

[18] Voir ci-dessus, §2, 'Une histoire de la médisance'.

développement qu'il lui consacre: Chapelain, Pelletier, Quinault sont par exemple clairement nommés. Tel n'est pas non plus le scrupule de Desfontaines, pourrait-on ajouter, qui s'arrange, par exemple, pour que le lecteur n'ignore rien de l'identité des auteurs auxquels il a emprunté le florilège du *Dictionnaire néologique*.[19] Le critère distinctif ici mis en avant est celui de la présence des 'personnalités', c'est-à-dire de tous les indices, dont la précision est variable (un nom propre, bien entendu, mais aussi le titre d'un ouvrage, voire une citation), susceptibles de permettre au lecteur de connaître l'identité de la personne visée, de 'faire des applications', dit-on encore. Contrairement à la critique, qui n'est censée relever que les défauts que présentent les ouvrages, la satire s'en prend donc à la personne de l'auteur qui est soit directement nommée, soit indirectement désignée. Toutefois, remarque Voltaire, si 'Boylau dans ses satires, quoique cruelles, avait toujours épargné les mœurs de ceux qu'il déchirait', d'autres, après lui, ont poussé 'plus loin la licence' ('De la satire après le temps de Despreaux', p.173). C'est ainsi que l'on passe progressivement de la satire au libelle, car il y a moins, entre ces deux catégories, une différence de nature que de degrés: une fois la personne identifiable, la nuance semble se jouer dans le contenu des reproches qui lui sont adressés, et ce contenu laisse une marge considérable d'appréciation. Comme Roland Mortier invite à le faire, 'Il faudrait distinguer d'ailleurs [...] *la satire* en tant que genre littéraire, et *l'esprit satirique* qui s'exprime de multiples façons et

---

[19] Dans une préface (non paginée) qui fonctionne sur le mode de l'ironie, l'auteur, qui se donne pour 'un avocat de province', présente le *Dictionnaire néologique* comme 'un recueil des plus belles expressions' qu'il a 'lues depuis quelques années dans les livres nouveaux', et qu'il destine à des lecteurs de province, 'où les belles manières de parler, en usage dans la capitale, n'ont pas encore pénétré'. C'est donc ce florilège de mots et d'expressions qu'il propose dans son ouvrage en forme de dictionnaire: chacun des articles comporte une définition sommaire de l'acception nouvelle du terme et surtout des citations extraites des 'livres nouveaux' qui font l'objet de l'éloge ironique de l'auteur. A la fin du dictionnaire, une 'Table des livres cités dans le *Dictionnaire néologique* et des noms de leurs auteurs' permet, s'il en était besoin, d'identifier les écrivains qui sont en ligne de mire.

à travers des genres très variés.'[20] Or il semble bien que, dans le développement du *Mémoire*, Voltaire glisse de l'acception de la 'satire' en tant que genre, que pratique par exemple Boileau, à un usage de la satire, susceptible d'investir des formes littéraires variées (il est question, notamment, des 'satires nommées calottes'), qui se signale d'abord par 'l'esprit satirique' qui l'anime.[21] Et d'audace en audace, l'écart se restreint entre la satire et le libelle. Comme l'indique l'adjonction fréquente de l'adjectif 'diffamatoire', le propre du libelle serait de contenir des affirmations aussi fausses que calomnieuses. Dans un effet de parallélisme significatif, Voltaire dénonce 'cette persécution sourde que fait continuellement la calomnie', 'cet acharnement à composer des libelles, à diffamer ceux qu'on voudrait détruire' ('Des calomnies contre les écrivains de réputation', p.180). Au début du *Mémoire*, il évoquait déjà 'L'excès des horribles calomnies' dont Desfontaines a voulu le 'noircir dans le libelle le plus odieux' (p.166). Les injures paraissent également l'apanage des libelles: 'Lisez si vous pouvez', déclare Voltaire, 'toutes les injures qu'on a vomies contre les meilleurs écrivains, vous ne trouverez pas un seul libelle qui n'ait été écrit par un rival' ('Des calomnies contre les écrivains de réputation', p.179). C'est pourquoi, on a pu l'observer, *La Voltairomanie* apparaît bien comme l'exemple canonique de ces libelles si fermement condamnés: seul texte cité par Voltaire à être qualifié de 'libelle', l'ouvrage de Desfontaines présente le regrettable avantage d'être 'un malheureux libelle où les injures et les calomnies les plus atroces tiennent lieu de raisons' ('Examen d'un libelle...', p.181).

L'histoire de la médisance que retrace le *Mémoire sur la satire* est donc celle des 'abus' et 'excès' successifs qui ont amené le passage de la critique à la satire puis au libelle, selon une progression que

---

[20] R. Mortier, 'Les formes de la satire chez Voltaire', *Documentatieblad Werkgroep achttiende eeuw*, n° 15-16 (1972) (Actes du colloque sur la satire, Haarlem, septembre 1971), p.44.

[21] Voltaire écrit d'ailleurs que c'est 'un esprit de satire et de cabale qui acharnait ainsi Boylau contre Quinaut' ('De Despreaux', p.171).

suit également la caractérisation des textes cités, de la 'critique permise' dont Vaugelas fournit 'un bel exemple', à la 'satire' telle que l'ont pratiquée Boileau et ses successeurs, jusqu'aux 'calomnies contre les écrivains de réputations', dont le 'libelle calomnieux intitulé *La Voltairomanie*' illustre la tendance la plus navrante. Or si l'ouvrage de Desfontaines fait l'objet d'une telle condamnation, c'est que le recours au libelle, et même à la satire, va à l'encontre de ce progrès esthétique et moral que Voltaire érige en valeur inscrite au fondement de la démarche critique. 'Ce n'est point par des satires, mais par des ouvrages écrits dans le bon goût qu'on réforme le goût des hommes', affirme-t-il comme un principe ('De la critique permise', p.168). Il y revient à propos de l'acharnement de Boileau contre Quinault: 'Il est bien indubitable que ce n'est point un zèle trop vif pour le bon goût [...] qui acharnait ainsi Boylau contre Quinaut' ('De Despreaux', p.171). 'Boylau a-t-il appris à quelqu'un que *La Pucelle* est un mauvais ouvrage?', demande Voltaire, avant de conclure que ses satires n'ont servi qu''à faire rire aux dépens de dix ou douze gens de lettres'. Plus haut, il posait cette question rhétorique: 'Est-ce à ces satires qu'on doit la perfection où les muses françaises s'élevèrent?' (p.172). L'idée selon laquelle la critique doit se fixer pour objectif de contribuer au progrès du goût en instruisant n'appartient d'ailleurs pas en propre à Voltaire. La Motte lui-même, dont il est abondamment question dans les *Mémoires*, se fondait sur ce principe dans ses *Réflexions sur la critique* de 1715, pour distinguer la critique de la satire:

Autant la critique est légitime et utile, autant la satire est-elle injuste et pernicieuse: elle est injuste en ce qu'elle essaie de tourner les auteurs même en ridicule, ce qui ne saurait être le droit de personne et elle est pernicieuse, en ce qu'elle songe beaucoup plus à réjouir qu'à éclairer. Elle ne porte que des jugements vagues et malins, d'autant plus contagieux, que leur généralité accommode notre paresse, et que leur malice ne flatte que trop notre penchant à mépriser les autres.[22]

[22] La Motte, *Réflexions sur la critique*, i.34, cité par A. Gunny, 'Pour une théorie de la satire au 18e siècle', *Dix-huitième Siècle* 10 (1978), p.346.

Car Voltaire nie tout autant la capacité de la satire, et *a fortiori* du libelle, à accompagner un quelconque progrès moral. En témoignent les adjectifs évaluatifs employés pour qualifier le mot 'libelle': 'infâme', 'le plus odieux' (p.163 et 'De la critique permise', p.166), 'scandaleux' ('Des calomnies contre les écrivains de réputation', p.180). Le recours au libelle est au contraire synonyme de flétrissure qui frappe sans doute moins la victime, du moins peut-on l'espérer, que l'agresseur. Rousseau est par exemple présenté comme 'un homme flétri pour avoir abusé à ce point du talent de la poésie, pour avoir fait les satires les plus horribles', comme un homme aussi qui, pour cette raison, devrait chercher 'à laver cette tache' ('De la satire après le temps de Despreaux', p.174). Cette flétrissure morale devrait dissuader tout écrivain soucieux de son honneur de 'faire un métier public de ces scandales'. Desfontaines en revanche, qui fait partie de ces 'hommes [...] perdus d'honneur', est dès lors aussi coupable, moralement sinon pénalement, que 'ces assassins à gages' et que 'ces monstres du siècle passé qui gagnaient leur vie à vendre des poisons' ('Des calomnies contre les écrivains de réputation', p.181). La première comparaison est reprise plus loin: Voltaire ne saurait accuser Desfontaines d'être l'auteur 'du malheureux libelle qui a paru cette année', car même la 'voix publique' 'ne suffit pas pour lui imputer un crime' ('Examen d'un libelle...', p.186).

Contrairement à Vaugelas dont l'usage 'judicieux' et 'sage' de la critique le portait à songer 'également à instruire et à ne pas offenser' ('De la critique permise', p.165), le recours à la satire et au libelle reçoit donc, de la part de Voltaire, un double blâme: si toute critique doit contribuer au progrès du goût, il s'avère inutile sinon néfaste; si la politesse et le respect mutuel doivent être l'apanage du commerce entre les hommes, il est en outre moralement condamnable comme le serait un crime. Tout concourt donc, dans l'argumentation voltairienne, à présenter 'ce genre funeste d'écrire' comme relevant d'un 'abus intolérable' qu'il invite notamment les magistrats à 'réprimer' (p.163).

Un 'abus intolérable'?

'Pour qu'un gouvernement ne soit pas en droit de punir les erreurs des hommes, il est nécessaire que ces erreurs ne soient pas des crimes; elles ne sont des crimes que quand elles troublent la société': tels sont, d'après l'auteur du *Traité sur la tolérance*, les 'seuls cas où l'intolérance est de droit humain'.[23] Rien ne permet, à première vue, de rapprocher les propos qu'arrache à Voltaire le supplice d'un innocent qui vient d'être la victime du préjugé sinon du fanatisme religieux, de la correction, par écrit interposé, que vient d'infliger l'abbé Desfontaines à l'auteur du *Préservatif*. Rien, si ce n'est les termes employés par Voltaire pour dénoncer les agissements de l'auteur de *La Voltairomanie* et, plus généralement, de ceux qui sont convaincus d'avoir rédigé des libelles diffamatoires. On a vu en effet qu'un libelle pouvait être comparé à un 'crime'. On sait aussi que, au début du *Mémoire du sieur de Voltaire*, Desfontaines est présenté comme un 'perturbateur du repos public' (p.89), expression également reprise, dans le *Mémoire sur la satire*, pour désigner cette fois-ci Rousseau ('De la satire après le temps de Despreaux', p.175). Resterait bien entendu à définir l'ampleur des troubles engendrés par de telles querelles qui, pour violentes et injustes qu'elles paraissent, ne peuvent décemment pas être comparées aux massacres qu'ont entraînés les guerres de religion. Assassinat pour assassinat, celui dont a été l'objet Jean Calas n'a pas de commune mesure avec celui, tout symbolique, qui a pu être perpétré à l'encontre de Voltaire, même conduit par des 'assassins à gages'. Dès lors qu'il n'est pas partie prenante dans une querelle, Voltaire porte évidemment une appréciation plus nuancée. Contrairement à ce qu'il affirme dans le *Mémoire*, lorsqu'il dénonce la malignité humaine, l'auteur de l'article 'Méchant' du *Dictionnaire philosophique* estime 'bien plus raisonnable' et 'bien plus beau de dire aux hommes, *Vous êtes tous nés bons.*' 'L'homme n'est point né méchant il le devient, comme il devient malade', répète-t-il, laissant ainsi

---

[23] *Traité sur la tolérance*, *OC*, t.56c, chap. XVIII, p.236.

entière la possibilité d'une guérison.[24] Voltaire s'emploie alors à minimiser l'ampleur du mal sur la terre, et remarque que 'le plaisir de se plaindre et d'exagérer est si grand, qu'à la moindre égratignure vous criez que la terre regorge de sang' (*OC*, t.36, p.345-46). Ne pourrait-on pas appliquer au Voltaire du *Mémoire* une telle observation, ainsi que la suivante, tirée de l'article 'Libelle' des *Questions sur l'Encyclopédie*: 'Il y a eu des gens qui ont traité de libelles toutes les injures qu'on dit par écrit à son prochain' (M.xix.577)?

Mais l'exagération, qu'elle soit dictée par la passion ou par la douleur de celui qui s'estime injustement calomnié, n'explique peut-être pas pour autant la contradiction. Si un texte comme le *Traité sur la tolérance* pose, entre autres questions, celle de savoir si l'on peut être intolérant avec les intolérants, l'ensemble des textes rédigés par Voltaire au cours de sa querelle avec Desfontaines soulève, il est vrai différemment, celle des moyens à mobiliser contre un adversaire. Roland Mortier remarque que 'Dans l'éthique d'homme de lettres à laquelle il souscrit, une dérogation autorise l'offensé à se faire justice, pour autant qu'il n'ait pas déclenché les hostilités.'[25] Dans le *Mémoire*, Voltaire déclare qu''il n'y a point aujourd'hui de censeur de livres qui pût donner son approbation à un écrit mordant' avant de préciser, en note: 'A moins peut-être que cet ouvrage ne fût une réponse à un agresseur' ('De la critique permise', p.165). On sait pourtant que, dans cette affaire, c'est plutôt l'auteur du *Préservatif* qui fait figure de premier agresseur. Surtout, la condamnation sans appel dont Voltaire frappe les auteurs de satires et de libelles n'apparaît-elle pas de pure forme lorsque le même auteur est convaincu d'avoir, dans le même temps, rédigé un texte dans lequel il pratique allègrement l'injure et la calomnie? 'Arme détestable, mais efficace', explique Roland Mortier, 'la satire est un peu l'*ultima ratio* du philosophe

---

[24] Dans la mesure où de telles propositions ont aussi pour conséquence de nier toute idée de péché originel, on ne peut pas non plus exclure que cette prise de position soit également polémique.

[25] R. Mortier, 'La satire, ce "poison de la littérature"', p.236.

menacé dans sa dignité, dans sa liberté, et dans sa vie' (p.238). Ainsi s'expliquerait, dans un contexte de lutte acharnée contre les philosophes qui atteint son point d'orgue en 1760, que Voltaire livre au public, avec *Le Pauvre Diable*, une satire sanglante brocardant ses adversaires à travers une fiction mettant en scène un écrivain famélique. Même si, en 1739, ni la liberté, ni la vie de Voltaire ne sont sérieusement en jeu, sa dignité a également été égratignée par un journaliste qu'il accuse de ne vivre que de ses médisances. Il riposte dans deux mémoires successifs, dans lesquels la dimension polémique se dissimule derrière une modération de ton que l'auteur affirme de plus en plus grande, et une généralité du propos affichée, sinon toujours tenue. En 1744,[26] il revient encore à la charge dans un texte intitulé *A M.*** sur le mémoire de Desfontaines*, qui mérite d'être rapproché de celui des deux *Mémoires*, non seulement parce que Voltaire a jugé opportun de lui attribuer la date – fictive – de 'février 1739', mais aussi parce que la teneur même de cette lettre-pamphlet faire apparaître plus nettement encore, s'il en était besoin, la multiplicité des facettes de l'arsenal polémique de Voltaire.

4. *Manuscrit et édition*

MS

Memoire sur / La satire / à l'occasion d'un libelle de l'abbé Desfontaines contre l'auteur / 1739.
Il s'agit d'une copie portant des corrections autographes de Voltaire. Le texte est inséré dans un recueil qui a pour titre 'Manuscrits De Voltaire. / [*trait*] / Lettres familieres, / Billets d'amitié &c. / [*trait*] / Tome Premier. / 1716-1764. / Contenant 229 piéces, / et 20 portraits. / [*trait*] / Originaux. / Recueillis par N^{as}. Ruault. / [*trait*] / A Paris. – 1790 / [*double trait*]', et occupe les pages 221 à 258.
Paris, BnF: F 12938.

---

[26] Sur la question de la datation de cette lettre fictive (M.xxiii.25-26), voir l'introduction du texte.

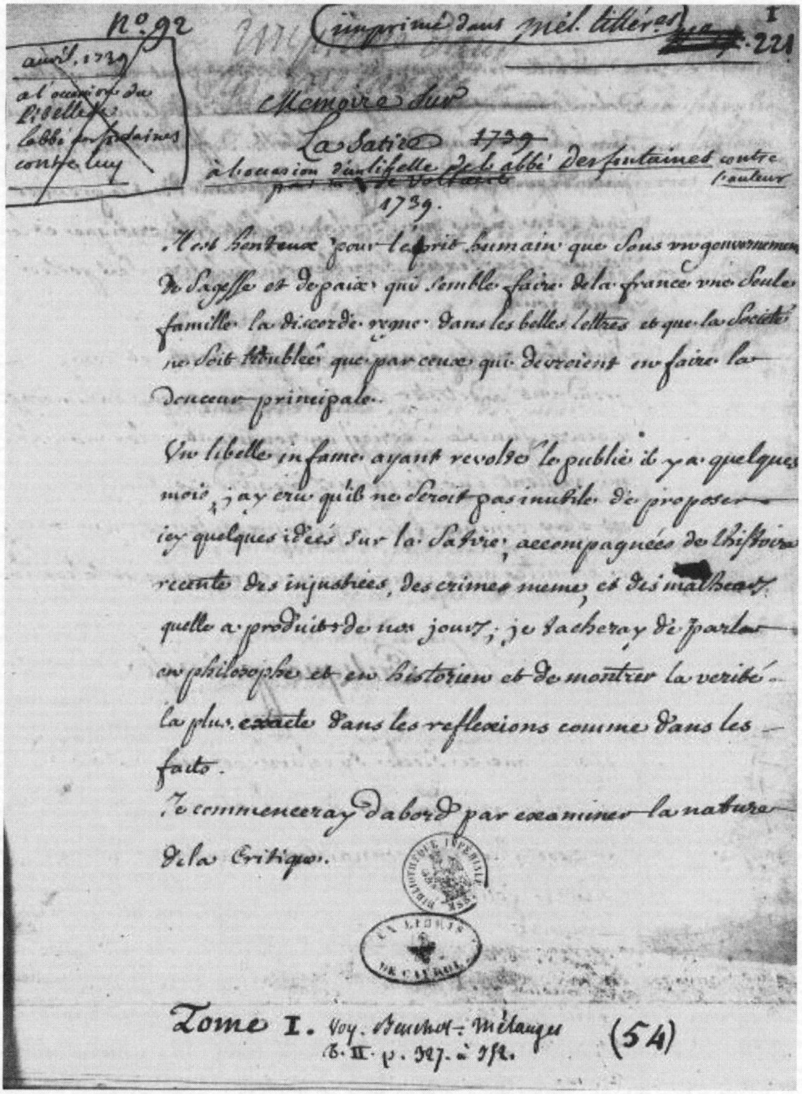
N°. 92 (imprimé dans mél. littér.es ... I 221)

~~avril 1739 à l'occasion du libelle de l'abbé desfontaines contre luy~~

Mémoire sur

La Satire ~~1739~~

à l'occasion d'un libelle de l'abbé desfontaines contre l'auteur

~~par M. de Voltaire~~

1739.

Il est heureux pour l'esprit humain que sous un gouvernement de sagesse et de paix qui semble faire de la france une seule famille la discorde regne dans les belles lettres et que la société ne soit troublée que par ceux qui devroient en faire la douceur principale.

Un libelle infame ayant revolté le public il y a quelques mois, j'ay cru qu'il ne seroit pas inutile de proposer icy quelques idées sur la satire, accompagnées de l'histoire recente des injustices, des crimes meme, et des malheurs qu'elle a produits de nos jours; je tacheray de parler en philosophe et en historien et de montrer la verité la plus exacte dans les reflexions comme dans les faits.

Je commenceray d'abord par examiner la nature de la critique.

Tome I. voy. Beuchot – mélanges t. II p. 327 à 352. (54)

3. Manuscrit du *Mémoire sur la satire*, BnF, F 12938.

K84

ŒUVRES / COMPLETTES / DE / VOLTAIRE / TOME
QUARANTE-SEPTIEME / [*trait*] / DE L'IMPRIMERIE DE
LA SOCIÉTÉ LITTÉRAIRE- / TYPOGRAPHIQUE. / 1784.
MÉMOIRE / SUR LA SATIRE, / *A l'occasion d'un libelle de*
l'abbé Desfontaines contre / *l'auteur*, 1739.
Il s'agit de l'édition de Kehl, in-8° (Bengesco, 1575). Le texte est
inséré dans le volume des 'Mélanges littéraires', aux pages 480 à
503.
Paris, BnF: pZ 2209(47).

5. *Principes de cette édition*

L'édition retenue comme texte de base est MS, c'est-à-dire la copie
manuscrite du *Mémoire* avec des corrections autographes de
Voltaire. Si cette version présente quelques lacunes, notamment
en ce qui concerne la ponctuation, on a malgré tout choisi de la
retenir parce qu'elle a été revue par Voltaire et qu'il n'existe pas de
version imprimée du texte antérieure à l'édition de Kehl. On a fait
apparaître, dans l'apparat critique, les corrections manuscrites, en
recourant aux signes typographiques conventionnels suivants:
1. le signe de paragraphe ¶ marque l'alinéa;
2. les mots supprimés sont placés entre crochets obliques < >;
3. les mots ajoutés sont précédés, dans l'interligne supérieur,
d'une flèche verticale dirigée vers le haut ↑ ou vers le bas ↓,
pour indiquer que l'addition est inscrite au-dessus ou au-dessous
de la ligne. Le signe ⁺ marque la fin de l'addition, s'il y a lieu.

On a également indiqué les variantes qui proviennent de
l'édition de Kehl (K). Ces variantes ne portent pas sur les
différences de ponctuation, sauf quand elles entraînent des
modifications de sens. Les variantes des notes de Voltaire sont
rangées dans l'apparat critique à la place qui eût été celle de toute
variante affectant l'endroit du texte auquel renvoie la note de
l'auteur; on a en outre repéré la ligne dans laquelle, au sein de la

note, intervient chaque variante par des lettres alphabétiques (a, pour la première ligne; b, pour la deuxième, etc.).

Traitement du texte de base

On a respecté l'orthographe des noms propres de personnes et de lieux, y compris lorsqu'ils sont écrits sous une forme abrégée (Vol., V. pour Voltaire; Desf. pour Desfontaines; R... pour Rousseau; B... pour Bernières). On n'a dérogé à ce principe que pour corriger une erreur manifeste du copiste ('Desbouches', pour 'Destouches', 'De la critique permise, p.167, l.112). On a enfin substitué des chiffres romains aux chiffres arabes dans les noms 'Louis 13' et 'Louis 14').

On a conservé les italiques du texte de base, que l'on a également ajoutées pour les titres des œuvres citées: alexandre, apologie de M^r. de Voltaire, armide, art poetique, atis, bibliotecque francaise, (le) capricieux, (les) causes celebres, le Cid, Cinna, les freres ennemis, la henriade, journal des Savants, la ligue, la mere Coquette, œdipe, pantalo Phebeana, Polieucte, la pucelle, Roland, teagene, Voltairomanie ou memoire d'un jeune avocat. On a en revanche supprimé les italiques pour les dates.

On a autant que possible respecté scrupuleusement la ponctuation. Il a cependant fallu assez fréquemment suppléer à l'absence de ponctuation: on a dans tous les cas opté pour des solutions qui n'entraînaient pas la modification de la ponctuation existante. On a également supprimé le point qui suit toujours les chiffres arabes.

Par ailleurs, étant donné que le texte de MS est une copie qui ne provient pas, pour l'essentiel, de la main de Voltaire, on a opéré une modernisation portant sur la graphie, l'accentuation et la grammaire. Les particularités du texte de base dans ces trois domaines étaient les suivantes:

I. Particularités de la graphie

1. Consonnes

- présence de la consonne *t* dans les finales en *–ans* et en *–ens*, sauf dans: enfans, parens (mais aussi, 'parents'), subsistans.
- redoublement de consonnes contraire à l'usage actuel: apelle, apelloit, chairre, compatriottes, conduitte, deffense, ecrittes, ensuitte, jetter,

parfaitte, relligion, supléer, toutte (mais aussi, 'toutes'), traitte (et traitté).

- présence d'une seule consonne là où l'usage actuel prescrit son doublement: acablé, afliger, aparement, apartement, apelle, apellera, apelloit, aplaudissement, aprendre (et aprendront, apris), aprobateur (et aprobation), embarasser, honeur (mais aussi, 'honneur'), inefaçable, nourissoit, oprobre, pouriez (et pourais, pouroit), raisonast, raporter (et raporté(e), raportons, raportoit), rapelerai, soufroit (et soufrit), suporter, tranquile.
- emploi de la consonne z à la place du s dans les mots: autorize, excez (mais aussi, excès), procez, succez.
- présence d'un s là où l'usage actuel prescrit l'emploi de l'accent circonflexe, dans les formes de subjonctif imparfait (osast, raisonnast) et dans les mots: aoust, aussitost, blasme, goust, plutost.
- absence de la cédille dans: facons, francais(es) (mais aussi, 'français'), lecons.

2. Voyelles

- emploi de la graphie -au à la place de —eau dans: Barrau, bau, baucoup, tablau, tombau.
- emploi de y à la place de i
  - dans les finales verbales en —ai au présent (ay), au passé simple (allay, portay), au futur (ajouteray, commenceray, donneray, garderay, oublieray, remettray, soutiendray, tacheray, traiteray).
  - dans certaines formes de présent: ayent, croy, envoye, voye.
  - dans certaines formes de participe passé: jouy.
  - dans les mots (adverbes, conjonctions, noms, pronoms): amy, aujourd'huy, aussy, celuy (cy / la), ennemy, essay, flétry, hardy, icy, loy, luy, may, moy, ny (parfois, 'n'y'), party, pourquoy, quoy, Roy (mais aussi, 'Roi'), voicy, voyla, vray(e).
- emploi du y à la place du $ï$ dans: ouy (verbe oïr).
- emploi de i à la place de y dans les mots dérivés du grec (et où cet y est ordinairement la transcription de l'upsilon que comporte la forme grecque originelle): ciclope, cinique(s), phisique, stile.
- emploi du i à la place de la semi-voyelle y dans: croioit.
- présence d'une désinence en -é à la place de -ez à l'impératif: traitté.

3. Divers

— orthographe 'étymologique': sçai, pretieux (et pretieusement).
— emploi de la graphie –*oi* pour –*ai* dans les formes verbales à l'imparfait ou au conditionnel (quelques rares exceptions).
— emploi de la graphie –*eȥ* (voire –*éȥ*) pour les participes passés: attaquez, chasséz, comblez, consacrez, destinez, raportéz, tournéz.
— emploi de *v* pour *u* et de *u* pour *v* dans certains mots.
— utilisation discrète de la perluette.

4. Graphies particulières

— l'orthographe moderne a été rétablie dans le cas des mots suivants: bibliotecque (mais aussi, 'biblioteque'), bienfaicteur, cretien(nes), eguise (pour 'aiguise'), encor (mais aussi, 'encore'), esce (pour 'est-ce...?'), diné, perronien (pour 'pyrrhonien'), pluspart, (quelque mechant qu'il) puissétre, receuil, sur tout (pour 'surtout'), teatre, vanger (et vangeance).

5. Abréviations

— M. et Mʳ. deviennent 'M.' lorsqu'ils précèdent un nom propre, 'Monsieur' ailleurs.
— Messieurs et Mʳˢ. deviennent 'MM.'.
— Sʳ. et Sʳˢ. deviennent respectivement 'sieur' et 'sieurs'.

6. L'apostrophe

— elle a été rétablie dans: 'cest' pour 'c'est'; 'dabord' pour 'd'abord'; 'jay' pour 'j'ay'; 'la' pour 'l'a'; 'labus' pour 'l'abus'; 'ma' pour 'm'a'; 'na' pour 'n'a'; 'quelle' pour 'qu'elle'; 'sest' pour 's'est'; etc.
— elle a été supprimée dans: 'n'y' pour 'ni'.

7. Le trait d'union a été rétabli

— dans les questions (Ex.: n'avoient ils pas [...]?).
— à l'impératif (Ex.: traitté le).
— dans les incises (Ex.: di je, me dira t'on).
— dans les noms et expressions: au dessus, belles Lettres, celuy cy (et celuy la), grand pere, jusques la, luy meme, moy meme, petit fils, petits maitres, peut etre, quelques uns, (en ce) temps la, ces raîsons la meme.

8. La majuscule a été rétablie

— après un point, si elle manque.

- au début des vers cités, si elle manque.
- dans les noms de personne (et de personnages): alexandre, astrate, berrin, bignon, chapelain, copernic, danchet, despreaux, dubos, fontenelle, freret, furetiere, giot desfontaines, horace, hugens, la fontaine, la mothe le vayer, la motte (mais aussi, la Motte), montagne (mais aussi, 'Montagne'), ottogueriz, ovide, pecour, quinaut, regnier, ticobrahez, virgile.
- dans les noms de pays, de villes et de lieux-dits: l'europe, la france, hall, italie, la riviere bourdet, utrech.
- dans les noms des peuples: les français, (les) italiens.
- dans le titre des œuvres: apologie de M^r. de Voltaire, armide, art poetique, atis, bibliotecque francaise, (le) capricieux, (les) causes celebres, le cid (mais aussi, le Cid), la francinade, les freres ennemis, la henriade, journal des Savants, la ligue, la mere Coquette, œdipe, pantalo Phebeana, la pucelle, teagene, Voltairomanie ou memoire d'un jeune avocat.
- conformément à l'usage moderne, dans: dieu, eglise (l').

9. La majuscule a été supprimée

- dans les noms suivants: Barrau, Batonnier, Blasme, Cardinal (mais aussi, 'cardinal'), Critique, Jalousie, Jeunesse, belles Lettres (mais aussi, belles lettres) (et republique des Lettres, mais aussi 'republique des lettres'), Messieurs, Palais, Poesie (mais aussi, 'poesie'), Raillerie, Regles (mais aussi, 'regles'), Roy.
- dans les adjectifs suivants: Marotique, Royal.

II. Particularités d'accentuation

1. L'accent aigu

- il est absent dans: alleguer, celebre, comedie, comedien, consequent, consideration, considere, cretien(nes), crotte (participe passé), debit, decadence, decembre, dechirer et dechiroit), decide, declamation (mais aussi, 'déclamateur'), defauts (mais aussi, 'défauts'), deja, delices, demens, dement, depens, desavouer, deshonorent (mais aussi, 'déshonorant'), designe, desolerent, detester, detruire, difference, echine, eclairer (et eclairé), ecole, ecrire (mais aussi, 'écrire'), ecrivain(s), ecrivit, ecrivoit, ecrivez, ecrit(s) (noms et participes passés, mais aussi, 'écrit'), ecus, edition, education, egalois, egale-

ment, egarer, eglise, elever, eloges, emule, epargné, epigramme, epitres, epoque, erudition, etablir, etant, ete, etoit (mais aussi, 'étoit'), eteintes, eternel, eterniser, etincelle, etude(s), evenements, evidement, exageration, fevrier, flechir, fletrir, fletrissantes (mais aussi, 'flétry'), frequentes, genealogie, general(e), genereux, genies, helas, herissé, heros, inseré, interessant(es) (et interessé, interesseront), interieur, intolerable, liberte (mais aussi, 'liberté'), litterateurs (et litterature), mechanceté (et mechants), mediocre, medire, medisance (mais aussi, 'médisance'), memoire, mepris (et mepriser, meprisez), merite (et meritoient), metier, miserables, necessaire, obeir (et obeissant), opera(s), pauvrete, persecuté, persecution(s), Poesie, poetique, portee, posterité, precepteur, preface, presence, present(e), presentée, president, pretend, recente, reciproque, reellement, reflexions, refute, repandues, repetée, reponse, reprimer, republique, reputation, resous, reussirez, reverence, revolté, seduit, serieux(-ses), societé, succederent, telescopes, temoigne, tragedie, vecu, veritables (et veritablement, verité).

2. L'accent grave

a. il est absent

— dans les finales en *-èrent* du passé simple: desolerent, donnerent, pousserent, succederent.

— dans les mots: a (préposition), apres, caractere, celebre, confreres, deja, des (préposition), eleverent, entieres, (j')espere, expres, fidelement, freres, guere, la (adverbe), lumieres, maniere, ou (pronom relatif), pere(s), piece (mais aussi, 'piéces'), poete(s), premiere(s) (et premierement), progres, regle, regne (nom et forme verbale), riviere, siecle, singuliere(s), tres, voyla, zele

b. il est présent

— dans certaines occurrences de la 3ᵉ personne du singulier de l'indicatif présent du verbe *avoir*.

3. L'accent circonflexe

— il est présent dans des mots qui ne le comportent pas selon l'usage actuel: ecrît (mais aussi, 'ecrit'), mélêrent (mais aussi, finales en *—erent*, voir ci-dessus, II.2.a), raîsons (mais aussi, 'raison'), vîle.

— il est absent dans: age, Batonnier (mais aussi, 'Bâtonnier'), connaitroit,

diné, disgraces, du (participe passé), epitres, etre (et etes), extreme (et extremement), grace, honnete(s), infame(s), maitre(s), meme, naitre, opiniatreté, paraitre, pretre, reconnait, requete, sure.

— il est absent dans des formes verbales au subjonctif imparfait (eut, fut, put, plut a dieu) et au passé simple (demandames).

4. Le tréma

— contrairement à l'usage actuel, on le trouve dans: païsan, vüe.

III. Particularités grammaticales

1. L'accord du participe passé est tantôt réalisé, tantôt il ne l'est pas: 'ces pays ou la poudre, les telescopes, l'imprimerie [...] ont eté inventées' ('Des satires nommées calottes', p.178, l.343-46); parmi plusieurs lettres assez singulieres que jay receu ('Des calomnies contre les écrivains de réputation', p.180, l.391-92).

2. L'adjectif numéral cardinal 'cent' demeure invariable, même quand il est multiplié sans être suivi d'un autre nombre: deux cent ecus.

3. Emploi du pluriel en –x dans: loix.

4. Emploi du –s adverbial dans: jusques.

5. Absence de la consonne redoublée dans les adverbes en –ment formés à partir d'adjectifs en -ent: aparement, evidement.

6. Absence de la terminaison en –s à la 1re personne du singulier dans les incises: di je, doi je.

7. Divers

— absence d'accord de 'tout' déterminant indéfini dans 'tout deux', 'tout mes titres'; accord dans 'toute autre chose'.

— absence d'accord de 'même' dans 'les Commentaires même de Boylau' (p.170, n.(b)).

— absence de marque du pluriel dans: sans ressource, en terme expres.

8. Présence d'une erreur ponctuelle

— sur le genre de certains mots: cette ecrît (mais, le plus souvent, 'un ecrit'); cet imposture (mais aussi, 'des impostures [...] si aisées a confondre'); des ouvrages [...] auxquelles la malignité...

— sur la marque du pluriel: un homme de lettre (mais, partout ailleurs, 'homme de lettres').

- d'accord du sujet et du verbe: des vers [...] qui [...] avoit moins de grace; malgré la liberte et la licence qui y regne.
- de conjugaison: j'en convient; je mépris les eloges; La Jalousie, la pauvreté, la liberté d'ecrire sons trois sources.
- absence de l'adverbe *ne* dans la phrase négative 'il demanda pas'.

MÉMOIRE SUR LA SATIRE
à l'occasion d'un libelle de l'abbé Desfontaines
contre l'auteur
1739

Il est honteux pour l'esprit humain que sous un gouvernement de sagesse et de paix qui semble faire de la France une seule famille la discorde règne dans les belles-lettres et que la société ne soit troublée que par ceux qui devraient en faire la douceur principale.

Un libelle infâme[1] ayant révolté le public il y a quelques mois, j'ai cru qu'il ne serait pas inutile de proposer ici quelques idées sur la satire; accompagnées de l'histoire récente des injustices, des crimes même, et des malheurs qu'elle a produits de nos jours; je tâcherai de parler en philosophe et en historien et de montrer la vérité la plus exacte dans les réflexions comme dans les faits.

Je commencerai d'abord par examiner la nature de la critique. Ensuite je donnerai une histoire, peut-être utile, de la satire et de ses effets à prendre seulement depuis Boylau jusqu'au dernier libelle diffamatoire qui a paru depuis peu; ce qui fera un tableau dont le premier trait sera l'abus que Boylau a fait de la critique et le dernier sera l'excès horrible où la satire s'est portée de nos jours.

Peut-être que les jeunes gens qui liront cet essai apprendront à détester la satire. Ceux qui ont embrassé ce genre funeste d'écrire en rougiront et les magistrats qui veillent sur les mœurs regarderont peut-être cet essai comme une requête présentée au nom de tous les honnêtes gens pour réprimer un abus intolérable.

a MS: \<1739\>
b-c MS: \<par m. de Voltaire\> ⸆à l'occasion d'un libelle de l'abbé Desfontaines contre l'auteur

[1] *La Voltairomanie.* Voir l'introduction du *Mémoire du sieur de Voltaire*, §1, p.14s.

De la critique permise

J'espère que ce siècle si éclairé permettra d'abord que j'entre un moment dans l'intérieur de l'homme car c'est sur cette connaissance que toute la vie civile est fondée.

Je crois qu'il y a dans tous les hommes une horreur pour le mépris aussi nécessaire pour la conservation de la société et pour le progrès des arts que la faim et la soif le sont pour nous conserver la vie.

L'amour de la gloire n'est pas si général; mais l'impossibilité de supporter le mépris paraît l'être. Il n'est pas plus dans la nature qu'un homme puisse vivre avec des hommes qui lui feront sentir des dédains continuels, qu'avec des meurtriers qui lui feraient tous les jours des blessures.

Ce que je dis là n'est point une exagération. Et il est très vraisemblable que Dieu qui a voulu que nous vécussions en société, nous a donné ce sentiment ineffaçable, comme il a donné l'instinct, aux fourmis et aux abeilles pour vivre en commun.

Aussi toute la politesse des hommes ne consiste qu'à se conformer à cette horreur invincible que la nature humaine aura toujours pour ce qui porte le caractère de mépris; la première règle de l'éducation dans tous les pays est de ne jamais rien dire de choquant à personne.

Les Français ont été plus loin en cela que les autres peuples. Ils ont presque fait une loi de la société de dire des choses flatteuses.

Il serait donc bien étrange que dans la nation la plus polie de l'Europe il fût permis d'écrire, d'imprimer, de publier d'un homme, à la face de tout le monde ce qu'on n'oserait jamais dire à lui-même ni en présence d'un tiers ni en particulier.

Il n'est permis de critiquer par écrit sans doute, que de la même façon dont il est permis de contredire dans la conversation. Il faut prendre le parti de la vérité, mais faut-il blesser pour cela

48   MS: à la <*illisible*> †face

l'humanité? faut-il renoncer à savoir vivre parce qu'on se flatte de savoir écrire?

Depuis le beau règne de Louis XIV où tout s'est perfectionné en 55 France, les magistrats qui veillent sur la littérature ont eu soin autant qu'ils ont pu que les Français ne démentissent point par leurs écrits, ce caractère de politesse qu'ils ont dans le commerce; il n'y a point aujourd'hui de censeur de livres qui pût donner son approbation à un écrit mordant (a). Il est triste qu'il ait fallu tant de 60 temps pour établir dans la littérature, ce qui l'a toujours été dans le commerce des hommes, et qu'on se soit aperçu si tard que des injures ne sont pas des raisons.

Il se trouva dans le siècle passé un homme qui donna un bel exemple de la critique la plus judicieuse et la plus sage. C'est 65 Vaugelas. On croit qu'il n'a donné que des leçons de langage. Il en a donné de la plus parfaite politesse, il critique trente auteurs, mais il n'en nomme ni n'en désigne aucun; il prend souvent même la peine de changer leurs phrases en y laissant seulement ce qu'il condamne, de peur qu'on ne reconnaisse ceux qu'il censure.[3] Il 70 songeait également à instruire et à ne pas offenser et certainement il s'est acquis plus de gloire en ne voulant pas flétrir celle des autres que s'il s'était donné le malheureux plaisir de faire passer des injures à la postérité.

Il me convient mal de parler de moi et je me garderais bien d'en 75

(a) N.B. A moins peut-être que cet ouvrage ne fût une réponse à un agresseur.[2]

60   K: [Le texte de la note est intégré au texte.]

[2] Sur l'obligation faite aux auteurs de se soumettre à la censure, voir notamment Jean-Paul Belin, Le Commerce des livres prohibés (Paris 1913), p.17. Sur l'organisation de la librairie, voir en particulier les Mémoires rédigés en 1759 par Malesherbes, alors qu'il est à la tête de cette institution.

[3] Voltaire pose ici le problème des 'personnalités', notion qu'il est d'autant plus difficile de définir que les auteurs en font un usage souvent tendancieux: voir l'introduction, §3, 'Critique, satire, libelle', p.145-46.

demander la permission, si je ne me trouvais dans une circonstance qui autorise cette extrême liberté. L'excès des horribles calomnies dont on m'a voulu noircir dans le libelle le plus odieux excusera peut-être une hardiesse que je ne me permets ici qu'avec peine.

Je me crus obligé il y a quelques années de m'élever contre un 80 homme d'un mérite très distingué, contre feu M. de la Motte qui se servait de tout son esprit pour bannir du théâtre, les règles et même les vers. J'allai le trouver avec M. de Crebillon[4] intéressé plus que moi à soutenir l'honneur d'un art dans lequel je ne l'égalais pas. Nous demandâmes tous deux à M. de la Motte la permission 85 d'écrire contre ses sentiments. Il nous la donna. M. de Crebillon voulut bien que je tinsse la plume.

Deux jours après je portai mon écrit à M. de la Motte, c'est une préface qu'on a mise à la nouvelle édition d'*Œdipe*.[5] Enfin on vit ce que je ne pense pas qu'on eût vu encore dans la république des 90 lettres: un auteur censeur royal, devenir l'approbateur d'un ouvrage écrit contre lui-même.

Encore une fois, je suis bien loin d'oser me citer pour exemple mais il me semble qu'on peut tirer de là une règle bien sûre pour juger si un homme s'est tenu dans les bornes d'une critique 95 honnête, *Osez montrer votre ouvrage à celui même que vous censurez*.[6]

Il y a encore un meilleur parti à prendre surtout dans les ouvrages de goût et de sentiment, c'est de ne critiquer qu'en essayant de mieux faire. Je conviens qu'en physique, en histoire, en philosophie, on est obligé de relever des erreurs. Ce n'est pas 100 assez à M. l'abbé Dubos d'établir avec l'érudition la plus exacte et la plus grande vraisemblance l'origine des Français, il faut

---

78   K: dont on a voulu me noircir

[4] Prosper Jolyot de Crébillon (1674-1762) est censeur pour les belles-lettres et l'histoire depuis 1735.

[5] Il s'agit de la préface de l'édition de 1730. Voir *OC*, t.1A, p.255-83.

[6] Voltaire développait une semblable argumentation dans une lettre adressée, le 7 janvier 1729 [1731] (D392), au P. Porée.

absolument qu'il réfute des opinions moins probables.[7] Il a fallu montrer que Descartes avait donné six règles fausses du mouvement lorsqu'on a établi les véritables règles.[8] Mais en fait d'arts   105 c'est, je crois tout autre chose. Un peintre, un sculpteur, un musicien n'auraient pas bonne grâce à écrire contre ses confrères. Pourquoi cette différence? c'est que les hommes ne peuvent savoir si Descartes et Meseray ont tort sans le secours de la critique;[9] mais il suffit d'avoir des yeux et des oreilles pour juger d'un beau   110 tableau et d'une belle musique. Aussi je ne vois point que les Destouches aient écrit contre les Campra, ni les Girardons contre les Pugets. Chacun a tâché de surpasser son émule. Les poètes et ceux qu'on nomme littérateurs sont presque les seuls artistes auxquels on puisse reprocher ce ridicule de se déchirer mutuelle-   115 ment sans raison.

Lorsque Scudery porta au cardinal de Richelieu sa très mauvaise censure de la belle, mais imparfaite tragédie du *Cid*,[10] pourquoi le cardinal de Richelieu ne dit-il pas à Scudery et à ses confrères: Messieurs qui méprisez tant *Le Cid*, écrivez sur le même   120 sujet et traitez-le mieux que Corneille. On sentait apparemment

107 K: contre leurs confrères
111 K: d'une bonne musique
119 K: cardinal ne dit-il

[7] Jean-Baptiste Dubos (1670-1742) est l'auteur, en 1734, d'une *Histoire critique de l'établissement de la monarchie française dans les Gaules*. Cf. la lettre que Voltaire lui adresse de Cirey le 30 octobre 1738, reproduite en tête du *Siècle de Louis XIV* (*OH*, p.607).

[8] Les six règles du mouvement exposées par Descartes dans les *Principia philosophiæ* (ii.36-53) ont notamment été réfutées par Leibniz dans une *Brevis demonstratio erroris memorabilis Cartesii*, publiée dans les *Acta eruditorum* de mars 1686, et reprise dans le *Discours de métaphysique*, art.17.

[9] L'ouvrage historique de l'abbé Dubos (voir ci-dessus, n.7) corrige les erreurs contenues dans l'*Histoire de France avant Clovis* de François Eudes de Mézeray, sous-titrée *L'Origine des Français et leur établissement dans les Gaules* (Amsterdam 1692).

[10] C'est en effet Georges de Scudéry (1601-1667) qui a déclenché la querelle du *Cid* en lançant, en 1637, ses *Observations sur le Cid*. Sur cette querelle, voir en particulier H. Merlin, *Public et littérature en France au XVIIe siècle* (Paris 1994), chap. V, p.153-93.

que cette manière de critiquer n'était pas à la portée des censeurs. C'était pourtant la seule dont Corneille s'était servie contre ses rivaux et ce fut la seule que Racine employa contre Corneille même. [11]   125

L'auteur de *Cinna* et de *Polieucte* était homme; il y avait quelques défauts dans ses meilleures pièces. Il était un peu déclamateur, il ne parlait pas purement sa langue. Il n'allait pas toujours assez au cœur. On aurait écrit en vain des volumes contre ses défauts. [12] Il vint un homme qui sans écrire contre lui, et en le   130 respectant donna des tragédies plus intéressantes, plus purement écrites et moins pleines de déclamations.

Avant nos bons avocats on citait les pères de l'Eglise au barreau, quand il s'agissait du loyer d'une maison; avant nos bons prédicateurs on parlait en chaire, de Plutarque, de Ciceron et   135 d'Ovide. [13] Ceux qui ont banni ce mauvais goût, en ont-ils purgé la France en se moquant des orateurs leur contemporains? Non, ils ont marché dans la bonne route et alors on a quitté la mauvaise.

J'aurais bien d'autres exemples à donner pour faire voir que ce n'est point par des satires, mais par des ouvrages écrits dans le bon   140 goût qu'on réforme le goût des hommes. Mais cette vérité étant suffisamment prouvée je passe à l'histoire de la satire que j'ai promise, à ses effets et à ses progrès. Je commence par Boylau car en France quand il s'agit des arts je crois qu'il n'y a guère d'autre époque à prendre que le règne de Louis XIV. [14]   145

[11] Il se pourrait que Voltaire fasse allusion à l'affaire de *Bérénice*. Quoi qu'il en soit, l'idée selon laquelle une saine émulation est préférable à la satire apparaît de manière récurrente dans l'œuvre de Voltaire: cf., par exemple, l'*Utile Examen des trois dernières épîtres du sieur Rousseau*, rédigé en 1736 (M.xxii.234-35). Sur les épîtres de Rousseau, voir ci-dessous, n.41.

[12] On sait malgré tout que ce n'est pas 'en vain' que Voltaire rédige, il est vrai pour constituer une dot à la petite-fille du cousin de Corneille, ses *Commentaires sur Corneille* de 1763.

[13] Cf. *Le Siècle de Louis XIV*, chap. XXXII (*OH*, p.1002).

[14] Dans la lettre, déjà citée, qu'il adresse à l'abbé Du Bos (voir ci-dessus, n.7), Voltaire fait état des travaux qu'il a entrepris pour 'faire l'histoire du siècle de Louis XIV', qu'il présente déjà comme 'le siècle le plus glorieux à l'esprit humain' (*Le Siècle de Louis XIV*, *OH*, p.605).

De Despreaux

L'abbé Furetiere, homme caustique et médiocre écrivain, faisait des satires dans le goût de Regnier.[15] Il les montrait à Boylau jeune encore. Le disciple né avec plus de talent que le maître profita trop bien dans cette école dangereuse. Il y avait alors à Paris un homme d'une érudition immense qui écrivait en prose avec assez de grâce et de justesse, qui passait pour bon juge, qui était l'ami et même le protecteur de tous les gens de lettres; s'attendrait-on à voir le nom de Chapelain au bas de ce portrait? Tout cela est pourtant exactement vrai et Chapelain aurait joui d'une grande réputation s'il n'avait pas voulu en avoir davantage. *La Pucelle* et Boylau firent un écrivain très ridicule d'un homme d'ailleurs très estimable.[16]

Malgré cette malheureuse *Pucelle* Chapelain était un si galant homme et si considéré que le grand Colbert lorsqu'il engagea Louis XIV à donner des pensions aux gens de lettres, chargea Chapelain de faire la liste de ceux qui méritaient les bienfaits du roi.[17]

Cette faveur de Chapelain irrita le jeune Boylau qui dans la première édition de sa première satire fit imprimer ces vers lesquels ne sont pas ses meilleurs:[18]

[15] Furetière est aussi l'auteur de textes satiriques contre l'Académie et son *Dictionnaire*: voir, par exemple, *Les Couches de l'Académie ou Poème allégorique et burlesque* (Amsterdam, H. Desbordes, 1688), ou encore, en collaboration avec Richelet et Chastein, *L'Apothéose du Dictionnaire de l'Académie, et son expulsion de la région céleste* (La Haye, A. Leers, 1696).

[16] Jean Chapelain fait paraître, en 1656, *La Pucelle ou la France délivrée*, 'poème héroïque' qui a contribué à discréditer le dogmatisme de son auteur. Cf. la 'Liste raisonnée' du *Siècle de Louis XIV* (*OH*, p.1147). Sur Chapelain, voir Christian Jouhaud, *Les Pouvoirs de la littérature* (Paris 2000), chap. II, p.97-150.

[17] Cf. l'*Histoire de l'Académie française* de l'abbé d'Olivet (ii.129-30). Sur la 'liste' de Chapelain, voir Alain Viala, *Naissance de l'écrivain* (Paris 1985), p.254-56.

[18] Ces vers ont été retranchés en 1674. Dans les éditions de 1667, 1668 et 1669, 'Pucelain' remplace 'Chapelain'. Voir A. Adam, *Les Premières Satires de Boileau* (Lille 1941), p.152.

150
155
160
165

Enfin je ne saurais, pour faire un juste gain,
Aller bas et rampant fléchir sous Chapelain.

Voilà donc l'origine de la querelle: un peu d'envie et de penchant à médire. Ce goût pour la médisance était dans lui du moins en ce temps-là, si dominant et si injuste que dans la même satire il traite de parasite (*b*) un honnête homme qui souffrait la pauvreté avec courage et qui la rendait respectable en n'allant jamais manger chez personne. Il s'appelait du Pelletier. [20]

Tandis que Pelletier crotté jusqu'à l'échine,
Va chercher son dîner de cuisine en cuisine.

Je demande à tout esprit raisonnable en quoi ces traits assez bas et assez indignes d'un homme de mérite pouvaient contribuer à établir en France le bon goût? Quel service Boylau rendait-il aux lettres en disant dans sa seconde satire: [21]

Si je veux d'un galant dépeindre la figure
Ma plume pour rimer trouve l'abbé de Pure [22]
Si je pense exprimer un auteur sans défaut,
La raison dit Virgile et la rime Quinaut.

(*b*) Voyez les commentaires mêmes de Boylau. [19]

[19] Voir Frédéric Lachèvre, *Les Satires de Boileau commentées par lui-même et publiées avec des notes* [...] *Reproduction du commentaire inédit de Pierre Le Verrier avec les corrections autographes de Despréaux* (Le Vésinet 1906).

[20] *Satires*, I, v.77-78. Dans les éditions de 1666 à 1685, le nom de Pelletier remplace celui de Colletet, que l'on retrouve toutefois dans l'édition, dite 'favorite', de 1701. Sur cette substitution, cf. *Connaissance des beautés et des défauts de la poésie et de l'éloquence...*, 'De la satire' (M.xxiii.415).

[21] *Ibid.*, II, v.17-20.

[22] L'abbé Michel de Pure, docteur en théologie, conseiller et aumônier du roi, puis historiographe de France, est notamment l'auteur, vers 1661-1662, d'un *Fragment d'une comédie intitulée Boileau ou la clémence de Colbert*, parodie écrite à partir de *Cinna* contre Nicolas Boileau et son frère Gilles: voir Emile Magne, *Bibliographie générale des œuvres de Nicolas Boileau-Despréaux* (Paris 1929), ii.222.

J'ai déjà montré quelque part[23] combien ce trait est injuste de toutes façons! Quinaut ne rime point assez bien avec *défaut* pour que ce nom soit amené par la rime, et la raison n'a jamais dit que Virgile soit sans défaut, la raison dit seulement que Virgile malgré tout ce qui lui manque est le plus grand poète de Rome.

Il est bien indubitable que ce n'est point un zèle trop vif pour le bon goût, mais un esprit de satire et de cabale qui acharnait ainsi Boylau contre Quinaut, car dans une satire qui parut bientôt après il dit ironiquement:[24]

> Je ne sais pas pourquoi l'on vante l'Alexandre[25]
> Ce n'est qu'un glorieux qui ne dit rien de tendre
> Les héros chez Quinaut parlent bien autrement.

L'Alexandre du célèbre Racine ne valait peut-être guère mieux que l'Astrate,[26] et était infiniment moins intéressant. J'ai ouï conter même à un homme de ce temps-là qu'un vieux comédien dit à M. Racine: *vous ne réussirez jamais, si vous ne traitez pas l'amour aussi tendrement que le jeune Quinaut. Vous faites des vers mieux que lui. Si vous traitez les passions vous surpasserez Corneille.*[27] Ce comédien avait raison et je suis persuadé que sans Quinaut Racine qui avait méconnu son talent dans *Teagene*, dans *Les*

185

190

195

200

---

192   K: il dit:
197   K: l'Astrate; il était

---

[23] Dans la lettre à Cideville, qui figure en tête du *Temple du goût* (*OC*, t.9, p.207).
[24] *Satires*, III, v.185-187.
[25] *Alexandre le Grand*, tragédie de Racine représentée à la fin de 1665. Dans ses *Mémoires contenant quelques particularités sur la vie et les ouvrages de Jean Racine*, Louis Racine se prévaut de ce vers de la troisième satire de Boileau pour assurer qu'*Alexandre* eut beaucoup de partisans et de censeurs' (Racine, *Œuvres complètes*, Pléiade, Appendices, II, p.1129).
[26] *Astrate*, tragédie de Quinault représentée en 1664.
[27] La référence demeure obscure.

Frères ennemis[28] et même dans *Alexandre*, eût pu continuer à s'égarer.   205

Mais j'insiste encore et je demande comment Boylau pouvait insulter si indignement et si souvent l'auteur de *La Mère coquette*; comment il ne demanda pas enfin pardon à l'auteur d'*Atis*, de *Roland*, d'*Armide*;[29] comment il n'était pas touché du mérite de Quinaut et de l'indulgence singulière du plus doux de tous les   210 hommes[30] qui souffrit trente ans sans murmure, les insultes d'un ennemi qui n'avait d'autre mérite par dessus lui que de faire des vers plus corrects et mieux tournés mais qui certes avait moins de grâce, de sentiment et d'invention.

Est-ce enfin par l'amour du bon goût que Despreaux se croyait   215 forcé à louer Segrais que personne ne lit[31] et à ne jamais prononcer le nom de La Fontaine qu'on lira toujours? Est-ce à ces satires qu'on doit la perfection où les muses françaises s'élevèrent? Pour lors Moliere et Corneille n'avaient-ils pas déjà écrit?

Boylau a-t-il appris à quelqu'un que *La Pucelle* est un mauvais   220 ouvrage? Non sans doute. A quoi donc ont servi ses satires? à faire rire aux dépens de dix ou douze gens de lettres; à faire mourir de

209   MS: n'etoit pas <accablé> ↑touché
217   K: à ses satires
221   MS: a quoy ↑donc ont <donc> servi

[28] Dans ses *Mémoires*, Louis Racine explique que le goût de son père pour la tragédie 'lui en fit commencer une dont le sujet était *Théagène et Chariclée*', en raison de la 'passion extraordinaire pour Héliodore' qu'il avait conçue 'dans son enfance'. Mais, ajoute-t-il, 'il abandonna enfin cette tragédie, dont il n'a rien laissé' (p.1124). *La Thébaïde ou les frères ennemis* est la première tragédie de Racine, représentée pour la première fois le 20 juin 1664 sur la scène du théâtre du Palais Royal.

[29] Dans le *Mémoire du sieur de Voltaire*, est également citée 'la comédie excellente de la *Mère coquette*', présentée comme un 'modèle des pièces d'intrigues' (p.99, l.231-32). *Atys, Roland, Armide* sont des œuvres lyriques écrites par Quinault et Lully. Cf. aussi la 'Liste raisonnée' du *Siècle de Louis XIV* (*OH*, p.1216).

[30] Sur Quinault, homme 'sans fiel', voir l'*Histoire de l'Académie française*, de l'abbé d'Olivet (ii.217). Cf. aussi l'*Epître sur la calomnie* (*OC*, t.9, p.306).

[31] Cf. *Art poétique*, iv.201.

172

chagrin deux hommes qui ne l'avaient jamais offensé.[32] A lui
susciter enfin des ennemis qui le poursuivirent presque jusqu'au
tombeau et qui l'auraient perdu plus d'une fois sans la protection   225
de Louis XIV.

Aussi quelle serait sa réputation, s'il n'avait couvert ces fautes
de sa jeunesse par le mérite de ses belles épîtres et de son admirable
Art poétique; je ne connais de véritablement bons ouvrages que
ceux dont le succès n'est point dû à la malignité humaine.   230

De la satire
après le temps de Despreaux

Boylau dans ses satires, quoique cruelles, avait toujours épargné
les mœurs de ceux qu'il déchirait. Quelques personnes qui se
mêlèrent de poésie après lui poussèrent plus loin la licence. Un
style qu'on appelle *marotique* fut quelque temps à la mode.[33] Ce
style est la pierre sur laquelle on aiguise aisément le poignard de la   235
médisance. Il n'est pas propre aux sujets sérieux parce qu'étant
privé d'articles et étant hérissé de vieux mots, il n'a aucune dignité,
mais par ces raisons-là mêmes, il est très propre aux contes
cyniques et à l'épigramme.

On vit donc paraître beaucoup d'épigrammes et de satires dans   240
ce style. On y ajouta des couplets encore plus infâmes. On appelait
couplets, certaines chansons parodiées des opéras. Personne, je
crois ne s'avisera de dire que c'était l'amour du vrai, le goût de la
saine antiquité, le respect pour les anciens qui obligeaient les
auteurs de ces infamies à les écrire. C'est pourtant ce que ces   245
auteurs osaient dire pour leur défense; tant on cherche à couvrir
ses fautes de quelque ombre de raison.

Pour moi qui quoique très jeune alors ai vu naître toutes ces

---

[32] C'est apparemment ce qui arriva à l'abbé Jacques Cassagnes (1635-1679), que
Boileau ridiculise avec l'abbé Cotin (*Satires*, III, v.60): cette 'raillerie devenue
proverbe en naissant', explique d'Olivet, arrêta sa carrière 'au milieu de sa course' et
'eut des suites déplorables' (*Histoire de l'Académie française*, ii.172-73).

[33] Cf. *Conseils à un journaliste* (ci-dessous, p.498).

horreurs, je sais très bien que l'envie en fut la seule cause; et quelle envie encore? quelle source ridicule de tant de disgrâces sérieuses! De quoi s'agissait-il? d'un opéra qui n'avait pas réussi! Il n'y a point d'autre origine de la haine qui fit faire cette pièce infâme intitulée la *Francinade*[34] et ces soixante et douze couplets qui désolèrent longtemps plusieurs gens de lettres et des familles entières, et ceux que l'auteur avoua lui-même contre les sieurs Danchet, Berrin et Pecour,[35] enfin ceux qui furent la cause de ce fameux procès rapporté très exactement dans le livre des *Causes célèbres*.[36]

MM. de La Motte, Danchet, Saurin etc. et le sieur Rousseau étaient amis. MM. de La Motte et Danchet donnèrent des opéras qui eurent du succès. Ceux de R.... n'en auraient point eu; joignez à cela la chute de la comédie du *Capricieux*,[37] et ne cherchez point ailleurs ce qui attira tant de crimes et une condamnation si publique.

Mais voici quelque chose qui doit frapper bien davantage. Il est certain qu'un homme flétri pour avoir abusé à ce point du talent de la poésie, pour avoir fait les satires les plus horribles, et qui cherchait à laver cette tache ne devait jamais se permettre la moindre raillerie contre personne. Et cependant qu'a-t-il fait

[34] Il existe, sinon un genre, du moins une série de textes qui ont pour points communs le ton satirique, le recours à la forme versifiée en décasyllabes et la formation par suffixation du titre. Jean-Baptiste Rousseau est ainsi l'auteur d'une *Baronnade* contre le baron de Breteuil, père de Mme Du Châtelet, et d'une *Francinade* contre M. de Francine, son protecteur: cf. *Vie de J.-B. Rousseau* (M.xxii.330 et 333). Voltaire a d'ailleurs volontiers sacrifié lui-même à la mode en répondant à la *Baronnade*, en 1736, par une *Crépinade* (M.x.78-79), quitte à critiquer par la suite une semblable débauche de 'talent' (M.xxii.352-53).

[35] Sur Antoine Danchet, voir le *Mémoire du sieur de Voltaire*, p.106, n.67. Précour était danseur et maître de ballets à l'Opéra. Le couplet, auquel Voltaire fait ici allusion, a été écrit par Rousseau à la suite de la représentation, en 1700, de l'opéra d'*Hésione*, par Danchet et Campra. Cf. *Vie de J.-B. Rousseau* (M.xxii.334-35).

[36] L'Histoire du procès entre le sieur Saurin de l'Académie des sciences, et le sieur Rousseau de l'Académie des belles-lettres' est rapportée par Gayot de Pitaval dans les *Causes célèbres et intéressantes* (vi.1-191).

[37] *Le Capricieux*, comédie de Rousseau jouée le 17 décembre 1700.

pendant trente années de bannissement?[38] de nouvelles satires   270
auxquelles il ne manque que d'être bien écrites pour être aussi
odieuses que les premières.

Je ne dissimule point qu'étant outragé par lui comme d'autres
j'ai perdu patience et que surtout dans une pièce contre la
calomnie, j'ai marqué toute mon indignation contre le calomnia-   275
teur.[39] J'ai cru être en droit de venger et mes injures et celles de
tant d'honnêtes gens. J'aurais mieux fait peut-être d'abandonner
au mépris et à l'horreur du public les crimes que j'ai attaqués, mais
enfin si c'est une faute d'écrire contre le perturbateur du repos
public c'est une faute bien excusable: c'est je l'ose dire, celle d'un   280
citoyen.

Ce fut alors que les journaux destinés à l'honneur des lettres
devinrent le théâtre de l'infamie. L'homme dont je parle et dont je
voudrais supprimer ici absolument le nom pour ne me plaindre
que du crime et non du criminel, osa faire imprimer dans la   285
Bibliothèque française en 1736 un tissu de calomnies. Il osait
alléguer entre autres raisons de sa conduite envers moi qu'autrefois en passant par Bruxelles, j'avais voulu le perdre dans
l'esprit de M. le duc Daremberg son protecteur. Quel a été le fruit
de cette imposture? M. le duc Daremberg en est instruit, il me fait   290
aussitôt l'honneur de m'écrire pour désavouer cette calomnie. Il
chasse de sa maison celui qui en est l'auteur. On publie la lettre de
ce prince, le calomniateur est confondu, et enfin les auteurs du
journal de la *Bibliothèque française* me font des excuses publiques.[40]   295

273   K: comme tant d'autres
277   MS: j'ai <fletris> ↑attaquez

[38] Sur le procès de Jean-Baptiste Rousseau en 1710-1712, et la sentence de
bannissement rendue par l'arrêt du parlement le 7 avril 1712, voir le *Mémoire du sieur
de Voltaire*, p.115, n.93.

[39] Cf. *Epître sur la calomnie*, adressée à Mme Du Châtelet en 1733 (*OC*, t.9, p.303-
305). Dans la même pièce, Voltaire décoche quelques traits ponctuels à Desfontaines
et à Gacon (*OC*, t.9, p.302).

[40] Voltaire évoque également l'affaire de Rousseau et du duc d'Aremberg dans le
Mémoire du sieur de Voltaire, p.116-17, l.546-63.

Je ne me résous à rapporter ce qui va suivre que comme un exemple fatal de cette opiniâtreté malheureuse qui porte l'iniquité jusqu'au tombeau. Ce même homme prend enfin le parti de vouloir couvrir tant de fautes et de disgrâces du voile de la religion. Il écrit des épîtres morales et chrétiennes [41] (ce n'est pas ici le lieu d'examiner si c'est avec succès). Il sollicite enfin son retour à Paris et sa grâce. Il veut apaiser le public et la justice, on le voit prosterné au pied des autels; et dans le même temps il trempe dans le fiel sa main moribonde et à l'âge de 72 ans il fait de nouveaux vers satiriques. Il les envoie à un homme qui tient un bureau public de ces horreurs. On les imprime, les voici. [42] La meilleure censure qu'on en puisse faire c'est de les rapporter:

> Petit rimeur anti-chrétien,
> On reconnaît dans tes ouvrages
> Ton caractère et non le mien;
> Ma principale faute hélas je m'en souviens
> Vint d'un cœur qui séduit par tes patelinages,
> Crut trouver un ami dans un parfait vaurien
> Charme des fous, horreurs des sages,
> Quand par lui mon esprit aveuglé j'en conviens
> Hasardait pour toi ses suffrages,
> Mais je ne me reproche rien
> Que d'avoir sali quelques pages,
> D'un nom aussi vil que le tien.

Un pareil exemple prouve bien que quand on n'a pas travaillé de bonne heure à dompter la perversité de ses penchants on ne se

300

305

310

315

320

---

304 κ: moribonde. A l'âge

[41] Il s'agit sans doute des trois épîtres (*Au P. Brunoy*, *A Thalie*, *A M. Rollin*) qui paraissent en 1736 chez Rollin sous le titre d'*Epîtres nouvelles du sieur Rousseau*, et auxquelles Voltaire consacre un *Utile Examen* (M.xxii.240).

[42] Les vers cités, également reproduits dans le *Mémoire du sieur de Voltaire* (p.114, l.506-17), ont été envoyés par Rousseau à Desfontaines dans une lettre datée du 14 novembre 1738 (D1656).

corrige jamais et que les inclinations vicieuses augmentent encore
à mesure que la force d'esprit diminue.

Des satires nommées calottes

Au milieu des délices pour lesquelles seules on semble respirer à
Paris, la médisance et la satire en ont corrompu souvent la   325
douceur, l'on y change de mode dans l'art de médire et de
nuire, comme dans les ajustements. Aux satires en vers alexandrins
succédèrent les couplets, après les couplets, vinrent ce qu'on
appelle les *calottes*;[43] si quelque chose marque sensiblement la
décadence du goût en France c'est cet empressement qu'on a eu   330
pour ces misérables ouvrages. Une plaisanterie ignoble, toujours
répétée toujours retombant dans les mêmes tours, sans esprit, sans
imagination, sans grâce, voilà ce qui a occupé Paris pendant
quelques années, et pour éterniser notre honte on en a imprimé
deux recueils, l'un en quatre et l'autre en cinq volumes;[44]   335
monuments infâmes de méchanceté et de mauvais goût dans
lesquels depuis les princes jusqu'aux artisans tout est immolé à
la médisance la plus atroce; et à la plus basse et la plus plate
plaisanterie. Il est triste pour la France si féconde en écrivains
excellents qu'elle soit le seul pays qui produise de pareils recueils 340
d'ordures et de bagatelles infâmes.

 Les pays qui ont porté les Copernics, les Ticobrahez, les

---

338 к: atroce et la plus basse, et à

---

[43] Pour une 'très joyeuse et très véridique histoire du Régiment de la Calotte',
voir la récente mise au point de Henri Duranton, qui répertorie environ 500 textes
différents, rédigés entre 1719 et 1754 (*Dix-huitième Siècle* 33 (2001), p.399-417). Voir
aussi Dominique Quéro, *Momus philosophe* (Paris 1995), p.413.

[44] Il s'agit des *Mémoires pour servir à l'histoire de la calotte*, qui ont connu plusieurs
éditions successives, dont une en 1739. L'édition de 1752 comporte 6 volumes. Selon
H. Duranton, il n'est pas sûr que Desfontaines soit impliqué dans la publication de
ces recueils.

Ottogueriz, les Leibnits, les Bernouilli, les Volfs, les Hugens,[45] ces pays où la poudre, les télescopes, l'imprimerie, les machines pneumatiques, les pendules etc. ont été inventés, ces pays que 345 quelques-uns de nos petits-maîtres ont osé mépriser, parce qu'on n'y faisait pas la révérence si bien que chez nous, ces pays, dis-je, n'ont rien qui ressemble à ces recueils soit de chansons infâmes, soit de calottes etc. Vous n'en trouvez pas un seul en Angleterre malgré la liberté et la licence qui y règnent. Vous n'en trouverez 350 pas même en Italie malgré le goût des Italiens pour les pasquinades.[46]

Je fais exprès cette remarque afin de faire rougir ceux de nos compatriotes qui pouvant faire mieux déshonorent notre nation par des ouvrages si malheureusement faciles à faire, auxquels la 355 malignité humaine assure toujours un prompt débit, mais qu'enfin la raison qui prend toujours le dessus et qui domine dans la saine partie des Français condamne ensuite à un mépris éternel.

Des calomnies contre les écrivains de réputation

Il s'est glissé dans la république des lettres une peste cent fois plus dangereuse. C'est la calomnie qui va effrontément sous le nom de 360 justice et de religion soulever les puissances et le public contre des

---

354   MS: deshonorent ↑notre nation par

---

[45] Voltaire mentionne ici des astronomes (Nicolas Copernic; Tycho Brahé), des physiciens (Otto von Guericke; Christiaan Huygens, également mathématicien et astronome), des philosophes et savants (Gottfried Wilhelm Leibniz; le baron Christian von Wolff — sur ce dernier, voir aussi, ci-dessous, n.49). Le nom de Bernoulli peut renvoyer aussi bien à Jacques, disciple de Leibniz, au mathématicien Jean son frère, ou au fils de Jean, Daniel, qui a transposé en mécanique des fluides les idées énergétiques de Huygens.

[46] Selon Furetière, une pasquinade est, au sens strict, un 'placard satirique qu'on attache' à Rome, à la statue de Pasquin. Mais le mot désigne aussi, 'par extension', 'toute satire, raillerie ou bon mot qu'on dit contre le public et contre les puissances'.

philosophes, contre les plus paisibles des hommes, incapables de jamais nuire, par cela même qu'ils sont philosophes.

J'ai entendu demander souvent: pourquoi Charron [47] a-t-il été calomnié et persécuté et que Montagne le libre, le pyrrhonien, le hardi Montagne et Rabelais même ne l'ont jamais été? Pourquoi Socrate a-t-il été condamné à mort, [48] et Spinosa a-t-il vécu tranquille? Pourquoi La Mothe le Vayer cent fois plus hardi et plus cynique que Bayle a-t-il été précepteur des deux enfants de Louis XIII, et que Bayle a été accablé? Pourquoi Descartes et Volf, les deux lumières de leur siècle, ont-ils été chassés l'un d'Utrech, et l'autre de l'université de Hall, [49] et que tant d'autres qui ne les valaient pas ont été comblés d'honneurs? On rapportait tous ces événements à la fortune etc.

Et moi je dis: examinez bien les sources des persécutions qu'ont essuyées ces grands hommes, vous trouverez que ce sont des gens de lettres, des sophistes, des professeurs qui les ont excitées. Lisez si vous pouvez toutes les injures qu'on a vomies contre les meilleurs écrivains, vous ne trouverez pas un seul libelle qui n'ait été écrit par un rival. On appelle les belles-lettres *humaniores litteræ*, les lettres humaines mais, dit un homme d'esprit, en voyant cette fureur réciproque de ceux qui les cultivent, on les appellera plutôt les lettres inhumaines; je ne veux point m'étendre ici sur les

365

370

375

380

368-369 K: hardi, plus cynique
377 K: professeurs, des prêtres qui

---

[47] Sur les 'persécutions' dont a fait l'objet Pierre Charron, notamment de la part du jésuite Garasse, au moment de la réédition à Paris, en 1603, de son *Traité de la sagesse*, voir l'article que lui consacre Bayle dans son *Dictionnaire historique et critique*, et la remarque (H) (v.89-90 et 94-95).

[48] Sur le mythe de Socrate persécuté comme les philosophes du dix-huitième siècle, voir R. Trousson, *Socrate devant Voltaire, Diderot et Rousseau. La conscience en face du mythe* (Paris 1967).

[49] Les démêlés de Descartes avec le recteur Voetius ont donné lieu à la rédaction de plusieurs textes polémiques en 1643: voir les *Œuvres de Descartes*, viii-2.1-194 et 199-273. La querelle qui oppose Wolff aux théologiens de Hall et qui se conclut par son expulsion, en 1723, est notamment rapportée par Moreri: *Dictionnaire*, x.834.

persécutions qui ont privé de leur liberté, de leur patrie ou de leur vie même, tant de grands personnages dont les noms sont consacrés à la postérité, je ne veux parler ici que de cette persécution sourde que fait continuellement la calomnie, de cet acharnement à composer des libelles, à diffamer ceux qu'on voudrait détruire.

La jalousie, la pauvreté, la liberté d'écrire sont trois sources intarissables de ce poison.[50] Je conserve précieusement parmi plusieurs lettres assez singulières que j'ai reçues dans ma vie, celle d'un écrivain qui a fait imprimer plus d'un ouvrage, la voici:

Monsieur, étant sans ressources j'ai composé un ouvrage contre vous, mais si vous voulez m'envoyer deux cents écus je vous remettrai fidèlement tous les exemplaires.[51] Je rappellerai encore ici la réponse que fit il y a quelques années un de ces malheureux écrivains à un magistrat qui lui reprochait ses libelles scandaleux. Monsieur, dit-il, il faut que je vive.[52] Il s'est trouvé réellement des hommes assez

384-385 K: de la vie
385 MS: les <hommes> ↑noms
396 K: *exemplaires, etc. etc.*¶
397-398 MS: années <a un magistrat> un de ces malheureux écrivains ↑à un magistrat

[50] Cf. *Mémoire du sieur de Voltaire*, p.113, l.480-81.
[51] L'anecdote est reprise dans la correspondance: cf. D2152 (à l'abbé Prévost, fin janvier 1740). Le 20 décembre 1753 (D5595), Voltaire précise à Mme Denis que cet écrivain 's'appelle La Jonchère'. Toutefois, malgré le témoignage de Voltaire, qui affirme que 'C'est l'auteur d'un système de finances', il est peu probable qu'il s'agisse d'Estienne Lescuyer de La Jonchère, auteur du *Système d'un nouveau gouvernement en France* (Amsterdam 1720).
[52] L'anecdote est largement répandue: elle figurait déjà dans la préface d'*Alzire* (*OC*, t.14, p.120); le commissaire Dubuisson la rapportait aussi en d'autres termes, dans une lettre au marquis de Caumont du 20 août 1738, et précisait que le 'malheureux écrivain' n'était autre que l'abbé Desfontaines (*Mémoires secrets du XVIIIe siècle*, p.477). On la retrouve, racontée en des termes plus proches de ceux employés ici par Voltaire, dans la *Correspondance littéraire* du 1er juillet 1757 (CLT, iii.386-87), dans le développement des *Querelles littéraires* que l'abbé Irailh consacre à Desfontaines (ii.71), et dans l'*Emile* (livre III, p.467).

perdus d'honneur pour faire un métier public de ces scandales; 400
semblables à ces assassins à gages, ou à ces monstres du siècle passé
qui gagnaient leur vie à vendre des poisons.

Mais je ne crois pas que depuis que les hommes sont méchants et
calomniateurs, on ait jamais mis au jour un libelle aussi déshonorant pour l'humanité, que celui qui parut à Paris au mois de 405
janvier de cette année 1739 sous le titre de *Voltairomanie, ou
Mémoire d'un jeune avocat.*

C'est de quoi je suis obligé par toutes les lois de l'honneur de
dire un mot ici et je prie tout lecteur attentif de vouloir bien
examiner une cause qui devient l'affaire de tout honnête homme. 410
Car quel homme de bien n'est pas exposé à la calomnie plus ou
moins publique? Tout lecteur sage est en de pareilles circonstances
un juge qui décide de la vérité et de l'honneur en dernier ressort. Et
c'est à son cœur que l'injustice et la calomnie crient vengeance. [53]

Examen d'un libelle calomnieux intitulé
La Voltairomanie ou Mémoire d'un jeune avocat

Il est juste en premier lieu de laver l'opprobre que l'on fait au corps 415
respectable des avocats, en imputant à l'un de leurs membres un
malheureux libelle où les injures et les calomnies les plus atroces
tiennent lieu de raisons. Un libelle où l'on traite avec indignité,
M. Andry qui travaille avec applaudissement depuis trente ans au
Journal des savants sous M. l'abbé Bignon, un libelle où l'on appelle 420
M. de Fontenelle ridicule; celui-ci *tersite de la faculté*, celui-là
cyclope, cet autre faquin, [54] un libelle enfin qui pour me servir des

---

405 κ: qui a paru
408-409 ms: de <parler> ⟨dire un mot⟩ icy

---

[53] Cf. *Mémoire du sieur de Voltaire*, p.87, l.6-8 et 9-12.
[54] Cf. *Mémoire du sieur de Voltaire*, p.88, l.26-30.

expressions d'un des plus estimables hommes de Paris[55] est l'ouvrage des furies, si les furies n'ont point d'esprit.

Quand on s'abaisse à parler d'un libelle je crois qu'il n'en faut   425
parler que papiers justificatifs en main soit devant les juges, soit devant le public; voici donc la lettre d'un des plus anciens et des meilleurs avocats de Paris qui prouve qu'il est impossible qu'un avocat soit l'auteur de ce libelle punissable:[56]

A Paris ce 12 février 1739   430
'J'ai vu Monsieur un imprimé qui a couru ici intitulé *La Voltairomanie ou lettre d'un jeune avocat en forme de mémoire*. J'ai vu au palais la plupart de messieurs les avocats, après avoir parlé à M. Deniau, qui est à présent notre bâtonnier, je puis vous assurer Monsieur qu'il n'y a qu'un cri de blâme et d'indignation contre les   435
calomnies atroces répandues dans ce libelle, le sentiment commun est qu'il n'est pas possible qu'un ouvrage si méchant soit imputé à un avocat ni même à quelqu'un qui connaîtrait les lois de cette profession dont le premier devoir est la sagesse. Je vous proteste au nom de tous ceux à qui j'ai parlé (et c'est encore une fois la   440
meilleure partie du palais) que bien loin que quelqu'un s'en avoue l'auteur tous le condamnent comme extrêmement scandaleux, je vous ajouterai même que c'est avec une vraie peine que la plupart vous ont vu si injurieusement traité que vous l'êtes dans cet écrit, car nous faisons gloire Monsieur d'honorer les grands génies et vos   445
ouvrages sont dans nos mains. Tout cela vous serait attesté par M. le bâtonnier au nom de l'ordre, sans la difficulté de convoquer une assemblée générale; si de pareilles brochures distribuées sous le nom vague d'un avocat devenaient fréquentes nous serions exposés sans cesse à nous mettre en mouvement pour les désavouer, mais   450
pour suppléer à une attestation en forme je me suis chargé de vous rendre compte du sentiment général et je le fais de l'aveu de tous

---

[55] La référence demeure obscure.
[56] Cf. D1873. Sur les démarches entreprises par Voltaire pour obtenir ce désaveu, voir l'introduction du *Mémoire du sieur de Voltaire*, §1, 'Je mourrai ou j'aurai justice', p.23.

ceux à qui j'en ai parlé. Je m'en acquitte avec d'autant plus de satisfaction que c'est ce que j'avais pensé à la vue du libelle.

'Je suis avec toute l'estime et la considération possible Monsieur   455
votre très humble et très obéissant serviteur.'

Signé Pageau.

Il n'y a personne qui ayant lu cette lettre et ayant remarqué que le libelle est tout entier en faveur du sieur abbé Giot Desfontaines et plein d'anecdotes qui le regardent, jusque-là même que sa   460
généalogie y est rapportée, il n'y a personne, dis-je, qui ne voie évidemment par cent autres raisons qu'aucun avocat n'a composé cet ouvrage. Mais qui donc pourrait en être l'auteur?

Quoique l'abbé Giot Desfontaines soit depuis quelque temps mon plus cruel ennemi, cependant je me garderai bien d'imputer à   465
un homme de son âge, à un prêtre une si infâme pièce;[57] je croirais lui faire une trop grande injure. Je l'en crois incapable et en voici les raisons.

Il est dit dans ce libelle en termes exprès que je suis un voleur, un brutal, un enragé, un athée, le petit-fils d'un paysan etc.   470

Or je soutiens qu'un homme de lettres quelque méchant qu'il puisse être, ne peut vomir de pareilles injures. Celles de *voleur*, d'*enragé*, d'*athée*, de *brutal*, sont des termes horribles, mais vagues qui ne peuvent souiller la plume d'un homme auquel il resterait la moindre pudeur et la moindre étincelle d'esprit.   475

Il est encore bien peu probable qu'un écrivain reproche à un autre écrivain sa naissance, l'auteur de *La Henriade* doit peu s'embarrasser quel a été son grand-père. Uniquement occupé de l'étude, je ne cherche point la gloire de la naissance. Content comme Horace de mes parents, je n'en aurais jamais demandé   480

---

455   K: l'estime etc.¶
480   K: n'en ai jamais

---

[57] Voltaire reprend ici, sur un ton plus modéré – quoique très ironique – une attaque portée d'une manière plus directe dans le *Mémoire du sieur de Voltaire*: cf. p.111, l.449-51.

d'autres au ciel, et je ne réfuterais point ici ce vain mensonge si je n'avais parmi mes proches parents des magistrats et des officiers généraux qui s'intéresseront peut-être davantage à l'honneur d'une famille outragée. Pour moi, je sens qu'un tel reproche, s'il était vrai, ne pourrait jamais m'affliger. [58] Je me suis consacré à l'étude dès ma jeunesse, j'ai refusé la charge d'avocat du roi à Paris, que ma famille qui a exercé longtemps des charges de judicature en province, voulait m'acheter. En un mot l'étude fait tous mes titres, tous mes honneurs, toute mon ambition.

Voici des preuves encore plus fortes que cet infâme écrit ne peut être de l'homme à qui tout Paris l'impute.

On ose avancer dans ce libelle que ce service signalé qu'avait rendu si publiquement autrefois le sieur de V... au sieur Desfontaines, il ne l'avait rendu que pour obéir à M. le président de Berniere son patron qui le nourrissait et le logeait par bonté et que par conséquent le sieur Desfontaines n'avait aucune obligation au sieur de Voltaire. [59]

Premièrement comment se pourrait-il faire qu'un homme de bon sens raisonnât ainsi? Quoi! il serait permis d'insulter son bienfaiteur parce qu'il aurait été logé et nourri chez un autre! Est-ce là la logique de l'ingratitude? En second lieu, l'abbé Desfontaines ne savait-il pas que j'ai longtemps loué chez M. de Berniere un appartement assez connu? Faut-il lui apprendre que j'ai en main l'acte fait double du 4 mai 1723: par lequel je payais 1800 livres de pension pour moi et pour un de mes amis? Faudrait-il enfin dire ici que le chef de la justice et plusieurs autres magistrats ont vu la lettre de la veuve du président de B... qui dément d'une manière si forte toutes les impostures du libelle? Nous ne la rapportons point

485

490

495

500

505

489   MS: toute mon ambition [*ajouté*]
504   K: 4 de mai

[58] *Ibid.*, p.100, l.248-50; p.101, l.253-60 et l.265.
[59] *Ibid.*, p.104, l.314-17.

ici parce que nous n'en avons pas demandé la permission comme
nous avions demandé celle de la faire voir à M. le chancelier.[60]   510

Enfin comment se pourrait-il faire que l'abbé Desf. osât dire
qu'il n'a jamais eu aucune obligation au sieur de Voltaire?

On n'a qu'à lire la lettre qu'il m'écrivit en sortant de l'endroit
dont je l'avais tiré. Elle est écrite et signée de sa main, le cachet est
même encore presque entier:[61]   515

De Paris ce 31 mai
'Je n'oublierai jamais les obligations infinies que je vous ai. Votre
bon cœur est bien au-dessus de votre esprit, vous êtes l'ami le plus
généreux qui ait jamais été, que ne vous dois-je point etc.

'... L'abbé Nadal, l'abbé Depons, Danchet, Freret se réjouis-   520
sent, ils traitent ma personne comme je traiterai toujours leurs
indignes écrits. Ne pourriez-vous point faire en sorte que l'ordre
qui m'exile à trente lieues soit levé? Voilà mon cher ami ce que je
vous conjure d'obtenir encore pour moi, je ne me recommande
qu'à vous qui seul m'avez servi etc.'   525

Après tant de preuves je soutiendrai toujours qu'il faudrait que
l'abbé Desfontaines au moins eût absolument perdu la mémoire
pour avancer contre un homme qui lui a rendu de tels services, des
impostures si horribles et si aisées à confondre.

Mais, me dira-t-on, si vers le temps même où il vous avait les   530
plus grandes obligations qu'un homme puisse avoir à un homme, il
fit un libelle contre vous, si vous avez plusieurs lettres des
personnes auxquelles il montra cet écrit, si l'on sait qu'il était
intitulé *Apologie de M. de V.* et que cette apologie ironique et
sanglante était un libelle diffamatoire contre vous et contre feu   535
M. de La Motte;[62] si lui-même dans un autre libelle intitulé *Pantalo*

513-514   K: l'endroit d'où je
525   K: seul, qui m'avez

[60] *Ibid.*, p.107, l.369-70 et 107-108, l.377-92.
[61] *Ibid.*, p.105-106, l.345-57
[62] *Ibid.*, p.102, l.286-91.

Phebeana page 73, a eu l'imprudence de citer cette apologie ironique,[63] enfin s'il a été capable d'une telle ingratitude quand le service était récent, que n'a-t-il point pu faire après plus de 13 années! J'avoue que cette objection est pressante; mais voici ce que j'ai à répondre. Je ne crois pas qu'il soit permis d'accuser sans preuves juridiques un citoyen de quelque faute que ce puisse être. Or j'ai à la vérité des preuves juridiques, des témoignages subsistants, que la première chose qu'il fit au sortir de B..... (*c*) ce fut un libelle contre moi. Mais je n'ai aucune preuve assez forte encore pour l'accuser du malheureux libelle qui a paru cette année, je n'ai que la voix publique, elle suffit pour devoir attribuer à un homme une bonne action, mais elle ne suffit pas pour lui imputer un crime.

Je pourrais poursuivre, et faire voir jusqu'à quel comble d'horreur, la calomnie a été poussée dans cet écrit. Mais mon dessein n'est pas de répondre en détail à des discours dignes de la

---

(*c*) Lettre de M. Thiriot du 16 août 1726.[64]

'Il a fait du temps de Bissetre un ouvrage contre vous intitulé *Apologie de M. de Voltaire* que je l'ai forcé avec bien de la peine à jeter dans le feu. C'est lui qui a fait à Evreux une édition du poème de *La Ligue* dans laquelle il a inséré des vers contre M. de La Motte, etc.'

Autre lettre du même du 31 décembre 1736.

'Je me souviens très bien qu'à la Rivière Bourdet chez feu M. le président de B... il fut question d'un écrit contre M. de Voltaire que l'abbé Desfontaines me fit voir et que je l'engageai de jeter au feu, etc.'

Du même du 14 janvier 1739.

'Je démens les impostures d'un calomniateur, je méprise les éloges qu'il me donne, je témoigne ouvertement mon estime, mon amitié, ma reconnaissance pour vous, etc.'

---

n.(c), l.4-5   K: dans lequel il
n.(c), l.5   K: vers de sa façon contre
545-546   K: forte pour

---

[63] *Ibid.*, p.110, n.(c).
[64] *Ibid.*, p.109-10, l.411-23.

plus vile canaille. Ce serait trop mal employer un temps précieux. J'ai voulu seulement pour l'honneur des lettres essayer de faire voir combien il est difficile de croire qu'un homme de lettres se soit souillé d'un opprobre si avilissant. 555

J'écris ici dans la vue, d'être utile à la littérature encore plus qu'à moi-même; plût à Dieu que toutes ces haines si flétrissantes, ces querelles également affreuses et ridicules fussent éteintes parmi des hommes qui font profession non seulement de cultiver leur 560 raison mais de vouloir éclairer celle des autres. Plût à Dieu que les exemples que j'ai rapportés pussent rendre sages ceux qui sont tentés de les suivre.

Faudra-t-il donc que les lettres qu'on prétend avoir adouci les mœurs des hommes ne servent quelquefois qu'à les rendre malins 565 et farouches! Si je pouvais exciter le repentir dans un cœur coupable de ces horreurs, je ne croirais pas avoir perdu ma peine en composant ce petit écrit que je présente à tous les gens de lettres comme un gage de mon amour pour leurs études et pour le bien de la société. 570

---

561   MS: mais <d'> ⟨de vouloir⟩+ eclairer

Mémoire sur un ouvrage de physique de Mme la marquise Du Châtelet

Critical edition

by

Robert L. Walters

CONTENTS

INTRODUCTION

On 18 May 1738 Voltaire received two blows to his ambition to become a force in the French scientific world. First a copy of the Ledet-Desbordes edition of the *Eléments de la philosophie de Newton*, which had appeared two months earlier in Amsterdam, finally reached him at Cirey. He was dismayed to see his 'enfant aussi mal traité' (D1504). For months he would complain about the deficiencies of this edition. His second affliction was the news that he had not won the prize of the Académie royale des sciences for his entry on the nature and propagation of fire for the Académie's contest for 1738, the prize having been announced by Fontenelle at a public meeting on 16 April. It was instead to be shared between the authors of the three essays numbered four, ten and eleven. The *procès-verbal* for that session records: 'On a apris que la première piece étoit de M. Leonard Euler professeur à Petersbourg, pour les deux autres les auteurs n'en sont pas connus.' They subsequently turned out to be Louis-Antoine Lozeran Du Fech and Jean-Antoine de Créquy, comte de Canaples. Voltaire immediately wondered how close he had come to winning and whether the Académie would consider publishing his *Essai sur la nature du feu*.[1]

About a week later Voltaire learnt that Mme Du Châtelet had entered the competition without his knowledge and that she too had failed to win (D1510). He then showed less eagerness to have his entry published and began to press both Réaumur and Maupertuis, whom he took to be members of the committee of five *commissaires* appointed to read and judge the entries, to

---

[1] Letter to Henri Pitot, 18 May 1738 (D1504). For further details on the prizes awarded by the Académie des sciences and on Voltaire's contribution to the competition for 1738, see *Essai sur la nature du feu, et sur sa propagation*, ed. W. A. Smeaton and R. L. Walters, *OC*, vol.17 (1991), p.1-89.

publish Mme Du Châtelet's *Dissertation sur la nature et la propagation du feu*. He further wrote to Pitot, whom he also suspected of being a member of the committee, requesting him to intervene with Réaumur on her behalf (D1525). It seems to have been difficult for Voltaire to discover the identity of the five *commissaires*, even though their election was recorded in the *procès-verbal* of the meeting of the Académie des sciences on 4 September 1737: 'On a procédé selon la forme ordinaire à la nomination des commissaires pour le prix de 1738 et la pluralité des voix a été pour Mrs de Réaumur, de Mairan, Maupertuis, Camus et l'abbé de Bragelongne.'[2] With the exception of Maupertuis,[3] they all signed an *approbation* for the non-winning entry by Martin Grandin, which was published separately before the end of 1738, at the author's expense, according to Mme Du Châtelet.[4] The decision was made for the Académie des sciences to publish both Voltaire's and Mme Du Châtelet's entries, and in due course they appeared following the three entries that had shared the prize, in a handsome quarto volume printed by the Imprimerie royale.[5] Mme Du Châtelet's name was withheld at her

---

[2] René-Antoine Ferchault de Réaumur (1683-1757), *pensionnaire mécanicien*; Jean-Jacques Dortous de Mairan (1678-1771), *pensionnaire géomètre*; Pierre-Louis Moreau de Maupertuis (1698-1759), *pensionnaire géomètre*; Charles-Etienne-Louis Camus (1699-1768), *associé ordinaire mécanicien*; Christophe-Bernard de Brage-longne (1688-1744), *associé libre*. Two of the *commissaires*, Camus and the abbé de Bragelongne, seem never to have been commented on or even identified by Voltaire. The abbé de Bragelongne had known Malebranche and would no doubt have been a hardened Cartesian in Voltaire's eyes. Camus, on the other hand, had been part of Maupertuis's expedition to the arctic circle, and it seems improbable that he would have voted against both Voltaire and Mme Du Châtelet solely because of their Newtonian ideas, as Voltaire liked to think.

[3] Maupertuis was away from Paris during the summer and autumn of 1738, having returned to his home town of Saint-Malo for an extended visit.

[4] 24 October 1738, to Maupertuis (D1636). Martin Grandin, *De la nature du feu et de sa propagation* (Paris 1738). The *approbation* proclaims that Martin Grandin's entry is 'digne de la curiosité du public'. He is identified as 'professeur de philosophie au Collège royal de Navarre'.

[5] *Pièces qui ont remporté le prix de l'Académie royale des sciences en MCCXXXVIII* (Paris 1739; BV2730).

request. She was identified simply as 'une jeune dame d'un haut rang', Voltaire as 'un de nos premiers poètes'.

Mme Du Châtelet was familiar with Voltaire's views on fire. She wrote her *Dissertation* very hastily in August 1737 to meet the 1 September deadline for the competition. She reported to Maupertuis (D1528) that she disagreed with most of Voltaire's ideas. They did agree on the elementary nature of fire and that it had a natural motion. They often use the same experimental evidence to arrive at opposite conclusions. They disagreed on its material nature. Voltaire, in keeping with the Newtonian, anti-Cartesian stand he took in the *Eléments de la philosophie de Newton*, found that fire is matter and has the properties of matter, such as weight, attraction to a centre, impenetrability. Mme Du Châtelet considered it the antagonist of attraction, necessary to prevent the universe from becoming one compact whole. It is something that is neither spirit nor matter, but rather an intermediate substance or fluid, which justifies Descartes's subtle matter. Voltaire defined fire in terms of heat and light, she in its power to dilate matter. He judged its presence by the inflammability of matter, she found it to be revealed by the thermometer. Voltaire found it the source of the elasticity of objects; Mme Du Châtelet believed it destroyed all elasticity. They both, however, believed it might be the cause of electricity.[6]

The exact date of composition of this review article of Mme Du Châtelet's *Dissertation sur la nature et la propagation du feu* is difficult to determine. The reference to 'cette année' in the opening line seems to refer to the year of the awarding of the prize, which is 1738. If Voltaire began the work before the published text of the *Dissertation* appeared, it is clear that most of it had to be composed after the publication of the Académie's volume or at least after Voltaire had seen the text of Du Fech's and Euler's prize-winning entries, which he could have seen perhaps as proofs early in 1739. Also there had to be time for a copy of the *Dissertation* to be sent to

[6] To document their disagreements, consult the notes to *OC*, vol.17, p.1-89.

abbé Conti in Venice, followed by an exchange of letters with Voltaire, before Conti's sonnet, which concludes the work, reached its final version. Therefore it seems that the work could not have reached anything resembling its final state much before April 1739, when it would have been sent to the *Mercure de France*, where it was published in June.

It would appear that any attempt on Voltaire's part to hide his authorship of the *Essai sur la nature du feu* fooled no one. The review article in the *Mémoires de Trévoux* quotes the 'Avertissement' in the volume of mémoires, then continues (July 1739, p.1423-24):

Peut-on s'y méprendre? et quand les deux illustres auteurs en question ne nous auraient pas permis de les nommer distinctement par leur nom, aucune dame pourrait-elle disputer le prix de la philosophie physique à madame la marquise du Châtelet, et aucun poète à M. de Voltaire. Comme leurs dissertations ont du neuf et même du singulier, nous en rendrons un compte un peu détaillé.

Voltaire made some attempt to conceal Mme Du Châtelet's name in the first pages of his review article sent to the *Mercure de France* as well as to hide his authorship. However, the 'Mad. L. M. D. C.' of the title is clearly identified as 'madame la marquise Du Chastelet' in the final paragraph before Conti's sonnet which concludes the article. The first time the author uses the pronoun 'je', a footnote states that 'Cet extrait nous vient d'un jeune homme' (l.109v), hardly an honest reference to the then 45-year-old Voltaire. When he sent almost the same article on 21 June to the marquis d'Argens for publication in Holland (D2034), he stated quite clearly in the title that Mme la marquise Du Châtelet was the author of the *Dissertation* and that M. de Voltaire was the author of the review article.

Voltaire must have sent three copies of this *Mémoire* to periodicals for publication. He sent it no doubt from Cirey to Paris a month or so before it appeared in the second part of the June issue of the *Mercure de France* (p.1320-28).

About 10 May 1739 Voltaire and Mme Du Châtelet left Cirey for Brussels (see D2011), where they would remain until late August. On 30 May he sent from Louvain to Henri Du Sauzet, editor of the *Bibliothèque française* published in Amsterdam, what the latter acknowledges to be 'l'Article sur la dissertation de Madame la Marquise du Chastelet' (D2025). Du Sauzet admits that the issue in the press is already larger than usual, but Voltaire's article will go into the very next issue. Du Sauzet's letter is friendly in tone, flattering to Mme Du Châtelet, but shows some displeasure over the rumours that the first part of Voltaire's *Siècle de Louis XIV* is being printed somewhere in Holland, when it had been promised to Du Sauzet. For whatever reason Voltare's review article did not appear in the *Bibliothèque française* and Voltaire later quarrelled with Du Sauzet. A crisis may have followed soon after Du Sauzet's letter of 4 June, because Voltaire sent the article on 21 June (D2034) to the marquis d'Argens, one of the editors of the *Nouvelle Bibliothèque ou histoire littéraire des principaux écrits qui se publient*. Voltaire expressed the hope that he would see him soon: 'En attendant voici, mon cher ami, de quoi vous confirmer dans la bonne opinion que vous avez de mad^e du Châtelet. Vous pouvez insérer, sous mon nom, ce petit mémoire que je vous envoie; je n'y parle que de sa dissertation' (D2034). The work appeared in the issue for July 1739 (iii.414-22) with the title *Mémoire sur un ouvrage de physique de Madame la Marquise Du Châtelet, lequel a concouru pour les prix de l'Académie des sciences en 1738. Par M. de Voltaire*. Except for naming the author of the *Dissertation* and the author of the *Mémoire*, it does not differ drastically from the *Mercure de France* version.

The *Nouvelle Bibliothèque* text is our base text. It does, however, contain one gross error: Boyle's name has become Bayle, no doubt a typographer's misreading of the manuscript. It has been corrected below in keeping with the sense and the *Mercure de France* (MF) and the Kehl (K) texts. Variants are given from MF and K.

MÉMOIRE SUR UN OUVRAGE DE PHYSIQUE DE MADAME LA MARQUISE DU CHÂTELET, LEQUEL A CONCOURU POUR LES PRIX DE L'ACADÉMIE DES SCIENCES EN 1738.

PAR M. DE VOLTAIRE

Le public a vu cette année, un des événements les plus honorables pour les beaux-arts. De près de trente[1] dissertations présentées par les meilleurs philosophes[2] de l'Europe pour les prix[3] que l'Académie des sciences devait distribuer l'année 1738, il n'y en

a-d   MF: Extrait de la dissertation de Mad. L. M. D. C. sur la nature du feu.
4   MF: Académie royale des

---

[1] This number is an exaggeration on Voltaire's part. Fourteen entries had arrived by the deadline of 1 September 1737. The six entries that were published have numbers indicating the order of their arrival at the Académie des sciences. Grandin's, published separately in 1738, was n° 3, Euler's n° 4, Mme Du Châtelet's and Voltaire's n°s 6 and 7, Du Fech's n° 10, the comte de Créquy's n° 11. After listing the *commissions* for the Academy prize, the *procès-verbal* for 4 September 1737 (see Introduction, p.192) goes on: 'Je leur ai livré 14 pièces que j'avais reçues.' For Voltaire's attempts to guess who the judges were, see *OC*, vol.17, p.13-14.

[2] Leonhard Euler is the only known competitor who has a significant place in the history of science. The winners over the years included such eminent scientists as various members of the Bernoulli family, Colin Maclaurin, Euler more than once, and Giovanni Poleni. It is important to note, however, that members of the French Académie royale des sciences were not eligible to compete.

[3] Normally there was one prize. However, as the *avertissement* to the volume of prize pieces for the 1738 competition states, the subject did not comply with the intentions of the founder, since it did not lend itself to mathematical treatment but only produced 'systems'. No submission being completely satisfactory, the judges felt justified in dividing the prize money three ways: 'L'Académie s'est déterminée à couronner les trois pièces qu'elle a jugées les meilleures.'

eut que cinq, qui concoururent,[4] et l'une de ces cinq était d'une   5
dame, dont le haut rang est le moindre avantage.

L'Académie des sciences a jugé cette pièce digne de l'impression, et vient de la joindre à celles qui ont eu les prix. On sait que
c'est en effet être couronné,[5] que d'être imprimé par ordre de cette
compagnie.   10

6   MF, K: rang était le
7   MF: L'Académie a jugé
8   MF, K: eu le prix.

[4] Again Voltaire can be accused of hyperbole. The fact is that the Académie des
sciences found none of the entries satisfactory, which explains the decision to divide
the prize three ways. The half-title preceding the two essays from Cirey reads:
*Pieces qui ont été présentées à l'Académie royale des sciences pour concourir au prix de
l'année 1738.* This suggests that neither Voltaire's nor Mme Du Châtelet's entries
competed in the sense of being short-listed, although they both believed they had
(D1528). Mme Du Châtelet believed Maupertuis had voted for Voltaire's *Essai*
(D1507). A rumour reached her as well that Réaumur said Voltaire's essay would
not receive an *accessit* nor would it be published (D1507). Later she wrote to
Maupertuis informing him that Réaumur had sent her the draft statement that would
accompany the two essays from Cirey (July 1738, D1548). Although nothing in the
draft or in the slightly different published version says the entries had competed,
evidently the words were in Réaumur's accompanying letter: 'Mr de Reaumur a
accompagné cela d'une lettre très galante. Je suis assurément mieux traité que je ne
mérite, mais je v[ou]s avoue que j'aurais été plus jalouse de ce mots *qui ont concouru*
que de tout le reste et je m'y attendais puisqu'ils étoient dans la première lettre de mr
de Reaumur et que d'ailleurs c'est la vérité.' It would be interesting to know what
had gone on in the committee of *commissaires* and in the Académie des sciences itself
before the two non-winning entries were published. There is a copy of the prize
pieces of 1738 and 1740 in the Archives de l'Académie des sciences at the Institut de
France with a title page dated 1741 and a table of contents ('Catalogue des ouvrages
contenus dans ce quatrième volume') with a sub-heading before Mme Du Châtelet's
and Voltaire's pieces which reads 'Pièces qui n'ont point été couronnées, mais que
l'Académie a jugé dignes d'être communiquées au public.'

[5] They were certainly not 'couronnées'. In fact the Académie des sciences often
awarded *accessits* to worthy entries that did not share in the prize money. None was
awarded in 1738, although Voltaire had hoped for one for himself (see D1507). Two
were awarded in 1737 and three in 1740. If Voltaire had not urged the Académie des
sciences to publish his *Essai* and Mme Du Châtelet's *Dissertation*, they might well
have been forgotten.

Le premier prix d'éloquence, que donna autrefois l'Académie française fut remporté par une personne du même sexe. Le Discours sur la gloire composé par mademoiselle Scuderi, sera longtemps mémorable par cette époque.[6] Mais on peut dire sans flatterie, que l'Essai de physique de l'illustre dame, dont il est ici question, est autant au-dessus du Discours de mademoiselle Scuderi que les véritables connaissances sont au-dessus de l'art de la parole, sans qu'on prétende en cela diminuer le mérite de l'éloquence.

Le sujet était la nature du feu et sa propagation.

L'ouvrage, dont je rends compte, est fondé, en partie, sur les idées du grand Newton,[7] sur celles du célèbre M. 'sGravesande actuellement vivant, mais surtout sur les expériences et les découvertes de M. Boerhaave, qui dans sa Chimie, a traité à fond cette matière,[8] et l'Europe savante sait avec quel succès.

13   MF: Mlle de Scuderi
14   K: par cette raison. ¶Mais
21   MF: dont on rend compte
23   K84: surtout les expériences
24   MF: découvertes de Boerhaave

[6] *Discours de la gloire*, published without the author's name (Paris 1671) but with the *avis*, 'L'Académie française ayant donnée le prix de la prose à ce discours, le dix-huitième août 1671', the author is identified simply as 'la personne illustre qui a fait tant d'honneur à son sexe' (p.[2]). See also *Le Siècle de Louis XIV* (*OH*, p.1208).

[7] Mme Du Châtelet agrees with Newton's views on colours, and she does mention 'le grand Newton' (p.164) and 'un aussi grand homme que Newton' (p.163). There is one precise reference to the *Principia*, p.481 (p.162) and two to the *Opticks*, p.216 and query 11 (p.163 and 164). These concern the nature of the sun and the view that the sun may be replenished by comets falling into it. Her view of fire, however, does not come from Newton.

[8] Voltaire is correct that her principal source is Hermann Boerhaave. She relied on his *Elementa chemiae* (Paris 1733; BV433). She also refers at length to Wilhelm Homberg, Robert Boyle, the *Testamina florentina*, Claude-Louis Geoffroy, and Petrus van Musschenbroek's experiments with the pyrometer. She obviously owes a great deal to discussions with Voltaire during the summer of 1737. The reviews in the *Observations sur les écrits modernes* and in the *Mémoires de Trévoux* take her, as well as Voltaire, to be Newtonian, while the reviewer in the latter (Castel?) points out that the three winners are all Cartesians (July 1739, p.1420).

Il est vrai que ces notions ne sont pas généralement goûtées par messieurs de l'Académie des sciences; et quoique l'Académie en corps n'adopte aucun système, cependant il est impossible que les académiciens n'adjugent pas le prix, aux opinions les plus conformes aux leurs. Car toutes choses d'ailleurs égales, qui peut nous plaire que celui qui est de notre avis?[9]

C'est ainsi qu'on couronna, il y a quelques années, un bon ouvrage du révérend père Maziere,[10] dans lequel il est dit, *qu'on ne s'avisera plus d'admettre désormais les forces vives, de calculer la quantité du mouvement par le produit de la masse et du carré de la vitesse*,[11] calcul assez proscrit alors dans l'Académie. Mais cette même Académie fit aussi imprimer l'excellente Dissertation de M. Bernoulli,[12] qui a mis le sentiment contraire dans un si beau

30

35

33   K: lequel il dit *qu'on*

[9] Voltaire is implying that the Académie des sciences awarded prizes to contenders with a Cartesian outlook, that the ideas of Newton and the Dutch Newtonians were unacceptable in France. Grandin's entry, not published by the Académie, but printed privately in 1738 at his own expense, could be considered at least as Cartesian as those of the winners, since it attributed fire to the small vortices of Privat de Molières.

[10] Le père Jean-Simon Mazière, oratorien, won the prize in 1726 for *Les Lois du choc des corps à ressort, parfait ou imparfait, déduites d'une explication probable de la cause physique du ressort*, published under the title *Pièce qui a remporté le prix de l'Académie royale des sciences* (Paris 1727).

[11] Voltaire is paraphrasing rather than quoting Mazière's text. After stating that force equals mass times velocity, Mazière continues: 'C'est en vain que des auteurs célèbres ont essayé de donner atteinte à ce principe, et de lui en substituer un autre. On les a réfutés avec tant de solidité, qu'il n'y a pas lieu de craindre, que désormais l'on s'avise de soutenir après eux que *les forces sont en raison composée des masses et des carrés des vitesses*' (p.3). Voltaire is doubly incorrect in not quoting Mazière exactly. Movement, as distinguished by Leibniz and his followers from force, was always equal to mass times velocity.

[12] Johann Bernoulli, *Discours sur les lois de la communication du mouvement qui a mérité les éloges de l'Académie royale des sciences aux années 1724 et 1726 et qui a concouru à l'occasion des prix distribués dans les dites années* (Paris 1727). Bernoulli was awarded an *accessit* in 1724, although not the prize. He thought he had settled the dispute in favour of *forces vives*: 'Je crois avoir établi cette vérité d'une manière si

jour, qu'aujourd'hui plusieurs académiciens ne font nulle difficulté
d'admettre les forces vives[13] et le carré de cette vitesse.   40

Voici, à peu près, un cas pareil. Le révérend père de Fiese
jésuite, assure dans sa dissertation, qui a remporté un des prix, que
*le feu élémentaire est une chimère, parce qu'on n'en a jamais vu, et que
le* feu *est un mixte composé de sels, de soufre, d'air et de matière
éthérée.*[14]   45

évidente que désormais elle sera à l'abri de toute contestation' (p.54). Fontenelle in
the *Histoire de l'Académie royale des sciences*, année 1728, speaking of the publication
of Bernoulli's *Discours*, wrote: 'On se réveilla dans l'Académie sur les forces vives,
auxquelles on ne pensait plus, on examina cette matière avec plus de soin, et on se
partagea; car les choses où la physique se mêle avec la géométrie peuvent permettre
qu'on se partage' (Paris 1730, p.73). Both Voltaire and Mme Du Châtelet became
very involved in this dispute; see below, introduction to *Doutes sur la mesure des forces
motrices*, p.379f.

[13] The academicians Voltaire has in mind could be the abbé Camus, Clairaut, and
Maupertuis. François-Joseph Camus (or de Camus), not to be confused with
Charles-Etienne-Louis Camus, in his *Mémoire du mouvement accéléré par des ressorts
et des forces qui résident dans les corps en mouvement* shows that both mv and mv² can
be correct according to the situation, admitting that in overcoming obstacles the
force is always equal to the mass times the velocity squared (*Mémoires*, année 1728,
Paris 1730, p.159-96). Although excluded from the Académie in 1723 'pour cause
d'absence', he seems to have remained active in scientific circles until he moved to
England in 1732. Clairaut, in his *Mémoire des centres d'oscillation dans des milieux
résistants*, uses the mass times the velocity squared in his calculations, 'sans m'arrêter
à examiner si les forces doivent s'estimer de cette manière, ou si l'on doit prendre
simplement les quantités de mouvement pour les forces, comme le pensent plusieurs
grands géomètres et physiciens. Nous profiterons de l'uniformité de sentiment où
l'on est pour la conservation des produits des masses par les carrés des vitesses'
(*Mémoires*, année 1738, Paris 1740, p.159). See also D2485. Maupertuis had been
corresponding with Mme Du Châtelet on this subject in 1738. His letters have not
survived, but Mme Du Châtelet replies to him on 29 September, 'Je n'osais croire
avoir raison contre m^r de Mairan avant votre lettre, mais je me sens bien forte à
présent et v[ou]s relevés mon courage' (D1620). Mairan was the principal opponent
of *forces vives* in the Académie des sciences. See below, p.382f.

[14] Du Fech, *Discours sur la propagation du feu*: 'Le feu est un mixte composé de
sels volatils ou essentiels, de soufre, d'air, de matière éthérée, communément mêlé
d'autres substances hétérogènes, de parties aqueuses, terrestres, métalliques, et dont
les parties désunies sont dans un grand mouvement de tourbillon' (p.26).

Le révérend père traite donc de chimères les admirables idées de Boerhaave. Nous sommes bien loin de vouloir rabaisser l'ouvrage du savant jésuite que nous estimons sincèrement; mais nous pensons avec la plupart des plus grands physiciens de l'Europe qu'il est absolument impossible que le feu soit un mixte. [15]

Nous ne nous arrêtons pas beaucoup à combattre cette idée, *qu'on ne doit point admettre de feu élémentaire, parce qu'il est invisible.* [16] Car l'air est souvent invisible, et cependant il existe. La matière éthérée [17] est bien invisible, bien douteuse; cependant le révérend père l'admet. Il ne paraît pas vrai non plus, que nos yeux voient le feu; car il n'y a point de feu plus ardent sur la terre que la pointe du cône lumineux au foyer d'un verre ardent; cependant,

50

55

47   MF: bien éloignés de
     K: vouloir abaisser
49   MF: des grands
51   MF: nous arrêterons pas
52   K: *admettre le feu*
54   MF: douteuse, et cependant
55   MF: père de Fiesce l'admet.

[15] The *Mémoires de Trévoux* said of Du Fech's *Discours*: 'Son explication du feu est aussi dans les bons principes de la saine physique comme celle de M. Euler. Elle est même plus cartésienne et tout à fait malebranchiste par les petits tourbillons dans lesquels le p. Du Fesc fait consister la nature du feu' (July 1739, p.1420-21). Voltaire's impatience with the Cartesian views of the Jesuit winner comes through in this passage.

[16] Voltaire is attacking Du Fech by implication, since he argues not that fire is invisible as a mixture, but rather that it cannot be an element because chemists would have seen it in decomposing compounds. He writes: 'Le feu est non seulement visible, c'est encore par lui ou par sa lumière que nous voyons les autres objets' (p.25). Mme Du Châtelet argues that fire is an element, yet it escapes our senses, is invisible (*Dissertation*, p.119).

[17] The Cartesians tended to use the expression *matière éthérée* to replace Descartes's *matière subtile* and even to turn Newton into a neo-cartesian because of the ether he proposed in the queries at the end of book III of the *Opticks*. Voltaire rejects mechanical explanations for attraction and the movement he considers inherent in particles of fire, etc. Here Voltaire is attacking Du Fech for his use of an imaginary fluid in his discussions of fire.

comme le remarque très bien la dame illustre, qui a fait tant
d'honneur au sentiment de Boerhaave, on ne voit jamais ce feu,
que lorsqu'il touche quelque objet.[18] Nous voyons les choses   60
matérielles embrasées, mais pour le feu qui les embrase, il est
prouvé que nous ne le voyons jamais. Car il n'y a pas deux sortes
de feu. Cet être qui dilate tout, qui échauffe tout, ou qui éclaire
tout, est le même que la lumière.[19] Or la lumière sert à faire voir, et
n'est elle-même jamais aperçue. Donc nous n'apercevons jamais le   65
feu pur, qui est la même chose que la lumière.

Mais pour être convaincu que le feu ne saurait être un mixte,
produit par d'autres mixtes, il me semble qu'il suffit de faire les
réflexions suivantes.

Qu'entendez-vous par ce mot *produire*? Si le feu n'est que   70
développé, n'est que délivré de la prison où il était, lorsqu'il
commença à paraître, il existait donc déjà. Il y avait donc une

59   MF: aux sentiments de
68   MF: il semble
     K: il me suffit de
71-72   MF: lorsqu'il commence à

[18] Voltaire's reference is to a passage in Mme Du Châtelet's *Dissertation*: 'Une
réflexion très singulière, c'est que nous voyons le plus petit grain de sable, et que
nous ne voyons point les rayons du soleil, quelque denses qu'ils soient à moins qu'ils
ne soient réfléchis par quelque corps' (p.107). On p.119, she writes: 'Mais cet être
dont les effets sont si puissants [...] se dérobe à nos sens [...] et il a fallu des
expériences bien fines, et des réflexions très profondes pour nous découvrir l'action
insensible que le feu exerce dans tous les corps.'

[19] Voltaire is combining Mme Du Châtelet's and his own definitions of fire. In her
Dissertation, she says, 'L'effet le plus universel du feu c'est d'augmenter le volume
de tous les corps' (p.90). She shows at some length that there is light without heat
and intense heat without light, so that neither light nor heat can give a satisfactory
definition of fire. She follows Boerhaave in basing her definition on dilation.
Voltaire, on the other hand, says in his *Essai sur la nature du feu*: 'il est le seul être
connu qui *puisse éclairer et échauffer*: voilà simplement sa définition' (*OC*, vol.17,
p.38). In the *Eléments de la philosophie de Newton* Voltaire gave a similar definition:
'Qu'est-ce donc enfin que la lumière? *C'est le feu lui-même*, lequel brûle à une petite
distance [...] et qui éclaire doucement nos yeux, quand il agit de plus loin' (*OC*,
vol.15, p.272 and p.271, variant).

substance de feu, un feu élémentaire caché dans les corps dont il échappe.

Si le feu est un mixte, composé des corps qui le produisent, il 75 retient donc la substance de tous les corps, la lumière est donc de l'huile, du sel, du soufre, elle est donc l'assemblage de tous les corps. Cet être si simple, si différent des autres êtres est donc le résultat d'une infinité de choses auxquelles il ne ressemble en rien. N'y aurait-il pas dans cette idée une contradiction manifeste? Et 80 n'est-il pas bien singulier que dans un temps, où la philosophie enseigne aux hommes qu'un brin d'herbe ne saurait être produit, et que son germe doit être aussi ancien que le monde, on puisse dire que le feu répandu dans toute la nature est une production des sels, des soufres, et de la matière éthérée.[20] Quoi! je serai contraint 85 d'avouer que tout l'arrangement, que tout le mouvement possibles ne pourront jamais former un grain de moutarde, et j'oserais assurer que le mouvement de quelques végétaux, et d'une prétendue matière éthérée fait sortir du néant cette substance de feu,[21] cette même substance inaltérable que le soleil nous envoie, 90

77-78   MF: tous ces corps
83   MF: puisse nous dire
84-85   MF: sels et des soufres [...] éthérée, etc? Quoi!
         K: de sels et de soufres
86-87   MF, K: mouvement possible ne
90   K: feu et cette

[20] Voltaire here is more interested in attacking Du Fech and defending his own view adopted both in the *Eléments* and the *Essai sur la nature du feu* than in coming to terms with Mme Du Châtelet's definition of fire. Voltaire adopted the idea of the immutability of matter and of species in the *Eléments* (see especially *OC*, vol.15, p.238) and the *Essai sur la nature du feu* where he wrote: 'le mouvement et l'arrangement ne feront jamais croître un brin d'herbe, si ce brin d'herbe n'existe déjà dans son germe: Donc le feu existe en effet avant que les autres corps sur la terre servent à le faire paraître' (*OC*, vol.17, p.34).

[21] This was the view proposed by Euler in his Latin entry. The review in the *Mémoires de Trévoux* sums it up: 'M. Euler établit d'abord, comme indubitable que le feu consiste dans un mouvement violent des plus petites parties des corps' (July 1739, p.1416).

qui a des propriétés si étonnantes, si constantes, qui seule
s'infléchit vers les corps, se réfracte seule, et seule produit un
nombre fixe de couleurs primitives?[22]

Que cette idée du fameux Boerhaave, et des philosophes
modernes est belle, c'est-à-dire vraie, *que rien ne se peut changer*   95
en rien! Nos corps se détruisent, à la vérité, mais les choses, dont ils
sont composés, restent à jamais les mêmes. Jamais l'eau ne devient
terre. Jamais la terre ne devient eau. Il faut avouer que le grand
Newton fut trompé par une fausse expérience de Boyle, quand il
crut que l'eau pouvait se changer en terre. Les expériences de   100
Boerhaave, ont prouvé le contraire.[23] Le feu est comme les autres
éléments des corps; il n'est jamais produit d'un autre et il n'en
produit aucun. Cette idée si philosophique, si vraie, s'accorde
encore mieux que toute autre avec la puissante sagesse de celui qui
a tout créé, et qui a répandu dans l'univers une foule incroyable   105
d'êtres, lesquels peuvent bien se mêler, se confondre, aider au
développement les uns des autres, mais ne peuvent jamais se
convertir en d'autres substances.

Je prie chaque lecteur d'approfondir cette opinion, et de voir si
elle tire sa sublimité d'une autre source que de la vérité.   110

99   K: expérience, quand
102   MF: autre, il n'en
107   MF: mais jamais
109   MF: Je prie [*with note:* Cet extrait nous vient d'un jeune homme.]

[22] Here there is probably an implied attack on Du Fech, who denied the
emanation of light from the sun (*Discours sur la propagation du feu*, p.24). Both
Voltaire and Mme Du Châtelet adopt Newton's views on the inflection and
refraction of light and his theory of colours. Voltaire discusses them at length in
the *Eléments de la philosophie de Newton*. He and Mme Du Châtelet also agree on the
elemental nature of fire.
[23] Boerhaave rejected the conversion of water into earth in his *Elementa chemiae*
(Leiden 1732, i.627; Paris 1733, i.334; BV433). Voltaire, following Boerhaave, had
related the story of Boyle's and Newton's error and Boerhaave's correction in the
Eléments de la philosophie de Newton and the *Essai sur la nature du feu*; see *OC*, vol.15,
p.234, and *OC*, vol.17, p.36.

A cette vérité l'illustre auteur ajoute l'opinion que le feu n'est point pesant,[24] et j'avoue que, quoique j'aie embrassé l'opinion contraire, après les Boerhaave et les Musschenbroek, je suis fort ébranlé par les raisons qu'on voit dans la dissertation.[25]

Je ne sais, si toutes les autres matières, ayant reçu de Dieu la propriété de la gravitation, il n'était pas nécessaire qu'il y en eût une, qui servit à désunir continuellement des corps que la gravitation tend à réunir sans cesse.[26] Le feu pourrait bien être l'unique agent, qui divise tout ce que le reste assemble. Au moins si le feu est pesant, on doit être fort incertain sur les expériences qui paraissent déposer en faveur de son poids, et qui toutes, en prouvant trop, ne prouvent rien. Il est beau de se défier de l'expérience même.[27]

115

120

111   MF: l'auteur
122   MF: défier quelquefois de

[24] See *Dissertation*, p.100-108. Mme Du Châtelet examines at some length the question of the weight and material nature of fire, concluding: 'Donc le feu ne pèse point, ou s'il pèse, il est impossible que son poids soit jamais sensible pour nous' (p.108). Later she is even more emphatic: 'donc il est absolument nécessaire que le feu soit privé de cette propriété de la matière que nous appelons *pesanteur*' (p.110).

[25] Both Voltaire and Mme Du Châtelet had presented the same experiments for and against the weight of the particles of fire and arrived at opposite conclusions. Voltaire seems to be having second thoughts based on Mme Du Châtelet's arguments. Voltaire is having a serious problem with the view he adopted in the *Essai sur la nature du feu*, where fire was subject to universal gravitation, attraction toward a centre, while its movement was in constant reaction to the tendency of particles of matter to unite. It is typical of Voltaire to be caught between inconclusive experimental evidence and metaphysical considerations. He seems sincere here in admitting the superiority of Mme Du Châtelet's view. But see below, n.30.

[26] Cf. *Dissertation*: 'Les particules de feu ne s'unissent pas, et cependant leur adunation serait inévitable, si le feu était pesant: donc il est absolument nécessaire que [...] ses parties aient la même tendance à se fuir que les autres corps ont à s'unir' (p.110).

[27] Voltaire is denying the primacy of experimental evidence over metaphysical considerations and is close to turning fire into a Cartesian subtle matter. Of course both the elemental nature of fire and its weight had been accepted in the *Essai sur la nature du feu* without solid experimental evidence.

L'illustre auteur semble prouver par l'expérience et par le raisonnement que le feu tend toujours à l'équilibre, et qu'il est également répandu dans tout l'espace.[28] Elle examine ensuite comment et en quelle proportion le feu agit,[29] comment il s'éteint, comment la glace se forme. Et il est à croire que ces recherches si bien faites, et si bien exposées, auraient eu le prix, si on n'y avait ajouté une opinion trop hardie.

Cette opinion est que le feu n'est ni esprit ni matière.[30] C'est, sans doute élargir la sphère de l'esprit humain et de la nature, que de reconnaître dans le créateur, la puissance de former une infinité de substances, qui ne tiennent ni à cet être purement pensant, dont nous ne connaissons rien, sinon la pensée, ni à cet être étendu, dont nous ne connaissons guère que l'étendue divisible, figurable et mobile. Mais il est bien hardi peut-être, de refuser le nom de

125

130

135

127-128   MF: agit, et il est à croire
136   MF: connaissons que

[28] *Dissertation*, p.112-16, especially p.113-14: 'Cette distribution égale du feu dans tous les corps, ce phénomène de l'équilibre auquel il tend par sa nature, dont on a été si longtemps sans s'apercevoir, nous était cependant indiqué par mille effets opérés par le feu, qui sont sans cesse sous nos yeux et auxquels on ne faisait aucune attention.' Voltaire had disagreed in the *Essai*: 'de deux corps, celui qui s'enflammera le plus vite à feu égal, contenait dans sa masse plus de substance de feu que l'autre' (*OC*, vol.17, p.65).

[29] *Dissertation*, II, p.130-44: IV. 'De l'action du feu sur les solides'; V. 'Comment le feu agit sur les liquides'; VI. 'Comment le feu agit sur les végétaux et sur les animaux', etc. Finally, 'Comment le feu agit dans le vide et en quelle raison le feu agit'.

[30] Voltaire is finally attacking openly one of Mme Du Châtelet's positions and retreats back to his belief that fire is matter. Cf. *Dissertation*, p.127-28. In the conclusion to part I, Mme Du Châtelet sums up her view, 'que le feu enfin est un être d'une nature mitoyenne, qu'il n'est ni esprit, ni matière, ni espace, et qu'il existe peut-être une infinité d'êtres dans l'univers, qui sont très différents de ceux que nous connaissons'. In the 'errata', added after Voltaire's *Essai* because Réaumur refused to allow her to make revisions to her text, she asked this to be read: 'que le feu enfin pourrait bien être un être d'une nature mitoyenne, qu'il n'est point impossible qu'il ne soit ni esprit, ni matière, ni espace'. She may have been responding to Voltaire's criticisms before the publication of this *Mémoire*.

matière, au feu, qui divise la matière, et qui agit comme toute matière par son mouvement. [31]

Quoi qu'il en soit de cette idée, le reste n'en est ni moins exact, ni moins vrai. Tout le physique du feu reste le même. Toutes ses propriétés subsistent, et je ne connais d'erreurs capitales en physique, que celles qui vous donnent une fausse économie de la nature. Or qu'importe que la lumière soit un être à part, ou un être semblable à la matière, pourvu qu'on démontre que c'est un élément doué de propriétés, [32] qui n'appartiennent qu'à lui? C'est par là qu'il faut considérer cette dissertation. Elle serait très estimable, si elle était de la main d'un philosophe uniquement occupé de ces recherches; mais qu'une dame, attachée d'ailleurs à des soins domestiques, au gouvernement d'une famille, et à beaucoup d'affaires, [33] ait composé un tel ouvrage, je ne sais rien de si glorieux pour son sexe, et pour le temps éclairé dans lequel nous vivons.

Un des plus sages philosophes de nos jours, M. l'abbé Conty, [34]

140

145

150

149-151   MF: dame occupé d'ailleurs de soins [...] du gouvermenent [...] de beaucoup
152   MF: son siècle et

[31] Voltaire is intent that the action of fire be mechanical, matter acting on matter. After his persistent attacks on subtle matter and his refusal to consider Newton's ether in the *Eléments de la philosophie de Newton*, Voltaire must have been quite startled by Mme Du Châtelet's marginal note on p.110 of the *Dissertation*: 'La matière subtile de Descartes, qui n'augmentait point le poids des corps, se trouve justifiée par la nature du feu.' Of course, when she wrote this the *Eléments* had not yet been published, but she must have been well aware of Voltaire's views.

[32] Voltaire does not end the scientific part of his article on a negative note. He returns to his agreement with Mme Du Châtelet on the elemental nature of fire.

[33] Voltaire's praise of Mme Du Châtelet often takes this form – she combines all that could be expected of a woman of her rank with the intellectual abilities of the best scientists of the age; see below, p.229.

[34] The abbé Antonio Schinella Conti (1677-1749), a Venetian, was a mathematician, scientist, poet, playwright, translator, who spent two extended periods in France. He also lived in England and in Germany, returning definitively to Venice in 1726. He knew Malebranche, Leibniz, and Newton, with whom he was on friendly terms until he circulated a copy of Newton's unpublished *Chronology* in

noble vénitien, qui a cultivé toujours la poésie et les mathéma-   155
tiques, ayant lu l'ouvrage de cette dame, ne put s'empêcher de faire
sur le champ, ces vers italiens, qui font également honneur, et au
poète et à madame la marquise Du Chastelet.

> Si d'Urania, e d'Amor questa è la Figlia,[35]
> Cui del bel Globo la custodia diero,   160
> L'infallibili Parche, el Sommo Impero,
> Su tutta l'amorosa ampia Famiglia.
>
> Ad Amore, nel volto, Ella simiglia,
> Ad Urania, nel rapido pensiero.
> Chè sà d'ogn'Astro il moto, ed il sentiero,   165
> Ed onde argentea abbia Luce, aurea, vermiglia.

155   MF: a toujours cultivé la
158   MF: Chastelet; les voici:
161   K85: L'infalibili
       MF, K85: e'l sommo
163   MF: somiglia
165   MF: d'ogni astro

France. He evidently fought for the Newtonian cause in France against the
Cartesians. He was part of Bolingbroke's circle, and Voltaire may have met him
at La Source, Bolingbroke's estate near Orléans; see D. J. Fletcher, 'Bolingbroke and
the diffusion of newtonianism in France', *SVEC* 53 (1967), p.29-46. No correspondence between Voltaire and Conti has survived, but they must have been in touch for
Conti to have received a copy of Mme Du Châtelet's *Dissertation*, which inspired him
to write a sonnet, which at Voltaire's suggestion was revised, as Conti related in his
'Annotazione', reproduced below in the appendix. Conti translated Voltaire's
Mérope into Italian. In Conti's *Prose e poesie* (Venezia 1739), we read of this
translation, 'la traduzione è del Conti che la intraprese per piacere suo, e per attestar
al Sig. di Voltaire la memoria dell'antica sua conoscenza' (ii.77).

[35] All the French typesetters seem to have had problems with this Italian sonnet.
See the appendix for the text as published by Conti in his *Prose e poesie*, i.cxv.

Non t'inganni, mi disse il Franco Vate;
Ma costei non da Urania, e non da Amore;
Ma da Minerva, ed Apollo ebbe i natali,
Come à Minerva, à Lei furo suelate   170
L'opre di Giove, ed Ella il Genitore,
Proporle qual Oracolo à Mortali.

168   MF: Urania, e d'Amore
      K84: non de Urania, e non da Amore
      K85: non d'Urania, e non d'Amore
169   MF: Minerva e d'Apollo ebbe i natale
170   MF: a lec furo svelate
171   MF: Giove, et delle il
172   MF: qua'l oracolo a mortale.

APPENDIX

Conti's sonnet to Mme Du Châtelet

Abbé Conti's sonnet, which concludes Voltaire's text, appeared as
the second of two sonnets in his *Prose e poesie del signor abate
Antonio Conti* (Venezia 1739), i.cxv, in a somewhat different
version, which we reproduce below with his 'Annotazione sul
secondo' (i.116).

II

Si d'Urania e d'Amor questa è la Figlia,
Cui del bel Globo la custodia diero
Le immutabili Parche, e'l sommo impero
Su tutta l'amorosa ampia famiglia.

Ad Amor nel volto ella simiglia
Nel dolce cor, nel placido pensiero,
Qual Urania sa il moto ed il sentiero
D'ogni Astro, e donde ha luce aurea vermiglia.

Non t'inganni, mi disse il Franco Vate,
Ma costei non da Urania, e non da Amore,
Ma da Minerva e Apollo ebbe i natali:

Come a la Madre, a lei furo svelate
L'opre di Giove, e dielle il Genitore
Proporle qual Oracolo a' mortali.

Annotazione sul secondo

Madama la Marchesa di Chatellet, alla quale il Sig. Voltaire ha
dedicati gli elementi della Filosofia Neutoniana, è una Dama di
sommo spirito. In un'età molto giovane essendosi ritirata alla

Campagna, s'applica intieramente a questa Filosofia, ed ha composta una dissertazione sulla natura del fuoco, che l'Accademia delle scienze di Francia fece stampare con molto elogio. Io tosto la rassomiglio alla Dea, che custodisce il terzo globo, e che fo nel sogno figliuolo d'Urania e dell'Amore, di cui Madama di Chatellet partecipa le proprietà. Mentre io ciò canto, il Sig. di Voltaire Poeta e Filosofo, e grande conoscitore ed ammiratore di questa Dama, mi corregge, e mi mostra, che ella è figliuola di Minerva e di Apollo, le due Divinità che le diedero la scienza, e le insegnarono a pubblicarla agli Uomini. L'allusione è per sè manifesta.

Exposition du livre
des Institutions de physique

Critical edition

by

W. H. Barber and Robert L. Walters

CONTENTS

INTRODUCTION

This largely eulogistic presentation of Mme Du Châtelet's recently published introduction to physics must be seen primarily as a loyal attempt by Voltaire to enhance his mistress's intellectual reputation and give her work new publicity by bringing it to the attention of the wider readership of the *Mercure de France*, after it had been reviewed at some length for the learned public in the *Journal des savants*.[1] However, it also provided Voltaire with the opportunity to pursue the campaign against the philosophical ideas of Leibniz and Wolff which he had launched with the publication of *La Métaphysique de Newton* in 1740.[2] This duality of function, this attempt to combine within a single review the expression of his genuine admiration for Mme Du Châtelet's achievement in her book and his deep disapproval of the metaphysical principles which she expounds in it, confronts Voltaire with delicate (if not insuperable) problems of arrangement and presentation. It reflects a tension existing at this time between the pair, but which seems to have been successfully restricted to the intellectual side of their enduring relationship.

Gabrielle-Emilie Le Tonnelier de Breteuil, the future marquise Du Châtelet, had enjoyed the rare good fortune of possessing a father[3] who had early recognised her intellectual gifts and encouraged her in the study not merely of Latin, Italian and even English, but also, yet more unconventionally for a girl of

[1] *Journal des savants*, December 1740, p.735-55; March 1741, p.135-53. In the Amsterdam reprint, March 1741, p.291-331; May 1741, p.65-107.

[2] See *OC*, vol.15, p.98-118, 195-252.

[3] Louis Nicolas Le Tonnelier, baron de Breteuil (1648-1728), after a scandalously wayward early life eventually married in 1697 at the age of 49, and subsequently obtained the important court appointment of 'introducteur des ambassadeurs', which brought him into close contact with Louis XIV and his immediate entourage, and in due course gave his daughter membership of the highest circles of court and Parisian society. See R. Vaillot, *Madame Du Châtelet* (Paris 1978), p.23-50.

high birth, of mathematics and physics. She married in 1725, at the age of nineteen, and bore the marquis Du Châtelet a son and heir two years later. It was as a contribution to this boy's education, as she tells us in her preface,[4] that she wrote the *Institutions de physique*, and she addresses him throughout as her intended reader. After some delays, the book was published in 1740, when he was thirteen. The need for such a work, as she points out, derived from the fact that no general introduction to physics had appeared in French since Rohault's Cartesian, and obsolete, *Traité de physique* of 1671. Clearly then there would be a public market for her book as well as a family need – the more so as she feels that Voltaire's *Eléments de la philosophie de Newton*, published in 1738, covers too narrow a field to serve her purpose.[5] After a long philosophical introduction, her own volume (described in the *approbation* as 'ce premier tome') discusses only mechanics, but in the course of her exposition she announces her intention of preparing a further volume to deal with astronomy and optics, the two main topics presented in Voltaire's *Eléments*.[6]

Mme Du Châtelet's mathematical and scientific education had been greatly advanced from 1733 onwards by her association with Pierre-Louis Moreau de Maupertuis (1698-1759), by that time a distinguished member of the Académie des sciences in Paris and of the Royal Society of London, and already a convinced New-

[4] *Institutions de physique* (Paris 1740), 'Avant-propos', p.3-5.

[5] *Institutions*, p.7.

[6] *Institutions*, p.294, 370-71. Such a volume never appeared, but a chapter of an essay on optics has survived among Mme Du Châtelet's manuscripts at St Petersburg, and was published by I. O. Wade, in his *Studies on Voltaire with some unpublished papers of Mme Du Châtelet* (Princeton 1947), p.188-208. It seems possible also that some of the material included in the *Commentaire* appended to Mme Du Châtelet's posthumously published translation of Newton's *Principia* may originally have been intended for this second volume. See R. Taton, 'Madame Du Châtelet, traductrice de Newton', *Archives internationales d'histoire des sciences*, 22e année (1969), p.185-210, and R. Debever, 'La marquise Du Châtelet traduit et commente les *Principes* de Newton', *Bulletin de la classe des sciences*, 5e série, 63 (Palais des Académies, Bruxelles 1987), p.509-27.

tonian.[7] She owed the acquaintance to Voltaire, who had consulted Maupertuis extensively on scientific and other matters the previous year when he was preparing the letters on Newton which were to appear in his *Lettres philosophiques* in 1734. That she was an enthusiastic and demanding pupil in mathematics[8] is clear from her numerous letters to Maupertuis at this time referring to her studies.[9] The mid-1730s at Cirey were years when, with Maupertuis's tutelage and Voltaire's continuing Newtonian enthusiasm to encourage her, she developed a heightened awareness of her own intellectual abilities and a new self-confidence in her determination to exploit them, however eccentric her scientific interests might seem in the aristocratic circles to which she belonged by birth. Thus recruited by Voltaire and Maupertuis, she joined them as an adherent of the Newtonian cause in the battle against the Cartesian teachings on mechanics and cosmology which had become the accepted orthodoxy in the Académie des sciences: a controversy which would continue to dominate the scientific scene in France throughout the 1730s and 1740s.[10]

However, Mme Du Châtelet's *Institutions de physique* is far from being merely an exposition of Newton's scientific principles and discoveries, or even of a part of them. A further major intellectual influence, that of Leibniz, was to intervene and give a new shape to her work before it saw publication in 1740. It seems

[7] His *Discours sur les différentes figures des astres* of 1732 was the first work to present Newton's astronomical discoveries to the French public. On Maupertuis generally, see D. Beeson, *Maupertuis: an intellectual biography*, *SVEC* 299 (1992).

[8] And probably also for a time his ardent lover; see Vaillot, p.81-85.

[9] Nine have survived which are datable to January 1734 alone, between D696 and D707.

[10] On this and what follows here, see W. H. Barber, 'Mme Du Châtelet and Leibnizianism: the genesis of the *Institutions de physique*', *The Age of the Enlightenment: studies presented to Theodore Besterman* (Edinburgh, London 1967), p.200-22. A further stimulus to Mme Du Châtelet's Newtonianism was provided by the visit to Cirey in the autumn of 1735 of a fellow enthusiast, the Venetian Francesco Algarotti, who brought with him drafts of his dialogues on Newtonian optics which were to be published in 1737 as *Il Neutonianismo per le dame*.

likely that she was first made seriously aware of the significance of Leibnizian thought as a result of the attempts made by Frederick, then Crown Prince of Prussia, from 1736 onwards to interest Voltaire in the subject by sending him translations of expository essays by Leibniz's enthusiastic German disciple Christian Wolff.[11] Initially her reaction, like Voltaire's, was to reject Leibnizian metaphysics as unacceptable speculation. However, on the restricted though then highly controversial topic of the nature of kinetic energy (motive force or 'forces vives') she came to accept, early in 1738, that Leibniz's refutation of the Cartesian position was valid.[12] Nevertheless, this did not involve conceding that his views on broader philosophical issues were admissible: 'Mr de Leibnitz à la vérité n'avoit guères raison que sur les forces vives, mais enfin il les a découvertes, et c'est avoir deviné un des secrets du créateur' (D1448).

This situation did not persist for long however. Mme Du Châtelet's attempts to persuade Maupertuis to make an extended stay at Cirey to give her further help with mathematics came to nothing, but in March 1739 on a brief visit he brought with him a suitably qualified tutor who had studied with him at Basle under the distinguished mathematician Johann Bernoulli. This was Samuel König, who was also an ardent disciple of Christian Wolff. König remained in Mme Du Châtelet's employ for the rest of the year, and in that time also succeeded in converting her to belief in the principles of Leibnizian metaphysics – to Voltaire's distress, it is clear.

The effect of this change upon the process of composition of the *Institutions de physique* was considerable. There is no precise evidence as to the date when Mme Du Châtelet decided to embark upon the task of producing a scientific textbook for her son's use, but it seems unlikely that she would have done so before his ninth

[11] See *OC*, vol.15, p.104-107.

[12] See her letters to Maupertuis, 2 February and *c*.10 February 1738 (D1442, D1448). She accepts his assurances of the soundness of Leibniz's arguments on the matter.

birthday in November 1736, by which date she and Voltaire had been working hard at Newtonian studies for some time, and Voltaire was already talking of sending a first draft of his *Eléments de la philosophie de Newton* to a distinguished Parisian scientist, Henri Pitot, for an expert opinion.[13] At all events, a complete manuscript version of the *Institutions* was sent to Paris in the summer of 1738 for submission to the censorship for official approval prior to publication, and the formal *approbation*, printed in the first edition of 1740, is dated 18 September 1738.[14] That publication was then delayed for nearly two years was primarily because the author decided, some time in 1739, to rewrite the early chapters of her book in order to expound the metaphysical principles of Leibniz, which she had now come to regard as the true and essential philosophical foundation of all scientific enquiry. In particular, the Leibnizian tenets that all valid scientific explanations and philosophical theories must be demonstrably supported by 'sufficient reason' and must not involve logical contradiction were to be carefully followed, and indeed frequently mentioned, throughout the work as published. It is plain moreover, from manuscript drafts and early proofs which have survived, that the new ten chapters were collectively half as long again as the original nine.[15] Little can be gleaned from the extant draft material concerning the content of these discarded chapters, but the few hints available suggest that they may have been concerned more with the general principles of scientific enquiry as practised by Newton than with questions of metaphysics. However, certain remarks by Mme Du Châtelet in letters to Maupertuis suggest that she was concerned, already before her encounter with König, about the philosophical foundations and

[13] See *OC*, vol.15, p.62.

[14] Mme Du Châtelet herself describes these events in a later letter to Bernoulli, of 30 June 1740 (D2254).

[15] Typeface and page layout are identical. For a general survey of this draft material in the Bibliothèque nationale de France, see W. H. Barber, 'Mme Du Châtelet and Leibnizianism', p.215-20.

possibly deterministic implications of scientific knowledge. [16] One may perhaps speculate that she felt her first draft of the *Institutions* to be inadequate in its philosophical aspect, and was consequently the more ready to accept König's Leibnizian metaphysics as a new basis for her science.

In spite of their very real mutual affection and their respect for each other's achievements, the relationship between Voltaire and Mme Du Châtelet clearly contained elements of intellectual rivalry, even perhaps of conflict, which surfaced in the late 1730s. In 1737, when she discovered that Voltaire had already submitted an entry, Mme Du Châtelet decided very late in the day to become a competitor for the prize offered that year by the Académie des sciences for an essay on the nature of fire. She worked hastily and in secret during the month before the closing date, and offered views which on some points disagreed substantially with those of Voltaire. These differences became generally apparent when the Académie published their two essays with the prize-winning entries in 1739. [17] In June of that year Voltaire contributed a review of Mme Du Châtelet's essay to the *Mercure de France*. [18] This, though full of praise for what is presented as the

[16] See her letters to Maupertuis of 30 April and 9 May 1738 (D1486, D1496), which raise doubts as to whether the Leibnizian theory of 'forces vives' may not have negative implications for belief in freedom of the will. In the previous year, in her competition essay submitted to the Académie des sciences, *Dissertation sur la nature et la propagation du feu*, she had already shown a willingness to accept the Cartesian hypothesis postulating the existence of an unobservable 'matière subtile' as an intellectually plausible explanation of the phenomenon of fire, in spite of Newton's (and Voltaire's) rejection of such unscientific speculations (see Robert L. Walters, 'Chemistry at Cirey', *SVEC* 58 (1967), p.1822-23, and *OC*, vol.17, p.54). Whatever her admiration for the achievements of Newtonian science, in other spheres the temptation to take refuge in metaphysical theorising when confronted with baffling physical phenomena clearly remained strong in her.

[17] See *OC*, vol.17, p.14-18, and Walters, 'Chemistry at Cirey', *passim* and especially p.1817-27.

[18] 'Extrait de la dissertation de Mme L. M. D. C. sur la nature du feu' (1739), ii.1320-28; subsequently reprinted, in the *Nouvelle Bibliothèque* of The Hague (July 1739) and elsewhere, under the title 'Mémoire sur un ouvrage de physique de

work of a lady whose high social standing is the least of her qualities, and supportive of her views against those of one of the prize-winners, L.-A. Lozeran Du Fech, nevertheless firmly opposes her central theory that fire constitutes a unique entity, neither spirit nor matter in Cartesian terms.

The controversy over kinetic energy also found them in opposite camps: Voltaire remained unconvinced by the Leibnizian theory which Mme Du Châtelet had accepted early in 1738, as we have seen. His disagreement was to be clearly expressed in 1740 in *La Métaphysique de Newton*,[19] in his comments in our present text on chapter 21 of her *Institutions*, and also in his simultaneous publication, in the *Nouvelle Bibliothèque* for June 1741, of his *Doutes sur la mesure des forces motrices et sur leur nature* (see below, p.415-44).

This latter difference of opinion might seem a relatively minor one, on a somewhat technical point in mathematical dynamics: and before the publication of the *Institutions de physique* there was perhaps no reason for it to find public expression. It proved however to be the harbinger of a much more significant clash of views. Voltaire can scarcely have failed to become aware of the importance of Leibniz during his philosophical discussions with Samuel Clarke in London in the 1720s,[20] but the Leibnizian metaphysical system (as developed by Christian Wolff) was first brought to his active attention in 1736-1737 by his newly acquired correspondent the Crown Prince Frederick of Prussia, then an enthusiastic disciple of Wolff.[21] Frederick's proselytising, however, elicited little in return beyond deferential praise of Wolff's

---

Madame la Marquise Du Châtelet': see above, p.197-209. Publication was anonymous, but few could have mistaken its authorship.

[19] *Eléments de la philosophie de Newton*, I.ix (*OC*, vol.15, p.249-52).

[20] See W. H. Barber, *Leibniz in France from Arnauld to Voltaire* (Oxford 1955), p.178-82, for what follows here.

[21] For a full discussion of their philosophical correspondence at this period, see C. Mervaud, *Voltaire et Frédéric II: une dramaturgie des Lumières 1736-1778*, *SVEC* 234 (1985), p.77-83.

intellectual distinction coupled with firm rejection of his meta-physical system as incomprehensible speculation. Voltaire sums up his views in a letter to Frederick in October 1737 (D1375) which contains his last reference to Wolff in their correspondence:

Je vous dirai sur cette métaphysique, un peu longue, un peu trop pleine de choses communes, mais d'ailleurs admirable, très bien liée et souvent très profonde: je vous dirai, monseigneur, que je n'entends goutte à l'être simple de Wolf. Je me vois transporté tout d'un coup dans un climat dont je ne puis respirer l'air, sur un terrain où je ne puis mettre le pied, chez des gens dont je n'entends point la langue. [...] nous sommes de deux religions différentes: qu'il reste dans la sienne, et moi dans la mienne.

Mme Du Châtelet's reaction to Frederick's Wolffian enthusiasm seems initially to have differed little from Voltaire's: in a letter to Maupertuis of June 1738, she still hopes that his influence and Voltaire's will emancipate Frederick from these Germanic doc-trines and 'le mettront dans la bonne voie' (D1528). The arrival of König the following year however was to effect a revolution in her thinking, as we have seen: a revolution which no doubt reflects a desire, previously unsatisfied, to find a system of beliefs which would go beyond the truths of Newtonian empirical science to provide firm intellectual foundations for an understanding of the nature of ultimate reality, and also support confidence in the existence of a rational deity and a rational creation, without impugning the reality of human free will and moral responsibility.

Voltaire's proclivity for Lockeian doubt excluded him from such speculative comforts. That his companion had succumbed to them, in spite of her intellectual acuity and her sincere admiration for Newton (who relegated his own metaphysical speculations to the humble status of 'queries' in his *Opticks*), undoubtedly caused him real distress, and König's presence must have made 1739 a year of domestic discomfort for the Cirey ménage. Voltaire's strategy for dealing with this tension appears to work at two levels. To friends he implies that these disagreements do not damage

their personal relationship,[22] minimises them by gentle mockery,[23] sometimes less kindly insinuates that Mme Du Châtelet does not hold her Leibnizian beliefs very sincerely[24] and subsequently abandoned them when she settled down to her major task of translating Newton's *Principia*.[25] At the public level however he clearly feels that the attempt must be made to resist the spread of Leibnizianism in France and to counteract the influence of the *Institutions de physique* in this respect, without in any way denigrating Mme Du Châtelet's achievement. He accordingly gave a specifically anti-Leibnizian emphasis to his new philosophical introduction for a further edition of his *Eléments de la philosophie de Newton*, which was published separately in advance in 1740 under the title *La Métaphysique de Newton, ou parallèle des sentimens de Newton et de Leibnitz*.

Of the nine chapters contained in this work, five are explicitly concerned with combating Leibnizian ideas, and four of these are relevant to points presented by Mme Du Châtelet in her *Institutions*, although there is nothing to show that Voltaire was writing in direct response to specific passages in her book. It is not clear indeed to what extent or at what stage, if at all, she actually

[22] Cf. Voltaire to Frederick, 10 March [1740] (D2177); to H. Pitot, 5 April [1740] (D2196); to Helvétius, 7 January [1741] (D2397); to d'Argenson, 8 January 1741 (D2400); to d'Argental, 25 [February 1741] (D2433); to Mairan, 12 March [1741] (D2440), and 1 April 1741 (D2454); to Maupertuis, 4 May 1741 (D2476); to Mairan, 5 May [1741] (D2479); to Hénault, 15 May 1741 (D2482); to Missy, 18 July 1741 (D2514).

[23] Imagining a possible encounter between Mme Du Châtelet and Maupertuis on the latter's journey to Berlin, Voltaire writes to him: 'ce sera une avanture de conte de fées. Elle arrivera avec raison suffisante, entourée de monades. Elle ne vous aime pourtant pas moins, quoyqu'elle croye aujourduy le monde plein, et qu'elle ait abandonné si hautement le vide' (29 August [1740]; D2302).

[24] Voltaire to Maupertuis, 10 August 1741 (D2526).

[25] Voltaire, *Eloge historique de Madame la marquise Du Châtelet* (1752; M.xxiii.516); see also *Mémoires* (1758; M.i.8), and below, p.243, n.42. There is evidence nevertheless that Mme Du Châtelet continued to maintain her Leibnizian metaphysical convictions; see her letters to J. Bernoulli of 6 September and 20 November 1746 (D3458, D3476).

permitted him to see her text before its anonymous publication in the autumn of 1740: in fact it appeared almost simultaneously with Voltaire's *Métaphysique de Newton*. Two of Voltaire's chapters, 2, 'De l'espace et de la durée comme propriétés de Dieu', and 3, 'De la liberté dans Dieu, et du grand principe de la raison suffisante', evoke issues raised in the celebrated correspondence of 1717-1718 between Leibniz and Samuel Clarke,[26] and relate specifically to ground covered in, respectively, chapters 5 and 6 and chapters 1 and 2 of the *Institutions*. Voltaire's sixth chapter, 'De l'âme et de la manière dont elle est unie au corps', includes an attack on the Leibnizian concept of the monad as the ultimate metaphysical entity underlying all physical phenomena, which is presented in chapter 7, 'Des élémens de la matière', of the *Institutions*.[27] And in his chapter 8, under virtually the same title, Voltaire returns to the subject in considerably greater detail and more strongly polemical terms. Finally, in chapter 9, he concludes with a review of the whole dispute over kinetic energy, or 'forces vives', in which Mme Du Châtelet was heavily engaged, and dismisses it as a mere 'dispute de mots'.

Against this background Voltaire's *Exposition* of his companion's book can indeed be seen as both a declaration of loyalty and support, and also a clear and energetic restatement of his disapproval, already voiced in his own *Métaphysique de Newton*, of the central doctrines of Leibnizian and Wolffian metaphysics which she had come to accept through the influence of König. Here in the *Mercure* Voltaire is writing for a more *mondain*, less intellectual public than that to which his own work was addressed, and one can consequently detect some difference of emphasis and tone. Beyond the praise, he offers his readers an apparently systematic survey, under headings repeating or summarising the actual chapter titles of

26 See W. H. Barber, *Leibniz in France*, p.94-97.

27 In this chapter Voltaire also attacks the celebrated Leibnizian hypothesis of a 'pre-established harmony' between all monads, a concept which Mme Du Châtelet does not introduce into the *Institutions*, perhaps because it plays a much diminished role in the metaphysics of Christian Wolff, her immediate model.

the *Institutions de physique*: in fact he passes rapidly over those substantial sections of Mme Du Châtelet's material which offer fairly straightforward information on the principles of mechanics, [28] warmly congratulating her *en route* on the clarity of her scientific expositions, in order to concentrate upon criticism of Leibnizian metaphysics as she presents it. Here too there is praise for her lucidity and concision; but it serves continually to emphasise the contrast thus offered with the obscurity and prolixity of Leibniz and Wolff: 'les *Institutions de physique* paraissent expliquer tout ce que Leibniz avait resserré, et contenir tout ce que M. Wolf a étendu' (l.32-34). By this means Mme Du Châtelet's superiority over her material is firmly established, with the clear implication of regret that she should think these Germanic speculations worthy of her attention and support.

Voltaire's own attitude to these matters has not changed over the years: he still maintains what he had asserted in a letter to Frederick in April 1737: 'Toute la métaphysique à mon gré contient deux choses, la première ce que tous les hommes de bon sens savent, la seconde ce qu'ils ne sauront jamais.' [29] In this

---

[28] In particular, the six chapters 9-14 (p.179-287), dealing with the physical properties of matter, the fundamental laws of motion, and the principles of terrestrial gravitation, are dismissed by Voltaire in the five-line section 'De la divisibilité, figure, priorité [*sic*, for 'porosité], mouvement, pesanteur' (below, p.247); and the three chapters 17-19 (p.334-97), covering the dynamics of movement on inclined planes, pendulums, and the trajectories of projectiles, are again passed over in four lines: 'Des plans inclinés, des pendules, des projectiles' (below, p.251). Lastly, Voltaire makes no mention at all of chapter 20, 'Des forces mortes, ou forces pressantes, et de l'équilibre des puissances' (p.398-411). On the other hand chapters 15 and 16, dealing primarily with Newton's discoveries concerning gravitational attraction (p.288-334), are discussed in some detail and used by Voltaire to emphasise the difference between empirically validated scientific knowledge and the purely speculative metaphysical systems of Descartes and Leibniz.

[29] D1320. It is strange to find Mme Du Châtelet echoing Voltaire's remark almost verbatim in the penultimate paragraph of the 'Avant-propos' to her *Institutions*: 'La Métaphysique contient deux espèces de choses: la première, ce que tous les gens qui font un bon usage de leur esprit peuvent savoir; et la seconde, qui est la plus étendue, ce qu'ils ne sauront jamais' (p.14). Her taste for metaphysical speculation seems however not to have been thereby discouraged.

spirit, and for the most part going over ground already covered in *La Métaphysique de Newton*, he dismisses the Leibnizian principles of contradiction and sufficient reason as mere reformulations of the obvious: nothing can both be and not be; everything has a cause. And he then proceeds to denounce as mere dogmas the Leibnizian laws of the identity of indiscernibles and of universal continuity in nature, the Leibnizian concepts of the relativity of space and time, the notion that the material world ultimately consists of non-material, non-extended simple entities, the monads. Against these idle and obscure speculations are to be placed the solid, empirically verifiable discoveries in optics and cosmology, the laws of light and of gravitational attraction, made by Newton, who wisely confined himself to demonstrating how these laws functioned in nature, without speculating on what their metaphysical explanation might be. And in conclusion, and in much greater detail, Voltaire enters into the longstanding and continuing controversy, originated by Leibniz, concerning the laws of motion and the nature of kinetic energy, taking the position of Newton's disciple Samuel Clarke, Mairan and others against that of Leibniz, Bernoulli and Mme Du Châtelet.[30]

The anonymous publication of this *Exposition du livre des institutions de physique* in the *Mercure de France* for June 1741 (p.1274-310) seems to have caused little stir, though few readers with any interest in the subject can have failed to identify its author. Voltaire must have been writing it during the early months of that year, in tandem with or just after his *Doutes sur la mesure des forces motrices*,[31] but he never specifically mentions it anywhere in his correspondence,[32] and it was never reprinted during his

---

[30] See below, p.262, n.68. Voltaire's own contribution to this controversy, *Doutes sur la mesure des forces motrices*, was published in the *Nouvelle Bibliothèque*, of The Hague, in the issue for June 1746 (p.219-33) more or less simultaneously with his *Exposition* in the *Mercure*. For this text see below, p.415-37.

[31] See below, p.401, and D2433.

[32] Mme Du Châtelet sent a copy of the *Exposition* to Maupertuis with her letter of 8 August [1741] (D2522), but she does not identify its author.

lifetime. It was however included in the Kehl edition in 1784 (xxxi.339-62): variants from this version are given below (K), but they amount to nothing beyond minor editorial stylistic improvements on the 1741 edition, which constitutes our base text.

Nevertheless, the *Exposition* must have played its modest part in making the wider public aware of the importance of Newton's discoveries and the soundness of their scientific method in comparison with the claims of speculative metaphysics. It was also successful in another way, in that its enthusiastic praise for Mme Du Châtelet's book helped to ensure that philosophical and scientific disagreements did not damage their personal relationship. But in one respect it may be counted a failure: when it was written, Mme Du Châtelet was already involved in revising her text for a second edition of the *Institutions de physique*, which appeared at Amsterdam in 1742. This edition indeed contains numerous and sometimes substantial changes, for the most part to obtain greater clarity by stylistic improvements and by rearranging the order of presentation of certain elements in her exposition. With one small exception however,[33] there is nothing to suggest that Voltaire's anti-Leibnizian criticisms have carried any weight with her whatever.

---

[33] Voltaire had seized upon an apparent admission by Mme Du Châtelet that the Leibnizian monadic system 'a besoin d'être éclairci et sauvé du ridicule' (below, l.314). This was in fact based upon a misreading of her text (see our note 45). In her second edition she eliminates the phrase completely (1740, p.143; 1742, p.150).

EXPOSITION DU LIVRE DES INSTITUTIONS DE PHYSIQUE, DANS LAQUELLE ON EXAMINE LES IDÉES DE M. DE LEIBNITS

Il a paru au commencement de cette année[1] un ouvrage qui ferait honneur à notre siècle, s'il était d'un des principaux membres des académies de l'Europe. Cet ouvrage est cependant d'une dame, et, ce qui augmente encore le prodige, c'est que cette dame ayant été élevée dans les dissipations, attachées à la haute naissance, n'a eu   5
de maître que son génie et son application à s'instruire.

Ce livre est le fruit des leçons qu'elle a données elle-même à son fils;[2] elle a eu la patience de lui enseigner elle seule ce qu'elle avait eu le courage d'apprendre. Ces deux mérites sont également rares; elle y en a ajouté un troisième, qui relève le prix des deux autres,   10
c'est la modestie de cacher son nom.[3]

L'ouvrage est intitulé, *Institutions de physique*, et se vend à

4   K: encore ce prodige

[1] The *Institutions de physique* was ready by September 1740, when Mme Du Châtelet sent a copy to Frederick (D2310), hand delivered by Voltaire. She delayed the publication. By December Buffon (D2384) and Maupertuis (D2387) had copies, and the work was in general circulation.

[2] Mme du Châtelet's son, Louis Marie Florent Du Châtelet, was born on 20 November 1727. At the date of the *approbation* (18 October 1738) he would have been not quite eleven years old. When the work appeared at the end of 1740 he was thirteen.

[3] One reason why Mme Du Châtelet held back the publication of the *Institutions* was, thanks to König's rumours, her failure to remain anonymous. In its review article of May 1741, the *Mémoires de Trévoux* refers to the *auteur anonyme*, but she is identified as 'Madame la marquise Du Ch**' in the June number, p.1099-1100, and by her full name in August 1741 when the *Mémoires de Trévoux* reviewed her *Réponse de Madame* *** (p.1390) as well as in the index for the year (December 1741, p.2293). She had long since given up any attempt at anonymity. The revised edition's title page (Amsterdam 1742) reads '*Institutions physiques* de Madame la Marquise Du Chastellet adressées à Mr son fils'.

Paris, chez Prault, fils, quai de Conty. On n'en a encore que le premier tome, qui contient vingt et un chapitres.[4] L'illustre auteur commence par un avant-propos, capable de donner du goût pour les sciences à ceux à qui leur génie en a refusé. Tout y est naturel, et en même temps sublime. Une des personnes les plus respectables qui soient en France, s'est exprimée ainsi en parlant de cet avant-propos dans une de ses lettres:[5] 'Ce n'est pas vouloir avoir de l'esprit, c'est en avoir naturellement, plus qu'on n'en connaît à personne. Ce n'est pas vouloir écrire mieux qu'un autre, c'est ne pouvoir écrire que mille fois mieux; elle est la seule dont on voie la gloire sans envie.'

On gâterait un tel éloge si on voulait y ajouter; on se bornera donc ici à rendre compte de cet ouvrage, moins encore pour le plaisir d'en parler, que pour celui d'en faire une étude nouvelle.

Les idées métaphysiques de Leibnits, sont l'objet des premiers chapitres. C'est une philosophie qui, jusqu'ici n'a guère eu cours qu'en Allemagne, et qui a été commentée plutôt qu'éclaircie; Leibnits avait répandu dans sa *Théodicée* et dans les *Actes de Leipsik*, quelques idées de ses systèmes.[6] Le célèbre professeur

20   K: n'en connaisse

[4] No other volumes were published. The greatly revised edition of this first volume appeared in 1742 still labelled *Tome premier*. On the original project for the *Institutions*, see above, introduction, p.216, especially n.6.

[5] This letter seems not to have survived. It may conceivably have been from Buffon whose praise in particular for Mme Du Châtelet's style was reported to her by Helvétius soon after the book's appearance (D2384). The reviewer in the *Mémoires de Trévoux* (May 1741) similarly praises the style: 'Le ton de l'instruction familière, aisée, intelligible, et cependant noble et pleine de bienséance, y est assez soutenu, à la réserve de quelques termes et de quelques idées d'une métaphysique un peu recherchée' (p.895).

[6] Leibniz's *Essais de théodicée sur la bonté de Dieu, la liberté de l'homme et l'origine du mal*, first published at Amsterdam in 1710, ran to further editions in 1714, 1720 and 1734. Philosophical articles by Leibniz had appeared in the Leipzig *Acta eruditorum* in 1684 ('Meditationes de cognitione, veritate et ideis'), 1694 ('De primæ philosophiæ emendatione et de notione substantiæ'), 1698 ('De ipsa natura'); what Voltaire probably has most in mind, however, is the Latin translation of Leibniz's *Monadologie*, which was published as 'Principia philosophiæ' in the *Acta* in 1721 (vii.500-14).

Wolf a déjà fait dix volumes in-4° sur ces matières,[7] et les *Institutions de physique* paraissent expliquer tout ce que Leibnits avait resserré, et contenir tout ce que M. Wolf a étendu.

De la raison suffisante

Le premier principe qu'on éclaircit avec méthode et sans longueur, dans le livre des *Institutions physiques*, est celui de la *raison suffisante*.[8]

Depuis que les hommes raisonnent, ils ont toujours avoué qu'il n'y a rien sans cause; Leibnits a inventé, dit-on, un autre principe de nos connaissances, bien plus étendu, c'est qu'il n'y a rien sans *raison suffisante*. Si par raison suffisante d'une chose, on entend ce qui fait que cette chose est ainsi, plutôt qu'autrement, j'avoue que je ne vois pas ce que Leibnits a découvert.[9] Si Leibnits a entendu

35

40

---

34 K: que Wolf
41 K: l'on entend
43 K: Si par raison suffisante Leibnitz

---

[7] Voltaire considerably underestimates Wolff's prolixity here. He is nearer the truth when he writes to Maupertuis in August 1741 'Volfius met en trente volumes les inventions des autres, et n'a pas le temps d'inventer' (D2526). He and Mme Du Châtelet knew Wolff's *Elementa matheseos universæ* (1713; 2nd ed. 1730, 1732: see *OC*, vol.15, p.721, n.5), *Philosophia prima, sive ontologia* (1730), and *Cosmologia generalis* (1731). Mme Du Châtelet acknowledges her special debt to the *Ontologia* in the preface to her *Institutions*, p.13. About the time he was composing the *Exposition* Voltaire wrote to Mairan concerning Leibniz: 'Sa raison insuffisante, sa continuité, son plein, ses monades, &c. sont des germes de confusion dont m. Volf a fait éclore méthodiquement quinze volumes in-4° qui mettront plus que jamais les têtes allemandes dans le goût de lire beaucoup et d'entendre peu' (5 May [1741], D2479).

[8] *Institutions*, ch.1, §8-11 (p.22-28).

[9] The *Mémoires de Trévoux* (mai 1741) makes the same point in its review of the *Institutions*: 'Le second principe Leibnitien, qu'on dit que les anciens n'avaient pas est celui d'une *raison suffisante*. Les anciens disaient pourtant bonnement et assez intelligiblement *qu'il n'y a point d'effet sans cause*. Souvent par un simple changement de termes, les modernes se sont flattés d'avoir fait de belles découvertes' (p.901).

que nous devons toujours rendre une raison suffisante de tout, il
me semble qu'il a exigé un peu trop de la nature humaine.   45
J'imagine qu'il eût été embarrassé lui-même, si on lui avait
demandé pourquoi les planètes tournent d'occident en orient,
plutôt qu'en sens contraire, [10] pourquoi telle étoile est à une telle
place dans le ciel, etc.

Ainsi il me paraît que le principe de la raison suffisante n'est   50
autre chose que celui des premiers hommes; il n'y a rien sans cause.
Reste à savoir si Leibnits a connu des causes suffisantes qu'on avait
ignorées avant lui.

Des indiscernables

Le second principe de Leibnits, est qu'il n'y a et ne peut y avoir
dans la nature deux choses entièrement semblables. [11] Sa preuve de   55
fait était que, se promenant un jour dans le jardin de l'électeur de
Hanovre, on ne put jamais trouver deux feuilles d'arbres indiscernables; [12] sa preuve de droit était que s'il y avait deux choses
semblables dans la nature, il n'y aurait pas de raison suffisante
pourquoi l'une serait à la place de l'autre. Il voulait donc que le   60
plus petit de tous les corps imaginables fût infiniment différent de
tout autre corps. Cette idée est grande: il paraît qu'il n'y a qu'un
Etre tout-puissant qui ait pu faire des choses infinies infiniment
différentes. Mais aussi il paraît qu'il n'y a qu'un Etre tout-puissant

56   K: de l'évêque de

[10] Voltaire followed Newton (*Opticks*, II, qu.31) in answering this question by
invoking the free choice of the deity as the sole explanation. See *Eléments de la
philosophie de Newton*, I.i.18-27 (*OC*, vol.15, p.196) and I.iii.1-8 (*OC*, vol.15, p.209).

[11] *Institutions*, ch.1, §12 (p.28-30).

[12] Mme Du Châtelet (*Institutions*, p.29-30) gives this anecdote the context of a
stroll with the Electress of Hanover in the gardens of the palace of Herrenhausen. It
is told by Leibniz himself in his correspondence with Samuel Clarke of 1715-1716;
see Desmaizeaux, *Recueil de diverses pièces* (Amsterdam 1720), i.50. The Kehl
variant is an odd aberration, the result probably of a hasty misreading.

qui puisse faire des choses infiniment semblables, [13] et peut-être les 65
premiers éléments des choses doivent-ils être ainsi; car comment
les espèces pourraient-elles être reproduites éternellement les
mêmes, [14] si les éléments qui les composent étaient absolument
différents? comment, par exemple, s'il y avait une différence
absolue entre chaque élément de l'or et du mercure, l'or et le 70
mercure auraient-ils un certain poids qui ne varie jamais? la
proposition de Leibnits est ingénieuse et grande; la proposition
contraire est aussi vraisemblable pour le moins que la sienne. Tel a
toujours été le sort de la métaphysique. On commence par
deviner, on passe beaucoup de temps à disputer, et on finit par 75
douter.

De la loi de continuité

La loi de continuité est un principe de Leibnits, sur lequel l'illustre
auteur a plus insisté que sur les autres, parce qu'en effet il y a des
cas où ce principe est d'une vérité incontestable. [15]

La géométrie et la physique, qui est appuyée sur elle, font voir 80
que dans les directions des mouvements il faut toujours passer par
une infinité de degrés, et c'est même le fondement du calcul des
fluxions, inventé par Newton et publié par Leibnits.

Newton a montré le premier [16] que l'incrément naissant d'une
quantité mathématique est moindre que la plus petite assignable, et 85

[13] Voltaire has made the point in nearly identical terms in the *Eléments de la philosophie de Newton*, i.iii.40-41: 'il n'y a qu'un être infiniment puissant qui puisse faire des choses parfaitement semblables' (*OC*, vol.15, p.210).

[14] For Voltaire's view on the unchanging nature of species, see his *Eléments de la philosophie de Newton*, i.vii (*OC*, vol.15, p.236-38) and his *Mémoire sur un ouvrage de physique*, above, p.204.

[15] *Institutions*, ch.1, §13-17 (p.30-37).

[16] Voltaire here evidently takes Newton's side in the acrimonious public dispute which had raged from 1711 onwards concerning which of the two mathematicians first invented the differential calculus. See R. S. Westfall, *Never at rest: a biography of Isaac Newton* (Cambridge 1980), p.712-29. See also A. R. Hall, *Philosophers at war: the quarrel between Newton and Leibniz* (Cambridge 1980).

que ces quantités peuvent augmenter par des degrés infinis jusqu'à une telle quantité qui soit plus grande qu'aucune assignable: voilà ce qu'on appelle les fluxions.

Je demanderai seulement si, avant que l'incrément naissant commence à exister, il y a là une continuité? n'y a-t-il pas une distance infinie entre exister et n'exister pas?

Je ne vois guère des cas où la loi de continuité ait lieu, que dans le mouvement; il me semble que c'est là seulement que cette loi est observée à la rigueur. Car peut-être ne pouvons-nous dire que très improprement qu'un morceau de matière est continu; il n'y a peut-être pas deux points dans un lingot d'or entre lesquels il n'y ait de la distance.

C'est de cette loi que Leibnits tire cet axiome: Il ne se fait rien par saut dans la nature.[17] Si cet axiome n'est vrai que dans le mouvement,[18] cela ne veut dire autre chose, sinon que ce qui est en mouvement n'est pas en repos, car un mouvement est continué sans interruption jusqu'à ce qu'il périsse, et quand il dure, il ne peut admettre du repos. Il en faut donc toujours revenir au grand principe de la contradiction, première source de toutes nos connaissances, c'est-à-dire qu'une chose ne peut exister et n'exister

90   K: il y a de la continuité. N'y
92   K: guère de cas
102 K: et tant qu'il

[17] Leibniz's 'principle of continuity' finds expression in his writings, published and unpublished, on numerous occasions. Among those likely to have been available to Voltaire and Mme Du Châtelet, there is a general statement in abstract, mathematical terms in an article published in the *Nouvelles de la république des lettres* for September 1687; and in the *Journal des savants* for 2 June 1692, in an 'Extrait d'une lettre de M. de Leibniz à M. Foucher chanoine de Dijon, sur quelques axiomes de philosophie', occurs the passage 'Mon axiome, que la nature n'agit jamais par saut, est d'un grand usage dans la physique. Il détruit les atomes, les petits repos, les globules du second élément, et les autres semblables chimères. Il rectifie les lois du mouvement.'

[18] Voltaire is in agreement with this Leibnizian principle as it applies to motion. His approval is reflected in a change made for the 1741 edition of the *Eléments de la philosophie de Newton*, II.ix (*OC*, vol.15, p.342).

pas en même temps. Et c'est aussi le premier principe admis par l'illustre auteur, et qui tient lieu de tous ceux que Leibnits y veut ajouter.

Si on prétendait que la loi de continuité eût lieu dans toute l'économie de la nature, on se jetterait dans d'assez grandes difficultés; il serait, ce me semble, malaisé de prouver qu'il y a une continuité d'idées dans le cerveau d'un homme endormi profondément, et qui est tout d'un coup frappé de la lumière en s'éveillant. Si tout était continu dans la nature, il faudrait qu'il n'y eût point de vide, ce qu'il n'est pas aisé de prouver,[19] et s'il y a du vide, on ne voit pas trop comment la matière sera continue, aussi l'illustre auteur dont je parle ne cite d'autres effets de cette loi de continuité que le mouvement, et les lignes courbes à rebroussement produites par le mouvement.

De Dieu

L'auteur des *Institutions physiques* prouve un Dieu par le moyen de la raison suffisante. Ce chapitre est à la fois subtil et clair. L'auteur paraît pénétré de l'existence d'un Etre créateur. Elle croit avec Leibnits[20] que Dieu a créé le meilleur des mondes possibles, et sans y penser, elle est elle-même une preuve que Dieu a créé des choses excellentes.

109   K: continuité a lieu
115   K: ce qui n'est pas aisé à prouver
120   K: Institutions de physique
122   K: créateur que tant d'autres philosophes ont la hardiesse de nier. Elle

[19] The metaphysical systems of the Cartesians and Leibnizians both denied the possibility of the vacuum and empty space. In Voltaire's Newtonian view there was much more empty space than extended matter in the universe.

[20] See Leibniz, *Essais de théodicée*, I, §8.

Des essences etc.

Tout ce que l'on dit ici des essences, etc. est d'une métaphysique encore plus fine que le chapitre de l'existence de Dieu; peut-être quelques lecteurs en lisant ce chapitre seraient tentés de croire que les essences des choses subsistent en elles-mêmes, je ne crois pas que ce soit là la pensée de l'illustre auteur.   130

Loke regarde l'essence des choses uniquement comme une idée abstraite que nous attachons aux êtres, soit qu'ils existent ou non. Par exemple, une figure fermée de trois côtés est appelée du nom de triangle; nous appelons ainsi tout ce que nous concevons de cette espèce. C'est là son essence *ab essendo*, c'est ce qui est, soit   135
dans notre imagination, soit en effet.[21] Ainsi, quand nous nous sommes fait l'idée d'un évêque de mer, l'essence de cet être imaginaire est un poisson qui a une espèce de mitre sur la tête.

Mais, si nous voulons connaître l'essence de la matière en général, c'est-à-dire ce que c'est que matière, nous y sommes un   140
peu plus embarrassés qu'à un triangle. Car nous avons bien pu voir tout ce qui constitue un triangle quelconque, mais nous ne pouvons jamais connaître ce qui constitue une matière quelconque. Et voilà en quoi il paraît que l'inventeur Leibnits et le commentateur Wolfius se sont engagés dans un labyrinthe de   145
subtilités, dont Loke s'est tiré avec une très grande circonspection.[22] Je ne sais si on peut admettre cette règle du célèbre professeur Wolf, que les déterminations primordiales d'un être

---

130 k: soit la pensée
131 k: Le sage Locke
145 k: Wolf

---

[21] John Locke, *Essay concerning human understanding*, III.iii.§15-20. See also II.xxiii, 'Our ideas of substances', §2, which is quoted by Mme Du Châtelet, *Institutions*, p.71.

[22] In the passage cited above (see n.21), Locke insists (§17) that 'the real essences of composed substances' are unknowable.

236

font son essence;[23] que, par exemple, deux côtés et un angle qui
font les déterminations primordiales, sont l'essence d'un triangle;   150
car deux côtés et un angle sont aussi les premières déterminations
d'un carré, d'un trapèze. Il faudrait à mon avis pour que cette règle
fût vraie, que deux côtés et un angle étant donnés, il ne pût en
résulter qu'un triangle. L'essence est, selon moi, non pas seulement ce qui sert à déterminer une chose, mais ce qui la détermine   155
différemment de toute autre chose.

Ce que les philosophes disent encore des attributs, et surtout des
attributs de la matière, ne paraît pas entraîner une pleine
conviction; ils disent qu'il ne peut y avoir de propriétés dans un
sujet que celles qui dérivent de son essence. Mais on ne voit pas   160
comment la propriété d'être bleu ou rouge, est contenue dans
l'essence d'un triangle ou d'un carré.[24]

Il faut qu'un attribut ne répugne pas à l'essence d'une chose.
Mais il ne semble pas nécessaire qu'il en dérive. Par exemple, pour
qu'un animal puisse avoir du sentiment, il suffit que le sentiment ne   165
répugne pas à la matière organisée; mais il ne faut pas que le
sentiment soit un attribut nécessaire de la matière organisée. Car
alors un arbre, une montre, auraient du sentiment.

154   K: est, ce me semble, non
168   K: arbre, un champignon auraient

[23] Wolff, *Philosophia prima sive ontologia* (Frankfurt, Leipzig 1730), §143-45.
[24] Voltaire's objections have rather oddly overlooked the distinction carefully
established by both Wolff (*Ontologia*, §146-48) and Mme Du Châtelet (*Institutions*,
ch.3, §39-44) between *attributes* which derive from the essence of an entity, and
modes, which are characteristics (such as colour, or position) which it may acquire as
a result of extraneous circumstances, but which are compatible with its essence
without being derived from it. Mme Du Châtelet's chapter is entitled 'De l'essence,
des attributs et des modes', but Voltaire retains merely 'des essences etc.' as the
heading of this section.

Des hypothèses

L'illustre auteur favorise assez Leibnits pour faire l'apologie des hypothèses. Si on appelle hypothèses des recherches de la vérité, il en faut sans doute. Je veux savoir combien de fois 15 est contenu dans 200, je fais l'hypothèse de 14 et c'est trop, je fais celle de 13 et c'est trop peu, j'ajoute un reste à 13 et je trouve mon compte: voilà deux recherches, et je ne me suis exposé sur aucune, avant que j'aie découvert la vérité. Mais supposer l'harmonie préétablie des monades, un enchaînement des choses avec lequel on veut rendre raison de tout, n'est-ce pas bâtir des hypothèses, pires que les tourbillons de Descartes et ses trois éléments? il faut faire en physique comme en géométrie, chercher la solution des problèmes, et ne croire qu'aux démonstrations.[25]

De l'espace

La question de l'espace n'a peut-être jamais été traitée avec plus de profondeur. On veut ici avec Leibnits qu'il n'y ait point d'espace pur, que par conséquent toute étendue soit matière, qu'ainsi la matière remplisse tout, etc. Leibnits avait commencé autrefois par

[25] It is noteworthy that Mme Du Châtelet's chapter 4, 'Des hypothèses', in fact contains no mention of Leibnizian monads and their pre-established harmony. Leibniz's name occurs only in a list of great men who have conceived 'des hypothèses utiles' – Copernicus, Kepler, Huygens, Descartes, Leibniz, 'Newton lui-même'; and the speculations of Descartes and his followers concerning vortices and the ultimate material elements are condemned by her as strongly as by Voltaire. Mme Du Châtelet is replying here to the strong stand against hypotheses Voltaire had taken in the *Eléments de la philosophie de Newton* in a final chapter (III, xvi) which could have been written in 1737, as it was part of the original plan for the *Eléments* (see *OC*, vol.15, p.125). The role of hypotheses in science is a point of ongoing contention between Voltaire and Mme Du Châtelet as it is between the Newtonian empiricists and the rationalist metaphysicians. Here Voltaire responds to her use of division to illustrate how hypotheses work and why they are needed.

admettre l'espace; mais depuis qu'il fut le second inventeur des 185
fluxions, il nia la réalité de l'espace que Newton reconnaissait.[26]

'L'idée de l'espace, dit-on, dans ce chapitre,[27] vient de ce qu'on
fait uniquement attention à la manière des êtres d'exister l'un hors
de l'autre; et qu'on se représente que cette coexistence de plusieurs
êtres produit un certain ordre ou ressemblance dans leur manière 190
d'exister, en sorte qu'un de ces êtres étant pris pour le premier, un
autre devient le second, un autre le troisième.' C'est ainsi que le
célèbre professeur Wolfius éclaircit les idées simples.[28]

Loke s'était contenté de dire; J'avoue que j'ai acquis l'idée de
l'espace par la vue et par le toucher.[29] Les Loke, les Newton, les 195
Clarke, les Jurin, les Sgravesende, les Mushembroeck,[30] ont tous
pensé qu'il suffirait d'avoir vu deux murailles, pour avoir l'idée de
l'espace, comme il suffit d'avoir marché, pour avoir l'idée de la
solidité.

193   K: Wolf
194   K: Le sage Locke
195-200   K: toucher. ¶La question

[26] In his correspondence with Samuel Clarke, Leibniz propounds his conception
of space as relational as against Newton's view of space as absolute. See
Desmaizeaux, *Recueil*, i.30-33, 'troisième écrit de M. Leibniz'. Voltaire's anti-
Leibnizian gibe here is not uncharacteristic: finding such metaphysical speculations
an incomprehensible activity for a man of Leibniz's intelligence, he looks for meaner
motives. The allusion is to the priority dispute between Leibniz and Newton over
the invention of the differential calculus, for which Newton had coined the term
'fluxions'. See above, n.16.

[27] Mme Du Châtelet, *Institutions*, ch.5, §79 (p.100), with minor changes.

[28] See Wolff, *Cosmologia generalis* (Frankfurt, Leipzig 1731), §219-21, and
Ontologia, §544.

[29] Locke, *Essay concerning human understanding*, II.xiii.§2.

[30] On Samuel Clarke, Willem Jacob 'sGravesande and Petrus van Musschenbroek, see *OC*, vol.15, biographical notes, p.765, 767, 769. James Jurin (1684-1750)
studied at Cambridge and Leiden in both physics and medecine, and served as
Secretary of the Royal Society 1721-1727. He carried out experimental work in
hydraulics and dynamics, and wrote also on physiology and mathematics. He
corresponded with Voltaire and with Mme Du Châtelet concerning the dispute over
'forces vives', on which he took a Newtonian position.

La question est de savoir s'il y a un espace pur ou non.[31] 200
Descartes avança que la matière est infinie et que le vide est
impossible;[32] si cela était, Dieu ne peut donc annihiler un pouce de
matière, car alors il y aurait un pouce de vide. Or il est assez
extraordinaire de dire que celui qui a créé une matière infinie, ne
peut en anéantir un pouce. Les sectateurs de Descartes n'ayant 205
jamais répondu à cet argument, Leibnits fortifia d'un autre côté
cette opinion qui croulait de ce côté-là.[33]

Il dit que si le monde a été créé dans l'espace pur, il n'y a pas de
raison suffisante pourquoi ce monde est dans telle partie de
l'espace, plutôt que dans une autre; mais il paraît que Leibnits 210
n'a pas songé que dans le plein il n'y a pas plus de raison suffisante,
pourquoi la moitié du monde qui est à notre gauche n'est pas à
notre droite; Leibnits voulait-il donner une raison suffisante de
tout ce que Dieu a fait? c'est beaucoup pour un homme.

La raison principale qui engagea Wen, Wallis, Barron,[34] 215
Newton, Clarke, Loke, et presque tous les grands philosophes, à
admettre l'espace pur, est l'impossibilité géométrique et physique
qu'il y ait du mouvement dans le plein absolu. Leibnits qui avait,
comme on a dit, changé d'avis sur le vide, a été obligé de dire que
dans le plein le mouvement circulaire peut avoir lieu à cause d'une 220
matière très fine qui peut y circuler.

202   K: donc anéantir un
215-216   K: engagea Wallis, Newton
219   K85: a toujours été

---

[31] Voltaire had assembled all the arguments he could find in favour of empty
space and against the Cartesian plenum in the *Eléments de la philosophie de Newton*.

[32] See Descartes, *Principes de la philosophie*, I, §26-27, and II, §10 and 21, 22.

[33] Leibniz, 'Troisième écrit' to Clarke (Desmaizeaux, *Recueil*, i.32).

[34] 'Wen' is almost certainly meant to indicate Sir Christopher Wren – clearly a
troublesome name for French writers and printers: it occurs in Voltaire's *Eléments
de la philosophie de Newton* as 'Uren'. 'Barron' is Isaac Barrow (1630-1677),
Newton's predecessor in the Lucasian chair of mathematics at Cambridge. John
Wallis (1616-1703) was Savilian professor of geometry at Oxford.

Si on voulait bien faire attention qu'une matière très fine infiniment pressée devient une masse infiniment dure, on trouverait ce mouvement circulaire un peu difficile.

Newton d'ailleurs a démontré[35] que les mouvements célestes ne peuvent s'opérer dans un fluide quelconque, et personne n'a jamais pu éluder cette démonstration, quelques efforts qu'on ait faits. Cette difficulté rend l'idée d'un plein absolu, plus difficile qu'on n'aurait cru d'abord.   225

Du temps

La question du temps est aussi épineuse que celle de l'espace, et est traitée avec la même profondeur, on y explique le sentiment que Leibnits a embrassé. Il pensait que comme l'espace n'existe point selon lui sans corps, le temps ne subsiste point sans succession d'idées.[36]   230

Il faut remarquer que dans ce chapitre le temps est pris pour la durée même, et cela ne peut y causer de confusion, parce qu'en effet le temps est une partie de la durée.   235

Il s'agit donc de savoir si la durée existe indépendamment des êtres créés; et si elle existe, l'illustre auteur remarque très bien qu'on est obligé de dire que la durée est un attribut nécessaire de Dieu. Aussi Newton croyait que l'espace et la durée appartiennent nécessairement à Dieu qui est présent partout et toujours.[37]   240

L'illustre auteur reproche à Clarke, disciple de Newton, d'avoir

222   K: bien songer qu'une
239   K: existe ainsi, l'illustre
240-241   K: nécessaire. De là aussi

[35] Newton, *Principia*, II, ix, props 52, 53.
[36] Leibniz, 'Troisième écrit' to Clarke (Desmaizeaux, *Recueil*, i.33).
[37] *Principia*, III, 'Scholium generale': '[Deus] durat semper et adest ubique, et existendo semper et ubique durationem et spatium, æternitatem et infinitatem constituit' (2nd ed., 1713, p.483).

demandé à Leibnits pourquoi Dieu n'avait pas créé le monde six mille ans plus tôt, et elle ajoute que Leibnits n'eut pas de peine à renverser cette objection du docteur anglais. [38]   245

C'est au 15e article de sa quatrième réplique à Leibnits, que le docteur Clarke dit formellement, il n'était pas impossible que Dieu créât le monde plus tôt ou plus tard, et Leibnits fut si embarrassé à répondre, que dans son cinquième écrit il avoue en un endroit que   250 la chose est possible, et donne même pour le prouver une figure géométrique qui me paraît fort étrangère à cette dispute; et dans un autre endroit il nie que la chose soit possible, sur quoi le docteur Clarke remarque dans son cinquième écrit que le savant Leibnits se contredit un peu trop souvent. [39]   255

Quoi qu'il en soit, il paraît qu'il est difficile aux leibnitziens de faire concevoir que Dieu ne puisse pas détruire le monde dans neuf mille ans. Il peut donc le détruire plus tôt ou plus tard, il y a donc une durée et un temps indépendants des choses successives; la raison suffisante qu'on oppose à tous ces raisonnements est-elle   260 bien suffisante? [40] Si tous les instants sont égaux, dit-on, il n'y a pas de raison pourquoi Dieu aurait créé ou détruirait en un instant plutôt que dans un autre; on veut toujours juger Dieu, mais ce

258 K: tôt que plus

[38] Mme Du Châtelet, *Institutions*, ch.6, §96 (p.114-15).

[39] Voltaire quotes Clarke virtually verbatim here (Desmaizeaux, *Recueil*, i.71). But he seems to fail to grasp the drift of the argument in Leibniz's reply to Clarke in his 'cinquième écrit' (*Recueil*, i.115-19). Here Leibniz maintains that Clarke's proposal is meaningless if it relates to the actual existent universe, but that it is imaginable that a *different* universe might have been created whose time-span did not coincide with the actual universe. However, if such a different universe were consonant with God's wisdom, it would have been created; since it was not created, it is in the actual sense not possible. Clarke similarly fails to take the point in his 'cinquième réplique' (*Recueil*, i.165).

[40] Voltaire is exasperated by Mme Du Châtelet's constant use of *sufficient reason* to test what is acceptable and what is to be rejected. In her revisions for the 1742 edition she reinforces her arguments based on sufficient reason.

n'est à nous, ni d'instruire sa cause, ni de la juger. Toutes les
parties de la durée se ressemblent, je le veux; donc Dieu, dit   265
Leibnits, ne peut choisir un instant préférablement à un autre. Je le
nie, Dieu ne peut-il pas avoir en lui-même mille raisons pour agir,
et ne peut-il pas y avoir une infinité de rapports entre chacun de ses
instants et les idées de Dieu, sans que nous les connaissions?

Si, selon Leibnits et ses sectateurs, Dieu n'a pu choisir un instant   270
de la durée plutôt qu'un autre, pour créer ce monde, il est donc de
toute éternité: c'est à eux à voir s'ils peuvent aisément comprendre
cette éternité de la durée du monde, à qui Dieu a pourtant donné
l'être? Avouons que dans ces discussions nous sommes tous des
aveugles qui disputons sur les couleurs,[41] mais on ne peut guère   275
être aveugle, c'est-à-dire, homme, avec plus d'esprit que Leibnits,
et surtout que l'auteur qui l'a embelli. Le génie de cette personne
illustre est assez solide, pour douter de beaucoup de choses dont
Leibnits s'est efforcé de ne pas douter.[42]

264   K: n'est pas à nous
268-269   K: de ces instants
271-272   K: donc créé de toute
275   K: qui disputent sur
278   K: assez éclairé pour

[41] On Voltaire's use of this metaphor, see J. Hellegouarc'h, 'Les Aveugles juges
des couleurs: interprétation et essai de datation', SVEC 215 (1982), p.91-97. It
appears, in particular, in the 'Avant-propos à Mme la marquise du Ch***' which
prefaces the first edition (38A) of Voltaire's Eléments de la philosophie de Newton
(OC, vol.15, appendix II A, p.547-49). Voltaire invented a parable to illustrate the
theme, and this was eventually published in 1766 as 'Doute LVII. Petite digression
sur les quinze-vingt' in Le Philosophe ignorant.
[42] Voltaire would like to think Mme Du Châtelet is less devoted to Leibnizianism
than she appears. The Mémoires de Trévoux (mai 1741) also doubted the author's
sincerity in her discussion of monads: 'on croit voir que l'auteur prête à ce système
sa plume et son imagination tout au plus, sans y trop livrer son esprit et sa raison'
(p.916). Monads bother Voltaire more than any other part of the Leibniz-Wolff
philosophy. Mme Du Châtelet's revisions for her 1742 edition suggest a firm belief
(esprit et raison) not just plume et imagination.

Des êtres simples

Leibnits cherchant un système, trouva que personne n'avait dit 280
encore que les corps ne sont pas composés de matière, et il le dit; il
lui parut qu'il devait rendre raison de tout; et ne pouvant dire
pourquoi la matière est étendue, il avança qu'il fallait qu'elle fût
composée d'êtres qui ne le sont point. En vain il est démontré que
la plus petite portion de matière est divisible à l'infini; il voulut que 285
les éléments de la matière fussent des êtres indivisibles, simples, et
ne tenant nulle place. Il était malaisé de comprendre qu'un
composé n'eût rien de son composant, cette difficulté ne l'arrêta
pas; [43] il se servit de la comparaison d'une montre: ce qui compose
une horloge n'est pas horloge, donc ce qui compose la matière 290
n'est pas matière. Peut-être quelqu'un lui dit alors: Votre
comparaison de l'horloge n'est guère concluante, car vous savez
bien de quoi une horloge est composée, puisque vous l'avez vu
faire. Mais vous n'avez point vu faire la matière, et c'est un point
sur lequel il ne vous est pas trop permis de deviner. 295

Leibnits ayant donc créé ses êtres simples, ses monades, il les
distribua en quatre classes; [44] il donna aux unes la perception par un
seul p, et aux autres l'apperception par deux p. Il dit que chaque
monade est un miroir concentrique de l'univers: il veut que chaque
monade ait un rapport avec tout le reste du monde; ainsi on a 300

[43] Mme Du Châtelet is not stopped either, but she realises the difficulties of
convincing the reader, when she writes in the *Institutions de physique* (p.132): 'Il faut
avouer que cette conclusion étonne l'imagination, les Etres simples ne sont point de
son ressort, on ne peut se les représenter par des Images et l'Entendement seul peut
les concevoir.' She continues with the example of the *montre*. However, in July 1738,
when Mme Du Châtelet was working on an earlier version of this chapter before her
'conversion', she and Voltaire were in agreement on atoms. She wrote to
Maupertuis: 'Quant aux atomes s'ils sont matière, comme il le sont sans doute
puisqu'un composé ne peut être fait de parties essentiellement différentes de lui-
même, puisque dis-je, ils sont matière il faut bien qu'ils aient une figure' (D1561).
[44] Voltaire had already established this categorisation of the Leibnizian monad in
the *Eléments de la philosophie de Newton*, I.viii.36-41 (see *OC*, vol.15, p.242-43 and
n.4).

proposé ce problème à résoudre: *Un élément étant donné, en déterminer l'état présent, passé et futur de l'univers.* Ce problème est résolu par Dieu seul: on pourrait encore ajouter que Dieu seul sait la solution de la plupart de nos questions, lui seul sait quand et pourquoi il créa le monde, pourquoi il fit tourner les astres d'un   305 certain côté, pourquoi il fit un nombre déterminé d'espèces, pourquoi les anges ont péché, ce que c'est que la matière et l'esprit, ce que c'est que l'âme des animaux, comment le mouvement et la force motrice se communiquent, ce que c'est originairement que cette force, ce que c'est que la vie, comment on digère,   310 comment on dort, etc.

L'aimable et respectable auteur des *Institutions physiques* a bien senti l'inconvénient du système des monades, et elle dit page 143 qu'il a *besoin d'être éclairci et d'être sauvé du ridicule.*[45] Il n'y a eu encore ni aucun Français, ni aucun Anglais, ni, je crois, aucun   315 Italien, qui ait adopté ces idées étranges: plusieurs Allemands les ont soutenues, mais il est à croire que c'est pour exercer leur esprit, et par jeu plutôt que par conviction.

J'ajouterai ici que pour rendre le roman complet, Leibnits imagina que notre corps étant composé d'une infinité de monades   320 d'une espèce, la monade de notre âme est d'une autre espèce; que notre âme n'agit aucunement sur notre corps, ni le corps sur elle, que ce sont deux automates qui vont chacun à part, à peu près comme dans certains sermons burlesques, où l'homme prêche,

316   K: idées étrangères
324   K: burlesques, un homme

[45] The passage from which Voltaire quotes does not in fact relate to 'le système des monades' in general, and the 'ridicule' in question is not that of Mme Du Châtelet, but of uninformed or uncomprehending critics. She writes (ch.7, §132): 'Notre âme se représente à la vérité l'univers entier, mais c'est d'une manière confuse, au lieu que Dieu le voit d'une manière si distincte, qu'aucun des rapports qui y entrent ne lui échappent. C'est encore un des sentiments de M. de Leibnits, qui a le plus besoin d'être éclairci et d'être sauvé du ridicule, dont on pourrait le charger' (p.143).

tandis que l'autre fait les gestes; qu'ainsi, par exemple, la main de   325
Newton écrivit mécaniquement le calcul des fluxions, tandis que sa
monade était montée séparément pour penser à ce calcul. Cela
s'appelle l'harmonie préétablie, et l'auteur des *Institutions physi-*
ques n'a pas voulu encore exposer ce sentiment, elle a voulu y
préparer les esprits.[46]   330

De la nature des corps

Si on doit être content de cet art et de cette élégance avec lesquels
l'illustre auteur a rendu compte de tous ces sentiments extraordinaires, on ne doit pas moins admirer les ménagements et les
précautions ingénieuses dont elle colore les idées de Leibnits sur la
nature des corps.   335

Ces corps étendus étant composés de monades non étendues,
c'est toujours à ces monades qu'il en faut revenir. Il n'y a point de
corps qui n'ait à la fois étendue, force active et force passive; voilà,
disent les leibnitziens, la nature des corps, mais c'est aux monades
à qui appartient de droit la force active et passive.   340

Il est encore ici assez étrange que les monades étant les seules
substances, les corps aient l'étendue pour eux, et que les monades
aient la force. Ces monades sont toujours en mouvement, quoique
ne tenant point de place, et c'est des mouvements d'une infinité de
monades qu'un boulet de canon reçoit le sien. Voilà donc le   345
mouvement essentiel, non pas tout à fait à la matière, mais aux

---

325   K: fait des gestes
327   K: penser au calcul
331   K: art, de cette
342   K: eux, et les monades

---

[46] For example in writing: 'ainsi dans ce grand automate de l'Univers, l'état
présent est né du passé, et fera naître le suivant; et tous les changements mécaniques
découlent de l'arrangement des parties, et des règles du mouvement, et ce qui ne
découle pas de ces principes, n'existe point' (p.176).

246

êtres intangibles et inétendus qui composent la matière. Ces
monades ont un principe actif, qui est la raison suffisante pourquoi
un corps en pousse un autre; et un principe passif qui rend aussi
une raison très suffisante pourquoi les corps résistent; il faut ce me   350
semble avoir tout l'esprit de la personne qui a fait les *Institutions
physiques*, pour répandre quelque clarté sur des choses qui
paraissent si obscures. [47]

De la divisibilité, figure, priorité,
mouvement, pesanteur

Chacun de ces sujets fait un article à part, [48] et on reconnaît partout
la même méthode et la même élégance. Les découvertes de Galilée   355
sur la pesanteur et sur la chute des corps, sont surtout mises dans
un jour très lumineux. L'auteur paraît là plus à son aise qu'ailleurs,
puisqu'il n'y a que des vérités à développer.

350-351   K: faut avoir
353a   K: *figure, porosité, mouvement*

[47] Mme Du Châtelet is certainly aware of the reaction of Voltaire and those with
his empirical outlook. See *Institutions*, p.130: 'La répugnance que l'on a à concevoir
comment des Etres simples et non étendus peuvent par leur assemblage composer
des Etres étendus, n'est pas une raison pour les rejeter: cette révolte de l'imagination
contre les Etres simples, vient vraisemblablement de l'habitude où nous sommes de
nous représenter nos idées sous des images sensibles, qui ne peuvent ici nous aider.'
Here however Voltaire appears to outdo the Cartesians in requiring clear ideas.
Although he has learned to live with the mysterious force of Newtonian attraction,
he will have no part of the *force active* that keeps the universe operating according to
Leibniz and his followers. See below, the introduction to Voltaire's *Doutes sur la
mesure des forces motrices*, p.398.
[48] In this brief comment Voltaire disposes of six chapters of the *Institutions* which
occupy 109 pages of the text. The Kehl variant to his title to this section restores a
term present in the title of Mme Du Châtelet's chapter 10, 'De la figure, de la
porosité, et de la solidité des corps': 'priorité' in the base text is apparently a
misreading.

Des découvertes de Newton sur la pesanteur

L'auteur s'élève ici fort au-dessus de ce qu'elle appelle modestement *Institutions*: on voit dans ce chapitre, comment Newton découvrit cette vérité si admirable et si inconnue jusqu'à lui, que la même force qui opère la pesanteur sur la terre, fait tourner les globes célestes dans leurs orbites. Kepler avait préparé la voie à cette recherche; et quelques expériences faites par des astronomes français déterminèrent Newton à la faire.[49] Ce n'est point un système imaginaire et métaphysique qu'il ait tâché de rendre probable par des raisons spécieuses; c'est une démonstration tirée de la plus sublime géométrie,[50] c'est l'effort de l'esprit humain: c'est une loi de la nature que Newton a développée; il n'y a ici ni monade, ni harmonie préétablie, ni principe des indiscernables, ni aucune de ces hypothèses philosophiques qui semblent faites pour détourner les hommes du chemin du vrai, et qui ont égaré l'antiquité, Descartes et Leibnits.

[49] The universality of gravitational force is the subject of book III of Newton's *Principia*. Kepler's major discoveries concerning planetary motion are described in his *Epitome astronomiæ Copernicanæ* (Linz 1618-1621). French scientists to whom Newton refers in the *Principia* are Des Hayes, La Hire, Picart and Richer: Voltaire may also be including Gian Domenico Cassini, who spent the most fruitful period of his career in Paris and whose family established themselves there.

[50] Maupertuis uses this expression in his *Discours sur les différentes figures des astres* (Paris 1732), where he argues that Newtonian attraction is not a system: 'Supposer cette force et sa loi, n'est plus faire un système; c'est découvrir le principe dont les faits observés sont les conséquences nécessaires [...] Aidé de la plus sublime géométrie, [Newton] va chercher la courbe que doit décrire un corps, qui avec un mouvement rectiligne d'abord, est attiré vers un centre par une force dont la loi est celle qu'il a découverte' (p.36).

De l'attraction newtonienne

Newton ayant découvert et démontré qu'une pierre retombe sur la terre par la même loi qui fait tourner Saturne autour du soleil etc. il appela ce phénomène attraction, gravitation; ensuite il démontra qu'aucun fluide et aucune loi du mouvement ne peut être cause de cette gravitation. 375

Il démontra encore que cette gravitation est dans toutes les parties de la matière, à peu près de même que les parties d'un corps, en mouvement, sont toutes en mouvement. 380

Newton, dans ses recherches sur l'optique, déploya ce même esprit d'invention qui s'appuie sur des vérités incontestables: entièrement opposé à cet autre esprit d'invention qui se joue dans des hypothèses: il trouva entre les corps et la lumière une attraction nouvelle, dont jamais on ne s'était aperçu avant lui. Il trouva encore par l'expérience d'autres attractions, comme, par exemple, entre deux petites boules de cristal qui, pressées l'une contre l'autre, acquièrent une force de huit onces etc. [51] 385

Mille gens ont voulu rendre raison de toutes ces découvertes, ceux surtout qui n'en ont jamais fait, ont tous fait des systèmes; Newton seul s'en est tenu aux vérités, peut-être inexplicables, qu'il a trouvées. La même supériorité de génie, qui lui a fait connaître ces nouveaux secrets de la création, l'a empêché d'en assigner la cause. Il lui a paru très vraisemblable que cette attraction est elle- 390

395

375-376   K: etc. appela
377   K: ne peuvent être
379   K85: Il démontre
384   K: cet esprit

---

[51] See Newton, *Opticks* (2nd ed., 1718), III, obs. 5-11 and qu.1-5. In query 31 Newton mentions 'the cohering of two polished marbles *in vacuo*', but this does not correspond to the example Voltaire mentions here.

même une cause première, dépendante de celui qui a tout fait:[52] c'est sur quoi ceux qui en Allemagne ont pris le parti de Leibnits, se sont élevés; et notre illustre auteur a la complaisance pour eux, de prêter de la force à leurs objections. Un corps ne peut se mouvoir, dit-elle, vers un autre, sans qu'il arrive à ce corps un changement; ce changement ne peut venir que de l'un des deux corps, ou que du milieu qui les sépare; or, il n'y a aucune raison pour qu'un corps agisse sur un autre sans le toucher; il n'y a aucune raison de son attraction dans le milieu qui les sépare, puisque les newtoniens disent que ce milieu est vide, donc, l'attraction étant sans raison suffisante, il n'y a point d'attraction.

Les newtoniens répondront que l'attraction, la gravitation (telle qu'elle soit) étant réelle et démontrée, aucune difficulté ne peut l'ébranler, et qu'étant tout de même démontré qu'aucun fluide ne peut causer cette attraction qui subsiste entre les corps célestes, la raison suffisante est bien loin de suffire à prouver que les corps célestes ne peuvent s'attirer sans milieu: un newtonien sera encore assez fort, s'il prie seulement un leibnitzien de faire un moment d'attention à ce que nous sommes et à ce qui nous environne; nous pensons, nous éprouvons des sensations, nous mettons des corps

400

405

410

415

400-401   K: corps aucun changement
407-408   K: gravitation, telle qu'elle soit, étant
411-412   K: les corps ne peuvent

---

[52] Here, as elsewhere, Voltaire omits reference to the aetherial medium Newton proposed in the queries in the second edition of the *Opticks*, as a possible mechanical explanation of attraction. Voltaire wishes it to depend directly on God, who needs no sufficient reason other than his will for granting matter the power to attract. Mme Du Châtelet concludes on the other hand: 'Ce principe de la raison suffisante [...] détruit ce palais enchanté fondé sur l'attraction' (p.328). And then: 'Puisque tout ce qui est, doit avoir une raison suffisante pourquoi il est ainsi plutôt qu'autrement, la direction et la vitesse imprimées par l'attraction, doivent donc trouver leur raison suffisante dans une cause externe, dans une matière qui choque le corps, que l'on regarde comme attiré [...] Ainsi il faut chercher par les lois de la mécanique une matière capable par son mouvement de produire les effets que l'on attribue à l'attraction' (p.332-33).

en mouvement, les corps agissent sur nos âmes etc. Quelle raison suffisante, je vous prie, trouverez-vous de ce que la matière influe sur ma pensée, et ma pensée sur elle? Quel milieu y a-t-il entre mon âme et une corde de clavecin qui résonne? quelle cause a-t-on jamais pu alléguer, de ce que l'air frappé donne à mon âme l'idée et 420
le sentiment du son? n'êtes-vous pas forcé d'avouer que Dieu l'a voulu ainsi? Que ne vous soumettez-vous de même, quand Newton vous démontre que Dieu a donné à la matière la propriété de la gravitation?

Lorsqu'on aura trouvé quelque bonne raison mécanique de 425
cette propriété, on rendra service aux hommes en la publiant: mais depuis soixante-dix ans que les plus grands philosophes cherchent cette cause, ils n'ont rien trouvé. Tenons-nous-en donc à l'attraction, jusqu'à ce que Dieu en révèle la raison suffisante à quelque leibnitzien. 430

Des plans inclinés, des pendules, des projectiles

Les découvertes de Galilée et d'Hugens sont expliquées ici avec une clarté qui fait bien voir que ce ne sont point là des hypothèses, lesquelles laissent toujours l'esprit égaré et incertain, mais des vérités mathématiques, qui entraînent la conviction. [53]

De la force du corps

Je me hâte de venir à ce dernier chapitre. [54] On y prête de nouvelles 435
armes au sentiment de Leibnits: c'est Camille qui vient au secours

417   K: , me trouverez-vous
420   K: à une âme
427   K: soixante et dix

[53] This comment covers the three chapters 17-19, and 63 pages of the *Institutions*, incorporating a word or phrase from the title of each in the heading.

[54] This is chapter 21: Voltaire skips over chapter 20, where Mme Du Châtelet makes the important distinction between *forces mortes* and *forces vives* and discusses forces in equilibrium.

de Turnus, ou Minerve au secours d'Ulysse. [55] Cette dispute sur les forces actives, qui partage aujourd'hui l'Europe, n'a jamais exercé de plus illustres mains qu'aujourd'hui: la dame respectable dont je parle, et madame la princesse de Columbrano [56] ont toutes deux suivi l'étendard de Leibnits, non pas comme les femmes prennent d'ordinaire parti pour des théologiens, par faiblesse, par goût et avec une opiniâtreté fondée sur leur ignorance, et souvent sur celle de leurs maîtres: elles ont écrit l'une et l'autre en mathématiciennes, et toutes deux avec des vues nouvelles. Il n'est ici question que du chapitre de notre illustre Française; c'est un des plus forts et des plus séduisants de cet ouvrage profond.

Pour mettre les lecteurs au fait, il est bon de dire ici que nous appelons force d'un corps en mouvement, l'action de ce corps; c'est sa masse qui agit, c'est avec de la vitesse qu'agit cette masse; c'est dans un temps plus ou moins long qu'agit cette vitesse; ainsi on a toujours supputé la force motrice des corps par leur masse multipliée par leur vitesse appliquée au temps. Une puissance qui presse et donne une vitesse à un corps, lui donne une force motrice; deux puissances qui le pressent en même temps, et qui lui

[55] See Virgil, *Aeneis*, xi, for Camilla's intervention in support of Aeneas's opponent Turnus. In the *Odyssey*, Minerva/Athena assists Ulysses/Odysseus throughout his adventures, and the theme is strongly introduced early in book 1.

[56] The lady in question (who died in 1785) was born Faustina Pignatelli into a distinguished Neapolitan noble family, and married prince Francesco Carafa di Colobrano. She was well versed in mathematics and astronomy, and played an active part in Neapolitan intellectual life. In her maiden name she contributed an anti-Leibnizian article on the 'forces vives' controversy to the *Nova acta eruditorum* in 1734 (p.28-34), but apparently changed sides shortly afterwards, according to the *Commentarii* of the Bologna Academy of Sciences (1745, t.ii.1, p.384). She figures as a supporter of the Leibnizian position in the dialogue entitled *Della forza de' corpi che chiamano viva*, published in 1752 by Francesco Maria Zanotti, an early Italian disciple of Newton who taught Algarotti at the University of Bologna. It may perhaps have been through Algarotti that Voltaire came to learn of the princess's views: he mentions her as a proponent of 'les forces vives' in a letter to Mairan of 1 April 1741 (D2454). Information about these matters has very kindly been supplied by Professor Paolo Casini, to whom the editors wish to express their gratitude.

donnent deux de vitesse, lui donnent deux de force, et dans deux temps elles lui donneront quatre de force; cela parut clair et démontré à tous les mathématiciens.

Newton fut sur ce point de l'avis de Descartes, et l'expérience dans toutes les parties des mécaniques fut d'accord avec leurs démonstrations.

M. Leibnits ayant besoin que cette théorie ne fût pas vraie, afin qu'il y eût toujours égale quantité des forces dans la nature, prétendit qu'on s'était trompé jusque-là, et qu'on aurait dû estimer la force motrice des corps en mouvement par le carré de leur vitesse, multiplié par leurs masses: et avec cette manière de compter, Leibnits trouvait qu'en effet il se perdait du mouvement dans la nature, mais qu'il pouvait bien ne se perdre point de force.

Le docteur Clarke, illustre élève de Newton, traita ce sentiment de Leibnits avec beaucoup de hauteur, et lui reprocha sans détour que ses sophismes étaient indignes d'un philosophe.

Il discuta cette question dans sa cinquième réplique à Leibnits,[57] qui roulait d'ailleurs sur d'autres sujets importants.

Il fit voir qu'il est impossible d'omettre le temps; que quand un corps tombe par la force de la gravité, il reçoit en temps égaux des degrés de vitesse égaux; il obvia à toutes les objections, qui se réduisent toutes à celle-ci: Qu'un mobile tombe de hauteur trois, il fait effet comme 3, qu'il tombe de hauteur six, il agit comme 6, c'est-à-dire il agit en raison de ces hauteurs, mais ces hauteurs sont

460

465

470

475

456-457   κ: deux degrés de vitesse, lui en donnent [...] en donneront
462   κ: Mais Leibnitz
463   κ: quantité de force dans
465-466   κ: de leurs vitesses multipliées par
472   κ: dans la cinquième
476   κ: égaux. ¶Il répondit à
477   κ: réduisent à
477-478   κ: de la hauteur [...] de la hauteur six
479   κ: de ses hauteurs

[57] Desmaizeaux, *Recueil*, i.170-82.

comme le carré de ses vitesses: donc, disent les partisans de 480
Leibnits, qui l'ont éclairci depuis, un mobile agit comme le carré
de ses vitesses; donc sa force est comme le carré.

Samuel Clarke renversa, dis-je, toutes ces objections, en faisant
voir de quoi est composé ce carré: un corps parcourt un espace, cet
espace est le produit de sa vitesse par le temps; or le temps et la 485
vitesse sont égaux, donc il est évident que ce carré de la vitesse
n'est autre chose que le temps lui-même, multiplié, ou par lui-
même, ou par cette vitesse, ce qui rend parfaitement raison de ce
carré qui étonnait M. de Fontenelle en 1721.[58] D'où viendrait, dit-
il, ce carré? on voit ici clairement d'où il vient.[59] 490

Mais on ne voit guère d'abord comment après une pareille
explication il y avait encore lieu aux disputes. L'émulation qui
régnait alors entre les Anglais et les amis de Leibnits, engagea un
des plus grands mathématiciens de l'Europe, le célèbre Jean
Bernoulli, à secourir Leibnits; tout ce qui porte le nom de 495
Bernoulli, est philosophe, tous combattirent pour Leibnits, hors
un d'eux qui tient fermement pour l'ancienne opinion:[60] c'était une

490 K: voit clairement ici
492 K: lieu de disputer.

[58] The reference is to an article by Fontenelle in *Histoire de l'Académie des sciences*
for 1721, which is cited by Mairan, *Dissertation sur l'estimation et la mesure des forces
motrices des corps* (1730; see below, n.68). This latter work was reprinted in 1741. The
reference to Fontenelle occurs on p.26 of this reprint, which is likely to be Voltaire's
immediate source.
[59] Voltaire echoed Fontenelle's phrase in a letter to Johann (II) Bernoulli at one
of those moments when he seemed to believe in *forces vives*: 'Mr de Fontenelle a bau
dire, d'où viendroit ce *quarré*? Je répons, ce quarré vient des Bernoulli, et par
conséquent de très bon lieu' (11 April 1739, D1974).
[60] Of the five members of the Bernoulli family who were active mathematicians at
this time, only Daniel (1700-1782), the second son of Johann Bernoulli (1667-1748),
just mentioned, distanced himself from the Leibnizian position on *forces vives*
(*Hydrodynamia*, Strasbourg 1738, §18-19), and was prepared to use the terminology
of Newtonian attraction in discussing hydrodynamic phenomena (*Hydrodynamia*,
§24).

guerre, et on se servit d'artifices; il en est aussi en mathématiques. Une de ces ruses qui firent le plus d'impression, fut celle-ci: Que le corps A soit poussé par deux puissances à la fois en AB et en AE, on sait qu'il décrit la diagonale AD; or la puissance en AB n'augmente ni ne diminue la puissance en AE, et pareillement AE ne diminue ni augmente AB; donc le mobile a une force composée de AB et de AE. Mais le carré d'AB et de AE, pris ensemble, sont juste le carré de cette diagonale; et ce carré exprime la vitesse du mobile: donc la force de ce mobile est sa masse par le carré de sa vitesse.

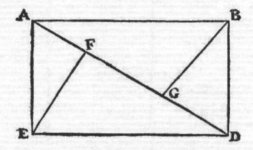

Mais on fit voir bientôt la supercherie de ce raisonnement très captieux.

Il est bien vrai qu'AB et AE ne se nuisent point, tant qu'ils vont chacun dans leur direction, mais dès que le corps A est porté dans la diagonale ils se nuisent; car décomposez son mouvement une seconde fois, résolvez la force AE en AF et FE, de sorte que AE devienne à son tour diagonale d'un nouveau rectangle. Résolvez de même BD en BG et en BD, il est clair que les forces FE, BG se détruisent, que reste-t-il donc de force au corps? il lui reste AF

498-499   K: d'artifices. Une de ses ruses
502   K: puissance AE
503   K: ni n'augmente
504   K: AB et celui de AE
515   K: même AB en AD
515-516   K: forces AD, AF se détruisent
516-517   K: reste FE d'un côté, et BD de l'autre

d'un côté, et AG de l'autre; donc il n'a pas la force d'AB et d'AE, réunies, comme on le prétendait.

De plus, le mobile n'arrive en D qu'avec du temps; c'est ce temps multiplié par sa vitesse qui produit un carré; et l'omission de ce temps est le vice fondamental de toute la théorie de Leibnits.

Il y avait beaucoup de finesse dans la difficulté, et il y en a encore plus dans la réponse; elle est de M. Jurin, l'un des grands hommes d'Angleterre. [61]

M. Jurin, pour épargner tout calcul, toute décomposition, et pour faire voir encore plus clairement, s'il est possible, comment deux vitesses en même temps ne donnent qu'une force, imagina cette expérience.

Qu'on fasse mouvoir avec l'aide d'un ressort une balle avec un degré de vitesse quelconque, qu'ensuite ce degré étant bien constaté, le ressort bien rétabli, la balle en repos, on donne à la table un mouvement égal à celui que le ressort communique à la boule, c'est-à-dire qu'on fasse en même temps mouvoir la boule avec la vitesse un, et la table avec la vitesse un, il est clair qu'alors la boule acquerra deux vitesses, et simplement deux forces; donc, quand il n'y a pas plusieurs temps différents à considérer, il faut ne reconnaître dans les corps mobiles d'autres forces que celle de leur masse par leur vitesse.

L'illustre auteur engagée aux leibnitziens a voulu contredire cette expérience.

Voici, dit-elle, [62] en quoi consiste le vice du raisonnement de M. Jurin. Supposons pour plus de facilité, au lieu du plan mobile de M. Jurin, un bateau AB, qui avance sur la rivière avec la vitesse un,

520

525

530

535

540

518-522　κ:　prétendait; donc etc. ¶Il y avait
523-524　κ:　des meilleurs physiciens d'Angleterre.
527　κ:　en un même [...] force double, imagina
537　κ:　d'autre force

[61] James Jurin, *Dissertationes physico-mathematicæ* (London 1732), Dissertatio IX, 'de vi motrice', p.111-27 (p.119-20). See below, *Doutes*, p.424.
[62] See *Institutions*, p.443-44. Voltaire quotes almost verbatim.

et le mobile P transporté avec le bateau, ce mobile acquiert la même vitesse que le bateau: supposons un ressort capable de donner cette vitesse un hors du bateau, il ne la lui donnera plus, car l'appui du ressort dans le bateau n'est pas inébranlable, etc. 545

Il est vrai que cette expérience peut être sujette à cette difficulté, et qu'il y aura une petite diminution de force dans l'action du ressort, parce que le bateau cédera un peu à l'effort du ressort, cela 550 fera peut-être un dix-millième de différence, ainsi le mobile aura deux de force, moins un dix-millième; mais certainement cette diminution de force ne fera pas qu'il aura le carré de deux, c'est-à-dire quatre: et il n'y a pas d'apparence que pour avoir perdu quelque chose, il ait gagné plus du double. 555

D'ailleurs il est très aisé de faire cette expérience, en attachant le ressort à une muraille, et en le détendant contre le mobile qui sera sur la table. A cela il n'y a rien à répondre, et il faut absolument se rendre à cette démonstration expérimentale de M. Jurin.

Il paraît que les expériences qui se font en temps égaux, 560 favorisent aussi pleinement l'ancienne doctrine: que deux corps qui sont en raison réciproque de leur masse et de leur vitesse viennent se choquer, s'il fallait estimer la force motrice par le carré de la vitesse, il se trouverait qu'un mobile avec cent de masse et un de vitesse, rencontrant celui qui aurait cent de vitesse et un de 565 masse, en serait prodigieusement repoussé, ce qui n'arrive jamais (car si les deux mobiles sont sans ressort, ils se joignent et s'arrêtent; s'ils sont flexibles, ils rejaillissent également). Les leibnitziens ont tâché de ramener ce phénomène à leur système, en disant que les cent de vitesse se consument dans les enfonce- 570 ments qu'ils produisent dans le corps qui a cent de masse.

Mais on répond aisément à cette évasion que le corps qui souffre ces enfoncements, se rétablit, s'il est à ressort, et rend toute cette force qu'il a reçue: et s'il n'est pas à ressort, il doit être entraîné par le corps qui l'enfonce: car le corps cent, supposé non élastique, 575 n'ayant qu'un de vitesse, résiste bien par ses cent de masse au cent

564   K: que le mobile

257

de vitesse du corps un: mais il ne peut résister aux cent fois cent qu'on suppose au corps choquant; il faudrait alors qu'il cédât, et c'est ce qui n'arrive jamais.

Enfin M. Jurin ayant fait voir démonstrativement[63] qu'il faut toujours faire mention du temps, et ayant imaginé une expérience hors de toute exception, dans laquelle deux vitesses en un temps ne donnent qu'une force double, a défié publiquement tous ses adversaires d'imaginer un seul cas où une vitesse double pût en un temps donner quatre de force; et il a promis de se rendre le disciple de quiconque résoudrait ce problème.

On a entrepris de le résoudre d'une manière extrêmement ingénieuse.

On suppose qu'une boule qui ait un de masse et deux de vitesse, et qui rencontre deux boules, dont chacune a deux de masse, de façon que la masse un communique tout son mouvement par le choc à ses masses doubles: or, dit-il, si cette masse un qui a deux de vitesse communique à chacune des masses doubles un de vitesse, chacune de ces masses doubles aura donc deux de force, ce qui fait quatre; la boule un qui n'avait que deux de force, aura donc donné plus qu'elle n'avait: voilà donc, peut-on dire, une absurdité dans l'ancien système; mais dans le nouveau, le compte se trouve juste, car la boule un avec deux de vitesse, aura eu quatre de force, et n'a donné précisément que ce qu'elle possédait.

Il faut voir maintenant si M. Jurin se rendra à cet argument,[64] et s'il se fera le disciple de celui qui en est l'auteur. Je crois qu'il ne lui sera pas difficile de répondre, et de découvrir comment le temps est

581   K: imaginé cette expérience
592   K: à ces masses doubles: or, dit-on
602-604   K: répondre. Soient

[63] See *Institutions*, p.437. Mme Du Châtelet quotes Jurin in Latin in her text and gives the French translation in a note.
[64] The marginal note in the *Institutions* reads: 'Expérience qui détruit entièrement l'objection tirée du temps' (p.438). No victory ever seemed possible in the dispute; the quarrel went on.

essentiellement à compter dans cette occasion et dans toutes celles
qui lui ressemblent. Soient dans ce cercle les trois boules, la boule
un choque les boules 2 sous un angle de soixante degrés; la boule   605
un avec deux de vitesse eût parcouru en un seul temps deux fois le
rayon du cercle: les boules 2 avec chacune un de vitesse parcourent
en un même temps le rayon 1D et le rayon 1C, donc les deux
boules ne font en un même temps que ce qu'eût fait la boule un, et
ce n'est qu'en deux temps que chacune parcourra deux fois ce   610
rayon.

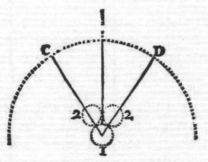

Je me servirai aisément de cette solution pour le cas qu'on
rapporte de M. Herman;[65] que la boule un, dit-on, qui a 2 de
vitesse, rencontre la masse trois, elle lui donnera un de vitesse, et
gardera un, voilà donc 4 de force qui semble naître de 2, et cette   615
boule un a donné, dit-on, ce qu'elle n'avait pas; non, elle a donné

608   κ: le rayon DC et le rayon IC
609-612   κ: même temps dans la direction du rayon que ce qu'eût fait la boule 1;
il n'y a de plus que les deux forces latérales en sens contraires; excédant de forces
qu'on ne peut expliquer par cette manière de les évaluer, puisqu'il existe dans les
corps durs où la loi de la conservation des forces vives n'est pas observée. ¶On
trouve également une solution
615   κ: qui semblent naître
616-617   κ: Non, elle n'a pas donné ce qu'elle n'avait pas. Si la boule

[65] Jakob Hermann discusses this problem in his *Phoronomia* (Amsterdam 1716),
I.vi, 'De regulis motus in collisione corporum', but in slightly different terms from
those proposed here by Voltaire, although he in principle follows Leibniz in this
matter. On Hermann, see *OC*, vol.15, biographical notes, p.767, and *Doutes*, p.426,
n.15.

seulement un de vitesse; et si la boule trois avec cette unité de vitesse reçue, agit ensuite comme trois, et la boule un avec l'unité de vitesse qui lui reste agit comme un, il faut bien soigneusement remarquer que la boule 3 agira alors dans trois temps, et la boule un en un temps. 620

Corollaire général sur l'augmentation des forces des corps

Dans les deux derniers exemples qu'on vient de rapporter, on voit clairement que si un corps, en communiquant de sa vitesse, semble communiquer une force plus grande qu'il n'avait, ce n'est jamais qu'à condition que le corps qui reçoit cette plus grande force agira 625 dans un temps plus long.

Mais on pourra toujours demander pourquoi même en ce temps plus long il se trouvera qu'un mobile aura donné plus de force qu'il n'en avait. Il y a autant d'exemples de ce cas, qu'il y a des nombres, car prenons au hasard ce mobile un avec cent un de vitesse, qu'il 630 choque un corps en repos qui ait cent de masse, il lui communique deux cents de force, et rejaillit avec 99. Voilà donc deux cent quatre-vingt-dix-neuf de force qui naissent de cent un, et l'effet paraît incomparablement plus grand que sa cause.

Cela ne fait-il pas voir évidemment que les corps ne peuvent 635 donner en effet de la force?

Car qu'est-ce en effet que cette force? Quelque parti qu'on prenne, c'est quelque chose qui résulte de la masse et de la vitesse; or ce corps A, par exemple, qui avait cent un de vitesse, et qui a

618   K: boule avec

619-654   K: il faut observer que cette augmentation de force n'a lieu ici que parce que les boules ont un mouvement en sens contraire, phénomène dont l'élasticité de ces corps est la cause; on trouverait, en supposant les corps durs des hypothèses où il se produirait une augmentation de force, que la mesure des forces proposée par Leibnitz n'expliquerait pas, et tous ces exemples prouvent seulement que le principe de la conservation des forces vives a lieu dans les corps élastiques. ¶Il me paraît évident que

choqué ce mobile B, qui a cent de masse, ne lui a pas apparemment 640
donné cette masse cent; il a donné seulement la vitesse deux, et
c'est avec cette vitesse deux que ce mobile B acquiert par sa masse
deux cents de force; la force est donc cette propriété qui résulte de
l'inertie de la matière animée par le mouvement: or le mouvement
ne pouvant exister que dans le temps, n'est-il pas démontré que la 645
force ne peut agir que dans le temps?

Second corollaire.
Que les monades seraient sans force

Si la force des corps n'est autre chose que le résultat de l'inertie et
de la vitesse, n'est-il pas démontré par-là que quand même la
matière serait composée d'êtres simples, comme l'imaginait
Leibnits après Morus,[66] ces êtres simples ne pourraient avoir la 650
force en partage, car ils ne pourraient avoir l'inertie, étant
supposés sans masse, et n'ayant pas en eux la vitesse, ils ne
pourraient en aucune manière avoir de force motrice?

Troisième corollaire. Qu'il se perd de la force

Il paraît évidemment que si la force est proportionnelle au
mouvement, il se perd de la force, puisqu'il se perd du mouve- 655
ment. L'exemple apporté par le grand Newton à la fin de son
Optique, demeure incontestable.[67]

Donc, s'il se perd à tout moment de la force dans la nature, il

656 κ: L'exemple rapporté par

[66] 'Morus' is Henry More (1614-1687), the Cambridge Platonist, who corresponded with Descartes. His *Enchiridion metaphysicum* (1671) introduces the term
'monad' (ch.9, p.75-87) to describe what one might call a sub-physical atomic entity,
homogeneous and inert, a multiplicity of which underlies all material phenomena.
[67] See Newton, *Opticks*, III, qu.31 (2nd ed., 1718, p.372-76).

faut un principe qui la renouvelle. Ce principe n'est-il pas
l'attraction, quelle que puisse être la cause de l'attraction?   660

Résomption

J'ai fait non seulement l'analyse la plus exacte que j'ai pu, de
l'ouvrage le plus méthodique, le plus ingénieux, et le mieux écrit
qui ait paru en faveur de Leibnits; j'ai pris la liberté d'y joindre mes
doutes, que les lecteurs pourront éclaircir. Je n'ai point touché aux
objections que fait l'illustre auteur à M. de Mairan dans le chapitre   665
de la force des corps. [68] C'est à ce philosophe à répondre, et on
attend avec impatience les solutions qu'il doit donner des
difficultés qu'on lui fait: je croirais lui faire tort en répondant
pour lui, il est seul digne d'une telle adversaire. La vérité gagnera
sans doute à ces contradictions qui ne doivent servir qu'à   670
l'éclaircir, et ce sera un modèle de la dispute littéraire la plus
profonde et la plus polie.

661   K: non seulement fait
664   K: objections que l'illustre auteur à adressées à M.

[68] In her *Institutions*, ch.21. Mme Du Châtelet attempts a rebuttal of the view of
force presented by Dortous de Mairan in his *Dissertation sur l'estimation et la mesure
des forces motrices des corps*, published in 1730 in the *Mémoires de l'Académie royale
des sciences* for the year 1728. A second edition of this work, Paris 1741, is prefaced
by a reply to this chapter: *Lettre de M. de Mairan à Mme *** sur la question des forces
vives*. Mme Du Châtelet responded to this promptly: *Réponse de Mme *** à la lettre
que M. de Mairan, secrétaire perpétuel de l'Académie Royale des Sciences, lui a écrite le
18 février sur la question des forces vives* (Brussels 1741). These latter two pieces are
reprinted by Mme Du Châtelet in 1742 at the end of her second edition of the
Institutions de physique.

Lettre sur les inconvénients attachés à la littérature

Critical edition

by

Karlis Racevskis

CONTENTS

INTRODUCTION

When the *Lettre sur les inconvénients attachés à la littérature* was first published in Voltaire's *Œuvres mêlées* (ii.286-91) in 1742, a footnote, which is repeated in all subsequent editions, indicated that 'Cette lettre paraît écrite en 1732' and that the addressee, Le Fèvre, 'mourut la même année'. We are now inclined to believe, following Theodore Besterman, that 'this is not a letter at all, that it was not addressed to Le Fèvre, and that it was not written in 1732' (D.app.57, p.483). Besterman also supposes that the letter was composed not too long before its publication, 'but in any case not before 1735'. He tentatively dates it '*c*.1740'. To support this contention, Besterman mentions a number of indications that constitute 'confirmatory internal evidence'. Thus he finds it likely that Voltaire's mention of Réaumur at the beginning of the letter is an allusion to the *Mémoires pour servir à l'histoire des insectes* (Amsterdam 1737-1748). He also points out that *Electre* and *Rhadamiste et Zénobie*, the plays by Crébillon mentioned by Voltaire, were produced '24 and 21 years before 1732, not thirty years as stated in the letter'. That is, they were produced about thirty years before 1740. Another consideration that leads Besterman to believe the *Lettre* was written much later is the general tone of the piece, which, he suggests, does not accord with what we know of Voltaire's frame of mind in 1732: 'the very gloomy picture it paints of the literary life is not in accord with Voltaire's state of mind at the time'.

We know of course that, by this time, Voltaire had already had occasion to reflect on the lowly status of writers in France – especially when he compared it to the consideration men of letters enjoyed in England, as he did in the *Lettres philosophiques*. Still, his reflections on England are of a general nature and lack the specificity and bitterness that mark the *Lettre sur les inconvénients*. The number and precise nature of the details Voltaire marshals in

support of his complaint in the *Lettre* do tempt us to think that they originated in bitter personal experience – especially when we consider the trials and tribulations Voltaire underwent during the thirties. The troubles had started with the publication of the *Temple du goût*, which alienated a good number of his colleagues in the world of letters. Then came the condemnation and burning of the *Lettres philosophiques*, an event that was to have repercussions for many years. But worse was yet to come. Fragments of *La Pucelle* began circulating in 1735 and scandalised the *bien-pensants*, who were equally shocked by *Le Mondain* the following year. It was around this time that Voltaire became embroiled in the highly unpleasant Jore affair and that he also began to attract the attention of two of his most tenacious enemies: Desfontaines and Jean-Baptiste Rousseau. In May 1736 Rousseau published a long letter in the *Bibliothèque française* to remind its readers of the philosophe's impiety and moral turpitude (D1078). The attacks by Desfontaines culminated in the publication of the *Voltairomanie* in 1739. There were lawsuits, libellous pamphlets were circulated, there were accusatory and justificatory *mémoires* written, but in the end, more often than not, the constant stream of charges and recriminations simply brought discredit to both parties – a fact of life recorded by Voltaire in his *Lettre sur les inconvénients*. Indeed, it is possible to suppose that the antedating of the essay may have been an attempt to discourage readers from connecting the litany of *inconvénients* to the author's own recent misfortunes and disappointments.

One of these disappointments was certainly Voltaire's failure to get elected to the French Academy, although, as we shall see, he expressly denied having such designs at the time. The French Academy, as Voltaire points out at the outset, was an institution beset by a curious paradox: it was at once ridiculed and revered, scorned and coveted. It is an irony Voltaire mentions in his *Vie de M. J.-B. Rousseau*, written in 1738: 'Chose étrange, que presque tous les beaux esprits aient fait des épigrammes contre l'Académie française, et aient fait des brigues pour y être admis!' Voltaire

placed himself above the fray, however, declaring that 'on ne connaît guère que M. de Voltaire qui n'en ait jamais médit satiriquement, et qui n'ait fait aucune démarche pour en être'.[1] The affirmation was disingenuous, to say the least. Not only had Voltaire satirised the august institution, he had started doing it when he was quite young. He was only eighteen when he directed his first barbs against the Academy. It was on the occasion of Danchet's election in 1712. The candidate was a minor literary figure and owed his success principally to the energetic campaigning of Mme de Ferriol and her sister, Mme de Tencin.[2] Voltaire commented in verse:

> Danc[het], si méprisé jadis,
> Fait voir aux pauvres de génie
> Qu'on peut gagner l'Académie
> Comme on gagne le paradis.[3]

Shortly thereafter, Voltaire's involvement with the Academy resulted in his first serious conflict with the authorities. In 1712 the young Arouet submitted an ode to the regular competition organised by the Academy. The award, however, went to a certain abbé Du Jarry. In his disappointment, Voltaire wrote a poem entitled *Le Bourbier* attacking, among others, the dramatic author and poet Houdar de La Motte who was responsible for the Academy's decision. The poem speaks of

> Un bourbier noir, d'infecte profondeur,
> Qui fait sentir sa malplaisante odeur
> A un chacun fors à la troupe impure
> Qui va nageant dans ce fleuve d'ordure.[4]

Among the dwellers of the bog we find the 'jetonniers', two of whom (La Motte and Terrasson) are mentioned by name.[5] This

---

[1] M.xxii.339.
[2] Jean Sareil, *Les Tencin* (Geneva 1969), p.40.
[3] *OC*, t.1B, p.373.
[4] *OC*, t.1B, p.243.
[5] Academicians received a *jeton* for each session they attended, whence the term.

incident was brought again to the attention of the reading public in the thirties, when Rousseau recounted it in his letter to the *Bibliothèque française* (D1078). [6] To counter the effects of Rousseau's reminder, Voltaire felt it necessary to justify himself in the September issue of the *Bibliothèque française* by pointing out an unscientific howler in the winning entry (D1150):

Il est vrai que ce fut mr l'abbé du Jarry qui remporta le prix; je ne crois pas que mon ode fût trop bonne, mais le public ne souscrivit pas au jugement de l'Académie. Je me souviens qu'entre autres fautes assez singulières dont le petit poème couronné était plein, il y avait ce vers,

> Et des pôles brûlants jusqu'aux pôles glacez.

We also find Voltaire occasionally satirising the Academy in his letters. Writing to Frederick in 1740 (D2199), he mentions in passing the 'jetonniers français', characterising them as

> Ces gens doctement ridicules,
> Parlant de rien, nourris de vent,
> Et qui pèsent si gravement
> Des mots, des points et des virgules.

The best known of Voltaire's satirical jabs is certainly the passage of the 24th *Lettre philosophique* in which he ridicules reception speeches given at the Academy. His purpose here, however, is not only to mock but also to offer a constructive criticism of the Academy's activities. 'Quel service ne rendrait-elle pas aux lettres, à la langue et à la nation', asks Voltaire, 'si, au lieu de faire imprimer tous les ans des compliments, elle faisait imprimer les bons ouvrages du siècle de Louis XIV, épurés de toutes les fautes de langage qui s'y sont glissées?'[7] Voltaire was

---

[6] It was to reappear in 1743, on the occasion of Voltaire's candidacy for a seat in the Academy, when the poet Pierre Charles Roy brought it up in a satirical *Discours prononcé à la porte de l'Académie française par M. le directeur à M. ***. Le Bourbier* and Roy's *Discours* were to be reprinted in 1748 in a volume entitled *Voltariana* [sic] *ou éloges amphigouriques de Fr.-Marie Arrouet, sieur de Voltaire* by Travenol and Mannory.

[7] *Lettres philosophiques*, ed. Gustave Lanson (Paris 1915-1917), ii.176.

reminding the Academy of its function as arbiter of literary taste and linguistic correctness at a time when his election was becoming a real possibility. Similarly, his discussion of the Academy in the *Lettre sur les inconvénients* also offers a constructive recommendation concerning the role of the Academy.[8] Such advice indicates that Voltaire was still thinking of the Academy in positive terms, and in spite of occasional setbacks, was not ready to give up his hope of becoming one of the forty 'immortals'. It is significant, for example, that upon returning to Paris in 1739, Voltaire and Mme Du Châtelet did not fail to pay a visit to Mme de Tencin for, as Vaillot explains, 'Voltaire n'ignore pas que, pour une élection à l'Académie, il est bon d'avoir Mme de Tencin pour alliée: outre la voix de Fontenelle, elle dispose de nombreux suffrages ecclésiastiques.'[9]

The possibility of Voltaire's candidacy had already been mentioned in 1731, but it was not until 1736, when two seats had become vacant, that the first real opportunity seemed to present itself. Unfortunately, it was also a year when circumstances quickly turned highly unfavourable for such a candidacy. On 3 June the abbé d'Olivet reported to Bouhier on the two most recent elections, adding: 'Voltaire est de retour. Il avait grande envie de l'une des places vacantes, mais il n'a osé se mettre sur les rangs, parce que Mr le garde des Sceaux n'est pas encore tout à fait appaisé sur son sujet' (D1083). We may suppose that the commotion caused by the publication of the *Temple du goût* and the *Lettres philosophiques* had not entirely died down. Nevertheless, d'Olivet sounded quite optimistic: 'Mr le Duc de Richelieu & M. le Duc de Villars me dirent hier qu'ils travailleraient pour lui auprès de m. le cardinal et de m. le g. des sceaux, et qu'ils comptaient que moi de mon côté je travaillerais au dedans de l'académie. Ainsi selon toute apparence, voilà une élection toute

---

[8] It is a suggestion Voltaire will have occasion to take up again a few years later – in the discourse of reception that he will deliver on 9 May 1746.

[9] René Vaillot, *Avec Madame Du Châtelet. 1734-1749*, *Voltaire en son temps* 2 (Oxford 1988), p.121.

faite pour la première place qui viendra à vaquer' (D1083). [10] All Voltaire had to do was stay out of trouble, in accordance with the terms under which he had been granted permission to return to Paris the previous year by the *lieutenant général* of the police, Hérault (2 March 1735; D848):

Son Eminence et m. le garde des Sceaux m'ont chargé, Monsieur, de vous mander que vous pouvez revenir à Paris lorsque vous le jugerez à propos. Ce retour a pour condition que vous vous occuperez ici d'objets qui ne donneront plus aucun sujet de former contre vous les mêmes plaintes que par le passé. Plus vous avez de talent, monsieur, plus vous devez sentir que vous avez et d'ennemis et de jaloux. Fermez leur donc la bouche pour jamais par une conduite digne d'un homme sage et d'un homme qui a déjà acquis un certain âge.

In other words, Voltaire had to be *sage* and to act his age. These were obviously the necessary requirements for admission to the Academy as well. It soon became clear that it was not possible to meet them. Voltaire's image quickly deteriorated following a number of new developments. In a letter of *c*.15 June 1736 informing Bouhier of the most recent episode in the saga of Voltaire's legal battles with Jore, Jean Bernard Le Blanc reported (D1089):

Voltaire est bien misérable, bien bas, il devait sacrifier mille écus plutôt que de laisser paraître un pareil *factum* contre lui [...] pour comble de mal-adresse son propre Mémoire est encore plus contre lui que celui de son Libraire. La vanité, les airs de bienfaiteurs qu'il y affecte, un certain ton d'impudence qui s'y fait sentir partout, surtout les mensonges qu'il y avance avec tant d'effronterie sur sa pauvreté & sa générosité, tout cela fait crier contre lui. Pour le coup le voilà je pense bien loin de l'Académie. Ses amis se cachent.

As a result of the constant setbacks and exasperations that the thirties brought him, a tone of disenchantment, even despair, begins to manifest itself with increasing frequency in Voltaire's letters at the close of the decade. Writing of his desire to escape

[10] The cardinal was Fleury and the garde des sceaux was Chauvelin.

persecution and envy, he tells Frederick in 1739 that he does not hate his country, 'mais je souhaiterais seulement pouvoir cultiver l'étude avec plus de tranquillité et moins de crainte' (D1908). In a letter to Porée, he speaks of his 'amertume presque unique d'être à la fois persécuté et envié' (D1942). Frederick, of course, was hoping to exploit Voltaire's disenchantment for his own purposes and therefore sounded sympathetic: 'Je voudrais pouvoir soulager l'amertume de votre condition', he writes on 15 April 1739, and he assures Voltaire that he would enjoy an entirely different existence in Prussia: 'Vous ne trouveriez chez moi ni envieux, ni calomniateurs, ni ingrats; on saurait rendre justice à vos mérites, et distinguer parmi les hommes ce que la nature a si fort distingué parmi ses ouvrages' (D1979).

Two circumstances noted by Voltaire made the persecution particularly difficult to bear. First, those who had the power to censure were mediocre men unable to command the respect implicit in their position, as he points out in the *Lettre*. In 1739 he complains to d'Argenson: 'Encore passe si les gens qui se sont consacrés à l'étude n'étaient pas persécutés. Mais il est bien douloureux de se voir maîtrisé, foulé aux pieds par des hommes sans esprit, qui ne sont pas nés assurément pour commander, et qui se trouvent dans de très belles places qu'ils déshonorent' (D2054). Secondly, Voltaire found the condemnation or censure of some of his works particularly unjust. On 8 December 1736 he vented his frustration in a letter to Cideville: 'Savez-vous bien que Le mondain a été traité d'ouvrage scandaleux, et vous douteriez vous qu'on eût osé prendre ce misérable prétexte pour m'accabler encore? Dans quel siècle vivons nous! Et après quel siècle! Faire à un homme un crime d'avoir dit qu'Adam avoit les ongles longs, et traiter cela sérieusement d'hérésie! Je vous avoue que je suis outré' (D1220). He also found scandalous the condemnation of two works of which he was particularly proud. 'Je suis persécuté depuis que j'ai fait la Henriade', he complains to Frederick in 1737: 'Croiriez-vous bien qu'on m'a reproché plus d'une fois d'avoir peint avec des couleurs trop odieuses la St Barthelemy? On m'a

appelé athée parceque je dis que les hommes ne sont point nés pour se détruire' (D1255). Likewise, when the first chapters of the *Siècle de Louis XIV* are condemned to be burned by the *parlement*, Voltaire sounds bitter indeed: 'J'élevais un monument à la gloire de mon pays, et je suis écrasé sous les premières pierres que j'ai posées. Je suis en tout un exemple que les belles lettres n'attirent guères que des malheurs' (D2135, to d'Argenson, 8 January 1740). It is this realisation, quite possibly, that inspired him to detail his own experience in the form of disabused advice to a young man entering the career of letters.

The choice of Le Fèvre as *destinataire* may also have been a part of Voltaire's design: it was a reminder of the role Voltaire had once played as protector of young talents in a country that was woefully neglectful of them. Le Fèvre, whose name may also have been Montalque (D692), was one of two poets whom Voltaire had taken in in 1733, as an anonymous diarist reported: '"Il a retiré près de lui deux jeunes gens qui étoient sans fortune et à qui il a reconnu des talents. Il les nourrit en gens honorables et non en poëtes, leur fournit un honnête entretien, leur ouvre son cœur, sa bourse, et tous les trésors de son art"; "Journal de la cour et de Paris", *Revue rétrospective* (Paris 1836), vii.105-6' (D661, commentary).[11] Voltaire reiterated his dedication to these aims in 1736, declaring that

[11] Moland offers the following additional clarification: 'Lefebvre n'est mort qu'en 1734, s'il faut en croire une note qu'on lit à la page 136 du tome 1er de *Mon Petit Portefeuille*, 1774, deux volumes in-24. Ce recueil contient quatorze vers (et c'est tout ce qui en reste) d'une tragédie de Lefebvre. Ces quatorze vers ont été reproduits dans le tome III des *Pièces intéressantes, par Laplace*.' Moland also notes that Voltaire addresses to the same Le Fèvre a poem included in the volume of *Poésies mêlées* (x.500) and mentioned in a letter to Mme Denis written in 20 December 1753 (D5595). Voltaire had already alluded to 'un homme de lettres dont je prends soin', who is probably Le Fèvre, in 1733 in a letter to Thiriot (D638). Later that year he mentions Le Fèvre when writing to Cideville (D661) and to Claude Brossette (D681). In 1735 he points out to Thiriot that he had 'nourri, logé et entretenu comme mes enfants deux gens de lettres', referring to Le Fèvre and Linant (D918). In addition, he addressed to Le Fèvre the *Fragment d'une lettre sur la corruption du style*, which, according to Moland, 'depuis les éditions de Kehl, fait partie du *Dictionnaire philosophique*: voyez tome XX, page 442' (M.xxxiii.293, n.4).

'les jeunes gens qui voudront s'appliquer aux lettres trouveront toujours en moi un père'.[12] This generosity, in a sense, was his way of compensating young authors for the lack of protection they would encounter as they entered a career of letters. Voltaire was only too conscious of a writer's or poet's vulnerability and of their need to secure protection, especially if they attained a modicum of success in the world of letters. 'L'envie ne pardonne jamais', he writes to Porée in 1739, 'et quiconque se trouve sans puissance, sans parti, avec quelque réputation, est sûr d'être accablé' (D1942). Or, as he puts it in his *Lettre sur les inconvénients*: 'Il faut être d'un parti, ou bien tous les partis se réunissent contre vous.' Of course, as I have argued, in 1732 Voltaire was not yet able to appreciate fully the extent of the troubles that the profession of letters could bring. By the end of the decade he was in a good position to present the full panoply of disappointments and setbacks that were only awaiting him on the date he pretended to have written the 'letter'.

One source of Voltaire's constant difficulties as man of letters, which is also one of the *inconvénients* mentioned in the *Lettre*, was obviously the apparatus of censorship that existed in France. In 1734, for example, he complains to Formont about some issues that are central to his *Lettre* (D764):

La profession des lettres, si brillante et si libre sous Louis XIV, le plus despotique de nos rois, est devenue un métier d'intrigues et de servitude. Il n'y a point de bassesse qu'on ne fasse pour obtenir je ne sais quelles places, ou au sceau, ou dans les académies; et l'esprit de petitesse et de minutie est venu au point que l'on ne peut plus imprimer que des livres insipides. Les bons auteurs du siècle de Louis XIV, n'obtiendraient pas de privilège. Boileau et la Bruyère ne seraient que persécutés.

Voltaire's struggles to get approval for publication or for stage presentation also find their echo in the details presented in the *Lettre*. Here too, it is tempting to discern a parallel between the

---

[12] *Discours de M. de Voltaire en réponse aux invectives et outrages de ses détracteurs*, *OC*, t.16, p.260.

facts mentioned in the text and the circumstances Voltaire had to contend with in the 1730s. As Voltaire points out, an author's situation could be particularly difficult when the censor happened to be his rival. It is precisely the situation that Voltaire faced in the thirties. The royal censor to whom it befell to approve the publication or staging of Voltaire's works during this decade was none other than Prosper Jolyot de Crébillon. Crébillon, as we have seen, is presented in a positive light in the *Lettre*. This passage, however, is also the one that will eventually be deleted and replaced by a paragraph on an entirely different subject. The history of Voltaire's relationship with Crébillon thus appears to be reflected both in the composition and the revision of this text.

The relationship was undoubtedly cordial at first. In 1733, the year Crébillon was named to the post of royal censor, he approved the *Temple du goût* for publication.[13] Three years later, in the preface to *Alzire*, Voltaire paid tribute to 'l'auteur de *Rhadamiste* et d'*Electre*, qui par ces deux ouvrages m'inspira le premier le désir d'entrer quelque temps dans la même carrière' (*OC*, vol.14, p.122). But these good feelings were not going to last. The relationship became strained after Crébillon refused to grant permission to *Mahomet* in 1740 and to *La Mort de César* in 1743. These setbacks were apparently not sufficient to cause a complete break, however, because Voltaire mentions the censor in flattering terms in his *Discours de réception* at the French Academy. Voltaire recognised him as 'ce génie véritablement tragique qui m'a servi de maître quand j'ai fait quelques pas dans la même carrière'.[14] But it is around this time that Voltaire was completing *Sémiramis*, a subject already treated by Crébillon some thirty years earlier. This was also the time of Crébillon's growing favour at court and while it may be true, as Vaillot points out, that Voltaire did not consider Crébillon his enemy in 1746,[15] it was apparently shortly thereafter,

[13] Paul O. LeClerc, *Voltaire and Crébillon père*: history of an enmity, *SVEC* 115 (1973), p.29-31.
[14] M.xxxiii.213
[15] Vaillot, *Avec Madame Du Châtelet*, p.284.

as he was preparing a new edition of his works, that he decided to take out the paragraph singling out the old playwright. Clearly, Voltaire's forebearance was no longer what it had once been.[16]

Voltaire ends the letter with a rather curious epitaph mentioning Hippocrène, the spring beside which dwelt Apollo and the Muses, and which stood for poetic inspiration in Greek mythology.[17] It is perhaps not just a coincidence that the spring recurs four times in Voltaire's correspondence for the years 1739-1740, the time period during which he appears to have composed the *Lettre*. 'Les serpents que je rencontre aux bords de l'Hipocrene ne m'empêchent point de boire', he writes to d'Argental on 9 January 1739 (D1755). Frederick mentions Hippocrene twice in 1740 (D2186 and D2373) and Voltaire uses the metaphor in his response to Frederick on 26 August 1740 (D2301). It was evidently an image readily available in Voltaire's creative consciousness at the time, one that suggests yet another link between his correspondence and the *Lettre sur les inconvénients attachés à la littérature*.

Editions

As we have seen, the *Lettre sur les inconvénients attachés à la littérature* was first published in the *Œuvres mêlées de Mr. de Voltaire* (Geneva, Bousquet, 1742), ii.286-91. A few significant changes are made in w48D after which, with the exception of a few alterations in punctuation, in the italicisation and capitalisation of some words, the text remains essentially the same.[18] Up to and

---

[16] As Lanson has pointed out, Voltaire had probably Crébillon in mind when he supplemented the 24th *Lettre philosophique* 'Sur les Académies' with an addition that appeared in 1752. Thus Voltaire was critical of certain academicians who neglected French language 'au point qu'on ne trouve pas chez eux dix vers ou dix lignes de suite sans quelque barbarisme' (ii.183).

[17] Beuchot provides the following additional information: 'Dans le *Recueil d'épitaphes* (par Laplace), 1782, trois volumes in-12, ces vers sont donnés comme étant de Voltaire' (M.xxx.296, n.1).

[18] Besterman is therefore mistaken in identifying w57G as the first edition to incorporate these changes.

including Kehl, the *Lettre sur les inconvénients attachés à la littérature* is placed in the volumes containing the various *Mélanges*. Moland, following Beuchot, includes the *Lettre* in the correspondence for the year 1732 (M.xxxiii.293-96). [19]

In 1759 a truncated English version of the *Lettre* appears in Oliver Goldsmith's first major publication, *An enquiry into the present state of polite learning in Europe*. It is a rather loose translation of the first half of the letter, leaving out Voltaire's considerations on the French Academy.

w42

Œuvres mêlées de M. de Voltaire. Genève, Bousquet, 1742. 5 vol. 12° (Bengesco iv.20-23; Trapnell 42G; BnC 22-24), ii.286-91.
Paris, BnF: Rés. Z Beuchot 51.

w38 (1745)

Œuvres de M. de Voltaire. Amsterdam, Ledet [or] Desbordes, 1738-1756. 9 vol. 8° (Bengesco iv.5-12; Trapnell 39A; BnC 7-11), vi.270-76.
Paris, BnF: Rés. Z Beuchot 4 (Ledet); – Rés. 8° B 34042.

w43 (1745)

Œuvres de M. de Voltaire. Amsterdam, [or] Leipzig, Arckstée et Merkus, 1743-1745. 6 vol. 8° (Bengesco iv. 23; Trapnell 43), vi.270-76.
Köln, Universitäts- und Stadt-Bibliothek: 1955 G 1260.

w46

Œuvres diverses de M. de Voltaire. Londres [Trévoux], Nourse,

---

[19] I would like to acknowledge the invaluable help of my student Holly Fistler who made a number of visits to the Bibliothèque nationale on my behalf.

1746. 6 vol. 12° (Bengesco iv.24-28; Trapnell 46; BnC 25-26),
iv.235-42.
Paris, BnF: Rés. Z Beuchot 8 (4).

w48D

Œuvres de M. de Voltaire. Dresde, Walther, 1748-1754. 10 vol. 8°
(Bengesco iv.31-38; Trapnell 48D; BnC 28-35), ii.172-76.
Oxford, Taylor: V1 1748 (2); Paris, BnF: Rés. Z Beuchot 10 (2).

w48R

[*Title unknown*] [Rouen, Machuel, 1748-?]. 12 vol. 8° (Bengesco
iv.28-31, 68-73; Trapnell 48R, 64R; BnC 27, 145-148), vi.1-8.
An edition in 12 volumes started to appear in 1748 and was
suppressed at Voltaire's request. It was reissued as part of w64R
(see below). It follows the text of w38.
Paris, BnF: Rés. Z Beuchot 26 (6) (1764 edition).

w50

La Henriade et autres ouvrages. Londres [Rouen], Société, 1750-
1752. 10 vol. 12° (Bengesco iv.38-42; Trapnell 50R; BnC 39),
ii.275-81.
Grenoble, Bibliothèque municipale.

w51

Œuvres de M. de Voltaire. [Paris, Lambert], 1751. 11 vol. 12°
(Bengesco iv.42-46; Trapnell 51P; BnC 40-41), ii.103-109.
Oxford, Taylor: VF; Paris, BnF: Rés. Z Beuchot 13 (2).

w52

Œuvres de M. de Voltaire. Dresde, Walther, 1752. 9 vol. 8°
(Bengesco iv.46-50; Trapnell 52 (vol. 1-8), 70x (vol. 9); BnC 36-
38), ii.296-301.
Paris, BnF: Rés. Z Beuchot 14 (2).

w56

Collection complette des œuvres de M. de Voltaire. [Genève, Cramer], 1756. 17 vol. 8° (Bengesco iv.50-63; Trapnell 56, 57G; BnC 55-66), iv.343-49.
Oxford, Taylor: VF.

w57G1

Collection complette des œuvres de M. de Voltaire. [Genève, Cramer], 1757. 10 vol. 8° (Bengesco iv.63; Trapnell 56, 57G; BnC 67-69), iv.343-49.
Paris, BnF: Rés. Z Beuchot 21 (4).

w57G2

Collection complette des œuvres de M. de Voltaire. [Genève, Cramer], 1757. 10 vol. 8° (Bengesco iv.63; Trapnell 56, 57G; BnC 67-69), iv.343-49.
StP: 11-74.

w57P

Œuvres de M. de Voltaire. [Paris, Lambert], 1757. 22 vol. 12° (Bengesco iv.63-68; Trapnell 57P; BnC 45-54), vii.520-27.
Oxford, Taylor: VF; Paris, BnF: Z 24648.

oc61

Œuvres choisies de Mr. de Voltaire. Avignon, Giroud, 1761. 12° (Bengesco iv.205, 225; Trapnell 61A; BnC 430-433), p.264-70.
Paris, BnF: Ye 9353.

w64G

Collection complette des œuvres de M. de Voltaire. [Genève, Cramer], 1764. 10 vol. 8° (Bengesco iv.60-63; Trapnell 64, 70G; BnC 89), iv.360-66.
Oxford, Taylor: VF.

W64R

Collection complette des œuvres de M. de Voltaire. Amsterdam, Compagnie [Rouen, Machuel?], 1764. 22 tomes in 18 vol. 12° (Bengesco iv.28-31; Trapnell 64R; BnC 145-148), vi.1-8.
Volumes 1-12 were produced in 1748 and belong to the edition suppressed at the request of Voltaire (see above, w48R).

W70G

Collection complette des œuvres de M. de Voltaire. [Genève, Cramer], 1770. 10 vol. 8° (Bengesco iv.60-63; Trapnell 64, 70G; BnC 90-91), iv.360-66.
Oxford, Taylor: V1 1770/1 (4).

W68 (1771)

Collection complette des œuvres de M. de Voltaire. [Genève, Cramer; Paris, Panckoucke], 1768-1777. 30 vol. 4° (Bengesco iv.73-83; Trapnell 68; BnC 141-144), xv.261-64.
Oxford, Taylor: VF.

W71

Collection complète des œuvres de M. de Voltaire. Genève [Liège, Plomteux], 1771-1777. 32 vol. 8° (Bengesco iv.89-91; Trapnell 71; BnC 151), xiv.286-90.
Oxford, Taylor: VF.

W72X

Collection complette des œuvres de M. de Voltaire. [Genève, Cramer?], 1772. 10 vol. 8° (Bengesco iv.60-63; Trapnell 72X; BnC 92-110), iv.360-66.
Paris, BnF: 16° Z 15081 (4).

w70L (1773)

Collection complette des œuvres de M. de Voltaire. Lausanne, Grasset, 1770-1781, 57 vol. 8° (Bengesco iv.83-89; Trapnell 70L; BnC 149-150), xxxii(1773).1-7.
Oxford, Taylor: V1 1770/2 (32).

w72P (1773)

Œuvres de M. de V.... Neufchatel [Paris, Panckoucke], 1771-1777. 34 or 40 vol. 8° and 12° (Bengesco iv.91-94; Trapnell 72P; BnC 152-157), xvi(1773).407-14.
Paris, BnF: Z 24809.

w75G

La Henriade, divers autres poèmes et toutes les pièces relatives à l'épopée. [Genève, Cramer & Bardin], 1775. 37 vol. (40 vol. with the *Pièces détachées*) 8° (Bengesco iv.94-105; Trapnell 75G; BnC 158-161), xxxiii.321-26.
A note on p.1 explains: 'La plupart des pièces contenues dans ce volume furent écrites depuis 1730 jusqu'en 1740.'
Oxford, Taylor: VF.

к84

Œuvres complètes de Voltaire. [Kehl], Société littéraire-typographique, 1784-1789. 70 vol. 8° (Bengesco 2142; Trapnell K; BnC 164-193), xlix.32-37.
Oxford, Taylor: VF.

Editorial principles

The base text is w75G. The original punctuation has been retained. Variants are drawn from w42, w38, w43, w46, w48D, w48R, w50, and к84. I have not included *s'en vange* (l.56 w48D), obviously a misspelling, in the variants.

Modernisation of the base text

The following orthographical aspects have been modified to conform to modern usage:

1. Consonants
   - the consonant *p* was not used in: tems, longtems
   - the consonant *t* was not used in: inconvéniens, savans, sentimens, complimens, concurrens, intrigans
   - the consonant *ʒ* was used in hazard
   - a single consonant was used in: pourait

2. Vowels
   - *y* was used in place of *i* in: ayent

3. Accents

The grave accent
   - was not used in: enlevera

The circumflex accent
   - was used in: toûjours

The dieresis
   - was used in: poëme

4. Capitalisation
   - initial capitals were attributed to adjectives denoting nationality: Italienne
   - initial capitals were not attributed to: académie française, académie des sciences

5. Various
   - the ampersand was used
   - proper names were italicised: *Le Fèvre, Réaumur, Richelieu, Rousseau*
   - monsieur was abbreviated: Mr.

LETTRE SUR LES INCONVÉNIENTS ATTACHÉS
À LA LITTÉRATURE (*a*)

Votre vocation, mon cher le Fèvre, est trop bien marquée pour y résister. Il faut que l'abeille fasse de la cire, que le ver à soie file, que Mr. de Réaumur les dissèque, et que vous les chantiez. Vous serez poète et homme de lettres, moins parce que vous le voulez, que parce que la nature l'a voulu. Mais vous vous trompez 5 beaucoup, en imaginant que la tranquillité sera votre partage. La carrière des lettres, et surtout celle du génie, est plus épineuse que celle de la fortune. Si vous avez le malheur d'être médiocre (ce que je ne crois pas), voilà des remords pour la vie. Si vous réussissez, voilà des ennemis; vous marchez sur le bord d'un 10 abîme, entre le mépris et la haine.

Mais quoi, me direz vous, me haïr, me persécuter, parce que j'aurai fait un bon poème, une pièce de théâtre applaudie, ou écrit une histoire avec succès, ou cherché à m'éclairer et à instruire les autres? 15

Oui, mon ami, voilà de quoi vous rendre malheureux à jamais. Je suppose que vous ayez fait un bon ouvrage, imaginez vous qu'il vous faudra quitter le repos de votre cabinet pour solliciter l'examinateur. Si votre manière de penser n'est pas la sienne, s'il n'est pas l'ami de vos amis, s'il est celui de votre rival, s'il est votre 20 rival lui-même, il vous est plus difficile d'obtenir un privilège, qu'à un homme, qui n'a point la protection des femmes, d'avoir un emploi dans les finances. Enfin après un an de refus et de négociations, votre ouvrage s'imprime; c'est alors qu'il faut, ou assoupir les *Cerbères* de la littérature, ou les faire aboyer en votre 25

(*a*) Cette lettre paraît écrite en 1732, car en ce temps l'auteur avait pris chez lui ce jeune homme, nommé M. le Fèvre, à qui elle est adressée. On dit qu'il promettait beaucoup, qu'il était très savant et faisait bien des vers: il mourut la même année.

faveur. Il y a toujours trois ou quatre gazettes littéraires en France, et autant en Hollande; ce sont des factions différentes. Les libraires de ces journaux ont intérêt qu'ils soient satyriques; ceux qui y travaillent servent aisément l'avarice du libraire et la malignité du public. Vous cherchez à faire sonner ces trompettes de la renommée; vous courtisez les écrivains, les protecteurs, les abbés, les docteurs, les colporteurs; tous vos soins n'empêchent pas que quelque journaliste ne vous déchire. Vous lui répondez; il réplique; vous avez un procès par écrit devant le public, qui condamne les deux parties au ridicule.

C'est bien pis; si vous composez pour le théâtre, vous commencez par comparaître devant l'aréopage de vingt comédiens, gens dont la profession, quoiqu'utile et agréable, est cependant flétrie par l'injuste, mais irrévocable cruauté du public. Ce malheureux avilissement où ils sont, les irrite; ils trouvent en vous un client, et ils vous prodiguent tout le mépris dont ils sont couverts. Vous attendez d'eux votre première sentence; ils vous jugent; ils se chargent enfin de votre pièce. Il ne faut plus qu'un mauvais plaisant dans le parterre pour la faire tomber. Réussit-elle? La farce, qu'on appelle *italienne*, celle de la foire, vous parodient; vingt libelles vous prouvent que vous n'avez pas dû réussir. Des savants, qui entendent mal le grec, et qui ne lisent point ce qu'on fait en français, vous dédaignent, ou affectent de vous dédaigner.

Vous portez en tremblant votre livre à une dame de la cour; elle le donne à une femme de chambre, qui en fait des papillotes; et le laquais galonné, qui porte la livrée du luxe, insulte à votre habit, qui est la livrée de l'indigence.

Enfin je veux que la réputation de vos ouvrages ait forcé l'envie

27-28 w42-w46: Les libraires qui débitent les journaux véritables, et les libelles qui en usurpent le nom ont intérêt

50-53 w42-w46: Trouvez-moi un bel esprit, un auteur qui ait dit du bien de l'Electre et du Radamiste de m. Crébillon? Il y a trente ans que ces deux pièces nous arrachent des larmes, et trente ans que nos critiques s'obstinent à imprimer que nous n'avons plus rien de supportable au théâtre.

à dire quelquefois que vous n'êtes pas sans mérite; voilà tout ce 55
que vous pouvez attendre de votre vivant; mais qu'elle s'en venge
bien en vous persécutant! On vous impute des libelles, que vous
n'avez pas même lus, des vers que vous méprisez, des sentiments
que vous n'avez point. Il faut être d'un parti, ou bien tous les partis
se réunissent contre vous. 60

Il y a dans Paris un grand nombre de petites sociétés, où préside
toujours quelque femme, qui dans le déclin de sa beauté fait briller
l'aurore de son esprit. Un ou deux hommes de lettres sont les
premiers ministres de ce petit royaume. Si vous négligez d'être au
rang des courtisans, vous êtes dans celui des ennemis, et on vous 65
écrase. Cependant malgré votre mérite vous vieillissez dans
l'opprobre et dans la misère. Les places destinées aux gens de
lettres sont données à l'intrigue, non au talent. Ce sera un
précepteur, qui par le moyen de la mère de son élève emportera
un poste, que vous n'oserez pas seulement regarder. Le parasite 70
d'un courtisan vous enlèvera l'emploi auquel vous êtes propre.

Que le hasard vous amène dans une compagnie, où il se
trouvera quelqu'un de ces auteurs réprouvés du public, ou de
ces demi-savants, qui n'ont pas même assez de mérite pour être de
médiocres auteurs, mais qui aura quelque place, ou qui sera intrus 75
dans quelque corps; vous sentirez, par la supériorité qu'il affectera
sur vous, que vous êtes justement dans le dernier degré du genre
humain.

Au bout de quarante ans de travail, vous vous résolvez à
chercher par les cabales, ce qu'on ne donne jamais au mérite seul; 80
vous vous intriguez comme les autres pour entrer dans l'Académie
française, et pour aller prononcer d'une voix cassée à votre
réception un compliment, qui le lendemain sera oublié pour
jamais. Cette Académie française est l'objet secret des vœux de
tous les gens de lettres; c'est une maîtresse contre laquelle ils font 85

62-63   w42: beauté commence à cultiver son esprit
        w38, w43, w46: beauté commence à faire briller
80-81   w42-w50: ; vous intriguez

des chansons et des épigrammes, jusqu'à ce qu'ils aient obtenu ses faveurs, et qu'ils négligent dès qu'ils en ont la possession.

Il n'est pas étonnant qu'ils désirent d'entrer dans un corps, où il y a toujours du mérite, et dont ils espèrent, quoiqu'assez vainement, d'être protégés. Mais vous me demanderez, pourquoi ils en disent tous tant de mal, jusqu'à ce qu'ils y soient admis? Et pourquoi le public, qui respecte assez l'Académie des sciences, ménage si peu l'Académie française? C'est que les travaux de l'Académie française sont exposés aux yeux du grand nombre, et les autres sont voilés. Chaque Français croit savoir la langue, et se pique d'avoir du goût; mais il ne se pique pas d'être physicien. Les mathématiques seront toujours pour la nation en général une espèce de mystère, et par conséquent quelque chose de respectable. Des équations algébriques ne donnent de prise ni à l'épigramme, ni à la chanson, ni à l'envie; mais on juge durement ces énormes recueils de vers médiocres, de compliments, de harangues, et ces éloges, qui sont quelquefois aussi faux que l'éloquence avec laquelle on les débite. On est fâché de voir la devise de l'*Immortalité* à la tête de tant de déclamations, qui n'annoncent rien d'éternel, que l'oubli auquel elles sont condamnées.

Il est très certain que l'Académie française pourrait servir à fixer le goût de la nation. Il n'y a qu'à lire ses remarques sur le *Cid*; la jalousie du cardinal de Richelieu a produit au moins ce bon effet. Quelques ouvrages dans ce genre seraient d'une utilité sensible. On les demande depuis cent années au seul corps dont ils puissent émaner avec fruit et bienséance. On se plaint que la moitié des académiciens soit composée de seigneurs qui n'assistent jamais aux assemblées, et que dans l'autre moitié il se trouve à peine huit ou neuf gens de lettres qui soient assidus. L'Académie est souvent négligée par ses propres membres. Cependant à peine un des quarante a-t-il rendu les derniers soupirs, que dix concurrents se présentent; un évêché n'est pas plus brigué; on court en poste à Versailles; on fait parler toutes les femmes; on fait agir tous les intrigants; on fait mouvoir tous les ressorts; des haines violentes

sont souvent le fruit de ces démarches; la principale origine de ces horribles couplets, qui ont perdu à jamais le célèbre et malheureux Rousseau, vient de ce qu'il manqua la place qu'il briguait à l'Académie. [1] Obtenez-vous cette préférence sur vos rivaux? Votre bonheur n'est bientôt qu'un fantôme; essuyez-vous un 125 refus? Votre affliction est réelle. On pourrait mettre sur la tombe de presque tous les gens de lettres:

> Ci gît au bord de l'Hippocrène,
> Un mortel longtemps abusé.
> Pour vivre pauvre et méprisé, 130
> Il se donna bien de la peine.

Quel est le but de ce long sermon que je vous fais? Est-ce de vous détourner de la route de littérature? Non. Je ne m'oppose point ainsi à la destinée; je vous exhorte seulement à la patience.

---

133   K84: de la littérature

---

[1] Voltaire is referring here to events occurring thirty years earlier. In 1709 two seats had become vacant in the French Academy and Jean-Baptiste Rousseau was hoping to be named to one of them. His candidacy failed and the Academy chose to elect La Motte and the président de Mesmes. Following the election, a number of scurrilous couplets circulated, attacking certain academicians and their protectors. Rousseau was immediately suspected of having written them and, as a result of the growing scandal, was tried by the *parlement* of Paris. He was eventually found guilty and was condemned to perpetual banishment from France. Voltaire recounts these events in his *Vie de M. J.-B. Rousseau* (M.xx.327-57).

Lettre sur Roger Bacon

Edition critique

par

Jacqueline Hellegouarc'h

TABLE DES MATIÈRES

INTRODUCTION

On ne peut douter que cette *Lettre* ait été écrite par Voltaire et publiée avec son accord puisqu'il donne des instructions à son sujet dans un billet aux Cramer.[1] Elle a paru pour la première fois dans l'édition de Dresde de 1748. La correspondance de l'auteur avec l'imprimeur permet de préciser le processus et la date.

Après avoir écrit à Walther le 2 janvier 1748 qu'il 'envoie le sixième volume avec beaucoup d'additions jusqu'à la page 230' (D3602), Voltaire lui écrit le 11 qu'il 'envoie par cette poste la suite des éléments de philosophie avec quelques autres pièces' (D3605). La *Lettre*, qui suit dans l'édition les *Eléments* et occupe dans le sixième volume les pages 272 à 276, fait sans aucun doute partie de cet envoi. Elle doit être une des 'pièces nouvelles qui ne se trouveront point ailleurs' et qui 'rendront [l']édition [de Walther] préférable', au dire de l'auteur (26 février; D3625). A cette date du 26 février, celui-ci suppose le sixième tome en cours d'impression puisqu'il recommande de l'imprimer avec soin. Le 22 octobre, il apprend que l'édition se débitait déjà le 8 et il reproche vivement à Walther sa précipitation (D3795).

Il est plus difficile de savoir quand la pièce a été composée. Elle n'est pas antérieure à 1733, puisque Voltaire se réfère à l'édition de l'*Opus maius* de 1733 (Londres, éd. S. Jebb), qui est la première qu'on ait faite.

Elle n'est sans doute pas postérieure à 1747: non seulement elle a été envoyée le 11 janvier 1748 à l'imprimeur, mais dans toutes les éditions parues du vivant de l'auteur, elle précède *Sur l'Anti-Lucrèce*, vraisemblablement écrit en 1747 dès que paraît l'ouvrage du cardinal de Polignac.

On peut essayer de resserrer un peu cette fourchette 1733-1747 en considérant la place assignée à la pièce et son contenu.

---

[1] D6660.

Dans l'édition 'encadrée' on a fait un carton pour insérer à la première page du tome premier des *Mélanges* cette note: 'La plupart des pièces contenues dans ce volume furent écrites depuis 1730 jusqu'en 1740.' Or la *Lettre sur Roger Bacon* se trouve au début du recueil, pages 14 à 17, en cinquième position. On peut donc se demander si elle n'est pas une de ces pièces.

De plus, dans les premières éditions – celle de 1748, celle de 1751 et évidemment les contrefaçons rouennaises de 1750 et 1764 – elle suit immédiatement les *Eléments de la philosophie de Newton* parus entre 1738 et 1741. Dans l'édition Lambert de 1751, elle commence même sur la page où se termine le dernier chapitre des *Eléments*.

A partir de 1752, si elle en est séparée par d'autres pièces, ou si même elle se trouve dans un autre volume, elle voisine néanmoins toujours avec la *Lettre à 'sGravesande*, la *Réponse à Martin Kahle* et la *Courte réponse aux longs discours d'un docteur allemand* qui font partie de la polémique newtonienne et furent écrites entre 1741 et 1744 au plus tard.

En 1756, Voltaire demande aux Cramer de réunir Roger Bacon et Newton, dans un but, il est vrai, purement esthétique: 'Point de Lucrece ici, point de Roger Bacon. Cela va à merveille avec *Micromégas* pour égayer le triste calcul neutonien.'[2] Seuls les éditeurs de Kehl ont rompu le lien en joignant la *Lettre* au *Dictionnaire philosophique*, comme 'un grand nombre de morceaux peu étendus, qu'il eût été difficile de classer dans quelqu'une des divisions de cette collection'.

La forme et le contenu du texte confirment dans une certaine mesure l'idée qu'il pourrait avoir été composé vers 1738-1740.

Il se présente – sauf dans l'édition de Kehl – sous forme épistolaire: comme les *Lettres anglaises* publiées peu auparavant, ou encore comme les lettres écrites peu après 1740 à 'sGravesande ou à Kahle, dont on le rapproche dans la plupart des éditions.

---

[2] D6660. Dans l'édition w72p, la *Lettre* est publiée sous la rubrique *Eléments de la philosophie de Newton*.

Le destinataire de cette lettre ouverte croirait que Roger Bacon 'était un très grand homme et qu'il avait la vraie science parce qu'il fut persécuté et condamné dans Rome à la prison par des ignorants'. Or pendant les années 1726-1737 paraissent plusieurs ouvrages parlant des découvertes du moine et des persécutions qui s'en suivirent. L'éloge de R. Bacon est fait en particulier par J. Freind – que connaissait Voltaire – dans son *Histoire de la médecine* rééditée en 1735. Toutefois Freind, mort en 1728, ne saurait être le destinataire, même fictif; ou il faudrait supposer que la *Lettre* a été commencée en 1728 et récrite après l'édition de Jebb. André-François Boureau-Deslandes tient également des propos assez proches de ceux que Voltaire prête à son interlocuteur; il écrit dans l'*Histoire critique de la philosophie* parue en 1737: 'Un génie élevé, des talents extraordinaires, plusieurs machines de son invention le firent surnommer le Docteur Merveilleux. Il s'attira bientôt la jalousie et l'inimitié de tous ses confrères, car on hait dans les cloîtres comme partout ailleurs.' La relation logique entre éloge et persécution est inversée dans la *Lettre*, mais une telle déformation caricaturale est assez conforme aux habitudes de Voltaire. Le passage de Boureau-Deslandes pourrait fort bien avoir déclenché chez lui une réaction déjà préparée par la lecture de Jebb et de Freind.

Sans que le nom de Newton soit prononcé, on est tenté de penser d'autre part que cette *Lettre* a quelque rapport avec la polémique newtonienne des années 1740. En disant que Bacon 'avait la vraie science', l'interlocuteur anonyme ne diminuait-il pas le mérite de Newton au moment où Voltaire luttait pour le faire reconnaître en France comme un novateur de génie, qui avait ouvert les yeux des hommes à la lumière?[3] On peut le supposer en voyant avec quelle aigreur l'auteur réagit et – si on se réfère à d'autres jugements, et aux travaux de Bacon – comme il s'applique à déprécier le moine.

[3] Voir par exemple les lettres à Maupertuis du 29 avril 1734 (D728) ou à Martin Folkes du 10 octobre 1739 (D2088).

Au lieu de mettre en lumière le côté positif du rôle de Bacon dans l'invention de la poudre à canon comme dans les *Notebooks* ou les *Questions sur l'Encyclopédie*,[4] il ne montre ici que le côté négatif.

Même dans les *Eléments de la philosophie de Newton*, il faisait plus d'éloge qu'ici des connaissances en optique de Bacon; le premier, disait-il, à 'parler avec quelque netteté' des 'lunettes appelées bésicles et des loupes' (II, 5; *OC*, t.15, p.303).

Il se montre ici beaucoup plus sévère pour le moine que la plupart de ses contemporains. J. Freind fait un éloge chaleureux.[5] Selon S. Jebb, l'éditeur de l'*Opus maius* auquel Voltaire se réfère, Bacon a, entre autres, 'mené à bien des travaux presque infinis concernant la perspective', décrit l'usage des lunettes, la manière de les fabriquer, connu et utilisé le télescope, travaillé à l'établissement des Tablettes astronomiques...[6] Dans la *Bibliotheca Britannico-Hibernica*, publiée à Londres par Thomas Tanner en 1748, on est très élogieux aussi. Chauffepié, dans son *Nouveau Dictionnaire historique et critique*, défend Bacon contre Bayle. L'*Encyclopédie* elle-même cite Bacon à plusieurs reprises, en particulier dans les articles 'Chymie' et 'Ilchester': Jaucourt estime justifié son surnom de 'docteur admirable', car 'il l'est par ses découvertes dans l'Astronomie, dans l'Optique, dans les Mécaniques et dans la Chimie'.

En comparant le compte rendu que fait Voltaire de l'*Opus maius* avec les passages correspondants que nous citons en note, on pourra apprécier dans quelle mesure il infléchit la vérité.

Si certaines inexactitudes ne répondent à aucune intention et résultent seulement d'une lecture rapide,[7] la plupart révèlent un parti pris manifeste. Voltaire abrège, supprime les explications, détache du contexte, amalgame, caricature pour dévaluer Bacon.

[4] 'Le premier qui devina une grande partie de ce secret de mathématique fut un bénédictin nommé Roger Bacon' (art. 'Armes, Armées').

[5] Joannis Freind, *Opera omnia medica* (Parisiis 1735), p.287s.

[6] Préface de l'*Opus*, neuvième et dixième pages.

[7] Voir note 14, p.311: peu importe pour l'argumentation qu'il s'agisse de l'influence de la lune, et non du soleil, et que l'astrologue ait réussi ou non à empêcher la pose de l'emplâtre: Voltaire a simplement donné à *prohibeo* son sens le plus courant en latin classique et n'a pas dû lire la fin de l'histoire.

Celui-ci a bien dit, par exemple, qu'il aimerait brûler tous les livres d'Aristote, publiés et utilisés par des ignorants vaniteux, mais la phrase est isolée du contexte: Bacon ne montre pas la prétention que lui prête implicitement Voltaire. Ce qu'il condamne au feu, ce sont les mauvaises traductions latines;[8] lui-même se réfère continuellement aux travaux d'Aristote,[9] qu'il considère 'comme le fondement de toute la science'.[10]

Quant au passage où, selon Voltaire, Bacon ne parle pas de la lumière beaucoup plus clairement qu'Aristote, il serait plus compréhensible s'il était cité intégralement: '[cette multiplication est une action équivoque de l'agent et de l'aspect] telle que la lumière engendrée en engendre une autre, et ainsi de suite'.

Voltaire supprime aussi les explications tirées de l'expérience et de la théorie, que donne le moine de ses prescriptions médicales, de l'utilisation de l'astrologie, ou du phénomène de la baguette de coudrier, si bien que ses affirmations paraissent 'absurdités et chimères' plus qu'elles ne le sont.

Bacon se fonde sur l'observation des animaux, qui savent se soigner, pour prescrire des remèdes naturels comme les leurs:[11] des produits d'origine végétale ou animale à l'état pur; entre autres du sperme de baleine (= de l'ambre gris), de l'aloes, du romarin, et sans doute de l'antidote de serpent.[12] Remarquons qu'une certaine médecine moderne revient au principe du remède naturel et qu'on reconnaît encore quelque vertu aux plantes en question, à l'antidote et à l'huile de foie de morue sinon au 'sperme de baleine'.

Bacon explique pourquoi la pierre philosophale – si on la trouvait, il le précise – permettrait de prolonger la vie humaine: l'or parfaitement pur 'supprimerait les altérations du corps'.[13]

[8] Voir les textes cités note 5, p.306.
[9] Par exemple, *Opus maius*, p.388, 470, 472.
[10] Préface de l'*Opus*, cinquième page.
[11] Voir *Opus maius*, p.469.
[12] Voir les textes cités dans les notes 8 et 9, p.308.
[13] Voir le texte cité au début de la note 10, p.309-10.

Il donne aussi une explication – logique, si on admet le point de départ – de l'influence de la lune sur les organes, et, par suite, sur la volonté et la destinée. [14] Il en déduit qu'il faut établir des Tablettes astronomiques où seraient consignés avec certitude tous les mouvements des cieux depuis le début du monde jusqu'à la fin, et alors n'importe quel jour nous pourrions lire dans le ciel les causes de tout ce qui se renouvelle sur terre, chercher une disposition du ciel semblable dans le passé, trouver de semblables effets, et tout connaître ainsi de l'avenir. [15]

Voltaire omet de signaler que Bacon rejette explicitement toute interprétation et tout usage magiques. Après avoir décrit le phénomène de la baguette de coudrier, il prend soigneusement ses distances par rapport aux magiciens: 'les magiciens utilisent cette expérience, prononcent diverses incantations, et on croit que le phénomène se produit par la vertu des incantations. Moi, j'ai laissé de côté les incantations, et j'ai trouvé un fait naturel étonnant.' [16]

Il n'a pas prétendu qu''on peut se rendre immortel avec la pierre philosophale'. Il a dit d'une part qu'elle permettrait de 'prolonger la vie pendant bien des siècles', d'autre part qu'un mélange aux proportions *idéales* composé d'éléments d'une pureté *idéale* – dont l'or – constituerait le remède *idéal* qui conserverait éternellement les corps.

De plus, la mixture en question comporte – on l'a vu – des composantes plus naturelles ou plus connues que 'la chair de dragon': [17] quant au *spermaceti*, il est désigné aussi dans l'*Opus* sous le nom simple d'ambre: l'ambre gris sans doute.

Par ces procédés, Voltaire déprécie Bacon, et à travers lui les siècles antérieurs, au bénéfice de celui de Newton: '[Bacon] était de

[14] Voir les textes cités dans les notes 13 (p.311) et 11 (p.310).

[15] Op. 3 ad Clem. MS Cot. Tib. C5, f.6, cité par S. Jebb dans les onzième et douzième pages de la préface de l'*Opus maius*.

[16] *Opus maius*, p.473. Il fait même quelques réserves sur l'alchimie et les alchimistes: voir les textes cités à la fin de la note 10 (p.310).

[17] Voir ci-dessus et les textes cités dans les notes 8 et 9 (p.308).

l'or encroûté de toutes les ordures du temps où il vivait: cet or aujourd'hui serait épuré.'

Sans revêtir cette forme remarquable, l'image, comme l'idée, se rencontre assez souvent chez Voltaire vers 1738-1740. On y trouve la métaphore de l'or, de l'or épuré, du mélange de l'or et de la fange.[18] Elle est parfois utilisée à propos de savants, comme ici. Dans une lettre à R. P. Des Alleurs du 26 novembre [1738] (D1666) elle illustre même une des idées de la *Lettre*:[19] 'Gassendi est un homme qui vous dit en gros qu'il y a quelque part une mine d'or, et les autres vous apportent cet or qu'ils ont fouillé, épuré et travaillé.' Un autre rapprochement, particulièrement intéressant, s'impose avec un texte de 1737: on trouve la même pensée que dans la *Lettre*, exprimée par la même image, dans ce compte rendu des *Essais de Théodicée* publié par les *Mémoires de Trévoux* qui a frappé Voltaire au point de le brouiller avec le Père Castel: 'Il [Leibniz] trouve même, selon l'expression de Grotius, de l'or caché sous les ordures du latin barbare des moines.'

Seul manque l'emploi étonnant d''encroûté'. Ce mot, qui n'est mentionné dans Furetière ou Trévoux que comme terme de maçonnerie, appartient au vocabulaire de la physique cartésienne et s'applique à ces tourbillons continuellement critiqués par Voltaire à cette même époque, où il défend la 'philosophie' de Newton.

Si on ajoute qu'en 1737 encore l'auteur de la *Lettre* est amené à s'intéresser aux expériences sur la poudre à canon[20] dont on disait Bacon l'inventeur, on a bien des raisons de supposer que le texte a été écrit vers 1738-1740.

[18] Voir par exemple la lettre à Maupertuis (vers le 1er octobre 1738; D1622): '[Newton] a trouvé un or que personne ne connaissait, les philosophes recherchent la semence de cet or. [...] je me suis bien donné de garde d'oser mêler le moindre alliage de système, à l'or de Newton'; ou les lettres à Caylus du ?9 janvier 1739 (D1757) ou à Helvétius du 25 février 1739 (D1906).

[19] Voir le cinquième paragraphe de la *Lettre*.

[20] Voir la lettre à Moussinot du 6 [juillet 1737], D1349.

Editions

w48d

Œuvres de M. de Voltaire. Dresde, Walther, 1748-1754. 10 vol. 8°.
Bengesco iv.31-38; Trapnell 48D; BnC 28-35.
Tome vi: 272-276 Lettre sur le moine Roger Bacon.
Paris, BnF: Rés. Z Beuchot 12(6).

w50

La Henriade et autres ouvrages. Londres [Rouen], Societé, 1750-
1752. 10 vol. 12°. Bengesco iv.38-42; Trapnell 50R; BnC 39.
Tome vi: 401-406 Lettre sur le moine Roger Bacon.
Paris, BnF: Rés. Z Beuchot 9.

w51

Œuvres de M. de Voltaire. [Paris, Lambert], 1751. 11 vol. 12°.
Bengesco iv.42-46; Trapnell 51P; BnC 40-41.
Tome x: 297-301 Lettre sur le moine Roger Bacon.
Paris, BnF: Rés. Z Beuchot 13(10).

w52

Œuvres de M. de Voltaire. Dresde, Walther, 1752. 9 vol. 8°.
Bengesco iv.46-50; Trapnell 52 (t. 1-8), 70X (t. 9); BnC 36-38.
Tome v: 15-18 Lettre sur Roger Bacon.
Paris, BnF: Rés. Z Beuchot 14(5).

w56

Collection complette des œuvres de M. de Voltaire. [Genève,
Cramer], 1756. 17 vol. 8°. Bengesco iv.50-63; Trapnell 56, 57G;
BnC 55-66.
Tome iii: xix-xxiii Lettre sur Roger Bacon.
Paris, BnF: Z 24578.

W57G

Collection complette des œuvres de M. de Voltaire. [Genève, Cramer], 1757. 10 vol. 8°. Bengesco iv.63; Trapnell 56, 57G; BnC 67-69.
Tome iii: xix-xxiii Lettre sur Roger Bacon.
Paris, BnF: Rés. Z Beuchot 21(3).

W64R

Collection complette des œuvres de M. de Voltaire. Amsterdam, Compagnie [Rouen, Machuel?], 1764. 22 tomes en 18 vol. 12°. Bengesco iv.28-31; Trapnell 64R; BnC 145-148.
Tome viii: 401-406 Lettre sur le moine Roger Bacon.
Paris, BNF: Rés. Z Beuchot 26(8).

W68

Collection complette des œuvres de M. de Voltaire. [Genève, Cramer; Paris, Panckoucke], 1768-1777. 30 vol. 4°. Bengesco iv.73-83; Trapnell 68; BnC 141-144.
Tome iv: 200-202 Lettre sur Roger Bacon.
Paris, BnF: Rés. m Z587(4).

W70G

Collection complette des œuvres de M. de Voltaire. [Genève, Cramer], 1770. 10 vol. 8°. Bengesco iv.60-63; Trapnell 64, 70G; BnC 90-91.
Tome iii: 23-27 Lettre sur Roger Bacon.
Paris, BnF: Z24744.

W72X

Collection complette des œuvres de M. de Voltaire. [Genève, Cramer?], 1772. 10 vol. 8°. Bengesco iv.60-63; Trapnell 72X; BnC 92-110.

Tome iii: 23-27 Lettre sur Roger Bacon.
Paris, BnF: 16° Z15081(3).

W72P

Œuvres de M. de V***. Neufchatel [Paris, Panckoucke], 1772-
1777. 34 ou 40 vol. 8° et 12°. Bengesco iv.91-94; Trapnell 72P; BnC
152-157.
Tome xxiii: 403-408 Lettre sur Roger Bacon.
Paris, BnF: Z24818.

W75G

*La Henriade, divers autres poèmes et toutes les piéces relatives à
l'épopée.* [Genève, Cramer & Bardin], 1775. 37 vol. 8°. Bengesco
iv.94-105; Trapnell 75G; BnC 158-161.
Tome xxxiii: 14-17 (carton pour les p.15-16) Lettre sur Roger
Bacon.
Paris, BnF: Z24871.

K

Œuvres complètes de Voltaire. [Kehl], Société littéraire-typogra-
phique, 1784-1789. 70 vol. 8°. Bengesco iv.105-146; Trapnell K;
BnC 164-169.
Tome xxxviii: 186-190 (*Dictionnaire philosophique*) Roger Bacon.
Paris, BnF: Rés. p Z 2209(38).

Le texte

Nous avons adopté le texte de l'édition encadrée (W75G): les
lettres aux Cramer attestent que Voltaire a revu le tome où est
publiée la *Lettre*.

Nous avons gardé, contrairement aux éditeurs de Kehl,
l'orthographe connût (ligne 70): non seulement parce qu'elle fut
introduite dans une édition surveillée de près par Voltaire, celle de

1756, mais parce qu'un subjonctif imparfait d'éventualité paraît tout à fait possible dans cette phrase.

Sachant l'importance que l'auteur attachait à la ponctuation,[21] nous l'avons modifiée le moins possible. Nous avons simplement remplacé ligne 77 le point d'interrogation par un point d'exclamation; lignes 14 et 86 les deux points par un point et virgule; et supprimé des virgules qui ne correspondent pas à des pauses de la voix et sont contraires à l'usage actuel: devant les propositions subordonnées étroitement liées à la principale, et après un complément que nous écririons ou entre virgules ou sans virgules.

Les éditions diffèrent par la typographie (emploi des majuscules et des italiques), la ponctuation et l'orthographe. Nous ne signalerons que les différences qui présentent quelque intérêt particulier: l'absence de majuscule à *Père Eternel* (ligne 9: w52); ou le singulier *instrument* (ligne 22: w72x), le pluriel *ils possédaient* (ligne 32: w72x également), et surtout, jusqu'à l'édition de 1756, l'absence de virgule entre *du sperma ceti* et *de l'aloes* (ligne 30: w48D, w50, w51, w52), qui témoignent d'une incompréhension.

Les variantes proprement dites sont peu nombreuses.

On note quelques fautes, particulières à une édition ou transmises d'édition en édition, dans les contrefaçons surtout:

ensuite *sa* noble (ligne 12: w51)

est de*s* tous (ligne 45: w48D), signalée dans l'errata de la même édition, et néanmoins reproduite dans w51 et w52; mal corrigée en *dès* dans w50 et w64R.

expérience *comme d'une* (ligne 66: w72x).

addition fautive, par analogie: que *de* celle de (ligne 65: w72x)

omissions:

méthodique [*et*] qu'il (ligne 20: w72x)

assure-t-il [*bien*] positivement (ligne 33-34: w51)

boule [*pleine*] de salpêtre (ligne 66-67: w50, w51, w52, w64R)

D'autre part, l'édition encadrée diffère de toutes les éditions antérieures par un détail. Elle porte: éclats de tonnerre (ligne 57), dès le feuillet antérieur au carton.

---

[21] D6660.

Celui-ci, fait pour les pages 15-16, ne modifie en rien le texte: les deux pages ont dû être recomposées en même temps que les pages 1-2 du même volume, près desquelles elles se trouvaient avant le pliage in-8.

La variante la plus importante concerne le titre. Le titre primitif *Lettre sur le moine Roger Bacon*, conservé dans w50, w51, w64R, devient *Lettre sur Roger Bacon* à partir de 1752. Les éditeurs de Kehl, qui insèrent le texte dans le *Dictionnaire philosophique*, éliminent toutes les marques de la forme épistolaire: ils réduisent le titre à *Roger Bacon* et suppriment l'apostrophe *Monsieur* de la première ligne.

Par ailleurs, le texte de w75G a fait l'objet d'une modernisation portant sur la graphie et l'accentuation. Les particularités du texte de base sont les suivantes:

I. Graphie

1. Consonnes

— absence de la consonne *p* dans: longtems, tems
— absence de la consonne *t* dans les finales en *-ans* et *-ens*: ignorans, savans, enfans, instrumens
— présence d'une seule consonne dans: pouraient

2. Voyelles

— emploi de *a* à la place de *e* dans: avantures

3. Graphies particulières

— nous rétablissons l'orthographe moderne dans: encor

4. Le trait d'union

— est présent dans: de-là, grand-homme, mot-à-mot

II. Accentuation

1. L'accent aigu

— est employé au lieu du grave dans: premiérement, siécle(s), treiziéme
— est absent dans: gemeaux

2. L'accent grave

— est absent dans: aloes

3. L'accent circonflexe
— est employé au lieu de l'aigu dans: chrêtiens
— est présent dans: toûjours
4. Le tréma
— est employé au lieu de l'aigu dans: poëtique

LETTRE SUR ROGER BACON

Vous croyez, Monsieur, que Roger Bacon, ce fameux moine du treizième siècle, [1] était un très grand homme, et qu'il avait la vraie science, parce qu'il fut persécuté et condamné dans Rome à la prison par des ignorants. [2] C'est un grand préjugé en sa faveur, je

a   w48D, w50, w51, w64R: Lettre sur le moine Roger Bacon
    K: Roger Bacon.
1   K: Vous croyez que

[1] Voltaire le dit bénédictin dans l'*Essai sur les mœurs* (ch.LXXV et Huitième remarque; voir ci-dessous note 19). Il était cordelier.

[2] Le dictionnaire de Moreri, dans son édition de 1732, dit simplement: 'Il s'attacha particulièrement aux mathématiques, et fut accusé de magie. On dit même que son général le cita à Rome, et le fit mettre en prison, d'où il sortit après s'être justifié.' S. Jebb, l'éditeur auquel se réfère plus loin Voltaire, donne des détails dans sa préface (p.12-13): 'dum tabulis [astronomicis] [...] incumberet [...], a sodalibus suis [...] in arctam custodiam detrusus, ab incœptis desistere cogebatur [...] Hinc illi impositum magi nomen et ipse diabolici fœderis non apud plebem modo, sed doctiores etiam theologos, insimulatus' ('s'attachant à la confection des tablettes [astronomiques] [...], il fut [...] étroitement gardé par les autres frères, et forcé à renoncer à son entreprise. A cause de [ce travail] on le traita de magicien, et il fut accusé de pacte avec le diable non seulement chez le peuple, mais chez des théologiens même assez instruits'). Ses travaux semblent toutefois avoir intéressé le pape Clément, mais celui-ci mourut: 'anno [...] 1278, [...] Hieronymus de Esculo Fratrum Minorum minister generalis [...] Parisios venit, et multorum fratrum consilio Baconi doctrinam condemnasse dicitur; [...] autorem ipsum in carcerem conjecit, et ne ejusdem causa Romam deferretur Pontifici scripsit, rogans ut quae fecerat confirmaret [...] praecipue Hieronymu[s] de Esculo Baconi libros *de Necromanticis*, de *Prognosticis ex stellis*, et de *vera Astronomia* [...] condemnasse [videtur]. Per multos [...] annos in vinculis detentus, Hieronymo de Esculo ad Papatum jam evecto sub nomine Nicolai IV, ad ipsum causam suam iterum retulisse dicitur Baconus; tam irrito tamen conatu, ut in arctiorem etiam custodiam a Pontifice fuerit adjudicatus. At precibus tandem magnatum quorundam liberatus in Angliam rediit' ('en 1278, [...] Jérôme d'Ascoli, général de l'ordre des Frères Mineurs, [...] vint à Paris et, sur l'avis d'un grand nombre de frères, condamna, dit-on, les théories de Bacon; [...] il jeta l'auteur lui-même en prison et, pour que la cause ne fût pas déférée à Rome, il écrivit au Souverain Pontife en lui demandant de confirmer ce qu'il avait fait [...] Il semble que Jérôme d'Ascoli ait [...] condamné [...] en particulier [...] les

l'avoue. Mais n'arrive-t-il pas tous les jours que des charlatans 5
condamnent gravement d'autres charlatans, et que des fous font
payer l'amende à d'autres fous?[3] Ce monde-ci a été longtemps
semblable aux petites-maisons, dans lesquelles celui qui se croit le
Père éternel anathématise celui qui se croit le St Esprit; et ces
aventures ne sont pas même aujourd'hui extrêmement rares.[4] 10
  Parmi les choses qui le rendirent recommandable, il faut
premièrement compter sa prison, ensuite la noble hardiesse avec
laquelle il dit que tous les livres d'Aristote n'étaient bons qu'à
brûler;[5] et cela dans un temps où les scolastiques respectaient

8-9   w52: le père éternel
12   w51: ensuite sa noble

---

livres de Bacon de *Necromanticis*, de *Prognosticis ex stellis*, et *de vera Astronomia* [...]
Gardé en prison pendant bien des années, Bacon, dit-on, porta sa cause à nouveau
devant Jérôme d'Ascoli élevé à la Papauté sous le nom de Nicolas IV; ses efforts
échouèrent; il fut condamné par la Pape à être gardé encore plus étroitement. Mais à
la prière de certains grands il finit par être libéré et retourna en Angleterre'). Ce récit
est repris assez exactement en 1759 par le dictionnaire de Moreri.

[3] Réserve similaire dans une lettre à Formont [26 janvier 1735] (D837): 'On m'a
parlé aussi d'un *Traité sur le commerce*, de M. Melon; la suppression de son livre ne m'en
donne pas une meilleure idée: car je me souviens qu'il nous régala il y a quelques années
d'un certain *Mahmoud*, qui pour être défendu n'en était pas moins mauvais.'

[4] Voltaire pense certainement en particulier aux diverses sectes religieuses. Cf.
par exemple ce qu'il écrit à Mme Du Deffand le 23 mai [1734] (D745): 'il n'y a point
d'honnête janseniste qui ne voulût me brûler [...] De vous dire madame qui sont les
plus fous, des jansenistes, des molinistes, des anglicans, des quakers, cela est bien
difficile'; il lui arrive aussi de comparer aux charlatans les fondateurs d'Eglises (cf.
par exemple le *Pot-Pourri*, ch.3).

[5] Bacon écrit effectivement (MS. Cott. Tib. C 5, f.138, cap. 8, cité par S. Jebb dans
sa préface de l'*Opus majus*, p.5): 'Si haberem potestatem super libros Aristotelis, ego
facerem omnes cremare' ('Si j'avais pouvoir sur les livres d'Aristote, je les ferais tous
brûler'), et: 'Vulgus studentum cum capitibus suis non habet unde excitetur ad
aliquid dignum, et ideo languet' ('Tous ceux qui étudient ne trouvent pas dans ses
chapitres de quoi être éveillés à quelque chose de valable, et restent endormis'). Mais
il ajoute: 'et asininant circum male translata' ('et ils disent des âneries à propos de
passages mal traduits'). Il s'agit des textes d'Aristote mal traduits en latin; et mal
utilisés par des gens plus soucieux de paraître savoir que de savoir. S'appuyant sur
des témoignages de Bacon, Jebb écrit en effet: 'Qui in se susceperant novas edere

Aristote, beaucoup plus que les jansénistes ne respectent 15
St Augustin. Cependant Roger Bacon a-t-il fait quelque chose
de mieux que la poétique, la rhétorique, et la logique d'Aristote?
Ces trois ouvrages immortels prouvent assurément qu'Aristote
était un très grand et très beau génie, pénétrant, profond,
méthodique, et qu'il n'était mauvais physicien que parce qu'il 20
était impossible de fouiller dans les carrières de la physique,
lorsqu'on manquait d'instruments.

Roger Bacon, dans son meilleur ouvrage,[6] où il traite de la
lumière et de la vision, s'exprime-t-il beaucoup plus clairement
qu'Aristote, quand il dit: *La lumière fait par voie de multiplication* 25
son espèce lumineuse, et cette action est appelée univoque et conforme à
l'agent; il y a une autre multiplication équivoque, par laquelle la
lumière engendre la chaleur, et la chaleur la putréfaction?[7]

17 w48d, w50, w56-w64r, w70g, w72x: la Poëtique, la Rhétorique et la
Logique
    w51: la Poëtique, la Réthorique et la Logique
20 w72x: méthodique, qu'il
22 w72x: instrument

versiones Aristotelicorum operum, neque linguas satis callebant, neque scientias, ut
dignum aliquod proferre potuerint' ('Ceux qui avaient entrepris de publier de
nouvelles traductions des œuvres d'Aristote ne connaissaient assez à fond ni les
langues ni les sciences pour pouvoir donner quelque chose de valable'); 'non curant
quid sciant, sed quid videantur scire coram multitudine insensata' ('[Ceux qui parlent
d'Aristote] ne se soucient pas de ce qu'ils savent, mais de ce qu'ils paraissent savoir
devant une foule ignare'). Bacon lui-même apprit l'hébreu, le grec et l'arabe pour lire
les auteurs dans le texte.
    [6] L'*Opus majus*; voir note 17.
    [7] Texte de Bacon: 'Nunc discendum est... de multiplicatione ipsa ab agente... Et
haec multiplicatio est actio univoca agentis et speciei, ut lux generat lucem, et lux
generata generat aliam, et sic ulterius. Sed... est consideratio de actione equivoca, quae
est ut lux generat calorem et hujusmodi.' ('Maintenant il faut étudier... la multiplication elle-même par l'agent... Et cette multiplication est une action univoque de
l'agent et de l'espèce: la lumière engendre la lumière, et la lumière engendrée en
engendre une autre, et ainsi de suite. Mais... il faut examiner [aussi] une action
équivoque, par laquelle la lumière engendre la chaleur, etc...' (*Opus majus*, p.388).

Ce Roger d'ailleurs vous dit qu'on peut prolonger sa vie avec du sperma ceti,[8] de l'aloès et de la chair de dragon,[9] mais qu'on   30

30   w48D, w50, w51: sperma ceti de l'Aloes
  w52: sperma ceti de l'aloes
  K: sperma ceti, et de

[8] Voici pour l'essentiel l'énumération que fait Bacon dans l'*Opus majus* (Pars sexta, *de Scientia experimentali*, p.469-70) et la manière dont il la présente: 'dicit experimentator bonus in libro de regimine senum, quod si illud quod est in quarto gradu temperatum, et quod natat in mari, et quod vegetatur in aere, et quod a mari projicitur et planta Indiae, et quod in visceribus animalis longae vitae, et duo repentia quae sunt esca Tyrorum et Æthioporum, praeparentur [...], multum posset vita hominis prolongari, et passiones senectutis et senii retardari et mitigari. Quod [...] est in quarto gradu temperatum est aurum [...] Si fieret optimum quod potest esse, [...] miram operationem faceret in corpus humanum. Et si jungitur illud quod natat in mari, [...] margarita [...], ac etiam [...] res quae in aere vegetatur, et est [...] flos roris marini [...] Purus [...] flos in tempore suo debet colligi [...] Quibus addendum est quod a mari projicitur et est arubra [lire: ambra?], quae est sperma cetae, res mirae virtutis [...] Planta Indiae [...], et est bonum lignum aloes, novum, non sophisticatum. Quibus annectitur quod est in corde animalis longae vitae, scilicet cervi [...] Repens autem' ('Un bon expérimentateur dit dans un livre sur le régime des vieillards que si on préparait [...] cette matière qui est conditionnée au quatrième degré, et ce qui nage dans la mer, et ce qui pousse dans l'air, et ce que la mer rejette et une plante de l'Inde, et ce qui est dans les viscères de l'animal qui a une longue vie, et deux reptiles qui sont la nourriture des Tyriens et des Ethiopiens, on pourrait beaucoup prolonger la vie des hommes, et retarder et adoucir les maux de la vieillesse et de la sénilité. Ce qui [...] est conditionné au quatrième degré, c'est l'or [...] S'il atteignait la meilleure qualité possible, [...] il aurait une action admirable sur le corps humain [voir note 10]. Surtout si on joint ce qui flotte dans la mer, [...] la perle [...], et encore [...] ce qui pousse dans l'air, et c'est [...] la fleur de romarin [...] On doit cueillir la fleur pure à la saison. Il faut ajouter ce que la mer rejette, et c'est l'ambre, qui est du sperme de baleine, matière d'une remarquable efficacité [...] Une plante de l'Inde, et c'est du bon aloes, nouveau, non altéré. A ces ingrédients on joint ce qui est dans le cœur de l'animal qui vit longtemps, c'est-à-dire du cerf [...] Quant au reptile'); voir note 9.

 Ce*ti*: rectification de Voltaire.

[9] La 'chair de dragon' recouvre deux choses différentes, dont l'une n'est pas fabuleuse, et dont l'autre l'est moins que Voltaire le laisse entendre. D'une part Bacon cite le 'tyrus serpens' dont parle aussi Albert le Grand (*De animalibus*, VII, 2, 5, et XXV, 42s) et dont la chair, selon ce dernier, sert à faire la tiriaque, utilisée comme antidote contre le venin (XXV, 43). Le nom prêtait à équivoque: tyrus = une sorte de reptile (voir Albert le Grand, VII, 2, 5: 'tirus sive serpens', et XXV, 42s; et Bacon, ci-dessous); et tyrus = tyrien. Bacon écrit: 'Repens quod est esca Tyrorum, est tyrus

peut se rendre immortel avec la pierre philosophale. [10] Vous pensez
bien qu'avec ces beaux secrets il possédait encore tous ceux de

32   w72x: ils possédaient

---

serpens' (voir ci-dessous). Par une sorte d'étymologie populaire, semble-t-il, on
croyait que le *tyrus* entrait dans la composition de la *tyriaque*, et on donnait le nom de
tyriaque au remède bien connu sous le nom de *thériaque*: '*Tyriaca: Tyriacum
Antidotum*, pro *Theriacum*, quod vulgo *Theriaque* dicitur' (*Dictionnaire* de Du
Cange). Bacon parle d'autre part de la chair d'un dragon qui s'élève dans les airs,
qu'on monte et que mangent les Ethiopiens. Albert le Grand décrit des espèces qu'il
appelle aussi dragons, mais il essaie de discerner la part de la légende et celle de la
réalité (xxv, 26s): certains reptiles, comme le stellion, ont effectivement, dit-il, des
sortes d'ailes en peau qui leur permettent, sinon de voler, du moins de se dresser plus
que les autres; mais il doute qu'on puisse monter les dragons même en les
épouvantant par l'imitation du bruit du tonnerre et que les Ethiopiens les mangent.

Voici l'essentiel du texte de Bacon (*Opus majus*, Pars sexta, p.470), avec certaines
réserves et explications qu'il comporte: 'Repens [...] quod est esca Tyrorum, est tyrus
serpens de quo fit Tyriaca, et cujus carnes praeparantur ut oportet, et comeduntur
cum rebus aromaticis, et haec est res omnino electa contra passionem senectutis, et
contra omnes corruptiones complexionis, si cum rebus accipiatur congruis cuilibet
complexioni et passioni, ut docetur in libro de regimine senum [...] Repens quod est
esca Æthioporum est draco, secundum quod David dicit in psalmo [...] Certum est
quod Æthiopes serpentes venerunt in Italiam et Hispaniam et Franciam et Angliam
[...], in quibus sunt dracones boni volantes, [...] excitant dracones de concavis suis,
[...] et equitant super eos et agitant aere volatu [...], ut dometur rigiditas carnium [...]
sicut apri et ursi et tauri agitantur canibus et variis percussionibus flagellantur,
antequam occidantur pro comestione' ('Le reptile [...] qui est la nourriture des
Tyriens, est le "tyrus serpens" dont on fait la Tyriaque, et dont les chairs sont
préparées comme il faut, et mangées avec des aromates; c'est un remède de choix
contre les maux de la vieillesse, et contre toutes les altérations de l'organisme, si on le
prend avec ce qui convient à chaque organisme et à chaque mal, comme on l'enseigne
dans le livre traitant du régime des vieillards [...] Le reptile qui est la nourriture des
Ethiopiens est le dragon dont parle David dans son psaume [...] Il est certain que les
reptiles éthiopiens sont venus en Italie, en Espagne, en France et en Angleterre [...],
où il y a des dragons volants inoffensifs, [...] on fait sortir les dragons de leurs trous,
[...] on les chevauche et on les harcèle en les faisant voler [...] pour venir à bout de la
rigidité de leurs chairs [...], comme les sangliers, les ours et les taureaux sont harcelés
par les chiens et frappés de coups de toute sorte avant d'être tués pour la
consommation').

[10] Texte de Bacon concernant l'effet de la pierre philosophale (*Opus majus*: Pars
sexta, p.472): 'daret prolongationem vitae. Nam illa medicina, quae tolleret omnes

l'astrologie judiciaire sans exception:[11] aussi assure-t-il bien positivement dans son *Opus majus* que la tête de l'homme est

33-34   W51: assure-t-il positivement

---

immunditias et corruptiones metalli vilioris, ut fieret argentum et aurum purissimum, aestimatur a sapientibus posse tollere corruptiones corporis humani in tantum, ut vitam per multa saecula prolongaret' ('elle permettrait une prolongation de la vie. En effet cette médication, qui supprimerait toutes les impuretés et altérations du métal ordinaire, et le transformerait en argent et en or parfaitment purs, pourrait, selon les gens compétents, supprimer les altérations du corps humain au point de prolonger la vie pendant de nombreux siècles').

Il n'évoque l'immortalité que comme une limite idéale atteinte grâce à un remède idéal: 'Si [...] elementa praeparentur [*sic*] et purificarentur in aliquo mixto quocunque, ita quod nulla infectio esset unius per aliud, sed reducerentur ad puram simplicitatem, tunc aestimaverunt sapientissimi quod summam medicinam haberent [...] Si mixtum esset per aequalitatem miscibilium, tunc non est actio et passio elementorum nec corruptio [...] Sic fit in corporibus post resurrectionem. Aequalitas enim elementorum in corporibus illis excludit corruptionem in aeternum. Nam haec aequalitas est ultimus finis materiae naturalis in corporibus mixtis' ('Si les éléments [cités précédemment] étaient préparés, purifiés et mélangés de telle manière qu'ils ne s'altéreraient nullement l'un l'autre, mais seraient ramenés à la pureté parfaite, alors les gens les plus compétents ont estimé qu'on aurait le remède suprême [...] Si on mélangeait les ingrédients en parties égales, ils ne produiraient pas d'effet les uns sur les autres, n'en subiraient pas, et ne s'altéreraient pas [...] C'est ce qui se produit dans les corps après la résurrection. En effet l'égalité des éléments dans ces corps empêche la corruption pour l'éternité. Car cette égalité est la limite idéale pour la matière dans les corps complexes') (*Opus majus*, Pars sexta, p.469-70).

Bacon fait des réserves en ce qui concerne l'alchimie: pour que l'or 'produise un effet merveilleux sur le corps humain', il faut qu'il soit 'de bien meilleure qualité que la nature et l'art de l'alchimie peuvent le faire' 'comme le vase trouvé par un paysan' [autrefois]; et 'liquéfié' comme celui que but le bouvier. Parmi les alchimistes, d'autre part, on compte beaucoup d'incapables et de charlatans (p.472).

[11] Jebb dans sa préface à l'*Opus majus* (p.11-12) dit à ce propos: 'Astrologiae, quam vocant judiciariam, plurimum addictus stellis efficaciam quandam et quasi influxum in res humanas expresse tribuit Baconus, adeo ut harum ope et futura posse cognosci, et animam ad bona vel mala eligenda disponi plane judicaverit' ('Très adonné à l'astrologie qu'on appelle judiciaire, Bacon a attribué expressément aux étoiles une certaine action et comme une influence sur les choses humaines; il a affirmé qu'elles pouvaient permettre de connaître l'avenir et disposer l'âme à choisir le bien ou le mal'). Bacon concilie cette croyance avec celle de la liberté humaine:

soumise aux influences du bélier, son cou à celles du taureau, et ses 35
bras au pouvoir des gémeaux, etc. [12] Il prouve même ces belles
choses par l'expérience, [13] et il loue beaucoup un grand astrologue
de Paris, qui empêcha, dit-il, un médecin de mettre un emplâtre
sur la jambe d'un malade, parce que le soleil était alors dans le
signe du verseau, et que le verseau est mortel pour les jambes sur 40
lesquelles on applique des emplâtres. [14]

35-36   W48D-W51, W56-W64R, W70G, W72X: du Bélier, [...] du Taureau, [...] des
Gémeaux

       W52: du Taureau, [...] des Gémeaux

36   W48D, W51, W64R: ¶ Il prouve

40   W48D-W51, W56-W64R, W70G, W72X: du Verseau, [...] le Verseau

---

'Veri mathematici considerant quomodo per caelum alteratur corpus, et alterato
corpore excitatur anima nunc ad actus privatos, nunc publicos, salva tamen in
omnibus arbitrii libertate. Quamvis enim anima rationalis non cogitur ad actus suos,
tamen fortiter induci potest et excitari, ut gratis velit ea, ad quae virtus cœlestis
inclinat' ('De véritables astrologues examinent comment, sous l'influence du ciel, le
corps est modifié et, une fois le corps modifié, comment l'âme est incitée à des actes
ou privés ou publics, sans qu'il soit porté atteinte au libre arbitre de chacun. Quoique
en effet l'âme douée de raison ne soit pas contrainte à agir comme elle le fait, elle peut
cependant être fortement portée et incitée à vouloir de son plein gré ce à quoi incline
le pouvoir des cieux') (*Opus majus*, p.156).

[12] Exact; cf. *Opus majus*, p.240.

[13] Exact (*ibid.*), mais Bacon indique aussi une raison théorique: 'Haly medicus
[...] dicit quod [...] propter existentiam Lunae in tali signo confluunt humores ad tale
membrum et generant nocumentum' ('Le médecin Haly [Ali b. al-Abbas al-Magusi
dit Haly Abbas] dit que [...] à cause de la présence de la lune dans tel ou tel signe les
humeurs affluent vers tel organe, et causent une nuisance'); 'Si luna fit in Geminis,
quod est signum respondens brachiis et humeris, periculum est tangere hujusmodi
membra ferro [...]; et non solum sic, sed de omnibus medicaminibus chirurgiae' ('Si
la Lune est dans les Gémeaux, qui est le signe correspondant aux bras et aux avant-
bras, il y a danger à toucher ces membres avec le fer [...], et il en est ainsi non
seulement du fer, mais de tous les remèdes de la chirurgie').

[14] Rapport plus ou moins exact. Bacon parle de la lune, non du soleil; d'autre part,
il semble que l'astrologue ait interdit mais n'ait pas empêché, et que le malade soit
mort: 'in anno precedente medicus famosior in Francia tibiae fratris sui fecit
chirurgum dare medicamen; sed astronomus peritus prohibuit ei ne faceret, quia
Luna fuit in Aquario, quod est signum respondens tibiis. Et accidit quod continue

C'est une opinion assez généralement répandue que notre Roger fut l'inventeur de la poudre à canon.[15] Il est certain que de son temps on était sur la voie de cette horrible découverte: car je remarque toujours que l'esprit d'invention est de tous les temps, et que les docteurs, les gens qui gouvernent les esprits et les corps, ont beau être d'une ignorance profonde, ont beau faire régner les

45

45   w48D (rectifié dans l'errata), w51, w52:   est des tous
     w50, w64R: est dès tous

invaluit infirmitas, et languor usque ad mortem. Hujusmodi casus accidunt saepe, sed propter ignorantiam astronomiae non percipiuntur' ('l'année dernière un médecin fameux en France fit appliquer par un chirurgien un emplâtre sur la jambe de son frère; mais un astronome compétent lui interdit de le faire, parce que la Lune était dans le Verseau, qui est le signe correspondant aux jambes. Il en résulta que la maladie ne cessa d'augmenter ainsi que la faiblesse, ce qui entraîna la mort. Des malheurs de ce genre arrivent souvent, mais par ignorance de l'astronomie on ne s'en rend pas compte') (*Opus majus*, p.241).

[15] Jebb écrit à ce propos en 1733 dans l'introduction de son édition de l'*Opus majus* à laquelle Voltaire se réfère plus bas: 'Pulveris tormentarii compositio et effectus Bacono plane innotuerunt, licet hic pulvis sequioris aevi inventum vulgo censeatur' ('La composition et l'effet de la poudre à canon étaient parfaitement connus de Bacon, bien qu'on croie en général que cette poudre fut une invention du siècle suivant') (p.11).

Dans l'*Encyclopédie* (tome xiii, 1765), on arrive à la même conclusion: 'Belleforest et d'autres auteurs soutiennent [...] que ce fut un nommé *Bartholde Schwartz* [qui inventa la poudre...]; on assure du moins que ce fut le premier qui enseigna l'usage de la *poudre* aux Vénitiens en 1380 [...] Mais Pierre Mescia dit, dans ses *leçons diverses*, que les Mores étant assiégés en 1343, par Alphonse XI [...] ils tirèrent certains mortiers de fer [...]; ce qui est confirmé par Don Pedre, évêque de Léon, qui dans la chronique du roi Alphonse, [...] rapporte que [...] il y a plus de 400 ans, ceux de Tunis avaient certains tonneaux de fer dont ils lançaient des foudres.' Du Cange ajoute que les registres de la chambre des comptes font mention de *poudre à canon* dès l'année 1338.

En un mot, il paraît que Roger Bacon eut connaissance de la *poudre* plus de 150 ans avant la naissance de Schwartz. Cet habile religieux en fait la description en termes exprès dans son traité *De nullitate magiae*, publié à Oxford en 1216. 'Vous pouvez', dit-il, 'exciter du tonnerre et des éclairs quand vous voudrez; vous n'avez qu'à prendre du soufre, du nitre et du charbon, qui séparément ne font aucun effet, mais qui étant mêlés ensemble et renfermés dans quelque chose de creux et de bouché, font plus de bruit et d'éclat qu'un coup de tonnerre.'

plus insensés préjugés, ont beau n'avoir pas les sens commun, il se trouve toujours des hommes obscurs, des artistes animés d'un instinct supérieur, qui inventent des choses admirables, sur 50 lesquelles ensuite les savants raisonnent.[16]

Voici mot à mot ce fameux passage de Roger Bacon touchant la poudre à canon; il se trouve dans son *Opus majus* page 474, édition de Londres:[17] *Le feu grégeois peut difficilement s'éteindre, car l'eau ne l'éteint pas. Et il y a de certains feux dont l'explosion fait tant de* 55 *bruit que si on les allumait subitement et de nuit, une ville et une armée ne pourraient le soutenir: les éclats de tonnerre ne pourraient leur être comparés. Il y en a qui effrayent tellement la vue que les éclairs des nues la troublent moins: on croit que c'est par de tels artifices que Gédéon jeta la terreur dans l'armée des Madianites. Et nous en avons* 60 *une preuve dans ce jeu d'enfants, qu'on fait par tout le monde. On enfonce du salpêtre avec force dans une petite balle de la grosseur d'un pouce. On la fait crever avec un bruit si violent qu'il surpasse le rugissement du tonnerre; et il en sort une plus grande exhalaison de feu que celle de la foudre.*[18] Il paraît évidemment que Roger Bacon ne 65

57   w48D-w72P: éclats du tonnerre
65   w72X: que de celle

[16] Cf. ce que Voltaire écrit de Gassendi à R. P. Des Alleurs le 26 novembre [1738] (D1666): '[Gassendi] a deviné bien des choses qu'on a prouvées après lui' (voir aussi introduction, p.297).

[17] 'FRATRIS / ROGERI BACON, / ORDINIS MINORUM, / OPUS MAJUS / AD / CLEMENTEM Quartum, / PONTIFICEM ROMANUM. / ex ms. Codice Dubliniensi, cum aliis qui / busdam collato, nunc primum edidit / S. Jebb, M. D. / ... LONDINI, / Typis Gulielmi Bowyer. / MDCCXXXIII. In fol., xxx-482 p.' La préface est datée du 20 janvier 1733.

[18] Bacon écrit effectivement dans son *Opus majus* (p.474): 'ignis comburens fit ex eo qui cum difficultate potest extingui, nam aqua non extinguit. Quaedam vero auditum peturbant in tantum, quod si subito et de nocte et artificio sufficienti fierent, nec posset civitas nec exercitus sustinere. Nullus tonitrus fragor posset talibus comparari. Quaedam tantum terrorem visui incutiunt, quod coruscationes nubium longe minus et sine comparatione perturbant; quibus operibus Gideon in castris Midianitarum consimilia aestimatur fuisse operatus. Et experimentum hujus rei capimus ex hoc ludicro puerili, quod fit in multis mundi partibus, sc. ut instrumento

connaissait que cette expérience commune d'une petite boule pleine de salpêtre mise sur le feu. Il y a encore bien loin de là à la poudre à canon, dont Roger ne parle en aucun endroit, mais qui fut bientôt après inventée. [19]

66   w72x: expérience comme d'une
66-67   w50-w52, w64r: boule de salpêtre

---

facto ad quantitatem pollicis humani ex violentia illius salis, qui sal petrae vocatur, tam horribilis sonus nascitur in ruptura tam modicae rei, sc. modici pergameni, quod fortis tonitrui sentiatur excedere rugitum, et coruscationem maximam sui luminis jubar excedit.' ('Un feu ardent résulte de ce qu'il peut difficilement être éteint, car l'eau ne l'éteint pas. Certaines choses perturbent tellement l'audition que si elles se produisaient subitement, de nuit et avec des moyens techniques suffisants, ni une ville ni une armée ne pourrait résister. Aucun fracas du tonnerre ne pourrait leur être comparé. Certaines frappent d'une telle terreur la vue, que les éclairs des nuages produisent un trouble bien inférieur et sans comparaison; c'est par ces moyens que Gidéon, estime-t-on, a obtenu des résultats semblables dans le camp des Madianites. Et nous avons une preuve de cela dans ce jeu d'enfant, qui se pratique dans beaucoup de parties du monde, consistant en ce que, un instrument étant fabriqué à la taille du pouce humain, de la violence de ce sel que l'on appelle salpêtre un son si horrible naît dans la rupture d'une chose aussi mince, à savoir une mince feuille de parchemin, qu'il est senti comme dépassant le rugissment d'un fort coup de tonnerre et que l'éclat de sa lumière dépasse le plus grand éclair.') Il traite plus brièvement le même sujet dans un autre passage (*De secret. oper. artis et naturae*, cap. 6), cité par Jebb dans son introduction.

[19] Voltaire ne semble pas avoir beaucoup varié sur le fond de la question. Si dans les Leningrad notebooks (1735-1750?) il cite Bacon comme inventeur 'de la poudre' (f.54v et f.90r; *Notebooks*, i.329, 409), dans le Pierpont Morgan notebook (1735-1750? également, 108, f.2r; *Notebooks*, i.177) et les Piccini notebooks (1750-1755?) il fait une réserve: 'Bacon Roger [inventa] la poudre de son temps' (*Notebooks*, ii.548). De fait, dans l'*Essai sur les mœurs* et dans les *Questions sur l'Encyclopédie* il attribue l'invention proprement dite à Berthold Schwartz, mais reconnaît à Bacon une part du mérite de la découverte; mettant l'accent tantôt sur ce qu'a apporté Bacon, tantôt sur ce qui lui a manqué: 'c'est un bénédictin allemand, nommé Berthold Schwartz, qui trouva ce secret fatal. Il y avait longtemps qu'on y touchait. Un autre bénédictin anglais, Roger Bacon, avait longtemps auparavant parlé des grandes explosions que le salpêtre enfermé pouvait produire' (ch.lxxv, édition R. Pomeau, Paris 1990, i.718, 'août 1346', paragraphe imprimé en 1750). 'Il est sûr que le bénédictin Roger Bacon n'enseigna point ce secret tel que nous l'avons, mais c'est un autre bénédictin qui l'inventa vers le milieu du quatorzième siècle' (Huitième remarque. Supplément à l'*Essai sur les mœurs*. 'De la poudre à canon'; éd. R. Pomeau, ii.913-15; passage imprimé en 1763). 'Le premier qui devina une grande partie de ce secret de mathématique fut un bénédictin nommé Roger Bacon. Celui qui l'inventa tout entier

Une chose me surprend davantage, c'est qu'il ne connût pas la   70
direction de l'aiguille aimantée, qui de son temps commençait à
être connue en Italie; mais en récompense il savait très bien le
secret de la baguette de coudrier,[20] et beaucoup d'autres choses
semblables,[21] dont il traite dans sa *Dignité de l'art expérimental.*[22]

Cependant malgré ce nombre effroyable d'absurdités et de   75
chimères,[23] il faut avouer que ce Bacon était un homme admirable
pour son siècle. Quel siècle! me direz-vous: c'était celui du
gouvernement féodal, et des scholastiques. Figurez-vous les

---

70   W48D-W52, W64R: ne connut pas

fut un autre bénédictin allemand nommé Schwartz, au XIVème siècle' (*Questions sur
l'Encyclopédie*, art. 'Armes, Armées', 1770). Dans une note ajoutée en 1775 à deux
vers de *La Tactique*: 'J'apprends qu'en Germanie autrefois un bon prêtre / Pétrit,
pour s'amuser, du soufre et du salpêtre', il reprend la question, discute des dates
proposées et propose la même conclusion que dans la *Lettre*, à laquelle il fait une
allusion précise: 'On a prétendu que Roger Bacon, moine anglais antérieur d'environ
cent années au moine allemand, était le véritable inventeur de la poudre. Nous avons
rapporté ailleurs les paroles de ce Roger, qui se trouvent dans son *Opus majus*,
page 454, grande édition d'Oxford... Il y a bien loin sans doute de cette petite boule
de simple salpêtre à notre artillerie, mais elle a pu mettre sur la voie' (on a remarqué la
petite erreur dans la référence).

Voltaire, qui s'intéressait à la primeur des inventions, s'est peut-être d'autant plus
attaché à celle-ci qu'elle lui donnait l'occasion de montrer deux moines à l'origine
d'un des maux de l'humanité: 'c'est à deux moines que tu dois l'art d'être un
excellent meurtrier, si tu tires juste, et si ta poudre est bonne' (*Questions sur
l'Encyclopédie*, art. 'Armes, armées').

[20] *Opus majus*, p.475.

[21] Après avoir décrit en détail le phénomène de la baguette de coudrier et avoir
pris ses distances par rapport aux magiciens (voir introduction p.296, Bacon ajoute:
'Et simile est de magnete et ferro' ('Il en est de même de l'aimant et du fer') et aussi:
'Et non solum hoc est de surculis coruli, sed de multis aliis, ut in salicibus, et forsan
in omnibus, si debito modo aptarentur' ('Il en est ainsi non seulement des rejetons de
coudrier, mais de beaucoup d'autres, de ceux des saules par exemple, et peut-être de
tous si on les ajustait comme il faut'). Mais il s'en tient là, car d'autres ont parlé de ces
phénomènes mieux qu'il ne saurait le faire.

[22] *Capitulum de tertia praerogativa vel dignitate artis experimentalis* est le dernier
chapitre de la sixième et dernière partie de l'*Opus majus* intitulée *de Scientia
Experimentali.*

[23] Voir introduction, p.295.

Samoyèdes et les Ostiaques, qui auraient lu Aristote et Avicenne; voilà ce que nous étions. 80

Roger savait un peu de géométrie et d'optique, et c'est ce qui le fit passer à Rome et à Paris pour un sorcier.[24] Il ne savait pourtant que ce qui est dans l'Arabe Alhazen.[25] Car dans ces temps-là on ne savait encore rien que par les Arabes. Ils étaient les médecins et les astrologues de tous les rois chrétiens. Le fou du roi était toujours 85 de la nation; mais le docteur était Arabe ou Juif.

Transportez ce Bacon au temps où nous vivons, il serait sans doute un très grand homme. C'était de l'or encroûté[26] de toutes les ordures du temps où il vivait: cet or aujourd'hui serait épuré.

Pauvres humains que nous sommes! que de siècles il a fallu pour 90 acquérir un peu de raison!

79 W57G, W72X, K: Samoïedes
79 W48D-W52, W64R: Avicenes
   W56: Avicène
81 W72X: optique, c'est
83 W48D-W52, W64R: Alazen

[24] Voir note 2. Bacon donne lui-même cette explication: 'Sed quia haec opera [astrologica scientia] videntur vulgo studentium esse supra humanum intellectum, quia vulgus [...] non vacat operibus sapientiae, ideo vix est aliquis ausus loqui de his operibus in publico. Statim enim vocantur magici, cum tamen sint sapientissimi, qui haec sciunt. Utique theologi et decretistae non instructi in talibus simulque videntes quod mala possunt fieri sicut et bona, negligunt haec et abhorrent et computant inter magica' ('Mais parce que ces travaux semblent, à la plupart de ceux qui étudient, dépasser l'entendement humain, parce que la plupart des gens ne s'adonnent pas aux travaux scientifiques, presque personne n'a osé parler de ces travaux en public. Aussitôt en effet on appelle magiciens, alors qu'ils sont très savants, ceux qui ont ces connaissances. En tout cas les théologiens et les juristes qui ne sont pas instruits en ces matières et qui voient qu'on peut faire du mal comme du bien n'en font pas de cas, les rejettent et les rangent au nombre des pratiques magiques') (*Opus majus*, p.249).

[25] Selon Jebb, non seulement Bacon a décrit l'usage des lunettes et connu le télescope, mais 'il est venu à bout de travaux presque infinis sur la perspective' (introduction, p.294).

L'*Encyclopédie* va plus loin: 'il est [le docteur admirable] par ses découvertes dans l'Astronomie, dans l'Optique, dans les Méchaniques et dans la Chimie' (art. 'Ilchester', t.viii, 1765).

[26] *Encroûté* n'est signalé par les dictionnaires de Furetière et Trévoux 1752 que comme terme de maçonnerie. C'est toutefois un terme de la physique cartésienne appliqué aux tourbillons. En ce qui concerne l'image, voir l'introduction, p.296-97.

Sommaire des droits de Sa Majesté le roi de Prusse sur Herstall

Edition critique

par

Christiane Mervaud

TABLE DES MATIÈRES

INTRODUCTION

Dans les *Mémoires pour servir à la vie de M. de Voltaire*, la première rencontre de Voltaire et de Frédéric II au château de Moyland, à deux lieues de Clèves, du 11 au 14 septembre 1740, donne lieu à un tableau célèbre, véritable chef-d'œuvre d'ironie:

Je fus conduit dans l'appartement de Sa Majesté. Il n'y avait que les quatre murailles. J'aperçus dans un cabinet, à la lueur d'une bougie, un petit grabat de deux pieds et demi de large, sur lequel était un petit homme affublé d'une robe de chambre de gros drap bleu: c'était le roi, qui suait et qui tremblait sous une méchante couverture, dans un accès de fièvre violent. Je lui fis la révérence, et commençai la connaissance par lui tâter le pouls, comme si j'avais été son premier médecin.

A souper, 'on traita à fond de l'immortalité de l'âme, de la liberté et des androgynes de Platon'.[1] Le roi savait concilier l'utile et l'agréable. Même s'il avait projeté de voir Voltaire à Bruxelles,[2] il venait dans le pays de Clèves pour faire valoir ses droits sur Herstal, dans la banlieue de Liège. A son arrivée, Voltaire avait rencontré le conseiller Rambonnet qui ira 'instrumenter au nom du roi son maître', tandis que 'deux mille hommes des troupes de Wésel mettaient la ville de Liège à contribution', cette 'belle expédition' ayant pour prétexte 'quelques droits que le roi prétendait sur un faubourg'.[3] Le nom de Herstal n'est pas cité, mais le résumé de l'affaire est saisissant. Cette 'belle expédition' fut

---

[1] M.i.16-17.

[2] Le 6 septembre, Frédéric, malade, s'excuse de ne pouvoir se rendre à Bruxelles (D2308), Mme Du Châtelet enrage (D2309). Cette fièvre quarte lui permit de ne point rencontrer la divine Emilie. Pour autant, faut-il l'accuser d'avoir obligé Voltaire à 'faire les avances'? Frédéric écrit à Jordan que son intention était d'aller à Bruxelles et qu'il en a été empêché par une fièvre quarte (D2317). Voir C. Mervaud, *Voltaire et Frédéric II. Une dramaturgie des Lumières*, *SVEC* 234 (1985), p.112-13.

[3] M.i.17. Ce 'faubourg' désigne Herstal qui se trouve dans la banlieue liégeoise.

à l'origine d'un écrit historique et juridique de Voltaire, le *Sommaire des droits de S. M. le Roi de Prusse sur Herstal*, daté du 30 septembre 1740 et paru le 7 octobre dans le numéro 81 de la *Gazette d'Amsterdam* où avaient déjà été publiées et où seront publiées plusieurs pièces relatives à cette affaire.

Sous le couvert de l'anonymat, Voltaire intervenait publiquement dans une affaire qui mettait aux prises le prince-évêque de Liège, Georges-Louis de Berghes, un vieillard de près de 80 ans, de tempérament colérique,[4] et le tout nouveau monarque de Prusse, Frédéric II, trois mois après son avènement. Ecrivant au roi, Voltaire attribue cet ouvrage, de manière à la fois codée et transparente, à un 'bourgeois de Herstal', et Frédéric le remercie de ses bons offices.[5] Räsfeld, l'ambassadeur de Prusse aux Pays-Bas, qu'il avait rencontré à la table du roi, ne percera pas cet anonymat et s'en montrera mortifié, ayant, en vain, interrogé le libraire qui avait refusé, malgré de 'bonnes paroles' et même des

---

[4] Sur la question de Herstal, voir l'*Annuaire d'histoire liégeoise. Guide bibliographique pour l'histoire de la principauté de Liège au 18ᵉ siècle*, par un collectif sous la direction de Daniel Droixhe (Liège 1995), et P. Harsin, M. Yans et C. Le Paige, *Trois Etudes sur le rattachement de Herstal à la principauté de Liège (XVIIIᵉ siècle)*, Documents herstaliens 4. Je remercie D. Droixhe qui m'a généreusement communiqué ces documents indispensables. Frédéric II parle du 'prélat colérique' de Liège (D2327). La belle étude de Paul Harsin, 'Le premier exploit de Frédéric II: l'affaire d'Herstal (1740)', dans l'ouvrage cité ci-dessus (p.79-110), évoque le caractère violent de Georges-Louis de Berghes et cite quelques témoignages à ce sujet (p.90, n.4). De nombreux documents concernant Herstal ont été publiés au dix-huitième siècle par Jean Rousset de Missy, *Recueil historique, d'actes, négociations, mémoires et traitez, depuis la paix d'Utrecht jusqu'au second congrès de Cambray inclusivement* (La Haye, P. Gosse), t.xiv (1742), p.306-56. Des documents prussiens ont été publiés par Reinhold Koser, *Preussische Staatsschriften aus der Regierungszeit König Friedrichs II. (1740-1745)* (Berlin 1877), p.11-39. Une pièce maîtresse de l'argumentaire prussien, un *Mémoire historique et juridique* de 1737, paru sous le règne de Frédéric-Guillaume Iᵉʳ, a été consultée dans Christian Leonhard Leucht (pseud. Antonius Faber, C. L. Lucius), *Der Europäischen Staats-Cantzley sieben und siebenzigster Teil, von Anton. Faber* (1741), lxxvii.482-530. Plusieurs de ces manifestes sont également publiés dans la *Gazette d'Amsterdam* du 20 septembre au 1ᵉʳ novembre 1740.

[5] D2334, 13 octobre 1740 et D2346, 21 octobre 1740.

menaces, de révéler l'identité de l'auteur.[6] Du vivant de Voltaire, le *Sommaire* ne fut pas publié dans les éditions de ses *Œuvres*.[7] Il est absent de l'édition de Kehl, attesté seulement par des allusions dans la *Correspondance* et dans les *Mémoires pour servir à la vie de M. de Voltaire*. C'est Beuchot qui, en 1834, l'identifie et le publie dans la section intitulée 'Supplément' du tome 50 de l'édition Lefèvre.[8] Il figure dans Moland, mais n'a jamais fait l'objet d'une édition commentée. Avant de dégager les enjeux de cette publication dans une gazette, il convient de faire le point sur la situation politique qui se trouvait à l'origine d'incidents diplomatiques et militaires.

Depuis des siècles, la terre de Herstal, située aux portes de Liège, était l'objet de litiges.[9] Comprise dans la Basse Lotharingie, donc dans le duché de Brabant, elle avait été concédée en fief tour à tour aux familles de Hornes, d'Oupeye, de Croy, d'Orange-Nassau. Selon la juridiction féodale, le domaine 'utile' passe, au gré des mariages et héritages, de maison à maison, princière ou non, qui y exerce ses droits de vassalité. Les droits de suzeraineté restent détenus par la cour féodale de Brabant.[10] Or au seizième

---

[6] Voltaire rencontra Räsfeld à Moyland (M.i.17). Il sera logé à La Haye dans le palais du roi de Prusse à son retour de Moyland, un palais vermoulu (D2325). Or Räsfeld fait saisir la publication anonyme du *Sommaire* par l'autorité publique, puis apprend de la bouche de Voltaire qu'il en est l'auteur. Il s'en plaint à Frédéric, trouvant 'très mortifiant' de n'avoir pas été averti (voir sa lettre du 4 octobre, citée par Harsin, 'Le premier exploit de Frédéric II', p.97, n.1 et 2).

[7] Le *Sommaire* est absent du Catalogue établi par W. H. Trapnell, 'Survey and analysis of Voltaire's collective editions, 1728-1789', *SVEC* 77 (1970), p.105-98.

[8] Dans les *Notes et papiers Beuchot* conservés à la BnF, on lit cette note placée avant le *Sommaire*: 'Cette pièce aurait pu être placée dans le tome XXXVIII puisqu'elle est de l'année 1740. Mais je me la suis procurée trop tard. J'avais presque renoncé à la trouver. De toutes les pièces que j'ai lues relatives à l'affaire d'Herstal, elle est la seule qui puisse être de Voltaire' (Naf 14292, f.42). Au folio 45r, sur une feuille collée sont énumérées les pièces relatives à la même affaire publiées dans la *Gazette d'Amsterdam*.

[9] Pour plus de détails sur l'historique qui va suivre, on renvoie à l'étude très précise de Maurice Yans, 'Le destin diplomatique de Herstal-Wandre terre des Nassau, en banlieue liégeoise', *Documents herstaliens* 4, p.3-76.

[10] Il s'agit non seulement du droit d'hommage, mais de droits en matière d'enregistrement des actes et d'un certain nombre de prérogatives judiciaires.

siècle, Marie de Hongrie, sœur de Charles Quint, qui gouverne les Pays-Bas, propose au prince-évêque de Liège un échange de territoire afin d'édifier la forteresse de Mariembourg, destinée à protéger ses terres de la Meuse des attaques des Français. Le prince-évêque, en guise de compensation pour le territoire qu'il abandonnait, recevait le 'haut domaine' sur Herstal dont il devenait suzerain, le domaine utile restant au duché de Brabant. Ces contrats d'échange furent négociés en 1546, renégociés en 1548 et 1655.[11] Ils furent contestés pendant la minorité de Guillaume de Nassau, le Taciturne (1533-1584), puis un siècle plus tard, pendant celle de Guillaume III (1650-1702), stathouder des Provinces Unies, puis roi d'Angleterre. Survivance archaïque du droit féodal, Herstal reste source permanente de procès; sa situation juridique n'ayant jamais été clarifiée, elle donne lieu à interprétations divergentes portant sur ces contrats d'échange et sur leur application.

Guillaume III meurt sans enfant en 1702. Sa succession fut particulièrement compliquée. En 1732, les droits de Frédéric-Guillaume de Prusse (1688-1740), père de Frédéric II, sur Herstal furent reconnus.[12] Des incidents de toute nature se multiplient à partir de cette date où Herstal est passée sous obédience prussienne.[13] Le nouveau baron de Herstal prétend exercer une souveraineté pleine et entière sur son héritage, exige serment de

[11] Quand on en vint au mesurage des territoires, on s'aperçut que Herstal avait une superficie triple de Mariembourg. La cession de Herstal se limita au territoire situé en-deçà de la Meuse et comprenant la localité; la rive droite, Wandre, restait au duché de Brabant (Yans, 'Le destin diplomatique de Herstal-Wandre', p.13-18). Sur les différents articles de ces traités, on peut consulter la publication par Leucht du *Mémoire historique et juridique* de 1737 qui analyse les points essentiels de ces contrats d'échange (p.482-530).

[12] *Traité d'accommodement et de partage sur la succession d'Orange conclu entre Sa Majesté le Roi de Prusse et Son Altesse Sérénissime le Prince d'Orange et de Nassau*, Berlin, 14 mai et 16 juin 1732, ratifié par la Prusse le 30 mai, par la maison d'Orange le 30 juin. Sur la succession de Guillaume III, voir Yans, 'Le destin diplomatique de Herstal-Wandre', p.49-62, qui évoque de nombreux incidents se produisant durant ces années; sur l'accord avec la Prusse, voir Yans, p.62-65.

[13] Yans, 'Le destin diplomatique de Herstal-Wandre', p.59-62, et voir l'annotation du texte.

fidélité des Herstaliens et, dans un *Mémoire historique et juridique*, publié en 1737,[14] remet en question les contrats d'échange du seizième siècle, dénie au prince-évêque tout droit de relief et de juridiction,[15] mais sans aller jusqu'aux voies de fait. Il envisage, à la fin de son règne, l'aliénation à titre onéreux de la seigneurie.[16] Il meurt le 31 mai 1740.

Dès le 16 juin, Frédéric ouvre ce dossier. Les ministres, consultés par leur nouveau maître, lui mandent qu'il existe deux éventualités: 'ou d'employer la force pour réduire les révoltés, ou bien renouer la négociation par la vente de la baronnie'. Frédéric répond: 'J'irai cette année dans le pays de Clèves, je tenterai la voie de la douceur et si l'on me refuse, je saurai me faire justice.' Aux conseils de prudence des ministres qui le mettaient en garde contre les risques d'une intervention armée et contre ceux d'une brouillerie prévisible avec l'Empereur, il rétorque vertement: 'Lorsque les ministres raisonnent des négociations, ils sont d'habiles gens, mais lorsqu'ils parlent de guerre, c'est comme quand un Iroquois parle de l'astronomie.' Enfin, il traite l'Empereur de 'vieux fantôme d'une idole qui avait du pouvoir autrefois et qui était puissant, mais qui n'est plus rien à présent'.[17] Quinze jours plus tard, Frédéric

[14] *Mémoire historique et juridique, où l'on fait voir: que les prétendus Traités de 1546 – 1548 – 1655 pour une Echange de Herstal contre la Terre où fut bâti Marienberg, sont nuls de toute nullité, et que par conséquent, le Prince de Liège, n'a aucun droit ni de relief ni de juridiction sur Herstal*, à Duisbourg, à l'Imprimerie de Jean Sas, Anno MDCCXXXVII. Texte consulté dans Leucht, *Europäische Staats-Cantzley*.

[15] Le droit de relief est un droit de mutation dû au seigneur en cas de transmission d'un fief ou d'une censive autrement que par vente. Le *Mémoire historique et juridique* met l'accent sur 'l'état incertain du relief de cette ancienne seigneurie d'Empire' (Leucht, *Europäische Staats-Cantzley*, p.524).

[16] La base des pourparlers en 1738-1739 avait été de 100.000 écus environ (Harsin, 'Le premier exploit de Frédéric II', p.101). Cette somme est mentionnée à la fois dans une lettre du Prince évêque de Liège à Frédéric II, le 11 septembre 1740 (Rousset de Missy, *Recueil historique*, p.315) et dans le Factum de Frédéric de la même date (p.312). Voir aussi, Koser, *Staatsschriften*, p.17.

[17] *Politische Correspondenz Friedrich's des Grossen*, éd. J. G. Droysen, M. Duncker, H. von Sybel, A. Naudé, K. Trensch von Buttla, O. Hermann et G. B. Volz (Berlin 1879-1912), i.7-8. Von Thulemier rappelle à Frédéric que des négociations ont eu lieu pour la vente de Herstal, cette terre rapportant peu.

envoie à ses ambassadeurs à Bruxelles, La Haye, Paris et Vienne une note annonçant qu'il se voit contraint par les actes de rébellion des peuples de sa 'libre baronnie de Herstal' à employer la force.[18] Fin août, toutes les chancelleries étaient averties de l'imminence d'un incident pouvant dégénérer en conflit armé. Le 4 septembre, Frédéric adresse une lettre comminatoire au prince-évêque par l'intermédiaire de Rambonnet. G.-L. de Berghes est sommé de donner 'une explication sincère et catégorique dans l'espace de deux jours', précisant s'il est résolu à soutenir sa 'prétendue souveraineté sur Herstal' et s'il veut 'protéger les mutins de Herstal dans leur désordre et désobéissance abominables'.[19] Le 6, Rambonnet est à Liège, le 7, il est reçu par le prince-évêque qui maintient ses droits, offre de racheter la terre, promet de répondre dans trois jours. Le 9 septembre, Rambonnet a quitté Liège, respectant à la lettre les consignes; le 10 septembre, un ultimatum est envoyé, des ordres dépêchés au général prussien de Borcke. Le 11 septembre, alors que le prince-évêque répond par la poste en offrant une négociation, un texte est déjà adressé par la Prusse à toutes les cours étrangères,[20] et, dans la soirée, Voltaire arrive au château de Moyland après un voyage fatigant de 240 kilomètres. Il quittera Frédéric le 14 septembre. Un corps de troupes de deux mille hommes, dont trois cents cavaliers, avec quatre pièces de canons a traversé la Meuse au nord de Liège, occupé le comté de Hornes et la ville de Mayseck, à plus de soixante kilomètres de Herstal dont les habitants, pris de panique, se réfugient à Liège. Les Prussiens prennent logement à Mayseck aux frais de la population, le général de Borcke exigeant des contributions immédiates.[21] Le

[18] *Politische Correspondenz*, éd. Droysen *et al.*, i.33-34. Le colonel d'infanterie von Kreytzen a ordre de demander le passage par les Provinces unies en cas de besoin.

[19] *Politische Correspondenz*, éd. Droysen *et al.*, i.39.

[20] Ce calendrier a été établi par Paul Harsin dont nous reprenons ce récit ('Le premier exploit de Frédéric II', p.88-89).

[21] Borcke réclame immédiatement 20.000 écus et 1000 écus pour le ravitaillement. Il s'avéra que le contingent ne dépassait pas 1600 hommes et que les officiers se partageaient les 400 rations supplémentaires. Enfin Borcke exigea pour lui 42 pistoles par jour (Harsin, 'Le premier exploit de Frédéric II', p.93).

16, G.-L. de Berghes proteste auprès de Frédéric contre cette 'infraction à la paix publique', le 18, auprès de tous les gouvernements étrangers et tous les électeurs d'Empire, le 19, une députation liégeoise part pour Berlin. Le 27 septembre, un *Exposé des droits du prince-évêque* est imprimé dans la *Gazette de Cologne* et dans la *Gazette d'Amsterdam*, tandis que Frédéric fait paraître une *Exposition fidèle et succincte des procédés irréguliers et des attentats du prince-évêque de Liège contre les droits incontestables de S. M. le roi de Prusse en qualité de seigneur de la libre et franche baronie de Herstal.*[22] Voltaire date du 30 septembre son *Sommaire* paru le 7 octobre, en pleine guerre des communiqués et alors que s'ouvraient des négociations à Berlin.

La publication du *Sommaire des droits de S.M. le Roi de Prusse* dans un journal politique de référence, la *Gazette d'Amsterdam*, mérite commentaire. Voltaire a envoyé son manifeste à un périodique qui assumait la fonction de 'greffier international'[23] et qui s'empressa de le faire paraître. Voltaire avait déjà fait parler de lui dans la *Gazette d'Amsterdam*. Le 20 janvier 1737, il avait adressé au rédacteur un désaveu de tout ce qui paraîtrait sous son

[22] La protestation du prince-évêque de Liège est publiée par Rousset de Missy, *Recueil historique d'actes, négociations, mémoires et traitez depuis la paix d'Utrecht jusqu'au second congrès de Cambray inclusivement* (La Haye, H. Scheurleer, 1728-1754), xiv.315-23. Du côté prussien, l'échevin de Witte d'Aix-la-Chapelle avait constitué un dossier sur Herstal. R. Koser a publié dans *Preussische Staatsschriften aus der Regierungszeit* un ensemble de documents: 1) *Exposition des Raisons qui ont porté Sa Majesté le Roy de Prusse, aux justes représailles contre le Prince Evêque de Liège* du 11 septembre (p.15-16), suivi d'un *Factum* présentant en parallèle le texte du premier projet et celui qui fut publié (p.16-19); 2) *Exposition fidèle et succincte des procédés irréguliers, et des attentats du prince-évêque de Liège contre les drois incontestables de Sa Majesté le roi de Prusse, en qualité de seigneur de la libre et franche baronie de Herstal.* MDCCXL (p.22-29); 3) *Pro Memoria*, en allemand (p.33-36). On peut aussi consulter une lettre de Frédéric au prince évêque de Liège du 24 septembre 1740 dans Rousset de Missy, *Recueil historique*, p.324-28, ainsi qu'une *Réponse à l'Exposition que l'Evêque de Liège a fait publier contre celle du Roi de Prusse touchant l'affaire de Herstal*, p.328-35.

[23] Sur ce périodique, il faut se reporter à la très belle étude publiée sous la direction de P. Rétat, *La Gazette d'Amsterdam: miroir de l'Europe au XVIIIe siècle*, *SVEC* 2001:06. Nous renvoyons ici à la p.5.

nom 'sans approbation, privilège ou permission' (D1264). L'affaire de la *Voltairomanie* avait été signalée par les journalistes (D2032). Ses relations avec le prince royal de Prusse avaient attiré l'attention de la *Gazette d'Amsterdam* dès décembre 1736 qui avait annoncé, à tort, son départ pour la Prusse (D1235). Ce *Sommaire*, émanant de l'écrivain français, ne pouvait être écarté. Il était en prise directe sur une actualité dont ce journal rendait compte avec célérité, faisant preuve d'un réel souci d'exhaustivité.

Principal périodique européen d'information politique, la *Gazette d'Amsterdam* a largement ouvert ses colonnes, du 20 septembre au 1er novembre 1740, à l'affaire de Herstal, portant à la connaissance du public les pièces du dossier et jouant le rôle d'une tribune où les puissances concernées viennent plaider leur cause. Lorsque Voltaire intervient, des textes émanant des parties adverses avaient paru selon cet ordre chronologique: la cour de Prusse avait envoyé l'"Exposition des raisons qui ont porté S.M. à user de représailles contre le Prince et Evêque de Liège', datée du 14 septembre et publiée dans le numéro du 20 septembre, puis la lettre à valeur d'ultimatum du 4 septembre que Frédéric avait adressée à Liège dans le numéro du 23 septembre. Ce dernier numéro annonçait l'envoi d'un courrier du prince-évêque au roi de France et à l'Empereur et ceux des 27 et 30 septembre reproduisaient l'"Exposition du Prince-Evêque de Liège contre celle du Roi de Prusse', datée du 18 septembre. L'envahisseur avait donc proclamé haut et fort ses prérogatives, le prince-évêque avait fait appel lorsque le renfort inattendu en faveur des thèses prussiennes du *Sommaire* paraît le 7 octobre sous la rubrique 'Pais-Bas', sans commentaire préliminaire, mais suivi d'un post-scriptum annonçant dans 'l'ordinaire prochain la Réplique du Roi de Prusse à la Réponse du Prince de Liège', ce qui sera fait dans le numéro daté du 11 octobre. Le 1er novembre, la *Gazette d'Amsterdam* annonce qu'un accommodement a été signé à Berlin le 22 octobre. Ce *Sommaire* prend place dans une série de textes officiels dont il se distingue en prétendant faire entendre la voix d'un historien du droit international dans une sorte de tribune libre.

Dans ses *Mémoires*, Voltaire prétend que cet ouvrage de circonstance lui fut demandé par Frédéric et il s'explique, non sans désinvolture, sur sa participation, laissant entendre qu'il a rédigé ces pages dans l'urgence et sans trop réfléchir à ce qu'il faisait, par amitié en quelque sorte: 'Il me chargea même de travailler à un manifeste, et j'en fis un tant bon que mauvais, ne doutant pas qu'un roi avec qui je soupais, et qui m'appelait son ami, ne dût avoir toujours raison.' [24] Toutes ces allégations méritent d'être discutées; le récit des *Mémoires* écrit après coup, alors que les relations de Voltaire et de Frédéric ont connu tant de rebondissements, gauchit les faits, les recompose pour réécrire ce que fut sa vie.

Que l'affaire de Herstal ait été évoquée à Moyland, une lettre de Frédéric à Voltaire du 6 octobre le prouve et ne laisse place à aucune ambiguïté: 'J'ai profité de vos avis touchant Mons: de Liege et vous verrez dans les gazettes que mes droits seront imprimés.' [25] Ces 'avis', dont on n'a point de traces écrites, furent sans doute oraux, d'ailleurs il serait invraisemblable que les conversations dans ce château près de Clèves aient porté seulement sur l'immortalité de l'âme, la liberté et les androgynes de Platon. Deux questions d'actualité ne pouvaient être évitées, l'affaire de Herstal et l'impression de l'*Anti-Machiavel*. [26] Mais pour autant la lettre de Frédéric qui fait état d'un échange d'idées, n'autorise pas à accorder créance à la version des *Mémoires* selon laquelle la collaboration de Voltaire aurait été sollicitée. Il est, tout au plus, question de la publicité à donner à la thèse prussienne. Voltaire pensait qu'une affaire comme celle de Herstal ne se jugeait pas seulement au niveau des chancelleries, mais qu'elle devait être portée à la connaissance de l'opinion publique. Après

---

[24] M.i.17.

[25] Frédéric II à Voltaire, 6 octobre 1740 (D2324).

[26] Dans l'édition critique de l'*Anti-Machiavel*, parue dans les *Œuvres complètes*, W. Bahner et H. Bergmann s'interrogent à propos de la rencontre de Moyland: 'y fut-il question de l'édition de l'*Anti-Machiavel*? Rien ne le prouve, mais le contraire surprendrait' (*OC*, t.19, p.19).

les armes, intervenait la diplomatie, mais il était nécessaire de défendre sa cause. Voltaire n'avait point donné un mauvais conseil puisque la polémique fera rage dans les gazettes, et Frédéric a bel et bien justifié publiquement le bien-fondé de son intervention.[27]

Il se peut fort bien que Voltaire ait pris l'initiative de mettre sa plume au service des intérêts prussiens sans qu'on le lui ait expressément demandé. Mais a-t-il rédigé son texte avec ou sans un accord tacite de Frédéric? Voltaire se targue d'un assentiment royal auprès d'un ambassadeur. Le 4 octobre 1740, le ministre de Prusse aux Pays-Bas rend compte à son maître de ses démarches. Il a désavoué publiquement le *Sommaire*; il a interrogé en vain le libraire qui tait la provenance de ce texte; 'après coup', et sans qu'une date précise soit indiquée, Voltaire est venu lui dire qu'il en était l'auteur, laissant entendre que 'cela s'est fait avec la connaissance de V. M.'.[28] Ce serait une impudence de Voltaire s'il avait menti; nul ne peut affirmer qu'il n'en était pas capable, mais une telle tromperie eût été, pour le moins, risquée. Quant à l'enquête de von Räsfeld sur une publication anonyme touchant aux intérêts de la Prusse, elle était prévisible. Que le ministre ait demandé la suppression de ce texte s'explique parfaitement. Le *Mercure historique et politique* annonce ainsi la nouvelle: une brochure, intitulée *Sommaire*, fut 'supprimée à la réquisition du ministre de Prusse, n'étant que l'ouvrage d'un particulier'.[29] Seuls ont droit de s'exprimer les porte-paroles patentés des gouvernements. Voltaire avait enfreint cette règle et l'ambassadeur s'ac-

[27] Le 5 octobre, le roi écrit à son ministre Podewils: 'Le prince évêque de Liège ayant fait remettre dans les gazettes de Hollande et de Cologne ses pièces justificatoires touchant notre démêlé, je trouve convenable pour en anéantir ou affaiblir l'impression que vous fassiez aussi insérer dans les susdites gazettes un court extrait bien tourné des pièces imprimées pour soutenir ma cause. Vous y devez employer une bonne plume capable de s'exprimer avec ordre et précision' (cité par Koser, *Staatsschriften*, p.21-22). Frédéric mènera 'à toute outrance' une guerre d'opinion dans les années 1756-1758 (*SVEC* 2001:06, p.178).

[28] Lettre de Räsfeld à Frédéric II; voir Harsin, 'Le premier exploit de Frédéric II', p.97, n.1 et 2, et Koser, *Staatsschriften*, p.37-38.

[29] Koser, *Staatsschriften*, p.37.

quittait des devoirs de sa charge. Mais on s'est empressé, à tort, de parler de fiasco voltairien, d'ailleurs démenti par les faits. [30]

Si le *Sommaire* eut valeur dérogatoire par rapport à une loi non écrite, mais effective, Frédéric ne s'en formalisa pas, loin de là. Dès le 7 octobre, il manifeste sa reconnaissance à celui qui est devenu un 'ange tutélaire de [ses] intérêts': 'Je vous envoie ici un grand livre où vous trouverez toute l'histoire de mes droits sur la seigneurie d'Herstal dont vous ferez assurément meilleur usage que qui que ce puisse être. Vous ferraillez contre Vanduren, et vous écrivez contre mons. de Liège, ainsi que Mornay servait Henri 4 de la plume et de l'épée.' [31] A cette date, Frédéric sait que Voltaire écrit en sa faveur. Il ne l'en dissuade pas, se montre confiant dans ses talents en la matière et même lui fournit de la documentation. Il avait seulement sous-estimé la diligence de Voltaire, sa rapidité d'exécution, puisque le *Sommaire*, était déjà composé. Même s'il subsiste des difficultés, la correspondance de Voltaire et de Frédéric II, pendant le mois d'octobre 1740, permet d'écarter des jugements peu fondés sur la démarche de Voltaire.

Frédéric ne cesse de louer ce *Sommaire* et d'en remercier son auteur avec effusion, ce qui devrait éliminer tout soupçon de faux pas voltairien à l'égard du roi. Le 12 octobre, il écrit à Voltaire: 'Grâce vous soit rendue du bel écrit que vous venez de faire en ma faveur! L'amitié n'a point de bornes chez vous; aussi ma reconnaissance n'en a-t-elle point non plus' (D2333). Le 21 octobre, de nouveau, il remercie son 'cher Voltaire': 'je vous suis mille fois obligé de tous les bons offices que vous me rendez, du Liégeois que vous abattez' (D2346). Voltaire fait aussi allusion à ce *Sommaire* dans sa lettre au roi du 13 octobre: 'La lettre de votre majesté à l'évêque de Liege a ramené les esprits; votre majesté y rapelle les raisons détaillées dans le mémoire de 1737. Ainsi je me flatte que ce bourgeois de Herstal qui a donné au public l'abrégé' ...

---

[30] R. Koser remarque que Jean Rousset dans le *Mercure historique et politique* (iii.433) parle avec une certaine 'Schadenfreude' de ce fiasco voltairien.
[31] D2327. On notera la référence à *La Henriade*.

Malheureusement le texte de l'holographe de Nuremberg est incomplet. [32] Dans l'édition de Kehl, cette lettre, datée à tort du mois d'août, est imprimée avec un certain nombre de variantes qui laissent supposer que les éditeurs ont eu en mains une copie, voire un brouillon. Ces variantes sont, pour la plupart d'entre elles, stylistiques, mais elles comportent aussi ce passage important qui, peut-être, n'a jamais été envoyé:

Qu'il me soit permis, Sire, de représenter à votre Majesté que vous renvoyez, dans cette lettre publique, aux protestations faites contre les contrats subreptices d'échange et aux raisons déduites dans le mémoire de 1737. Comme l'abrégé que j'ai fait de ce mémoire est la seule pièce qui ait été connue et mise dans les gazettes, je me flatte que c'est donc à cet abrégé que vous renvoyez, et qu'ainsi Votre Majesté n'est plus mécontente que j'aie osé soutenir vos droits d'une main destinée à écrire vos louanges. [33]

On ne sait quel crédit accorder à ce texte reproduit par Koser et Droysen, non signalé par Besterman, qui se méfiait peut-être d'une interpolation des éditeurs de Kehl. Cette version, reprise dans les éditions du dix-neuvième siècle, inciterait à s'interroger sur un mécontentement passager de Frédéric dont on ne trouve point d'autres traces sous sa plume. En revanche, son ambassadeur à La Haye, chez lequel Voltaire était logé depuis son retour de Moyland, avait tout lieu d'être contrarié, puisqu'il avait été mis dans une situation embarrassante par son hôte. Le 12 octobre, Voltaire se dit 'entouré d'épines': 'Me voilà dans votre palais. Il est vrai que je n'y suis pas à charge à votre envoyé; mais enfin un hôte incommode au bout d'un certain temps. Je ne peux pourtant sortir d'ici sans honte, ni y rester avec bienséance sans un mot de votre majesté à votre envoyé.' [34] On reconstitue, sans trop de risque d'erreur, ce scénario plausible: von Räsfeld, découvrant que ce

---

[32] D2334 et commentaire de cette lettre.
[33] Kehl, t.65, p.27.
[34] D2332. Parmi ces épines, il faut entendre les démêlés de Voltaire avec van Duren, mais l'explication qu'il dut avoir avec le ministre de Prusse, Räsfeld, fut sans doute délicate.

Sommaire était l'œuvre de Voltaire et craignant d'avoir commis un impair, avait dû manifester son mécontentement et menacer Voltaire de celui de Sa Majesté. Voltaire entreprit de se justifier auprès du roi. Il rédigea quelques lignes pour sa défense. On ne sait s'il les envoya puisque toutes les lettres du monarque faisaient part de sa satisfaction. Ce dernier point paraît sûr et on peut conclure que, si Voltaire ne fut pas chargé d'écrire un manifeste, il a rédigé ce *Sommaire* avec l'aval du souverain.

En quoi consistait cette acceptation de fait de Frédéric? Les deux versions de la missive que l'écrivain adresse au souverain le 13 octobre font état d'un même renseignement, fort précieux: Voltaire fait allusion au *Mémoire historique et juridique* de 1737. C'est la base de tout l'argumentaire prussien et cet ouvrage fut tiré à très peu d'exemplaires à Duisbourg. Comment Voltaire aurait-il pu se le procurer, et en quel lieu, sans l'assentiment de Frédéric? Voltaire n'a pas publié son *Sommaire* sans garde-fou, jouant l'effet de surprise auprès du roi. Il ne l'a pas écrit sans bénéficier d'une documentation de première main, d'origine prussienne, donc frédéricienne, comme le prouve l'annotation de ce *Sommaire*. Comparer les articles 'Herstal' des dictionnaires du temps au *Sommaire* permet de prendre conscience de l'ampleur et de la précision de l'information de Voltaire tout autant que de sa prévention dans l'exposé des faits.

Moreri indique seulement que Herstal a été célèbre 'sous les rois de la seconde race'.[35] Le *Grand Dictionnaire géographique et critique* de Bruzen de La Martinière rappelle que cette seigneurie est passée des rois carolingiens aux ducs de Lothier. Le domaine 'utile' fut la possession des ducs de Brabant, puis des comtes de Nassau, princes d'Orange. Depuis la mort de Guillaume III sans enfant, cette baronnie fait partie d'une succession revendiquée par plusieurs princes.[36] Dans son manifeste, Voltaire se fait l'écho de l'*Exposition des raisons qui ont porté le Roi de Prusse aux justes*

[35] *Le Grand Dictionnaire historique de Moreri*, art. 'Herstal'.
[36] Bruzen de La Martinière, *Le Grand Dictionnaire géographique et critique*, MDCCXXXII, art. 'Herstal'.

représailles contre le Prince et Evêque de Liège du 11 septembre 1740, à laquelle il a eu sans doute accès à Moyland. [37] De son *Sommaire*, Voltaire dit qu'il est un abrégé du *Mémoire historique et juridique* de 1737; [38] effectivement ses emprunts à ce texte sont importants. De retour à La Haye, peut-être consulta-t-il quelque autre ouvrage. Dans le palais de Frédéric où il est logé, il y a des livres 'que les rats seuls ont lus depuis cinquante ans, et qui sont couverts des plus larges toiles d'araignées de l'Europe'. [39] Peut-être a-t-il bravé ces toiles d'araignée, mais il s'est tenu au courant de l'actualité, il renvoie à l'*Exposition du Prince et Evêque de Liège contre celle du Roi de Prusse publiée à Wezel le 11 du mois de septembre 1740*, datée de Liège le 18 septembre et qui paraît dans la *Gazette de Cologne* du 27 septembre et dans la *Gazette d'Amsterdam* les 27 et 30 septembre. [40] Il se pourrait que la date du 30 septembre attribuée au *Sommaire* ne soit pas trop éloignée de la réalité. Il reste un point obscur. Le *Mercure historique et politique* parle d'une 'brochure'. Räsfeld eut connaissance du texte le 4 octobre, le *Sommaire* paraît dans la *Gazette d'Amsterdam* du 7 octobre (n° 81). Y eut-il une publication séparée? On ne saurait le dire.

L'intervention de Voltaire dans une affaire qui ne le concernait pas et où il agit en courtisan fut sévèrement jugée, surtout par la postérité. Mais le texte du *Sommaire* n'est point lu, à une exception près, celle de Paul Harsin qui y voit 'un modèle de paralogisme' se terminant par 'une apologie dithyrambique' du roi de Prusse. [41]

[37] Voir Rousset de Missy, *Recueil historique*, p.309-10, ou Koser, *Staatsschriften*, p.15-19. Les derniers paragraphes du *Sommaire* s'en inspirent.

[38] Voir D2334 et Kehl, t.65, p.27, et ci-dessus, n.32-33.

[39] D2325, 7 octobre 1740, lettre écrite le jour où paraît le *Sommaire*.

[40] Rousset de Missy, *Recueil historique*, p.315-23. Voir la note 34 dans l'Annotation.

[41] Harsin, 'Le premier exploit de Frédéric II', p.99-100. Le *Sommaire* est l'un des textes oubliés de Voltaire. Il n'est point cité dans *Voltaire en son temps*, t.ii, éd. R. Pomeau (Oxford 1988); il n'a point d'entrée dans l'*Inventaire Voltaire*, sous la direction de J.-M. Goulemot, A. Magnan, D. Masseau (Gallimard 1995). L'article très documenté de F. Baldensperger, 'Les prémices d'une douteuse amitié: Voltaire et Frédéric II de 1740 à 1742', *Revue de littérature comparée* 10 (1930), p.230-61, ne le mentionne pas. Les biographies de Voltaire restent prisonnières des schémas des *Mémoires* de Voltaire.

Voltaire a rédigé un manifeste qui, par son contenu, est du ressort d'une chancellerie, mais qui prétend diffuser une version claire d'une question embrouillée portant sur des droits de propriété. Il s'agit de juridiction féodale en plein dix-huitième siècle.

A qui l'aborde sans prévention, le texte de Voltaire se recommande par sa clarté et son efficacité. C'est un condensé, nettement structuré, qui veut établir les droits du roi de Prusse: le passé lointain prouve que la partie adverse, l'Eglise de Liège, se prévaut de droits inexistants, le passé récent que la Prusse, après enquête minutieuse, a établi ses droits incontestables, sans cesse bafoués par des sujets rebelles, la conclusion loue les admirables qualités de Frédéric II et laisse espérer un 'accommodement honorable' pour les deux parties.

Ce texte est très bien informé. Il ne comporte pas d'erreur de datation, il retrace avec sûreté les événements qui ont marqué l'histoire de cette baronnie. Voltaire expose les vicissitudes d'un héritage pendant un millénaire, depuis le domaine mérovingien d'Austrasie, au temps de la dynastie des Pépin, l'Ancien, puis le Jeune, enfin Le Bref, jusqu'aux prérogatives prussiennes en cette année 1740. Les tribulations de cette baronnie, sise aux portes de Liège, concentrent en raccourci l'imbroglio des généalogies princières européennes: des Carolingiens à la maison de Lorraine, des ducs de Bourgogne à ceux de Brabant, de la maison de Nassau aux Hohenzollern. Cet imbroglio fut encore aggravé par les prétentions de différentes familles, les de Croy, les Isenghien (Voltaire évoque la comtesse de Mérode) qui, par la pratique des apanages, eurent des droits sur cette terre d'Empire donnée en fief. [42]

Cette plongée dans l'histoire, où Voltaire affronte des minuties juridiques, n'a rien de gratuit. Le *Sommaire* est un texte partisan qui soutient une thèse, comme son titre l'indique. Herstal est une terre libre de toute dépendance dont la Prusse a la pleine et entière

---

[42] L'article de M. Yans, 'Le destin diplomatique de Herstal-Wandre', qui est fondé sur un considérable dépouillement d'archives, est un excellent guide. Les apanages sont des possessions que les seigneurs donnaient à leurs puînés pour les dédommager de ce que les aînés devaient seuls succéder au fief principal.

propriété. Son roi, héritier des Nassau, lesquels l'étaient des ducs de Brabant, détient une 'libre et franche baronnie' qui n'a rien à voir avec la cour féodale de Brabant, ni *a fortiori* avec l'évêque de Liège. Certes, depuis le seizième siècle, l'Eglise de Liège prétend avoir acquis le droit de suzeraineté, se prévalant d'un 'transport' de domaine parfaitement illégal. Voltaire dénie toute valeur à des contrats signés 'sans l'intervention des états de Brabant et sans aucune formalité' et, qui plus est, jamais appliqués, donc sujets à prescription. L'Eglise de Liège est présentée sous des traits déplaisants; sa politique consiste à profiter de la faiblesse des mineurs. Celle de la Prusse, qui cherche à jouir de ses droits régaliens, après avoir fait rechercher ses droits de propriété, paraît parfaitement fondée. De nombreux incidents opposant agents prussiens et habitants de Herstal sont passés sous silence, sauf ceux des derniers mois qui cherchent à prouver qu'on a poussé à bout la patience de Frédéric II.

Ni la mise en accusation de l'Eglise de Liège, ni la défense de la Prusse ne manquent d'habileté, mais Voltaire omet seulement de dire que les bonnes raisons de Frédéric sont appuyées à main armée. Non sans cynisme, dans une lettre au roi, Voltaire remarque: 'l'évêque n'en a pas moins tort, et il en a deux mille démonstrations à Maseck'.[43] Le recours à la force n'est pas totalement occulté dans le *Sommaire*, mais traité sur le mode oratoire: 'Quel roi dans de pareilles circonstances eût moins fait que le roi de Prusse? et que de souverains eussent fait davantage!' Une interrogation et une exclamation justifient qu'il ait fait éclater 'ses ressentiments', alors que l'assurance de ses sentiments pacifiques et de son équité garantissent une solution acceptable pour tous. En effet, fin septembre, les hostilités avaient cessé, des discussions étaient engagées qui aboutiront à la signature d'un traité le 20 octobre.[44]

[43] D2315, 22 septembre 1740, à Frédéric. Dans D2312, du 15 septembre, à d'Argental, Voltaire évoque la petite guerre du roi de Prusse contre Liège.

[44] Le 6 octobre, Frédéric annonce que ses troupes vont évacuer le comté de Horn (D2324). Sur les clauses de ce traité signé à Berlin, voir Harsin, 'Le premier exploit de Frédéric II', p.101-104.

La publication du *Sommaire* n'eut point de conséquences politiques directes. Frédéric n'avait nul besoin d'aide pour faire valoir ses exigences et Voltaire n'entendait pas peser sur des décisions qui se prenaient à un autre niveau que celui d'un simple particulier. Mais quels furent les mobiles et les résultats de cette intervention?

'Titus perdit un jour, et vous n'en perdrez pas': ainsi s'achevait l'Epître que Voltaire adressa à Frédéric au début de juillet 'en réponse à une lettre dont il honora l'auteur, à son avènement à la couronne'.[45] Voltaire fut bon prophète, Frédéric ne perdit point de temps dans l'affaire de Herstal. De conseiller culturel, fonction qu'il assumait volontiers depuis quelques mois,[46] Voltaire, en écrivant ce *Sommaire*, s'est mué en journaliste politique, au service d'un gouvernement étranger. La publication de ces quelques pages est lourde de conséquences. Il importe de distinguer le niveau des faits établis de celui des conjectures portant sur des intentions.

Voltaire reçut la visite de l'ambassadeur de France aux Pays-Bas, Gabriel-Jacques de Salignac, marquis de La Mothe-Fénelon. Celui-ci l'a interrogé sur le nouveau roi de Prusse, 'il parla ensuite de l'évêque de Liège et sembla l'excuser un peu'.[47] Le 13 octobre, annonce Voltaire, ce 'bon papiste', qui condamne l'*Anti-Machiavel*, et son secrétaire d'ambassade, le jésuite La Ville, 'commencent à racourcir un peu les longues phrases qu'ils débitaient en faveur de l'évêque de Liege'.[48] Les chancelleries, dans l'ensemble attentistes, manifestaient tout au plus de la compassion pour les victimes du coup de force,[49] certains disant, comme le rapporte Podewils à son maître: 'Cela est fort, cela est vif, c'est le langage de

---

[45] Cette épître est reproduite dans D2257. Voir Mervaud, *Voltaire et Frédéric II*, p.107.

[46] Mervaud, *Voltaire et Frédéric II*, p.108-109.

[47] D'après D2315, 22 septembre 1740. La visite aurait eu lieu le 20 septembre, preuve d'un empressement de l'ambassadeur. La première lettre de Voltaire de La Haye est du 18 septembre (D2314).

[48] D2334, à Frédéric.

[49] Harsin, 'Le premier exploit de Frédéric II', p.94-95. C'est la France qui manifesta le plus nettement ses réserves. L'Empereur envoya un 'rescrit déhortatoire'.

Louis XIV et voilà un début qui fait juger de ce qu'on doit attendre un jour de ce prince.'[50] Ses relations avec Frédéric font de Voltaire un personnage pour la cour de France, la visite d'un ambassadeur n'étant qu'un prélude à tant d'autres fonctions officieuses dont fut chargé l'écrivain.[51] Voltaire aurait-il été plus sensible à l'importance qu'il prenait aux yeux des autorités, à ceux de Frédéric, peut-être à ses propres yeux, qu'à la violence commise par le roi de Prusse? Pour répondre à cette question, il faut tenir compte de la solution qui fut trouvée à cette crise, et qui est financière.

A la suite d'âpres négociations, Frédéric II empocha 180.000 écus en argent comptant;[52] ses exigences avaient été bien supérieures à celles des pourparlers de 1738 au temps du Roi-Sergent. Mayseck avait été occupée aux frais des habitants, mais point d'effusion de sang, le problème a été résolu en espèces sonnantes et trébuchantes. On prit le parti d'en rire en France où se colportait cette anecdote:

Le comte de Horion fut délégué au Roi de Prusse qui résolut de s'égayer à ses dépens. Frédéric II persistait à réclamer deux millions pour abandonner ses prétentions. Sire si telle est votre dernière volonté, je sais ce qu'il nous reste à faire... – Et que ferez-vous, réplique le roi irrité? Des processions, Sire, pour que le ciel veuille ramener votre Majesté à des prétentions moins rigoureuses envers notre pays. Frédéric II agréablement surpris de cette répartie se relâcha d'un million et accueillit Horion à ses soupers.[53]

[50] Harsin, 'Le premier exploit de Frédéric II', p.94. Podewils avait réuni à Berlin les 20 et 25 septembre les ambassadeurs étrangers.

[51] Sur la mission diplomatique de Voltaire à Berlin en 1743, voir Mervaud, *Voltaire et Frédéric II*, p.144-56.

[52] Harsin, 'Le premier exploit de Frédéric II', p.102. Le roi demandait 160.000 écus pour Herstal et 80.000 pour une ancienne créance, soit 240.000 écus. Après tractations, un rabais fut consenti, Frédéric reçut 180.000 écus, soit 270.000 florins du Rhin. En 1739, les Liégeois proposaient 100.000 florins à Frédéric-Guillaume Ier (Harsin, p.85, n.3 et 4).

[53] Harsin, 'Le premier exploit de Frédéric II', p.105, qui cite ce texte d'après le *Mercure de France*, où nous ne l'avons pas trouvé en 1740. Deux envoyés liégeois, le comte d'Horion et le conseiller Duchâteau négocièrent à Berlin. La *Gazette d'Amsterdam* du 11 octobre donne à Horion le titre de baron.

Les Liégeois, qui avaient négocié le couteau sur la gorge, pouvaient avoir le sentiment d'avoir été rançonnés. Au dix-huitième siècle, on ne retient que la cupidité de Frédéric agissant en digne fils du Roi-Sergent. Condorcet, dans sa *Vie de Voltaire*, rappelle que le roi de Prusse, de passage à Wésel, profita 'du voisinage pour faire payer à l'évêque de Liège une ancienne dette oubliée. Voltaire écrivit le mémoire qui fut appuyé par des soldats.'[54] Au sujet de l'affaire de Herstal, l'édition de Kehl de la *Correspondance de Voltaire et de Frédéric* ajoute cette note explicative: 'Il s'agit ici d'une ancienne créance sur l'évêque de Liège que le roi de Prusse réclamait. M. de Voltaire fit un mémoire pour prouver la validité des droits du roi contre l'évêque.'[55] A la fin du siècle, on oublie de mentionner que Frédéric vendit Herstal, et que pour augmenter le montant de ses exigences, il fit valoir une ancienne dette, peut-être hypothétique.[56] Voltaire, ayant le sentiment d'avoir été dupe, ironise dans ses *Mémoires* sur le million que Frédéric encaissa et qui servit à 'l'indemniser des frais de son voyage de Strasbourg'.[57] En fait, ce million servit à financer la guerre de Silésie, ce que Voltaire ne dit pas, ou peut-être, ne veut pas dire.

Le coup de force de Frédéric, l'appui de Voltaire ne semblent point avoir troublé les consciences au dix-huitième siècle. Duvernet, dans sa *Vie de Voltaire*, prétend que Voltaire, en cette

---

[54] M.i.220.

[55] Kehl, t.65, p.44.

[56] Il s'agissait des frais d'entretien de la garnison de la ville de Cologne pendant la guerre de la Ligue d'Augsbourg que le roi de Prusse aurait fournis pour le contingent ou quote-part de l'évêché de Liège dans les charges du Cercle de Westphalie.

[57] M.i.17. L'avarice de Frédéric défraiera la chronique grâce à Voltaire. Pendant la Guerre de Sept Ans, il rapporte une conversation entre Frédéric et Sir Andrew Mitchell, ministre d'Angleterre en Prusse. Le roi demande ce que va faire le gouvernement anglais après sa descente sur les côtes françaises: 'Nous laissons faire Dieu, répondit Mitchel. Je ne vous connaissais pas cet allié, dit le Roi. C'est le seul à qui nous ne payons pas de subsides, répliqua Mitchel. Aussi, dit le Roi, c'est le seul qui ne vous assiste pas' (D7555, 5 janvier 1758). Frédéric sut toujours se faire payer.

occasion, remplit un rôle de 'premier ministre': 'Il s'agissait de prouver aux habitants de Liège qu'ils devaient payer deux millions. Voltaire rédigea un petit manifeste qui, en lui-même, n'avait peut-être rien de bien persuasif; mais Frédéric II le fit porter aux Liégeois à la tête de deux mille soldats, et il eut un plein et entier succès.'[58] Ce récit romancé fait preuve de scepticisme quant à l'intérêt de ce *Sommaire*, mais traite l'intervention de Voltaire comme un épisode glorieux de sa vie, qui plus est, pittoresque. L'accent est mis sur la faveur royale dont a joui l'écrivain qui aurait alors été invité à venir en Prusse et auquel on offrait 'fortune, honneurs, distinctions, amitié'. Deux siècles plus tard, le ton change. Dans *Voltaire ou la royauté de l'esprit*, J. Orieux, qui a tendance à privilégier la formule qui fait mouche, parfois au détriment de toute vérification même des noms propres (il est question du conseiller 'Rambouet'), juge ainsi l'affaire de Herstal:

Voltaire fut lui-même galamment prié de rédiger un manifeste pour engager les Liégeois à payer avant qu'il ne fût trop tard. Et il l'écrivit! Que peut-on refuser à un roi philosophe, qui vous fait dîner à sa table et vous appelle Virgile? Plus tard, bien plus tard, Voltaire s'avisera qu'il a été complice d'un acte de banditisme. O philosophie militante, où donc t'es-tu égarée?[59]

La question mérite plus que cette paraphrase des *Mémoires*, suivie d'une condamnation sans appel. Au terme de l'étude très documentée qu'il a consacrée à ce 'premier exploit' de Frédéric, P. Harsin pose le problème en termes de droit international, parle d'une 'prise de gage en vue d'une négociation' qu'il assimile finalement à 'un hold-up contemporain'.[60] On parlera plutôt de coup de force, en se demandant pourquoi Voltaire s'en est fait complice.

---

[58] Duvernet, *Vie de Voltaire* (1786), p.121.

[59] J. Orieux, *Voltaire ou la royauté de l'esprit* (Paris 1966), p.305.

[60] Harsin, 'Le premier exploit de Frédéric II', p.107. L'affaire de Herstal n'est pas évoquée dans l'ouvrage de M. L. Perkins, *Voltaire's concept of international order*, *SVEC* 36 (1965), qui cite seulement D2315 sans commentaire (p.119).

Frédéric s'attaquait au 'prélat colérique' de Liège, ce qui n'était pas pour déplaire à Voltaire. La principauté faisait partie du Saint Empire romain germanique et restait 'un bastion de l'orthodoxie romaine'. [61] L'Eglise occupait une position dominante, elle était 'l'ordre privilégié par excellence', le chapitre cathédral gardant la haute main sur les postes de commande. [62] Le roi de Prusse, dans le chapitre XI de l'*Anti-Machiavel*, dénonçait de manière virulente ces successeurs des apôtres devenus princes, ces 'prêcheurs d'humilité et de repentance', ambitieux, aimant le luxe et le pouvoir. [63] Voltaire, dans l'édition qu'il fit de l'*Anti-Machiavel*, avait supprimé quelques attaques trop vives lancées contre les états ecclésiastiques, [64] mais il n'allait pas plaindre le prince-évêque qui dut payer le prix fort. Pour Voltaire, Liège est une place forte d'un cléricalisme étroit, immobile et borné et en 1778, encore, il aurait fait 'une sortie contre le gouvernement ecclésiastique de ce pays'. [65] Dans le *Sommaire*, il remarque pourtant, et c'est à son honneur, que les contrats d'échange du seizième siècle ont spolié l'évêque, puisqu'ils ne furent pas honorés: 'l'évêque de Liège, qui avait cédé la juridiction de Mariembourg, resta sans équivalent'. C'est le seul endroit du texte où il lui concède, sinon un droit, du moins un motif de récrimination. Mais la dimension anticléricale sous-jacente de son manifeste, jamais indiquée, doit être prise en compte.

Il est évident que ce *Sommaire* met en cause l'ensemble des relations de Voltaire et de Frédéric. Le roi de Prusse rima des remerciements le 12 octobre:

[61] La principauté de Liège est l'un des 360 états qui composaient l'Empire.

[62] E. Hélin, 'Liège. Les cadres politiques et le substrat social', *La Vie culturelle dans nos provinces au XVIIIᵉ siècle, Pays-Bas autrichiens, principauté de Liège et duché de Bouillon*, ouvrage édité à l'occasion du sixième Congrès international des Lumières, Bruxelles, du 24 au 31 juillet 1983, p.79, 83.

[63] *OC*, t.19, p.316-19.

[64] *OC*, t.19, p.167-70, à comparer aux pages citées ci-dessus (p.316-19).

[65] Anecdote rapportée par D. Droixhe dans une belle étude, 'La diffusion des idées nouvelles', *La Vie culturelle*, p.87.

Ah! votre divine éloquence
Détruit l'argument suborneur
Que le Liégeois et son engeance
Bégayait avec tant d'hauteur.
Un trait brillant de votre bouche
Terrasse le prélat farouche.

Voltaire devient le saint Georges qui a abattu ce 'vil serpent'. [66] Le 7 octobre, Frédéric s'était efforcé de justifier son action: 'Cette démarche était nécessaire à quelques égards pour me mettre sur un bon pied, avec de petits princes qui s'étaient mis du temps de mon père sur un très mauvais ton, et qui manquaient à toutes les considérations qu'ils lui devaient.' [67] Dans l'*Histoire de mon temps*, il expose les puissantes raisons qu'il eut de donner, au commencement de son règne, 'des marques de vigueur et de fermeté'. La conduite prudente de Frédéric-Guillaume passait pour de la faiblesse. Les officiers prussiens qui enrôlaient des recrues, étaient exposés à mille avanies, 'les moindres princes se plaisaient à faire insulte aux Prussiens, jusqu'à l'évêque de Liège donnait des mortifications au roi':

La seigneurie de Herstal, s'étant révoltée contre la Prusse, se mit sous la protection de cet évêque, le roi envoya le colonel de Kreytzen à Liège, pour accommoder sur cette affaire, et l'évêque eut l'impudence de le laisser attendre trois jours dans la cour de son château, quoique cet officier fût muni de créditif et de lettres du roi.

Pour Frédéric, il en allait de sa réputation, de l'honneur de la Prusse; il est nécessaire d'inspirer de la crainte si l'on veut se faire respecter. [68] Frédéric disait vrai à Voltaire lorsqu'il avouait que son orgueil avait été blessé par la conduite timorée du Roi-

[66] D2333, qui comprend aussi des vers satiriques sur les ennemis de la Prusse; c'est une des veines de la poésie de Frédéric.

[67] D2327 qui comprend des explications politiques du roi.

[68] *Histoire de mon temps* (rédaction de 1746), éd. Max Posner, Publicationen aus den K. Preussischen Staatsarchiven (Leipzig 1879), p.212-13. Si Kreitzen a attendu trois jours, on comprend pourquoi Frédéric II n'accorde que deux jours à l'évêque de Liège.

Sergent. Son mépris de souverain d'un Etat qui compte à l'égard de petits princes n'est pas feint. Le chapitre X de l'*Anti-Machiavel*, non sans une hautaine arrogance, leur interdit toute ambition, les cantonne dans un rôle de 'vassal'. Voltaire avait trouvé charmantes les réflexions sur les principini, sur ces souverains en miniature, [69] mais, effrayé par des sarcasmes sur de petits princes allemands qui se ruinent en dépenses excessives, sur 'le cadet du cadet d'une ligne apanagée' qui 'bâtit son Versailles', 'baise sa Maintenon' et 'entretient ses armées', il avait adouci le texte. [70]

Prit-il pour argent comptant les explications que lui fournit Frédéric sur la nécessité dans laquelle il s'est trouvé: 'nous sommes les roues d'une montre politique et il faut tourner malgré que l'on en ait, et il est très naturel qu'en ce mouvement continuel quelque fois une roue aille ou trop vite ou trop lentement'? Se laissa-t-il duper par les discours du roi sur les aléas de l'action politique, rimés sur un mode caustique? [71] En fait, toute la politique de Frédéric est dominée par sa volonté de 'recoudre les pièces détachées du royaume de Prusse'; [72] selon cette perspective, il tirait le maximum de Herstal en le monnayant, ce domaine étant éloigné de ses Etats. [73] Mais pour la première fois, dans sa correspondance avec Voltaire, Frédéric, qui se dira serviteur de la Prusse, évoque la Raison d'Etat, supérieure à toute autre considération. [74]

[69] D2214, 1er juin 1740.

[70] *OC*, t.19, comparer les pages 161-66 aux pages 311-15.

[71] D2333, 12 octobre 1740. Frédéric se moque des politiques hollandais et de l'ambassadeur de France.

[72] *Lettre à M. de Natzmer* (1731), *Œuvres de Frédéric*, éd. Preuss, xvi.3-6. Voir aussi *Considérations sur l'état présent du corps politique en Europe*, viii.1-30, envoyées à Voltaire avec D1515. Voir Mervaud, *Voltaire et Frédéric II*, p.90-91.

[73] Frédéric, à maintes reprises, explique qu'un village sur l'une de ses frontières, l'intéresse plus qu'une terre lointaine. Des *Considérations*, Voltaire avait voulu seulement retenir la dernière phrase: 'c'est un opprobre et une ignominie de perdre ses Etats; et c'est une injustice et une rapacité criminelle de conquérir ceux sur lesquels on n'a aucun droit légitime' (viii.30).

[74] F. Meinecke, *L'Idée de la raison d'Etat dans l'histoire des temps modernes*, trad. de l'allemand par M. Chevallier (Genève 1973).

Les enjeux de l'affaire de Herstal et du *Sommaire*, si l'on prend en compte ces implications, font paraître quelque peu dérisoires des explications fondées sur des étourderies de Voltaire ou sur son désir de se faire valoir. Th. Besterman ne se satisfait pas, à juste titre, de ce schéma traditionnel et s'efforce de comprendre son attitude. C'est au nom d'une raison supérieure que Voltaire n'aurait pas dénoncé l'agression de Frédéric: 'In short, in the hope that the king would really establish a government by reason, Voltaire was for long willing to accept Frederick's actions at his own valuation; his attitude was later paralleled by Bernard Shaw's admiration for Mussolini's efficiency.'[75] La question nous paraît plus complexe, même si cette explication recèle une part de vérité.

Dans ses relations avec Frédéric II, Voltaire a dû composer, transiger, mais c'est au moment de la guerre de Silésie qu'un choix crucial se posa, lorsqu'il dut admettre que le prince philosophe et pacifique se muait en roi conquérant et se disant toujours philosophe. Le 22 décembre 1741, Voltaire fait le deuil de maintes illusions: 'Votre majesté a fait bien des choses en peu de temps. [...] Mais avec ce génie dévorant qui met tant de choses dans sa sphère d'activité, vous conserverez toujours cette supériorité de raison qui vous élève au-dessus de ce que vous êtes, et de ce que vous faites.'[76] Début octobre 1740, Frédéric se complaît encore dans de vertueuses déclarations que recopie Voltaire, peut-être pour calmer ses appréhensions: 'Je n'ai d'ailleurs point voulu garder la comté de Horn [...] je n'aurais eu autre droit dessus que celui du plus fort sur les biens du plus faible.'[77] Le jour même de la signature d'un traité à Berlin sur Herstal, l'Empereur mourut. Le 26 octobre 1740, Frédéric annonce à Voltaire: 'Mon affaire de Liège est toute terminée; mais celles d'à présent sont de bien plus

[75] Th. Besterman, *Voltaire* (Oxford 1969), p.265.

[76] D2573. Sur le difficile dialogue de Voltaire et de Frédéric pendant la guerre de Silésie, voir Mervaud, *Voltaire et Frédéric II*, p.122-30.

[77] D2327. Voltaire recopie cette déclaration dans une lettre qu'il envoie le 18 octobre à Camas à propos de l'*Anti-Machiavel*: 'J'ai tout lieu d'espérer que la conduite du roi justifiera en tout l'Antimachiavel du prince' (D2342).

grande conséquence pour l'Europe; c'est le moment du changement total de l'ancien système de politique' et il conclut: 'Cette
mort dérange toutes mes idées pacifiques, et je crois qu'il s'agira au
mois de juin plutôt de poudre à canon, de soldats, de tranchées,
que d'actrices, de ballets et de théâtre' (D2352). Un mois plus tôt,
lorsque Voltaire écrivit le *Sommaire*, rien ne l'obligeait à faire des
concessions, ce qu'il sera amené à faire dans l'avenir.

Pourtant, tout calcul philosophique n'est pas absent de la
publication du *Sommaire*. S'il reste vrai que l'affaire de Herstal
est la première intrusion du réel dans des relations jusqu'alors
épistolaires et créatrices d'illusions, [78] il est patent que la préoccupation essentielle de Voltaire en septembre 1740 porte sur la
publication de l'*Anti-Machiavel*. Le 26 avril 1740, Frédéric lui a
'abandonné' son ouvrage, le 27 juin, il le prie d'acheter toute
l'édition. [79] Tandis que Voltaire est aux prises avec van Duren, le
roi remet le Machiavel à sa disposition le 2 août, puis le 8, donne la
permission expresse de le faire imprimer. [80] Le 22 août, Voltaire
affirme que 'L'affaire de L'Anti-Machiavel est en très bon train
pour l'instruction et le bonheur du monde', puis du 11 au
14 septembre, à Moyland, il est difficile d'imaginer que la question
n'ait pas été évoquée. [81] Mais les réticences du roi sont flagrantes.
Le 6 octobre, Frédéric déplore le temps que cet ouvrage fait perdre
à Voltaire, le 12 octobre, en vers, il le supplie de mettre fin à ses
disputes avec van Duren:

[78] Sur l'idéalisation épistolaire, voir Mervaud, *Voltaire et Frédéric II*, p.19-100;
sur le poids des réalités, p.103-32.

[79] Sur la publication de l'*Anti-Machiavel*, voir *OC*, t.19, p.3-29, et Mervaud,
Voltaire et Frédéric II, p.90-100, 109-11, 117-20. On rappellera seulement quelques
dates dans cette étude du *Sommaire*. Voir D2203, 26 avril 1740; D2250, 27 juin 1740.
Frédéric, devenu roi, ne désire plus que son ouvrage soit publié.

[80] D2281: 'je remets le Machiavel à votre disposition'; D2285: 'Faites donc rouler
la presse, puisqu'il le faut.'

[81] D2298. Dans le *Commentaire historique*, Voltaire prétend avoir dit à Frédéric à
Moyland: 'Sire, si j'avais été Machiavel, et si j'avais eu quelque accès auprès d'un
jeune roi, la première chose que j'aurais faite aurait été de lui conseiller d'écrire
contre moi' (M.i.81).

L'affreux corrupteur de Florence
Et son scélérat d'imprimeur
Me frustreront de l'espérance
De posséder mon défenseur. [82]

L'entrelacement des thèmes de Liège et de l'*Anti-Machiavel*
dans cette *Correspondance*, est significatif. Frédéric met l'accent sur
le bonheur de rencontrer Voltaire, ce dernier sur la nécessité de
faire paraître 'le catéchisme des rois'. Selon cette perspective le
Sommaire relève d'une stratégie médiatique. [83]

Ces quelques pages attribuées par Voltaire à un 'bourgeois de
Herstal' et destinées à prouver les droits incontestables du roi de
Prusse, ont moins d'intérêt par leur contenu que par leurs
implications. Le 1er septembre 1740, Voltaire avait écrit à Frédéric:
'sire votre personne est en spectacle à toute l'Europe'. [84] Le
Sommaire, qui clame à la face du monde des droits justifiant un
coup de force avant négociation, minimise l'écart entre la conduite
du roi et son réquisitoire contre une politique amorale des princes
afin de ne pas couvrir de ridicule l'éditeur de l'*Anti-Machiavel*.
Voltaire espérait sans doute que cette publication aurait valeur
d'engagement pour le souverain et le *Sommaire* entrait peu ou prou
dans un jeu de services et gratifications réciproques sous le signe
du 'rien pour rien', où entrait sans doute l'espoir d'une sorte de
'donnant donnant' philosophique, sans compter que Voltaire avait
autant intérêt à se persuader lui-même de la légitimité des actions

[82] D2324, 6 octobre 1740; D2333, 12 octobre 1740.
[83] La publication, de leur vivant, de lettres de Voltaire et de Frédéric fait partie de
cette stratégie médiatique (on peut en consulter la liste dans Mervaud, *Voltaire et
Frédéric II*, p.519-27). Voir aussi E. Hinrichs, 'Aus der Distanz der Philosophen zum
Briefwechsel zwischen Voltaire und Friedrich II.', dans E. Hinrichs, R. Krebs, Ute
van Runset, '*Pardon, mon cher Voltaire*', *Drei essays zu Voltaire in Deutschland*
(Göttingen 1996), p.9-47.
[84] D2303. Frédéric entendait donner un spectacle, mais fort différent de celui
qu'imagine Voltaire, celui de sa gloire: 'L'ambition, l'intérêt, le désir de faire parler
de moi l'emportèrent et la guerre fut résolue': ainsi s'explique le roi dans l'*Histoire de
mon temps*, à propos de la guerre de Silésie. Voir Mervaud, *Voltaire et Frédéric II*,
p.131. Voltaire et Frédéric se sont donnés en spectacle, ce qui justifie le sous-titre de
l'étude de leurs relations: une dramaturgie des Lumières.

de Frédéric qu'il en avait à en convaincre le public. A l'opinion publique est accordée la fonction de témoin et de juge. Avec Herstal, Voltaire et Frédéric jouent une petite scène qui entre dans une dramaturgie des Lumières.

L'affaire de la 'baronnie de Herstal' et la publication du *Sommaire des droits de S. M. le Roi de Prusse*, non seulement sont éclairantes pour la biographie de Voltaire, pour l'étude de ses relations avec Frédéric, mais ouvrent des perspectives sur la politique de Voltaire, sur son usage des médias de son temps. Voltaire a joué le rôle du généalogiste de l'article 'Guerre' du *Dictionnaire philosophique* qui 'prouve à un prince qu'il descend en droite ligne d'un comte, dont les parents avaient fait un pacte de famille il y a trois ou quatre cents ans avec une maison dont la mémoire même ne subsiste plus'. Cette maison ayant eu 'des prétentions éloignées sur une province', le prince en conclut qu'elle lui appartient, et cette province a beau protester 'qu'elle ne le connaît pas, qu'elle n'a nulle envie d'être gouvernée par lui; que pour donner des lois aux gens, il faut au moins avoir leur consentement: ces discours ne parviennent pas seulement aux oreilles du prince'.[85] Si Voltaire fut ce généalogiste, ce n'était pas pour avaliser la loi du plus fort,[86] paradoxalement, c'était pour permettre la parution de l'*Anti-Machiavel* dans de bonnes conditions, ce qui n'eut pas lieu.[87]

Principes de l'édition

Ce texte est paru dans le numéro 81 de la *Gazette d'Amsterdam* du 7 octobre 1740.

On a respecté l'orthographe des noms propres de personnes et de lieux, mais un compromis s'est imposé en ce qui concerne les accents. Nous écrivons Pépin pour Pepin; Frédéric pour Frederic; Léopold pour Leopold; Amélie pour Amelie; Mérode pour Merode; Liège pour Liege. Nous avons écrit Pays-Bas pour Païs-Bas. Herstal est orthographié avec un seul -*l* dans l'ensemble du texte, à une exception près que nous avons corrigée: 'A Herstall'.

[85] *OC*, t.36, p.187-88.
[86] Il la subira à Francfort-sur-le-Main, mais au temps du *Sommaire*, il ne pouvait prévoir cette 'barbarie iroquoise'.
[87] L'*Anti-Machiavel* parut en plusieurs versions; ni Frédéric ni Voltaire ne furent satisfaits (voir *OC*, t.19).

On a respecté la ponctuation, à une exception près: le point qui suit les chiffres arabes a été supprimé.

Le texte a fait l'objet d'une modernisation portant sur la graphie, la suppression de quelques italiques, l'accentuation et la grammaire. Les particularités du texte de base dans ces trois domaines étaient les suivantes:

I. Particularités de la graphie

1. Consonnes

— absence de la consonne *p* dans le mot 'tems' et son composé 'longtems'.

— absence de la consoone *t* dans les finales en *-ans* et en *-ens*: habitans, importans, indécens, ressentimens.

— redoublement de consonnes contraire à l'usage actuel: appanage.

2. Voyelles

— emploi de *y* à las place de *i* dans vrayes.

3. Utilisation systématique de la perluette, sauf en tête de phrase.

4. Graphies particulières

L'orthographe moderne a été rétablie dans les mots suivants: contract, hazard, provisionellement, solemnellement, vangé.

5. Le trait d'union

— il a été supprimé dans les mots et expressions suivants: conseiller-privé, long-tems, lors-qu'un, si-tôt, très-juste.

6. Majuscules supprimées

Nous mettons la minuscule à plusieurs noms communs qui portent une majuscule dans le texte de base, et aux adjectifs qualificatifs, Mineur et Régalien.

II. Particularités d'accentuation

1. L'accent aigu

— il est souvent absent dans: cedait, dedaignait, depouiller, deraisonnablement, heritier, immediat, imperiale, irregularite, memoire, persecution, procedez, rebellion, etc.

2. L'accent grave

— absent dans: chere, célebre; dans des passés simples: protesterent, recommencerent.

3. L'accent circonflexe

— absent dans: grace; dans le subjonctif: eut.

— présent dans: toûjours, soûmis; dans le participe passé: ayant pû; dans: ils pûrent.

4. Le tréma

— il est présent dans: vuë, jouïr, dévoluë.

III. Particularités grammaticales

1. Emploi du pluriel en *-x* dans: loix.

2. On a corrigé une coquille, le participe présent 'résident' en 'résidant'.

SOMMAIRE DES DROITS DE SA MAJESTÉ
LE ROI DE PRUSSE SUR HERSTAL

A Herstal ce 30 septembre 1740

La terre de Herstal aux portes de Liège, sur la Meuse, est un fief immédiat de l'Empire: il n'y en a point de plus ancien ni de plus célèbre: ce fut le lieu de la naissance de Pépin,[1] père de Charlemagne, et le premier patrimoine des empereurs d'Occident.[2] Il passa par des mariages de la Maison de Charlemagne dans celle de Lorraine:[3] il y resta longtemps; et tant que les lois de l'Empire purent être observées, cette haute et franche seigneurie jouit de tous les droits régaliens, et sa juridiction ne ressortit jamais qu'à la Chambre Impériale qui siégeait à Aix.[4] Il a été vérifié qu'en

---

[1] Herstal n'est pas le lieu de naissance de Pépin le Bref (v.715-768), fils cadet de Charles Martel qui dépose le roi Childéric III, se fait élire roi des Francs en 751 et fonde la dynastie des Carolingiens. Pépin le Bref naquit à Jupille-sur-Meuse, mais son bisaïeul, Pépin de Herstal (640-714) était né à Herstal. L'article 'Herstal' du *Dictionnaire historique* de Moreri précise que quelques-uns croient que ce bourg fut le lieu de naissance de Pépin, roi de France. C'est peut-être la source de Voltaire qui évoquera la carrière de Pépin le Bref dans les *Annales de l'Empire* (M.xiii.226) et dans l'*Essai sur les mœurs* (éd. R. Pomeau, Paris 1963, i.324).

[2] Ancien domaine mérovingien, puis carolingien, Herstal devint terre impériale lorsque ses propriétaires accédèrent au trône. Pépin partagea son royaume entre ses deux fils Carloman et Charlemagne. Carloman, qui reçut l'Austrasie, c'est-à-dire les régions de la Meuse, de la Moselle, de l'Escaut sur la rive gauche du Rhin, renonce à la souveraineté, se fait moine, meurt en 771. Charlemagne se fait couronner roi d'Austrasie en 772.

[3] A sa mort en 814, l'empire de Charlemagne échoit à son fils Louis le Pieux (781-840), dont le petit-fils, Lothaire II (855-869) devient roi de Lorraine. La Lotharingie s'étendait des Vosges à la Frise; à partir de 960, elle se divise en Haute Lotharingie ou Lorraine et en Basse Lotharingie, soit le Brabant. Herstal subira les vicissitudes de la Basse Lotharingie. Sur l'histoire de cette seigneurie, nous nous référons à l'étude, citée dans l'Introduction, de Maurice Yans, 'Le destin diplomatique de Herstal-Wandre'.

[4] C'est l'un des arguments du *Mémoire historique et juridique* (Leucht, *Europäische Staats-Cantzley*, p.525), repris par Frédéric II dans son *Exposition fidèle et succincte* (Koser, *Staatsschriften*, p.23).

l'année 1171 le 18 septembre l'empereur Frédéric Ier donna l'investiture de Herstal comme terre purement impériale.[5] Non seulement la Chambre d'Aix reconnut encore en 1185 le 23 octobre les droits de cette seigneurie, mais depuis les possesseurs de la terre étaient obligés de faire serment de maintenir les habitants dans les droits d'une seigneurie impériale.[6]

Tel est l'état de cette terre, telles sont les prérogatives que nulle prescription ne peut éteindre, et qui ont toujours été réclamées.

Elle passa de la Maison de Lorraine aux ducs de Brabant.[7] Henri second, duc de Brabant, l'ayant donnée à son frère comme un apanage, alors les ducs de Brabant prétendirent un droit de seigneur suzerain sur la terre qu'ils avaient donnée.[8] Ce droit était visiblement un abus qui blessait les lois de l'Empire. L'abus subsista par la puissance des ducs de Bourgogne, qui furent maîtres de la Flandre.

Sous les ducs de Bourgogne, Herstal tomba entre les mains de la Maison de Nassau,[9] et elle ne pouvait y tomber qu'avec ses

---

[5] L'Empereur Frédéric Ier, dit Barberousse (1122-1190), s'attacha à rétablir l'autorité impériale en Allemagne et en Italie. L'évêque de Liège a manifesté très tôt le désir d'annexer Herstal: 'dès 1171, Raoul de Zahringen la tient en engagère de Godefroid III, duc de Lothier, et la remet au chapitre cathédral qui devient seigneur du lieu' (Yans, 'Le destin diplomatique de Herstal-Wandre', p.5-6); le duc de Brabant conserve la souveraineté. Le *Mémoire historique*, qui date cet engagement de 1170, précise qu'il fut fait à Aix-la-Chapelle, sous les auspices de Frédéric Ier (Leucht, *Europäische Staats-Cantzley*, p.523).

[6] En 1185, le duc de Brabant récupère le bien aliéné (Yans, 'Le destin diplomatique de Herstal-Wandre', p.6).

[7] En 1004, le Brabant devient le partage d'une fille de Charles de France, duc de Lorraine, mariée à Lambert, comte de Mons et de Louvain. Les comtés de Bruxelles et de Louvain sont réunis au onzième siècle. Godefroi Ier le Grand prend le titre de comte de Brabant, son fils, Godefroi II, se fait reconnaître duc de Lothier (déformation de Lotharingie). Henri Ier (1190-1235) prend le titre de duc de Lothier et de Brabant.

[8] Henri II, duc de Brabant, meurt en 1248. La pratique de l'apanage permettait de dédommager les puînés, le fief principal revenant à l'aîné.

[9] Des mutations féodales et des questions financières ont disposé de l'avenir de la seigneurie, tour à tour les familles de Hornes, d'Oupeye, de Croy ont exercé à Herstal les droits de la vassalité. En 1459, Jean comte de Nassau devient seigneur de

droits imprescriptibles. Elle appartenait en 1546 à Guillaume de
Nassau encore mineur, [10] lorsqu'un fils naturel de l'empereur
Maximilien, oncle de Charles-Quint, était évêque de Liège, [11] et   30
que Marie de Hongrie, sœur de Charles-Quint, gouvernait les
Pays-Bas. [12] La reine de Hongrie voulut avoir le terrain, où elle
bâtit depuis la ville de Marienbourg. Ce terrain appartenait à
l'Eglise de Liège. [13] L'évêque céda à sa nièce ce dont il ne pouvait
guère disposer, et la nièce donna à son oncle la juridiction et la   35
souveraineté de Herstal, qui ne lui appartenait point du tout.

Dans ce contrat, signé par les deux parties, sans l'intervention
des Etats de Brabant et sans aucune formalité, [14] l'Eglise de Liège

---

Herstal; il en obtient l'investiture de Philippe le Bon, duc de Bourgogne et de
Brabant, la maison de Bourgogne ayant hérité en 1406 du Brabant. Voir Yans, 'Le
destin diplomatique de Herstal-Wandre', p.7-11.

[10] En 1475, à la mort de Jean de Nassau, Herstal passe à son fils Englebert II (1451-
1504) dont l'héritier sera son neveu Henri. Henri III meurt en 1538, son fils René de
Nassau-Orange désigne comme successeur testamentaire son parent Guillaume.
Guillaume Ier le Taciturne (1533-1584), fils aîné de Guillaume VIII de Nassau
s'intitule prince d'Orange à la mort de son cousin, René de Nassau.

[11] Le *Mémoire historique et juridique* dénonçait les liens de famille des parties
contractantes lors de cet accord. Georg d'Autriche, fils naturel de l'Empereur
Maximilien Ier, lequel était l'oncle de Charles-Quint et de Marie de Hongrie, était
alors évêque de Liège et prêt à tous les accommodements (Leucht, *Europäische
Staats-Cantzley*, p.484).

[12] Marie d'Autriche, fille de l'archiduc Philippe et de Jeanne d'Aragon, née en
1503, épousa en 1521 Louis II de Hongrie et de Bohême. Veuve en 1526, son frère,
Charles-Quint, lui confia le gouvernement des Pays-Bas. Elle gouverne jusqu'en
1555 et meurt en 1558.

[13] Il s'agit de Pont-à-Frène où, pour garantir sa frontière au sud, le gouvernement
de Bruxelles veut construire une forteresse qui prendra le nom de Marienbourg.

[14] L'acte d'échange est signé le 6 mai 1546. Voltaire résume en une phrase des
pages du *Mémoire historique et juridique*. Marie de Hongrie ne pouvait céder à son
oncle 'la juridiction et la souveraineté de Herstal' puisque le Brabant n'avait d'autre
droit que le simple hommage (Leucht, *Europäische Staats-Cantzley*, p.493). En droit
féodal, les aliénations ne peuvent avoir lieu sans formalités. Certains jurisconsultes
prétendent à tort qu'un seigneur direct peut aliéner son fief sans le consentement du
vassal. Le contrat est donc frappé de nullité (Leucht, *Europäische Staats-Cantzley*,
p.496).

avait fait un si bon marché, et ce qu'elle cédait était si peu
proportionné à ce qu'on lui donnait, qu'on fut obligé de le   40
rompre en l'an 1548. [15] La reine Marie ne donna alors à l'évêque
de Liège que la moitié du bien d'autrui, au lieu du total qu'elle
avait cédé. L'évêque n'eut donc sa prétention abusive que dans la
partie de Herstal qui est en deçà de la Meuse du côté de Liège.

Les tuteurs du prince Guillaume I de Nassau mineur protes-   45
tèrent partout contre cette injustice, ils firent leurs représentations
à la reine de Hongrie: [16] cette princesse fit voir alors un exemple de
justice et de grandeur de courage, digne d'être imité aujourd'hui
par l'évêque de Liège: elle reconnut son tort, elle se rétracta, elle
déclara solennellement par écrit que l'Empereur ni elle ne   50
voulaient passer plus avant, ni contraindre déraisonnablement...
Elle se servait à la vérité du terme de 'vassal'. 'Les princes', dit-
elle, 'ne doivent contraindre déraisonnablement leurs vassaux.' [17]
Le terme était ambigu; on ne savait si on devait entendre vassal de
l'Empire ou vassal du Brabant; [18] mais il est certain qu'elle ne   55
pouvait ni ôter à Guillaume de Nassau son bien, ni à la terre de
Herstal ses vraies prérogatives; et quand même la principauté de
Herstal eût relevé du Brabant, pouvait-on forcer un mineur à
relever de Liège?

[15] Après des protestations des tuteurs du mineur, Guillaume de Nassau, de
nouveaux accords interviennent entre Liège et Bruxelles le 4 août 1548 et le 7 mai
1549. On réduisit la cession de Herstal au territoire sur la rive gauche, la rive droite
(Wandre) restait au duché de Brabant.

[16] Jean Baron de Mérode et Claude Bouton, seigneur de Corbaron, étaient
tuteurs, l'Electeur de Cologne tuteur suprême. Sur ces protestations, voir Leucht,
Europäische Staats-Cantzley, p.489-97.

[17] Par une lettre du 10 février 1554, Guillaume d'Orange, devenu majeur, est
invité à participer à une conférence qui devait se tenir à Bruxelles. Marie de Hongrie
déclara 'qu'elle trouvait les difficultés du prince d'Orange si considérables que
l'Empereur ni elle ne lui voudraient presser plus avant, les Princes ne devant
contraindre leurs vassaux déraisonnablement' (*Mémoire historique*; voir Leucht,
Europäische Staats-Cantzley, p.498). Herstal restait aux mains des Nassau.

[18] Cette difficulté est évoquée seulement à la fin du *Mémoire historique et juridique*
(Leucht, *Europäische Staats-Cantzley*, p.523). En l'indiquant à ce point de
l'argumentation, Voltaire lui donne plus de force.

La maison de Nassau, grâce à l'équité de la reine Marie, resta   60
donc en possession de ses droits; et l'évêque de Liège, qui avait
cédé la juridiction de Marienbourg, resta sans équivalent. [19]

Enfin, cent dix années après ce contrat inutile, une nouvelle
minorité d'un autre prince de Nassau fit renaître l'ancienne
injustice. Guillaume III, qui fut depuis ce fameux roi d'Angleterre,   65
n'étant âgé que de cinq ans, fut la victime des prétentions de
Liège. [20] Le conseil de l'évêque prit une seconde fois l'occasion
favorable d'opprimer un enfant.

L'archiduc Léopold, gouverneur des Pays-Bas, eut en 1655
quelque intérêt de ménager Liège. [21] L'évêque fit donc avec   70
l'archiduc un troisième contrat qui ne valait pas mieux que les
deux autres, et auquel il ne manqua que le repentir de l'archiduc
pour ressembler en tout aux premiers. Il fut dit, par ce nouveau
contrat inique, que provisionnellement et sans préjudice des
prétentions de S. M. le roi d'Espagne, qui possédait alors le   75
Brabant, *transport* serait fait à l'évêque de la partie de Herstal, dont
il est question aujourd'hui.

Ce *transport* était une nouvelle injustice qui se manifestait
d'elle-même; car ce mot seul prouvait que jamais les droits
n'avaient été transportés réellement à l'évêque. Il n'y avait point   80

[19] Le *Mémoire historique et juridique* déclare que le seul recours de l'évêque de
Liège est de s'adresser à ceux qui possèdent Mariembourg (Leucht, *Europäische
Staats-Cantzley*, p.522).

[20] Voltaire n'évoque point le sort de Herstal sous les Nassau pour en venir à la
minorité de Guillaume III (1650-1702), stathouder des Provinces-Unies en 1672, roi
d'Angleterre en 1689. Celui qui deviendra le symbole de la résistance hollandaise à
l'occupation française était le fils posthume de Guillaume II et sa minorité donne lieu
à une nouvelle offensive des Liégeois. Guillaume III était l'héritier du Taciturne
assassiné en 1584. A la mort de ce dernier, Herstal fut attribuée à son fils Philippe-
Guillaume, mort en 1618, puis à Maurice de Nassau, mort en 1625, puis à Frédéric-
Henri, mort en 1647, auquel succède Guillaume II (1626-1650).

[21] L'archiduc Léopold en 1655 entreprend une troisième cession afin d'établir des
relations de bon voisinage. Cette cession et ce 'transport de la hauteur de Herstal',
selon ce qui avait été dit dans le traité d'échange, sont faits 'provisionnellement et
sans préjudice des dites prétensions contraires de Sa Majesté'. Voltaire résume le
Mémoire historique et juridique (Leucht, *Europäische Staats-Cantzley*, p.501-502).

eu de domaine transféré. L'Eglise n'avait donc, selon toutes les lois, (*a*) aucun droit de domaine sur Herstal. Ces anciens contrats d'échange qu'on faisait revivre après plus de cent années, contrats odieux par leur iniquité, désavoués par la reine qui les passa, privés de toutes les formalités nécessaires, contraires à toutes les lois de l'Empire et du Brabant, avaient encore pour surabondance de défaut la prescription de plus d'un siècle; car si rien ne prescrit contre les droits des fiefs de l'Empire et des mineurs, un contrat d'échange inexécuté est assurément sujet à prescription. 85

Le prince de Liège en 1655 ne fit point de scrupule de dépouiller un mineur à main armée, on força la maison de ville, on extorqua des habitants un hommage qu'ils n'étaient pas en droit de faire, on mit en prison les serviteurs du prince d'Orange, on pilla leurs maisons, on blessa, on tua plusieurs personnes qui n'avaient d'autres crimes que d'être fidèles à leur devoir.[23] Amélie d'Angleterre, mère du prince mineur,[24] protesta vainement contre ces 90

95

(*a*) *Non nudis pactis dominia transferuntur.*[22]

[22] La citation latine est empruntée au *Mémoire historique et juridique*: 'Or l'application de la règle de droit: non nudis pactis, sed traditionibus, rerum dominia transferentur, se fait ici d'elle-même' (Leucht, *Europäische Staats-Cantzley*, p.501).

[23] Une évocation de cette occupation liégeoise de Herstal en 1655 dans le *Mémoire historique et juridique* (Leucht, *Europäische Staats-Cantzley*, p.506) est la source de Voltaire qui en amplifie les données. Des personnalités liégeoises, entourées des troupes de la citadelle, tambour battant, arrivent à Herstal. Les intrus font sonner la grosse cloche, déclarent à l'hôtel de ville que le roi catholique abandonne la souveraineté au profit du prince-évêque de Liège (Yans, 'Le destin diplomatique de Herstal-Wandre', p.30). Des violences furent-elles commises? Une plainte fut adressée à l'ambassadeur d'Espagne.

[24] La mère du prince mineur est Henriette Marie, fille de Charles Ier d'Angleterre que Guillaume II avait épousée en 1641. Guillaume III avait aussi pour tutrice son aïeule, la douairière Amélie de Solms, princesse d'Orange. Voltaire semble avoir créé, par amalgame, une Amélie d'Angleterre, attribuant à la mère de Guillaume III le prénom de sa grand'mère paternelle. Il y eut d'autres interventions en faveur du prince d'Orange, en particulier celle du célèbre Constantin Huyghens en 1657 qui resta sans effet (Yans, 'Le destin diplomatique de Herstal-Wandre', p.38-19). Voltaire l'ignorait sans doute, car sa source n'en parle pas.

violences. Elle n'avait alors que des plaintes à opposer à la persécution.

Guillaume III, en 1666, n'était point encore assez puissant pour se faire raison de tant d'injustices: mais on craignit qu'il ne le devînt, on voulut rendre au moins son droit douteux, on se fit rendre hommage à la cour féodale de Liège par une dame, comtesse de Mérode, [25] qui réclamait, au hasard la terre de Herstal. Ce n'est pas que la comtesse de Mérode y eût le moindre droit, mais c'est qu'on voulait établir sa prétendue souveraineté, et que dans cette vue on recevait hommage de quiconque voulait bien le rendre.

Guillaume III, devenu depuis le défenseur de la Hollande et de la moitié de l'Europe, dédaigna dans le cours de ses longues guerres de compter l'affaire d'Herstal parmi les soins importants dont il était chargé; [26] et, sans songer à punir ce qu'il avait essuyé dans sa minorité, ni à prévenir pour jamais ces nouveaux attentats, il se contenta de jouir dans Herstal de ses droits régaliens, que l'évêque de Liège se garda bien alors de disputer.

A la mort du roi Guillaume, [27] les prétentions de Liège recommencèrent.

[25] Il s'agit de Marguerite-Isabelle de Mérode, née d'Egmont, comtesse de Middelbourg, douairière d'Ysengien. Les prétentions successorales de cette dernière avaient été produites devant la cour féodale de Brabant depuis le début du siècle. Les Liégeois se montrent disposés à acheter les droits des Nassau sur Herstal. En 1666, un contrat d'engagère prévoit de verser 100.000 patacons à la comtesse d'Ysengien à la condition que celle-ci reconnaisse les droits du prince-évêque. L'affaire en resta là (Yans, 'Le destin diplomatique de Herstal-Wandre', p.40-41). Le *Mémoire historique et juridique* ne fait qu'une allusion rapide à la comtesse d'Ysengien (Leucht, *Europäische Staats-Cantzley*, p.529).

[26] Voltaire omet de dire que Herstal a été occupée par les Français en 1672 et 1675. La défense de l'autonomie et de l'intégrité de la seigneurie caractérise l'administration orangiste.

[27] Guillaume III meurt le 5 mars 1702. Il avait désigné comme héritier son filleul, Jean-Guillaume Friso, mais ses dernières volontés furent âprement disputées. Le prince Frédéric-Henri de Prusse (1657-1713), roi de Prusse en 1701, avait des droits sur cette succession du chef de sa bisaïeule née princesse d'Orange. Etaient aussi en lice la famille d'Ysengien, Guillaume-Hyacinthe, prince de Nassau-Siegen et la branche de Nassau-Dillenburg-Dietz (Harsin, 'Le premier exploit de Frédéric II', p.81).

La terre devint à la vérité le partage du roi de Prusse. [28] Mais comment savoir si tôt quels étaient les droits de Herstal, comment découvrir des titres que l'usurpation avait cachés, que la violence avait dissipés? à qui s'en rapporter? Des officiers mal informés, et sans attendre d'ordre, prirent des reliefs de ce fief de l'Empire en Brabant et à Liège. On sait qu'à l'ouverture d'une succession, les héritiers se pourvoient partout comme ils peuvent, sauf ensuite à examiner leurs droits et à redresser leurs torts. C'est ce qui arriva pour lors, et c'est ce qui ne peut donner aucun prétexte à l'usurpation; car ces reconnaissances, faites ou *salvo jure*, ou par ignorance, ou par contrainte, furent toujours désavouées par les rois de Prusse. [29] Il parut bien en 1733 que le feu roi de Prusse les avait condamnées, et qu'il voulait soutenir ses droits, puisque, sans un accord, qui fut proposé, [30] il aurait vengé par les armes tant d'atteintes portées à son autorité.

Il fit recouvrer et assembler ses titres par un ministre savant, résidant pour lors à la Haye: il les examina. [31] L'évêque de Liège en

[28] A la suite de procédures interminables, le roi de Prusse Frédéric est reconnu légitime héritier du 'domaine utile' (voir Lamberty, *Mémoires pour servir à l'histoire du XVIIIe siècle*, 1736, viii.716-18 et x.174-76). Au nom du roi de Prusse, Gaspard de Forelle, le 28 mars 1702, a pris possession de la seigneurie. Jean-Guillaume Friso, défendu par sa mère, s'élève contre cet abus. Les hostilités continuent entre les tuteurs et le roi de Prusse, malgré un premier accord signé en 1717.

[29] Voltaire reprend ici la thèse prussienne consistant à dire que les archives ont longtemps été inaccessibles, que des démarches d'officiers mal informés n'engageaient point le roi. Ce thème abordé dans *Mémoire historique et juridique* (Leucht, *Europäische Staats-Cantzley*, p.525-27) sera développé dans l'*Exposition fidèle et succincte* de Frédéric II (Koser, *Staatsschriften*, p.23).

[30] Voltaire fait allusion au *Traité d'accommodement et de partage sur la succession d'Orange conclu entre S. M. le roi de Prusse et son Altesse Sérénissime le Prince d'Orange et de Nassau* (14 mai et 16 juin 1732). Mais dès novembre, les hostilités reprennent, le Roi-Sergent ayant demandé à tous les herstaliens de prêter serment de fidélité et d'obéissance. Il s'agit là d'une prérogative relevant de la souveraineté. Le litige porte sur l'extension des droits de la Prusse, Frédéric emploie toujours le terme de 'libre baronnie' pour dénier à l'évêque tout droit de suzeraineté.

[31] Voltaire passe sous silence une suite d'incidents en 1735, Frédéric-Guillaume ayant chargé un officier d'enrôler douze hommes de haute taille (Harsin, 'Le premier exploit de Frédéric II', p.83). Frédéric-Guillaume a fait rassembler ses titres dans le *Mémoire historique et juridique* de 1737.

eut la communication; il vit l'origine sacrée des droits du roi, telle qu'elle est dans ce Sommaire, et il en a tellement reconnu en secret   135 la validité, qu'il n'a pas même entrepris d'y répondre en public; car, en parlant de ces anciens échanges sur lesquels il se fonde, il ne laisse pas seulement entrevoir que ces échanges aient pu être vicieux. [32]

Le roi aujourd'hui régnant a étudié cette affaire longtemps et   140 avec scrupule avant de s'y engager, [33] persuadé qu'un prince ne doit faire aucune démarche si elle n'est très juste, et qu'il ne doit point abandonner absolument à d'autres le soin de savoir ce qui lui appartient.

Son droit est hors de toute contestation, et quiconque, après la   145 lecture de cet abrégé, lira le Mémoire du prince évêque de Liège, verra par ce Mémoire même combien le roi a raison.

Il verra qu'il n'y a pas une seule preuve en faveur de l'Eglise de Liège; [34] car de quel poids seraient ces anciens contrats d'échange, nuls par eux-mêmes quant au fond et quant à la forme?   150

---

[32] Au contraire le prince-évêque rappelle que ses droits sont garantis par ces contrats d'échange. Le 11 septembre 1740, il écrit à Frédéric II: 'J'ai pareillement continué à soutenir mes droits et ma possession, sans avoir jamais eu l'intention de diminuer ceux qui ont compété à S. M. le Roi de Prusse de glorieuse mémoire, comme seigneur de cette baronnie, qu'Elle et tous ses prédécesseurs ont relevée et tenue en fief de ma cour féodale et de celle de Brabant respectivement, comme il a été prouvé plusieurs fois par la copie des reliefs' (Rousset de Missy, *Recueil historique*, p.314). Dans son *Exposition du Prince et Evêque de Liège contre celle du Roi de Prusse publiée à Wesel le 11 du mois de septembre 1740*, et qui est datée de Liège le 18 septembre, il rappelle que ses droits sont garantis par les cours d'Espagne et de France (Rousset de Missy, *Recueil historique*, p.316-17).

[33] Mensonge manifeste. Au contraire, l'intervention de Frédéric relève du coup de théâtre et fut ressentie comme telle par toutes les chancelleries. Le seul 'scrupule' de Frédéric consista à envoyer fin août 1740 à Bruxelles, La Haye, Paris, Vienne une note où il justifiait l'emploi de la force et qui était destinée à désamorcer les réactions des autres cours (*Politische Correspondenz*, éd. Droysen *et al.*, i.33-34).

[34] Voltaire se réfère à l'*Exposition du Prince et Evêque de Liège* du 18 septembre 1740, parue dans la *Gazette de Cologne* du 27 septembre (Rousset de Missy, *Recueil historique*, p.315-23), dans la *Gazette d'Amsterdam* des 27 et 30 septembre.

Qu'importe qu'un nommé Cazier [35] ait reconnu depuis l'évêque de Liège pour souverain de Herstal au nom d'une dame de Mérode, tandis que Herstal appartenait à la maison d'Orange? Qu'importe que Henri Tulmars [36] ait fait une faute au nom du prince Guillaume Hyacinthe, qui rendait un hommage vain sur un titre plus vain encore? Qu'importe que Gaspard de Forelle, [37] à l'ouverture de la succession du roi Guillaume, se soit mal comporté au nom du roi de Prusse, son maître?

Qu'importent enfin dans cette affaire toutes les clauses étrangères qu'on y mêle: une terre libre de l'Empire est dévolue par succession à la maison de Prusse, il faut qu'elle en jouisse avec tous ses droits; et, qui ne sait les soutenir, n'est pas digne d'en avoir.

Rem suam deserere turpissimum est. [38]

La question de droit étant éclaircie, le fait est soumis au jugement de tous les hommes.

On sait avec quelle modération [39] Sa Majesté en a usé d'abord, et de quels refus indécents elle a été payée. [40] On sait quels outrages on a

[35] Voltaire a lu la protestation du prince-évêque de Liège et il s'efforce d'en réfuter les principaux points. Georges-Louis de Berghes énumérait les noms de tous ceux qui avaient reconnu ses droits, dont Jean-Baptiste Cazier le 20 juillet 1663 au nom de dame Marguerite de Mérode, comtesse de Middelbourg (Rousset de Missy, *Recueil historique*, p.317).

[36] Après avoir rappelé que la Princesse douairière d'Orange avait fait relief à la cour de Liège en 1666, le prince-évêque citait Henri Tulemars, que Voltaire orthographie Tulmars, qui aurait reconnu les droits de Liège le 11 juin 1703 (Rousset de Missy, *Recueil historique*, p.317).

[37] Le 28 mars 1702, Gaspard de Forelle, au nom du roi de Prusse avait pris possession de Herstal suivant le symbolisme médiéval. Il fit retentir trois fois la cloche du seigneur, mit trois fois la main sur la barrière de Herstal, pénétra dans la maison du magistrat, siège de la justice. Enfin dans la salle d'audience, il frappa trois fois sur la table, demandant si personne y trouvait à redire (Yans, 'Le destin diplomatique de Herstal-Wandre', p.52). Le 23 mai, le roi Frédéric ratifia ses démarches.

[38] Il serait très honteux de négliger son patrimoine.

[39] Ce terme est démenti par le ton de la lettre du 4 septembre de Frédéric II, citée dans l'Introduction (*Politische Correspondenz*, éd. Droysen *et al.*, i.39).

[40] C'est l'argumentation défendue par Frédéric II. G. L. de Berghes n'a point refusé de répondre, mais il ne l'a point fait durant le délai de l'ultimatum, mais un jour plus tard.

faits à sa dignité. Recevoir avec mépris le conseiller privé du fils,[41] après avoir maltraité un colonel envoyé du père;[42] dédaigner de répondre à la lettre d'un roi, y répondre enfin par la poste quand il n'en était plus temps;[43] fomenter la rébellion des sujets contre leur maître: ce sont des procédés que tout le public a sentis, et dont le manifeste même du prince de Liège n'a pu déguiser l'irrégularité.[44]

170

Quel roi dans de pareilles circonstances eût moins fait que le roi de Prusse? et que de souverains eussent fait davantage? On peut assurer qu'il n'y en a aucun sur la terre, à qui il en coûte plus de faire éclater ses ressentiments.[45] Non seulement il aime la paix avec ses voisins, mais il aime celle de l'Europe: il voudrait être le lien de la concorde de tous les princes, bien loin d'en opprimer un pour lequel il aura toujours des égards, et dont même l'amitié lui sera chère. Il ne veut qu'un accommodement honorable pour les deux parties. Sa puissance ne le rendra ni implacable ni difficile. Ses sujets savent s'il aime l'équité. Il se conduit par le même principe avec ses peuples et avec ses voisins.

175

180

[41] G. L. de Berghes était de tempérament vif. Qu'il n'ait pas répondu sur l'heure au conseiller Rambonnet était-il considéré comme crime de lèse-majesté?

[42] Il s'agit du colonel von Kreitzen. En 1735, les prussiens veulent enrôler des hommes de haute taille pour le régiment de géants de Frédéric-Guillaume Ier. Les intéressés protestent et von Kreitzen veut faire passer par les terres liégeoises un régiment pour mettre à la raison les rebelles. En 1738, un bourgeois est enlevé, treize officiers prussiens sont arrêtés. Enfin une saisie sur les effets de Kreitzen, qui avait des démêlés avec un manant, fut regardée comme un attentat à l'immunité diplomatique (sur la version de Liège, voir Rousset de Missy, *Recueil historique*, p.319; sur celle de la Prusse, voir Koser, *Staatsschriften*, p.28).

[43] G. L. de Berghes répondit effectivement le 11 septembre, après avoir consulté ses conseillers. Il répondit par la poste, Rambonnet étant parti.

[44] Le manifeste du prince-évêque met l'accent sur les exactions et violences commises par les officiers prussiens, donne des explications sur le retard dans la réponse au roi (Rousset de Missy, *Recueil historique*, p.320-23).

[45] Dans l'*Exposition des raisons qui ont porté Sa Majesté le Roi de Prusse aux justes représailles contre le prince évêque de Liège*, du 11 septembre 1740, Frédéric écrivait: 'Cette résolution lui a coûté infiniment, d'autant plus qu'elle est éloignée par principe et par nature de tout ce qui peut avoir le moindre rapport avec la rigueur et la sévérité' (Koser, *Staatsschriften*, p.15). Et Frédéric promettait de n'être point inflexible.

Doutes sur la mesure des forces motrices et sur leur nature

Critical edition

by

David Beeson

and

Robert L. Walters

CONTENTS

INTRODUCTION

The *Doutes sur la mesure des forces motrices et sur leur nature* can only be understood in the context of the dispute over *force vive* that divided the scientific world of Europe in the first half of the eighteenth century.

In so far as it was a scientific debate, it concerned the question of why a body in motion tends to keep moving until it is stopped by an obstacle or by the effect of friction. Is there a force that sustains a motion, a motive force, the *force motrice* of Voltaire's title? If so, how is it to be measured? The answers to those questions would divide entire world views of science, entire paradigms in Thomas Kuhn's sense. [1] However, in the case of *force vive*, the paradigm in question stretched far beyond science to embrace cosmology and fundamental philosophy too. We shall give a short history of the controversy and then follow the problems it raised in the lives of both Voltaire and Mme Du Châtelet, in an attempt to show that in the *Doutes*, though he never mentions her by name nor her *Institutions de physique*, he is above all attacking her philosophical position and her book.

[1] In *The Structure of scientific revolutions* (Chicago 1970), p.10, Kuhn points out that his concept of a 'paradigm' relates to what he refers to as 'normal science'. 'By choosing it,' he goes on, 'I mean to suggest that some accepted examples of actual scientific practice [...] provide models from which spring coherent traditions of scientific research. These are the traditions which the historian describes under such rubrics as "Ptolemaic astronomy" (or "Copernican"), "Aristotelian dynamics" (or "Newtonian") ... and so on. The study of paradigms [...] is what prepares the student for membership in the particular scientific community with which he will later practice. Because he there joins men who learned the bases of their field from the same concrete models, his subsequent practice will seldom evoke overt disagreement over fundamentals.' We shall see that in their scientific studies, Voltaire and Mme Du Châtelet followed just the approach that Kuhn describes, studying the paradigms available to them before deciding which they definitively favoured. It is their misfortune that they selected opposite paradigms, and then proclaimed their own with all the passion that the defence of a particular paradigm tends to generate.

Mouvement or *force vive*: a note on
the underlying science

If we watch a body moving on a flat surface with minimal friction, perhaps a sled on ice, it is easy to imagine that if it were not for the slight friction between the ice and the runners, the sled would keep on going forever. This impression is given scientific expression in Galileo's principle that a body moving in a straight line will continue to do so, at undiminished speed, for as long as nothing prevents it. It is embodied in Newton's first law of motion, which states that if no external force acts on a body it will keep moving at the same speed in a straight line.

The point to note in Newton's principle is that such uniform movement – in a straight line at constant speed – is preserved *in the absence of a force*. The presence of a force *changes* uniform motion: it either increases or decreases the speed of a body or it changes its direction. Where the eighteenth century thought in terms of a force to *sustain* motion, we believe that a force *changes* motion. The adoption of the modern paradigm leads to a terminology which it is helpful to master.

Firstly, we need to distinguish between speed and velocity. The former is simply the distance covered in a certain time, while the second includes both speed and direction, so a velocity is a speed in a given direction. For example, '30 kilometres an hour' is a speed. '30 kilometres an hour northwards' is a velocity.

Secondly, we need to think of any change in velocity, whether it takes the form of an increase in speed, a decrease in speed or a change in direction, as an acceleration. Therefore in Newtonian dynamics a force is anything that causes an acceleration. Turning that statement round, if a body undergoes no acceleration – so it remains at rest or in uniform motion – then no force is acting. Newton's second law of motion gives a mathematical expression to this definition of force, making it proportional to the mass of the body and the acceleration communicated to it.

This is the ruling paradigm of our day, taught at teenage level in schools. But it is not necessarily the most intuitively natural. On the contrary, thinking outside our paradigm, it seems natural to assume that if a body keeps moving, then something must be sustaining that movement. We all know that it takes effort or a force to keep a body moving and tend not to think that this is because we have to overcome the opposing effect of friction, that without an impeding force the body would keep moving with no effort on our part. To many scientists in the early eighteenth century, 'force' meant this 'motive force' that needs to be provided in order to keep bodies moving, rather than the cause of a change in motion.[2] The question for them was how to measure 'motive force'.

The debate on the nature of 'motive force' was fuelled in particular by considerations of what happens in collisions between small bodies, such as billiard balls or the abstract concept of 'point masses', bodies so small that they can be regarded simply as a mass concentrated at a point. What happens when such bodies collide? What are the rules of mechanics governing the motion of these bodies? And is there a fundamental force that keeps them moving?

We have all seen photographs of, say, a golf club head striking a ball. The ball first deforms, down to half its diameter or even less, and then returns to its original shape as it moves off at high speed down the fairway. This phenomenon is elasticity: a body deforms under the effect of the force striking it, and then it returns to its original shape. Speed is transferred from the striking to the struck body as this happens. Such bodies behave to some extent as springs, and indeed French scientists in the seventeenth and eighteenth centuries referred to them as 'corps à ressort'. No body is perfectly elastic: the restoration of the shape of the body after deformation is never complete. However some, such as

---

[2] Note that Newton himself did not call the cause of acceleration 'force' (*vis*) but 'pressure' (*pressio*).

billiard balls, are very elastic and communicate movement to each other very nearly as though they recovered completely from the deformation that occurs during collisions. The existence of such *highly* elastic bodies makes it possible to develop the abstract concept of *perfect* elasticity, though no body in nature ever fully achieves it. In particular, in a collision between perfectly elastic bodies, all the energy due to the movement of the bodies, or 'kinetic energy' (a concept we shall define later) of the bodies before the collision is redistributed amongst them in the form of new, altered movement. None is lost through heat or the permanent deformation of the bodies' shapes. We say that the total kinetic energy is conserved. In other words, the degree to which bodies differ from perfect elasticity can be measured by the amount of energy they lose in the course of a collision.

At the other end of the scale, we have inelastic bodies where very little of the deformation is restored after a collision. A road accident is an inelastic collision. The vast majority of the energy expended in an accident is converted into crumpling of the vehicle bodies, unlike the case of billiard balls where a great percentage of the energy is preserved in the form of continuing though modified motion.

In our current paradigm of science, we would place all bodies on a scale that runs between perfect elasticity and total inelasticity, although neither extreme is ever found in nature. In other words, all bodies exhibit some element of elasticity in their collisions.

In this respect, our paradigm differs fundamentally from that of the French and British scientific establishments in the first half of the eighteenth centuries. As well as elastic bodies, they also reasoned in terms of another, fundamentally different type of body, the so-called 'hard' body. This is a body that is completely incompressible. Clearly, like a perfectly elastic body, a completely 'hard' body has no existence in nature. All bodies show some degree of compressibility, so perfect 'hardness' is the abstract extreme case of partial incompressibility just as perfect elasticity is the abstract extreme case of partial elasticity.

That being said, the concept of 'hardness' in this sense has been discarded in modern physics. In other words, today we reason in terms of elasticity and inelasticity but not in terms of 'hardness' or 'softness'. Hardness is simply not a useful concept in analysing the way bodies behave, in the way that elasticity certainly is. This needs to be clearly understood before anyone tries to find modern equivalents of the ideas analysed here: our physics today simply no longer categorises bodies as 'hard' in the sense of incompressible, and the debate over hard bodies has no echo in modern theories of mechanics.

On the other hand, the debate in the eighteenth century is incomprehensible unless we allow hardness to be a valid concept and we shall therefore use the term here, with its eighteenth-century and intuitive meaning of 'resisting compression'. A perfectly hard body is one that is totally incompressible.

We have already said that collisions between perfectly elastic bodies conserve kinetic energy, as they redistribute movement between colliding bodies. Today we measure the kinetic energy of a body as half the product of its mass and the square of its velocity. This corresponds to the eighteenth-century concept of *force vive*, the product of mass and square of velocity.[3] So, because they conserve kinetic energy, elastic collisions conserve *force vive*, i.e. the total *force vive* of all bodies after an elastic collision is the same as the total *force vive* beforehand.

Elastic collisions also conserve momentum. In other words, the total momentum of all elastic bodies involved in a collision is the same before and after a collision between them. Momentum, the quantity referred to in the eighteenth century as *mouvement*, is measured by the product of mass and velocity (not speed: direction is an important factor in the measurement of momentum).

---

[3] From the point of view of the argument about the nature of the phenomena at work, the factor of a half makes no difference: it is a purely numeric factor which creates an effect of scale but changes nothing in the fundamental qualitative analysis of what is happening.

Finally, elastic collisions also happen to conserve relative velocity. The relative velocity of a group of bodies is the sum of their velocities in any one direction. In other words, the total speed of all elastic bodies in any given direction is the same before and after their collision.

This provides us with a model for elastic collisions. Bodies strike each other, energy is communicated from one to the other through deformation of their shapes and then, as the bodies return to their previous shape, the energy is reconverted into speed. If the bodies are perfectly elastic, as they move away from each other after the collision, their total momentum, kinetic energy (or *force vive*) and relative velocity is the same as before. The mathematics of this model is such that, given the mass of each of the bodies and their initial velocities, we can calculate their final velocities simply by applying any two of these three conservation principles. This means that if we know the masses and starting velocities of elastic bodies heading towards a collision, then we can deduce their final velocities simply by applying the conditions that these final velocities must be such as to conserve momentum and *force vive*, or momentum and relative velocity, or relative velocity and *force vive*.

All this is true of elastic bodies. But we have already seen that no body is perfectly elastic. Collisions between real bodies conserve only a greater or lesser degree of their momentum, *force vive* and relative velocity. In particular, the less they are elastic, the less collisions between bodies conserve *force vive*.

What about hard bodies? Because they are incompressible, they simply do not undergo the same effects as elastic bodies during collisions. They cannot deform and then regain their shape. Deformation and restoration of form are the very essence of elasticity, and therefore hard bodies are inelastic. In fact, due to their lack of elasticity, hard bodies cannot gradually transform their velocity during a collision, each deforming the other, compressing the 'spring' of elasticity, and then gradually build up their new velocity as the 'spring' decompresses. Instead, the

communication of motion between hard bodies has to be instantaneous. [4]

We have already seen that conservation of *force vive* is a property of elastic collisions. Perfectly hard bodies are perfectly inelastic. They therefore cannot conserve *force vive*. Interestingly, however, we can show that even if hard bodies do not exist in nature, their mathematical nature would be such as to conserve momentum. In other words, conservation of momentum applies to both perfectly hard and perfectly elastic bodies but conservation of *force vive* applies only to perfectly elastic bodies. In momentum conservation, therefore, we seem to be dealing with a more universal principle than in *force vive* conservation.

Now we started this analysis looking for a definition of 'motive force'. It is the force that sustains uniform motion. If it preserves movement, is it not reasonable to expect that it should in turn be conserved at moments when movement is transferred between bodies? In other words, we would expect motive force, whatever it is, to be conserved during collisions where movement, however it is measured, is also conserved.

Now we know that momentum is conserved in all types of collisions, whether between hard bodies or between elastic bodies. *Force vive*, on the other hand, is conserved only in elastic collisions. Conservation of momentum is a universal phenomenon, conservation of *force vive* is a particular phenomenon. If the

---

[4] This is incompatible with Leibnizian thinking. One of Leibniz's fundamental principles is that of continuity, according to which for a body or a natural system to move from one state to another it must move through all the intervening states in a continuous way. For example, a moving body coming to rest will go through a process by which it continuously loses speed until none is left. Instantaneous communication of movement contradicts this principle and therefore the very concept of hardness is incompatible with the Leibnizian conception of the universe. Elasticity works far better, with its idea that in a collision movement is transferred through a *process* of compression/deformation and then restitution of shape. On this subject, see P. Costabel, *Leibniz et la mécanique* (Paris 1960), p.13. Mme Du Châtelet stresses this principle in the opening paragraph of chapter XXI, 'De la force des corps', in the *Institutions de physique* (Paris 1740), p.412.

motive force we are looking for is to be a universal quantity and not limited only to particular types of body, then clearly momentum is a better candidate than *force vive* as a measure of it. This is true, at least, for as long as we hold on to the concept of the hard body. If hardness can be dropped as a concept, as it is in classical mechanics today, then the apparent advantage of momentum over *force vive* is lost.

This is the fundamental point of contention between the proponents of Leibnizian theory in mechanics and their opponents. The latter rejected the Leibnizian theory of *force vive* on the grounds that it could not be applied to hard bodies, a concept that they were not prepared to abandon. Voltaire would be caught up in this controversy, aligning himself on this point with the same Cartesians against whom he was campaigning over Newtonian gravitation. Like the Cartesians, his defence of the 'mouvement' theory of motive force would be based on adherence to the concept of hard bodies. 'I reject *force vive* because it cannot be reconciled with hard bodies' was an article of faith for the camp he joined, to be defended because they could not bring themselves to adopt the more fundamental statement, easily accepted by later generations, 'there is no such a thing as a hard body'.

At a still more profound level, however, the adoption of Newtonian classical mechanics would lead to the abandonment of the concept of a 'motive force' of any kind. Uniform motion, as we have seen, would be perceived as a phenomenon that is maintained in the *absence* of any force, not *by* a force. This gives us the definition of a force in the modern sense as that which causes a change in what otherwise would be uniform motion.

In summary, then, the eighteenth-century debate concerned a 'motive force' which we no longer see as any kind of force at all. When it came to giving a measure of that motive force, both sides in the dispute felt that it would be best provided by that quantity which point masses seem to conserve. For Leibnizians that meant *force vive*, a quantity that was particularly satisfactory because in containing two motion terms (velocity squared) it seemed to

express both actual movement and the generalised tendency to movement inherent in matter. Its disadvantage was that it could not be applied to hard bodies, but Leibnizians answered that objection by simply denying the existence of hard bodies – and modern science would agree with them. Cartesians and Newtonians, on the other hand, anxious to deny the inherent tendency of matter towards motion, fiercely defended the existence of hard bodies and therefore maintained their commitment to momentum as the measure of motive force. So to promote their preferred measure of a force for which today's science sees no utility, the Cartesians and Newtonians upheld the existence of a type of body for which today's science has no place.

Behind all this meta-science, there was no actual difference between the camps over their views of point-mass mechanics. For elastic collisions, in particular, both sides used exactly the same equations. Any two of three conservation principles could be used to derive those equations, and none seemed to be more valid than the others. This made it easy, of course, to pick the two that suited: *force vive* and relative velocity for the Leibnizians, momentum and relative velocity for their opponents. In this sense the scientists who adopted D'Alembert's position were right to say that this was a dispute over words: as far as the science was concerned, as far as the description of what actually happened in elastic collisions was concerned, all were agreed. It was only in the choice, based on metaphysical outlook, of the mechanisms used to explain what happened that the differences emerged. For those to whom the metaphysics seemed not to matter, for whom only the science counted, this would indeed seem to be merely about words.

At the time with which we are concerned, however, the science behind these debates was not the most fundamental issue of contention. We are once more in the universe so well analysed by Kuhn. The intellectual effort required to master a scientific paradigm makes us extremely reluctant to give it up again, and that reluctance can be translated into powerfully emotional defensive reactions to any views that seem to question it. The

369

relatively minor issue of the existence of hard bodies becomes a question of primordial importance if it is seen as the only way to hold at bay a concept, *force vive*, perceived as opening the door to the reintroduction of occult, inherent qualities. In Voltaire's view, as we shall see from the *Doutes* themselves, the danger was still worse, in that in his view allowing in *force vive* meant accepting all the baggage of Leibnizian thinking. This may seem curious today, when most physics teachers are happy to explain kinetic energy without mentioning the pre-established harmony or monads, without in most cases even being familiar with them. For Voltaire, however, it was precisely the exclusion of such thinking that was at stake. His opposition to *force vive* was far more concerned with these philosophical ideas than with mechanical theories themselves; it was primarily ideological rather than scientific, about metaphysics much more than about physics.

The development of the debate

Descartes provided one possible means of measuring motive force. Given that in his view matter was exclusively extension, he provided a definition based only on extension: what determines a motion is the amount of matter in motion, the mass of the body, and its speed (not its velocity in this first Cartesian formulation), a spatial extension (distance) divided by temporal extension (time). Movement can be identified with the quantities that determine it, so the product of these quantities, mass and speed or what Descartes called *mouvement* fully define any movement. Since it makes sense to identify the force sustaining movement with the quantities that entirely determine it, he can say that the motive force sustaining the motion of a body is this *mouvement*, mass times speed.

Descartes next develops a fundamental principle of mechanics, arguing ontologically. It is in the nature of God to be unchanging; he has therefore endowed the universe with an unchanging

amount of movement; therefore conservation of *mouvement* is a fundamental principle of the universe. [5]

This view seemed to draw confirmation from the fact that collisions between certain types of bodies conserved *mouvement*. This was an attractive confirmation in small-scale mechanics of the fundamental principle of conservation of *mouvement* at the cosmological level.

Descartes reasoned chiefly in terms of hard bodies. [6] In collisions between hard bodies, movement is simply transferred from one to the other instantaneously, according to seven laws stated in the *Principes de la philosophie*. The first and second laws provide an excellent illustration of the differences between hard and elastic bodies. The first law states that if two identical hard bodies with the same speeds in opposite directions meet, they will recoil off each other, and each will move away from the impact with the same speed as they had before but in the opposite direction; this is the same as we would expect with elastic bodies. However, if either body is heavier than the other, by however little, it will, according to the second law, continue to move in the same direction as before taking the smaller body with it, 'car B [the larger body] ayant plus de force que C [the smaller], il ne pourrait être contraint par lui à rejaillir' (p.90). With elastic bodies, both bodies would recoil from the collision.

The Cartesian paradigm, including the hard body concept, provided a thoroughly satisfactory account of point-mass mechanics. Indeed, it required only one major change as it passed to Descartes's spiritual heirs. The work of Malebranche in particular led to the replacement in neo-Cartesian thought of the definition of *mouvement* as mass times speed, by that of momentum, which is mass times velocity. The difference is fundamental.

[5] Descartes, *Principes de la philosophie*, in *Œuvres de Descartes*, ed. Ch. Adam and P. Tannery (Paris 1897-1913), ix-2, p.83: 'Que Dieu est la première cause du mouvement, et qu'il en conserve toujours une égale quantité en l'univers'.

[6] As René Dugas points out in his *Histoire de la mécanique* (Paris, Neuchâtel 1950), p.156.

Elastic collisions conserve momentum but do not conserve the earlier version of *mouvement*, whereas the theoretical hard body conserves both.

For instance, if we take the example used by Voltaire himself in the *Doutes* (Part II, §6, see p.431), an elastic body of mass 20 and velocity 11 striking a body of mass 200 at rest will recoil with a speed 9 in the opposite direction, while the second body will move off with a speed 2 in the original direction.

If we calculate the total value of mass times speed, we find that initially it was 220 and all resident in the first body. After the collision it was 180 in the first body (speed 9 times mass 20) and 400 in the second body (speed 2 times mass 200) and there has therefore been an increase from 220 to 580, a total of 360. However, and this is the error that Voltaire will make, here we are reasoning in terms of old-style *mouvement* (mass times speed) and not momentum (mass times velocity).

In terms of momentum, we would say that the first body starts with a momentum of 220 and ends with a momentum of −180, where the negative sign expresses the fact that the body has reversed direction. The second body starts with a momentum of zero and ends with a momentum of 400. The total momentum at the end is therefore 400−180, i.e. 220, which is exactly equal to the starting momentum, and therefore momentum is conserved.

Since conservation of momentum applies to both elastic and hard bodies, the replacement of the earlier definition of *mouvement* by the new produces the kind of conservation principle that Descartes had sought: one that applies universally. As we have seen, that universality was the foundation of the later Cartesian identification of motive force with momentum.

Leibniz launched a major attack on this satisfying state of affairs when he published his short article in the *Acta eruditorum* of Leipzig for March 1686,[7] 'Brevis demonstratio erroris mirabilis

---

[7] See Pierre Costabel, *Leibniz et la mécanique*, and especially p.14.

372

Cartesii' (p.161-63).[8] Leibniz proposed a wholly different way of measuring motive force: by the full effect that it creates. He believed that the full effect of a body's motion was only produced by bringing it to rest, i.e. by exhausting its motion. So a body should be made to climb against gravity or to overcome obstacles. The full effect of its original motive force would be measured by the height to which it had climbed or the number of obstacles it had overcome by the time it came to rest. Now it was well known that the height to which a moving body can climb is proportional to the square of its initial velocity and not simply to the velocity. There is clearly a fundamental quantity other than momentum, and it is proportional to the square of velocity.

This view receives further reinforcement from the fact that the product of mass and the square of velocity is conserved in elastic collisions, just as is momentum. It is evidently not enough to posit the existence of only one fundamental quantity in mechanics, momentum, mv; we need to add a second quantity mv^2.

It has to be clearly understood that Leibniz's mechanics is not incompatible with conservation of momentum. His analysis adds a second conservation principle to that of the Cartesians, rather than refuting the Cartesian principle.[9] Indeed, he built a theoretical

---

[8] The full title is 'G.G.L. Brevis demonstratio erroris mirabilis Cartesii et aliorum circa legam naturae, secundum quam volunt a Deo eandem semper quantitatem motus conservari; qua et in re mechanica abutuntur', and it was also published as 'Démonstration courte d'une erreur considérable de m. Descartes et de quelques autres touchant une loi de la nature selon laquelle ils soutiennent que Dieu conserve toujours la même quantité de mouvement, de quoi ils abusent même dans la mécanique. Par G. G. L.' in the September 1686 edition of Bayle's *Nouvelles de la république des lettres* (vi.995-1005). Note that Leibniz explicitly refers to the ontological reasoning behind the Cartesian principle (conservation of movement is derived from God). In this way he stresses the metaphysical considerations with which Voltaire and Mme Du Châtelet will also be particularly concerned.

[9] Note however that Leibniz specifically denounced the Cartesian principle of conservation of movement in his *Essay de dynamique* (*Mathematische Schriften* VI, Halle 1860, p.215): 'L'opinion que la meme quantité de mouvement se conserve et demeure dans les concours des corps, a regné longtemps, et passait pour un axiome incontestable chez les philosophes modernes. [...] Maintenant on commence à en être

construct which would justify the inclusion of both. Unfortunately, the way he chose to do so would profoundly alienate the supporters of Descartes's view.

Leibniz argued that just as motive force must be measured by its effects, and these are proportional to mv^2, so we can treat mv as the effect of another, earlier cause. If a motive force keeps a body moving, something else must have started it moving. This is what Leibniz calls a 'pressure'. Its effect is momentum, and therefore momentum is a measure of pressure, effect being a measure of cause.

We therefore now have a structure in which pressures cause movement, measured by momentum. Since that pressure is a lifeless force, acting in a motionless body which it sets in motion, Leibniz called it a 'dead force' (*vis mortua*). Once a body is in motion, however, it gains a 'live force' (*vis viva* or *force vive*) and it is this live force that allows a body to create effects through the fact of its motion. [10]

Consequently, in Leibniz's mechanics we have a dead force measured by momentum, mv, and a live force measured by mv^2. This is immensely satisfactory as an intellectual construct: the

---

désabusé, surtout depuis que cette opinion a été abandonnée par quelques-uns de ses plus anciens, plus habiles et plus considérables défenseurs, et surtout par l'auteur même de la Recherche de la vérité. Mais il en est arrivé un inconvénient, c'est qu'on s'est trop jeté dans l'autre extrémité, et qu'on ne reconnaît point de conservation de quelque chose d'absolu, qui pourrait tenir la place de la quantité du mouvement. Cependant c'est à quoi notre esprit s'attend.' It is fascinating to see Leibniz pointing to a psychological need for conservation principles, a need which seems to be as important as any scientific consideration. He naturally goes on to suggest that his own principle of *force vive* conservation can supply that need, ignoring the argument of Malebranche, the author of the *Recherche de la vérité* whom he mentions, who simply replaces the measure of 'mouvement' favoured by Descartes, mass times speed, by momentum, mass times velocity.

[10] These points are argued in some detail in Leibniz's *Specimen dynamicum pro admirandis naturae legibus circa corporum vires et mutuas actiones detegendis et ad suas causas revocandis*, part I of which appeared in the *Acta eruditorum* of 1695. Both parts are included in Gerhardt, ed., *Mathematische Schriften*, volume vi (Halle 1860), p.234-46 and p.246-54. In the first Leibniz used the expression *vis viva* for the first time while in the *Brevis demonstratio* he used the expression *potentia viva*. See Costabel, p.50.

dead force tending to set a body in motion is measured by the momentum it produces, which contains one velocity term. The motion produced in turn is capable of producing effects and these are measured by mv^2 in which a second velocity term has appeared, reflecting the actual movement, alongside the term that was there for the dead force. The whole structure is made still more attractive by the fact that elastic collisions conserve both dead and live force.

However, there has been a fundamentally controversial statement along the way towards this satisfying construct. The pressure, the dead force acts *even in a body at rest* and it has the effect of setting a body in motion, if it is not prevented from doing so by an obstacle. This means that there is an inherent tendency in all bodies towards movement: the dead force is within all bodies and, if resistance is removed, will produce a momentum in them. Such an idea is wholly repugnant to both Cartesians and, indeed, Newtonians to whom it represented a return to the doctrine of occult, inherent qualities. However they might differ on such issues as the vacuum or attraction, they were wholly agreed in seeing matter as neutral, indifferent to motion. Fontenelle spoke for both groups when he wrote in his 1716 *Eloge de Leibniz*:

il etoit venu à croire que pour découvrir l'essence de la matiere il falloit aller au-delà de l'étendue et y concevoir une certaine force qui n'est plus une simple grandeur géométrique. C'est la fameuse et obscure entéléchie d'Aristote, dont les scholastiques ont fait les formes substantielles, et toute substance a une force selon sa nature. [11]

This, Fontenelle argues, led Leibniz to reject the Cartesian identification of motive force with momentum:

Au lieu de cette quantité de mouvement M. Leibniz mettoit la force, dont la mesure est le produit de la masse par les hauteurs auxquelles cette force peut élever un corps pesant, or ces hauteurs sont comme les carrés des vitesses. Sur ce principe il prétendoit établir une nouvelle *dynamique* ou science des forces...

[11] *Histoire de l'Académie des sciences 1716* (Paris 1718), p.107.

The real question for Leibniz was the conception of the universe expressed in his mechanical principle. His conception of force was associated with his conception of matter, formed of simple substances (*êtres simples*) or monads. It is this metaphysical view that would cause the controversy, since on the level of physics there was no real difference between the two sides. The equations they used to describe collisions were identical, certainly as far as elastic bodies were concerned: all sides in the dispute could see that such collisions conserved *both* momentum and live force. This is what would lead D'Alembert to declare in the *Traité de dynamique*, along with others,[12] that the debate was merely a dispute over words. At the mathematical level it was. Both mv and mv^2 are conserved: why should we choose one as being fundamental at the expense of the other? As Thomas Hankins argues, the controversy was never really resolved:[13] it simply disappeared when scientists developed a clearer understanding of force, energy, conservation, elasticity, etc.[14]

The abbé Catelan replied almost immediately to Leibniz in

[12] Many others had made this comment before: Saurin (see Beeson, *Maupertuis: an intellectual biography*, *SVEC* 299, Oxford 1992, p.23) and indeed Voltaire himself, who wrote in the *Métaphysique de Newton* of 1740 (*OC*, vol.15, p.250): 'Cette dispute a partagé l'Europe; mais enfin il me semble qu'on reconnaît que c'est au fond une dispute de mots.' Mme Du Châtelet and Maupertuis made the same point in their correspondence of early 1738: replying to a letter of Maupertuis that has not come down to us, Mme Du Châtelet wrote (D1448): 'Aureste je crois comme v[ou]s, que ce n'est qu'une dispute de mots.' Clairaut also calls it a 'question de mots' in a letter to Mme Du Châtelet (D2485, May 1741). Mairan, on the other hand, maintained that more was at stake than terms. In the *Dissertation* he wrote 'Mais, après les disputes qu'il y a eu sur cette matière et la contrariété de sentiments qui les ont fait naître, ce serait abuser des termes que de se servir de celui de *forces vives* [...] ce serait laisser croire qu'il ne s'agit dans toute cette dispute que d'une question de nom' ('Dissertation sur l'estimation et la mesure des forces motrices des corps', *Mémoires de l'Académie royale des sciences, année 1728*, Paris 1730, p.41).

[13] Thomas L. Hankins, 'Eighteenth-century attempts to resolve the *vis viva* controversy', *Isis* 56 (1965), p.281.

[14] Dugas, *Histoire de la mécanique*, p.237, speaks for many commentators in claiming that D'Alembert had resolved it with his *Traité*.

Bayle's *Nouvelles de la république des lettres*.[15] In the September 1686 issue (p.999-1003) he pointed out that if the time for which the motion lasted was also taken into account, the apparent proportionality of force to the square of velocity vanished. A body with twice the velocity might perhaps produce four times the effect but it does so in twice the time, so *in unit time* it produces just twice the effect. Consequently, the underlying principle remains that force is proportional to velocity and not to its square. This, which we shall refer to as the 'time objection', would become the principal weapon of the opponents of Leibnizian mechanics. It needs to be stated from the outset that it is not an attempt to explain a phenomenon, merely an attempt to explain it away. The reality remains the same: whatever a body can achieve by using up all its motion, the same body with three times the velocity can achieve nine times as much. Leibnizians would show again and again that the time taken to do so can be varied in many ways, the effect is always the same. Their opponents could never account for this effect, and indeed chose not to do so because they felt that to allow it would be to let in Leibniz's monads, the entelechy and all sorts of other occult qualities. Hence their need to explain away rather than to explain.

The French Cartesian establishment seems to have been satisfied with what Catelan and Papin had done to defend its position. The debate died down until 1721, when the chevalier de Louville decided to reply in the Académie des sciences to Leibniz's successor as champion of *force vive*, Christian Wolff. Louville gave a paper, 'Sur la force des corps en mouvement' that the Academy chose not to publish in the *Mémoires de l'Académie royale des sciences*, but to which Fontenelle devoted several pages in the *Histoire de l'Académie royale des sciences* for that year (Paris 1723, p.81-85).

[15] Denis Papin also replied to Leibniz, in his 'Nova methodus ad vires motrices validissimas', *Acta eruditorum* (1690), p.410-14. Voltaire never mentions this paper, although Mme Du Châtelet does in the *Institutions de physique* (Paris 1740), p.437.

In his review, Fontenelle adopts a dismissive tone towards Leibniz who, he argues, was entirely wrong, as even the greatest thinkers may be. No one had adopted Leibniz's views until Wolff did so, 'séduit apparemment malgré ses lumières par une grande autorité' (p.82). 'Tous les mathématiciens modernes, et plus particulièrement les mécaniciens, conviennent que la force des corps est le produit de leur masse par leur vitesse. Ils ont trouvé cette proposition si évidente qu'ils l'ont traitée d'axiome et ont négligé de la prouver' (p.81). Fontenelle is nowhere more dismissive than in his conclusion[16] (p.85), 'Si nous n'en avons déjà que trop dit, ce trop est une espèce d'égard qu'on devait à de grands noms.'[17] The fame of the contestants is as important, if not more important, than the significance of the questions debated.

A little before the end of his article (p.85), Fontenelle states that Mairan had also discovered Leibniz's and Wolff's error and answered it in the same way as Louville. In this way Fontenelle prepares the ground for the emergence of Mairan as the Academy's leading spokesman on these issues. Before this was to happen, however, the Academy would make its position clear through a series of its prize competitions. These events allowed non-Academicians to submit papers on specific subjects, the best of which would be crowned by a prize committee within the Academy. In 1721, 1724 and 1726 the Academy chose subjects related to the mechanics of collisions between bodies. In this way it demonstrated its interest in the question; by the entries it chose as winners, it demonstrated its firm attachment to the Cartesian solution.

In the first instance, it awarded its 1721 prize to the Swiss mathematician Jean-Pierre de Crousaz for his *Discours sur le*

---

[16] Mme Du Châtelet wrote to Maupertuis (D1448, *c.*10 February 1738) 'j'ai été étonnée du mépris avec lequel m^r de Fontenelle traite dans son histoire l'opinion des forces vives dans les commencements. Il s'est depuis un peu radouci.'

[17] In his *Eloge de Leibniz*, Fontenelle claimed there was no future for *force vive*. He wrote that Leibniz 'répondit avec vigueur, cependant il ne paraît pas que son sentiment ait prévalu: la matière est demeurée sans force, du moins active, et l'entéléchie sans application et sans usage' (p.108).

378

principe, la nature, et la communication du mouvement (Paris 1721).
His impeccably Cartesian credentials[18] are made clear by the
statement (p.17) that 'la force du mouvement et sa quantité sont
encore la même chose' – i.e. motive force is measured by the
quantity of 'mouvement', in this instance momentum.

Before the next prize competition on the mechanics of collisions, a much more eminent scientist would speak out on the
subject and reach very different conclusions. In Holland the
leading Newtonian scientist Willem Jacob 'sGravesande published two papers in the *Journal littéraire* of 1722, 'Essai d'une
nouvelle théorie sur le choc des corps' (p.1-54) and 'Supplément à
la nouvelle théorie du choc' (p.190-97). In them he claimed to have
been convinced of the correctness of *force vive* theory on purely
experimental grounds. He knew he was going against generally
accepted views: 'Plusieurs propositions que j'avance dans cet Essai
sont si contraires aux sentiments reçus, que je dois demander à
ceux qui pourront jeter les yeux sur cet écrit, de faire une attention
particulière aux expériences sur lesquelles je me fonde, ou par
lesquelles je confirme ce que j'avance' (p.1).

The counter-attack came in the 1724 Paris Academy prize
competition, on 'Les Lois du choc des corps parfaitement durs'.
The prize was awarded to the Scots scientist Colin Maclaurin for his
Démonstration des lois du choc des corps (Paris 1724). He replied
directly and at some length to 's Gravesande and concluded: 'Les
forces des corps sont comme leurs masses multipliées par leurs
vitesses' (p.15). This time however there was a new element to the
competition: Johann (I) Bernoulli,[19] the outstanding Basel mathematician, had submitted his *Discours sur les lois de la communication
du mouvement*, a far more compelling piece in favour of Leibnizian

---

[18] Later Crousaz would write a long letter to Mme Du Châtelet (D2496, 6 June
[1741]) in reply to her *Institutions de physique*. It was a letter, she felt, 'à le faire
enfermer' (D2522, to Maupertuis, 8 August [1741]).

[19] We use the form Johann (I) to distinguish this leading thinker (1667-1748)
from his son Johann (II) (1710-1790) who was to become a friend to both Maupertuis
and Mme Du Châtelet (he visited Cirey in 1739).

mechanics than the Academy had had to deal with before. The Academy, unable entirely to deny its quality, awarded it an *accessit* although it was arguably a superior piece to Maclaurin's. Certainly, Bernoulli thought so and took up his case forcefully in correspondence with Mairan, one of the prize judges. [20]

Such was the intensity of Bernoulli's assault that Mairan would have to take refuge in the suggestion that the *Discours sur les lois de la communication du mouvement* had failed to stick to the terms of the subject set. We have seen that *force vive* does not apply to hard bodies. Bernoulli started his piece with a refutation of the concept of the hard body and spent the rest of his paper developing the laws of collisions of elastic bodies. This allowed him to assert the validity of *force vive* theory, but since he had not produced a discussion of the laws of collisions of hard bodies as specified in the subject title, he had clearly not strictly met its terms.

The importance of the distinction between hard and elastic bodies is made clear by the Academy's *Avertissement* to Maclaurin's winning piece:

Les lois du choc des corps et la communication des mouvements n'étant pas les mêmes dans les corps à ressort, que dans les corps infiniment durs, ou inflexibles, l'estimation des forces, qui est aujourd'hui une question très agitée, et où il y a peut-être eu jusqu'ici du malentendu, peut aussi n'être pas la même dans les deux cas. Un auteur peut avoir bien fait cette estimation dans le premier, et un autre en avoir donné une differente et vraie dans le second. [21]

Here we have the whole debate in a nutshell. If 'one author' – such as Bernoulli – considers only elastic bodies, he may derive equations for the communication of movement which will not apply to 'hard' bodies. Whether or not they respect conservation of *force vive*, their failure to apply to collisions between 'hard' bodies means they are not universal.

What happens, however, once the prevailing paradigm aban-

[20] See Beeson, *Maupertuis*, p.66f.
[21] Maclaurin, *Démonstration des lois du choc des corps*, p.3.

380

dons the concept of hardness, of inflexibility? The case in which *force vive* is not conserved no longer occurs and the whole debate clearly emerges as the dispute about words many commentators claimed it was.

In the meantime, however, the Academy had crowned Maclaurin and infuriated Bernoulli. It found only one way to mollify him: to return to the subject again in 1726. This time the subject would cover elastic collisions, 'Les lois du choc des corps à ressort parfait ou imparfait'. Mairan went so far as to invite Bernoulli to resubmit his paper, which he duly did.

An even greater disappointment awaited Bernoulli in 1726, however. This time, without even the poor excuse that his paper had not addressed the principal question, he was passed over in favour of an obscure Oratorian priest, follower of Malebranche, Jean-Simon Mazière. [22] Eventually, no doubt as a sop to his pride, the Academy would publish Bernoulli's entry [23] but the insult remained harsh: Mazière's paper has little to recommend it other than Cartesian orthodoxy. As far as he is concerned, the identification of motive force with momentum has been established beyond possible question (p.3):

C'est en vain que des auteurs célèbres ont essayé de donner atteinte à ce principe, et de lui en substituer un autre. On les a réfutés avec tant de solidité, qu'il n'y a lieu de craindre, que desormais l'on s'avise de soutenir après eux que les *forces sont en raison composée des masses et des carrés des vitesses.* [24]

[22] *Les Lois du choc des corps à ressort parfait ou imparfait déduites d'une explication probable de la cause physique du ressort* (Paris 1727). On studying the *Discours*, Mme Du Châtelet wrote to Maupertuis about 10 February 1738 (D1448), 'Je v[ou]s avoue que je ne puis m'imaginer comment m^{rs} de l'académie ont osé ne pas donner le prix à cette pièce de m^{r} Bernoulli, qui me paraît un des ouvrages les mieux faits que j'aie vus depuis longtemps.'

[23] *Discours sur les lois de la communication du mouvement, qui a mérité les éloges de l'Académie royale des sciences aux années 1724 et 1726 et qui a concouru à l'occasion des prix distribués dans les dites années* (Paris 1727).

[24] Part of this quotation is paraphrased by Voltaire in the *Mémoire sur un ouvrage de physique de madame la marquise Du Châtelet*. See above, p.200.

What is interesting is that Mazière's tone of utter assurance, of contemptuous rejection of his adversaries' position, is precisely mirrored in Bernoulli's piece: 'Je crois avoir établi cette vérité d'une manière si évidente, que désormais elle sera à l'abri de toute contestation' (p.54). Like most people who claimed that their work had settled the debate once and for all, Bernoulli was simply provoking further controversy.[25]

Having been denied 'his' prize twice, Bernoulli resolved to fight the Academy by more devious means. He needed an agent within its walls, who would raise the banner of Leibnizianism within the temple of Cartesianism.[26] At first he attempted to recruit Mairan himself. He did so by a heavy-handed pretence of believing that Mairan was in fact already a supporter of his even though it was already public knowledge that Mairan supported the Cartesian position. After all, Fontenelle had already referred publicly to Mairan's defence of Cartesian principle (see p.378 above), and Bernoulli followed the internal debates of the Academy far too closely to have been unaware that Mairan was no friend of Leibnizian mechanics. Nevertheless, Bernoulli must have felt that it served his Byzantine approach better to continue to pretend to believe in Mairan's support.

In fact, far from being put off by Mairan's lukewarm response to his letters, Bernoulli continually increased the pressure, calling on him to stand up for Leibnizianism and declare himself openly a supporter within the Academy. Ironically, the result of this pressure is that it may well have been responsible for producing the opposite result: it is wholly conceivable that it was partly out of

[25] The information that follows is based on the manuscript collection of correspondence between Johann (I) Bernoulli and Mairan in Basel BEB LIa661. See Beeson, *Maupertuis*, p.66.

[26] In fact, he needed an agent in the upper reaches of the Academy. Despite the opposition of the official Academy, most notably its leadership, many younger scientists within its walls were already in sympathy with much or all that Bernoulli argued. Even in the 1720s, these scientists included the abbé Camus, Saurin and Maupertuis. See Beeson, *Maupertuis*, p.66-68, for details.

exasperation with Bernoulli's constant exhortations that Mairan finally published *against* Leibnizian mechanics. This is the 1728 paper to the Academy, *Dissertation sur l'estimation et la mesure de la force motrice des corps* (*Mémoires de l'Académie royale des sciences, année 1728*, Paris 1730, p.1-49). He tries to examine the question without reference to any metaphysical considerations (p.2):

Je ne prétends point traiter en métaphysicien de la force des corps, ni examiner si nous en avons une idée claire et parfaite, ou une idée confuse et imparfaite. C'est principalement de l'usage qu'en ont fait les géomètres dans la mécanique, et des effets sensibles qu'on lui attribue, que je tire l'idée de la force sur laquelle je vais raisonner.

Mairan rehearses the traditional arguments against Leibnizian mechanics. Proportionality to the square of velocity is merely apparent, not real. It can be explained away by taking the time factor into account, and it vanishes entirely if we consider not the distance actually travelled by a body overcoming resistance, but the distance it fails to travel compared to what would happen in the absence of resistance. This is a form of reasoning that Voltaire would adopt in the *Doutes*.[27]

Yet there are times in his long *mémoire* (49 pages in length) that Mairan seems to come close to admitting that the Leibnizians are right (p.14):

Car enfin, pourra-t-on ajouter, qu'importe que l'espace parcouru, la quantité de la matière déplacée, les ressorts applatis, et tous les effets produits par une force, le soient en un, ou en deux temps? N'est-elle pas toujours proportionnelle aux effets qu'elle est capable de produire en ces temps quelconques? Et si ces effets sont comme les carrés de la vitesse, la force n'est-elle pas en même raison?

---

[27] See below, p.417-19. For Mme Du Châtelet measuring the force of moving objects by what they do not do was a 'beau paradoxe' that she was intent on destroying. As she wrote to the Newtonian James Jurin, who was on the anti-Leibnizian side of the debate (D2427, 17 February 1741), 'Je suis bien loin de me croire destinée à terminer une dispute si fameuse, mais je me suis senti une vocation toute particulière pour détruire ce beau paradoxe sur lequel roule tout le mémoire que m^r de Mairan donna en 1728.'

It is hard to imagine a more eloquent argument against his own position. Indeed, if the effects are proportional to the square of velocity, how can the cause be proportional to anything else? It is the central point of the debate, and by it all the arguments against *force vive* theory fall, as little more than sophisms.

Nevertheless, Mairan continues to churn out the sophisms,[28] because it is his aim to produce an all-encompassing system covering uniform motion, accelerated and retarded motion, collisions of elastic bodies and, inevitably, collisions of hard bodies. The latter concept necessarily means he must deny *force vive* conservation and therefore he has to ignore the strength of his own argument concerning the real proportionality of effects to causes and sacrifice the coherence of his reasoning to the needs of the Cartesian paradigm.

It needs to be pointed out that the 'Cartesian' paradigm was not solely Cartesian. On the contrary, as we pointed out in the previous section, it is striking that Newtonians and Cartesians, despite their differences over attraction theory, were as one when it came to opposing Leibnizian mechanics. We have already seen that the Cartesian leadership of the Académie des sciences had crowned a paper by the Newtonian Maclaurin in 1724. More generally, Newtonian thinkers would join Cartesians in attacks on Leibnizian 'occult qualities' with the same gusto and often the same language as Cartesians used in denouncing what they perceived as the 'occult qualities' of Newtonianism.

For example, Samuel Clarke in England attacked the whole group of supporters of *force vive* in a letter to Benjamin Hoadley published in the *Philosophical transactions* of the Royal Society for 1729 (p.381-88). Unlike Mairan he does not attempt to keep metaphysics out of the discussion, and he sees an important difference between the Newtonians (which could be extended to

---

[28] For instance, in paragraph 21 of his *Lettre* to Mme Du Châtelet (see note 63 below), Mairan argues 'Avoir quatre fois la même force consécutivement n'est pas la même chose qu'avoir quatre fois autant de force en un même instant' (p.15).

the Cartesians) and the followers of Leibniz. Noting, like Fontenelle, that men of the greatest abilities are also capable of the greatest absurdities, he continues:

An extraordinary instance of this, we have had of late years in very eminent mathematicians, Mr Leibniz, Mr Herman, [29] Mr 'sGravesande and Mr Bernoulli; who in order to raise a dust of opposition against Sir Isaac Newton's Philosophy (the glory of which is the application of abstract mathematics to the real phoenomena of nature,) have for some years insisted with great eagerness, upon a principle which subverts all science, and which may easily be made to appear (even to an ordinary capacity) to be contrary to the necessary and essential nature of things.

What they contend for, is, that the force of any body in motion, is proportional, not to its velocity, but to the square of its velocity.

Clarke, like Fontenelle in 1721, [30] asks where this square comes from, which is not proportional to its cause: 'If the force were as the square of the velocity, all that part of the force, which was above the proportion of the velocity would arise either out of nothing, or (according to Mr Leibniz's philosophy), out of some living soul essentially belonging to every particle of matter.'

The sentiments are identical to those of Cartesian opponents of Leibnizian mechanics: [31] Fontenelle refers to the 'fameuse et obscure entéléchie d'Aristote' while Clarke talks of 'some living soul [...] belonging to every particle of matter', but they are both denouncing the same thing – Leibnizian monads. That is their real objection. Leibniz's mechanics seems to depend on the association of some unmeasurable, occult quality with matter. For that reason alone it must be resisted. But the problem remains the mathematics which are ultimately insuperable. It comes as no surprise to find

[29] Jakob Hermann, 1678-1733, another graduate of the Basel school of mathematics in which Johann (I) Bernoulli shone, enjoyed a Europe-wide reputation as a Leibnizian scientist.

[30] In the review of Louville's work quoted above, p.378, and in particular *Histoire de l'Académie royale des sciences*, année 1721 (Paris 1723), p.82.

[31] See *Exposition* above, p.253. Voltaire reports that Clarke found Leibniz's sophisms 'indignes d'un philosophe'.

that Clarke is forced, in the latter part of his letter, to resort to exactly the same objection as all the other opponents of Leibnizianism: they failed to take the time factor adequately into account. In other words, he has to resort to the same weak argument which Mairan himself unwittingly refuted: the point is that the effect really is proportional to the square of the velocity; the time taken is merely a diversion from that central point.

Mairan may have claimed to be leaving metaphysics out of his considerations but at heart, like all his fellow opponents of *force vive*, his objection was fundamentally metaphysical, and he had to produce some highly dubious mathematics to justify that objection.

To summarise all we have argued, the quandary of the Cartesians was that they could not deny the physics, and above all the mathematics, that underlay Leibnizian mechanics. One of the most outspoken critics of Leibniz in the Academy went as far, in an unpublished paper, as to point out that 'les Loix de la communication des mouvemen[ts] qu'il donne sont les mêmes qu'un grand nombre d'Auteurs ont données, et qui ne sont pas contestées'.[32] Unfortunately, these uncontested truths were irreconcilable with the doctrine of hard bodies and seemed, to the ideologues of Cartesianism, to leave the door open to the entelechy and to monads. They therefore had to find arguments to combat what they could not contest, and this led them to adopt some highly contradictory positions and produce some definitely inferior work.[33]

For our purposes, the publication of Mairan's paper means that the two major pieces influencing Voltaire and Mme Du Châtelet over *force vive* are in place. We shall see that Mairan's *Dissertation*

[32] Chevalier de Louville, 'Sur la force des corps en mouvement', Académie des sciences *Procès verbaux* (manuscript), 1728, f.24r.

[33] Clairaut summed up the situation as he saw it in a letter to Mme Du Châtelet (D2485 [? May 1741]), 'La différence que je fais dans les deux partis, c'est que la plupart de ceux qui sont pour les forces vives, ont des principes suffisants pour ne se point tromper dans les questions de mécanique, au lieu que le plus grand nombre de ceux de l'autre parti commettent mille parallogismes.'

sur l'estimation et la mesure de la force motrice des corps and Bernoulli's *Discours des lois de la communication du mouvement* played a major role in determining the views of *force vive* that Voltaire and Mme Du Châtelet were eventually to adopt. The debate between Mairan and Bernoulli in the 1720s would therefore prefigure the debate between Mme Du Châtelet and Voltaire, and more publicly between Mme Du Châtelet and Mairan, in the late 1730s and early 1740s.

Voltaire, Mme Du Châtelet and *force vive*

Voltaire became concerned with the question of *force vive* before Mme Du Châtelet showed any interest in the subject. While in Paris in June 1736, at about the time Voltaire first thought of writing what would become the *Eléments de la philosophie de Newton* Mairan lent him a copy of his *Dissertation sur l'estimation et la mesure des forces motrices des corps*.[34] Voltaire returned it unread, but told Mairan that he had asked Pitot for his opinion concerning the dispute over *force vive*. Pitot had apparently answered that he had read both Leibniz and Bernoulli on the subject and accepted their views rather than Mairan's. However when Voltaire arrived at Cirey in July, he heard from Pitot that in the meantime he had read Mairan's *Mémoire* and had been converted to his position. Voltaire concludes by commenting to Mairan that he needed no converting: 'Pour moi monsieur je n'avais point à changer de parti; il n'était pas question de me convertir, mais de m'apprendre mon catéchisme.' He shows himself to be familiar with Mairan's arguments and even wonders what Wolff, Bernoulli and Musschenbroek[35] could possibly reply.

[34] The reference to the loan of the *Dissertation* as well as the account of what appears to have been a conversation with Pitot which we outline in the following sentences come from Voltaire's letter to Mairan of 9 November 1736, D1195. See also his letter to Pitot of 31 August 1736, D1137.

[35] Musschenbroek, as a good disciple of 'sGravesande, had adopted *force vive* theory.

During Voltaire's stay in Holland in January and February 1737, when he was supervising the printing of the *Eléments de la philosophie de Newton* in Amsterdam, he journeyed to Leiden, where he attended 'sGravesande's lectures in experimental science, and he confided to Pitot that he had been forced to change his mind about the force of moving objects: [36]

Je vous dirai [...] qu'ayant vu les expériences de m. S'Gravesende sur les chutes et les chocs des corps, j'ai été obligé d'abandonner le système qui fait la quantité de mouvement le produit de la masse par la vitesse; [37] et en gardant pour m. de Mairan, et pour son mémoire, une estime infinie, je passe dans le camp opposé, ne pouvant juger d'une cause que par ses effets, et les effets étant toujours le produit de la masse par le carré de la vitesse, dans tous les cas possibles et à tous les moments.

This conversion to *force vive* is clearly reflected in the 1738 edition of the *Eléments* in spite of a flattering reference to Mairan: 'je n'entrerai point ici dans la fameuse dispute des forces vives: je renvoie sur cela le lecteur au Mémoire plein de sagesse et de profondeur qu'a donné M. de Mairan'. Then he goes on to state clearly: 'L'effet que produit la force d'un corps dans un mouvement, du moins uniformément accéléré, est le produit de sa masse par le carré de sa vitesse; c'est-à-dire, qu'un corps, s'il a dix degrés de vitesse, fera, toutes choses égales, cent fois autant d'impression, que s'il n'avait qu'un degré de vitesse' (*OC*, vol.15, p.274-75, variant).

In the *Essai sur la nature du feu*, written during the summer of

[36] D1327, 17 May [1737]. Not everyone, however, found these experiments compelling. Four were carried out by Désaguliers before the Royal Society in July 1733. As reported in the *Philosophical transactions abridged*, vol.viii (London 1747), p.236, 'These 4 experiments at first seem favourable to the new hypothesis [...] but if we take in the consideration of time, all will be reduced to the old principle [...] Certainly the same cause acting twice as long must produce a double effect.' As usual, the 'time effect' could be evoked to counter even the most convincing experimental evidence.

[37] Voltaire is confusing his terms here: 'mouvement' is the product of mass and speed, or mass and velocity, in both systems. What he is rejecting is the Cartesian identification of 'force motrice' with 'mouvement'.

1737, Voltaire side-steps the question of *force vive* completely, even though one might expect it to apply to his view of light as made up of particles of matter travelling at immense speed. Perhaps Voltaire suspected that Mairan would be one of the judges in the prize competition for which he was preparing the paper – as, indeed, turned out to be the case: 'je demande si ces mille rayons agissent seulement par leur masse multipliée par leur vitesse (on n'entre point ici dans la question, si la force est mesurée par la masse multipliée par le carré de la vitesse)'. [38]

In Mme Du Châtelet's *Dissertation sur la nature et la propagation du feu*, [39] written in August 1737 without Voltaire's knowledge and entered in the same competition, we find the first evidence that she was interested in the force of moving objects: 'Or l'effet de la force d'un corps étant le produit de sa masse par sa vitesse, un rayon qui ne serait que 1666600 moins pesant qu'un boulet d'une livre, ferait le même effet que le canon, et un seul instant de lumière détruirait tout l'univers' (p.105). She adopts the traditional view, while adding a footnote, 'une petite fadeur' (D1636) flattering to Mairan: 'Mais que serait-ce encore si la force d'un corps était le produit de sa masse par le carré de sa vitesse, comme M. Leibnitz et de très grands philosophes l'ont prétendu, et comme on le croirait encore, sans la façon admirable dont M. de Mairan a prouvé le contraire?'

At this stage, then, Voltaire seems to have accepted *force vive* theory without wishing to proclaim his conviction in his paper on fire. Mme Du Châtelet, on the other hand, publicly at least seemed to have rejected Leibnizian mechanics. In the winter of 1737-1738, however, both Voltaire and Mme Du Châtelet returned to the question and began to study it more closely. A letter from Montigny of 4 February 1738 (D1443) shows that Voltaire had

---

[38] *OC*, vol.17, p.67.

[39] *Pièces qui ont remporté le prix de l'Académie royale des sciences, en MDCCXXXVIII* (Paris 1739). Although Voltaire's and Mme Du Châtelet's entries had not won prizes, the Academy published them after the three prize mémoires, following a separate title page: *Pièces qui ont été présentées à l'Académie royale des sciences pour concourir au prix de l'année 1738*. Pagination is continuous.

written to him to ask for his view on *force vive*, suggesting that he had some doubts about his own position. Montigny replied that Mairan had decided the question.

As for Mme Du Châtelet, she seems to have studied the question throughout almost the whole of 1738. She clearly read widely on the subject. In early February 1738, having studied Mairan's *Dissertation*, she wrote to Maupertuis with a question (D1442):

J'ai lu beaucoup de choses depuis peu sur les forces vives, je voudrais savoir si v[ou]s ètes p[ou]r m^r de Mairan, ou p[ou]r m^r de Bernoüilly. Je n'ai pas l'indiscrétion de v[ou]s demander sur cela tout ce que je voudrais savoir mais seulem[en]t lequel des deux sentiments est le vôtre.

She also wrote to Pitot for his opinion, expressing herself more clearly as having already come round to Bernoulli's position (see D1448).

Neither Pitot's nor Maupertuis's reply to Mme Du Châtelet has survived. However, when she writes to Maupertuis *circa* 10 February 1738 (D1448) we discover not only that he had answered her question very quickly, but that he had agreed with Bernoulli's position, and that she too supported this view: 'Ce n'est donc qu'en les consumant qu'on peut les estimer.' The reference is to the Leibnizian method of measuring a force by exhausting it. She adds, 'Mr de Leibnitz à la verité n'avait guère raison que sur les forces vives, mais enfin il les a découvertes, et c'est avoir deviné un des secrets du créateur.'

In April she read Leibniz's article of 1686, which clarifies part of her confusion. 'J'ai lu depuis que je v[ou]s ai écrit', she writes to Maupertuis (D1486), 'ce que m^r de Leibnits a donné dans les acta Eruditorum sur les forces vives, et j'y ai vu qu'il distinguait entre la quantité du mouvement, et la quantité des forces et alors, j'ai trouvé mon compte et j'ai vu que je n'étais qu'une bête.'

By May she has reread Mairan's *Dissertation* with greater attention and comments to Maupertuis that she has noticed 'dans le très long mémoire de m^r de Mairan que sa conscience le

trahissait souvent et qu'on voyait qu'il combattait p[ou]r combattre' (D1496). She is also very concerned about what happens to
hard bodies that collide in a vacuum:

Je sais qu'on ne connaît point jusqu'à présent de corps parfaitement dur,
mais ce n'est pas je crois une démonstration qu'il n'y en ait point, et je ne sais
même s'il n'est pas nécessaire d'en admettre dans la nature quoique n[ou]s
n'ayons pas d'organes ni d'instruments assés fins p[ou]r les discerner.

She reveals her debt to Bernoulli's *Dissertation*, while retaining
her belief in atoms, the hard building blocks of matter.

It was at this time that Mme Du Châtelet was preparing the first
version of her *Institutions de physique*, a general introduction to
natural science intended for the general public although ostensibly
written for her son, whom she addresses in the second person
throughout the work. The *approbation* for the work, signed by
Pitot, is dated 18 September 1738 and it is clear that some of the
copy was typeset over the months that followed. [40] Consequently,
her letter to Maupertuis of 1 September 1738 (D1606) must have
been written at a time when she had just finished or was putting the
final touches to the *Institutions de physique* and, in particular, to
chapter XXI on *force vive*.

The letter repeats that she has just reread 'avec grande attention
le mémoire de m^r de Mairan donné en 1728, car les lois du
mouvement m'occupent toujours, et m'embarrassent souvent
beaucoup'. She makes a series of specific criticisms of Mairan
which appear almost verbatim in chapter XXI of the *Institutions de
physique*. [41] Indeed, the letter contains in outline much of the

[40] See note 44 below for a more detailed analysis of the chronology of the printing
of the *Institutions*.

[41] For example, in her letter to Maupertuis she reports that, after her careful study of
Mairan's *Dissertation*, 'il me semble dis-je qu'il dit une chose entièrem[en]t contradictoire, et il me paraît qu'il est aussi impossible qu'une force capable de fermer 1
ressort en ferme six, quelque supposition qu'on fasse, qu'il est impossible que 2 × 2=6
car si l'on suppose avec m^r de Mairan que ce corps n'aura consumé aucune force en
fermant les 3 1ers ressorts, je dis que ces 3 ressorts ne seront point fermés'.
In the *Institutions* (Paris 1740, p.431), we read 'il dit, je ne crains point de l'avancer,

material of the chapter,[42] which can therefore be seen as in a sense the culmination of her studies through the year, specifically of Mairan and Bernoulli backed up by her correspondence with Maupertuis.

Mme Du Châtelet's conversion to the theory of *force vive* did not imply an understanding or acceptance of the rest of Leibniz's philosophy, even though she was reading various works by Christian Wolff, as her correspondence with Maupertuis shows (D1620). She was so convinced, however, of this one aspect of the Leibniz-Wolff philosophy, that she regretted the inclusion of her footnote favourable to Mairan and his *Dissertation* of 1728 in her *Dissertation sur le feu*, which was about to be published by the Académie des sciences, even though it had not won a prize. She tried to have the note omitted and even suggested to Maupertuis that if he erased it, no one would notice (D1671). Réaumur refused her request: her piece had to be published as submitted. She confessed to Maupertuis on 24 October 1738 (D1636):

quand je composai mon mémoire sur le feu, j'avais lu son mémoire en l'air et seulem[en]t p[ou]r l'admirer car je n'étais point du tout en état de le juger, puisque je n'avais jamais examiné les matières. Cependant je suis très fâchée de voir imprimer dans mon ouvrage une chose si contraire à mes sentiments présents, et que je serai obligée de réformer dans l'errata qui est la seule ressource qui me reste.

The volume of prize pieces appeared in February or March of 1739. One item in Mme Du Châtelet's errata 'corrects' the footnote

---

une chose entièrement impossible, car il est aussi impossible qu'un corps avec la force nécessaire pour fermer 4 ressorts en ferme 6 que 2 et 2 fasse 6 car si on suppose avec M. De Marian que le corps n'aurait consumé aucune partie de sa force pour fermer 4 ressorts dans la première seconde d'un mouvement uniforme, je dis que ces 4 ressorts ne seraient point fermés.'

[42] Including, in particular, the specific objections to Mairan considering motion uniform when obstacles are being overcome and equating motion and force. See n.6 on p.417 below.

favourable to Mairan.[43] As a friend of the Cirey household, Mairan was offended by the 'errata'. Mme Du Châtelet writes to the young Johann (II) Bernoulli in April 1739 (D1995) of her 'terrible querelle' with Mairan, and of a 'querelle furieuse' in August (D2059).

Once Mme Du Châtelet had finished volume i of her projected multiple-volume *Institutions de physique* in September 1738, she realised that her knowledge of mathematics was inadequate to allow her to complete a major scientific study in a serious way. When Maupertuis visited Cirey in January 1739 on his way to Basel, Mme Du Châtelet urged him to stay and help her, or to convince one of the Bernoullis to come to teach her (D1084). They refused but Maupertuis did find Samuel König, a friend of the Bernoullis, who had studied with him under Johann (I) Bernoulli as well as at Marburg under Christian Wolff. Mme Du Châtelet explained her intentions to the future Frederick II of Prussia on 27 February 1739, about the time König, who arrived at Cirey along with Maupertuis and Johann (II) Bernoulli, agreed to return to teach her (D1912):

Je vais prendre auprès de moi un élève de mr Wolf, pour me conduire dans le labyrinthe immense où se perd la nature; je vais quitter pour quelque temps la physique pour la géométrie. Je me suis aperçue que j'avais été un peu trop vite; il faut revenir sur mes pas; la géométrie est la clef de toutes les portes et je vais travailler à l'acquérir.

[43] The reference in the *Errata* is to p.105 of Mme Du Châtelet's *Dissertation sur la nature du feu*, 'ligne 3 de la note, et comme on le croirait encore, sans la façon admirable dont M. De Mairan a prouvé le contraire, *lis*. et comme une grande partie du monde savant le croit encore malgré la façon admirable dont M. de Mairan a établi le contraire dans son Mémoire de 1728'. *Prouvé* becomes *établi*, the conditional is replaced by the indicative and most significantly, 'sans' becomes 'malgré', suggesting that Mairan's argument had been less effective than she had previously believed. The differences are subtle but quite sufficient to precipitate a major controversy. When various voices declared the dispute to be a war of words they were probably not thinking of this passage of Mme Du Châtelet, but can one imagine a better illustration of the problem? A change in grammatical mood, a shift between near synonyms, and two leading intellectuals are in public dispute...

As well as mathematics, König taught Mme Du Châtelet the metaphysics of Leibniz and Wolff. Earlier she had found the latter 'un grand bavard', but nevertheless she had been persevering in her studies of his philosophy, as she told Maupertuis (D1620). König's lessons led to a conversion and to a decision to revise in a major way her *Institutions de physique*, to introduce this metaphysics as the very foundation of science. She stopped the printing of her book, which was advancing very slowly, largely because of her desire to remain anonymous, which prevented her from dealing directly with her publisher Prault in Paris. The first nine chapters were rewritten with König's help. [44]

From May to August 1739, Voltaire, Mme Du Châtelet and König were in Brussels, where she was heavily preoccupied with her lawsuit and had little time to study. Later, in a letter to Johann (II) Bernoulli of 30 June 1740 (D2254) she described how König helped her:

Il fallait p[our] bien faire lire plusieurs chapitres des ouvrages de Volf, comme ontologie, cosmologie &a, outre sa métaphysique que j'avais lue et que j'avais avec moi. Je n'avais point le temps de chercher dans les gros in quarto les idées qu'il me fallait. Je priai m^r de Koenig de me faire des extraits des chapitres qui m'étaient nécessaires, ce qu'il eut la bonté de faire et sur quoi je travaillai en partie.

These *extraits* prepared by König may have provided material for Mme Du Châtelet's re-writing of the first nine chapters of the *Institutions*. Certainly, this interpretation would fit in with her

[44] The manuscript at the Bibliothèque nationale (fonds français 12265) contains corrected printed page proofs beginning with the end of chapter IX on p.137 (f.194r of the manuscript). Chapter X begins on page 138 and there are printed proofs of the following 48 pages. What was page 138 in these proofs becomes page 215 in the 1740 edition. Whatever the first 136 pages contained has been replaced by 214 pages of text, corresponding to a complete re-writing of the first nine chapters. See D2254 of 30 June 1740 where Mme Du Châtelet reports to Johann (II) Bernoulli that at about the time she returned to Paris from Brussels with Voltaire and König in August 1739, 'Le livre était plus [qu']à moitié imprimé, j'engageai le libraire à recommencer les feuilles où je voulais mettre ma nouvelle [*sic*] métaphysique.' In this same letter she speaks of the work as 'étant presque fini d'imprimer'.

account of the revision, but it also fits in with König's claim, after their breach in November 1739, that much of the book was merely a copy of material he had prepared for her. However, the question of whether König's allegations were true or a gross distortion of the use Mme Du Châtelet really made of the *extraits* he provided, need not concern us here. What is clear is that in the course of 1739 she was profoundly realigning, with König's help, her outlook on philosophy and physics. She became increasingly convinced that the metaphysics of Leibniz as systematised by Wolff provided a firm and necessary foundation on which science could build and that the principle of sufficient reason was the essential guide to all philosophy.

The *Institutions*, as the work finally appeared, contained the nine chapters devoted to the Leibnizian foundations of all philosophy. Several chapters dealt with various aspects of mechanics. Four chapters on weight included an analysis of Newtonian attraction, for which she believed a physical-mechanical explanation must be sought, in complete disagreement with Voltaire's view. The final chapter, chapter XXI 'De la force des corps', was, as we have seen, concerned with the problem of the force associated with moving bodies. [45]

[45] See above, p.391, n.41, where we consider the similarities between this chapter and Mme Du Châtelet's letter to Maupertuis of 1 September 1738, written five months before she had even met König. This chapter at least, therefore, must have been written in large part without his help. The manuscript of the *Institutions* is partly in Mme Du Châtelet's hand, including all of the first nine chapters, partly in the hand of a copyist, plus chapter X in page proofs. It appears that the revisions after König's arrival are in her hand; the part written by the copyist goes back to 1738. Most of chapter XXI is in the copyist's hand, with revisions in Mme Du Châtelet's hand, involving largely the opening paragraphs tying the question of *force vive* to the Leibnizian principles of sufficient reason and continuity, and approximately eight pages in the middle of the chapter. The sections analysing Mairan's *Dissertation* and discussing James Jurin's objections to *force vive* are in the copyist's hand and so were written before Mme Du Châtelet met König. For an analysis of the manuscript see W. H. Barber, 'Madame Du Châtelet and Leibnizianism: the genesis of the *Institutions de physique*' in *The Age of the Enlightenment: studies presented to Theodore Besterman* (Edinburgh and London 1967), p.200-22.

As far as *force vive* is concerned, the fundamental change in Mme Du Châtelet's attitude is that a principle which for her had been an isolated instance of Leibniz getting it right[46] has become an integral part of a system of truth, which challenges even Newtonian attraction. From Voltaire's viewpoint, this change of position is entirely retrograde.

Voltaire, Mme Du Châtelet and König returned from Brussels to Paris in August 1739. She hoped to make peace with Mairan, presumably still annoyed by the errata to her *Dissertation sur le feu*. On 3 September 1739 she met him at a dinner in Paris. She remarks with some pleasure that there was no mention of any kind of force.[47] In fact, Mairan may at that time have been less angry than she imagined. He reacted publicly only after reading her attack in the *Institutions de physique*, which cannot have been before December 1740 or January 1741. This would lead to their acrimonious exchange of open letters.

Clearly, therefore, one at least of the Cirey philosophers changed position radically between late 1737 and the autumn of 1738. What of Voltaire?

We have seen that in 1737 and 1738 Voltaire seemed convinced of the validity of *force vive* theory. Indeed, as late as April 1739 Voltaire still claims to adhere to the Leibnizian position. Just days before König settled in at Cirey, Voltaire wrote to Joahnn (II) Bernoulli (D1974, 11 April 1739):

Je suis bien aise de déclarer coram illustrissimis Bernoulliis que je ne crois pas qu'on puisse estimer une cause autrement que par son effet; et que puisque l'effet est toujours le résultat de la multiplication de la masse par le carré de la vitesse je ne vois pas qu'il puisse y avoir dans la nature une autre estimation. [...] Je sais bien que l'on pourra toujours dire qu'il faut

---

[46] 'Mr de Leibnitz à la verité n'avait guère raison que sur les forces vives'; D1448 to Maupertuis, *c.*10 February 1738; see above, p.390.

[47] D2073. Mme de Graffigny was also present at this meal attended by 14 people including Voltaire, König, Fontenelle and Réaumur, as she writes to Devaux (*Correspondance*, vol.ii, Oxford 1989, letter 179).

du temps dans cette affaire, et en ce cas vos adversaires n'auront à se reprocher que de ne pas admettre l'explication la plus mathématique, la plus soumise à la géométrie et à l'expérience. Ils chercheront à diviser les moments dans lesquels la nature opère constamment l'effet des forces vives, et ils rendront par là la dispute éternelle. [48]

Whatever Voltaire's attitude to *force vive* throughout König's stay at Cirey and Brussels, he was no less hostile to Leibnizian metaphysics generally. There are certainly many indications that he was not comfortable with what he considers the intellectual aberration of Mme Du Châtelet's drift towards Leibnizian thinking. In particular, he reacted with anger, probably tinged with jealousy, to the influence exercised by König.

With the departure of König, mouthpiece of Leibniz and Bernoulli, especially since it followed a bitter quarrel with Mme Du Châtelet, [49] Voltaire may have hoped that her Leibnizian phase would come to an end and that she would return to her earlier views, once more taking up the Newtonian position he favoured. In fact the reverse was to happen. Following König's departure she became more determined than ever to master the thinking of Leibniz and Wolff. [50] König's claim that he and not she was the true author of the as yet unpublished *Institutions de physique* [51] only increased her determination to reclaim the work as her own, which she set out to do over the next two or three

[48] Of course, this is just what he will do himself in the *Doutes*, belying this earlier position taken before König had arrived on the scene.

[49] Mme Du Châtelet wrote to Johann (II) Bernoulli on 18 December 1739 (D2122): '[König] a eu avec moi les procédés les plus infâmes en me quittant.'

[50] Voltaire wrote to Frederick II on 23 February [1740], 'Elle abrège tout Volfius: c'est mettre l'univers en petit' (D2169).

[51] 'Le tout Paris' took part in the gossip. Mme de Graffigny, who saw König daily between the time he left Mme Du Châtelet's employ and his departure for Switzerland at the end of December, writes to Devaux with the whole story as she heard it from König (*Correspondance*, Letter 217). Le Blanc also relates the details to Bouhier (D2141) as he heard them first hand from König. Mairan will repeat the accusation in his *Lettre à Madame la marquise Du Châtelet*, p.7-8. In October 1740 (D2348) Mme Du Châtelet has learned that the rumours have reached Berlin.

years. [52] Voltaire became resigned to the lack of intellectual agreement between the two Cirey *philosophes*, but at the same time remained intent on combating Leibniz and Wolff – and her predilection for their thinking. [53]

He was particularly disturbed by the concept of monads and Leibniz's conception of matter. However, *force vive* theory was a part of that conception. If he was to reject the general Leibnizian view, his early support for *force vive* theory would have to go with it. How dramatic this process was to be is made clear in a letter he would write to Mairan in 5 May 1741 and in which Voltaire would refer back to that critical period in Mme Du Châtelet's intellectual odyssey, the time that König was with them in Cirey and Brussels (D2479, [5 May 1741]):

Ce Koenig, élève de Bernouilli, qui nous apporta à Cirey la religion des monades, me fit trembler, il y a quelques années, avec sa longue démonstration qu'une force double communique en un seul temps une force quadruple. Ce tour de passe-passe est un de ceux de Bernouilli, et se résout très facilement.

This was the Voltaire who in 1737, 1738 and even 1739 was prepared, on experimental evidence, to accept the same piece of 'sleight of hand' as the genuine article. More to the point, this quotation states very clearly for us the real issues at stake: the man who preached the theory of *force vive* was the missionary of the religion of monads. *Force vive* theory is being rejected here not for any inherent defects of its own, but because it was upheld by the

[52] She wrote to d'Argental on 20 May [1741] (D2473), 'Pouvais-je trop relever le reproche outrageant qu'il [Mairan] me fait de ne l'avoir ni lu, ni entendu et d'avoir transcrit les simples résumés d'un autre?' She wrote to Johann (II) Bernoulli on 30 June 1740 (D2254) that she considered withdrawing the book, but all the talk about it together with the fact that the printing was almost finished made her decide to let it go ahead. It would be another six months before it went on sale.

[53] In January 1740 Voltaire wrote to d'Argenson: 'Je vais donc m'enfoncer dans les ténèbres de la métaphysique, et dans les épines de la géométrie tant que durera le malheureux procès de madame Du Chastelet' (D2148). Voltaire felt that accompanying her to Brussels for a court case she was fighting meant plunging himself into endless controversy with her.

same school of thought that defended the concept of the monad. Voltaire seems to be following in the footsteps of Fontenelle. [54] The irony is that Voltaire has moved away from a position he had adopted just as Mme Du Châtelet moved towards it – indeed *because* she had moved towards it.

By the time we reach the early part of 1740, we find both thinkers, back in Brussels for Mme Du Châtelet's court case, engrossed in their work on Leibniz. As she wrote to Algarotti: 'Pour moi je suis à présent dans la métaphysique, je partage mon temps entre Leibnitz, et mon procureur' (D2178, 10 March 1740). The same day Voltaire wrote to Frederick II to say that Mme Du Châtelet 'est devenue toute leibnitzienne; pour moi, j'arrange les pièces du procès entre Newton et Leibnitz, et j'en fais un petit précis' (D2177). So he had begun composing *La Métaphysique de Newton* in full knowledge of her work and the forthcoming publication of the *Institutions de physique*. This would be the first of Voltaire's works specifically inspired by the *Institutions de physique* and directed against Mme Du Châtelet's Leibnizian views.

The full title *La Métaphysique de Newton ou parallèle des sentiments de Newton et de Leibniz* of 1740 may suggest impartiality, but Voltaire is consistently hostile to Leibniz in the chapters where he discusses his philosophy and there can be no doubt that these attacks are intended to be read by Mme Du Châtelet. Voltaire takes a strong stand against monads, defends Newton's idea of time and space against Leibniz and devotes a chapter to his demolition of the principle of sufficient reason. However, he is less openly hostile to *force vive* theory. [55] It is in the ninth and final chapter that he discusses *la force active* and asserts that the dispute

---

[54] See above, p.378, 385.

[55] In this material, he avoids the passion of his direct appeal to Mme Du Châtelet in the following passage on monads: 'Est-il prouvé que tout étant plein votre prétendue *monade* doive avoir les inutiles idées de tout ce qui se passe dans ce plein: J'en appelle à votre conscience, ne sentez-vous pas combien un tel système est purement d'imagination?' (*OC*, vol.15, p.244).

over the measurement of force is one of words: 'il y a donc indubitablement un sens dans lequel ils ont tous raison'.[56] He slightly spoils this effect of balance by declaring that the issue is how to take the time factor into account – which was precisely the Cartesian and Newtonian objection to Leibnizian mechanics. Indeed, he argues: 'Donc la nouvelle manière d'envisager les forces est vraie en un sens, et fausse en un autre, donc elle ne sert qu'à compliquer, qu'à embrouiller une idée simple, donc il faut s'en tenir à l'ancienne règle' (*OC*, vol.15, p.251).

What Voltaire does not accept, on the other hand, is the conservation of momentum at the cosmological level (there was an attractive symmetry in the Cartesian view that the conservation of momentum in individual collisions between bodies reflected conservation of total momentum in the entire universe, a principle itself reflecting the immutability of God). He adopts the Newtonian idea that the quantity of movement in the universe diminishes through time, and therefore force, which is measured by the movement it creates, diminishes too: 'or s'il périt du mouvement dans l'univers, donc la force qui en est cause périt aussi' (*OC*, vol.15, p.251).

His hostility grew as printing of the *Institutions de physique* advanced. On 5 April 1740 Voltaire wrote to Pitot: 'Je suis fâché que l'auteur des institutions physiques abandonne quelquefois Newton pour Leibnitz, mais il faut aimer ses amis' (D2196). Then on 29 August 1740 Voltaire wrote to Maupertuis about Mme Du Châtelet: 'Elle arrivera avec raison suffisante, entourée de monades. Elle ne vous aime pourtant pas moins, quoiqu'elle croie aujourd'hui le monde plein, et qu'elle ait abandonné si hautement le vide' (D2302). The printing progressed with numbing slowness. Mme Du Châtelet wrote to Johann (II) Bernoulli on 2 August 1740 (D2280a) to say that the printing was still not completed. Then in September she had Voltaire hand-deliver a copy to Frederick, 'le

---

[56] No doubt true, although it is unlikely that Voltaire had the mathematical knowledge to understand fully why this should be so, as a D'Alembert would.

seul exemplaire qui soit sorti des mains de Praut' (D2310). She finally released it for distribution in December and had a copy sent to Paris to be forwarded to Maupertuis in Berlin. [57] In January and February 1741 Mme Du Châtelet sent out copies to various friends.

This event was the catalyst for another in the triptych of Voltaire's works replying to the *Institutions*, his *Exposition du livre des Institutions de physique*. Ostensibly a review of the book, Voltaire's article singles out *force vive* as a main theme. Since the *Exposition* appeared in the June edition of the widely read *Mercure de France* (p.274-310), he must have been working on it in the early months of 1741 and probably no later than April. [58] This is the same time at which he was putting together the *Doutes sur les forces motrices des corps*: the first references he makes to the *Doutes* are in letters of 25 February 1741 to d'Argental (D2433) and Pont-de-Veyle (D2434), each accompanying an early draft to be passed to Mairan. To d'Argental he refers to it as 'un grimoire de physique' and to Pont-de-Veyle, he describes it as 'un mémoire moitié géométrique, moitié métaphysique'.

The two works were destined for quite different audiences and therefore differed in purpose and character. The *Exposition* sets out to review the *Institutions de physique* for the widest public. It is a contradictory work, eulogising the author but criticising those of her ideas with which Voltaire disagreed. [59] He praises her for

---

[57] D2387, 23 December 1740.

[58] Unfortunately, as well as never being reprinted in his lifetime, the *Exposition* is not mentioned anywhere in the correspondence. However, this dating seems plausible, given the need to submit the paper in plenty of time for typesetting and printing before June.

[59] Voltaire seems always ready to praise Mme Du Châtelet for her intellect and for her scientific abilities even when disagreeing with her. He defended her intellectual integrity against König's campaign of rumours, when Mairan repeated them in his *Lettre de M. de Mairan, secrétaire perpétuel de l'Académie des sciences, etc. à Mme la marquise du Chastellet sur la question des forces vives*. Mairan wrote 'Madame *** a jugé mon mémoire excellent, et les forces vives réfutées sans ressource, lorsqu'elle a lu, pensé, et médité toute seule; elle n'a modifié ce jugement,

dealing brilliantly with unacceptable ideas in 'l'ouvrage le plus méthodique, le plus ingénieux, et le mieux écrit qui ait paru en faveur de Leibnits'. [60] He discusses the work chapter by chapter, disagreeing with her about monads, sufficient reason, the use of hypotheses, empty space, the divisibility of matter, the need for a mechanical explanation for Newtonian attraction, and more besides. On the other hand, he skips over with little comment the chapters on mechanics which deal with inclined planes, the paths of projectiles, the movement of pendulums, where he would not disagree with her. Curiously, he writes nothing about chapter XX (*Des forces mortes, ou forces pressantes et de l'équilibre des puissances*), which leads into the final chapter XXI (*De la force des corps*), to which he devotes almost a third of his article in a sustained attack on Leibnizian mechanics.

The *Exposition* addressed a general audience. With the third work in his triptych against *force vive*, the *Doutes*, Voltaire addressed the scientific audience of the Académie des sciences, and he may have hoped that they would help swing the Academy into an official endorsement of the traditional Cartesian and Newtonian view of motive force, to which he had now wholeheartedly returned. He obviously also intended the *Doutes* to deal another blow to the imaginary castle of Leibnizian metaphysics in the same way as the *Exposition*. The *Doutes* however start with the science, in the form of an attack against *force vive*, and only move on to refute monads and the concept of conservation of force later. In the *Doutes*, addressed specifically to a predominantly Cartesian audience, Voltaire promotes his Newtonian views once more. He

---

et enfin elle n'a porté un jugement contraire que depuis qu'elle a lu et pensé avec d'autres' (p.7). Voltaire's annoyance with Mairan's slur and his defence of Mme Du Châtelet come through particularly strongly in the first paragraph of his letter to Mairan of 24 March 1741 (D2452): 'Elle com[m]ença à chanceler dans la foi un an avant de connaître l'apôtre des monades qui l'a pervertie, et avant d'avoir vu Jean Bernouilli, fils de Jean.'

[60] See above, p.362, l.662-63.

therefore ends with an appeal in favour of attraction and the view that disorder was increasing in the universe, while neither movement nor force was conserved.

Another motive may also, however, have inspired his decision to write the *Doutes*. This was, after all, the period in which Voltaire was still trying to establish himself as a serious scientist. His friend Mairan had become *secrétaire perpétuel* of the Académie des sciences in January 1741. In submitting a paper to him – and both the letters quoted above, to d'Argental and Pont-de-Veyle, specifically asked that the enclosed paper be passed on to Mairan – is it not reasonable to believe that he was trying to establish his credentials in this respect? And all the more so since he adopted a position so close to Mairan's own?

As if to confirm the view that he was seeking Mairan's approval, Voltaire asks for his views on the *grimoire de physique*. Since Mairan was not prompt in replying, Voltaire sent him some flattering lines on 12 March urging him to send his reaction (D2440):

> Pardonnez à mes vains efforts.
> J'ai parlé des forces des corps,
> Et je vous adresse l'ouvrage:
> Et si j'avais, dans mon ecrit.
> Parlé des forces de l'esprit,
> Je vous devrais le même hommage.

Above all Voltaire wants Mairan to tell him whether he agrees with what he has written (or perhaps *that* he agrees with what he has written). It seems that he sent Voltaire 'toute ma pensée sur votre mémoire' in a lost letter written four or five days before one that has survived.[61] With this letter, and with one to Mme Du Châtelet of about the same date,[62] Mairan sent copies of his *Lettre de M. De Mairan à Madame *** sur la question des forces vives en*

---

[61] See D2448, 20 March 1741.
[62] D2449, *c.*20 March 1741.

réponse aux objections qu'elle lui fait sur ce sujet dans ses 'Institutions de physique' (Paris 1741) which is dated 18 February 1741. [63]

Mme Du Châtelet hastened to reply to Mairan in *Réponse de madame *** à la lettre que M. De Mairan, Secretaire perpetuel de l'Academie des Sciences, &c. Lui a écrit le 18. Fevrier 1741. Sur la question des forces vices [sic]* dated 26 March 1741. [64] In it she replies to Mairan paragraph by paragraph, line by line, insult by insult. Voltaire's reaction to Mairan's *Lettre* was immediate, if only to counter suggestions, originally made by König and repeated by Mairan, according to which Mme Du Châtelet's conversion to Leibnizian thinking owed much to the subversive influence of leading Leibnizians. As we have seen, Voltaire points out that she adopted *force vive* theory a year before meeting König and Johann (II) Bernoulli. [65]

When Voltaire came to revise the *Doutes* he could draw on three new sources on the force of moving bodies: Mairan's letter, now missing, Mairan's *Lettre à Madame **** and a work that Mairan sent him, the abbé Deidier's *Nouvelle réfutation de l'hypothèse des forces vives*, [66] with the comment 'On vient d'en

---

[63] There was a second edition, n.p. n.d. [Paris 1741] (BV 1118) entitled *Lettre de M. de Mairan, secrétaire perpétuel de l'Académie des sciences, etc. à Madame la marquise du Chastellet sur la question des forces vives, en réponse aux objections qu'elle lui a fait [sic] sur ce sujet dans ses 'Institutions de physique'*. The volume in Voltaire's library also contains *Réponse de Madame la marquise Du Chastelet à la lettre que M. De Mairan [...] lui a écrite le 18 février 1741 sur la question des forces vices [sic]* (Brussels 1741). These are the editions we quote. Although bound in with the 1744 reissue of Mme Du Châtelet's *Dissertation sur la nature et la propagation du feu* the two works appear to be the second edition of 1741.

[64] She felt time was of the essence, because she wanted the public to understand she had written the reply herself, without the help of a König or a Bernoulli, or indeed anybody else.

[65] D2452, 24 March 1741, to Mairan.

[66] Extracted from *La Méchanique générale*, a large quarto work which would appear later in 1741. Deidier attacks both Johann (I) Bernoulli's *Discours* and Mme Du Châtelet's *Institutions* while defending Mairan's views. In the larger work, the *Nouvelle Réfutation* appears as 'Remarque en forme de dissertation touchant les forces vives' (p.58-106).

assembler un Exemplaire à la hâte, que l'on m'apporte dans ce moment, et je le joins au paquet.'[67] It was in a sense an official reply to the supporters of *force vive* since it was full of praise for Mairan's *Dissertation* of 1728 and singled out Johann (I) Bernoulli's *Discours* and Mme Du Châtelet's *Institutions* for attack. Mme Du Châtelet even thought Mairan had helped write it.[68]

Mairan's missing letter must have been severe in its criticism of the *Doutes*. Voltaire revised his text and returned it to Mairan on 1 April (D2454). There is no doubt that he took Mairan's advice. He shortened the work and removed ambiguities.[69] In the covering letter accompanying his second draft Voltaire asked for a decision: 'Je ne veux point une aprobation, mais une décision. Ai-je tort? ai-je raison? ai-je bien ou mal pris vos idées?' (D2454).

All in all Mairan took some pleasure from the results, as his next letter to Voltaire, written on 8 April (D2461), shows. Voltaire had obviously followed his advice: 'Je me sais bon gré, Monsieur, de m'être rendu un peu difficile à votre égard; j'en suis récompensé par le dernier écrit que vous m'avez envoyé sur les forces vives. Il est clair, concluant, et concis, et, pour tout dire, il est digne de paraître sous votre nom.'

Since the Academy had just returned after the Easter break, the agendas for the first meetings were crowded. Mairan therefore

---

[67] D2448, 20 March 1741.

[68] D2468, to Johann (II) Bernoulli, 28 April 1741. Mme Du Châtelet describes the abbé Deidier's work as 'un ouvrage contre m. votre père et contre moi, que m. de Mairan et lui ont composé ensemble'.

[69] Mairan must have felt that Voltaire had been equivocal in the first draft of the *Doutes*. This seems to be the message in D2448, alongside a hostile and sarcastic jibe at Mme Du Châtelet: 'Allons donc rondement, je vous prie, optons, ou laissons là les Forces vives pour faire quelque chose de mieux; Mme la M^{ise} du Chast. n'y a pas tant hésité; elle les a rejettées tout net, quand elles ne lui ont paru qu'imaginaires, et elles les a reçues peu de temps après à bras ouverts, et sans leur chercher chicane, dès qu'elles lui ont paru bonnes et lui venir de bonne main. Vous ne sauriez encore faillir à suivre son exemple.'

waited until the meeting of 15 April to present Voltaire's *Doutes* to the Academy. [70]

Although they were presented they were not published by the Academy. Instead, Mairan reviewed them at some length in the *Histoire de l'Académie des sciences* for 1741. [71] He tempers his praise by never actually endorsing Voltaire's arguments. We show in the notes to the text itself that there are good reasons that might have prompted this lack of enthusiasm from Mairan. In the first place, the paper contains some deeply flawed reasoning: for example, the argument based on calculation of momentum is fundamentally mistaken, revealing that Voltaire had not fully grasped how momentum is measured (see n.22 on p.432). In addition, at the end of the *Doutes* Voltaire attacks Leibniz's monads, his distinction between live and dead forces, and substitutes for them attraction, elasticity, inertia as explanations for that part of force over and above mass times the simple velocity. He presents men (corps organisés) as a source of movement, having within them an active force that leads to motion. Voltaire may be associating consciousness with matter, as in the *Lettres philosophiques*, or this may be a jibe at Leibniz's *harmonie préétablie*, where there is no cause and effect relationship between mind and matter, or a defence of free will, since man by an act of will is free to create motion, where none existed before. Voltaire directs these metaphysical remarks against Mme Du Châtelet and ironically some are directed against Mairan, since Voltaire goes on to attack some of the fundamental principles of Cartesian physics, still accepted by Mairan and a large number of members of the Académie des sciences. Mairan clearly preferred to play down the more speculative elements of the *Doutes*, being generous with his praise only for those parts of Voltaire's argument that supported

[70] Mairan's entry in the minutes for the meeting of 15 April reads: 'Je présente un Mémoire sur les forces vives qui m'a été envoyé par M. de Voltaire. Mrs Pitot et Clairaut sont nommés pour l'examiner.' They reported back on 26 April. For their report see appendix II, p.445-47.

[71] Paris 1744, p.149-53. See appendix I, p.441-44 below.

his own position – the material, in fact, in which Voltaire directly contradicted the views and arguments, specifically against Mairan, taken up by Mme Du Châtelet.

It should be borne in mind, however, that the *Histoire de l'Académie royale des sciences* for 1741, with Mairan's review of the *Doutes*, was not published until 1744. Voltaire had not waited until then to make his *Doutes* available to the public: they appeared in June 1741 in the *Nouvelle Bibliothèque* (see 'Publication and reception of the *Doutes*', below, p.408-11). Clearly, winning the recognition of the Academy was not Voltaire's only motivation: it mattered to him to intervene in the debate between Mme Du Châtelet and Mairan while it was still topical.

In fact, scientific recognition was not going to be won by the *Doutes* with their many deficiencies and logical weaknesses. Voltaire did not have the fundamental mathematical skills needed for battle in the field of physics. He could grapple with Leibnizian thought in speculative philosophy, but science was already becoming too specialist a field to allow him to master the techniques required for serious debate. In that respect, the *Doutes* represent both the culmination of his ambitions in science and the failure of those ambitions: he would never return to scientific work again. They are, in that sense, the gravestone as well as the pinnacle of his scientific aspirations.

More striking however is their personal significance for Voltaire. We have seen that the *Métaphysique de Newton* and the *Exposition du livre des Institutions de physique* can both be seen as answers to Mme Du Châtelet's *Institutions de physique*. In the former he attacked her Leibnizian principles in philosophy, in the second her Leibnizian mechanics, in particular *force vive* theory. In the *Doutes* he returns to both subjects (he had told Pont-de-Veyle that his work was 'moitié géométrique, moitié métaphysique'). [72] This time, however, instead of addressing a general public he was addressing the scientific establishment of France. Clearly this is a

[72] See above, p.401.

world in which he feels a particular need to win his argument: not merely philosophy but French science too had to be kept free of the contagion of Leibnizianism – and as we have already seen even the Academy itself already had its proponents of the new mechanics.

The *Doutes* can therefore be seen as belonging to a triptych of works against Mme Du Châtelet's views. Since it addresses a smaller audience we might be inclined to believe that it was potentially the least damaging. In another sense, however, it seems the fiercest of Voltaire's attacks. He sent it to the Academy through the person of Mairan, and he had consulted Mairan extensively throughout its composition. This may seem natural: after all Mairan was perpetual secretary, and the person on whom Voltaire was clearly pinning any hopes he had of building a reputation as a scientist. On the other hand, this was precisely the time that Mairan was most strenuously engaged in his polemic with Mme Du Châtelet. Voltaire was publicly siding with his own mistress's avowed adversary. In that sense the *Doutes* seem to be a particularly harsh expression of Voltaire's frustration with Mme Du Châtelet's seduction by Leibnizian views.

Publication and reception of the *Doutes*

The *Doutes sur la mesure des forces motrices et sur leur nature* were published in the *Nouvelle Bibliothèque ou Histoire littéraire des principaux écrits qui se publient* of the Hague in volume ix of June 1741 (p.219-34). This journal, of which the marquis d'Argens was one of the founders in 1738, had published Voltaire's *Mémoire sur un ouvrage de physique de madame la marquise Du Châtelet* in July 1739 (see above, p.195). Since Voltaire's correspondence with the marquis d'Argens survives for 1739, we are able to verify the history of the publication of the Mémoire. No such correspondence survives for 1741; however it seems probable that the *Doutes* reached the Hague through d'Argens. For the text to appear in the

June issue, Voltaire must have sent his manuscript to Holland soon after its presentation to the Academy on 26 April. Just as was the case for the *Mémoire*, Voltaire wanted the *Doutes* to appear in both Holland and France. He gave a copy to Mme Du Châtelet's husband to take to Moussinot in Paris who was to deliver it to the *Mémoires de Trévoux* as is revealed by a letter of 20 June 1741 (D2502) inquiring whether Moussinot has carried out this commission. We have no information telling us whether he did or not, and certainly the *Doutes* never appeared in the Jesuit periodical.

There was a lively interest in the dispute on the part of the public, which is reflected in the reviews in the *Journal des savants* and the *Mémoires de Trévoux*. The former published a two-part review of Mme Du Châtelet's *Institutions de physique* (December 1740, p.737-54, and March 1741, p.135-53). The second article devotes pages 148-153 to the chapter 'De la force des corps' stressing her metaphysical arguments for the principle of conservation of *force vive*.

Meanwhile, at the *Mémoires de Trévoux*, the June 1741 issue reviewed the reprint of Mairan's *Dissertation* and we read: 'La question présente des forces vives devient si intéressante pour le public, et la matière si importante dans la physique que nous voudrions pouvoir rapporter tout au long le propre texte et toutes les propres paroles de l'auteur, rien n'étant plus capable d'établir l'état de la question, de l'éclaircir à la portée de tous les lecteurs' (p.1087). The journal also reviewed:

- Mme Du Châtelet's *Institutions de physique* in May 1741 (p.874-927), devoting two pages to chapter XXI, 'De la force des corps';
- the reprint of Mairan's *Dissertation* in June (p.1073-1101);
- Mairan's *Lettre* (p.1381-89) and Mme Du Châtelet's *Réponse* (p.1390-1402) in August; and
- a *Lettre de M. de Launay touchant une difficulté de M. Hermann contre la manière ordinaire d'estimer les forces des corps mus* in February 1742 (p.338-45).

Launay's letter is a reply to Mme Du Châtelet with the conclusion that 'quand M. Leibnits a inventé les forces vives il ne raisonna pas en philosophe' (p.345).

As one would expect, the journalists of Trévoux adhered to a Cartesian point of view, showed considerable hostility to Leibnizian metaphysics and praised Mairan, congratulating him on his new position as *secrétaire perpétuel* of the Academy of Sciences.

Although the *Mémoires de Trévoux* did not publish Voltaire's *Doutes* they did take note of Mairan's review of them, in the course of their review of the *Histoire de l'Académie royale des sciences* for 1741. In their September 1746 issue (p.1848-50) they devote three pages to Mairan's account, quoting in its entirety the opening paragraph where Voltaire is compared with the poet-philosophers of antiquity. [73] They stress Voltaire's explanation of why liquids which seem to produce effects proportional to the product of mass and the square of velocity in fact confirm momentum-based mechanics and conclude:

Il paraît qu'après cette dernière raison, qui est extrêmement subtile, et après cette exposition qui est extrêmement lumineuse, les partisans des forces vives doivent être contents, et feraient désormais dégénérer la dispute en question de noms, s'ils en exigeaient davantage. Qu'il serait glorieux pour M. de Voltaire d'avoir coopéré d'une manière si intelligente avec M. de Mairan, pour terminer une si grande question!

Clearly, the *Mémoires de Trévoux* were being far too sanguine about the cause they favoured. Their words must, nonetheless, have been flattering to Voltaire with their suggestion that he had made a major contribution to concluding a long-running debate. Still, this review came very late and the *Doutes* themselves were not published by the journal, suggesting that they had perhaps never in fact reached it.

Even so, Voltaire's views on *force vive* were certainly well publicised at the time the controversy was raging. If the *Doutes* were not published in France in 1741, the Dutch edition would

[73] See appendix I on p.441 below.

have made his thinking very clear, especially in conjunction with the *Exposition du livre des Institutions de physique* which devoted almost a third of its argument to the question. The *Métaphysique de Newton*, with its discussion of the subject had appeared the previous year and a new edition of the *Eléments de la philosophie de Newton*, incorporating the *Métaphysique de Newton*, was about to be published. It seems unlikely that he expected the Academy to publish the *Doutes*, given the speed with which he sent it for publication elsewhere. In any case, it would hardly have suited his purposes had they done so, since the 1741 volume of the *Mémoires de l'Académie royale des sciences* did not appear until 1744. Voltaire was not given to delaying publication of a finished work, particularly if it was polemical in nature. Since the *Doutes* were clearly an important part of his answer to Mme Du Châtelet and her *Institutions de physique*, he would have wanted them to appear as soon as possible, while the *Institutions* and the open letters written both by Mme Du Châtelet and by Mairan were fresh in the public mind and there was still time to intervene in the dispute.

Voltaire and *force vive* after the *Doutes*

Although the *Doutes sur la mesure des forces motrices et sur leur nature* mark the end of Voltaire's scientific ambitions, it is worth noting three references to *force vive* on his part after 1741. In the first, which dates from 1745 in the *Courte réponse aux longs discours d'un docteur allemand* (*OC*, vol.15, p.756-62), Voltaire shows the same ambiguity as in the *Métaphysique de Newton*. First he writes: 'J'ai osé mesurer toujours la force des corps en mouvement par *mv*. J'ai eu l'insolence de douter des monades, de l'harmonie préétablie, et même du grand principe des indiscernables' (p.757). He is still associating *force vive* with the Leibnizian philosophical system generally. However, later in the same work (p.761), he returns to the view that the dispute is just a matter of words: 'Quant à la dispute sur la mesure de la force des corps en mouvement, il me paraît, que ce n'est qu'une dispute de mots, et je suis fâché, qu'il y

en ait de telle en mathématique. [...] cette querelle est le scandale de la géométrie.'

Later, when Voltaire has become friendly once more with König in Berlin, and his former friend Maupertuis has become his enemy, he addresses a long letter[74] to König, which is worth quoting. He sees the problem as one of keeping metaphysical concerns out of science:

Pardonnez moi cette liberté; vous savez, monsieur, que je suis un peu enthousiaste sur ce qui me paraît vrai. Vous avez été témoin que je ne sacrifie mon sentiment à personne. Vous vous souvenez des deux années que nous avons passées ensemble dans une retraite philosophique avec une dame d'un génie étonnant et digne d'être instruite par vous dans les mathématiques. Quelque amitié qui m'attachât à elle et à vous, je me déclarai toujours contre votre sentiment et le sien sur la dispute des *forces vives*. Je soutins effrontément le parti de monsieur de Mairan contre vous deux, et ce qu'il y eut de plaisant, c'est que lorsque cette dame écrivit ensuite contre monsieur de Mairan sur ce point de mathématique, je corrigeai son ouvrage, et j'écrivis contre elle. J'en usai de même sur les monades et sur l'harmonie préétablie, auxquelles je vous avoue que je ne crois point du tout. Enfin je soutins toutes mes hérésies sans altérer le moins du monde la charité. Je ne pus sacrifier ce qui me paraissait la vérité à une personne à qui j'aurais sacrifié ma vie.

Vous ne serez donc pas surpris que je vous dise avec cette franchise intrépide qui vous est connue, que toutes ces disputes où un mélange de métaphysique vient égarer la géométrie, me paraissent des jeux d'esprit, qui l'exercent et qui ne l'éclairent point. La querelle des *forces vives* était absolument dans ce cas. On écrirait cent volumes pour et contre sans rien changer jamais dans la mécanique; il est clair qu'il faudra toujours le même nombre de chevaux pour tirer les mêmes fardeaux, et la même charge de poudre pour un boulet de canon, soit qu'on multiplie la masse par la vitesse, soit qu'on la multiplie par le carré de la vitesse.

König's presence in Berlin in 1752, at a court where he was not the sole disciple of Leibniz and Wolff, recalls Voltaire's hostility to Leibnizian metaphysics of which he still sees *force vive* as a part.

[74] Obviously a public letter, which was published in *La Querelle* (s.l. 1753), p.25-37. See D5076, Editions.

A final reference to this dispute appears in *Des singularités de la nature*, chapter XXV, 'Des méprises en mathématiques' (1768, M.xxvii.168), where Voltaire suggests that the dispute is over and that the Cartesians have won: 'M. de Mairan exposa le malentendu avec beaucoup de clarté. La victoire demeura à l'ancienne philosophie.' Such was hardly the case. D'Alembert had published his *Traité de dynamique* twenty years earlier, and the Cartesian position would soon be a relic of history. Voltaire has not kept up with what has been happening in mechanics and physics. Even *Candide*, in which he was still trying to rid himself of the absurdities of Leibniz's system, was ten years behind him.

Note on the text

The *Doutes* appear in the *Nouvelle Bibliothèque ou Histoire littéraire des principaux écrits qui se publient* of the Hague in volume ix, the issue for June 1741 (p.219-34). This we take as our base text. There exists a manuscript of the *Doutes* in the Bibliothèque nationale de France (nouv. acq. fr. 24342, f.93-99). It is in a copyist's hand with corrections in Voltaire's hand. On the final leaf, verso, we find, in an unknown hand, *Lettres de Mr. de Mairan et de Mr. de Voltaire*. It is reasonable to assume that this is the copy sent to Mairan, which was read to the Académie des sciences on 15 April 1741. Voltaire also sent a copy to James Jurin in England, which came down to A. K. Totten and which was unavailable to us. The BnF manuscript is shorter in length than the published text. Voltaire added, for example, l.[149-169] to the text sent to Holland and made other changes as seen in the variants. We give variants from the BnF manuscript and from the Kehl edition of 1784, which was the first edition of complete works to print this work (xxxi.323-35). The editors of Kehl follow the *Nouvelle Bibliothèque* text for the most part. When there is a long variant in the manuscript that did not find its way to the base text, we quote the manuscript exactly, with its spelling and punctuation. Since the printed text has been

modernised, we do not give variants for spellings and punctuation and capitalisations. We leave quantities as in the base text, not giving *deux* as a variant for 2, nor in the section headings XVIIII as a variant of 19. The Kehl text of 1784 adds several passages, the source of which is undetermined. Did the editors have still another text that came from Voltaire? Or did they, as we suspect, make changes on their own?

Doutes[1] sur la mesure des forces motrices,
et sur leur nature, *présentés*
à l'Académie des Sciences de Paris,
avec le jugement que l'Académie *en a porté*

PREMIERE PARTIE

1. Une pression quelconque en un temps, peut-elle donner autre chose qu'une vitesse, et ce qu'on appelle une force?

2. Si une pression en un temps ne peut donner qu'une force; deux pressions dans le même temps ne donneront-elles pas simplement deux vitesses et 2 forces?

3. Donc en deux temps une pression fait, ce que deux pressions égales font en un temps. Elle donne 2 vitesses et 2 de force, car $2 \times 1 = 1 \times 2$.[2]

a   MS: [*marginal note added in another hand:*] Mem. de Mr de Voltaire dont le rapport a été fait le 26e avril 1741
b-d   MS: nature.//
      K: nature, *présentés à l'Académie des sciences de Paris, en 1741.//*
e   K: Partie/ *De la mesure de la force.*
6   MS: pression fait; [fait *crossed out*, produit *written over probably by Voltaire.*]
8   K: car $2x \times t = 2t \times x$

[1] Despite the title, Voltaire takes a strong stand against *force vive*. In Pitot and Clairaut's report on the *Doutes* presented to the Académie des sciences on 26 April 1741 we read: 'Les raisons que M. de Voltaire rapporte ne sont pas avancées comme des démonstrations: ce sont simplement des doutes qu'il propose, mais les doutes d'un homme éclairé, qui ressemblent beaucoup à une décision.' Mairan's account of Voltaire's paper in the *Histoire de l'Académie royale des sciences, année 1741*, p.152, applies the word 'doutes' to Part II: 'La seconde partie du Mémoire consiste en des réflexions qui sous le nom modeste de doutes sur la nature de la force et du mouvement, ne laisseraient pas de fournir encore de très fortes preuves contre l'opinion que l'auteur combat.' See the appendices.

[2] See *Eléments de la philosophie de Newton*, I.ix, *OC*, vol.15, p.251: 'En temps égal un corps du poids de quatre livres avec un degré de vitesse, agit précisément comme un poids d'une livre avec quatre degrés de vitesse [...] il ne faut pas considérer ce qui

4. Donc si de deux corps égaux le premier fait le double d'effet, de l'autre, c'est qu'il aura double vitesse, et s'il fait le quadruple d'effets, avec 2. de vitesse; c'est en 2 temps.

5. Donc si on veut que la force soit le produit du carré de la vitesse par la masse, il faudrait qu'un corps avec double vitesse, opérât dans le même temps une action quadruple de celle d'un corps égal qui n'aurait qu'une vitesse simple.[3]

Il faudrait donc que le ressort A, égal à B, tendu comme 2, poussât une boule à 4 de distance dans le même temps que le ressort B, tendu comme 1, ne la pousse qu'à 1 de distance; mais c'est ce qui ne peut arriver jamais.

6. Donc tous les cas où cette contradiction d'une vitesse double qui agit comme 4 paraît se trouver, doivent être décomposés et ramenés à la simplicité de cette loi inviolable, par laquelle 2 de vitesse ne donne qu'un effet double d'un de vitesse en temps égal.[4]

7. Or, tous les cas contradictoires dans lesquels une vitesse

10   K: de l'autre dans un temps égal, c'est
23   K: double d'une vitesse
23   MS: en temps égal [*added by Voltaire*]
24   K: tous ces cas

arrive à des mobiles dans des temps inégaux mais dans des temps égaux.' This is the traditional 'time' objection (see above, p.377), to *force vive* theory. By stating the principle here he prepares his later attack.

  [3] The objection Voltaire makes here is identified by Mme Du Châtelet as a frequent challenge to Leibnizian thinking. See for example p.437 of the *Institutions de physique* (Paris 1740): 'aussi tous les adversaires des forces vives, et M. Papin qui les combattit contre M. de Leibnitz leur inventeur, et M. Jurin qui s'est déclaré en dernier lieu contre cette opinion, ont-ils toujours défié M. de Leibnits, et les partisans des forces vives de leur faire voir un cas dans lequel une vitesse double produisît un effet quadruple dans le même temps, dans lequel une vitesse simple produit un effet simple, jusques là même qu'ils ont tous promis d'admettre les forces vives, si on pouvait leur trouver un tel cas dans la nature.' Mme Du Châtelet gives what she considers an example followed by the Leibnizian remark (p.439): 'De plus, la force est toujours la même, soit qu'elle ait été communiquée dans un petit temps ou dans un grand temps.'

  [4] Voltaire has laid the basis for the standard objection to *force vive* theory: twice the velocity may produce four times the effect, but not in the same time.

double fait un effet quadruple, rentrent dans la loi ordinaire, quand   25
on voit que cet effet quadruple n'arrive qu'en 2 temps, en réduisant
le mouvement accéléré et retardé en uniforme.[5]

8. Si cette méthode de réduire le mouvement retardé en
uniforme n'était pas juste,[6] cela n'empêcherait pas que les
principes ci-dessus ne fussent vrais. Ce serait seulement une   30
fausse explication d'un principe incontestable. Et si elle est juste
c'est un nouveau degré de clarté qu'elle donne à ces principes.
Voyons donc si elle est juste?

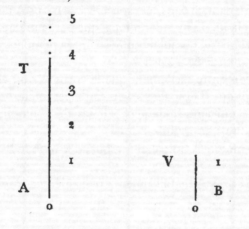

---

[5] The technique of considering what would have happened to a body had it been moving uniformly, used in the next few paragraphs by Voltaire, was introduced by Mairan in his *Dissertation sur les forces motrices des corps* (*Mémoires de l'Académie royale des sciences, année 1728*, Paris 1730), p.28-30.

[6] Mme Du Châtelet objected strongly to Mairan's method of treating the motion of retarded bodies as uniform (*Institutions de physique*, p.429-32). It is a contradiction to reason in terms of uniform motion if the body is still assumed to be doing work (e.g. by overcoming obstacles or climbing against gravity). Mairan in his *Lettre* accused Mme Du Châtelet of saying 'qu'on ne peut réduire même par voie d'hypothèse ou de supposition le mouvement retardé en uniforme' (p.10). In reply (*Réponse*, p.11) she protested she had not said one could never do so 'sans restriction', but rather that Mairan had done so without taking into account the 'obstacles surmontés, comme les déplacements de matière, les ressorts fermés' (p.12). The problem is that once a body has overcome all the obstacles it can, it is at rest; on Mairan's 'uniform motion' assumption, the body would still be moving at this stage.

9. Le mobile[7] A, égal à B, reçoit 2 de vitesse, et B, un degré. Ils trouvent en montant les impulsions de la pesanteur, ou en marchant sur un plan poli, des obstacles quelconques. A surmonte 4 de ces obstacles égaux, ou de ces impulsions, et arrive en T, où il perd toute sa force, B ne résiste qu'à une de ces impulsions, et ne fait que le quart du chemin de A.

Or, il est démontré que A n'arrive qu'en 2 temps en T, et B en un temps en V.

Donc jusque là, cette méthode est d'une justesse parfaite.

10. Maintenant, si dans cet espace AT le corps A n'est parvenu à l'espace 3 à la fin du premier temps, que par la même raison que le corps B n'est parvenu qu'au numéro un, la démonstration devient de plus en plus aisée à saisir.

Or on démontre facilement que le corps A doit aller à 4–1, au même temps que B doit aller à 2–1, car la pesanteur ou la résistance quelconque qui agit également sur les deux mobiles ôte 1 à B, quand elle ôte 1 au mobile A.

Donc le mobile A doit aller à 3, quand le mobile B n'est allé qu'à 1, etc.

Donc le corps A ne fait qu'en 2 temps le quadruple de B; donc

36   k: poli, des obstacles égaux quelconques
37   ms: égaux [*added, possibly by Voltaire*]
37   ms: impulsions [*first written* impressions: res *crossed out*, ul *written above; hand uncertain*]
44-45   ms: le corps [B *written above*]
45   ms: numero 2 [2 *crossed out*; un *written above by Voltaire*]
47   ms: Or on a démontré facilement
      k: On démontre facilement en effet que
47-51   k: A doit aller à 3; car la pesanteur ou la résistance quelconque, qui agit également sur les 2 mobiles, ôte 1 à B, quand elle ôte 1 au mobile A. ¶Donc le mobile

[7] The above diagram is taken from Mairan's *Dissertation*, p.29-30. Labels A and B are the same, as are the numbers. The other labels are different. In the manuscript the diagram is in the margin.

l'effet n'est que double, proportionnel en temps égal à la cause qui est double etc. [8]

11. Si on poursuit cette démonstration, on voit que par un mouvement uniforme, B irait de 1 à 2 au second temps et A, qui a la force double, irait d'un mouvement uniforme de 3 à 5.

Or l'espace de 3 à 4, que le corps A ne parcourt pas dans le premier moment joint à l'espace de 4 à 5 qu'il ne parcourt pas dans le second moment, représente la force contraire qui lui ôte la sienne; de même l'espace de 1 à 2 que B ne parcourt pas, représente la force contraire qui a éteint la force de B.

Or ces forces contraires sont proportionnelles à celles qu'elles détruisent; l'espace 5, 3 est double de l'espace B, 1; donc la force détruite dans le corps A n'est que double de celle détruite dans le mobile B; donc la démonstration est en tout d'une entière exactitude.

12. Si l'esprit convaincu, que le mobile A n'a fait qu'en 2 temps l'effet quadruple du mobile B, conserve quelque scrupule sur ce qu'au premier temps le mobile A surmonte 3 obstacles, ou remonte à 3 malgré la résistance de la pesanteur, tandis que le mobile B ne surmonte que 1, ou ne s'élève qu'à l'espace 1; si, dis-je, on ne

56-59   MS: on voit ce semble, très clairement que B par un mouvement uniforme non retardé eut été à 2, auec sa simple vitesse, et A <dont la vitesse est double> $^{V\uparrow}$n'ayant plus en t qu'un de vitesse$^+$ jrait d'un mouvement vniforme non retardé de 3 à 5 ^{V}dans le meme temps que B eut eté De B a 2.$^+$ ¶Or l'espace [...] A retardé ne parcourt

65   MS: de l'espace 1, 2: donc

66-67   MS: le mobile B. ¶Donc la demonstration paroit en tout

[8] This is the straightforward approach to the anti-Leibnizian argument: twice the velocity produces four times the effect, but takes twice the time to do so, so in unit time the increase in the effect is the same as the increase in velocity. As we argue in the Introduction, however (see p.377, 386), the time issue is just a diversion. The effect, however long it takes to be produced, is proportional to the square of the velocity and not to the velocity alone.

trouve pas dans ce premier temps le rapport de 2 à 1, mais le
rapport de 3 à 1, cette difficulté a été levée comme on le va voir. 75

13. Les 2 temps, dans lesquels le mobile A agit, et les 4 espaces
qu'il franchit, sont réellement divisés en autant d'instants que
l'esprit veut en assigner; ainsi au lieu de 4 espaces que A doit
parcourir en 2 temps, concevons 100 parties d'espace en 10 temps
pour A, et 50 parties d'espace en 5 temps pour B. Rangeons cette 80
progression sous deux colonnes

A 2 vitesses	B 1 vitesse		
premier temps	espaces parcourus		
19 = 20−1	9 = 10−1		
second temps			85
Les obstacles agissant en la même raison que la gravité			
17 = 20−3	7	10	3
troisième temps			
15 = 20−5	5	10	5 etc.

74-75   K: temps le rapport de 3 à 1, cette difficulté
75   K: on va le voir.
76-77   K: et les espaces qu'il
80   MS: 50 parties en 5 temps
     K: A, et 25 parties
82-89   K:

A 2 vitesses. B 1 vitesse.	
premier temps. *espac. parc.*	*espac. parc.*
19.	premier temps. . . . . . . 9.
second temps. . . . . 17.	second temps. . . . . . . 7.
troisième temps. . . .17	. . . .
.	
.	
.	
dixième temps. . . . . 1.	cinquième temps. . . . . 1.

en 10 temps 100 d'espace	en 5 temps 25 d'espace
Les obstacles agissant en la même raison que la gravité.	
17. . . . . . .20. 3	7. . . . . . . .10. . . . . , 3.
troisième temps	
15. . . . . . . 20. 5	3. . . . . . . .10. . . . . . . .5.

420

Il est aisé de voir, en poursuivant cette progression, que les 90
espaces parcourus sont d'abord doubles l'un de l'autre, moins
l'espace non-parcouru qui est 1 pour l'un et pour l'autre mobile.
Cet espace non parcouru qui est 1, indique donc ici le rapport, qui,
sans lui, serait à cet instant de 20 à 10, c'est-à-dire de 2 à 1. En
suivant toujours cette progression, on voit que le mobile A aura 95
parcouru en 5 temps 75 d'espace, et que B en aura parcouru 25; ce
qui devient en 5 temps, le même rapport qu'on trouverait au
premier instant de 3 à 4, quand on ne comptait que 2 instants.

Ainsi donc si on voulait attribuer 3 de force au mobile A, parce
qu'en comptant 2 temps, il a franchi au premier temps 3 espaces, on 100
serait aussi bien reçu, à lui imputer ici 19 de force, parce que dans la
division de 5 temps il parcourt d'abord 19; ce qui ferait une
contradiction évidente.

Si donc on veut seulement bien faire attention que les obstacles
sont égaux et que les vitesses et les temps ne le sont point; il est à 105
croire qu'enfin tout le monde se rendra à cette démonstration.

14. Supposé qu'il restât encore quelque doute sur les vérités
précédentes. l'expérience ne décide-t-elle pas sans retour la
question? Et l'ancienne manière de calculer n'est-elle pas seule
recevable, si par elle on rend une raison pleine de tous les cas 110
auxquels la force semble être le produit du carré de la vitesse par la
masse? tandis que la nouvelle manière ne peut en aucun sens
rendre raison des effets proportionnels à la simple vitesse.

91-92   MS: moins l'espace parcouru [*The sense requires:* non parcouru]
92   K: qui est 1, indiqué pour l'un
92-94   K: mobile; en sorte que plus on suppose ces instants petits, tout le reste
étant le même, plus le rapport des espaces parcourus dans un premier instant,
approche de celui de 2 à 1, c'est-à-dire, de celui des vitesses initiales. Le rapport serait
99-107   K: Ainsi dans la moitié du temps total, A parcourra 3, et B 1 seulement,
mais uniquement parce que les pertes de vitesse sont égales en temps égaux pour les
deux corps, quelles que soient leurs vitesses initiales. ¶14. Je suppose qu'il restât
105   MS: égaux à chaque temps et
105   MS: vitesses des mobiles ne le sont
106-107   MS: démonstration, dans laquelle il me paroit qu'on n'a fait aucune
supposition qui ne fut legitime, et don't on n'a tiré que des conclusions euidentes.
¶Supposé qu'il restât

15. Or il est constant qu'en distinguant les temps, on ne trouve jamais qu'une force proportionnelle à la vitesse en temps égaux, quoiqu'en des temps inégaux l'effet soit comme le carré de la vitesse: mais lorsqu'une simple vitesse fait effet comme 1, et que 2 vitesses dans le même temps agissent précisément comme deux, il n'y a plus alors de carré qui puisse expliquer cet effet simple; il ne reste donc qu'à voir des exemples.

16. S'il y a un cas où la force paraisse être comme le carré de la vitesse, c'est dans le choc des fluides qui agissent en effet en raison doublée de leur vitesse,[9] mais s'il est démontré que les fluides

[9] Many of the scientists consulted by Voltaire and Mme Du Châtelet on mechanics and the force of moving objects also published on the force of fluids. Jakob Hermann wrote on the subject in his most important work, *Phoronomia sive de viribus et motibus corporum solidorum et fluidorum* (Amsterdam 1716). James Jurin also discussed it in *De motu aquarum fluentium* which appeared in the *Philosophical transactions of the Royal Society* in 1718. The most likely source for Voltaire is Edme Mariotte's *Traité du mouvement des eaux et des autres corps fluides* (Paris 1686; new edition 'mis en lumière par les soins de M. de La Hire', Paris 1700). In this edition of 1700, p.185-86, we read 'IV Règle. Les jets d'eau d'égale largeur qui ont des vitesses inégales, soutiennent par leur choc des poids qui sont l'un à l'autre en raison doublée de ces vitesses. Explication. D'autant que l'eau peut être considérée comme composée d'une infinité de petites parcelles imperceptibles, il doit arriver que lorsqu'elles vont deux fois plus vite, il y en a deux fois autant qui choquent en même temps, et par cette raison le jet qui va deux fois plus vite qu'un autre fait deux fois autant d'effort par la seule quantité des petits corps qui choquent, et parce qu'il va deux fois plus vite il fait encore deux fois autant d'effort par son mouvement; et par conséquant les deux efforts ensemble doivent faire un effet quadruple.' Voltaire recommended this work to Le Cat, 15 April 1741 (D2463, Commentary), on the very day Mairan presented the *Doutes sur la mesure des forces motrices* to the Académie des sciences. Louville used the same reasoning in another unpublished paper, according to Fontenelle in the *Histoire de l'Académie royale des sciences* for 1728 (Paris 1730; the same volume contained Mairan's *Dissertation* in the *Mémoires* section), p.84: 'Toutes les expériences prouvent exactement que les impulsions des fluides contre des surfaces directement exposées à leur cours sont comme les carrés des vitesses de ces fluides, et tout le monde en sait la raison, c'est que les fluides étant composés de parties solides très petites qui laissent des interstices entre elles et se meuvent indépendemment les unes des autres, ces parties ont plus de force pour choquer la surface, non seulement parce qu'elles se meuvent plus vite, mais parce que se mouvant plus vite elles se succedent les unes aux autres pour aller frapper la surface d'autant plus promptement qu'elles vont plus vite, ou, ce qui est le même, la frappant

n'agissent ainsi que parce qu'en un temps donné chaque particule n'agit qu'avec sa masse multipliée par sa simple vitesse, restera-t-il 125 quelque doute sur l'évaluation des forces motrices?

La somme totale des impressions d'un corps quelconque est égale à l'impression de chaque partie, répétée autant de fois qu'il y a de parties dans ce corps.

Soit conçu un fluide qui presse comme 100 contre un plan uni, et 130 de hauteur égale à ce fluide, cette action est le produit de 10 × 10.

Donc si vous concevez un corps divisé en 10, chaque partie n'a que 10 de vitesse et les 10 parties ensemble font la somme de 100 carré de 10.

Et si on disait que chaque partie agit comme le carré de sa 135 vitesse, chacune de ces parties agirait alors comme cent, et le fluide aurait une action totale comme 1000, ce qui ne serait plus alors le carré des vitesses, mais le cube: donc on ne retrouve ici comme partout ailleurs que le produit de la vitesse par la masse.[10]

130-135   κ: un fluide qui choque un plan uni, avec une vitesse 10, et un fluide semblable, choquant un plan semblable avec une vitesse 1; dans l'instant 1, 10 parties du premier fluide choqueront le plan avec la vitesse 10. La force exercée par le fluide pendant ce temps, sera donc 10 × 10; mais dans le même temps une seule particule du second fluide choquera la plan avec la vitesse 1; la force exercée par le fluide ne sera donc que 1 × 1. ¶Les forces sont donc comme les carrés des vitesses, quoique celle de chaque particule ne soit que comme la vitesse; et si on disait

132   MS: concevez ce corps
138   MS: donc au fonds on ne

---

en un nombre d'autant plus grand dans le même temps déterminé. Or selon le système des forces vives, leurs forces seraient d'abord comme le carré des vitesses, et ensuite comme leur nombre qui suit la raison des vitesses simples, ce qui donnerait leurs forces comme les cubes des vitesses, et non comme les carrés.' This is another way of stating the time objection: the effect increases with the velocity, but the number of effects in unit time also increases with the velocity, so we have an apparent proportionality to the square of velocity. Once again, however, we can see the anti-Leibnizian camp simply attempting to explain away an effect that cannot be denied, since the evidence for it is too overwhelming.

[10] This passage is confused. Voltaire's starting assumption is that a body has an 'effect' equal to 100. The body has a velocity 10 so each part of the body also has that

17. Est-il permis de redire encore ce qui a tant été dit, que les   140
corps qui se choquent en raison réciproque des vitesses et des
masses, agissent toujours en cette proportion et non en celle du
carré, et que le corps 1 choquant avec 10 de vitesse le corps 10 qui
n'a que la vitesse 1, la pression est égale de part et d'autre; et
qu'ainsi les forces sont évidemment égales. [11]   145

18. L'expérience proposée par Mr. Jurin [12] n'est-elle pas une

140   K: ce qui a été dit
143   K: carré; et le corps
146   MS: proposée en Angleterre n'est-elle

---

velocity. Dividing the body into 10 equal parts will produce 10 bodies with one tenth
of the original mass and the same velocity of 10. All this is perfectly true, but perfectly
trivial, and proves nothing about proportionality to the square of velocity or any
other proportionality. We need to know what the original mass was. If it was 10, then
the 'effect' was indeed 10 times 10, mass times velocity. That kind of 'effect' in the
divided body remains mass times velocity, 1 times 10, 10 times over. So we can
conclude that an 'effect' that is proportional to mass times velocity for the whole
body will be proportional to mass times velocity in each of the parts. But what if the
'effect' of the original body was proportional to mass times the square of the
velocity? Then with velocity 10 and effect 100, the original mass was just 1 (because
$1 \times 10 \times 10 = 100$). Hence each of the parts, following division, would have a mass
of $1/10$ and an effect of 10, because $1/10 \times 10 \times 10 = 10$. Ten of these would produce
a total 'effect' of 100, just the starting value, not 1000 as Voltaire claims. So what have
we proved?

[11] No one denied that two bodies with equal momentum meeting each other head
on would recoil off each other and reverse their velocities (if they are perfectly
elastic) or come to a complete halt (if they are 'perfectly hard', remembering that
perfect hardness is no longer regarded as a valid concept in classical mechanics). It
should be borne in mind that conservation of momentum is not in any sense
incompatible with conservation of kinetic energy (equivalent to *force vive*): modern
classical mechanics accepts that both quantities are conserved in elastic collisions
(and no longer uses the concept of hard collisions). In Leibnizian terms, paragraph
17 of Voltaire's reasoning therefore simply means that he has proved that bodies of
equal momentum have equal *vis mortua*. They will not in general have equal *vis viva*
(*force vive*), however.

[12] James Jurin (1684-1750) was known primarily for his medical research and was
secretary of the Royal Society of London from 1721 to 1727. Both Mme Du Châtelet
and Voltaire corresponded with Jurin, and Voltaire sent him a manuscript of the

preuve sans réplique que 2 vitesses en un temps ne donnent que 2
de force? On sait que c'est un plan mobile à qui on donne la vitesse
1, sur lequel on fait rouler, selon la même direction, une boule avec
la même vitesse 1. Ces 2 de vitesse en un même temps ne feront   150
jamais d'effet que comme 2, et non comme 4.[13]

19. Les défenseurs des forces vives ont-ils bien réfuté cette
expérience, en disant que le ressort qui donne la vitesse 1 à la
boule, étant appuyé lui-même sur ce plan mobile, fait reculer ce
plan et dérange l'expérience? N'est-il pas aisé de remédier à ce   155
petit déchet de mouvement que le plan mobile doit éprouver? On
n'a qu'à fixer le ressort à un appui inébranlable, et à jeter avec ce
ressort la boule sur le plan mobile. L'expérience peut se faire,

150   K: même vitesse. Ces 2 vitesses
157   K: inébranlable, et jeter

Doutes, which came down to A. K. Totten along with Jurin's papers. See D2504 for
Jurin's reply to Voltaire after receiving the manuscript. Jurin was one of Voltaire's
sponsors for membership in the Royal Society to which he was elected 3 November
1743. Mme Du Châtelet quotes from Jurin's article 'De vi motrice' published in
Dissertationes physico-mathematicae (London 1732), p.121, in her *Institutions de
physique*, p.437. See also D2485 (*OC* 130, p.86): Clairaut writes to Mme Du Châtelet,
'je vous dirai que j'ai lu l'article de Mr Jurin, et que je pense entièrement comme vous.
Je suis même étonné qu'un homme d'esprit puisse donner de pareilles raisons. Il faut
que l'Esprit de Paris l'entraîne' [May 1741].

[13] If the effect that Voltaire is talking about is momentum, the *vis mortua*
produced by a pressure in Leibnizian terms, then he is right to claim that it is equal to
mass times velocity. But if we consider the effect that the moving body produces
thanks to its motion, the *vis viva* of Leibniz's thinking, measured by the number of
obstacles the body can overcome before coming to rest (i.e. the opposing effect
required to exhaust the motion, which seems a sensible definition of a full effect
measuring a full cause), then it will be proportional to mass times the square of
velocity. The problem faced by the opponents of *force vive* theory is that they simply
could not escape from this bald observation.

l'effet ne peut s'en contester; la question n'est-elle pas alors décidée de fait? [14]

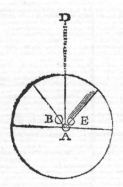

20. N'est-il pas encore évident que les cas, tels que Mr Herman rapporte, [15] et tous les cas possibles où un mobile semble

159-160 K: n'est-elle pas décidée de fait? (*voyez fig. 53*) / /
161-161 MS: pas évident que que ces cas tels que M. Herman les rapporte
         K: que ces cas, tels que M. Herman les rapporte

[14] Voltaire is replying directly to Mme Du Châtelet, *Institutions*, p.444: 'Ainsi ce cas que M. Jurin défie tous les philosophes de concilier avec la doctrine des forces vives, n'est fondé que sur cette fausse supposition que le ressort R. communiquera au corps P. transporté sur un plan mobile ou dans un bateau, la même force qu'il lui communiquerait si le ressort était appuyé contre un obstacle inébranlable et en repos.' Voltaire goes on to say that the motion would be only very slightly disturbed: it would be sufficient to ensure that the spring was so rigidly fastened to the boat or the moving plane as not to disturb the experiment. Unfortunately, using a spring attached to a moving plane or boat in order to propel a body forward would produce a recoil on the moving plane or boat in the opposite direction (as stated in Newton's third law of the equality of action and reaction). The only way to limit the recoil would be to have it absorbed by friction (this is what the concept of 'un support inébranlable' actually comes down to in practice). The reason that the experiment would fail to conserve *force vive* is simply that some of it would be absorbed in that friction: in effect, some of the kinetic energy generated would be absorbed through friction and converted into other forms of energy, principally heat. Voltaire discusses Jurin's experiment in the *Exposition* (see p.265-57).

[15] In 1724 Jakob Hermann was a founder member of the Academy of St Petersburg, which Leibniz helped to plan before his death in 1716. Hermann's

article which opens volume i of the *Commentarii Academiae Imperialis Scientiarum Petropolitanae* for the year 1726 (St Petersburg 1728), 'De mensura virium corporum', presents a Leibnizian view of *force vive*. He also describes and analyses mathematically practical cases of movement and of force: bodies rising against gravity or losing their velocity by hitting other bodies, which he shows are exactly analogous phenomena. For example, a body with mass 1 and speed 3 meets a body of mass 5 at rest; it will communicate 1 unit of speed to the second body and lose 1 unit of speed itself; if it then collides with a body of mass 3, it will again communicate 1 unit of speed and lose 1 itself; finally if it collides with a body of mass 1, it loses its last unit of speed and comes to rest (assuming that all these bodies are perfectly elastic). Its initial *force vive* was 1×3^2 or 9. It has communicated 1 unit of speed each to a body of mass 5, giving 5 units of *force vive*, a body of mass 3, giving 3 units of *force vive* and finally a mass 1, giving 1 final unit of *force vive*. Hence the total final *force vive* is again 9, and *force vive* is conserved. Now this is exactly analogous with a body with initial velocity 3 rising against gravity. In the first unit of time it will rise 5 units of distance and lose 1 unit of velocity; in the second unit of time it will rise 3 units of distance and lose another unit of velocity; in the final unit of time it will rise one final unit of distance and lose its final unit of velocity. It will have risen 9 units of distance, proportional to the square of the initial velocity, just as predicted by Leibnizian thinking.

All this reasoning is incontrovertible, which is why Voltaire's attempt to refute it is unsatisfactory. It is fascinating, however, to note that although Hermann considers only *force vive*, his colliding bodies conserve momentum too. If we call our bodies A, B, C and D, then initially only A was moving, with mass 1 and speed 3. We define its direction as 'forwards' for our purposes, so its momentum is +3. It encounters body B of mass 5 at rest. What happens? As Hermann says, B will move off with speed 3 and A loses 1 unit of speed. But something else important happens: body A will reverse direction. Therefore although its speed has changed from 3 to 2, its velocity (which takes direction into account) has gone from 3 to −2. Body B, moving 'forwards' has momentum 5 (its mass 5 times its velocity 1). Body A now has momentum −2. Net momentum remains +3 as it was initially. A now collides with body C of mass 3, again losing a unit of speed, and again reversing direction: it now has a velocity 1 in the 'forwards' direction. Meanwhile body C has mass 3 and speed 1 in the 'backwards' direction, giving a momentum of −3. We therefore have body A with momentum 1, body B with momentum 5 and body C with momentum −3. The net momentum is 6−3 or yet again 3. Finally, body A collides with body D of mass 1 at rest. The result is that body A comes to rest and body D moves 'forwards' with speed 1. So again we have two bodies moving 'forwards', B with momentum 5 and D with momentum 1, while C continues to move backwards with momentum −3. The net momentum remains 6−3=3, just as it was initially. So momentum has been conserved throughout the whole process. Hermann's example therefore demonstrates the futility of a debate that pits the two conservation principles against each

communiquer plus de force qu'il n'a, sont tous soumis à la distinction du temps et à l'examen des forces du ressort? [16] Par exemple, quand on dit qu'une boule sous-double ayant la vitesse 2, communique en un temps une force quadruple aux deux boules doubles qu'elle frappe à la fois sous un angle de 60 degrés, la seule

165

164   MS: ressort, donc l'experience est toute entiere en faveur de l'ancien calcul.// [end of Part I in manuscript]

165   K: exemple, on dit qu'une boule

166   K: une force comme quatre aux

167-172   K: 60 degrés, puisque chacune des boules doubles recevra 1 de vitesse; mais il faut observer que dans ce cas les boules B et E n'auront parcouru que la moitié du rayon dans le sens de AB, tandis que le corps A, allant de A en D, aurai parcouru le double de ce rayon ; et quant à la vitesse latérale qu'elles acquièrent, elle est produite également dans le cas du choc des corps durs, où tout le monde convient de mesurer la force par le produit de la masse par la vitesse. ¶

---

other: far from being incompatible, both principles need to be applied together. The equal validity of the two conservation principles created difficulties only for those who wanted to retain the concept of 'hard' bodies, which could not be reconciled with *force vive* conservation.

Mme Du Châtelet found that Hermann's paper 'ne laisse lieu à aucun subterfuge, et dans lequel on ne peut disputer que la force du corps n'ait été quadruple en vertu d'une double vitesse' (*Institutions*, p.435). At the same time she admits that the problem of the time remains (p.436-37) but subsequently points out, quite correctly, that time is not a factor if we take the Leibnizian approach of measuring a force by the effect it produces (p.439).

Mairan in his *Lettre* (p.21) examines Hermann's experiment: 'il ne faut nullement attribuer la nouvelle force qui semble en résulter dans la nature, et qui se manifeste par le choc, à l'énergie du corps choquant, comme s'il ne faisait que la transmettre au choqué, mais à un principe étranger de force, où la [force] produite en apparence était déjà, et d'où elle part; en un mot, à la cause physique quelconque du ressort, dont le choc n'a fait que déployer l'activité, et abattre pour ainsi dire, la détente' (p.21). Voltaire seems to be using Mairan's *Lettre* to discredit the experiment which was so authoritative for Mme Du Châtelet.

[16] Concluding the first part with a discussion of 'ressort', elasticity, prefigures the conclusion of the whole piece in which elasticity is presented as a third active force alongside attraction and inertia. Of course, this approach suggests that proportionality to the square of velocity is a real effect and not merely an apparent one, and therefore contradicts the underlying thinking of the 'time element' argument (see below p.436 and n.31 for a longer discussion of these points).

inspection de cette expérience ne démontre-t-elle pas que les deux boules choquées ne feront qu'en 2 temps le chemin qu'eût fait en un temps la boule choquante; car A avec 2 de vitesse eût été en D   170
double du rayon, dans le même temps que B et E parcourront chacune leur rayon?

21. Ne paraît-il pas encore que dans le choc des corps à ressort, ce serait se faire illusion de croire que la force motrice soit le produit du carré de la vitesse, sur ce que les carrés de cette vitesse   175
multipliés pas les masses, sont toujours après le choc égaux à la masse du corps choquant, multiplié par le carré de sa vitesse? Cette augmentation de forces qu'on trouve après le choc ne vient-elle pas évidemment de la propriété des corps à ressort? Et n'est-ce pas cette propriété qui fait qu'une boule, choquée par le moyen de 20   180
boules intermédiaires, toutes en raison sous-double, peut acquérir vingt mille fois plus de force que si elle était choquée par la première boule seulement? Or, il est démontré que dans ce cas ce n'est pas cette première boule qui possédait ces vingt mille de forces; n'est-il donc pas de la dernière évidence que c'est au ressort   185
qu'il faut attribuer cette prodigieuse augmentation?

Donc, de quelque côté qu'on se tourne, soit qu'on consulte l'expérience, soit qu'on calcule, on trouve toujours que la valeur des forces motrices est la masse par la vitesse.

Seconde partie
De la Nature de la Force. [17]

1. Maintenant s'il est bien prouvé que ce qu'on appelle *force*   190
motrice est le produit de la simple vitesse par la masse, [18] ne sera-t-il

181-182   K: acquérir $\dfrac{2^{20}(1 + 2^{20})}{3^{21}}$ fois plus

191-192   K: masse, sera-t-il moins aisé

[17] It is this second part of Voltaire's paper which, in Mairan's view, deserves the title 'Doutes' (see the text of Mairan's review, below, p.443).

[18] Voltaire begins this true 'doutes' section with an assertion, as an assumption, that he has manifestly failed to prove in the first part.

pas moins mai aisé de parvenir à connaître ce que c'est que cette force?

2. D'abord si elle est la même dans un corps qui n'est pas en mouvement comme dans le bras d'une balance en repos, et dans un corps qui est en mouvement, n'est-il pas clair qu'elle est toujours de même nature, et qu'il n'y a point deux espèces de force l'une morte et l'autre vive, dont l'une diffère infiniment de l'autre? [19] à moins qu'on ne dise aussi qu'un liquide est infiniment plus liquide quand il coule que quand il ne coule pas.

3. Si la force n'est autre chose que le produit d'une masse par sa vitesse, ce n'est donc précisément que le corps lui-même agissant ou prêt à agir avec cette vitesse. La force n'est donc pas un être à part, un principe interne, une substance qui anime les corps et

195

200

204-205   MS: et distingué des corps

[19] Voltaire is replying to Mme Du Châtelet who wrote in the *Institutions de physique*, p.403: 'On voit déjà que la force morte et la force vive diffèrent entr'elles essentiellement, puisque l'une ne produit aucun effet, et que l'autre produit un effet réel, qui est le déplacement de l'obstacle: ainsi ces deux espèces de force sont des quantités hétérogènes, entre lesquelles il y a l'infini.' This is an odd assertion on her part, in that Leibniz argues that a dead force does produce an effect, movement, which it is perfectly proper to measure by *mv*. This is why mass times velocity is the measure of dead force (since a cause is measured by its effect), a point Mme Du Châtelet seems to have missed in this passage. Indeed, the problem with her own reasoning and with Voltaire's answer to it here is precisely that in terms of mathematics or mechanics there is no incompatibility between momentum and *force vive* conservation. Scientifically the problem does not exist. The problem concerns the underlying metaphysics, the qualitative explanation of the quantitative laws. The vocabulary, of course, suggests there is an 'infinite difference': 'dead' and 'live' force seem quite incompatible. But if we treat *force morte* and *force vive* as simply labels for the quantities *mv* and *mv²* there is no reason to assume that the difference between them is 'infinite' in any sense. Once commentators adopted a mathematical approach to the physics of point-mass collisions the controversy vanished. It would have done so much earlier had writers of the generation of Bernoulli and Mairan, or Voltaire who simply follows Mairan here, adopted this approach. In the event, that required a major change in paradigm which they could not make and which had to be left to a subsequent generation. So the controversy continued.

It is hard to imagine clearer proof that the debate was, indeed, just a dispute about words.

distinguée des corps, comme quelques philosophes l'ont pré- 205
tendu.[20]

4. Cette force qui n'est rien, sinon l'action des corps en
mouvement, n'est donc point primitivement dans des êtres simples
qu'on nomme *Monades*,[21] lesquels ces philosophes disent être sans
étendue et constituer cependant la matière étendue; et quand 210
même ces êtres existeraient, il ne paraît pas plus qu'ils puissent
avoir une force motrice, qu'il ne semble que des zéros puissent
former un nombre.

5. Si cette force n'est qu'une propriété, elle est sujette à
variations comme tous les modes de la matière; et si elle est en 215
même raison que la quantité du mouvement, n'est-il pas clair que
la quantité s'altère, si le mouvement augmente ou diminue.

6. Or, il est de fait que la quantité de mouvement augmente
toutes les fois qu'un petit corps à ressort en choque un plus grand
en repos. Par exemple, le mobile élastique A, qui a 20 de masse et 220
11 de vitesse, choque B en repos, dont la masse est 200. A rejaillit
avec une quantité de mouvement de 180, et B marche avec 400.

210   MS: étendue et cependant former la matière étendue
216   MS, K: que sa quantité

[20] These 'quelques philosophes' include Leibniz, Wolff and Mme Du Châtelet.
The active force ('le pouvoir d'agir') which forms matter only appears to be a
substance: 'on en doit conclure que ni la matière, ni la force active ne sont de
véritables substances, mais qu'il faut remonter plus haut, et chercher leur source
dans quelque chose d'antérieur, d'où l'on puisse montrer pourquoi la force active et
la matière doivent paraître des substances et des substances différentes, et cette
recherche nous conduira aux eléments qui sont la source commune de l'une et de
l'autre' (*Institutions*, p.166). Again, what is underlined is the metaphysical nature of
the points at issue.
[21] See *Institutions*, ch.7, 'Des eléments de la nature' (p.129-51): 'M. de Leibnits
qui ne perdait jamais de vue le principe de la raison suffisante, trouva que ces atomes
ne lui donnaient point la raison de l'étendue de la matière, et cherchant à découvrir
cette raison, il crut voir qu'elle ne pouvait être que dans des parties non étendues et
c'est ce qu'il appelle *des monades*' (p.131).

Ainsi A qui n'avait que 20 × 11 = 220 a produit 580.[22] D'un autre côté il se perd, comme on en convient, beaucoup de mouvement dans le choc des corps inélastiques; donc la force 225 augmente et diminue.[23]

223 K: qui n'avait que 20 de masse et 11 de vitesse, ou 220 de force, a produit

[22] We saw in the introduction that Malebranche updated Cartesian mechanics as originally outlined by Descartes in the *Principes de la philosophie* (see above, p.371-72). In Descartes's original thinking, *mouvement* was defined as the product of mass and speed in which direction is not taken into account. Malebranche proposed identifying it instead with momentum, the product of mass and velocity, where velocity is speed with direction. That had become the standard definition of *mouvement* by the time Voltaire came to write. Here, however, he makes the error of reasoning in terms of the old Cartesian concept, mass and speed, and this leads him into a conclusion which would have been regarded as equally false by Mairan and by Bernoulli, because of his failure to take the directions of the moving bodies into account. Voltaire accepts that, in his example, body A would recoil off body B. As he rightly says, B would receive a velocity 2 in the direction in which A was originally moving while A would end up with a velocity 9 in the opposite direction. To conclude that their 'forces' are 180 and 400 respectively, making a total of 580, is to ignore the effect of direction. The momentum of the bodies is 400 and − 180 respectively, where the minus sign reflects the reverse direction of body A. The principles of latter-day Cartesianism, of the kind espoused by Mairan, would calculate the total force as the sum of these two values. This comes to 400–180, making a net momentum of 220 – what we started with – and not 580 as Voltaire claims here. It must have shocked Mairan and his fellow Cartesians to see their ally Voltaire in effect abandoning conservation of momentum here: his doing so reveals how superficial his grasp of the theory really was.

What is particularly odd is that Mairan was not struck by what was, even in his own terms, a glaring error or at least did not feel it warranted his intervening to ensure Voltaire corrected it when he had the opportunity to make such a suggestion (see p.403, 405 above). How carefully did he really read the *Doutes*?

[23] For Voltaire movement, and therefore force, diminishes in the world. What happened in the collision of hard bodies was a problem for those who believed in the conservation of motion and force. See *Institutions*, p.439: 'On fait encore une objection contre les forces vives, qui paraît d'abord assez forte; elle est tirée de la considération de ce qui arrive à 2 corps qui se choquent avec des vitesses qui sont en raison inverse de leur masse, car si ces corps sont sans ressorts sensibles, ils resteront

7. Les philosophes qui ont dit que la permanence de la quantité de force est une beauté nécessaire dans la nature, ont-ils plus raison que s'ils disaient que la même quantité d'espèces, d'individus, de figures etc. est une beauté nécessaire? [24]

230

226-227   K: quantité des forces
228   K: plus de raison

---

en repos après le choc.' For Voltaire the force disappears, as he points out in the *Eléments de la philosophie de Newton*, OC, vol.15, p.248: 'Là où le mouvement diminue nécessairement, la force diminue nécessairement aussi', and again on p.251: 'il faut que tout le monde convienne que l'effet est toujours proportionnel à la cause; or s'il périt du mouvement dans l'univers, donc la force qui en est cause périt aussi'. It is interesting that his reasoning here is based on the equality of cause and effect, a principle central to Leibnizian thinking. But it is not unusual to see Voltaire using apparently Leibnizian thinking against Leibniz, as is the case in paragraph 5 just a few lines earlier, where he reasons in terms of 'modes'.

Voltaire also considered the problem of vanishing force in the *Métaphysique de Newton*: 'La grande question est de savoir si cette force donnée de Dieu pour commencer le mouvement est toujours la même dans la nature' (p.246). He concludes, with Newton, 'Le mouvement [...] se produit et se perd. Mais à cause de la tenacité des fluides et du peu d'élasticité des solides, il se perd beaucoup plus de mouvement qu'il n'en renaît dans la nature' (p.248). Mme Du Châtelet, unlike Voltaire, believes that any force apparently lost is in fact consumed in the 'enfoncement' of the parts that make up the body (*Institutions*, p.441). Today we would agree that the kinetic energy apparently lost in inelastic collisions is transformed into heat or into changes in potential energy caused by deformation of the bodies. Interestingly, though, Voltaire's position has an echo in entropy theory: although it is not because force vanishes, it is true that the universe is, in effect, running down because, despite the conservation of total energy, there is always a net increase in entropy (disorder).

[24] Note the implicit force of analogy in this reasoning. We start by considering a phenomenon at the micro level: the collision of two point masses. We leap from that event to a macro level, where we are considering the conservation of movement at the universal level. Do we have to accept this reasoning? Of course, the adherents of various conservation principles tended to reason in the same way, including Descartes himself: the conservation of momentum in point-mass collisions is an ontological derivation of a principle concerning a particular event from the general consideration of the immutable nature of God, whose consequence is the preservation of a constant quantity of movement in the universe as a whole. It is also clearly true that if all particular events lead to a loss of motion, then the universe

8. S'il est incontestable que le choc d'un petit corps contre un plus grand produise une force beaucoup plus grande que celle que ce petit corps possédait, ne suit-il pas évidemment que les corps ne communiquent point de force proprement dite?[25] car dans l'exemple ci-dessus où 20 de masse avec 11 de vitesse ont produit 580 de force, le corps B qui a 200 de masse, acquiert une force de 400, qui n'est que le résultat de la masse 200 par la vitesse 2. Or, certainement il n'a pas reçu de lui sa masse, il n'a reçu que sa vitesse, laquelle n'est qu'un des composants, un des instruments de la force, donc les corps ne communiquent point la force.

9. Mais la masse et le mouvement suffisent-ils pour opérer cette force?[26] Ne faut-il pas évidemment l'inertie, sans laquelle la matière ne résisterait pas, et sans laquelle il n'y aurait nulle action?[27] L'inertie, le mouvement et la masse suffisent-ils? et ne

235

240

---

232 MS: grand produit une force
234 MS: force? Car
240 MS: donc, encore une fois, les corps
244-245 K: suffisent-ils? ne faut-il

---

generally must be losing motion. However, is the converse necessarily true? Is there any contradiction between the acceptance of general loss of one quantity in the universe as a whole and its conservation in particular events (such as collisions)?

The reference to beauty is probably a reply to Mme Du Châtelet. She referred in the *Institutions* to 'un beau principe, celui de la conservation d'une égale quantité de force dans l'univers' and to 'cette idée si belle, si vraisemblable, si digne de la sagesse de l'auteur de la nature' (p.447).

[25] Since his initial reasoning was false (see n.22 above), the conclusions he is about to draw from it are necessarily also false.

[26] 'Yes', a Cartesian would reply. It is an axiom of Cartesian physics that matter and motion are entirely sufficient to explain all physical phenomena. Indeed, it is the desire to introduce qualities other than matter or motion (Newtonian attraction, the Leibnizian entelechy) that undermines rational philosophy.

[27] Here Voltaire and Mme Du Châtelet agree, but the latter expresses herself as a true Leibnizian: 'Cette force résistante a été exprimée par Kepler d'une manière fort significative par les mots de *vis inertiae*, force d'*inertie*. Sans cette force aucune des lois du mouvement ne pourrait subsister, et tous les mouvements se feraient sans raison suffisante' (p.157).

faut il pas un principe qui tienne tous les corps de la nature en 245
mouvement et leur communique ainsi incessamment une force
agissante ou prête d'agir? Et ce principe n'est-il pas la gravitation,
soit que la gravitation ait elle-même une cause physique, soit
qu'elle n'en ait point? [28]

10. La gravitation, qui imprime le mouvement à tous les corps 250
vers un centre, n'est-elle pas encore très loin de suffire pour rendre
raison de la force active des corps organisés? [29] et ne leur faut il pas
un principe interne de mouvement tel que celui de ressort?

[28] How could Mairan have endorsed this reasoning? Having rejected the
entelechy, an inexplicable and unacceptable phenomenon to both Mairan and
himself, Voltaire now suggests that an explanation might be supplied by gravitation
– a concept just as unacceptable to Mairan. It is also curious that Voltaire, having
rejected Leibnizian 'live forces', nonetheless seems to feel the need for some other
active, 'living' force – just so long as it is the one to which he has been committed for
the previous decade or more (Newtonian attraction) not the one espoused by the
Leibnizians. There is an echo here of reasoning in the *Exposition* (see above, p.262):
'Ce principe, n'est-il pas l'attraction, quelle que puisse être la cause de l'attraction?'
Voltaire wishes gravitation to have no mechanical cause. Cf. *Exposition*, p.250 and
note 52. He is also criticising Mme Du Châtelet's belief as expressed in the
Institutions de physique (p.332-37), 'il faut chercher par les lois de la mécanique
une matière capable par son mouvement de produire les effets que l'on attribue à
l'attraction'.

[29] Voltaire may be hinting here at an idea going back to the *Lettres philosophiques*,
associating thinking with matter. He is also concerned with free will and man's
ability by an act of will to create motion where none existed before. He suggests
there might be in man an active force comparable to elastic force in bodies that
permits him to act, although different active forces cannot be tied to one general law.
In the *Traité de métaphysique* Voltaire defined free will as 'le pouvoir d'agir' (*OC*,
vol.14, p.461). It is a question that preoccupies both Voltaire and Mme Du Châtelet
throughout this period, and Voltaire returns to it often, for example in the *Discours
en vers sur l'homme*, II, 'De la liberté' (*OC*, vol.17), and in the *Métaphysique de
Newton* (*OC*, vol.15, p.215, 228). He may be replying obliquely to Mme Du Châtelet,
as she was concerned, as shown in her correspondence with Maupertuis in 1738, with
reconciling free will with the conservation of force ('cette idée si belle'). She had
written to Maupertuis (D1486): 'la seule chose qui m'embarrasse à présent, c'est la
liberté, car enfin je me crois libre et je ne sais si cette quantité de forces toujours la
même dans l'univers ne détruit point la liberté. Commencer le mouvement, n'est-ce
pas produire dans la nature une force qui n'existait pas? Or si n[ou]s n'avons pas le
pouvoir de commencer le mouvem[en]t n[ou]s ne sommes point libres.' Here it is for

11. La force active[30] causée par ce ressort agissant suivant les mêmes loix et opérant les mêmes effets que toute force quelconque, ne doit-on pas en conclure que la nature qui va souvent à différents buts par la même voie, va aussi au même but par différents chemins? Et qu'ainsi la véritable physique consiste à tenir registre des opérations de la nature avant de vouloir tout asservir à une loi générale?[31]

255

260

254-255 K: suivant ces mêmes
260 K: générale?//

Voltaire just another way of increasing motion in the universe, as the universe runs down. Voltaire cannot resist introducing his favourite ideas into this *moitié métaphysique* of the *Doutes*.

[30] 'Active force'? Voltaire is as convinced as Leibniz of the need for an active principle in mechanics. He simply does not want to accept Leibniz's own.

[31] Cf. Mairan, *Dissertation*, p.36: 'En un mot, la chaîne de nos raisonnements sur la mesure des forces n'est plus interrompue, et elle nous conduit toujours au même but dans tous les cas, sans en excepter la simple tendance, ou le repos, en tant qu'il resulte de l'équilibre, ou du conflit des forces contraires.'

Voltaire ends on a note of doubt. He feels the need for a mechanism to explain the behaviour of bodies, especially of 'organised bodies' and knows that the explanation offered by Leibniz, and adopted by Mme Du Châtelet, is unsatisfactory. This does, of course, mean that his agreement with Mairan is limited: they are united in their opposition to Leibnizianism, but paragraphs 9-11 reveal him to be as concerned as Leibniz to find a theory that explains forces (and more especially life) by more than just mass and movement. In other words, at the end of his paper, he reasserts his rejection of Cartesian as well as of Leibnizian metaphysics.

In his pursuit of an overarching principle, Voltaire seems to be moving towards the positions of Deidier, who is probably his source for this material. See for example *Nouvelle Réfutation des forces vives* (Paris 1741), p.134: 'C'est une propriété essentielle au choc des corps à ressorts que les carrés des vitesses après le choc multiplié par les masses sont égaux au carré de la vitesse primitive du corps choquant multiplié par sa masse et cette propriété vient de l'élasticité des corps, puisqu'on ne voit jamais rien de semblable lorsque les corps ne sont pas élastiques'. Later we read: 'Personne ne se trompe ici; le corps A n'a que 2 de force avant le choc, cela est certain, et après le choc il y a plus de force qu'il n'y en avait auparavant, cela est incontestable; d'où vient donc cette différence, c'est de l'élasticité des corps que l'auteur des Institutions de physique n'a pas voulu distinguer de la force motrice' (p.134-35).

It needs to be borne in mind that this point of view, that elasticity is an 'active

Voltaire à Bruxelles[32]

ce 27 mars (1741)

262   MS: (1741) [added in another hand]
[Written on back of final leaf of manuscript in an unknown hand:] Lettres de
Mr. de Mairan et de Mr de Voltaire

force' which may actually lead to an increase in total force, contradicts the reasoning
Voltaire takes over from Mairan and other Cartesians about the 'time element': the
latter was a means of explaining away the apparent proportionality to the square of
velocity, to show that it corresponded to no real phenomenon, and was not
incompatible with the underlying proportionality between force and velocity.
Deidier however suggests that there is a real effect, produced by an increase in
force, and that it therefore has to be explained by an additional hypothesis, that of
elasticity as an active force. Voltaire's language does seems to suggest an agreement
here: attraction is presented as an active force and elasticity as another. Of course, his
belief that there is any increase in force is based on the error in reasoning that we
analyse in n.22 above. Hence, as an alternative to the time element argument,
Voltaire puts forward another explanation of effects that are apparently proportional
to the square of velocity, a view incompatible with the earlier argument that denied
the reality of such effects. In this view the universe is driven by three fundamental
active forces: attraction, inertia and elasticity. Attraction keeps the universe running
(it is the spring in the watch-like mechanism of the universe, to use the image in his
letter to Mairan of 11 September 1738; D1611); inertia keeps moving bodies moving
and stationary bodies at rest; finally, elasticity makes up for movement that is lost
(but not all such movement: we have already seen in the introduction, p.400, that
Voltaire agreed with Newton that the universe is running down). For Mairan these
must simply have been so many occult qualities.

In all this Voltaire is drawing on his reading of Newton, Clarke, Mairan, Deidier
and others, with complete eclecticism, to the point of ignoring the contradictions to
which this leads between the views espoused at different points even in such a short
piece as the *Doutes*. Perhaps this and the tentative tone of the ending more than
anything else justify his choice of title.

[32] Where Voltaire was staying with Mme Du Châtelet while she sought a
favourable judgement in the Trichâteau case.

APPENDIX I

Introduction

Mairan, having been elected secrétaire perpétuel de l'Académie royale des sciences in December 1740, assumed that office in January 1741. One of his tasks was to prepare the yearly report on the activities of the Académie in addition to keeping the minutes of its regular meetings. He was well placed to further the cause of his side of the dispute over the force of moving objects and play down the Leibnizian (*force vive*) enemy. In writing up the year 1741 he devoted three pages of the annual quarto *Histoire de l'Académie royale des sciences* to Voltaire's *Doutes sur la mesure des forces motrices*.

His account maintains that the word *Doutes* only really applies to Part Two, the metaphysical section of Voltaire's mémoire. He does not apply the word to the first part, which is more a resumé of Mairan's position.

We reproduce Mairan's account below. It is flattering to Voltaire, associating him with the poet-philosophers of antiquity. However, in assessing the extent of Mairan's admiration, we should remember that the Academy did not actually publish the paper. As we have seen in the Introduction and the notes to the text, it contained some flagrant errors of reasoning as well as ending on a note that was hostile to Mairan's view. The perpetual secretary may have wanted to flatter Voltaire, but not to the point of publishing a less than competent paper which also attacked his own position.

DIVERS MEMOIRES
et
OBSERVATIONS DE MECHANIQUE
sur les forces motrices des corps

(*Histoire de l'Académie royale des sciences*
Année 1741, Paris 1744, p.149-53)

Notre siècle, ainsi que les beaux siècles de Rome et de la Grèce, peut compter des philosophes parmi ses plus grands poètes. M. de Voltaire a présenté cette année à l'Académie un mémoire intitulé, *Doutes sur la mesure des forces motrices et sur leur nature*, où il paraît être fort au fait de la fameuse question des *forces vives*, ce qui n'est pas commun, et avoir médité avec succès sur la nature du mouvement, ce qui est encore plus rare. Ces deux points de vue, l'un plus particulier, l'autre plus général, font l'objet et la division de son mémoire.

La première partie contient une exposition abrégée des principales raisons qui ont été données, et qui prennent ici une nouvelle forme, pour prouver que les forces actuelles des corps en mouvement sont comme leurs quantités mêmes de mouvement, c'est-à-dire, en raison de leurs simples vitesses multipliés par leurs masses. C'est ce qu'on appelle l'*opinion commune* ou *cartésienne*, et c'est aussi celle que M. de Voltaire a adoptée en opposition à celle des *forces vives* de M. Leibnitz, qui fait la force des corps comme leurs masses multipliées par les carrés de leurs vitesses. Sur quoi l'on peut voir l'Histoire de 1728.

Une pression quelconque en un temps, ce sont les paroles de M. de Voltaire, peut-elle donner autre chose qu'une vitesse et ce qu'on appelle une force? Si une pression en un temps ne peut donner qu'une force, deux pressions dans le même temps ne donneront-elles pas simplement deux vitesses et deux forces? Donc en deux temps une pression produit ce que deux pressions égales font en un temps, elle donne deux de vitesse et deux de

force; car 2 multiplié par 1 est la même chose que 1 multiplié par 2.
Donc si de deux corps égaux le premier fait le double d'effets de
l'autre, c'est qu'il a double vitesse, et s'il fait le quadruple d'effets
avec deux de vitesse, c'est qu'il agit en deux temps. Donc si l'on
veut que la force soit le produit du carré de la vitesse par la masse,
il faudra qu'un corps avec double vitesse opère dans le même
temps une action quadruple de celle d'un corps égal qui n'aurait
qu'une vitesse simple: ce qui est contradictoire, même selon la
doctrine des forces vives. Donc tous les cas où cette contradiction
d'une vitesse double qui agit comme 4 paraît se trouver, doivent
être décomposés et ramenés à la simplicité de cette loi inviolable,
par laquelle 2 de vitesse ne donne qu'un effet double de 1 de
vitesse, etc.

C'est en procédant ainsi par les idées les plus simples que M. de
Voltaire passe aux cas plus composés et qui exigent plus de calcul.
Le temps si inséparable de l'action des forces, et que les partisans
des forces vives voudraient bien en séparer, fait la base de tous ses
raisonnements. C'est en vain qu'on ne ferait mention que de la
vitesse, le temps y rentrerait nécessairement avec elle, puisque,
selon la notion la plus simple qu'on puisse donner de la vitesse, ce
n'est autre chose que l'espace divisé par le temps: c'est là son
essence réduite à ses moindres termes, c'est la formule des
géomètres.

S'il y a un cas où la force paraisse être comme le carré de la
vitesse, c'est sans doute dans le choc des fluides, qui agissent en
effet en raison doublée de leur vitesse. Mais s'il est démontré,
poursuit M. de Voltaire, que les fluides n'agissent ainsi que parce
qu'en un temps donné chaque particule n'agit qu'avec sa masse
multipliée par sa simple vitesse, restera-t-il quelque doute sur
l'évaluation des forces motrices? Or il ne faut qu'un peu
d'attention pour s'apercevoir de cette vérité. Les parties d'un
fluide en mouvement contre un plan se succèdent sans cesse, il agit
donc et en raison de leur vitesse et en raison du temps; les vitesses
sont comme les temps: donc il doit agir en raison doublée ou des
vitesses ou des temps, de cela seul que chacune de ses parties agit à

chaque temps donné en raison de sa masse multipliée par sa simple vitesse.

M. de Voltaire insiste encore beaucoup sur les pertes ou les extinctions successives de la force dans les mouvements retardés, où elles sont incontestablement proportionnelles aux simples vitesses, et dont il est évident que la somme ne peut être aussi que proportionnelle à la force primitive même et totale, qui s'est enfin consumée par ces pertes contre les obstacles continuels qu'elle avait à surmonter.

La seconde partie du mémoire consiste en des réflexions qui sous le nom modeste de doutes sur la nature de la force et du mouvement, ne laisseraient pas de fournir encore de très fortes preuves contre l'opinion que l'auteur combat. Ce sont de ces observations lumineuses tirées du fond du sujet, et auxquelles toute démonstration bien ordonnée doit se rapporter, principalement lorsqu'il s'agit de questions physico-mathématiques.

Une méthode fort ordinaire aux géomètres qui ont à résoudre un problème, c'est de le considérer comme déjà résolu, et, par l'inspection des lignes, des quantités ou des rapports qui le constituent, d'en trouver réellement la solution. La force motrice des corps considérée ici en raison des simples vitesses multipliées par les masses, fournit de même à M. de Voltaire de quoi définir ce qu'elle est mathématiquement parlant, c'est-à-dire, en tant que capable de plus et de moins, car c'est sur sa quantité et non sur sa nature métaphysique que roule la question des forces vives. Cependant les réflexions générales et métaphysiques de M. de Voltaire s'appliquent quelquefois fort heureusement à la théorie particulière.

S'il est bien prouvé, dit-il, que ce qu'on appelle force motrice est le produit de la simple vitesse par la masse, ne serait-il moins malaisé de parvenir à connaître ce que c'est que cette force? D'abord si elle est la même dans un corps qui n'est pas en mouvement, comme dans le bras d'une balance qui est en équilibre, et dans un corps qui est en mouvement, n'est-il pas clair qu'elle est toujours de même nature, et qu'il n'y a point deux espèces de force, l'une *morte* et

l'autre *vive*, dont l'une diffère infiniment de l'autre? à moins qu'on ne dise aussi qu'un liquide est infiniment plus liquide quand il coule, que quand il ne coule pas.

Il avait remarqué que l'ancienne manière d'évaluer les forces, l'hypothèse cartésienne ou newtonienne, car Newton, Descartes et toute l'Angleterre s'accordait ici parfaitement, rend une raison pleine et entière de tous les cas auxquels la force semble être le carré du produit de la vitesse par la masse, tandis que la nouvelle manière ne peut en aucun sens rendre raison des effets proportionnels à la simple vitesse.

Nous n'entrerons dans aucun détail sur les questions purement métaphysiques qui font le principal sujet de cette seconde partie du mémoire; leur liaison avec la question dont il s'agit dépend presque toujours de la connexion qu'elles ont dans leur totalité, et avec des systèmes de philosophie dont l'explication nous mènerait trop loin. On en jugera par le simple énoncé de celles-ci; par exemple, si la masse et le mouvement suffisent pour opérer la force motrice des corps? S'il n'y faut pas ajouter l'*inertie* de la matière? Si le principe de cette force n'est pas dans la *gravitation*, soit que la gravitation ait elle-même une cause physique, soit qu'elle n'en ait point? Si la quantité de force et de mouvement augmente ou diminue dans l'univers, ou si elle est toujours la même? Si la permanence des forces ne serait pas une beauté de plus dans la nature? etc. A l'égard de cette dernière question M. de Voltaire ne pense pas que les philosophes soient plus fondés à dire que la permanence de la quantité de forces est une beauté nécessaire dans la nature, que s'ils disaient que la même quantité d'espèces, d'individus, de figures, etc. est une beauté nécessaire.

APPENDIX II

Excerpt from the minutes (manuscript) of the meeting of the Académie royale des sciences for 26 April 1741 (p.124-26). [1]

Mrs Pitot et Clairaut lisent le Rapport suivant du Memoire de Mr *de Voltaire* sur les Forces vives.

Nous avons examiné par ordre de l'Academie un Memoire de Mr *de Voltaire*, intitulé: *Doutes sur la mesure des Forces motrices, et sur leur nature*.

Ce Memoire contient deux parties: La Premiere est une exposition abregée des principales raisons qui ont été données pour prouver que les forces des Corps en mouvement, sont comme leurs quantités de mouvement, c'est à dire, comme les masses multipliées par les simples vîtesses, et non par les quarrés, ainsi que le pretendent ceux qui reçoivent la theorie des Forces vives. Les raisons que Mr *de Voltaire* rapporte ne sont pas avancées comme des demonstrations, ce sont simplement des doutes qu'il propose, mais les doutes d'un homme eclairé, qui ressemblent beaucoup à une decision.

Nous n'entrerons point dans l'examen de cette premiere partie, parce que l'Auteur ne paroit y avoir eu en vue que de rendre les

---

[1] Voltaire's *Doutes* had been presented to the Academy at the meeting of Saturday 15 April 1741, where Mairan recorded in the minutes for that day: 'Je présente un Memoire sur les Forces vives qui m'a été envoyé par M. de Voltaire. Mrs Pitot et Clairaut sont nommés pour l'examiner' (p.110). Both Pitot and Clairaut were friends of the Cirey household. Voltaire had lent Pitot money under very favourable conditions (see *OC*, vol. 15, p.68-69). Pitot was a censor, and wrote the *approbation* for the *Institutions de physique*, as we have seen. He had also been appointed censor, along with Montcarville, for the *Eléments de la philosophie de Newton*, and Voltaire consulted him over the years on various scientific matters. In 1741 Pitot held the post of pensionnaire-géomètre and Clairaut of pensionnaire-mécanicien in the Académie royale des sciences. If members of the Academy who were not so friendly to Voltaire and Mme Du Châtelet had been appointed to review Voltaire's *Doutes*, their report might have been less flattering.

plus fortes raisons qui ont été données contre les Forces vives, d'une maniere assés claire et assés abregée pour que les Lecteurs pussent se les rappeller promptement.

Dans la seconde partie Mr *de Voltaire* considère la nature de la Force. Comme il a conclu que la Force motrice n'est autre chose que le produit de la masse par la simple vîtesse, il n'admet point de la distinction entre les Forces mortes et les Forces vives. Lorsque l'on dit que la force d'un corps en mouvement differe infiniment de celle du corps en repos, c'est, suivant lui, comme si l'on disoit qu'un Liquide est infiniment plus liquide quand il coule, que quand il ne coule pas.

Il dit ensuite que si la Force n'est autre chose que le produit de la masse par la vîtesse, elle n'est précisement que le corps lui même agissant ou prêt à agir; et il rejette ainsi l'opinion des Philosophes qui ont cru que la Force étoit un Etre à part, une substance qui anime les corps et qui en est distinguée, que la force residoit dans les Etres simples appellés Monades, &c.

Mr *de Voltaire* remarquant comme plusieurs l'ont deja fait que la quantité de mouvement augmente dans plusieurs cas, et étant toujours convaincu que la Force n'est autre chose que la quantité de mouvement, il demande si les Philosophes qui ont soutenu que la conservation d'une même quantité de force dans la Nature, ont plus de raison que ceux qui voudroient la conservation d'une même quantité d'Especes, d'individus, de figures &c.

Il demande ensuite si de ce qu'un corps elastique qui en choque un plus grand, lui communique plus de quantité de mouvement, et par consequent selon lui plus de force qu'il n'en avoit, il ne s'ensuit pas évidemment que les Corps ne communiquent point de force, en sorte que la masse et le mouvement ne suffisent pas pour la communication du mouvement, il faut encore l'inertie sans laquelle la matiere ne resisteroit pas, et sans laquelle il n'y auroit nulle action.

Mr *de Voltaire* croit encore que l'inertie, la masse et le Mouvement ne suffisent pas, il pense qu'il faut un Principe qui tienne tous les corps de la Nature en mouvement, et leur

446

communique incessamment une force agissante ou prête d'agir; et
ce Principe doit être, selon lui, la gravitation soit qu'elle ait une
cause mécanique, soit qu'elle n'en ait pas.   55

La gravitation, continue t'il, ne peut pas non plus satisfaire à
tous les effets de la Nature, elle est très loin d'expliquer la force des
corps organisés, il leur faut encore un principe interne comme
celui du Ressort.

Mr de Voltaire termine son Memoire en disant que puisque la   60
force active du Ressort produit les mêmes effets que toute force
quelconque, on en peut conclure que la Nature qui va souvent à
differents buts par la même voye, va aussi au même but par
differents chemins; et qu'ainsi la veritable Physique consiste à
tenir Registre des operations de la Nature, avant que de vouloir   65
tout asservir à une Loy générale.

De toutes les questions difficiles à approfondir que renferment
les deux parties de ce Memoire, il paroît que Mr *de Voltaire* est au
fait de ce qui a été donné en Physique, et qu'il a lui même
beaucoup medité sur cette Science.   70

Conseils à un journaliste

Edition critique

par

François Moureau

Avec la collaboration de

Dieter Gembicki

TABLE DES MATIÈRES

Le regretté Sven Stelling-Michaud fut avec
Dieter Gembicki l'un des collaborateurs originels
à l'édition de ce texte.

INTRODUCTION

1. *La genèse de l'écrit*

Les *Conseils à un journaliste* sont, malgré leur titre, plus et moins qu'une réflexion générale sur une activité dont le statut se cherchait encore dans le paysage culturel de la France des années 1730. Ces pages peuvent se lire comme une défense et illustration d'une certaine forme de journalisme savant; elles ne dissimulent pas les règlements de compte personnels qui les ont suscitées. Une nouvelle fois, à la fin de cette décennie, paraît la cohorte des ennemis jurés du philosophe retiré à Cirey. On y trouve l'inévitable Jean-Baptiste Rousseau, le poète lyrique exilé dont la gloire fit si longtemps ombrage à Voltaire, mais aussi des acteurs nouveaux comme l'abbé Pierre-François Guyot-Desfontaines ou Hyacinthe Cordonnier, plus connu dans le monde littéraire sous son pseudonyme de Thémiseul de Saint-Hyacinthe, auteur du célèbre *Chef-d'œuvre d'un inconnu* (1714). Ce duo surnuméraire, acteurs éminents de la presse de langue française, ne manqua pas de conduire Voltaire à une réflexion sur un nouveau magistère intellectuel, non plus celui des savants ou des antiquaires, non plus celui des poètes ou des dramaturges, mais celui du commentaire public et imprimé; nous dirions aujourd'hui des *médias*. Voltaire eut-il le sentiment d'être trahi par ceux qui auraient dû reconnaître en lui l'auteur d'*Œdipe* et de *La Henriade*, un nouveau Racine voire un nouveau Virgile, et qui en faisaient la marionnette de leurs feuilles publiques? Jean-Baptiste Rousseau n'avait pas été journaliste, c'était le seul vice dont on pouvait le dispenser. Mais que venaient faire dans le monde des lettres ces feuillistes sans la moindre légitimité? Ni académiciens, ni chargés de fonctions officielles, fussent-elles de censure, ces 'secrétaires du Parnasse' qui s'arrogeaient le droit périodique de juger posaient aux vrais écrivains – ceux qui créaient – une redoutable inter-

rogation: se faisant l'interprète du 'public', ils prétendaient à un magistère de l'écrit qui faisait du journaliste un lecteur privilégié et celui qui donnait le la dans le 'temple du goût'.

Déiste un peu libertin, ce qui ne pouvait déplaire à Voltaire, mais aussi très lié au mouvement 'moderne' parisien, ce qui lui plaisait moins, Saint-Hyacinthe (1684-1746), qui savait ridiculiser les pédants sous le masque du Docteur Chrisostome Matanasius, eut une grande activité journalistique en Hollande: rédacteur du *Journal littéraire* (1713-1715) de La Haye, puis de *L'Europe savante* (1718-1720), il est l'un des collaborateurs les plus brillants des feuilles littéraires paraissant dans le 'refuge hollandais', mais Saint-Hyacinthe, de sensibilité réformée, n'est pas un réfugié. De 1731 à 1740, il réside à Paris. Desfontaines (1685-1745) est un tout autre personnage: ancien jésuite révoqué pour des affaires de mœurs, il se consacre à des travaux de librairie, en particulier à des traductions de l'anglais (Swift, Pope), activité où il se rencontre avec Saint-Hyacinthe (Defoe) et avec l'abbé Prévost, pour lequel il rédige quelques feuilles du *Pour et contre* (1734). Mais dès 1724, l'abbé Jean-Paul Bignon lui confie la direction du *Journal des savants*, le périodique français de référence dans le domaine qui va précisément intéresser les *Conseils* de Voltaire. Il relève par son style 'mordant' ce journal assez endormi. Puis en 1731, il crée son propre périodique à Paris, *Le Nouvelliste du Parnasse*, feuille suspendue par le pouvoir royal en mars 1732. Il est suivi en 1735 des *Observations sur les écrits modernes*, dont trente-trois volumes seront publiés jusqu'en 1743. Dans la grisaille de la presse parisienne du temps, à l'exception de Prévost, les journaux de Desfontaines tranchent par leur vivacité, leur ton assez agressif et leur goût très publicitaire de la polémique. Il ne se fit pas que des amis, en particulier dans le milieu des 'modernes' dont il ridiculisa la 'nouvelle préciosité' avec son fameux *Dictionnaire néologique à l'usage des beaux esprits du siècle* (1726). Voltaire l'avait longtemps protégé, fût-ce dans des circonstances délicates liées aux mœurs exotiques de l'abbé: lors de sa seconde incarcération pour libertinage en 1725, Voltaire intervint et le fit libérer; il l'avertit

encore des poursuites engagées contre lui en 1731 à l'occasion de la préface au *Recueil* du procès à scandale Cadière-Girard, dont on les accusait tous les deux. Après Jean-Baptiste Rousseau l'archétype, Desfontaines fut l'un de ces ingrats dont se plaignit à longueur de lettre le philosophe de Cirey. En 1736, Desfontaines est encore décrété de prise de corps pour avoir attaqué l'Académie française.[1]

Si la lutte contre Rousseau n'était pas nouvelle et ne prit guère la forme que d'un exemple de salutaire critique des vers du poète tiré de l'*Utile examen* dont Voltaire se révélait ainsi indirectement l'auteur, les deux autres adversaires, venus d'horizons si différents, furent unis dans une identique réprobation de la part de l'écrivain académisable. En septembre 1735, les *Observations* avaient publié un compte rendu peu amène de *La Mort de César*, mais on en resta là jusqu'à la publication subreptice en novembre par le journaliste de l'*Epître à Algarotti*, assez gênante pour Mme Du Châtelet, 'l'astre' de Cirey. En mai 1736, Desfontaines prêta une plume discrète à Jore, le libraire de Rouen qui avait publié les *Lettres philosophiques* et qui essayait de tirer de Voltaire un aveu écrit de paternité à transmettre au garde des sceaux: le philosophe y était présenté comme un habile manipulateur (D.app.39). La guerre était définitivement allumée avec le journaliste parisien, et Voltaire sentit certainement à cette époque que le magistère autoproclamé de la presse pouvait mettre en cause de façon efficace l'autre magistère, celui de la philosophie et des 'bonnes lettres': les *Conseils à un journaliste* s'en souviendront. Mais le débat encore souterrain éclata au grand jour avec la critique que fit Desfontaines des *Eléments de la philosophie de Newton*, auquel Voltaire répliqua par un libelle au titre assez éclairant qui visait moins l'auteur de la critique que son *médium*, la presse: *Le Préservatif ou Critique des 'Observations sur les écrits modernes'* (La Haye [Paris] 1738): il s'agissait d'une analyse minutieuse, un peu myope, article par

---

[1] *Dictionnaire des journalistes (1600-1789)*, éd. J. Sgard, 2 vol. (Oxford 1999), notices 383 (Guyot-Desfontaines) et 730 (Saint-Hyacinthe).

article, du périodique de Desfontaines auquel rien n'était pardonné. En frontispice du volume, une gravure représentait Desfontaines à Bicêtre recevant le fouet à genoux, allusion peu délicate au séjour en prison du journaliste pour mauvaises mœurs. Voltaire confia au chevalier de Mouhy, homme à tout faire du milieu littéraire parisien, le soin de se déclarer l'auteur du brûlot, mais l'intéressé ne fut pas dupe. Le 26 décembre 1738, parvenait à Cirey un nouveau pamphlet daté de 'Paris, 12 décembre 1738': cette *Voltairomanie ou Lettre d'un jeune avocat, en forme de mémoire, en réponse au libelle du sr. de Voltaire intitulé 'le Préservatif'* (s.l. 1738) était la réplique de Desfontaines; on en vendit deux mille exemplaires en quinze jours.[2] Elle atteignit Voltaire de plein fouet. Outre un tombereau d'injures sur sa vie, son œuvre y était analysée, publication par publication, dans un inventaire critique qui rappelait celui que Voltaire lui-même avait fait subir à Desfontaines journaliste dans *Le Préservatif*. La *Voltairomanie* citait un passage de la 'Déification de l'incomparable docteur Aristarchus Masso' où était narrée une anecdote concernant la bastonnade dont Voltaire aurait été la victime de la part d'un certain Beauregard:[3] le libelle était de Thémiseul de Saint-Hyacinthe en appendice à une édition assez ancienne du *Chef-d'œuvre d'un inconnu* (La Haye 1732: '6e édition revue, corrigée, augmentée et diminuée' (!)) dont Voltaire semblait ignorer le passage (p.362-65) qui le concernait sous le pseudonyme transparent du 'poète'; il avait connu Saint-Hyacinthe en Angleterre, et n'avait pas apprécié ses *Lettres critiques sur 'La Henriade' de M. de*

[2] Pour l'historique de la *Voltairomanie*, voir Jean Vaillot, *Avec Mme Du Châtelet 1734-1749*, dans *Voltaire en son temps*, éd. R. Pomeau, t.2 (Oxford 1988), p.100-11, 114s., 121s. Une édition critique de ce texte peut être utilement consultée: *La Voltairomanie*, éd. M. H. Waddicor (Exeter 1983).

[3] L'affaire est narrée par le menu par Jean-Aymar Piganiol de La Force dans les 'nouvelles de la cour' de juin 1722: reproduites dans le *Répertoire des nouvelles à la main*, éd. F. Moureau (Oxford 1999), notice 1650.1.16, p.133-34. Voltaire sollicita Mlle Quinault pour qu'elle démente publiquement l'anecdote (6 février 1739, D1855).

Voltaire (Londres, La Haye 1728):[4] malgré ses dénégations, Voltaire fut aussitôt persuadé qu'il avait partie liée avec Desfontaines dans le complot qu'il voyait se développer contre lui. Les *Epîtres sur le bonheur* (Paris 1738) et *Le Mondain* (1736) pouvaient persuader ses ennemis qu'il vivait à Cirey dans une espèce de 'paradis terrestre'.

'Retiré dans le paradis terrestre de Cirey' (à Formont, 23 décembre 1737, D1410), où 'la vie que nous menons [...] ne peut plaire qu'à un vrai philosophe' (Mme Du Châtelet à Thiriot, même jour, D1411), Voltaire se voit soudain 'accablé d'occupations et de tracasseries', au point de ne pouvoir parler de ses adversaires 'sans que la fermentation du sang ne devienne fièvre' ('ses jalousies lui donnent vapeurs et il se drogue sans cesse'), si l'on en croit Mme Du Châtelet et Mme de Graffigny (D1677, 5 décembre 1738, et D1939, 15 mars 1739). Le 25 décembre, il s'évanouit par deux fois. Au soir de sa vie, en 1776, la bile lui montait encore à ce souvenir. Evoquant Desfontaines, Jean-Baptiste Rousseau, la *Voltairomanie* et les *Voltairiana* (1748), il revenait à nouveau sur les 'folliculaires' – un néologisme voltairien – associés à 'la canaille de la littérature. Ils vivent [...] de brochures et de crimes'.[5] Ce sentiment ne fut pas partagé par le monde littéraire parisien, qui vit dans ces querelles des règlements de compte assez obscurs et, peut-être, une habile publicité. Un bon observateur de la vie des lettres comme l'abbé Goujet renvoyait dos-à-dos les deux adversaires: 'Je crois que les procédés de M. de Voltaire sont insoutenables, mais se fait-on honneur en répondant sur un tel ton?'[6] Car, après tout, Desfontaines se piquait dans ses *Observations sur les écrits modernes*

---

[4] J. Levesque de Burigny, *Lettre à M. l'abbé Mercier, abbé de Saint-Léger sur les démélés de M. de Voltaire avec M. de Saint-Hyacinthe* (Londres, Paris 1780).

[5] *Commentaire historique sur les œuvres de l'auteur de 'la Henriade'* (1776), M.i.67-126, ici p.77. En général, le terme d'époque est plutôt 'feuilliste' pour designer les journalistes de bas étage.

[6] Voir les 'Lettres de l'abbé Claude-Pierre Goujet (1737-1745)', éd. H. Duranton, dans la *Correspondance littéraire du président Bouhier*, t.ii (Saint Etienne 1976), p.31-32 (24 décembre 1738).

d'appartenir à la catégorie respectable des 'journalistes judicieux et sans partialité' (x.311) et d'être 'satyrique sans injure, élégant sans affectation [...], sans obscurité et sans barbarie' (*Observations*, i, V, lettre 23, p.290). Il n'en était évidemment pas de même sous le voile de l'anonyme.

La correspondance de Voltaire permet de mesurer, au jour le jour, les réactions, les colères et les roueries du philosophe. Comment cet homme aux nerfs à fleur de peau va-t-il se défendre et riposter? Il prend contact avec les puissants du jour, d'anciens camarades de collège, le lieutenant de police Hérault et les d'Argenson pour obtenir la rétractation de Desfontaines. Mais, surtout, on le voit passer de l'invective à l'anecdote vengeresse, visant d'abord la personne, puis s'en prenant aux productions du calomniateur. Il avait déjà utilisé ce procédé contre Jean-Baptiste Rousseau dans des écrits clandestins qui avaient stigmatisé le grand lyrique ravalé au rang de médiocre pervers: la *Crépinade*, l'*Utile examen* et la *Vie de J.-B. Rousseau* avaient successivement tiré à boulets rouges sur l'exilé. Dans les derniers jours de 1738, le bruit courait de son retour à Paris:[7] le pouvoir lui pardonnait. Il fallait une nouvelle fois répliquer de toute urgence: longuement médité, le *Mémoire du sieur Voltaire*, daté du 8 février 1739, fut publié à La Haye par l'officieux chevalier de Mouhy. Tout en mordant l'adversaire, Voltaire élevait le débat vers une apparente justification morale: 'l'intérêt d''un seul particulier devient souvent l'affaire de tout honnête homme'. 'Il y a vingt ans, mon cher ami, que je suis devenu homme public par mes ouvrages, et que par une conséquence nécessaire, je dois repousser les calomnies publiques', écrivait-il à Thiriot, l'ami qu'il soupçonnait avec raison de l'avoir trahi avec Desfontaines: 'Le public est juge et il faut produire les pièces' (2 janvier 1739; D1776). Les références répétées au 'public' montraient la conscience qu'avait le philosophe que le combat contre les 'folliculaires' se ferait dans la

---

[7] Dans la lettre de Goujet citée à la note précédente: 'On assure que M. Rousseau est à Paris. Un de mes amis m'a dit que M. Danchet lui avait certifié qu'il l'avait vu' (p.31).

nouvelle arène bâtie par les *médias*, et que le 'public', et non pas les seuls hommes de lettres, en serait les juges. '[...] je vois que ses observations se vendent mieux qu'aucun livre', notait assez dépité Voltaire du succès de la feuille de son adversaire (à d'Argental, 9 février 1739, D1862).

Au début, il riposte en produisant, selon l'expression de Mme de Graffigny, 'de petits manuscrits charmants qu'on est obligé de lire en volant' (9 février 1739, D1863) et il reconnaît qu'il 'sacrifie [...] le littéraire, au personnel' (à Helvétius, 28 janvier 1739, D1829). Puis il change de tactique, abandonnant, en apparence du moins, les 'personnalités'. Le 10 avril 1739, la châtelaine de Cirey mande au comte d'Argental que Voltaire 'retravaille son mémoire, il en veut faire une dissertation contre les libelles et y faire son apologie sans nommer seulem[en]t l'abbé des Fontaines' (D1972). Son *Mémoire sur la satire* (1739) aborde en effet de plain pied un problème littéraire d'intérêt général. Les conseils prodigués par Frédéric (27 janvier 1739, D1826) de ne pas s'abaisser en répondant à ses détracteurs, ont eu leur effet. Et à Cirey, on craint des ennuis avec la justice et le cabinet noir qui ouvre le courrier: le 5 février, Desfontaines a porté plainte contre *Le Préservatif* auprès du lieutenant criminel Nègre.

Le *Mémoire sur la satire* trouve, d'une certaine manière, son complément dans les *Conseils à un journaliste*. Ira O. Wade a voulu y voir le philosophe 'au travail': le philosophe, au sens voltairien du terme.[8] En effet, c'est une approche théorique du journalisme qui y est présentée, même si quelques piques et diverses allusions s'adressent à des membres réels de la corporation. Cette profession, encore relativement neuve dans le monde des métiers du livre, n'intéresse pas en soi le philosophe. L'*Histoire critique des journaux* de Denis-François Camusat publiée quelques années plus tôt (1734) en Hollande par le libraire Jean-Frédéric Bernard, lui-même journaliste, situait dans le 'siècle de Louis XIV' la naissance et le développement de ce nouveau *médium* qui s'intégrait dans

---

[8] Ira O. Wade, *The Intellectual development of Voltaire* (Princeton 1969), p.367.

cette conjonction des arts en l'honneur du 'plus grand roi du monde' dont rêvaient les 'modernes' autour de Perrault: 'Les journaux sont nez en France et comptent à peine soixante-cinq ans d'ancienneté. C'est une des plus heureuses inventions du Siecle de Louis le Grand, et les Historiens de ce Monarque l'ont jugée assez importante pour ne la devoir omettre dans les Fastes d'un regne aussi remarquable par les progrès que les Sciences ont faits parmi nous, que par une suite constante de prosperitez et de Victoires': et il citait le p. du Londel et Larrey.[9] Même si l'origine des journaux savants n'était pas française et si l'accueil fait à la presse fut moins glorieux que le prétend Camusat, cette page qui annonçait d'autres 'Siècles de Louis XIV' moins favorables à la presse dans son 'catalogue des écrivains' montrait clairement l'intégration du journalisme de commentaire, sinon des gazetiers, dans l'imaginaire culturel du temps.

2. *La rédaction*

Les seules informations dont nous disposons pour reconstituer la genèse des *Conseils à un journaliste* proviennent de la correspondance de Voltaire. Le 28 juin 1738, il demande au libraire parisien Laurent-François Prault de lui faire parvenir 'l'histoire des journaux par Camuzat' (D1535). Deux mois plus tard, il écrit à la *Bibliothèque française* (XXVII, i.161-65) qu'il attend avec impatience pour 'réformer' sa propre *Histoire de Charles XII*, la publication de celle du chapelain Jöran Anders Nordberg (30 août 1738, D1602). Ce souhait est exprimé en des termes et avec des considérations identiques dans les *Conseils*. L'ouvrage du chapelain du roi de Suède parut à Stockholm en 1740 (deux vol. in-folio) et dans la traduction française de Carl Gustav Warmholtz en quatre volumes in-8° de 1742 à 1748. L'allusion que font les

---

[9] [D.-F. Camusat], *Histoire critique des journaux*, 2 vol. (Amsterdam 1734), i.1-2. Voir l'article 'Camusat' du *Dictionnaire des journalistes (1600-1789)*, éd. J. Sgard (Oxford 1999), i.179-81, notice 137.

Conseils à l'histoire encore inédite de Norberg situe leur rédaction avant 1740.

La correspondance apporte quelques autres éléments permettant de reconstituer l'élaboration du projet. Ce sont d'abord les nombreuses allusions à Saint-Hyacinthe. Echelonnées du 14 janvier au 20 mars 1739, elles devinrent particulièrement abondantes au mois de février. Voltaire appliqua alors une double stratégie. D'un côté, pour 'prévenir les suites funestes d'une affaire très sérieuse' (à Berger, 16 février 1739, D1881), il tentait d'arracher à Saint-Hyacinthe un désaveu complet des paragraphes le concernant dans la 'Déification de l'incomparable docteur Aristarchus Masso'. Voltaire venait de solliciter d'Argental pour en obtenir 'réparation' (9 février 1739, D1862), mais, quatre jours auparavant, il annonçait déjà au même correspondant son projet d'une 'dissertation sur les journaux' (5 février 1739, D1848) qui accompagnerait son 'mémoire' en défense: les futurs 'conseils à un journaliste' auraient donc constitué, avec d'autres 'ouvrages fugitifs' – le premier chapitre du *Siècle de Louis XIV*, 'les epîtres bien corrigées' et une 'lettre à Maupertuis' – les pièces à conviction publiées en appendice de ses 'moyens' judiciaires. Saint-Hyacinthe se défendit sur ce sujet dans une lettre publiée en 1745 dans la *Bibliothèque française* (XL, ii.329-39, D3119). Et Voltaire ne revint pas sur ses accusations. [10]

En février 1739, le manuscrit des *Conseils* était encore incomplet; il y manquait des considérations importantes que Voltaire méditait alors sur un sujet historique dont il inséra ensuite les conclusions dans *Des mensonges imprimés* (1749, en annexe de *Sémiramis*), dans le 'Catalogue des écrivains' du *Siècle de Louis XIV* (1751) et dans son *Supplément*. Il s'agissait du fameux 'testament politique attribué au cardinal de Richelieu' (éd. 1688-1689), dont il déniait la rédaction à la plume du ministre de Louis XIII et qu'il donna successivement à l'abbé Amable de Bourzeis et

---

[10] Elisabeth Carayol, *Thémiseul de Saint-Hyacinthe (1684-1746)*, *SVEC* 221 (1984), p.94s.

à Jean de Silhon.[11] Au cours du printemps, Voltaire revient à trois reprises dans sa correspondance sur cette question (le 9 mars à l'abbé d'Olivet, le 26 mars à Thiriot et le 21 juin au marquis d'Argenson, D1934, D1958, D2035). La volonté d'exalter ce 'grand ministre' qui 'commença le grand siècle' situent les *Conseils* en marge de la grande entreprise du *Siècle de Louis XIV*, auquel Voltaire travaillait depuis 'longtemps' (à l'abbé Dubos, 30 octobre 1738, D1642) et dont les premiers chapitres virent le jour à la fin de cette année tourmentée dans un *Recueil de pièces fugitives en prose et en vers* daté de 1740. Les termes utilisés par l'écrivain dans sa lettre à Jean Levesque de Burigny (19 octobre 1738, D1630) pour annoncer le *Siècle*, commencé il y a 'quelques années', comme un ouvrage où 'les progrès des arts et de l'esprit humain tiendront [...] la place la plus honorable', se retrouvent dans l'important passage des *Conseils* où Voltaire expose sa conception de l'histoire.

3. *La publication*

Pas plus que d'autographe, on ne connaît de copie manuscrite des *Conseils à un journaliste*. Voltaire lui-même a brouillé les pistes en les datant du '10 mai 1737' dans l'édition originale publiée par le *Mercure de France* (MF) de novembre 1744: en vieillissant d'un an ce texte, il le situait avant son conflit avec Desfontaines et ses complices et il donnait l'impression, en s'adressant à un 'journaliste', de ne pas répondre aux 'folliculaires' qui l'avaient agressé l'année suivante. Ce petit mensonge eut du succès, puisque les *Nouveaux Mélanges* de 1765 (NM) affirmaient, en allant même au-

---

[11] L'abbé Amable de Bourzeis (1606-1672), orateur sacré et académicien de coloration janséniste, mais surtout collaborateur de Richelieu pour certaines de ses œuvres apologétiques (*La Perfection du Chrétien*, etc.). Il aurait fait partie de la première équipe en charge du *Journal des savants* (1663): c'est pourquoi Camusat lui consacre une longue 'Note V' de son *Histoire des journaux* (n.132-68) et le *Dictionnaire des journalistes (1600-1789)*, i.145-47, une notice 109 plus réservée sur ses activités de journaliste. Jean de Silhon (1596-1667), auteur d'un *Panégyrique à Mgr. le Cardinal de Richelieu* (1629) et théoricien politique (*Le Ministre d'Etat, avec le véritable usage de la politique moderne*, Paris 1631).

delà – 'Cette pièce parut en Hollande, il y a trente ans; elle n'a pas été imprimée depuis' –, ce qui était faux à plus d'un titre – six réimpressions entre 1744 et 1765 de l'originale française –, mais qui prouvait que le texte n'avait pas vraiment retenu l'attention des libraires toujours soucieux des petites pièces voltairiennes. Les *Nouveaux Mélanges* reprirent d'ailleurs une version différente de celle du *Mercure* qu'ils firent mine ignorer pour des raisons que nous allons éclairer.

C'est, en effet, dans sa livraison de novembre 1744 que le *Mercure de France* publia la pièce sous le titre d''Avis à un journaliste' (i.2-41) précédé d'une note habile de la rédaction concernant la datation du texte: 'Le morceau suivant est l'œuvre d'un Ecrivain célèbre qui le composa en 1737, ainsi qu'il paroît par la date.' Cette entrée en matière qui prenait soin de désamorcer le caractère polémique de ces pages – un 'écrivain célèbre' donc estimable, une date relativement ancienne qui éloignait de l'idée d'un libelle d'actualité – était tout à fait dans le style traditionnel de ce périodique littéraire créé en 1672 par Jean Donneau de Visé, continué par Charles Dufresny et publié depuis 1724 sous le titre non-équivoque de *Mercure de France* 'dédié au roi'.[12] Journal privilégié, auquel était lié des pensions pour les écrivains méritants, longtemps l'organe des 'modernes', le *Mercure* savait se montrer prudemment audacieux, sans jamais déplaire de front aux autorités. La livraison de novembre 1744 est loin d'être anodine: après vingt ans du privilège d'Antoine de La Roque, mort le 3 octobre, la direction du journal avait été confiée par brevet du roi du 31 octobre à deux nouveaux responsables: Louis Fuzelier, qui avait autrefois partagé le privilège avec Dufresny et La Roque, et un nouveau venu Leclerc de La Bruère, qui devint le véritable animateur du périodique.[13] Ami des 'modernes' et

[12] Sur les divers avatars du *Mercure*, voir le *Dictionnaire des journaux (1600-1789)*, éd. Jean Sgard (Paris, Oxford 1992), t.ii, notices 919-23 (du *Mercure galant* au *Mercure*, 1672-1723), notice 925 (*Mercure de France*, 1724-1778).

[13] 'La Roque', 'Fuzelier', 'Leclerc de La Bruère', dans le *Dictionnaire des journalistes*, notices 459, 321, 483.

amateur d'art éclairé, intime ami de Watteau, La Roque avait fait du *Mercure* un carrefour culturel, où Voltaire, plutôt 'ancien' et assez indifférent en matière d'art plastique, ne pouvait se trouver à son aise. Il n'avait jamais collaboré directement avec un journal qui révélait chaque mois des inédits en vers et en prose.[14] Mais, dès avril 1745 et jusqu'en juin 1746, il donna à La Bruère, qui les publia, une longue suite de chapitres du futur *Essai sur les mœurs*. Charles Leclerc de La Bruère est sans doute l'auteur de la note liminaire à l'*Avis*. Tout autant que de la première publication d'un 'écrivain célèbre' quoique anonyme, mais où chacun reconnaissait Voltaire, il s'agissait du texte-programme d'un nouveau directeur de journal qui se plaçait ainsi sous l'égide du philosophe. Le journaliste continuait d'ailleurs: 'Nous ferons nos efforts pour profiter des conseils judicieux que l'auteur donne aux journalistes qu'il veut instruire.'

'Sa Majesté bien informée des talents et de la sagesse de sieurs Louis Fuselier et Charles Antoine Le Clerc de la Bruère' – ainsi que le brevet de composition le signalait (novembre 1744, second volume, n.p. à la fin) – ne pouvait avoir fait un mauvais choix, d'autant que La Bruère avait installé la direction du journal à l'Hôtel de Pontchartrain (novembre 1744, Premier Volume, 'Avis', p.[xii]), haut lieu traditionnel du contrôle de la librairie. Le premier volume du numéro d'ouverture de novembre fut naturellement précédé d'une 'Epître dédicatoire au roi' (n.p.) signée des deux privilégiés et, surtout, d'une 'Préface du Nouveau Mercure de France' (p.vii-x) qui faisait fonction d'engagement de la part de la direction. Ce type de préface était, évidemment, monnaie courante dans la presse du temps au moment de la prise de fonction de nouveaux responsables. En l'occurrence ici, elle annonçait par divers aspects l'*Avis* qui allait la suivre: 'Le Mercure de France est non seulement le journal de la Politique, mais encore

14 'Voltaire' dans le *Dictionnaire des journalistes*, notice 808; Madeleine Fields, 'Voltaire et le *Mercure de France*', *SVEC* 20 (1962), p.175-215; André Magnan, art. 'Journaliste', dans *Inventaire Voltaire*, éd. J. Goulemot, A. Magnan, D. Masseau (Paris 1995), p.758-61.

de la Jurisprudence, de la Littérature, de la Police, de la Finance et des Théâtres. Ces matières chronologiquement rangées doivent composer son principal mérite' (p.vii). 'On ne veut pas être complice de l'aigreur et de la malignité des Dissertateurs passionnés, on ne sçauroit trop leur redire que des injures ne sont pas des preuves. [...] Quant au Mercure, il se propose d'observer une exacte neutralité' (p.viii). 'Ce n'est pas seulement aux Belles Lettres que le Mercure de France doit se consacrer. Tous les Beaux Arts ont un droit légitime sur sa Plume' (p.ix). 'Les occupations des savants ne sçauroient être trop publiées' (p.x). L'*Avis* suivait immédiatement, alors que, dans une version primitive du numéro, un texte de dix pages supprimé dans le tirage définitif le séparait de la 'Préface': les *errata* au texte de Voltaire signalés à la fin du Second Volume de la livraison (n.p.) fournissent une pagination erronée qui témoigne de ces corrections sous presse.

Ainsi l'*Avis à un journaliste* était publié en ouverture du premier numéro dirigé par Leclerc de La Bruère qui appartenait, sinon aux familiers de Voltaire, du moins à ceux que le philosophe appréciait. En avril 1738, il ne tarissait pas d'éloge sur le 'gentil La Bruère', un des 'jeunes gens de Paris' dont il avait la 'meilleure opinion' (à Berger, D1481). Quelques semaines avant l'ébauche de rédaction de l'*Avis*, le 10 décembre 1738, il renvoyait à Thiriot la version corrigée de sa main du livret de *Dardanus* composé pour Rameau par 'notre ami M. de la Bruère' (D1682). C'est donc par Thiriot et comme confrère et poète d'opéra que Voltaire était entré en relation avec La Bruère. Six ans plus tard, quand La Bruère obtint le privilège du *Mercure*, Voltaire semblait destiné aux plus hautes fonctions. Le même mois de novembre 1744 voyait le marquis d'Argenson, ancien condisciple de Voltaire, accéder au ministère des Affaires étrangères; en février 1745, *La Princesse de Navarre*, collaboration de Voltaire et de Rameau, allait être créée à Versailles et, en avril, Voltaire allait être nommé historiographe de France. En septembre 1744, il était revenu à Paris où, en compagnie du duc de Richelieu, protecteur et ami, il avait assisté

aux fêtes célébrant le rétablissement de 'Louis le Bien-Aimé', le miraculé de Metz; la nouvelle favorite, future Mme de Pompadour, le considérait avec faveur. Son 'discours en vers' *Sur les événements de l'année 1744,* qui en célébrait les étapes, avaient reçu le meilleur accueil, et La Bruère le publia dans cette même livraison de novembre 1744 (premier volume, p.59-62: 'par M. de Voltaire') en compagnie de vers d'académiciens comme Crébillon et Nivelle de La Chaussée. Quel chemin parcouru depuis 1738! La publication du *Mercure* est donc clairement en porte-à-faux par rapport à l'atmosphère de la rédaction de 1739: d'une annexe à un 'moyen' judiciaire destiné à soutenir la cause d'un persécuté contre un 'folliculaire' et ses complices, on passe à un programme apaisé, presque académique pour un périodique rénové.

Cela explique que la version du *Mercure* soit antidatée[15] et que les passages où s'étalaient les 'personnalités' contre ses ennemis de l'heure aient été supprimés ('l'auteur odieux des Observations') ou adoucis. On y caviardait quelques adjectifs ('écrivains *périodiques'*) ou adverbes déplacés ('Louis XIV [....] a été *quelquefois* [l'exemple] des rois'; 'vers de M. de la Motte, car il en a *quelquefois* fait d'excellents') suggérant un peu plus qu'ils ne disaient. Des astérisques remplaçaient le nom de Louis XIV ou le 'janséniste' et le 'moliniste'. Le paragraphe concernant le libertinage du grand-oncle du duc de Richelieu disparaissait pour les raisons variées que l'on imagine. Les lignes finales sur les 'écrits mercenaires' étaient rayées et conservées pour des presses moins officielles. Qu'il soit le fait de La Bruère ou de Voltaire lui-même, ce travail sur le texte, afin de le rendre convenable dans un périodique 'dédié au roi', est le fruit d'une autocensure dont on mesure la finalité. Le *Mercure de France* sera, dans la seconde moitié du siècle, l'organe favori des voltairiens. L'*Avis* publié par La Bruère en raconte une préhistoire

---

[15] Cela semble plus vraisemblable que la coquille: 'mai 1737' pour 'mai 1739' supposée par Jean Sgard, 'Voltaire et la passion du journalisme', *Le Siècle de Voltaire. Hommage à René Pomeau,* éd. C. Mervaud et S. Menant (Oxford 1987), ii.848.

ratée. Dès janvier 1745, Voltaire pourra apprécier combien il est difficile d'empêcher la presse de faire son métier et les journalistes de rechercher l'inédit et le sensationnel: déjà installé à Versailles, il se plaindra alors auprès de Vauvenargues de n'avoir pu convaincre La Bruère de ne pas publier un manuscrit du philosophe provençal (7 janvier 1744 [1745], D3062).

Sous le titre plus anodin de *De la manière de faire un journal*, cette version adoucie fut reprise au tome six et dernier des *Œuvres diverses de M. de Voltaire* (w46) publiées à Trévoux sous la fausse adresse de Londres chez l'éternel Jean Nourse. Mais c'est l'édition hollandaise – Amsterdam, Ledet ou Desbordes (w38) – dans un *Tome Sixieme. Contenant des Pieces qui ne se trouvoient pas dans cette Edition, et d'autres Morceaux très curieux qui n'ont jamais paru jusqu'à présent* (w45) sous l'adresse d'Etienne Ledet en 1745 que l'on trouve une version plus proche sans doute de la rédaction primitive de 1739: les *Conseils à un journaliste*. Le paragraphe final contre les 'écrits mercenaires' y paraît, de même que les attaques personnelles absentes de la version du *Mercure*. Les *Nouveaux Mélanges* (NM) de 1765 chez Cramer reprirent cette leçon, en se trompant seulement de dix ans sur la date de la première édition. La dernière édition revue par Voltaire de sa *Collection complète des œuvres* en 1775 (w75G) n'apporte plus de modification notable. On peut supposer qu'elle offre une version archéologique d'un texte qui n'était plus d'actualité, mais qui témoignait que le défenseur de Calas et du chevalier de La Barre se battait depuis des lustres contre les 'mensonges' et la 'calomnie'.

4. *Le journaliste selon Voltaire*

Les *Conseils à un journalistes* sont adressés à un homme de lettres qui a 'dessein' de travailler à un 'ouvrage périodique'. Jean Sgard a avancé une hypothèse concernant ce mystérieux personnage, dont le texte de Voltaire donne un portrait-robot intellectuel assez vague: il a 'la science' et le 'goût', 'assez de géométrie et de

physique'; il entend 'bien Sophocle et Euripide'.[16] Parmi les familiers de Voltaire en 1739, le critique ne voit guère que Jean-Baptiste Boyer, marquis d'Argens, qui puisse répondre à ces critères et à quelques autres dont témoigne sa correspondance. D'Argens est loin d'être un débutant à cette date; il est au service des libraires hollandais pour des feuilles périodiques qui ont quelque succès. Les *Conseils à un journaliste* sont plus que réservés à l'égard de la presse du Refuge. 'On a vu, soit en Hollande soit ailleurs, de ces ouvrages périodiques destinés en apparence à instruire, mais composés en effet pour diffamer': ces piques culminent avec la conclusion des *Conseils* où l'on évoque la 'barbarie' de 'la plupart des gens de lettres qui travaillent en Hollande' et autres aménités sur le 'langage des marchands'.[17] Evidemment, il n'est pas question dans ces lignes du très aristocratique, sinon très recommandable marquis d'Argens,[18] qui inaugura en 1736 sa carrière de journaliste avec les *Lettres juives* publiées chez le libraire Paupie de La Haye, continuées, l'année suivante, par les *Lettres cabalistiques* et les *Mémoires secrets de la République des lettres* et, en octobre 1738, par la *Nouvelle Bibliothèque*. Voltaire a une faiblesse pour ce personnage assez flamboyant qu'il retrouvera à Sans-Souci chez Frédéric II, dont ils seront les 'chambellans' commensaux. Pour l'heure, Voltaire le cite dans sa correspondance dès 1735, note avec satisfaction en 1736 qu'il le soutient contre Desfontaines. Il lui fournit documents et anecdotes dont le polygraphe provençal fait son miel pour ses divers travaux de librairie. Il le trouve 'brillant et philosophe', possédant 'l'esprit de Bayle et le style de Montaigne', signes évidents de la 'force du génie' (25 octobre, 10 et 20 décembre 1736,

[16] Dans 'Voltaire et la passion du journalisme', *Le Siècle de Voltaire. Hommage à René Pomeau*, ii.849-51.

[17] Les rapports difficiles entretenus par Voltaire avec les journalistes français de Hollande sont analysés par J. Vercruysse, *Voltaire et la Hollande*, *SVEC* 46 (1966), p.170-72.

[18] 'Boyer d'Argens' dans le *Dictionnaire des journalistes*, i.148-51, notice 112. Sur les rapports entre Voltaire et le marquis d'Argens, voir Raymond Trousson, 'Voltaire et le marquis d'Argens', *Studi francesi* 10 (1966), p.226-39.

D1182, D1223, D1228); il le sollicite de 'vouloir [l']instruire quels journaux réussissent le plus en Hollande' (D1182), il lui recommande enfin la 'connaissance des langues' vivantes et de se bâtir un 'fond d'érudition' (22 juin 1737, D1342). On retrouve plusieurs de ces caractères dans le portrait du destinataire des *Conseils à un journaliste*: 'Quant au style d'un journaliste, Bayle est peut-être le premier modèle [...] il fait à la vérité conversation avec son lecteur comme Montaigne'; 'Il faut qu'un bon journaliste sache au moins l'anglais et l'italien', '[...] remplissez-vous d'idées profondes et justes'. Les *Conseils* sont-ils un écho de ces premières réflexions sur le nouveau journalisme et d'Argens la forme humaine qui les remplit? Vraisemblablement, mais on pourrait dire aussi que l'auteur des *Lettres juives* occupe alors provisoirement l'emploi de journaliste idéal, sans qu'il soit le destinataire véritable de ces pages.

Quel est donc ce 'journalisme' dont Voltaire se fait le réformateur et que La Bruère propose à ses lecteurs du *Mercure*? Il s'agit de toute évidence d'une forme hybride qu'il faut analyser par rapport à ce que sont la tradition et la pratique journalistiques dans la décennie 1730-1740. Depuis bientôt un siècle, la presse existe en France et elle s'est développée considérablement depuis la fin du règne de Louis XIV, dans le royaume, mais surtout en Hollande pour les journaux réfugiés. On distingue les 'gazettes', journaux d'information politique généralement bi-hebdomadaires sur quelques pages, des 'journaux', à périodicité plus longue, souvent mensuels ou bi-mensuels, que leur format et leur pagination font désigner sous le vocable de 'livres'. Voltaire a le plus profond mépris pour les gazetiers; il rédigera dans l'*Encyclopédie* un article 'Gazette' qui dit son peu de considération pour ce qui est, selon lui, un travail subalterne de 'folliculaires' besogneux au service de la propagande d'Etat; il lui assimile d'ailleurs à tort les 'gazettes littéraires' et cite encore à cette date (1757) le *Nouvelliste du Parnasse* et les *Observations* de Desfontaines comme anti-modèles: Voltaire a la mémoire des injures. Les 'journaux', dont le modèle français est le *Journal des savants*, sont

des périodiques de comptes rendus ('extraits') publiant aussi des 'nouvelles', des 'mémoires' et des 'lettres' dans le domaine 'savant' entendu au sens large du temps, comprenant l'histoire, la religion et le droit. [19] Le terme d''article' fut inauguré par Pierre Bayle pour distinguer les segments numérotés des *Nouvelles de la République des Lettres*. Les 'journaux' peuvent porter des titres très variés, dont celui de 'bibliothèque'. [20] A côté de ces journaux paraissent au début du dix-huitième siècle des 'spectateurs' sur le modèle anglais qui sont des espèces de journaux moraux, souvent rédigés à la première personne et traitant des réalités sociales, voire politiques.

Les 'mercures' sont plus généralistes: ils publient des comptes rendus de littérature non-savante, des nouvelles mondaines ou littéraires, des mémoires instructifs sans être rébarbatifs et surtout des 'pièces fugitives' en prose et en vers. Après de nombreux tâtonnements, le *Mercure de France* de La Roque (1724) prit pour longtemps sa forme définitive: divisé en sections immuables, il offrait un plan qui faisait sa juste place aux pièces fugitives mises en tête de livraison et aux comptes rendus des scènes parisiennes sans négliger les 'mémoires', la 'chanson' mensuelle et les 'nouvelles de l'étranger'. La Bruère voulut sans doute faire évoluer le contenu du *Mercure*, promesse habituelle certes des nouveaux responsables de la presse à toutes les époques. La 'Préface' citée plus haut montre qu'il aurait voulu maintenir la tradition de La Roque qui avait fait du *Mercure* un excellent observatoire des beaux-arts tout en y développant des aspects 'savants': 'jurisprudence' et académies provinciales. L'aspect 'politique', avec la présence accentuée des 'nouvelles étrangères', marquait aussi une évolution qui aurait pu faire du *Mercure* le porte-parole officieux du ministère des Affaires étrangères et de son nouveau responsable, le marquis d'Argenson. Jusqu'alors ce

[19] Jean-Pierre Vittu, 'Qu'est-ce qu'un article au *Journal des savants* de 1665 à 1714?', *Revue française d'histoire du livre* 112-113 (3e et 4e trimestre 2001), p.128-48.

[20] Elisabeth Arend, *'Bibliothèque' – geistiger Raum eines Jahrhunderts: hundert Jahre französischer Literaturgeschichte im Spiegel gleichnamiger Bibliographien, Zeitschriften und Anthologien (1685-1789)* (Bonn 1987).

statut était rempli par la *Gazette*. On voit que le 'mercure' tendait lui aussi à une forme hybride de 'journal' dont les *Conseils* étaient le nouvel évangile. Ces pages qui s'adressaient sans doute à d'Argens, auteur de 'journaux', ne pouvaient pas manquer d'intéresser un 'mercure' en quête de réforme.

Les *Conseils*, devenus *Avis* pour la publication dans le *Mercure*, ne furent pas suscités par l'intérêt que Voltaire portait à la presse: il ne put jamais voir dans ces 'écrivains périodiques' que des auteurs d''écrits mercenaires'. Paradoxalement, ce fut Desfontaines qui l'amena à cette réflexion sur le 'journalisme' – terme qu'il n'utilise d'ailleurs pas. Le 'journaliste' tel qu'il le définit est d'abord à l'image inversée de Desfontaines. Cette même notion s'oppose à celle du 'gazetier' qui rapporte les nouvelles au jour le jour: le 'journaliste' commente l'écrit, le 'gazetier' rapporte l'actualité. Nous parlerions aujourd'hui de journalisme littéraire contre journalisme d'informations générales. Mais sa conception du journalisme va très au-delà de ce que la presse française du temps concevait comme le domaine du 'journal'; il y intègre les secteurs dont le *Mercure* était le censeur traditionnel. De fait, sa conception se rapproche d'avantage de la presse hollandaise qui, pour diverses raisons dont économiques, avait multiplié les journaux composites: savants, un peu 'mercures', voire 'spectateurs'. En effet, Voltaire propose deux périodiques en un: un 'journal' rendant compte des ouvrages 'de géométrie et de physique' et de ceux de philosophie, mais aussi un 'mercure' procurant des analyses politiques découplées du quotidien, des 'extraits' dramatiques et littéraires combinés à la publication de 'pièces fugitives' en vers et en prose. L'intérêt pour la littérature italienne – assez traditionnel en France – et pour le domaine anglais – plus récent – n'est pas non plus une nouveauté: dès 1728, une *Bibliothèque italique* paraissait sous la direction de Louis Bourguet à Genève et, cinq ans plus tard, naquirent le très anglomane *Pour et contre* (1733-1740) de l'abbé Prévost et la *Bibliothèque britannique ou Histoire des ouvrages des savants de la Grande-Bretagne* (1733-1747) publiée à La Haye par une rédaction

de réfugiés français résidant à Londres. Le futur chambellan de Frédéric de Prusse ne se préoccupait pas pour l'instant du domaine germanique, alors que, depuis 1720, paraissait à Amsterdam une *Bibliothèque germanique ou Histoire littéraire de l'Allemagne et des pays du Nord* dirigée par Jacques Lenfant, puis par le confrère de Voltaire à l'Académie de Berlin, Jean Henri Samuel Formey. Il est vrai que l'exil anglais avait révélé à l'auteur des *Lettres philosophiques* la diversité de la civilisation britannique.

Quelle est sa conception de la place du 'journaliste' dans le monde des lettres? Il occupe de toute évidence un statut inférieur, même si l'on exige de lui des qualités importantes: érudition, culture et jugement équilibré. De fait, Voltaire a une vision assez archaïque d'une activité qu'il ne saurait considérer comme une profession à part entière et, encore moins, digne de célébrer dans le 'temple du goût'. Au siècle précédent, Jean Donneau de Visé se disait 'l'auteur du Mercure': dans cette préhistoire de la presse française, la naissance d'un journal – ou le renouvellement de son privilège – était toujours liée à une personne qui le représentait et était censée le rédiger. Il n'est donc pas étonnant que Voltaire propose Pierre Bayle comme archétype du journaliste parfait. Le fondateur des *Nouvelles de la République des Lettres* (1684) est l'exemple même du journaliste encyclopédiste. De fait, dès 1701, avec la réforme du *Journal des savants* conduite par l'abbé Jean-Paul Bignon, se crée un bureau de rédaction composé de collaborateurs spécialisés. La presse hollandaise emboîtera le pas et, plus discrètement, la presse parisienne, même si le 'privilégié' reste légalement le rédacteur nominal. Sans que cet exercice solitaire soit directement rattaché à la forme des 'spectateurs', adeptes véritables du journalisme à la première personne, la presse française se pliera longtemps à la pratique du rédacteur unique, qui devait correspondre assez profondément à une fonction polémique dans une république des lettres en pleine mutation: Desfontaines n'est pas le seul, on a cité Prévost, mais il faudrait suivre cette tradition jusqu'à la Révolution à travers les Fréron et les Linguet. Voltaire voit dans le 'journaliste' tel qu'il devrait être un savant et

un amateur de littérature, un homme de cabinet et un mondain, un critique et un écrivain. Cela fait beaucoup pour ce génie périodique.

5. *Editions*

MF

Mercure de France, novembre 1744, tome i, p.2-41.

W45 (W38, 1745)

Œuvres de M. de Voltaire. Tome Sixième. Contenant des Pièces qui ne se trouvoient pas dans cette Edition, et d'autres Morceaux très curieux qui n'ont jamais paru jusqu'à présent. Amsterdam, Etienne Ledet, 1745. 1 vol. 8°.
P.280-319
Bengesco 2120; Trapnell 39A; BnC 7-11.
Genève, ImV: A1738/1. Paris, BnF: Rés. Z Beuchot 7.

W45A (W43, 1745)

Œuvres de M. de Voltaire. Amsterdam [ou] Leipzig, Arckstée et Merkus, 1743-1745. 6 vols (t.v, 1744; t.vi, 1745, p.280-319) 8°.
Emission nouvelle de W45.
Bengesco iv.23; Trapnell 43.
Genève, ImV: A1743/1. Paris, BnF: Rés. Z Bengesco 469.

W46

Œuvres diverses de M. de Voltaire. Londres [Trévoux] Jean Nourse, 1746. 6 vols 12°.
Tome i, p.416-58.
Bengesco 2127; Trapnell 46; BnC 25-26.
Paris, BnF: Rés. Z Beuchot 8 (1).

w50

La Henriade et autres ouvrages. Londres [Rouen] Société, 1750-
1752. 10 vols 12°.
Edition publiée sans la participation de Voltaire.
Tome x, deuxième partie (pagination séparée), p.3-42.
Bengesco 2130; Trapnell 50R; BnC 39.
Paris, BnF: Rés Z. Beuchot 16.

w51

Œuvres de M. de Voltaire. [Paris, Lambert] 1751. 11 vols 12°.
Tome viii, p.3-36.
Bengesco 2131; Trapnell 51P; BnC 40-41.
Genève, ImV: A1751/2(8). Oxford, Taylor: V1 1751 (8). Paris,
Arsenal: 8° B 34047; BnF: Rés. Z Beuchot 13.

w57P

Œuvres de M. de Voltaire. [Paris, Lambert], 1757. 22 vols 12°.
Tome viii, p.395-423.
Bengesco 2135; Trapnell 57P; BnC 45-54.
Genève, ImV: A1757/3(8). Paris, BnF: Z. 24649.

w64R

Collection complète des œuvres de M. de Voltaire. Amsterdam:
Compagnie [Rouen, Machuel], 1764. 22 tomes en 18 vols 12°.
Tome vi, p.13-61.
Les volumes 1-12 font partie de l'édition w48R supprimée par
Voltaire.
Bengesco 2136; Trapnell 64R; BnC 145-48.

NM

Nouveaux mélanges philosophiques, historiques, critiques, etc.
[Genève, Cramer], 1765-1775[?1776]. 19 vols 8°.
Tome i, p.335-72.

Bengesco 2212; Trapnell NM; BnC 111-135.
Genève, ImV: BA 1765/1(1). Oxford, Taylor: VF. Paris, BnF: Z
27258, Rés. Z Beuchot 21 et 1608.

w68

Collection complette des œuvres de M. de Voltaire. [Genève,
Cramer; Paris, Panckoucke], 1768-1777. 30 vols 4°.
Tome xvi, p.57-83.
Bengesco 2137; Trapnell 68; BnC 141-44.
Oxford, Taylor: VF.

w70L

Collection complette des œuvres de M. de Voltaire. Lausanne,
Grasset, 1770-1781. 57 vols 8°.
Tome xxxii, p.191-230.
Bengesco 2138; Trapnell 70L; BnC 149 (1-6, 14-21,25).
Lausanne, Bibliothèque cantonale et universitaire. Oxford,
Taylor: V1 1770 L (32).

w71

Collection complette des œuvres de M. de Voltaire. Genève [Liège,
Plomteux], 1771. 32 vols 12°.
Edition publiée sans la participation de Voltaire.
Tome xvi, p.65-94.
Bengesco 2139; Trapnell 71; BnC 151.
Oxford, Taylor: VF.

w71A

Œuvres de M. de V... , Neuchâtel [Paris, Panckoucke], 1771, 6
vols 12°.
Tome i, p.307-58.
Paris, BnF: Z 24790.

W72P

Œuvres de M. de V.... Neufchâtel [Paris, Panckoucke], 1772-1777. 40 vols 8°.
Mélanges philosophiques, littéraires, historiques, t. i.
Tome xvi, p.307-58.
Reproduit le texte de W68 et de W71A.
Bengesco 2140. Trapnell 72P; BnC 152-57.
Paris, Arsenal: Rf. 14095.

W75G

La Henriade, divers autres poèmes et toutes les pièces relatives à l'épopée. [Genève, Cramer & Bardin], 1775. 37 [40] vols 8°.
Tome xxxiv, p.258-88.
Bengesco 2141; Trapnell 75G; BnC 158-61.
Genève, ImV: A1775(34). Oxford, Taylor: V1 1775 (34); VF.

K

Œuvres complètes de Voltaire. [Kehl], Société littéraire-typographique, 1784-1789. 70 vols 8°.
Tome xlvii, p.413-47.
Genève, ImV: A1784(47). Oxford, Taylor: V1 1785/2 (47); VF.
Paris, BnF: Rés. p. Z. 2209 (47).

6. *Principes de cette édition*

Nous avons choisi comme texte de base W75G, qui suit de très près celui de NM. Nous donnons les variantes des éditions MF, W45, W46, W51, W57P, NM, K. La ponctuation du texte de base, ainsi que l'orthographe des noms propres, ont été respectées. Par ailleurs le texte de base a fait l'objet d'une modernisation portant sur la graphie, l'accentuation et l'emploi des majuscules. L'esperluette a été développée. Les traits d'union ont été harmonisés pour se conformer à l'usage moderne.

INTRODUCTION

I. Particularités de la graphie

1. Consonnes

— absence de la consonne *p* dans le mot 'tems', 'longtems', et le composé 'contre-tems'.
— absence de la consonne *t* dans les finales en *—ans* et en *—ens*: charmans, conquérans, différens, élégans, étudians, excellans, ignorans, ornemens, parlemens, piquans, protestans, récens, raisonnemens, talens.
— redoublement de consonnes contraire à l'usage actuel: renouvellé.
— présence d'une seule consonne là où l'usage actuel prescrit son doublement: acostez, falait, poura, pourait.

2. Voyelles

— emploi de *y* à la place de *i* dans: ayent, essaye.
— emploi de *i* à la place de *y* dans: stile.

3. Divers

— emploi de la graphie *—oi* pour *—ai* dans: monnoie.
— emploi de la graphie *—ai* pour *—é* dans: puissai-je.
— utilisation systématique de la perluette.

4. Graphies particulières

— l'orthographe moderne a été rétablie dans le cas des mots suivants: ajuge, appas, encor, vuide.
— les noms propres en italique sont restitués en romain.

5. Abréviations

— I. au lieu de Ier.
— Mr. au lieu de M.
— St au lieu de Saint.

6. Le trait d'union

— il a été supprimé dans les noms et expressions suivants: à-peu-près (locution adverbiale), au-lieu de, gens-de-lettres, grands-hommes, honnête-homme, par-contre, par-là, plût-à-Dieu, tout-d'un-coup.

II. Particularités d'accentuation

1. L'accent aigu

— il est absent dans: deshonorer.
— il est employé au lieu du grave, dans: dixiéme, piéces, siécle.

– il est employé au lieu du circonflexe, dans: mélée, mémes (également 'mêmes').

2. L'accent grave

– il est employé au lieu du circonflexe dans: brèche.

3. L'accent circonflexe

– il est présent dans des mots qui ne le comportent pas selon l'usage actuel: chûte, plûpart, toûjours.
– il est employé au lieu du grave, dans: problême
– il est absent dans: épitre, graces, infame, théatre.

4. Le tréma

– il est employé au lieu de l'aigu dans: poësie (également 'poésie'), poëte, poëtique.

III. Particularités grammaticales

1. Emploi de l's adverbial dans: jusques.

2. Emploi du pluriel en –x dans: loix.

CONSEILS À UN JOURNALISTE

sur la philosophie, l'histoire, le théâtre, les pièces de poésie,
les mélanges de littérature, les anecdotes littéraires, les langues
et le style.

L'ouvrage périodique auquel vous avez dessein de travailler,
monsieur, peut très bien réussir, quoiqu'il y en ait déjà trop de
cette espèce. Vous me demandez comment il faut s'y prendre pour
qu'un tel journal plaise à notre siècle et à la postérité. Je vous
répondrai en deux mots, *Soyez impartial*. Vous avez la science et le   5
goût; si avec cela vous êtes juste, je vous prédis un succès durable.
Notre nation aime tous les genres de littérature, depuis les
mathématiques jusqu'à l'épigramme. Aucun des journaux ne
parle communément de la partie la plus brillante des belles-lettres,
qui sont les pièces de théâtre, ni de tant de jolis ouvrages de poésie,   10
qui soutiennent tous les jours le caractère aimable de notre nation.
Tout peut entrer dans votre espèce de journal, jusqu'à une chanson
qui sera bien faite, rien n'est à dédaigner. La Grèce qui se vante

a-d MF: *Avis à un journaliste.* / Le morceau suivant est l'ouvrage d'un écrivain
célèbre qui le composa en 1737, ainsi qu'il paraît par la date. Son intention était de
donner ces conseils à un jeune homme qui voulait entreprendre un journal. Cette
pièce servira de seconde préface à notre recueil. Nous ferons nos efforts pour profiter
des conseils judicieux que l'auteur donne au journaliste qu'il veut instruire, mais lui
serait en état de bien fournir une carrière aussi vaste. / Avis à un journaliste, 10 mai
1737.

w46: *De la manière de faire un journal.* / * Le 10 mai 1737. / De la
philosophie. De l'histoire. Du théâtre. Des pièces de poésie. Des mélanges de
littérature. Des anecdotes littéraires. Des langues. Du style.

NM: [*annonce ajoutée à la page précédente:*] Cette pièce parut en Hollande il y
a trente ans, elle n'a pas été imprimée depuis; le public jugera si elle mérite de trouver
place dans ce recueil.

b-c w57P: poésies [...] littératures
2   MF, w46: déjà de cette
6   w46: goût. Si

d'avoir fait naître Platon, se glorifie encore d'Anacréon; et
Ciceron ne fait point oublier Catulle.   15

Sur la philosophie

Vous savez assez de géométrie et de physique pour rendre un
compte exact des livres de ce genre; et vous avez assez d'esprit
pour en parler avec cet art qui leur ôte leurs épines, sans les
charger de fleurs qui ne leur conviennent pas.

Je vous conseillerais surtout, quand vous ferez des extraits de   20
philosophie, d'exposer d'abord au lecteur une espèce d'abrégé
historique des opinions qu'on propose, ou des vérités qu'on établit.

Par exemple, s'agit-il de l'opinion du *vide*, dites en deux mots
comment Epicure croyait le prouver, montrez comment Gassendi
l'a rendu plus vraisemblable, exposez les degrés infinis de   25
probabilité que Newton[1] a ajoutés enfin à cette opinion, par ses
raisonnements, par ses observations, et par ses calculs.

S'agit-il d'un ouvrage sur la nature de l'*air*? Il est bon de
montrer d'abord qu'Aristote et tous les philosophes ont connu sa
pesanteur, mais non son degré de pesanteur. Beaucoup d'ignorants   30
qui voudraient au moins savoir l'histoire des sciences, les gens du
monde, les jeunes étudiants verront avec avidité par quelle raison
et par quelles expériences le grand Galilée combattit le premier
l'erreur d'Aristote au sujet de l'*air*; avec quel art Torricelli[2] le

13   MF: faite. Rien
23   w46: vide? Dites
25   w46: la rend
30   w46: [', mais ... pesanteur' *absent*]
32   w57P: par quelles raisons

[1] Echo des propres travaux de Voltaire à Cirey publiés l'année précédente:
Eléments de la philosophie de Neuton mis à la portée de tout le monde (Amsterdam
1738).
[2] Evangelista Torricelli (1608-1647) découvrit la loi de l'écoulement des liquides,
qu'il publia en 1644.

478

pesa, ainsi qu'on pèse un poids dans une balance; comment on   35
connut son ressort; comment enfin les admirables expériences de
MM. Hales et Boerhaave[3] ont découvert des effets de l'*air*, qu'on
est presque forcé d'attribuer à des propriétés de la matière
inconnues jusqu'à nos jours.

Paraît-il un livre hérissé de calculs et de problèmes sur la *lumière?*   40
Quel plaisir ne faites-vous pas au public de lui montrer les faibles
idées que l'éloquente et ignorante Grèce avait de la *réfraction*, ce
qu'en dit l'Arabe Alhazen,[4] le seul géomètre de son temps; ce que
devine Antonio de Dominis;[5] ce que Descartes met habilement et
géométriquement en usage, quoiqu'en se trompant; ce que découvre   45
ce Grimaldi,[6] qui a trop peu vécu; enfin, ce que Newton pousse
jusqu'aux vérités les plus déliées et les plus hardies auxquelles
l'esprit humain puisse atteindre, vérités qui nous font voir un
nouveau monde, mais qui laissent encore un nuage derrière elles.

36-37   MF: de Hales
37   MF: de Boheraave
     w51-w57P: de Boerhaave
37   w57P: découvert les effets
42   w46: réfraction? Ce
42-43   MF: , et ce qu'en dit
49   MF: laissent un nuage

[3] Stephen Hales (1677-1761), physicien anglais, auteur des *Statical essays*, 2 vol.
(Londres 1733) (*DNB*, xxiv.32-36). Voltaire en possédait la traduction de Sauvages
publiée en 1744 (BV1590): *Haemastatique ou la Statique des animaux*. En 1737,
Voltaire se rendit à Leyde pour y rencontrer Herman Boerhaave (1668-1738)
(*NNEW*, lvi.127-42; voir D1217).

[4] La théorie de la réfraction développée par Alhazen (env. 966-1039) fit autorité
jusqu'au dix-septième siècle (D. Pingree, in *Encyclopaedia of world biography*,
12 vol., New York 1973, v.126-28).

[5] Professeur de rhétorique et mathématicien, Marcantonio de Dominis (1566-
1624), jésuite, puis évêque, converti au protestantisme, réfugié en Angleterre, puis
de retour à Rome, a publié un traité *De radiis visus et lucis in vitris perspectivis et iride
tractatus* (Venise 1611) (L. Moréri, *Le Grand Dictionnaire historique*, Bâle 1733,
iii.588).

[6] Francesco Maria Grimaldi (1613-1663), jésuite, astronome et mathématicien de
Bologne, auteur des *Physico-mathesis de lumine, coloribus et iride aliisque adnexis libri
duo* (Bologne 1665) (voir D1137 et D1215).

Composera-t-on quelque ouvrage sur la *gravitation* des astres,[7] sur cette admirable partie des démonstrations de Newton? Ne vous aura-t-on pas obligation si vous rendez l'histoire de cette *gravitation* des astres, depuis Copernic qui l'entrevit, depuis Kepler qui osa l'annoncer comme par instinct, jusqu'à Newton qui a démontré à la terre étonnée, qu'elle pèse sur le soleil et le soleil sur elle?

Rapportez à Descartes et à Harrot[8] l'art d'appliquer l'algèbre à la mesure des courbes, le calcul intégral et différentiel à Newton, et ensuite à Leibnitz. Nommez dans l'occasion les inventeurs de toutes les découvertes nouvelles. Que votre ouvrage soit un registre fidèle de la gloire des grands hommes.

Surtout, en exposant des opinions, en les appuyant, en les combattant, évitez les paroles injurieuses qui irritent un auteur, et souvent toute une nation, sans éclairer personne. Point d'animosité, point d'ironie. Que diriez-vous d'un avocat général, qui en résumant tout un procès, outragerait par des mots piquants la partie qu'il condamne? Le rôle d'un journaliste n'est pas si respectable, mais son devoir est à peu près le même. Vous ne croyez point l'harmonie préétablie, faudra-t-il pour cela décrier Leibnitz?[9] Insulterez-vous à Locke,[10] parce qu'il croit Dieu assez puissant

53 MF: Repler
56-58 MF: ['Rapportez ... Leibnitz' *absent*]
60-61 MF, W46: hommes, surtout
62 W46: combattant. Evitez
69-79 MF: ['Insulterez-vous ... pendant sa vie.' *absent*]
70 W46: pour donner la pensée à la matière?

[7] 'sGravesande lui en fit la démonstration (Voltaire à H. Pitot, 17 mai 1737, D1327). L'intérêt de Voltaire pour Newton remonte à l'époque de son séjour en Angleterre. La XVe des *Lettres philosophiques* (1734) intitulée 'Sur le système de l'attraction' est un reflet de cette curiosité.

[8] Thomas Harriot ou Hariot (1560-1621), mathématicien anglais. Son principal ouvrage *Artis analyticae praxis ad aequationes algebraicas nova expida et generali methodo resolvendas* parut à Londres après sa mort, en 1631.

[9] W. H. Barber, *Leibniz in France, from Arnauld to Voltaire: a study in French reactions to Leibnizianism, 1670-1760* (Oxford 1955), p.90-173.

[10] Voir la XIIIe des *Lettres philosophiques*: 'Sur Locke'.

pour pouvoir donner, s'il le veut, la pensée à la matière? Ne croyez-   70
vous pas que Dieu, qui a tout créé, peut rendre cette matière et ce
don de penser éternels? Que s'il a créé nos âmes, il peut encore
créer des millions d'êtres différents de la matière et de l'âme;
qu'ainsi le sentiment de Locke est respectueux pour la Divinité,
sans être dangereux pour les hommes? Si Bayle, qui savait   75
beaucoup, a beaucoup douté, songez qu'il n'a jamais douté de la
nécessité d'être honnête homme. Soyez-le donc avec lui, et n'imitez
point ces petits esprits qui outragent par d'indignes injures un
illustre mort, qu'ils n'auraient osé attaquer pendant sa vie.

Sur l'histoire

Ce que les journalistes aiment peut-être le mieux à traiter, ce sont   80
les morceaux d'histoire; c'est là ce qui est le plus à la portée de tous
les hommes, et le plus de leur goût. Ce n'est pas que dans le fond
on ne soit aussi curieux pour le moins de connaître la nature, que
de savoir ce qu'a fait Sesostris ou Bacchus; mais il en coûte de
l'application pour examiner, par exemple, par quelle machine on   85
pourrait fournir beaucoup d'eau à la ville de Paris, ce qui nous
importe pourtant assez: et on n'a qu'à ouvrir les yeux pour lire les
anciens contes qui nous sont transmis sous le nom d'*histoires*,[11]
lesquels on nous répète tous les jours, et qui ne nous importent
guère.   90

70-71   w45, w46-w57p, nm: Ne voyez-vous pas
72-74   w46: éternels, et qu'ainsi
76   w46: n'a douté jamais
78   w46: point ceux qui
79   w46: n'auraient eu garde attaquer
88-89   mf, w46: d'histoire, qu'on

[11] Cette critique de l'*histoire* confondue avec la fiction – les 'histoires' roman-
esques – en rajoute sur le cartésianisme. A cet égard, Descartes est beaucoup plus
nuancé (*Discours de la méthode*, ch.1).

Si vous rendez compte de l'histoire ancienne, proscrivez, je vous en conjure, toutes ces déclamations contre certains conquérants. Laissez Juvenal et Boileau donner du fond de leur cabinet des ridicules à Alexandre, qu'ils eussent fatigué d'encens s'ils eussent vécu sous lui; qu'ils appellent Alexandre insensé.[12] 95
Vous, philosophe impartial, regardez dans Alexandre ce capitaine-général de la Grèce, semblable à peu près à un Scanderbeg, à un Huniade, chargé comme eux de venger son pays, mais plus heureux, plus grand, plus poli, et plus magnifique. Ne le faites pas voir seulement subjuguant tout l'empire de l'ennemi des 100 Grecs, et portant ses conquêtes jusqu'à l'Inde, où s'étendait la domination de Darius. Mais représentez-le donnant des lois au milieu de la guerre, formant des colonies, établissant le commerce, fondant Alexandrie et Scanderon,[13] qui sont aujourd'hui le centre du négoce de l'Orient. C'est par là surtout qu'il faut considérer les 105 rois, et c'est ce qu'on néglige. Quel bon citoyen n'aimera pas mieux qu'on l'entretienne des villes et des ports que César a bâtis, du calendrier qu'il a réformé, etc. que des hommes qu'il a fait égorger?

Inspirez surtout aux jeunes gens plus de goût pour l'histoire des 110 temps récents, qui est pour nous de nécessité, que pour l'ancienne, qui n'est que de curiosité; qu'ils songent que la moderne a l'avantage d'être plus certaine, par cela même qu'elle est moderne.

Je voudrais surtout que vous recommandassiez de commencer sérieusement l'étude de l'histoire, au siècle qui précède immédiate- 115 ment Charles-Quint, Léon X, François Ier. C'est là qu'il se fait

95-96 K: insensé, vous
97   w45, NM: Scanderberg
98   w45: Hunniade
105 MF, w45, w51, NM, w46: négoce. C'est
116 MF: François Premier

[12] Juvénal, satire X, vers 168; Boileau, satire VIII, vers 99, 109-110 (4).
[13] Iskenderoun ou Alexandrette, port de la province de Syrie sous l'Empire ottoman, aujourd'hui ville turque.

482

dans l'esprit humain, comme dans notre monde, une révolution qui a tout changé. [14]

Le beau siècle de Louis XIV achève de perfectionner ce que Léon X, tous les Médicis, Charles-Quint, François Ier, avaient commencé. Je travaille depuis longtemps à l'histoire de ce dernier siècle, [15] qui doit être l'exemple des siècles à venir; j'essaye de faire voir le progrès de l'esprit humain, et de tous les arts, sous Louis XIV. Puissé-je, avant de mourir, laisser ce monument à la gloire de ma nation! J'ai bien des matériaux pour élever cet édifice; je ne manque point de mémoires sur les avantages que le grand Colbert a procurés et voulait faire à la nation et au monde, sur la vigilance infatigable, sur la prévoyance d'un ministre de la guerre [16] né pour être le ministre d'un conquérant; sur les révolutions arrivées dans

117 w46: humain et dans les affaires du monde une
117-118 w46: a changé l'univers.
118 MF: changé. Constantinople est prise, et la puissance des Turcs est établie en Europe; l'Amérique est découverte et conquise. L'Europe s'enrichit des trésors du nouveau monde. Venise, qui faisait tout le commerce, perd cet avantage. Les Portugais passent le Cap de Bonne-Espérance, établissent le commerce des Grandes Indes par l'Océan. La Chine, Siam, deviennent des alliés des rois européens. Une nouvelle politique, qui fait la balance de l'Europe, élève une barrière insurmontable à l'ambition de la monarchie universelle. ¶Une nouvelle religion divise le monde chrétien de créance et d'intérêt. Les lettres, tous les beaux arts, renaissent, brillent en Italie, et répandent quelque faible aurore sur la France, l'Angleterre et l'Espagne; les langages de l'Europe et les mœurs se polissent. Enfin, c'est un nouveau chaos qui se débrouille, et d'où naît le monde chrétien tel qu'il est aujourd'hui. ¶Le beau siècle
120 MF: François Premier
129 MF, w46: sur des révolutions

[14] La sixième des *Lettres sur l'histoire* de lord Bolingbroke – la première est datée du 6 novembre 1735 – porte ce titre significatif: 'Depuis quelle période l'Histoire moderne est particulièrement intéressante pour le service de notre Patrie. (Depuis la fin du quinzième siècle jusqu'à présent.)' (i.253-61): Voltaire en possédait la traduction de J. Barbeu du Bourg publiée en 1752 (BV455).
[15] Le *Siècle de Louis XIV* parut en 1751 à Berlin, mais, dès 1739, Voltaire en publia l'introduction et un fragment du premier chapitre (D.app.55): l'*Essai sur l'histoire du Siècle de Louis XIV* (Amsterdam 1739).
[16] François Michel Le Tellier, marquis de Louvois.

l'Europe; sur la vie privée de Louis XIV, qui a été dans son 130
domestique l'exemple des hommes, comme il a été quelquefois
celui des rois. J'ai des mémoires sur des fautes inséparables de
l'humanité, dont je n'aime à parler, que parce qu'elles font valoir
les vertus; et j'applique déjà à Louis XIV ce beau mot de Henri IV,
qui disait à l'ambassadeur don Pèdre: *Quoi donc? votre maître n'a-* 135
t-il pas assez de vertu pour avoir des défauts? Mais j'ai peur de n'avoir
ni le temps ni la force de conduire ce grand ouvrage à sa fin.

Je vous prierai de bien faire sentir, que si nos histoires modernes
écrites par des contemporains sont plus certaines en général que
toutes les histoires anciennes, elles sont quelquefois plus douteuses 140
dans les détails; je m'explique. Les hommes diffèrent entre eux,
d'état, de parti, de religion. Le guerrier, le magistrat, le janséniste,
le moliniste, ne voient point les mêmes faits avec les mêmes yeux:
c'est le vice de tous les temps. Un Carthaginois n'eût point écrit les
guerres puniques dans l'esprit d'un Romain, et il eût reproché à 145
Rome la mauvaise foi dont Rome accusait Carthage. Nous
n'avons guère d'historiens anciens qui aient écrit les uns contre
les autres sur le même événement: ils auraient répandu le doute sur
des choses que nous prenons aujourd'hui pour incontestables.
Quelque peu vraisemblables qu'elles soient, nous les respectons 150
pour deux raisons, parce qu'elles sont anciennes, et parce qu'elles
n'ont point été contredites.

Nous autres historiens contemporains, nous sommes dans un
cas bien différent: il nous arrive souvent la même chose qu'aux

---

131-132 MF: a été celui des rois. J'ose parler des fautes
133 MF: humanité, parce qu'elles
134 MF: j'applique à *** ce
137 MF, W46: conduire à sa fin ce grand ouvrage.
139 MF, W46: certaines et plus générales que
142-143 MF: magistrat, le **, le ***, ne
148 MF, W46: le scepticisme sur
149-150 W46: incontestables, quelque peu
150 MF, W46: soient, et que nous
152 MF: n'ont pas été

puissances qui sont en guerre. On a fait à Vienne, à Londres, à   155
Versailles, des feux de joie pour des batailles que personne n'avait
gagnées: chaque parti chante victoire, chacun a raison de son côté.
Voyez que de contradictions sur Marie Stuart, sur les guerres
civiles d'Angleterre, sur les troubles de Hongrie, sur l'établissement de la religion protestante, sur le concile de Trente. Parlez de   160
la révocation de l'édit de Nantes[17] à un bourguemestre hollandais,
c'est une tyrannie imprudente: consultez un ministre de la cour de
France, c'est une politique sage. Que dis-je? La même nation au
bout de vingt ans n'a plus les mêmes idées qu'elle avait sur le
même événement, et sur la même personne; j'en ai été témoin au   165
sujet du feu roi Louis XIV. Mais quelles contradictions n'aurai-je
pas à essuyer sur l'histoire de Charles XII! J'ai écrit sa vie
singulière sur les mémoires de M. de Fabrice, qui a été huit ans
son favori; sur les lettres de M. de Fierville, envoyé de France
auprès de lui; sur celles de M. de Villelongue, longtemps colonel à   170
son service; sur celles de M. de Poniatowski. J'ai consulté M. de
Croissi[18] ambassadeur de France auprès de ce prince etc.
J'apprends à présent que M. Norberg,[19] chapelain de Charles
XII, écrit une histoire de son règne. Je suis sûr que le chapelain

155-157   MF: ['On a fait ... gagnées' *absent*]
160-163   MF: ['Parlez ... sage' *absent*]
167   MF: Charles XII?
168   w46: Fabrie
170   β: Villelongne
172-173   MF: prince, et j'apprends

[17] Contempteur des querelles religieuses quelles qu'elles soient, Voltaire a alors
une position moyennement critique à l'égard de la 'politique' de Louis XIV au sujet
des protestants. Si la Révocation de l'Edit de Nantes est moralement condamnable,
elle peut être 'politiquement' justifiée. Ces subtilités ont été censurées dans la version
du texte publié par le *Mercure de France*. Publiées en Hollande, les *Lettres juives*
engagent à la même époque une polémique à ce propos (lettre 129), quoique le
marquis d'Argens partage le jugement global de Voltaire sur Louis XIV.
[18] Louis-François Colbert, comte de Croissy, frère du ministre Torcy.
[19] Jöran Anders Nordberg, *Histoire de Charles XII, roi de Suède*, trad.
Warmholtz, 4 vol. (La Haye 1742-1748) (BV2581).

aura souvent vu les mêmes choses avec d'autres yeux que le favori   175
et l'ambassadeur. Quel parti prendre en ce cas? Celui de me
corriger sur-le-champ dans les choses où ce nouvel historien aura
évidemment raison, et de laisser les autres au jugement des lecteurs
désintéressés. Que suis-je en tout cela? Je ne suis qu'un peintre qui
cherche à représenter d'un pinceau faible, mais vrai, les hommes   180
tels qu'ils ont été.[20] Tout m'est indifférent de Charles XII et de
Pierre le Grand,[21] excepté le bien que le dernier a pu faire aux
hommes. Je n'ai aucun sujet de les flatter ni d'en médire. Je les
traiterai comme Louis XIV, avec le respect qu'on doit aux têtes
couronnées qui viennent de mourir, et avec le respect qu'on doit à   185
la vérité qui ne mourra jamais.

Sur la comédie

Venons aux belles-lettres, qui feront un des principaux articles de
votre journal. Vous comptez parler beaucoup des pièces de
théâtre. Ce projet est d'autant plus raisonnable, que le théâtre
est plus épuré parmi nous, et qu'il est devenu une école de mœurs.   190
Vous vous garderez bien sans doute de suivre l'exemple de
quelques écrivains périodiques, qui cherchent à rabaisser tous
leurs contemporains et à décourager les arts, dont un bon journaliste doit être le soutien. Il est juste de donner la préférence à

178   w46: et laisser
184   MF: traiterai avec
190   w46: école des mœurs
192   MF: écrivains qui

[20] La métaphore du peintre réapparaît la même année sous la plume de Voltaire.
Dans le *Siècle de Louis XIV*, l'historien ne voulait que 'peindre les hommes
principaux et découvrir les causes des événements' (Introduction, fin).
[21] L'intérêt porté par Voltaire au tsar charpentier est la suite logique de l'*Histoire
de Charles XII* et il apparaît dès la 'Lettre à lord Harvey', manifeste qui annonce *Le
Siècle de Louis XIV*, éd. R. Pomeau (Paris 1968), p.608-12. Du reste, le Prince royal
de Prusse attise le feu grâce à l'envoi de mémoires, mais le projet d'une *Histoire de
Pierre le Grand* ne se réalisa qu'en 1764.

Molière sur les comiques de tous les temps et de tous les pays. Mais 195
ne donnez point d'exclusion. Imitez les sages Italiens, qui placent
Raphaël au premier rang, mais qui admirent les Paul Véronèse, les
Caraches, les Corrèges, les Dominiquins etc. Molière est le
premier, mais il serait injuste et ridicule de ne pas mettre le
Joueur à côté de ses meilleures pièces. Refuser son estime aux 200
Ménechmes, ne pas s'amuser beaucoup au *Légataire universel*, [22]
serait d'un homme sans justice et sans goût; et qui ne se plaît pas à
Regnard, n'est pas digne d'admirer Molière.

Osez avouer avec courage que beaucoup de nos petites pièces,
comme le *Frondeur*, le *Galant Jardinier*, la *Pupille*, le *Double* 205
Veuvage, l'*Esprit de contradiction*, la *Coquette de village*, le
Florentin [23] etc. sont au-dessus de la plupart des petites pièces de
Molière; je dis au-dessus, pour la finesse des caractères, pour
l'esprit dont la plupart sont assaisonnées, et même pour la bonne
plaisanterie. 210

Je ne prétends point ici entrer dans le détail de tant de pièces
nouvelles, ni déplaire à beaucoup de monde par des louanges

---

205 MF, W46, W51, W57P, K: *Grondeur*

[22] *Le Joueur* est la meilleure des comédies de caractère composées par Jean-
François Regnard (décembre 1696). De même que *Les Ménechmes* et *Le Légataire*
universel, pièces respectivement créées en décembre 1705 et en janvier 1708, il fit
partie du répertoire de la Comédie-Française jusqu'à la Révolution.

[23] Il s'agit de diverses comédies assez anciennes, de successeurs de Molière pour
l'essentiel, qui étaient entrées au répertoire de la Comédie-Française: *Le Grondeur*
de David Auguste Brueys et Jean de Palaprat (février 1691); *Le Galant Jardinier*
(octobre 1704) de Florent Carton Dancourt; *La Pupille* de Barthélémy Christophe
Fagan, seule pièce contemporaine (juillet 1734); *Le Double Veuvage* (mars 1702),
L'Esprit de contradiction (août 1700) et *La Coquette de village ou le Lot supposé* (mai
1715) de Charles Dufresny, cité ensuite par Voltaire pour une chanson célèbre; *Le*
Florentin (juillet 1685) de Charles Chevillet dit Champmeslé: cette pièce, souvent
attribuée à La Fontaine, fut l'un des grands succès d'Adrienne Lecouvreur lors de
ses reprises. Plus bas dans le texte de Voltaire, les références vont au chef-d'œuvre
de Pierre-Claude Nivelle de La Chaussée – *Le Préjugé à la mode* (février 1735) – et à
la comédie de caractère non moins réputée de Philippe Néricault Destouches – *Le*
Glorieux (janvier 1732).

données à peu d'écrivains, qui peut-être n'en seraient pas satisfaits: mais je dirai hardiment, que quand on donnera des ouvrages pleins de mœurs et où l'on trouve de l'intérêt, comme le *Préjugé à la mode*; quand les Français seront assez heureux pour qu'on leur donne une pièce telle que le *Glorieux*, gardez-vous bien de vouloir rabaisser leur succès, sous prétexte que ce ne sont pas des comédies dans le goût de Molière; évitez ce malheureux entêtement qui ne prend sa source que dans l'envie; ne cherchez point à proscrire les scènes attendrissantes qui se trouvent dans ces ouvrages: car lorsqu'une comédie, outre le mérite qui lui est propre, a encore celui d'intéresser, il faut être de bien mauvaise humeur pour se fâcher qu'on donne au public un plaisir de plus.

J'ose dire que si les pièces excellentes de Molière étaient un peu plus intéressantes, on verrait plus de monde à leurs représentations; le *Misanthrope* serait aussi suivi qu'il est estimé. Il ne faut pas que la comédie dégénère en tragédie bourgeoise: l'art d'étendre ses limites sans les confondre avec celles de la tragédie, est un grand art, qu'il serait beau d'encourager, et honteux de vouloir détruire. C'en est un que de savoir bien rendre compte d'une pièce de théâtre. J'ai toujours reconnu l'esprit des jeunes gens, au détail qu'ils faisaient d'une pièce nouvelle qu'ils venaient d'entendre; et j'ai remarqué que tous ceux qui s'en acquittaient le mieux, ont été ceux qui depuis ont acquis le plus de réputation dans leurs emplois. Tant il est vrai qu'au fond l'esprit des affaires, et le véritable esprit des belles-lettres, est le même.

Exposer en termes clairs et élégants un sujet qui quelquefois est embrouillé, et sans s'attacher à la division des actes, éclaircir l'intrigue et le dénouement, les raconter comme une histoire intéressante, peindre d'un trait les caractères, dire ensuite ce qui a paru plus ou moins vraisemblable, bien ou mal préparé, retenir les vers les plus heureux, bien saisir le mérite ou le vice général du style, c'est ce que j'ai vu faire quelquefois, mais ce qui est fort rare chez les gens de lettres même qui s'en font une étude: car il est plus

215

220

225

230

235

240

245

237 MF: belles-lettres sont les mêmes

488

facile à certains esprits de suivre leurs propres idées, que de rendre compte de celles des autres.

De la tragédie

Je dirai à peu près de la tragédie ce que j'ai dit de la comédie. Vous savez quel honneur ce bel art a fait à la France: art d'autant plus difficile, et d'autant plus au-dessus de la comédie, qu'il faut être vraiment poète pour faire une belle tragédie: au lieu que la comédie demande seulement quelque talent pour les vers.

Vous, monsieur, qui entendez si bien Sophocle et Euripide, ne cherchez point une vaine récompense du travail qu'il vous en a coûté pour les entendre, dans le malheureux plaisir de les préférer, contre votre sentiment, à nos grands auteurs français. Souvenez-vous que quand je vous ai défié de me montrer dans les tragiques de l'antiquité des morceaux comparables à certains traits des pièces de P. Corneille, je dis de ses moins bonnes, vous avouâtes que c'était une chose impossible. Ces traits dont je parle, étaient, par exemple, ces vers de la tragédie de *Nicomède*.[24] *Je veux*, dit Prusias,(*a*)

Ecouter à la fois l'amour et la nature,
Etre père et mari dans cette conjoncture.

(*a*) *Nicomède*, tragédie, act. iv, scèn. iii.

259   w46, κ: Pierre Corneille
259   w46: de ces moins
263   w46: J'y veux mettre d'accord

[24] Le texte de 1682, repris par l'édition critique de *Nicomède* (IV, iii) établie par Charles Marty-Laveaux, offre un texte différent pour le premier vers: 'J'y veux mettre d'accord l'amour et la nature / [...] / Et que dois-je être?' (*Œuvres de Pierre Corneille*, nouv. éd., t.v, Paris 1862, p.569). Voltaire s'enthousiasme encore en 1764 pour ce 'vers sublime' (*Commentaires sur Corneille*, éd. David Williams, *OC*, t.55, Banbury 1975, p.775).

NICOMEDE

Seigneur, voulez-vous bien vous en fier à moi?   265
Ne soyez l'un ni l'autre.

PRUSIAS

Eh! que dois-je être?

NICOMEDE

Roi.

Reprenez hautement ce noble caractère.
Un véritable roi n'est ni mari ni père.
Il regarde son trône, et rien de plus. Régnez,
Rome vous craindra plus que vous ne la craignez.   270

Vous n'inférerez point que les dernières pièces de ce père du
théâtre soient bonnes, parce qu'il s'y trouve de si beaux éclairs:
avouez leur extrême faiblesse avec tout le public.

Agésilas et *Suréna* ne peuvent rien diminuer de l'honneur que
Cinna et *Polyeucte* font à la France. M. de Fontenelle, neveu du   275
grand Corneille, dit, dans la vie de son oncle, que si le proverbe,
cela est beau comme le Cid, passa trop tôt, il faut s'en prendre aux
auteurs qui avaient intérêt à l'abolir.[25] Non, les auteurs ne
pouvaient pas plus causer la chute du proverbe que celle du *Cid*.
C'est Corneille lui-même qui le détruit, c'est à *Cinna* qu'il faut   280
s'en prendre. Ne dites point avec l'abbé de Saint-Pierre, que dans
cinquante ans on ne jouera plus les pièces de Racine. Je plains nos

270   w46: ce que vous ne le craignez
280   MF-NM: qui le détruisit

[25] *Œuvres de M. de Fontenelle*, nouvelle édition augmentée (Paris 1743): 'Vie de
M. Corneille', iii.8:-126. Elle fut publiée en 1729 par l'abbé d'Olivet dans son
Histoire de l'Académie française. Le texte exact de Fontenelle (p.96-97) est: 'M.
Pelisson dans sa belle histoire de l'Academie Françoise, dit qu'en plusieurs
Provinces de France il étoit passé en proverbe de dire, *cela est beau comme le Cid*.
Si ce Proverbe a péri, il faut s'en prendre aux Auteurs qui ne le goûtoient pas, et à la
Cour où ç'eut été très-mal parler que de s'en servir sous le Ministere du Cardinal de
Richelieu.' Le second argument a été supprimé par Voltaire pour des raisons
identiques à la censure qu'il fit des attaques contre le cardinal dans l'*Avis* publié par
le *Mercure*. Voir aussi les *Commentaires sur Corneille* de Voltaire, *OC*, t.55, p.1054-60.

enfants, s'ils ne goûtent pas ces chefs-d'œuvre d'élégance. Comment leur cœur sera-t-il donc fait, si Racine ne les intéresse pas?

Il y a apparence que les bons auteurs du siècle de Louis XIV 285 dureront autant que la langue française. Mais ne découragez pas leurs successeurs, en assurant que la carrière est remplie, et qu'il n'y a plus de place. Corneille n'est pas assez intéressant. Souvent Racine n'est pas assez tragique. L'auteur de *Venceslas*,[26] celui de *Radamiste* et d'*Electre*[27] avec leurs grands défauts, ont des beautés 290 particulières, qui manquent à ces deux grands hommes; et il est à présumer que ces trois pièces resteront toujours sur le théâtre français, puisqu'elles s'y sont soutenues avec des acteurs différents, car c'est la vraie épreuve d'une tragédie. Que dirais-je de *Manlius*, pièce digne de Corneille, et du beau rôle d'*Arianne*, et du 295 grand intérêt qui règne dans *Amasis*?[28] Je ne vous parlerai point des pièces tragiques faites depuis vingt années: comme j'en ai composé quelques-unes, il ne m'appartient pas d'oser apprécier le mérite des contemporains qui valent mieux que moi; et à l'égard de mes ouvrages de théâtre, tout ce que je peux en dire, et vous prier 300 d'en dire aux lecteurs, c'est que je les corrige tous les jours.

Mais quand il paraîtra une pièce nouvelle, ne dites jamais,

---

290   MF, W46: ['avec leurs grands défauts' *absent*]
295   K: *Ariane*
300   MF, W51, W57P, NM: peux vous en.
302-304   MF: ne dites jamais la Pièce
           W46: ne dites jamais, avec quelques journalistes La Pièce

---

[26] Tragédie de Jean de Rotrou (1647). Le comédien Michel Baron y brilla souvent lors des reprises.

[27] *Rhadamiste et Zénobie* et *Electre*, tragédies de Prosper Jolyot de Crébillon, créées aux Français en janvier 1711 et en décembre 1708. Il s'agit des deux chefs-d'œuvre de Crébillon père, dont Voltaire fut, au début de sa carrière, le rival sur la scène tragique. Dans la version du *Mercure de France*, Voltaire supprime une pique sur les 'grands défauts' de ces deux tragédies.

[28] *Manlius Capitolinus*, tragédie d'Antoine de La Fosse (janvier 1698); *Ariane*, tragédie de Thomas Corneille (mars 1672) et *Amasis* (décembre 1701), tragédie de François-Joseph de La Grange-Chancel, reprise en janvier 1731 et en avril 1736. A nouveau des pièces restées au répertoire des Comédiens-Français.

comme l'auteur odieux des *Observations*,[29] et de tant d'autres brochures, *la pièce est excellente* ou *elle est mauvaise*; ou *tel acte est impertinent, un tel rôle est pitoyable*. Prouvez solidement ce que   305 vous en pensez, et laissez au public le soin de prononcer. Soyez sûr que l'arrêt sera contre vous, toutes les fois que vous déciderez sans preuve, quand même vous auriez raison; car ce n'est pas votre jugement qu'on demande, mais le rapport d'un procès que le public doit juger.   310

Ce qui rendra surtout votre journal précieux, c'est le soin que vous aurez de comparer les pièces nouvelles avec celles des pays étrangers qui seront fondées sur le même sujet. Voilà à quoi l'on manqua dans le siècle passé, lorsqu'on fit l'examen du *Cid*: on ne rapporta que quelques vers de l'original espagnol, il fallait   315 comparer les situations. Je suppose qu'on nous donne aujourd'hui *Manlius* de La Fosse[30] pour la première fois: il serait très agréable de mettre sous les yeux du lecteur la tragédie anglaise dont elle est tirée. Paraît-il quelque ouvrage instructif sur les pièces de l'illustre Racine, détrompez le public de l'idée où l'on est que jamais les   320 Anglais n'ont pu admettre le sujet de *Phèdre* sur leur théâtre. Apprenez aux lecteurs que la *Phèdre* de Smith[31] est une des plus belles pièces qu'on ait à Londres. Apprenez-leur que l'auteur a imité tout de Racine, jusqu'à l'amour d'Hippolite; qu'on a joint

305   MF: impertinent, ou tel
306   MF, W45, W46, W51, W57P: prononcer l'arrêt.
308   W51, W57P: preuves
313   W46: qui seraient fondées
313-314   W57P: à quoi on manqua
318-319   W46: dont *Manlius* est tirée

[29] Les *Observations sur les écrits modernes* de l'abbé Desfontaines, 1735-1743, 34 vol. in-12 (Sgard n° 1092).

[30] Selon H. C. Lancaster (*A History of French dramatic literature in the 17th century*, Baltimore, London, Paris 1929-1944, v.100), il s'agit de la première tragédie française inspirée d'une pièce anglaise (*Venice preserved* de Thomas Otway).

[31] Sans citer Voltaire, Katherine E. Whestley ('The relation of Edmund Smith's *Phaedra* and *Hippolitus* to Racine's *Phèdre* and Racine's *Bajazet*', *Romanic review* 37 (1946), p.307-28) arrive aux mêmes conclusions.

ensemble l'intrigue de *Phèdre* et celle de *Bajazet*, et que cependant 325
l'auteur se vante d'avoir tiré tout d'Euripide. Je crois que les
lecteurs seraient charmés de voir sous leurs yeux la comparaison
de quelques scènes de la *Phèdre* grecque, de la latine, de la
française, et de l'anglaise. C'est ainsi, à mon gré, que la sage et
saine critique perfectionnerait encore le goût des Français, et peut- 330
être de l'Europe. Mais quelle vraie critique avons-nous depuis
celle que l'académie française fit du *Cid*, et à laquelle il manque
encore autant de choses qu'au *Cid* même?

Des pièces de poésie

Vous répandrez beaucoup d'agrément sur votre journal, si vous
l'ornez de temps en temps de ces petites pièces fugitives marquées 335
au bon coin, dont les portefeuilles des curieux sont remplis. On a
des vers du feu duc de Nevers, du comte Antoine Hamilton né en
France,[32] qui respirent tantôt le feu poétique, tantôt la douce
facilité du style épistolaire. On a mille petits ouvrages charmants
de MM. Dussé, de St Aulaire, de Ferrand, de la Faye, de Fieubet, 340
du président Hénault, et de tant d'autres.[33] Ces sortes de petits

337 K: du duc
    MF: vers du comte Antoine
340 W45-W57P: Aulaire, Ferrand
341 MF-W51: de M. le P. Hénaut
    W46: , Hénaut

[32] En fait, Antoine Hamilton (1646-1720) naquit en Irlande, passa une grande
partie de sa vie en France et mourut à Saint-Germain-en-Laye. Outre des célèbres
Mémoires de la vie du comte de Grammont (1713), il est l'auteur de divers contes. Ses
Œuvres mêlées en prose et en vers furent publiées en 1731 (Paris, 2 vols.). Voltaire l'a
inséré dans sa liste des écrivains français du *Siècle de Louis XIV* en notant: 'né à
Caen. On a de lui quelques jolies poësies' (Leipzig 1754, ii.210)
[33] Outre le président Charles Hénault (1685-1770), qui commit à l'occasion
quelques ouvrages dramatiques, Voltaire cite ici divers poètes mondains du début
du siècle dont l'œuvre fut le plus souvent diffusée sous forme manuscrite avant
d'être parfois imprimée: François-Joseph, marquis de Saint-Aulaire (1643-1742), élu
à l'Académie française en 1706, ami et commensal de la duchesse du Maine et de la

ouvrages dont je vous parle, suffisaient autrefois à faire la
réputation des Voitures, des Sarasins, des Chapelles. Ce mérite
était rare alors. Aujourd'hui qu'il est plus répandu, il donne peut-
être moins de réputation, mais il ne fait pas moins de plaisir aux   345
lecteurs délicats. Nos chansons valent mieux que celles d'Anacréon, et le nombre en est étonnant. On en trouve même qui
joignent la morale avec la gaieté, et qui annoncées avec art
n'aviliraient point du tout un journal sérieux. Ce serait perfectionner le goût, sans nuire aux mœurs, de rapporter une chanson   350
aussi jolie que celle-ci, qui est de l'auteur du *Double Veuvage*: [34]

> Philis plus avare que tendre,
> Ne gagnant rien à refuser,
> Un jour exigea de Lisandre
> Trente moutons pour un baiser.   355
>
> Le lendemain nouvelle affaire,
> Pour le berger le troc fut bon,
> Car il obtint de la bergère
> Trente baisers pour un mouton.

350-368   MF, W46: mœurs. ¶Comme vous

---

marquise de Lambert; Antoine Ferrand (1678-1719), dont les 'pièces libres' furent
publiées en 1744; Jean-François Leriget de La Faye (1674-1732), élu en 1730 à
l'Académie: Voltaire lui a adressé un quatrain. Gaspard de Fieubet appartenait à une
illustre famille de l'administration royale: Antoine Houdar de La Motte lui dédia son
ode 'L'Homme' (1706): 'Mon cœur d'une guerre fatale' (*Œuvres*, Paris 1754, i, 1ère
partie, p.100-105). D'Ussé est le dédicataire neurasthénique d'une ode de Jean-
Baptiste Rousseau: 'Esprit né pour servir d'exemple' (Soleure 1712, ii, IV).

[34] La plus célèbre des chansons de Charles Dufresny (1657-1724) publiée pour la
première fois par Ballard dans le *Recueil d'airs sérieux et à boire*, juillet 1705. Jean-
Jacques Rousseau mit le texte en musique (*Consolations des misères de ma vie*, n° 14).
Voir la 'Bibliographie des chansons et vaudevilles' dans F. Moureau, *Un singulier
Moderne: Dufresny* (Paris 1979, ii.850-51). On notera que la version du *Mercure de
France* supprime cette chanson d'un ancien directeur du périodique qui avait partagé
un temps son privilège avec Louis Fuzelier, co-privilégié reconduit en 1744.

Le lendemain Philis plus tendre, 360
Craignant de déplaire au berger,
Fut trop heureuse de lui rendre
Trente moutons pour un baiser.

Le lendemain Philis plus sage,
Aurait donné moutons et chien, 365
Pour un baiser que le volage
A Lisette donnait pour rien.

Comme vous n'avez pas tous les jours des livres nouveaux qui
méritent votre examen, ces petits morceaux de littérature rempli-
ront très bien les vides de votre journal. S'il y a quelques ouvrages 370
de prose ou de poésie qui fassent beaucoup de bruit dans Paris, qui
partagent les esprits, et sur lesquels on souhaite une critique
éclairée, c'est alors qu'il faut oser servir de maître au public sans le
paraître et, le conduisant comme par la main, lui faire remarquer
les beautés sans emphase, et les défauts sans aigreur. C'est alors 375
qu'on aime en vous cette critique, qu'on déteste et qu'on méprise
dans d'autres.

Un de mes amis, examinant[35] trois épîtres de Rousseau en vers
dissyllabes qui excitèrent beaucoup de murmure il y a quelque
temps, fit de la seconde,[36] où tous nos auteurs sont insultés, l'examen 380
suivant, dont voici un échantillon, qui paraît dicté par la justesse et la
modération. Voici le commencement de la pièce qu'il examinait.

---

368 MF, W46: vous n'aurez pas
378 MF: ['de Rousseau' *absent*]
379 MF-NM: dissilabes
     K: décasyllabes

---

[35] Il s'agit de l'*Utile examen des trois dernières épîtres du sieur Rousseau*, rédigé
pendant l'été 1736, dont Voltaire ne reconnut jamais la paternité et qui fut publié
seulement en 1784 par Beaumarchais dans le t.xlvii des 'Mélanges littéraires' de
l'édition de Kehl (*OC*, t.16, p.331-51).

[36] *Epître VIII. A Thalie* dans les *Œuvres diverses* de Jean-Baptiste Rousseau
(Amsterdam 1734, p.17-30). Les deux autres épîtres (VII et IX) sont dédiées au p.
Pierre Brumoy et à Charles Rollin.

Tout institut, tout art, toute police
Subordonnée au pouvoir du caprice,
Doit être aussi conséquemment pour tous,   385
Subordonnée à nos différents goûts.
Mais de ces goûts la dissemblance extrême,
A le bien prendre, est un faible problème;
Et quoi qu'on dise, on n'en saurait jamais
Compter que deux, l'un bon, l'autre mauvais.   390
Par des talents que le travail cultive,
A ce premier pas à pas on arrive,
Et le public que sa bonté prévient
Pour quelque temps s'y fixe et s'y maintient.
Mais éblouis enfin par l'étincelle   395
De quelque mode inconnue et nouvelle,
L'ennui du beau nous fait aimer le laid,
Et préférer le moindre au plus parfait etc.

Voici l'examen. [37]

Ce premier vers, *Tout institut, tout art, toute police*, semble avoir   400
le défaut, je ne dis pas d'être prosaïque, car toutes ces épîtres le
sont, mais d'être une prose un peu trop faible, et dépourvue
d'élégance et de clarté.

La *police* semble n'avoir aucun rapport au goût dont il est
question. De plus le terme de *police* doit-il entrer dans des vers?   405

Conséquemment est à peine admis dans la prose noble.

Cette répétition du mot *subordonnée* serait vicieuse, quand même
le terme serait élégant; et semble insupportable, puisque ce terme
est une expression plus convenable à des affaires qu'à la poésie.

399 w46: VOICI L'EXAMEN.
406 MF: Conséquemment doit à peine être admis
407 MF: serait ridicule, quand
409 w46: convenable au style des affaires

[37] Cette critique minutieuse et impitoyable peut être mise en parallèle avec les
corrections apportées par Voltaire aux poésies de Frédéric de Prusse (*c.*25 avril 1737;
D1320).

496

La *dissemblance* ne paraît pas le mot propre. La *dissemblance des*   410
goûts est un faible problème: je ne crois pas que cela soit français.

A le bien prendre, paraît une expression trop inutile et trop basse.

Enfin, il semble qu'un *problème* n'est ni faible ni fort: il peut être aisé ou difficile, et sa solution peut être faible, équivoque, erronée.

> Et quoi qu'on dise, on n'en saurait jamais   415
> Compter que deux, l'un bon, l'autre mauvais.

Non seulement la poésie aimable s'accommode peu de cet air de dilemme et d'une pareille sécheresse; mais la raison semble peu s'accommoder de voir en huit vers, *que tout art est subordonné à nos différents goûts, et que cependant il n'y a que deux goûts. Arriver au*   420 *goût pas à pas*, est encore, je crois, une façon de parler peu convenable, même en prose.

> Et le public que sa bonté prévient.

Est-ce la bonté de public? Est-ce la bonté du goût?

> L'ennui du beau nous fait aimer le laid,   425
> Et préférer le moindre au plus parfait.

1. *Le beau et le laid* sont des expressions réservées au bas comique.
2. Si on aime le laid, ce n'est pas la peine de dire ensuite qu'on préfère le *moins parfait*. 3. Le moindre n'est pas opposé grammaticalement au plus parfait. 4. Le *moindre* est un mot qui n'entre   430 jamais dans la poésie etc.

C'est ainsi que ce critique faisait sentir sans amertume toute la faiblesse de ces épîtres. Il n'y avait pas trente vers dans tous les ouvrages de Rousseau faits en Allemagne, qui échappassent à sa juste censure. Et pour mieux instruire les jeunes gens, il comparait   435

---

410   w46: ['La dissemblance ... propre' *absent*]
410   MF: propre; dire que la dissemblance
414   MF: être fausse, équivoque
420   w57P: que des goûts
431-432   MF: poésie. C'est
433-434   MF, w46: trente vers qui échappent

à cet ouvrage un autre ouvrage du même auteur sur un sujet de littérature à peu près semblable. Il rapportait les vers de l'*Epître aux muses*, imitée de Despréaux, et cet objet de comparaison achevait de persuader mieux, que les discussions les plus solides et les plus subtiles. 440

De l'exposé de tous ces vers dissyllabes, il prenait occasion de faire voir qu'il ne faut jamais confondre les vers de cinq pieds avec les vers marotiques. Il prouvait que le style qu'on appelle de Marot,[38] ne doit être admis que dans une épigramme et dans un conte, comme les figures de Calot ne doivent paraître que dans des 445 grotesques. Mais quand il faut mettre la raison en vers, peindre, émouvoir, écrire élégamment, alors ce mélange monstrueux de la langue qu'on parlait il y a deux cent ans, et de la langue de nos jours, paraît l'abus le plus condamnable qui se soit glissé dans la poésie. Marot parlait sa langue, il faut que nous parlions la nôtre. 450 Cette bigarrure est aussi révoltante pour les hommes judicieux, que le serait l'architecture gothique[39] mêlée avec la moderne.

441 κ: décasyllabes
449 w46: jours, est l'abus le plus convenable qui

[38] Plusieurs attaques contre le 'style marotique' figurent dans les écrits de Voltaire au cours des années 1737 et 1738: notamment dans la lettre à Frédéric de Prusse du 20 décembre 1737 (D1407); voir aussi M.ix.395, 425; xxii.254, 382; xxiii.54s.

[39] Il y a trois occurrences du terme 'gothique' dans l'"Avis à un journaliste'; elles font référence soit à l'architecture soit au langage et au style gothiques (voir p.516). Depuis le Grand Siècle, ce terme fait partie du vocabulaire de la critique littéraire. Chez Bouhours et Boileau, il indique à partir du sommet formé par 'la perfection des anciens', une ligne descendante et la décadence. Ce schéma est repris en Angleterre après la Glorieuse Révolution. Alexander Pope y adhère (*An Essay on criticism*, 1711, dans la Twickenham edition, t.i, *Pastoral poetry and an Essay on criticism*, ed. E. Audra et A. Williams, London, New York 1961, p.195-326, line 692), mais aussi Addison dans le *Spectator* (1711, n° 62, 71). Pour ce qui est de l'esthétique littéraire, le mot conserve, dans les deux pays, sa connotation negative jusqu'à la fin du dix-huitième siècle. En revanche, dans le vocabulaire technique de l'architecture, le terme est revalorisé grâce à l'abbé Lebeuf et à l'architecte Vigny. Le terme descriptif de 'style gothique', élaboré en France, fera son chemin dans l'Angleterre; voir

498

Vous aurez souvent occasion de détruire ce faux goût. Les jeunes
gens s'adonnent à ce style, parce qu'il est malheureusement facile.
Il en a coûté peut-être à Despréaux pour dire élégamment, [40]   455

> Faites choix d'un censeur solide et salutaire,
> Que la raison conduise et le savoir éclaire,
> Et dont le crayon sûr, d'abord aille chercher
> L'endroit que l'on sent faible, et qu'on veut se cacher.

Mais s'il est bien difficile, est-il bien élégant de dire?   460

> Donc si Phœbus ses échecs vous adjuge,
> Pour bien juger consultez tout bon juge.
> Pour bien jouer, hantez les bons joueurs,
> Surtout craignez le poison des loueurs,
> Accostez-vous de fidèles critiques. [41]   465

Ce n'est pas qu'il faille condamner des vers familiers dans ces
pièces de poésie; au contraire, ils y sont nécessaires, comme les
jointures dans le corps humain, ou plutôt comme des repos dans un
voyage.

> *Nam sermone opus est, modo tristi, sæpe jocoso,*   470
> *Defendente vices modo rhetoris, atque poetæ*

---

460   MF: Mais il est bien difficile, et est-il bien
462   W45, W51, W57P, NM, W75G: bien jouer consultez

W. C. Holbrook, 'The adjective gothique in the XVIIIth century', *Modern language
notes* 56 (1941), p.498-503; Josef Haslag, '*Gothic' im siebzehnten und achtzehnten
Jahrhundert. Eine wort- und ideengeschichtliche Untersuchung* (Köln, Graz 1963), p.30-
35, 160-89; Fritz Nies ('Die semantische Aufwertung von fr. gothique vor
Chateaubriand', *Zeitschrift für romanische Philologie* 84, 1968, p.67-88) insiste sur
l'importance pour cette évolution d'auteurs comme Laugier, Vigny et Mercier,
contemporains du 'Sturm und Drang' en Allemagne. Voir aussi Jürgen Voss, *Das
Mittelalter im historischen Denken Frankreichs* (München 1972), p.202-206.

[40] *Art poétique*, chant IV, vers 71-74.
[41] Jean-Baptiste Rousseau, 'Epître III. A Clément Marot', in *Œuvres diverses*
(Soleure 1712, p.194, vers 221-225).

Interdum urbani parcentis viribus, atque
Extenuantis eas consulto. [42]

Tout ne doit pas être orné, mais rien ne doit être rebutant. Un langage obscur et grotesque n'est pas de la simplicité, c'est de la grossièreté recherchée. 475

Des mélanges de littérature et des anecdotes littéraires

Je rassemble ici sous le nom de *Mélanges de littérature* tous les morceaux détachés d'histoire, d'éloquence, de morale, de critique, et ces petits romans qui paraissaient si souvent. Nous avons des chefs-d'œuvre en tous ces genres. Je ne crois pas qu'aucune nation 480 puisse se vanter d'un si grand nombre d'aussi jolis ouvrages de belles-lettres. Il est vrai qu'aujourd'hui ce genre facile produit une foule d'auteurs; on en compterait quatre ou cinq mille depuis cent ans. Mais un lecteur en use avec les livres, comme un citoyen avec les hommes. On ne vit pas avec tous ses contemporains, on choisit 485 quelques amis. Il ne faut pas plus s'effaroucher de voir cent cinquante mille volumes à la bibliothèque du roi, que de ce qu'il y a sept cent mille hommes dans Paris. [43] Les ouvrages de pure

476   W57P: [*Le texte s'arrête ici*]
479   MF, W46, W51, NM, K: paraissent
487-488   MF: il y a cent cinquante mille hommes
          W45, W46, W51, NM: il y a sept cent cinquante mille hommes
488-489   MF, W46: Paris. Tous ces livres dans lesquels

[42] Horace, livre Ier, satire X, vers 11-14.
[43] Selon les *Notebooks* (t.82, p.660s.), Voltaire estimait la population de Paris à 800,000 habitants. Sa vie durant, il fut fasciné par les questions démographiques et les indications chiffrées en histoire: H. Hasquin, 'Voltaire démographe', *Etudes sur le XVIIIe siècle* 3 (1976), p.577-91; Madeleine Laurent-Hubert, 'L'*Essai sur les mœurs et l'esprit des nations*: une histoire de la monnaie?', dans *Le Siècle de Voltaire*, éd. Mervaud et Menant, ii.577-91; D. Gembicki, 'Clio, l'argent et les chiffres: le cas de Voltaire', *Etre riche au siècle de Voltaire. Actes du colloque de Genève (18-19 juin 1994)*, éd. J. Berchtold, M. Porret (Genève 1996), p.237-54.

littérature dans lesquels on trouve souvent des choses agréables, amusent successivement les honnêtes gens, délassent l'homme   490 sérieux dans l'intervalle de ses travaux, et entretiennent dans la nation cette fleur d'esprit, et cette délicatesse qui fait son caractère.

Ne condamnez point avec dureté, tout ce qui ne sera pas la Rochefoucault ou la Fayette, tout ce qui ne sera pas aussi parfait que la *Conspiration de Venise* de l'abbé de Saint-Réal, aussi plaisant   495 et aussi original que la *Conversation du père Canaye et du maréchal d'Hocquincourt* écrite par Charleval, et à laquelle Saint Evremont a ajouté une fin moins plaisante, et qui languit un peu; enfin tout ce qui ne sera pas aussi naturel, aussi fin, aussi gai que le *Voyage*, quoiqu'un peu inégal, de Bachaumont et de la Chapelle.   500

> *Non si primores Maeonius tenet*
> *Sedes Homerus, Pindaricæ latent*
> *Cæique, Aliæique minaces,*
> *Stesicorique graves camænæ,*
> *Nec si quid olim lusit Anacreon*   505
> *Delevit ætas, spirat adhuc amor,*
> *Vivuntque commissi calores*
> *Æoliæ fidibus puellæ.* [44]

Dans l'exposition que vous ferez de ces ouvrages ingénieux, badinant à leur exemple avec vos lecteurs, et répandant les fleurs   510 avec ces auteurs dont vous parlerez, vous ne tomberez pas dans cette sévérité de quelques critiques, qui veulent que tout soit écrit dans le goût de Ciceron ou de Quintilien. Ils crient que l'éloquence est énervée, que le bon goût est perdu, [45] parce qu'on aura

500   K: quoique un peu
500   MF: et de Chapelle
503   K: Cææique et alcoi minaces
      W46: *Atque Alceique*

[44] Horace, livre IV, ode IX, vers 5-12.
[45] Ici et plus loin – 'Si la langue française doit bientôt se corrompre' (p.515) – Voltaire utilise une périphrase pour désigner des lieux communs fréquemment

prononcé dans une académie un discours brillant qui ne serait pas 515
convenable au barreau. Ils voudraient qu'un conte fût écrit du
style de Bourdaloue. Ne distingueront-ils jamais les temps, les
lieux, et les personnes? Veulent-ils que Jacob dans le *Paysan
parvenu* s'exprime comme Pélisson ou Patru[46]? Une éloquence
mâle, noble, ennemie des petits ornements, convient à tous les 520
grands ouvrages. Une pensée trop fine serait une tache dans le
Discours sur l'histoire universelle de l'éloquent Bossuet. Mais dans
un ouvrage d'agrément, dans un compliment, dans une plaisanterie, toutes les grâces légères, la naïveté ou la finesse, les plus
petits ornements, trouvent leur place. Examinons-nous nous- 525
mêmes. Parlons-nous d'affaires du ton des entretiens d'un
repas? Les livres sont la peinture de la vie humaine; il en faut de
solides, et on en doit permettre d'agréables.

N'oubliez jamais, en rapportant les traits ingénieux de tous ces
livres, de marquer ceux qui sont à peu près semblables chez les 530
autres peuples, ou dans nos anciens auteurs. On nous donne peu de
pensées que l'on ne trouve dans Sénèque, dans Gratien, dans
Montaigne, dans Bacon, dans le *Spectateur anglais*.[47] Les comparer
ensemble, (et c'est à quoi le goût consiste) c'est exciter les auteurs

517   MF: jamais le temps
532-533   W45-W57P: dans Sénèque, dans Lucien, dans Montagne
534   W46: c'est en quoi

---

utilisés dans la rhétorique de son temps pour désigner la dépravation/corruption du
goût et de la langue ainsi que la décadence des lettres. Voir Dieter Gembicki, art.
'Corruption/décadence', *Handbuch politisch-sozialer Grundbegriffe in Frankreich
1680-1820*, éd. R. Reichardt, H.-J. Lüsebrink, cah. 14/15 (1993), p.7-60.

[46] Le roman de Marivaux parut par parties entre mai 1734 et mai 1735: le jugement
des *Observations sur les écrits modernes* (I, p.332-36) fut curieusement assez favorable,
quand on connaît les positions de Desfontaines à l'égard de la 'nouvelle préciosité' et
du jargon 'néologique'. Tous deux avocats, Paul Pellisson et Olivier Patru furent
d'illustres académiciens du siècle précédent, le Grand Siècle.

[47] Durant son exil en Angleterre Voltaire fut un lecteur assidu du *Spectator* (voir
André-Michel Rousseau, *L'Angleterre et Voltaire (1718-1789)*, *SVEC* 145-47 (1976),
i.43, 124).

à dire, s'il se peut, des choses nouvelles, c'est entretenir l'émula-   535
tion, qui est la mère des arts. Quelle satisfaction pour un lecteur
délicat, de voir d'un coup d'œil ces idées qu'Horace a exprimées
dans des vers négligés, mais avec des paroles si expressives, ce que
Despréaux a rendu d'une manière si correcte, ce que Dryden et
Rochester ont renouvelé avec le feu de leur génie. Il en est de ces   540
parallèles, comme de l'anatomie comparée, qui fait connaître la
nature. C'est par là que vous ferez voir souvent, non seulement ce
qu'un auteur a dit, mais ce qu'il aurait pu dire; car si vous ne faites
que le répéter, à quoi bon faire un journal?

Il y a surtout des anecdotes littéraires sur lesquelles il est   545
toujours bon d'instruire le public, afin de rendre à chacun ce qui lui
appartient. Apprenez, par exemple, au public, que le *Chef-d'œuvre
d'un inconnu*, ou *Matanasius*, est de feu M. de Sallengre, et d'un
illustre mathématicien [48] consommé dans tout genre de littérature,
et qui joint l'esprit à l'érudition, enfin de tous ceux qui travaillaient   550
à la Haye au *Journal littéraire*, et que M. de Saint-Hiacynte fournit
la chanson avec beaucoup de remarques. Mais si on ajoute à cette
plaisanterie une infâme brochure [49] digne de la plus vile canaille, et
faite sans doute par un de ces mauvais Français qui vont dans les
pays étrangers déshonorer les belles-lettres et leur patrie, [50] faites   555
sentir l'horreur et le ridicule de cet assemblage monstrueux.

Faites-vous toujours un mérite de venger les bons écrivains des

---

548   MF, W46: Monsieur Desallengre

[48] Voltaire semble être le premier à refuser à Saint-Hyacinthe la paternité
partielle du *Chef-d'œuvre d'un inconnu*, dont les rééditions augmentées bénéficièrent,
en effet, de collaborateurs divers.

[49] La 'Déification de l'incomparable docteur Aristarchus Masso' fut publiée dans
l'édition de 1732 du *Chef-d'œuvre d'un inconnu*.

[50] Cette réaction patriotique contre les 'mauvais Français' au service de la librairie
hollandaise n'est pas nouvelle: elle s'adresse plus à Jean-Baptiste Rousseau et à
divers 'réfugiés' qu'à l'ami d'Argens évidemment. L'idée se trouve aussi chez F.-D.
Camusat (*Dictionnaire critique des journaux*, ii, p.87, n.3) et chez d'Argens (*Lettres
juives*, t.vii, lettre 140).

Zoïles obscurs qui les attaquent; démêlez les artifices de l'envie; publiez, par exemple, que les ennemis de notre illustre Racine firent réimprimer quelques vieilles pièces oubliées, dans lesquelles 560 ils insérèrent plus de cent vers de ce poète admirable, pour faire accroire qu'il les avait volés. J'en ai vu une intitulée *Saint Jean Baptiste*, dans laquelle on retrouvait une scène presque entière de *Bérénice*. Ces malheureux, aveuglés par leur passion, ne sentaient pas même la différence des styles, et croyaient qu'on s'y méprendrait, tant la fureur de la jalousie est souvent absurde. 565

En défendant les bons auteurs contre l'ignorance et l'envie qui leur imputent de mauvais ouvrages, ne permettez pas non plus qu'on attribue à de grands hommes des livres peut-être bons en eux-mêmes, mais qu'on veut accréditer par des noms illustres, 570 auxquels ils n'appartiennent point. L'abbé de Saint-Pierre[51]

558-559   w46: envie. Par
560-561   MF, w46: oubliées, où ils insérèrent
561-562   MF, w46: admirable. J'en
562   w46: intitulée de Saint
566-567   w46: absurde, en défendant
567   MF: les auteurs
568   w46: ouvrages. Ne permettez
571-576   MF: point. ¶Le projet
w46: point. Un citoyen zélé présente un projet

[51] Voltaire fait allusion au *Projet pour perfectionner le gouvernement des Etats* de l'abbé Charles-Irénée Castel de Saint-Pierre (t.iii des *Ouvrages de politique*, Rotterdam 1733, chez J.-D. Beman, et Paris, chez Briasson). Dans l'*Epître au roi* [Louis XV], placé en tête de l'*Abrégé du Projet de Paix perpétuelle inventé par le roi Henri IV* (éd. de 1729), il écrit: 'J'espère, dans peu, vous présenter l'éclaircissement d'un merveilleux plan de gouvernement que l'on attribue à votre illustre père, prince très éclairé, très laborieux et très bienfaisant.' En plaçant ses idées et ses projets sous l'égide du duc de Bourgogne, sur le règne duquel il avait fondé de grands espoirs, l'abbé de Saint-Pierre pensait 'les faire goûter', suivant le mot de Voltaire qui ajoute: 'Il les appuyait du suffrage du duc de Bourgogne et prétendait que ce prince avait toujours été occupé du scrutin perfectionné, de la paix perpétuelle et du souci d'établir une ville pour la diète européenne' (*Doutes sur le testament du cardinal de Richelieu*, M.xxv.307). Pour le même reproche, lire l'article 'Agriculture' des *Questions sur l'Encyclopédie*, 1ère partie (1771), M.xvii.82; *Siècle de Louis XIV*, ch.28, M.xxii.258.

renouvelle un projet hardi et sujet à d'extrêmes difficultés, il le met
sous le nom d'un dauphin de France. Faites voir modestement
qu'on ne doit pas sans de très fortes preuves, attribuer un tel
ouvrage à un prince né pour régner. 575

Ce projet de la prétendue paix universelle attribué à Henri IV[52]
par les secrétaires de Maximilien de Sulli, qui rédigèrent ses
mémoires, ne se trouve en aucun autre endroit. Les mémoires
de Villeroi n'en disent mot; on n'en voit aucune trace dans aucun
livre du temps. Joignez à ce silence la considération de l'état où 580
l'Europe était alors, et voyez si un prince aussi sage que Henri le
Grand a pu concevoir un projet d'une exécution impossible.

Si on réimprime, comme on me le mande, le livre fameux connu
sous le nom de *Testament politique du cardinal de Richelieu*,
montrez combien on doit douter que ce ministre en soit l'auteur.[53] 585

I. Parce que jamais le manuscrit n'a été vu ni connu chez ses
héritiers, ni chez les ministres qui lui succédèrent.

II. Parce qu'il fut imprimé trente ans après sa mort, sans avoir
été annoncé auparavant.

III. Parce que l'éditeur n'ose pas seulement dire de qui il tient le 590
manuscrit, ce qu'il est devenu, en quelle main il l'a déposé.

IV. Parce qu'il est d'un style très différent des autres ouvrages
du cardinal de Richelieu.

576   w46: Le projet
582-682   w51: impossible. ¶Sur les langues
583   w46: le demande
584   MF: nom du *Testament*

[52] Voir la lettre au marquis d'Argenson, 8 mai 1739 (D2008).

[53] Voltaire développa à nouveau les arguments contre l'authenticité du *Testament
politique* dans *Des mensonges imprimés* (1749). Aujourd'hui, un certain consensus
s'est formé en faveur de l'authenticité d'un document, dont l'autographe a disparu et
qui fut publié posthume en 1688: Gabriel Hanotaux, *Authenticité du Testament
politique du cardinal de Richelieu* (Paris 1879); C. Juge-Chapsal, 'Une polémique
entre un Riomois [J.-Fr. Gamonet] et M. de Voltaire', *Bulletin historique et
scientifique de l'Auvergne* 68 (1948), p.123-40; F. Loirette, 'Montesquieu, Voltaire
et Richelieu', *Etudes sur Montesquieu*, éd. R. Galliani et F. Loirette (*Archives des
lettres modernes* 197; *Archives Montesquieu* 9, Paris 1981, p.3-30).

V. Parce qu'on lui fait signer son nom d'une façon dont il ne se servait pas.

VI. Parce que dans l'ouvrage il y a beaucoup d'expressions et d'idées peu convenables à un grand ministre qui parle à un grand roi. Il n'y a pas d'apparence qu'un homme aussi poli que le cardinal de Richelieu eût appelé la dame d'honneur de la reine *la du Fargis*, comme s'il eût parlé d'une femme publique. Est-il vraisemblable que le ministre d'un roi de quarante ans, lui fasse des leçons plus propres à un jeune dauphin qu'on élève, qu'à un monarque âgé de qui l'on dépend?

Dans le premier chapitre, il prouve qu'il faut être chaste. Est-ce un discours bienséant dans la bouche d'un ministre qui avait eu publiquement plus de maîtresses que son maître, et qui n'etait pas soupçonné d'être aussi retenu avec elles? Dans le second chapitre, il avance cette nouvelle proposition, que la raison doit être la règle de la conduite. Dans un autre il dit que l'Espagne, en donnant un million par an aux protestants, rendait les Indes qui fournissaient cet argent, *tributaires de l'enfer*: expression plus digne d'un mauvais orateur que d'un ministre sage tel que ce cardinal. Dans un autre, il appelle le duc de Mantoue, *ce pauvre prince*. Enfin, est-il vraisemblable qu'il eût rapporté au roi des bons mots de Bautru, et cent minuties pareilles dans un testament politique?

VII. Comment celui qui a fait parler le cardinal de Richelieu, peut-il faire dire (dans les premières pages) que dès qu'il fut appelé au conseil, il promit au roi d'abaisser ses ennemis, les huguenots, et les grands du royaume? Ne devait-on pas se souvenir que le cardinal de Richelieu, remis dans le conseil par les bontés de la reine-mère, n'y fut que le second pendant plus d'un an, et qu'il était alors bien loin d'avoir de l'ascendant sur l'esprit du roi, et d'être premier ministre?

604-607   MF, W46: ['Dans le premier chapitre … avec elles?' *absent*]
612   MF, W46: ministre éloquent tel que ce [W46: le] cardinal
615   W45: *Testament politique*
617   MF, W45, W57P, K: peut-il lui faire

VIII. On prétend (dans le chapitre deuxième du livre premier) que pendant cinq ans le roi dépensa pour la guerre soixante millions par an, qui en valent environ six-vingts de notre monnaie, et cela sans cesser de payer les charges de l'Etat, et sans moyens extraordinaires. Et d'un autre côté (dans le chapitre neuf, partie seconde) il est dit qu'en temps de paix il entrait par an à l'épargne environ trente-cinq millions, dont il fallait encore rabattre beaucoup. Ne paraît-il pas entre ces deux calculs une contradiction évidente?

IX. Est-il d'un ministre d'appeler à tout moment les rentes à 8, à 6, à 5 pour cent, des rentes au denier 8, au denier 6, au denier 5? Le denier cinq est vingt pour cent, et le denier vingt est cinq pour cent: ce sont des choses qu'un apprenti ne confondrait pas.

X. Est-il vraisemblable que le cardinal de Richelieu ait appelé les parlements, *Cours souveraines*, et qu'il propose, chapitre 9, partie 2, de faire payer la taille à ces cours souveraines?

XI. Est-il vraisemblable qu'il ait proposé de supprimer les gabelles? et ce projet n'a-t-il pas été fait par un politique oisif, plutôt que par un homme nourri dans les affaires?

XII. Enfin, ne voit-on pas combien il est incroyable qu'un ministre, au milieu de la guerre la plus vive, ait intitulé un chapitre, *Succincte narration des actions du roi jusqu'à la paix*?

Voilà bien des raisons de douter que ce grand ministre soit l'auteur de ce livre. Je me souviens d'avoir entendu dire dans mon enfance à un vieillard très instruit, que le *Testament politique* était de l'abbé de Bourzey, l'un des premiers académiciens, et homme

625

630

635

640

645

628-629   MF: seconde partie
629-630   MF: entrait à l'épargne environ par an trente-cinq
638-639   w46: propose de faire
639-640   MF: souveraines? 11°
642-643   MF: affaires? 12°
645-646   MF: *la paix?* Voilà
649   MF: Bourseis
    w45, K: Bourzeys
    w46: Bourzeis
649-650   MF: académiciens. Mais

très médiocre. Mais je crois qu'il est plus aisé de savoir de qui ce 650
livre n'est pas, que de connaître son auteur. Remarquez ici quelle
est la faiblesse humaine. On admire ce livre, parce qu'on le croit
d'un grand ministre. Si on savait qu'il est de l'abbé de Bourzey, on
ne le lirait pas. En rendant ainsi justice à tout le monde, en pesant
tout dans une balance exacte, élevez-vous surtout contre la 655
calomnie.

On a vu, soit en Hollande soit ailleurs, de ces ouvrages
périodiques destinés en apparence à instruire, mais composés en
effet pour diffamer; on a vu des auteurs que l'appât du gain et la
malignité ont transformés en satiriques mercenaires, et qui ont 660
vendu publiquement leurs scandales, comme Locuste vendait les
poisons.[54] Parmi ceux qui ont ainsi déshonoré les lettres et
l'humanité, qu'il me soit permis d'en citer un, qui pour prix du
plus grand service qu'un homme puisse peut-être rendre à un autre
homme, s'est déclaré pendant tant d'années mon plus cruel 665
ennemi. On l'a vu imprimer publiquement, distribuer, et vendre
lui-même un libelle infâme, digne de toute la sévérité des lois:[55] on
l'a vu ensuite, de la même main dont il avait écrit et distribué ces
calomnies, les désavouer presque avec autant de honte qu'il les
avait publiées. *Je me croirais déshonoré*, dit-il dans sa déclaration 670
donnée aux magistrats, *je me croirais déshonoré, si j'avais eu la
moindre part à ce libelle, entièrement calomnieux, écrit contre un
homme pour qui j'ai tous les sentiments d'estime* etc. Signé l'abbé
Desfontaines.[56]

651-654   MF, W46: auteur, et en rendant
653-654   W46: ['Si on savait ... lirait pas.' *absent*]
653   W45, K: Bourzeys
        NM: Bourzey
656-680   MF, W46: calomnie. ¶Parlez

[54] Locuste (Lucusta) fut employée par Agrippine pour empoisonner Claude, et
par Néron pour faire de même avec Britannicus.
[55] *La Voltairomanie* de Desfontaines est datée du 12 décembre 1738.
[56] Le désaveu de Desfontaines fut le résultat des interventions de Voltaire et de
Mme Du Châtelet auprès du comte d'Argenson et du lieutenant de police Hérault

C'est à ces extrémités malheureuses qu'on est réduit, lorsqu'on 675
fait de l'art d'écrire un si détestable usage.

J'ai lu dans un livre qui porte le titre de *Journal*, qu'il *n'est pas
étonnant que les jésuites prennent quelquefois le parti de l'illustre
Wolf, parce que les jésuites sont tous athées.*[57]

Parlez avec courage contre ces exécrables injustices, et faites 680
sentir à tous les auteurs de ces infamies, que le mépris et l'horreur
du public seront éternellement leur partage.

Sur les langues

Il faut qu'un bon journaliste sache au moins l'anglais et l'italien,
car il y a beaucoup d'ouvrages de génie dans ces langues, et le
génie n'est presque jamais traduit. Ce sont, je crois, les deux 685
langues de l'Europe les plus nécessaires à un Français. Les Italiens
sont les premiers qui aient retiré les arts de la barbarie; et il y a tant
de grandeur, tant de force d'imagination jusque dans les fautes des
Anglais, qu'on ne peut trop conseiller l'étude de leur langue.

Il est triste que le grec soit négligé en France, mais il n'est pas 690

680   MF, W46: ces injustices

---

qui exigeait que Voltaire en fît de même (René Vaillot, *Avec Mme Du Châtelet*,
Oxford 1988, p.113-4). Desfontaines signa ce document le 4 avril 1739 (D1972,
commentaire). Voltaire fit sa propre declaration le 2 mai: 'J'ai toujours désavoué *le
Préservatif* et je n'ai eu aucune part à la collection des pièces qui sont dans ce petit
écrit, parmi lesquelles il y en a qui n'étaient point destinées à être publiques' (D1994,
commentaire). Dans les *Conseils*, Voltaire se dispense de reproduire ce second
désaveu, fruit d'une identique hypocrisie.

[57] A quelques nuances près, Voltaire a souvent répété, par la suite, cette
accusation (M.x.312, note 1; ix.466, note 2; xviii.156; xxxvi.493). Voir aussi les
Notebooks, *OC*, t.81, p.136. Dans une lettre à Voltaire du 8 août 1736 (D1126),
Frédéric de Prusse parle d'une 'justification' qu'il a fait faire pour Christian Wolff, le
philosophe de Halle, 'cruellement accusé d'irréligion et d'athéïsme'. A son
avènement au trône en 1740, il le rappela d'un exil décidé par son père Frédéric-
Guillaume Ier. Le métaphysicien et leibnizien Wolff que Voltaire lit à Cirey déplait
souverainement au philosophe alors nourri de Newton.

permis à un journaliste de l'ignorer. Sans cette connaissance il y a un grand nombre de mots français dont il n'aura jamais qu'une idée confuse; car depuis l'arithmétique jusqu'à l'astronomie, quel est le terme d'art qui ne dérive de cette langue admirable? A peine y a-t-il un muscle, une veine, un ligament dans notre corps, une 695 maladie, un remède dont le nom ne soit grec. Donnez-moi deux jeunes gens, dont l'un saura cette langue, et dont l'autre l'ignorera; que ni l'un ni l'autre n'ait la moindre teinture d'anatomie; qu'ils entendent dire qu'un homme est malade d'un *diabétès*, qu'il faut faire à celui-ci une *paracentèse*, que cet autre a une *anchylose* ou un 700 *bubonocèle*; celui qui sait le grec entendra tout d'un coup de quoi il s'agit, parce qu'il voit de quoi ces mots sont composés; l'autre ne comprendra absolument rien.

Plusieurs mauvais journalistes ont osé donner la préférence à l'*Iliade* de La Motte[58] sur l'*Iliade* d'Homère. Certainement, s'ils 705 avaient lu Homère en leur langue, ils eussent vu que la traduction est autant au-dessous de l'original, que Segrais[59] est au-dessous de Virgile.

Un journaliste versé dans la langue grecque pourra-t-il s'empêcher de remarquer dans les traductions que Toureil a 710 faites de Démosthène, quelques faiblesses au milieu de ses beautés? *Si quelqu'un* (dit le traducteur) *vous demande, messieurs*

699-701   MF: malade d'une péripneumonie; celui qui sait
699   W46: diabète
707-708   MF, W46: est plus au-dessous de l'original que Segrais n'est au-dessous
710-711   MF, W51: que Tourreil a fait de Démosthène
          W45: que Tourreil a donné de Démosthène

---

[58] *L'Iliade. Poëme, avec un Discours sur Homère*, traduit par Antoine Houdar de La Motte (Paris 1714) (BV1669), qui se flattait, au scandale de Mme Dacier, d'ignorer totalement le grec.

[59] Jean Regnault de Segrais, *Traduction de l'Enéide de Virgile* (Paris 1668, 2 vols.) et les *Géorgiques de Virgile, traduites en vers françois, ouvrage posthume* (Paris 1711). Ami de Mme de La Fayette et auteur de nouvelles de qualité, Segrais s'était vu attribuer les œuvres de l'auteur de *La Princesse de Clèves*.

les Athéniens, avez-vous la paix? Non de par Jupiter, répondez-vous, *nous avons la guerre avec Philippe.* Le lecteur sur cet exposé pourrait croire que Démosthène plaisante à contre-temps; que ces 715 termes familiers, et réservés pour le bas comique, *messieurs les Athéniens, de par Jupiter,* répondent à de pareilles expressions grecques. Il n'en est pourtant rien, et cette faute appartient tout entière au traducteur. Ce sont mille petites inadvertances pareilles qu'un journaliste éclairé peut faire observer, pourvu qu'en même 720 temps il remarque encore plus les beautés. [60]

Il serait à souhaiter que les savants dans les langues orientales nous eussent donné des journaux des livres de l'Orient. Le public ne serait pas dans la profonde ignorance où il est de l'histoire de la plus grande partie de notre globe; nous nous accoutumerions à 725 réformer notre chronologie sur celle des Chinois; nous serions plus instruits de la religion de Zoroastre, dont les sectateurs subsistent encore quoique sans patrie, à peu près comme les Juifs, et quelques autres sociétés superstitieuses répandues de temps immémorial dans l'Asie; on connaîtrait les restes de 730 l'ancienne philosophie indienne; on ne donnerait plus le nom fastueux d'*histoire universelle* à des recueils de quelques fables d'Egypte, des révolutions d'un pays grand comme la Champagne, nommé la Grèce, et du peuple romain, qui tout étendu et tout victorieux qu'il a été, n'a jamais eu sous sa domination tant d'Etats 735 que le peuple de Mahomet, et qui n'a jamais conquis la dixième partie du monde.

726   MF, w46: chronologie; nous serions
728   w46: sans partie
734-735   w46: qui tout grand qu'il

[60] Traductions de l'académicien Jacques de Tourreil (1656-1715): *Harangues* (1ère Philippique) de Démosthène (Paris 1691), *Philippiques en français, avec les remarques et une préface historique* (Paris 1701). Voir G. Duhain, *J. de Tourreil, traducteur de Démosthène* (1910). L'abbé d'Olivet venait d'en donner une nouvelle traduction avec des notes du président Bouhier, qui se trouve dans la bibliothèque de Voltaire (1736, BV981).

Mais aussi que votre amour pour les langues étrangères ne vous fasse pas mépriser ce qui s'écrit dans votre patrie; ne soyez point comme ce faux délicat à qui Pétrone a fait dire, 740

> Ales Phasiacis petita Colchis,
> Atque Afræ volucres placent palato,
> Quidquid quæritur optimum videtur. [61]

On ne trouve de poète français dans la bibliothèque de l'abbé de Longuerue, qu'un tome de Malherbe. Je voudrais encore une fois 745 en fait de belles-lettres, qu'on fût de tous les pays, mais surtout du sien. J'appliquerai à ce sujet des vers de M. de la Motte, car il en a quelquefois fait d'excellents.

> C'est par l'étude que nous sommes
> Contemporains de tous les hommes, 750
> Et citoyens de tous les lieux.

Du style d'un journaliste

Quant au style d'un journaliste, Bayle est peut-être le premier modèle, s'il vous en faut un; c'est le plus profond dialecticien qui ait jamais écrit, c'est presque le seul compilateur qui ait du goût. Cependant dans son style toujours clair et naturel, il y a trop de 755 négligence, trop d'oubli des bienséances, trop d'incorrection. Il est

---

744-745   MF, W46: On ne trouva dans la bibliothèque de l'abbé de Longuerue, après sa mort, aucun poète français. Je voudrais

746   MF: et surtout

748   MF: [*supprime* 'quelquefois']

754   MF: [*supprime* 'presque']

---

[61] Pétrone, *Satiricon*, ch.93, 2. Voltaire s'est contenté de citer les deux premiers vers ainsi que le septième où il faut lire 'quicquid' au lieu de 'quidquid' (*Le Satiricon*, éd. Alfred Ernout, Paris 1922, p.97). Voltaire en possédait une traduction conservée dans sa bibliothèque: *Histoire secrète de Néron*, trad. M. Lavaur, 2 vol. (Paris 1726, BV2707), mais il est évident qu'il lisait Pétrone dans l'original latin.

diffus: il fait à la vérité conversation avec son lecteur, comme Montaigne, et en cela il charme tout le monde; mais il s'abandonne à une mollesse de style, et aux expressions triviales d'une conversation trop simple, et en cela il rebute souvent l'homme de goût. 760

En voici un exemple qui me tombe sous la main, c'est l'article d''Abaillard' dans son *Dictionnaire*.[62] *Abaillard*, dit-il, *s'amusait plus à tâtonner et à baiser son écolière, qu'à lui expliquer un auteur*. Un tel défaut lui est trop familier, ne l'imitez pas, 765

> Nul chef-d'œuvre par vous écrit jusqu'aujourd'hui,[63]
> Ne vous donne le droit de faillir comme lui.

N'employez jamais un mot nouveau, à moins qu'il n'ait ces trois qualités; d'être nécessaire, intelligible, et sonore. Des idées nouvelles, surtout en physique, exigent des expressions nouvelles. 770 Mais substituer à un mot d'usage, un autre mot qui n'a que le mérite de la nouveauté, ce n'est pas enrichir la langue, c'est la gâter. Le siècle de Louis XIV mérite ce respect des Français, que jamais ils ne parlent en autre langue que celle qui a fait la gloire de ces belles années. 775

Un des plus grands défauts des ouvrages de ce siècle, c'est le

767   MF: comme à lui
774   MF, W46: parlent un autre langage que celui qui
      W51: parlent en une autre
      K: parlent une autre
775-803   MF: années. ¶Songez surtout que ce n'est point avec la familiarité du style épistolaire, mais que c'est avec la dignité

[62] *Dictionnaire historique et critique*, 2e éd., 3 vol. (Rotterdam 1722), i.39. Le même reproche se trouve dans les *Notebooks*, *OC*, t.82, p.499. Bayle avait récidivé avec Henri IV, crime de lèse-majesté pour Voltaire: 'si on l'eût fait eunuque, il eût pu effacer la gloire des Alexandre et des César' (*Essai sur les mœurs*, éd. R. Pomeau, 2 vol., Paris 1963, ii.529, n.2; voir aussi le commentaire de l'éditeur).

[63] Parodie des vers d'Hippolyte dans la *Phèdre* de Racine: 'Qu'aucuns monstres par moi domptés jusqu'aujourd'hui / Ne m'ont acquis le droit de faillir comme lui' (I.i).

mélange des styles, et surtout de vouloir parler de sciences comme on en parlerait dans une conversation familière. [64] Je vois les livres les plus sérieux déshonorés par des expressions qui semblent recherchées par rapport au sujet, mais qui sont en effet basses et   780
triviales. Par exemple, *la nature fait les frais de cette dépense.* Il faut mettre *sur le compte du vitriol romain un mérite dont nous* faisons *honneur à l'antimoine.* Un système *de mise.* Adieu *l'intelligence des courbes,* si on *néglige le calcul,* etc.

Ce défaut vient d'une origine estimable; on craint le pédan-   785
tisme, on veut orner des matières un peu sèches. Mais *in vitium ducit culpæ fuga si caret arte.* [65] Il me semble que tous les honnêtes gens aiment mieux cent fois un homme lourd, mais sage, qu'un mauvais plaisant. Les autres nations ne tombent guère dans ce ridicule. La raison en est, que l'on y craint moins qu'en France,   790
d'être ce que l'on est. En Allemagne, en Angleterre, un physicien est physicien, en France il veut encore être plaisant. Voiture fut le premier qui eut de la réputation par son style familier. On s'écriait, cela s'appelle, *écrire en homme du monde, en homme de cour, voilà le ton de la bonne compagnie.* On voulut ensuite écrire sur des choses   795
sérieuses de ce ton de la bonne compagnie, lequel souvent ne serait pas supportable dans une lettre.

Cette manie a infecté plusieurs écrits, d'ailleurs raisonnables. Il y a en cela plus de paresse encore que d'affectation; car ces expressions plaisantes qui ne signifient rien, et que tout le monde   800
répète sans penser, ces lieux communs sont plus aisés à trouver, qu'une expression énergique et élégante. Ce n'est point avec la familiarité du style épistolaire, c'est avec la dignité du style de Ciceron qu'on doit traiter la philosophie. [66] Mallebranche moins pur que Ciceron, mais plus fort et plus rempli d'images, me paraît   805

---

[64] L'attaque est dirigée de toute évidence contre Fontenelle. Dans *Le Siècle de Louis XIV*, il mitigera ce jugement: 'on l'a regardé comme le premier des hommes dans l'art nouveau de répandre de la lumière et des grâces sur les sciences abstraites' (Leipzig 1754, ii.203).

[65] Horace, *Art poétique*, vers 31.

[66] Voir la correspondance de 1739 (D1820, D2034).

un grand modèle dans ce genre; et plût à Dieu qu'il eût établi des vérités aussi solidement qu'il a exposé ses opinions avec éloquence!

Locke, moins élevé que Mallebranche, peut-être trop diffus, mais plus élégant, s'exprime toujours dans sa langue avec netteté et avec grâce. Son style est charmant, *puroque simillimus amni.* [67] Vous ne trouvez dans ces auteurs aucune envie de briller à contre-temps, aucune pointe, aucun artifice. Ne les suivez point servilement, *ô imitatores servum pecus!* [68] mais à leur exemple remplissez-vous d'idées profondes et justes. Alors les mots viennent aisément, *rem verba sequuntur!* [69] Remarquez que les hommes qui ont le mieux pensé, sont aussi ceux qui ont le mieux écrit.

Si la langue française doit bientôt se corrompre, cette altération viendra de deux sources; l'une est le style affecté des auteurs qui vivent en France; l'autre est la négligence des écrivains qui résident dans les pays étrangers. Les papiers publics et les journaux sont infectés continuellement d'expressions impropres, auxquelles le public s'accoutume à force de les relire.

Par exemple, rien n'est plus commun dans les gazettes que cette phrase: Nous apprenons que les assiégeants *auraient* un tel jour battu en brèche: on dit que les deux armées se *seraient* approchées; au lieu de, les deux armées se *sont* approchées, les assiégeants *ont* battu en brèche etc.

Cette construction très vicieuse est imitée du style barbare qu'on a malheureusement conservé dans le barreau, et dans quelques édits. On fait dans ces pièces parler au roi un langage

810

815

820

825

830

820-821 MF: le style affecté de quelques auteurs qui ont vécu en France
824 w46: les lire
830-831 MF: style qu'on
832 MF: parler au souverain un

---

[67] Horace, livre II, épître II, vers 120.
[68] Horace, livre I, épître XIX, vers 19.
[69] Horace, *Art poétique*, vers 311.

gothique. Il dit, On nous *aurait* remontré, au lieu de, on nous *a* remontré; Lettres *Royaux*, au lieu de Lettres *Royales*; *Voulons et nous plaît*, au lieu de toute autre phrase plus méthodique et plus 835 grammaticale. Ce style gothique des édits et des lois est comme une cérémonie dans laquelle on porte des habits antiques, mais il ne faut point les porter ailleurs. On ferait même beaucoup mieux de faire parler le langage ordinaire aux lois, qui sont faites pour être entendues aisément. On devrait imiter l'élégance des *Institutes* 840 de Justinien. Mais que nous sommes loin de la forme et du fond des lois romaines!

Les écrivains doivent éviter cet abus, dans lequel donnent tous les gazetiers étrangers. Il faut imiter le style de la gazette qui s'imprime à Paris, elle dit au moins correctement des choses 845 inutiles.

La plupart des gens de lettres qui travaillent en Hollande, où se fait le plus grand commerce de livres, s'infectent d'une autre espèce de barbarie, qui vient du langage des marchands: ils commencent à écrire *par contre*, pour *au contraire*; cette *présente*, 850 au lieu de cette *lettre*; le *change*, au lieu de *changement*. J'ai vu des traductions d'excellents livres remplies de ces expressions. Le seul exposé de pareilles fautes, doit suffire pour corriger les auteurs. Plût à Dieu qu'il fût aussi aisé de remédier au vice qui produit tous les jours tant d'écrits mercenaires, tant d'extraits infidèles, tant de 855 mensonges, tant de calomnies dont la presse inonde la république des lettres!

840-841   MF: *Instituts* de Justinien. ¶
          W46: *Instituts*
845-846   MF: elle dit correctement des choses qu'elle doit dire.
853   MF: auteurs.//
857a   W45: Le 10 mai 1737

L'Anti-Giton

Edition critique

par

Nicholas Cronk

L'ANTI-GITON

Le poème *L'Anti-Giton* paraît pour la première fois en 1739, dans le *Recueil de pièces fugitives en prose et en vers* publié à Paris par Prault. Il s'agit en fait de la réécriture d'un poème qui circulait en manuscrit dès 1715, intitulé *A mademoiselle Duclos*. Au moment de sa querelle avec Desfontaines, Voltaire revient à ce poème de jeunesse, qu'il change radicalement en le transformant en pamphlet en vers. Les allusions à l'actrice Mlle Duclos sont éliminées et la présence du marquis de Courcillon est réduite, au point même de rendre le nouveau poème partiellement incohérent. C'est dorénavant l'abbé Desfontaines qui occupe l'avant-scène, et le portrait qu'en esquisse Voltaire est d'une brutalité cinglante qui déséquilibre le nouveau poème. *L'Anti-Giton* trouve ainsi sa place à côté des pamphlets en prose de la même époque qui visent Desfontaines, le *Mémoire du sieur de Voltaire* et le *Mémoire sur la satire*. Ironie de l'histoire littéraire, cette réécriture polémique et vicieuse a estompé le poème original, dont les qualités littéraires sont bien supérieures.

Nous donnons ici le texte de *L'Anti-Giton*, tel qu'il fut publié dans le *Recueil de pièces fugitives en prose et en vers* [Paris, Prault], 1740 [1739] (BnC 369), aux pages 159-62. L'orthographe a été modernisée; la ponctuation d'origine est conservée. Pour l'apparat critique ainsi que pour l'annotation et le commentaire, nous renvoyons à l'édition d'*A mademoiselle Duclos* (*OC*, t.1B, p.19-46).

Oh du théâtre aimable souveraine!
Belle Cloé, fille de Melpomène!
Puissent ces vers de vous être goûtés,
Amour le veut, Amour les a dictés.

Ce petit dieu, de son aile légère,   10
Un arc en main, parcourait l'autre jour
Tous les recoins de votre sanctuaire;
Car le théâtre appartient à l'Amour:
Tous ses héros sont enfants de Cythère.
Hélas, Amour! que tu fus consterné,   15
Lorsque tu vis ce temple profané,
Et ton rival, de son culte hérétique,
Etablissant l'usage antiphysique,
Accompagné de ses mignons fleuris,
Fouler aux pieds les myrtes de Cypris!   20

   Cet ennemi, jadis, eut dans Gomore
Plus d'un autel; et les aurait encore,
Si, par le feu son pays consumé,
En lac un jour n'eût été transformé:
Ce conte n'est de la métamorphose: 25
Car gens de bien m'ont expliqué la chose
Très doctement, et partant ne veux pas
Mécroire en rien la vérité du cas;
Ainsi que Loth, chassé de son asile,
Ce pauvre dieu courut de ville en ville;   30
Il vint en Grèce; il y donna leçon
Plus d'une fois à Socrate, à Platon;
Chez des héros il fit sa résidence,
Tantôt à Rome, et tantôt à Florence;
Cherchant toujours, si bien vous l'observez,   35
Peuples polis, et par art cultivés.
Maintenant donc le voici dans Lutèce,
Séjour fameux des effrénés désirs,
Et qui vaut bien l'Italie et la Grèce,
Quoi qu'on en dise, au moins pour les plaisirs.   40
Là, pour tenter notre faible nature,
Ce dieu paraît sous humaine figure,
Et si n'a pris bourdon de pèlerin,

Comme autrefois l'a pratiqué Jupin,
Quand, voyageant au pays où nous sommes,   45
Quittait les cieux pour éprouver les hommes;
Il n'a point l'air de ce pesant abbé,
Brutalement dans le vice absorbé,
Qui, tourmentant en tout sens son espèce,
Mord son prochain, et corrompt la jeunesse;   50
Lui, dont l'œil louche, et le mufle effronté,
Font frissonner la tendre volupté;
Et qu'on prendrait, dans ses fureurs étranges,
Pour un démon qui viole des anges.
Ce dieu sait trop, qu'en un pédant crasseux,   55
Le plaisir même est un objet hideux.

D'un beau marquis il a pris le visage,
Le doux maintien, l'air fin, l'adroit langage;
Trente mignons le suivent en riant;
Philis le lorgne, et soupire en fuyant.   60
Ce faux Amour se pavane à toute heure,
Sur le théâtre aux Muses destiné,
Où par Racine en triomphe amené,
L'Amour galant choisissait sa demeure.
Que dis-je? Hélas! l'Amour n'habite plus   65
Dans ce réduit. Désespéré, confus
Des fiers succès du dieu qu'on lui préfère,
L'Amour honnête est allé chez sa mère,
D'où rarement il descend ici bas.
Belle Cloé, ce n'est que sur vos pas   70
Qu'il vient encore: Cloé, pour vous entendre,
Du haut des cieux j'ai vu ce dieu descendre.
Sur le théâtre il vole parmi nous,
Quand, sous le nom de Phèdre ou de Monime,
Vous partagez entre Racine et vous   75
De notre encens le tribut légitime:
Que si voulez que cet enfant jaloux,

De ces beaux lieux désormais ne s'envole,
Convertissons ceux, qui devant l'idole
De son rival, ont fléchi les genoux: 80
Il vous créa la prêtresse du temple;
A l'hérétique il faut prêcher d'exemple:
Vous viendrez donc avec moi dès ce jour,
Sacrifier au véritable Amour.

Shorter verse of 1739-1741

Critical edition

by

Ralph A. Nablow

CONTENTS

COLLECTIVE EDITIONS OF VOLTAIRE'S WORKS
REFERRED TO IN THIS EDITION

w38

Œuvres de M. de Voltaire. Amsterdam: Ledet [or] Desbordes, 1738-1750. 8 vol. 8°.
Bengesco 2120; Trapnell 39A; BnC 7-11.

w41c

Œuvres de M. de Voltaire. Amsterdam [Paris: Didot, Barrois]: Compagnie, 1741-1742. 5 vol. 12°.
Bengesco 2124; Trapnell 41C; BnC 20-21.

w42

Œuvres mêlées de M. de Voltaire. Genève: Bousquet, 1742. 5 vols. 12°.
Bengesco 2125; Trapnell 42G; BnC 22-24.

w43

Œuvres de M. de Voltaire. Amsterdam [or] Leipzig: Arckstée et Merkus, 1743-1745. 6 vol. (vol.5, 1744; vol.6, 1745). 8°.
Bengesco iv.23; Trapnell 43.

w46

Œuvres diverses de M. de Voltaire. Londres [Trévoux]: Nourse, 1746. 6 vol. 12°.
Bengesco 2127; Trapnell 46; BnC 25-26.

w48d

Œuvres de M. de Voltaire. Dresde: Walther, 1748-1754. 10 vol. 8°
Bengesco 2129; Trapnell 48D; BnC 28-35.

W50

La Henriade et autres ouvrages. Londres [Rouen]: Société, 1750-1752. 10 vol. 12°.
Bengesco 2130; Trapnell 50R; BnC 39.

W51

Œuvres de M. de Voltaire. [Paris: Lambert], 1751. 11 vol. 12°.
Bengesco 2131; Trapnell 51P; BnC 40-41.

W52

Œuvres de M. de Voltaire. Dresde: Walther, 1752. 9 vol. 8°.
Bengesco 2132; Trapnell 52 and 70X; BnC 36-38.

W56

Collection complette des œuvres de Mr. de Voltaire. [Genève: Cramer], 1756. 17 vol. 8°.
Bengesco 2133; Trapnell 56, 57G; BnC 55-66.

W57G1

Collection complette des œuvres de Mr. de Voltaire. [Genève: Cramer], 1757. 10 vol. 8°.
Bengesco 2134; Trapnell 56, 57G; BnC 67.

W57G2

A reissue of W57G1.

W57P

Œuvres de M. de Voltaire. [Paris: Lambert], 1757. 22 vol. 12°.
Bengesco 2135; Trapnell 57P; BnC 45-54.

SO58

Supplément aux œuvres de M. de Voltaire. Londres [Paris: Lambert], 1758 2 vol. 12°.
Bengesco 2131; BnC 42-44.

MP61

Mélanges de poésies, de littérature, d'histoire de de philosophie. [Paris: Prault], 1761. 1 vol. 8°. Bengesco 2209; BnC 86.
Paris, BnF: Rés. Z. Beuchot 1547.

OC61

Œuvres choisis de M. de Voltaire. Avignon: Giroud, 1761. 12°.
Bengesco 2182, 2206; Trapnell 61A; BnC 430-33.

TS61

Troisième suite des mélanges de poésies, de littérature, d'histoire de de philosophie. [Paris, Prault], 1761. 1 vol. 8°. Bengesco 2209; Trapnell 61G / 61P; BnC 84-85.
Paris, BnF: Z. 24594.

W64G

Collection complette des œuvres de M. de Voltaire. [Genève: Cramer], 1764. 10 vol. 8°.
Bengesco 2133; Trapnell 64, 70G; BnC 89.

W64R

Collection complète des œuvres de M. de Voltaire. Amsterdam: Compagnie [Rouen: Machuel?], 1764. 22 tomes in 18 vol. 12°.
Bengesco 2136; Trapnell 64R; BnC 145-148.

NM

Nouveaux mélanges philosophiques, historiques, critiques, etc. [Genève, Cramer], 1765-1776. 19 vol. 8°. Bengesco 2212; Trapnell NM; BnC 111-135.

W68

Collection complette des œuvres de M. de Voltaire. [Genève: Cramer; Paris: Panckoucke], 1768-1777. 30 vol. 4°.
Bengesco 2137; Trapnell 68; BnC 141-44.

W70G

Collection complette des œuvres de M. de Voltaire. [Genève: Cramer], 1770. 10 vol. 8°.
Bengesco 2133; Trapnell 64, 70G; BnC 90-91.

W70L

Collection complette des œuvres de M. de Voltaire. Lausanne: Grasset, 1770-1781. 57 vol. 8°.
Bengesco 2138; Trapnell 70L; BnC 149-50.

ES71

Epîtres, satires, contes, odes, et pièces fugitives du poète philosophe (Londres 1771).

W71

Collection complette des œuvres de M. de Voltaire. Genève [Liège: Plomteux], 1771-1777. 32 vol. 8°.
Bengesco 2139; Trapnell 71; BnC 151.

W72P

Œuvres de M. de V... Neufchâtel [Paris: Panckoucke], 1771-1777. 34 or 40 vol. 8° and 12°.
Bengesco 2140; Trapnell 72P; BnC 152-157.

W72X

Collection complette des œuvres de M. de Voltaire. [Genève: Cramer?], 1772. 10 vol. 8°.
Bengesco 2133; Trapnell 72X; BnC 92, 105.

W75G

La Henriade, divers autres poèmes et toutes les pièces relatives à l'épopée, Geneva, Cramer & Bardin, 1775, 37 [40] vols, 8°.
Bengesco 2141; Trapnell 75G; BnC 158-161.

K

Œuvres complètes de Voltaire. [Kehl] Société littéraire-typographique, 1784-1789. 70 vol. 8°.

ODE AU ROI DE PRUSSE, SUR SON AVÈNEMENT AU TRÔNE

Crown Prince Frederick ascended the throne of Prussia on 31 May 1740. Voltaire marked the occasion by composing this eulogistic ode, a paean to progress, which he despatched to Baron Dietrich von Keyserlingk c.10 June (D2228). Sending it to d'Argental on 12 June, he described it as 'une façon d'ode', adding: 'voilà l'ode ou plutôt les stances, c'est mon cœur qui les a dictées bonnes ou mauvaises' (D2230). Frederick was delighted, praising the poem's 'vers immortels' in his letter to Voltaire of 21 June (D2242). On 25 June, von Keyserlingk, who had received the ode, remarked to Voltaire: 'J'ai d'abord remis aux mains de Federic cette poésie admirable que vous lui addressez. Il l'a reçue avec cette modestie qui accompagne toutes ses actions; il en admire les vers inimitables, et prétend y lire sa leçon' (D2248).

This lesson for Frederick is a study in moral philosophy. Merit and virtue are opposed to the vices of hypocrisy, flattery, fanaticism, tyranny, persecution, calomny and arrogance, whose victims include Descartes, Bayle and Christian Wolff, and one of whose representatives is Cesare Borgia. To the latter Voltaire contrasts the true heroes of Rome: Antoninus Pius, Trajan, Marcus Aurelius and Titus, all of whom will be reborn in Frederick ('Le Salomon du Nord'). Frederick did not always observe the high ideals enjoined upon him.

The lesson for Frederick also involves cultivation of the sciences and the arts, which his father, Frederick William I, had held in contempt. Frederick, it will be recalled, patronised them throughout his life; he restored the Academy of Science of Berlin, which had declined during his father's reign, and built a Berlin

opera house, which dates from 1741 (see D2605 and commentary). 'Lacédémone devenait Athènes', Voltaire remarked.[1]

The ode has received little critical attention. One stanza (lines 21-24), however, was quoted by the Christian apologist Claude-Marie Guyon in his *L'Oracle des nouveaux philosophes. Pour servir de suite et d'éclaircissement aux Œuvres de M. de Voltaire* (Bern 1759), p.211, a work in which he ascribes to Voltaire an insincere, subversive attitude.

The text

The ode was first printed in 1742 in w42, v.230-33. There are three readings of the text: (1) w42-w51 and w64R, which give a variant of lines 1-4 and 37-40; (2) w52, which retains only the variant of lines 1-4; (3) all other editions including w75G. s058, which falls into the third category, gives only lines 1-4 and 37-44 as fragments. Since no one version is clearly preferable to the others, w75G (xii.228-30) has been reproduced here.

Editions

w42, v.230-33; w38, w43 (1745), vi.186-89; w46, v.122-25; w48D, iii.153-55; w50, iii.181-84; w51, iii.156-59; w52, iii.60-62; w56, ii.114-16; w57G1, ii.114-16; w57G2, ii.114-16; w57P, vi.102-104; s058, i.366-67; w64G, ii.126-28; w64R, v.182-84; w70G, ii.126-28; w68 (1771), xviii.240-43; w72P (1771), iii.241-43; w70L (1772), xxii.344-46; w72X, ii.111-13; w72P (1773), xiv.258-60; w71 (1774), xviii.205-207; w75G, xii.228-30; K, xiii.362-65; M.viii.[443]-46. The ode also appears in *Epîtres, satires, contes, odes, et pièces fugitives, du poète philosophe* (London 1771), p.337-39 (edition in 422 pages), p.404-407 (edition in 448 pages). A German translation of this ode appears in Adolf Ellissen, *Voltaire als politischer Dichter, dargestellt in einigen seiner kleinern Zeitgedichte. Eine historische Skizze* (Leipzig 1852), p.41-43.

[1] See his *Mémoires* (1758) (M.i.23).

Base text: w75G.

Collated texts: w42; w38; w46; w48D; w51; w52; w56; w57G1; w57G2; w57P; so58; w64G; w70G; w68; w70L; K; M.[2]

Ode au roi de Prusse, sur son avènement au trône

Est-ce aujourd'hui le jour le plus beau de ma vie?
Ne me trompé-je point, dans un espoir si doux?
Vous régnez. Est-il vrai que la philosophie
    Va régner avec vous?

Fuyez loin de son trône, imposteurs fanatiques,   5
Vils tyrans des esprits, sombres persécuteurs;
Vous dont l'âme implacable, et les mains frénétiques
    Ont tramé tant d'horreurs.

Quoi! je t'entends encor, absurde calomnie!
C'est toi, monstre inhumain; c'est toi qui poursuivis   10

1-4 w42-w52:
    Enfin voici le jour le plus beau de ma vie,
    Que le monde attendait et que vous seul craignez,
    Le grand jour où la terre est pour vous embellie,
        Le jour où vous régnez.
5-9 M records the following as a variant:
    Fuyez, disparaissez, révérends fanatiques,
    Sous le nom de dévots lâches persécuteurs,
    Séducteurs insolents, dont les mains frénétiques
        Ont tramé tant d'horreurs.

    J'entends, je vois trembler la sombre Hypocrisie;

[2] I acknowledge with much gratitude my indebtedness to Charles Wirz for his kindness in assisting me with manuscripts and photocopies.

Et Descartes et Bayle, et ce puissant génie, (*a*)
Successeur de Leibnitz.

Tu prenais sur l'autel un glaive qu'on révère,
Pour frapper saintement les plus sages humains.
Mon roi va te percer du fer que le vulgaire 15
Adorait dans tes mains.

Il te frappe, tu meurs, il venge notre injure;
La vérité renaît, l'erreur s'évanouit;
La terre élève au ciel une voix libre et pure,
Le ciel se réjouit. 20

Et vous de Borgia détestables maximes,
Science d'être injuste à la faveur des lois,
Art d'opprimer la terre, art malheureux des crimes,
Qu'on nomme l'art des rois. [4]

(*a*) Volf, chancelier de l'université de Hall. Il fut chassé sur la
dénonciation d'un théologien, et rétabli ensuite. Voyez la préface de
l'*Histoire du Brandebourg*, où il est dit: 'qu'il a noyé le système de Leibnitz
dans un fatras de volumes, et dans un déluge de paroles.' [3]

n.*a*   w42-w52: [*note absent (added in w56)*]
24   w42-w51: nommait
note a, 2-3   w70L: de Brandebourg
note a, 3   w56 and w57P omit: où il est dit

[3] This quotation does not appear in Frederick II's *Mémoires pour servir à l'histoire de
la maison de Brandebourg* (1751). Christian Wolff (1679-1754) was a pupil of Leibniz,
and his philosophical system, which was introduced to Voltaire by Frederick, is a
modification of that of Leibniz (see D.app.45). It is important to note that Voltaire is
here holding up Wolff as a victim of intolerance; he did not, as we know from *Candide*,
always view him so favourably. On Wolff, see W. H. Barber, *Leibniz in France, from
Arnauld to Voltaire* (Oxford 1955), p.178-82, also Voltaire's *Dictionnaire philosophique*
('De la Chine') (*OC*, vol. 35, p.330-34) and *Lettres à S. A. Mgr le prince de* *****(letter
6). Like Wolff, Descartes and Bayle were persecuted on religious grounds.
[4] A reference to Machiavelli's *Il Principe* (written 1513-1514), whose 'hero' is the
ecclesiastic and soldier Cesare Borgia (1476?-1507). Frederick refuted this work in

Périssent à jamais vos leçons tyranniques;   25
Le crime est trop facile, il est trop dangereux.
Un esprit faible est fourbe; et les grands politiques
    Sont les cœurs généreux.

Ouvrons du monde entier les annales fidèles,
Voyons-y les tyrans; ils sont tous malheureux;   30
Les foudres qu'ils portaient dans leurs mains criminelles
    Sont retombés sur eux.

Ils sont morts dans l'opprobre, ils sont morts dans la rage;
Mais Antonin, Trajan, Marc-Aurèle, Titus,
Ont eu des jours sereins, sans nuit et sans orage,   35
    Purs comme leurs vertus.

Tout siècle eut ses guerriers; tout peuple a dans la guerre
Signalé des exploits par le sage ignorés.
Cent rois que l'on méprise ont ravagé la terre.
    Régnez et l'éclairez.   40

25-28 K records the following as a variant:
    Politique imprudente autant que tyrannique,
    De votre faux éclat cachez le jour affreux;
    Redoutez un héros de qui la politique
    Est d'être vertueux.
37 so58: Tout siècle a
37-40 w42-w51:
    Ils renaîtront en vous, ces vrais héros de Rome,
    A les remplacer tous vous êtes destiné,
    Régnez, vivez heureux; que le plus honnête homme
    Soit le plus fortuné.

    Un philosophe règne. Ah! Le siècle où nous sommes
    Le désirait sans doute et n'osait l'espérer.
    Seul il a mérité de gouverner les hommes,
    Il sait les éclairer.

his *Anti-Machiavel* (The Hague 1740), which Voltaire edited and which was at this time passing through the press (D2240; 18 June 1740). The *Anti-Machiavel* came out in September of that year (*OC*, vol.19, p.72).

On a vu trop longtemps l'orgueilleuse ignorance
Ecrasant sous ses pieds le mérite abattu,
Insulter aux talents, aux arts, à la science,
    Autant qu'à la vertu.

Avec un ris moqueur, avec un ton de maître,   45
Un esclave de cour, enfant des voluptés,
S'est écrié souvent, Est-on fait pour connaître?
    Est-il des vérités?

Il n'en est point pour vous, âme stupide et fière.
Absorbé dans la nuit, vous méprisez les cieux.   50
Le Salomon du Nord apporte la lumière;
    Barbare, ouvrez les yeux.

41-52   K records the following as a variant:
      On voit des souverains vieillis dans l'ignorance,
      Idoles sans vertus, sans oreilles, sans yeux,
      Que sur l'autel du vice un vil flatteur encense,
      Images des faux dieux.
      Quelle est du Dieu vivant la véritable image?
      Vous, des talents, des arts et des vertus l'appui;
      Vous, Salomon du Nord, plus savant et plus sage,
      Et moins faible que lui.

RÉPONSE À UNE LETTRE DONT LE ROI DE PRUSSE HONORA L'AUTEUR À SON AVÈNEMENT À LA COURONNE

Voltaire further honoured Frederick's accession to the throne by addressing to him a formal epistle in alexandrine couplets which can be dated to *c*.1 July 1740 (D2257). In all likelihood this epistle formed part of a letter; indeed, in his *Mémoires* for 11 August 1740 the duc de Luynes preceded a transcription of it with the remark: 'Le roi de Prusse d'aujourd'hui étoit fort dans le goût des sciences depuis plusieurs années et en grande liaison avec Voltaire, à qui il a fait l'honneur d'écrire depuis son avénement à la couronne. Voltaire lui a fait la réponse ci-jointe.'[1]

There is a similarity in tone between this epistle and Frederick's letter of 6 June 1740 which elicited it, in which the king implored his friend: 'Ne voyez en moi, je vous prie, qu'un citoyen zélé, un philosophe un peu sceptique, mais un ami véritablement fidèle. Pour dieu, ne m'écrivez qu'en homme, et méprisez avec moi les titres, les noms et l'éclat extérieur. [...] Aimez-moi toujours, et soyez toujours sincère avec votre ami' (D2225; cf. D2233). Paraphrasing Frederick, Voltaire exclaimed to Cideville on 28 June: 'Me serait-il permis de vous dire que dès qu'il a été sur le trône il m'a écrit ces propres paroles. *Mon cher ami parlez-moi toujours comme à un homme et jamais comme à un roi*' (D2251).

This epistle, although written in the eighteenth-century grand style, is not without emotion. Frederick's wish to be regarded as a man rather than as a king is, the poet says, in keeping with his true feelings. His humility is then illustrated in an allegory, forming a variant to the poem. The mood then shifts from the fanciful to the real as Voltaire invites Frederick's subjects to acknowledge their master and apostrophises the philosopher Wolff. Voltaire later

[1] *Mémoires* (Paris 1860-1865), iii.230.

mocked the German Wolffians in the figure of Pangloss, and had already in fact refuted Wolff (D1432; 23 January 1738); but he is here moved by Frederick's clemency in recalling from exile this follower of Leibniz who had been persecuted during the reign of Frederick William I. Unlike his father, Frederick deserves praise for his wise economic policies, for his military plans, and no less for his humanity. He in a sense recalls Plato's philosopher-king.

The critical reception of the poem was varied. The duc de Luynes remarked: 'il me paroît [que la réponse] n'est pas trop approuvée ni digne de l'être, et que la critique aussi forte sur la conduite du feu roi de Prusse ne peut plaire à son fils. Outre cela les louanges qu'il donne à ce prince sont accompagnées de tant de mépris pour les autres rois qu'un pareil ouvrage ne peut jamais réussir.'[2] In the *Nouvelle Bibliothèque* (July 1740), vi.424, on the other hand, the poem is described as 'un morceau de vers singulier'. 'On sentira bien', the writer concludes, 'que ce ne sont point ici de ces vers faits au hazard et dictés par la flatterie; on verra qu'ils partent du cœur, et qu'ils font également honneur, et au roi, et à l'écrivain.'

A Latin verse translation of the poem appears in the *Mercure de France* of September 1748, p.33-36.

A negative reply to the poem, attributed to Jean-Baptiste Rousseau, is given in Appendix I, below.

First printed in the *Nouvelle Bibliothèque* of July 1740 (vi.424-27), the poem reappeared in the duc de Luynes's *Mémoires* of 11 August 1740 (iii.231-32), and entered Voltaire's works in 1742 (w41c, v.267-70, and w42, v.223-25).

The *encadrée* (w75G, xii.184-86), which gives virtually the same text as the other authoritative editions, has been reproduced here.

The text

There are two textual traditions: (1) that of w42-w71, which agrees with the base text; (2) that of the remaining versions (save

[2] *Ibid.*

538

K), which represent the original poem as sent to Frederick; following the *Nouvelle Bibliothèque*, these versions contain substantive variants. K follows w75G with an interpolation between lines 26 and 27 from the *Nouvelle Bibliothèque*.

Manuscripts

MS1: a contemporary copy with corrections in Voltaire's hand; present whereabouts unknown (see D2257, MS1).

MS2: a contemporary copy by count von Manteuffel, sent from Berlin to count von Brühl on 21 October 1740 (Dresden, Staatsarchiv, vol.xxx^b, f.333-34).

MS3: a contemporary copy, undated (Grenoble, Bibliothèque municipale d'étude et d'information, 3856).

MS4: a contemporary copy, dated 1740 (Bh Rés.2025, f.47-48r).

Editions

Nouvelle Bibliothèque ou Histoire littéraire des principaux écrits qui se publient (La Haye), vi (July 1740), p.424-27 (NB); duc de Luynes, *Mémoires* (11 August 1740), iii.231-32; W41C (1742), v.267-70; W42, v.223-25; W38, W43 (1745), vi.179-81; W46, v.116-18; W48D, iii.59-61; W50, iii.81-83; W51, iii.69-71; W52, iii.198-99; W56, ii.241-43; W57G1, ii.241-43; W57G2, ii.241-43; W57P, vi.208-10; OC61, p.87-89; W64G, ii.258-60; W64R, v.175-77; W70G, ii.258-60; W68 (1771), xviii.201-202; W72P (1771), iii.324-26; W70L (1772), xxiii.154-56; W72X, ii.225-27; W72P (1773), xiv.362-64; W71 (1774), xviii.170-71; W75G, xii.184-86; K, xiii.107-10. The poem also appears in *Nouveau recueil de pièces fugitives en prose et en vers. Par M. de V****, p.58-60 (appended to *Recueil de nouvelles pièces fugitives en prose et en vers. Par M. de Voltaire* [London 1741]), and in *Pièces recueillies de MM Voltaire et Piron* (Au Parnasse 1744), p.11-13.

Base text: W75G.

Collated texts: NB; W42; W38; W46; W48D; W51; W52; W56; W57G1; W57G2; W57P; W64G; W70G; W68; W70L; K.

Réponse à une lettre dont le roi de Prusse honora l'auteur à son avènement à la couronne

Quoi, vous êtes monarque, et vous m'aimez encore!
Quoi! le premier moment de cette heureuse aurore,
Qui promet à la terre un jour si lumineux,
Marqué par vos bontés, met le comble à mes vœux!
O cœur toujours sensible! âme toujours égale!   5
Vos mains du trône à moi remplissent l'intervalle.
Citoyen couronné, des préjugés vainqueur,

a-b NB: *A Sa Majesté Fréderic V, roi de Prusse, Electeur de Brandebourg, etc.*

7-16 NB, K (which records these lines as a variant):

Et philosophe roi, méprisant la grandeur,
Vous m'écrivez en homme, et parlez à mon cœur.
Vous savez qu'Apollon, le dieu de la lumière,
N'a pas toujours du ciel éclairé la carrière;
Dans un champêtre asile il passa d'heureux jours. [3]   5
Les arts qu'il y fit naître y furent ses amours.
Il chanta la vertu; sa divine harmonie
Polit des Phrygiens le sauvage génie;
Solide en ses discours, sublime en ses chansons,
Du grand art de penser il donna des leçons;   10
Ce fut le siècle d'or; car malgré l'ignorance,
L'âge d'or en effet est le siècle où l'on pense.
Un pasteur étranger, attiré vers ces bords,
Du dieu de l'harmonie entendit les accords.
A ses sons enchanteurs il accorde [K: accorda] sa lyre.   15
Le dieu qui l'approuva, prit le soin de l'instruire;
Mais le dieu se cachait, et le simple étranger
Ne connut, n'admira, n'aima que le berger.
Je suis cet étranger, ce pasteur solitaire;

[3] Voltaire is drawing upon the Greek myth of Laomedon, who had Apollo in his service as herdsman (*Iliad*, xxi.448). The contemporary allusion is to the rural tranquillity of the castle of Rheinsberg, where Frederick devoted himself to study from 1734 to 1740; the introduction of the 'pasteur étranger' (line 13, variant) is Voltaire's own poetic invention.

540

Vous m'écrivez en homme, et parlez à mon cœur.
Cet écrit vertueux, ces divins caractères,
Du bonheur des humains sont les gages sincères.   10
Ah prince! ah digne espoir de nos cœurs captivés!
Ah! régnez à jamais comme vous écrivez.
Poursuivez, remplissez des vœux si magnanimes;
Tout roi jure aux autels de réprimer les crimes;
Et vous plus digne roi, vous jurez dans mes mains   15
De protéger les arts, et d'aimer les humains.
        Et toi,(a) dont la vertu brilla persécutée,
Toi qui prouvas un Dieu, mais qu'on nommait athée,
Martyr de la raison, que l'envie en fureur

(a) Le professeur Volf, persécuté comme athée par les théologiens de
l'université de Hall, chassé par Fréderic II sous peine d'être pendu, et fait
chancelier de la même université à l'avènement de Fréderic III. [4]

Mais quel est l'Apollon qui m'échauffe et m'éclaire?   20
C'est à vous de le dire, ô vous qui l'admirez,
Peuples qu'il rend heureux, sujets qui l'adorez;
A l'Europe étonnée, annoncez votre maître;
Les vertus, les talents, les plaisirs vont renaître;
Les sages de la terre, appelés à sa voix,   25
Accourent pour l'entendre et recevoir [κ: reçoivent] ses lois.

[κ (18-19 of variant):
                        berger.
Phébus quitta bientôt ses agréables plaines,
Du char de la lumière il prit en main les rênes;
Mais le jour que sa course éclaira l'univers,
Au lieu de se coucher dans les palais des mers,
Déposant ses rayons et sa grandeur suprême,
Il apparut encore à l'étranger qui l'aime,
Lui parla de son art, art peu connu des dieux,
Et ne l'oublia point en remontant aux cieux.
Je suis]

n.a   NB, without the note (added in 1742).
n.a, 3   w51 and w52 add: surnommé le Grand.

[4] Wolff, who believed in God, was banished from Prussia on grounds of atheism.

Chassa de son pays par la main de l'erreur,　　　　　　　　20
Reviens, il n'est plus rien qu'un philosophe craigne,
Socrate est sur le trône, et la vérité règne.
　　　Cet or qu'on entassait, ce pur sang des Etats,
Qui leur donne la mort en ne circulant pas,[5]
Répandu par ses mains au gré de sa prudence,　　　　　　25
Va ranimer la vie, et porter l'abondance.
　　　Il ne recherche point ces énormes soldats,[6]
Ce superbe appareil inutile aux combats,
Fardeaux embarrassants, colosses de la guerre,
Enlevés(b) à prix d'or aux deux bouts de la terre:[7]　　　30
Il veut dans ses guerriers le zèle et la valeur,
Et sans les mesurer, juge d'eux par le cœur.
Ainsi pense le juste, ainsi règne le sage:
Mais il faut au grand homme un plus heureux partage;

(b) Un de ces soldats, qu'on nommait Petit-Jean, avait été acheté vingt-quatre mille livres.

20　NB: les mains
26-27　NB and K interpolate:
　　　La sanglante injustice expire sous ses pieds;
　　　Déjà les rois voisins sont tous ses alliés;
　　　Ses sujets sont ses fils, l'honnête homme est son frère;
　　　Ses mains portent l'olive, et s'arment pour la guerre.[8]
n.b　NB, without the note (added in 1742).
33-43　NB:
　　　Il est héros en tout, puisqu'en tout il est juste.
　　　Il sait qu'aux yeux du sage, on a ce titre auguste,
　　　Par des soins bienfaisants plus que par des exploits.

[5] The reference is to Frederick William I's worship of money and frugality in expenditures, as a result of which he left an abundant treasury. For Voltaire, on the other hand, the prosperity of a state depended on the free circulation of gold: see his article 'Intérêt' of the *Questions sur l'Encyclopédie* (1771) (M.xix.491).
[6] Frederick had disbanded his father's army of tall soldiers.
[7] In order to recruit tall soldiers Frederick William I had agents employed throughout Europe, who even kidnapped men for military service.
[8] Frederick invaded and occupied Silesia in December 1740.

Consulter la prudence, et suivre l'équité,   35
Ce n'est encor qu'un pas vers l'immortalité.
Qui n'est que juste est dur, qui n'est que sage est triste;
Dans d'autres sentiments l'héroïsme consiste;
Le conquérant est craint, le sage est estimé;
Mais le bienfaisant charme, et lui seul est aimé;   40
Lui seul est vraiment roi, sa gloire est toujours pure;
Son nom parvient sans tache à la race future.
A qui se fait chérir faut-il d'autres exploits?
Trajan non loin du Gange enchaîne trente rois;[9]
A peine a-t-il un nom fameux par la victoire: 45
Connu par ses bienfaits, sa bonté fait sa gloire.
Jérusalem conquise, et ses murs abattus,
N'ont point éternisé le grand nom de Titus.[10]
Il fut aimé; voilà sa grandeur véritable.[11]

    O vous qui l'imitez, vous son rival aimable,   50
Effacez le héros dont vous suivez les pas;
Titus perdit un jour, et vous n'en perdrez pas.[12]

46   NB: fit
48   NB: le grand cœur

[9] The reference is to Trajan's great expedition in the East, in which he conquered a large part of the Parthian Empire.

[10] Titus captured Jerusalem in 70 A.D. His beneficence made him the idol of the Roman people.

[11] In his *Esquisse d'un tableau historique des progrès de l'esprit humain*, Condorcet quotes lines 47-49, along with lines from Boileau, Racine and Virgil, as an example of poetic excellence; see Condorcet, *Œuvres* (Paris 1847-1849), vi.508.

[12] Voltaire quotes this line in his letter to Thiriot of 11 June 1744 (D2990). According to Suetonius (*Divus Titus*, VIII.viii.1), Titus, having let a day pass without being generous to anyone, exclaimed: 'Amici, diem perdidi'; cf. Voltaire's *Notebooks*, OC, vol. 81, p.65, note 3.

AU ROI DE PRUSSE

Frederick made persistent efforts, unsuccessfully, to lure Voltaire away from Mme Du Châtelet and to lodge him at the court of Prussia.[1] Their first meeting in September 1740, near Cleves (see D2308, commentary), was soon followed by a longer visit to Berlin by Voltaire in November and December of that year (see D.app.60). For Voltaire this visit was political as well as personal: he rendered a diplomatic service to prime minister Fleury by assuring the Prussian king that France desired friendly relations.[2] It is likely that these lines were written during this first visit of Voltaire to Berlin. In MS1 they are dated Berlin, 1 December 1740; in the Kehl edition, Berlin, 1 December. Moreover, the coquette theme implicit in the poem (Voltaire and Frederick reproached each other with being coquettes) is to be found in other poems that Voltaire addressed to Frederick at this time ('Non, malgré vos vertus; non, malgré vos appas', below, p.546, and 'Adieu grand homme, adieu Coquette', D2375).[3]

The text

The poem was first printed in K, xiv.339-40.

Manuscript

MS1: a contemporary copy in the hand of Henri Rieu, dated 'Berlin le premier Xbre 1740' (St Petersburg, BV Annexes manuscrites 50, f.6-7).

---

[1] See René Vaillot, *Avec Mme Du Châtelet*, *Voltaire en son temps* 2 (Oxford 1988), p.137.

[2] See D2364, D2368, and Voltaire's *Commentaire historique* (M.i.81).

[3] See also D2377, commentary, and D2378 where Voltaire tells Frederick: 'Depuis quatre ans vous êtes ma maîtresse' (*c.*1 December 1740).

Edition

K, xiv.339-40.

Base text: K.

Collated text: MS1.

Au roi de Prusse

A Berlin, le premier décembre [1740]

J'ai vu la beauté languissante
Qui par lettres me consulta
Sur les blessures d'une amante.
Son bon médecin lui donna
La recette de l'inconstance.   5
Très bien, sans doute, elle en usa,
En use encore, en usera
Avec longue persévérance;
Le tendre amour applaudira,
Certain prince aimable en rira,   10
Mais le tout avec indulgence.
Oui, grand prince, dans vos Etats
On verra quelques infidèles;
J'entends les amants et les belles,
Car pour vous seul on ne l'est pas.   15

a-b   MS1: Berlin le premier X^{bre} 1740

545

BILLET DE CONGÉ DE VOLTAIRE

This poem, like the preceding one, dates from Voltaire's first visit
to Berlin in November and December 1740. It can be dated from
Voltaire's letter of 1 December 1740 to Frederick, shortly before
writing which Voltaire communicated to him this notice of
departure (see D2375, commentary). Taking up the coquette
theme, Voltaire here displays his ironic method at its best.
Frederick, impervious to the irony, replied (on the same paper),
rightly pointing to 'the divine Emily' as his rival:

> Mon âme sent le prix de vos divins appas;
> Mais ne présumez point qu'elle soit satisfaite.
> Traître, vous me quittez, pour suivre une coquette;
>   Moi, je ne vous quitterais pas.

Carlyle quotes the *Billet de congé* as 'a poetic snatch, in
Voltaire's exquisite style' along with Frederick's response.[1]
Alfred Noyes translated Voltaire's quatrain into English.[2]

The text

First printed in *Œuvres posthumes de Frédéric II, roi de Prusse*
(Amsterdam 1789), viii.153, the quatrain entered Voltaire's works
in the Lefèvre and Déterville edition of 1817-1820 (xxxix.707). All
versions of the text are practically the same.

[1] *History of Friedrich II of Prussia, called Frederick the Great* (London
[1858-1865]), book XI, ch.9, iv.107-108.
[2] *Voltaire* (London 1936), p.284.

Manuscript

MS 1: a holograph, undated, the title of which appears to be in Frederick's hand; to this quatrain Frederick replied on the same paper (BnF 15204, f.111).

Editions

Œuvres posthumes de Frédéric II, roi de Prusse, 19 vols (Amsterdam 1789), viii.153 (F); *Œuvres complètes de Voltaire*, 42 vols (Paris, Lefèvre et Déterville, 1817-1820), xxxix.707.

Base text: MS 1.

Collated text: F.

Billet de congé de Voltaire

Non, malgré vos vertus; non, malgré vos appas,
   Mon âme n'est point satisfaite.
   Non, vous n'êtes qu'une coquette,
Qui subjuguez les cœurs, et ne vous donnez pas.

a   F: *Billet de congé de Voltaire au roi*
4   β: Voltaire first wrote 'les cours', then struck out the 'o' and wrote 'œ' above the line.

AU ROI DE PRUSSE

This eulogistic epistle, dated 20 April 1741, originally formed part of a letter (D2465); indeed, writing to the *président* Hénault on 15 May 1741 (D2482), Voltaire quoted lines 36-40 which, he says, were in a letter he sent to Frederick.

The occasion of the poem was Frederick's victory over the Austrians at Mollwitz, near the Neisse river, on 10 April 1741.[1] This victory, which virtually sealed the fate of Silesia, created new foes for Austria: France and Bavaria now joined with Prussia, and the war of the Austrian Succession was intensified.

The victory at Mollwitz, however, is but a pretext for Voltaire's primary aim: praise of Frederick. In lauding him Voltaire exhibits an ingenious use of language. See, for example, the memorable periphrasis in lines 36-40 by which he conveys to Frederick a word of caution. Voltaire flatters his hero in a quite original way. In a little dramatic scene he imagines Frederick's losing his life in battle and envisions a 'dur anatomiste' (l.45), with scalpel in hand, dissecting the deceased king and extolling his many attributes ('cette cervelle unique, / Si belle, si féconde et si philosophique', l.47-48). This poetic invention is all the more apposite in that Frederick would have perished at the battle of Mollwitz had it not been for the efforts of the *chevalier* François Egmont de Chazot.[2]

---

[1] See Voltaire's *Mémoires* (M.i.20), *Précis du siècle de Louis XV* (end of ch.5), *Histoire de la guerre de 1741* (end of ch.1), and Walter L. Dorn, *Competition for empire, 1740-1763* (New York and London 1940), p.140. The battle of Mollwitz, Besterman remarks, 'admirably illustrates the Tolstoyan view of war: for it was on this occasion that Frederick left, some say fled, the battlefield thinking that he had been defeated' (D2464, commentary).

[2] Voltaire wrote a poem for Chazot, major de cavalerie (1743) (*OC*, vol.28); see Desnoiresterres, iv.56-57.

The text

First printed in 1745 in w38, vi.396-99, the poem finds its definitive
text in w75G (xii.187-89). There are two textual traditions: (1) that
of w68, w72P, w71 (1774), and κ, which are in accord with the
base text; (2) that of the other editions, which also differ among
themselves (see the variants).

Manuscripts

MS1: a holograph of Voltaire's letter to Hénault of 15 May 1741 (D2482),
containing lines 36-40 (New York, Pierpont Morgan Library, MA
638.007).

MS2: an old copy of D2482, dated 15 May 1741, also containing lines 36-
40; the reading is the same as in MS1 (Taylor, VF Graffigny).

Editions

w38, w43 (1745), vi.396-99; w46, v.179-81; w48D, iii.62-64; w50, iii.84-
86; w51, iii.72-74; w52, iii.200-201; w56, ii.244-46; w57G1, ii.244-46;
w57G2, ii.244-46; w57P, vi.211-12; oc61, p.90-92; w64G, ii.261-63;
w64R, vi.145-48; w70G, ii.261-63; w68 (1771), xviii.203-205; w72P
(1771), iii.327-28; w70L (1772), xxiii.157-59; w72X, ii.228-30; w72P
(1773), xiv.365-67; w71 (1774), xviii.172-73; w75G, xii.187-89; κ,
xiii.117-19.

Base text: w75G.

Collated texts: MS1; w38; w46; w48D; w51; w52; w56; w57G1; w57G2;
w57P; w64G; w70G; w68; w70L; κ.

Au r[oi] de P[russe]

Ce 20 avril 1741

Eh bien! mauvais plaisants, critiques obstinés,
Prétendus beaux esprits à médire acharnés,
Qui parlant sans penser, fiers avec ignorance,
Mettez légèrement les rois dans la balance,
Qui d'un ton décisif, aussi hardi que faux,   5
Assurez qu'un savant ne peut être un héros;
Ennemis de la gloire et de la poésie,
Grands critiques des rois, allez en Silésie:
Voyez cent bataillons près de Neiss écrasés:
C'est là qu'est mon héros. Venez, si vous l'osez.   10
Le voilà ce savant que la gloire environne,
Qui préside aux combats, qui commande à Bellone,
Qui du fier Charle douze égalant le grand cœur,
Le surpasse en prudence, en esprit, en douceur.[3]
C'est lui-même, c'est lui, dont l'âme, universelle   15
Courut de tous les arts la carrière immortelle;
Lui qui de la nature a vu les profondeurs,
Des charlatans dévots confondit les erreurs;
Lui qui dans un repas, sans soins et sans affaire,
Passait les ignorants dans l'art heureux de plaire;   20
Qui sait tout, qui fait tout, qui s'élance à grands pas
Du Parnasse à l'Olympe, et des jeux aux combats.

a w38: *Vers de monsieur de Voltaire au roi de Prusse*
    w46, w70L: *Lettre au roi de Prusse*
    w48D-w52: *Au roi de Prusse*
    k: *Epître au roi de Prusse*
11-14 w46-w70G and w70L omit these lines.

[3] In the *Histoire de Charles XII* (1727), Voltaire describes the hero as 'l'homme le plus extraordinaire, peut-être, qui ait jamais été sur la terre', while pointing out that he was lacking in 'esprit' and social skills ('il n'avait jamais connu la société') (*OC*, vol.4, p.166, 241, 543).

Je sais que Charles douze, et Gustave, et Turenne,[4]
N'ont point bu dans les eaux qu'épanche l'Hypocrène:
Mais enfin ces guerriers, illustres ignorants,   25
En étant moins polis, n'en étaient pas plus grands.
Mon prince est au-dessus de leur gloire vulgaire;
Quand il n'est point Achille, il sait être un Homère.
Tour à tour la terreur de l'Autriche et des sots,
Fertile en grands projets, aussi bien qu'en bons mots,   30
Et riant à la fois de Genève et de Rome,
Il parle, agit, combat, écrit, règne en grand homme.
O vous qui prodiguez l'esprit et les vertus!
Reposez-vous, mon prince, et ne m'effrayez plus;
Et quoique vous sachiez tout penser et tout faire,   35
Songez que les boulets ne vous respectent guère,
Et qu'un plomb dans un tube entassé par des sots,
Peut casser d'un seul coup la tête d'un héros,[5]

26   w38-w48D: En étaient moins polis, et n'étaient pas plus grands.
31   w38, w46: Il épouvante Vienne et les suppôts de Rome;
        w51: Et s'il se moque un peu de Genéve et de Rome,
36   MS1: épargnent
37   MS1: Que du plomb [*first reading* qu'un *struck out*]
38   MS1: casser aisément la tête

[4] Gustavus II, known as Gustavus Adolphus (1594-1632), king of Sweden (1611-1632), is portrayed in *Charles XII* as a 'grand homme' (*OC*, vol.4, p.163-64, 290). In the catalogue of writers in the *Siècle de Louis XIV*, Voltaire also describes the vicomte de Turenne as a 'grand homme' and mentions his military memoirs, regretting, however, that they are not written like those of Xenophon or Caesar (*OH*, p.1211).

[5] Cf. *Epître à monseigneur le Prince [de Condé] sur son retour d'Allemagne [en 1645]*, lines 136-39: 'Que d'une force sans seconde / La mort sait ses traits élancer; / Et qu'un peu de plomb peut casser / La plus belle tête du monde' (*Œuvres de Voiture*, ed. A. Ubicini, Paris 1885, ii.394). Voltaire quotes these lines in his article 'Goût' of the *Questions sur l'Encyclopédie* (1771).

Lorsque multipliant son poids par sa vitesse,[6]
Il fend l'air qui résiste et pousse autant qu'il presse.   40
Alors privé de vie, et chargé d'un grand nom,
Sur un lit de parade étendu tout du long,
Vous iriez tristement revoir votre patrie.
O ciel! que ferait-on dans votre académie?
Un dur anatomiste, élève d'Atropos,   45
Viendrait scalpel en main disséquer mon héros:
La voilà, dirait-il, cette cervelle unique,
Si belle, si féconde et si philosophique.
Il montrerait aux yeux les fibres de ce cœur
Généreux, bienfaisant, juste, plein de grandeur.   50
Il couperait... mais non, ces horribles images
Ne doivent point souiller les lignes de nos pages.
Conservez, ô mes dieux! l'aimable Fréderic,
Pour son bonheur, pour moi, pour le bien du public.
Vivez, prince, et passez dans la paix, dans la guerre,   55
Surtout dans les plaisirs, tous les *Ics* de la terre,
Théodoric, Ulric, Jenseric, Alaric,[7]
Dont aucun ne vous vaut selon mon pronostic.
Mais lorque vous aurez de victoire en victoire

41-44 w51:
  Eh! que devient alors ce souffle, cet esprit,
  Ce résultat des sens et d'un corps qui périt;
  Cet être si vanté, qui se cherche et s'ignore,
  Semblable au feu qui luit, s'éteint et s'évapore?
56 w38: tous les Jets [*this is almost certainly a misreading of* ics; *see D2465, textual notes*].

[6] In his letter to président Hénault of 15 May 1741 (D2482), Voltaire reports that Mme Du Châtelet, overlooking the metre of this line, insisted that the expression 'son poids par sa vitesse' should read 'le carré de la vitesse' so that the meaning would be in keeping with the scientific thought of Leibniz.

[7] Theodoric the Great, king of the Ostrogoths (454?-526). Ulric: no such conqueror is known; Voltaire probably wrote the name in error for 'Euric', a king of the Visigoths (see D2465, textual notes). Genseric, king of the Vandals (428-477). Alaric, king of the Visigoths and conqueror of Rome (370?-410).

Arrondi vos Etats, ainsi que votre gloire,   60
Daignez vous souvenir, que ma tremblante voix,
En chantant vos vertus, présagea vos exploits.
Songez bien qu'en dépit de la grandeur suprême,
Votre main mille fois m'écrivait, Je vous aime.
Adieu, grand politique, et rapide vainqueur,   65
Trente Etats subjugés ne valent point un cœur.

60   K: augmenté

ODE SUR LA MORT DE L'EMPEREUR
CHARLES VI

Although Voltaire had no communication with the Holy Roman Emperor Charles VI (1685-1740), or even admired his policies, he marked his passing with an elaborate ode. The poem forms part of a verse and prose epistle to Frederick, dated Leiden, 3 November 1740 in MS I (D2359), 2 November 1740 in the editions up to W75G, and simply 1740 in K. At that time Voltaire had gone to The Hague in connection with the printing of Frederick's *Anti-Machiavel*.[1] The historical background of the poem pertains to Charles VI's second war with the Turks (1736-1739), by which he lost most of the territories he had gained from Turkey in 1718. Charles concluded the disastrous Peace of Belgrade with the Turks on 1 September 1739, and died suddenly in Vienna on 20 October 1740. He was succeeded by his daughter Maria Theresa. By December the War of the Austrian Succession had begun.[2]

Voltaire's own comments on the poem are noteworthy. 'Sire pour ne pas parler toujours finance voici une ode', he remarks to Frederick. 'Elle est dans une mesure que je crois nouvelle; c'est à vos oreilles harmoniques à en juger' (D2359) – a reference to the form of the stanzas, which consist of three alexandrines followed by three six-syllabled lines.[3] 'La mort de l'empereur', he adds,

[1] See D2344, D2357, D2359 (prose).

[2] In his *Mémoires*, Voltaire remarked: 'l'empereur Charles VI mourut, au mois d'octobre 1740, d'une indigestion de champignons qui lui causa une apoplexie; et ce plat de champignons changea la destinée de l'Europe' (M.i.18). On the death of Charles VI and its consequences, see also *Annales de l'empire* ('De l'Allemagne du temps de Joseph Ier et de Charles VI'), the *Précis du siècle de Louis XV*, ch.5, the *Histoire de la guerre de 1741*, ch.1, and D.app.61; on Charles VI, see Michael Hughes, *Law and politics in eighteenth-century Germany: the imperial Aulic Council in the reign of Charles VI* (Woodbridge, Suffolk, and Wolfeboro, N.H. 1988), p.7-11.

[3] Voltaire used this stanzaic form once again in his *Ode à la reine de Hongrie, faite le 30 juin 1742* (M.viii.450-52).

'pourrait bien occasionner un nouveau sujet de poème épique dont l'exorde sera à Francfort'[4] — an apt statement, for an epic spirit informs not only the life of Charles VI (which saw the Wars of the Spanish and Polish Successions as well as two wars with the Turks) but the poem itself, with its personifications and apostrophes, its classical references, its sudden contrasts.

Noteworthy too are the poem's philosophical underpinnings, as when Voltaire reflects upon the vanity of earthly glory, the vicissitudes of life, the ephemerality of human achievement (see the variant to line 60). On a more personal plane, Voltaire assesses Charles VI ('L'héritier des césars')[5] fairly, levelling criticism where it is due, abstaining from satire, acknowledging his high position while denying him immortality. Against Charles he opposes two great rulers: Emperor Augustus and Frederick II of Prussia.

The text

The ode was first printed in 1746 in w46, v.173-75. There are two readings of the text: (1) that of MS1, which contains substantive variants; (2) that of the editions, all of which give the same text. Since the combined authority of the authorised editions outweighs that of MS1, the *encadrée* (w75G, xii.251-53) has been taken as the base text. The date of 2 November 1740, which is given in all the editions up to w75G, has been deleted. In all the editions the verse appears without the prose.

Manuscript

MS1: a signed original of D2359, dated 'à Leide ce 3 novembre 1740' (Nuremberg, Böttiger 4).

---

[4] Charles VI had been crowned at Frankfurt on 22 December 1711.
[5] D2315, n.2.

Editions

W46, v.173-75; W48D, iii.156-58; W50, iii.185-88; W51, iii.159-61; W52, iii.63-65; W56, ii.117-19; W57G1, ii.117-19; W57G2, ii.117-19; W57P, vi.105-107; W64G, ii.129-31; W64R, vi.280-82; W70G, ii.129-31; W68 (1771), xviii.262-64; W72P (1771), iii.244-46; W70L (1772), xxii.347-49; W72X, ii.114-16; W72P (1773), xiv.261-63; W71 (1774), xviii.222-23; W75G, xii.251-53; K, xiii.360-62. The ode also appears in *Epîtres, satires, contes, odes, et pièces fugitives, du poète philosophe* (London 1771), p.340-42 (edition in 422 pages), p.408-11 (edition in 448 pages).

Base text: W75G.

Collated texts: MS1; W46; W48D; W51; W52; W56; W57G1; W57G2; W57P; W64G; W70G; W68; W70L; K.

Ode sur la mort de l'empereur Charles VI

Il tombe pour jamais, ce cèdre dont la tête
Défia si longtemps les vents et la tempête,
Et dont les grands rameaux ombrageaient tant d'Etats.
    En un instant frappée,
    Sa racine est coupée
    Par la faux du trépas.   5

Voilà ce roi des rois, et ses grandeurs suprêmes:
La mort a déchiré ces trente diadèmes,

7-12 MS1:
    Voilà cet empereur et ses grandeurs suprêmes!
    Il orna vainement de trente diadèmes
    Son front toujours chargé de tristesse et d'ennui,
    Il meurt, il ne lui reste,
    Qu'un sépulcre funeste
    Qui n'est pas même à lui;

D'un front chargé d'ennuis dangereux ornement.
 O race auguste et fière,   10
 Un reste de poussière
 Est ton seul monument.

Son nom même est détruit; le tombeau le dévore,
Et si le faible bruit s'en fait entendre encore,
On dira quelquefois, Il régnait, il n'est plus; 15
 Eloges funéraires
 De tant de rois vulgaires
 Dans la foule perdus.

Ah! s'il avait lui-même, en ces plaines fumantes,
Qu'Eugène[6] ensanglanta de ses mains triomphantes, 20
Conduit de ses Germains les nombreux armements,
 Et raffermi l'empire,
 De qui la gloire expire
 Sous les fiers Ottomans!

S'il n'avait pas langui dans sa ville alarmée,[7] 25
Redoutable en sa cour, aux chefs de son armée,
Punissant ses guerriers par lui-même avilis:
 S'il eût été terrible
 Au sultan invincible,[8]
 Et non pas à Vallis.[9]   30

13-15 MS1:
 Son corps n'est déjà plus que poussière et que cendre
 Et si jamais son nom se fait encor entendre
 On dira seulement: il régnait, il n'est plus;
21 MS1: Porté ses derniers pas, encor que chancelants,
25 MS1: n'avait point
27 MS1: Punissant ses guerriers, fuyant ses ennemis,

[6] Prince Eugene of Savoy (1663-1736) led the armies of Emperor Charles VI; see the *Annales de l'empire* (M.xiii.612-13).

[7] Vienna, the capital of the Habsburg emperors.

[8] Mahmud I, sultan of Turkey from 1730 to 1754.

[9] Charles VI was unjustly severe towards his generals and plenipotentiaries. Count Oliver Wallis, who lost the battle of Krotzka, near Belgrade, on 21 July 1739,

Ou si plus sage encor, et détournant la guerre,
Il eût par ses bienfaits ramené sur la terre
Les beaux jours, les vertus, l'abondance et les arts,
    Et cette paix profonde,
    Que sut donner au monde   35
    Le second des Césars![10]

La renommée alors en étendant ses ailes,
Eût répandu sur lui les clartés immortelles,
Qui de la nuit du temps percent les profondeurs;
    Et son nom respectable   40
    Eût été plus durable
    Que ceux de ses vainqueurs.

Je ne profane point les dons de l'harmonie;

---

31 MS1: [*reads* sage, *not* sagement *as given in D2359*]
38-39 MS1:
    Eut écarté de lui ces ombres éternelles
    Qui couvrent sa mémoire ainsi que ses grandeurs,
43-60 MS1:
    O vous jeune héros,[11] vous sage, vous grand homme,
    Vous, seul de tous les rois qu'avec plaisir on nomme,
    Qui régnez sans ministre et non pas sans amis,
    Cœur adorable et juste
    Digne du trône auguste
    Où le ciel vous a mis.

---

was afterwards imprisoned; see D2098, n.2. In regard to Charles VI's policies, Voltaire remarked to Frederick on 26 January 1740: 'je sais bien que se tenir chez soi tranquillement et mettre en prison ses généraux qui ont fait ce qu'ils ont pu, et ses plénipotentiaires qui ont fait une paix nécessaire et ordonnée; je sais bien, dis-je, que cela ne vaut pas mieux' (D2149). Cf. the *Annales de l'empire*, M.xiii.613. On the conflict with Turkey and the accuracy of Voltaire's charges, see Oswald Redlich, *Das Werden einer Großmacht, Österreich von 1700 bis 1740*, 2nd edn (Munich and Vienna 1942), p.298-319.

[10] Augustus, who introduced an era of peace. Voltaire's wish was denied the following month (December 1740), which saw the beginning of the War of the Austrian Succession (1740-1748).

[11] Frederick II of Prussia.

Le sévère Apollon défend à mon génie
De verser, en bravant et les mœurs et les lois,   45
    Le fiel de la satire
    Sur la tombe où respire
    La majesté des rois.

Mais, ô vérité sainte! ô juste renommée!
Amour du genre humain, dont mon âme enflammée   50
Reçoit avidement les ordres éternels,
    Dictez à la mémoire
    Les leçons de la gloire
    Pour le bien des mortels.

Rois, la mort vous appelle au tribunal auguste,   55
Où vous êtes pesés aux balances du juste.
Votre siècle est témoin, le juge est l'avenir.
    Demi-dieux mis en poudre,
    Lui seul peut vous absoudre,
    Lui seul peut vous punir.   60

Voyez l'affreux néant des souverains du monde.
En vain sur cent Etats leur vanité se fonde:
Le temps vient, le trait part, ils sont au monument.
Il faut que tout périsse
Et la seule justice
Dure éternellement.

STANCES [À MADAME DU CHÂTELET]

These stanzas form part of Voltaire's verse and prose letter to de Cideville, dated Brussels, 11 July 1741 (D2512). Voltaire speaks of Mme Du Châtelet in the prose part of the letter (they were both in Brussels at this time in connection with her lawsuit[1]), and he certainly had her in mind when writing the poem.

The stanzas are among Voltaire's most affecting poems. In lines imbued with an epicurean melancholy, the poet regrets the flight of time and the loss of his youth. 'Le cœur ne vieillit point, je le sais bien,' he tells Cideville, 'mais il est dur aux immortels de se trouver logés dans des ruines. Je rêvais il n'y a pas longtemps à cette décadence qui se fait sentir de jour en jour et voici comme j'en parlais, car il faut que je vous fasse cette douloureuse confidence.' The poet sees everyone experiencing death in two forms: physical death, he says, is nothing; much more regrettable is the loss of youth and of the capacity to love – a comparison he may have taken from Houdar de La Motte (see note to line 21). But Friendship, a different form of beauty, less intense and more rational than love, comes to console him. 'Cette amitié', he tells Cideville, 'est pourtant une charmante consolation. Eh, qui m'en fait connaître le prix mieux que vous?'[2] Anticipating the muted music of Verlaine's *Chanson d'automne*, the epistle reveals a lesser-known side of Voltaire's genius.[3]

The poem has received much attention over the years. It is

---

[1] See D2486. Cideville, a magistrate in Rouen, was also involved in a lawsuit at this time. 'Je défie votre chicane de Rouen d'être plus chicane que celle de Bruxelles', Voltaire tells him (D2512).

[2] The poem has been aptly described as 'l'allégorie de la Résignation' (Jean Orieux, *Voltaire ou la royauté de l'esprit*, Paris 1966, p.331).

[3] See Ralph A. Nablow, *A study of Voltaire's lighter verse*, SVEC 126 (1974), p.200-201.

highly praised by Condorcet, who described it as an Anacreontic ode far above those of Horace.[4] Chateaubriand lauds it as a 'petit chef-d'œuvre du goût et des grâces'.[5] Lines 11-12 of the poem are quoted (or slightly paraphrased) at least twenty-two times by Henri-Frédéric Amiel throughout his *Journal intime*.[6] Richard Aldington quoted stanzas 1 and 6, observing that 'there are more grace and feeling in Voltaire's smaller poems than is generally allowed'.[7] And Virgil Topazio comments that 'no subject could be more typical of Ronsard, Lamartine, or Musset, and it is difficult to imagine a more lyrical and delicate treatment'.[8]

It is thus hardly surprising that the poem has received still further recognition. It was set to music by Voltaire's friend Jean-Benjamin de La Borde,[9] and again in the nineteenth century by Alfred Mutel, Anton André, and Georges Douay.[10] It was translated into Russian verse by Pushkin,[11] elicited a verse reply attributed to Piron,[12] and inspired a verse paraphrase by Ezra Pound, who, to use his motto, 'makes it new'.[13] It may be noted,

[4] *Vie de Voltaire* (1787); see also M.i.246.

[5] *Essai sur les révolutions anciennes et modernes* (I.xxii), *Œuvres complètes de Chateaubriand*, nouv. édn (Paris n.d.), i.321.

[6] H.-F. Amiel, *Journal intime*, ed. Bernard Gagnebin and Philippe M. Monnier, 9 vols (Lausanne 1976-1989), e.g. iv.63, 438, 524. For other citations of these lines, see D11932 and D.app.413, p.445.

[7] R. Aldington, *Voltaire* (London 1925), p.154.

[8] V. Topazio, *Voltaire: a critical study of his major works* (New York 1967), p.121.

[9] *Choix de chansons mises en musique* (Paris 1773), iv.116-20. Voltaire had this volume in his library (BV 1799; see also D21214, note 2).

[10] Their scores are deposited in the Département de la Musique of the Bibliothèque nationale: Mutel, 'On meurt deux fois!' (Vm7.83792 and Vm7.4102(1)); André, 'Le Vieillard' (Vm7.27553-27554); Douay, 'Si vous voulez que j'aime encore' (Vm7.51045).

[11] A. S. Pushkin, *Sobranie sochinenij v desiati tomakh* (Moscow 1974), i.480-81.

[12] See Mme de Graffigny's letter of 8 December 1743 to Devaux (Graffigny, iv.508-509).

[13] 'Impressions of François-Marie Arouet (de Voltaire) [...] To Madame Du Châtelet', in *Personae. The Collected poems of Ezra Pound* (New York 1926), p.167-68. See Appendix II.

too, that the poem appears in the one-act *comédie ballet* of Pierre-Louis Moline, *L'Ombre de Voltaire aux Champs Elisées*.[14]

The text

First printed (without the prose) in the *Mercure de France* of December 1743, p.2598-99, the poem entered Voltaire's works in 1745 in w38, vi.349-50. There are six readings of the text: (1) MS1, which omits stanzas 3 and 4, interpolates a stanza at line 20, and shows a few slight variants; (2) MS2-3, *Pièces recueillies de MM de Voltaire et Piron*, and *Voltariana*, which omit stanza 3 and contain a few minor variants; (3) the *Mercure de France* of 1743, which gives a new stanza for lines 9-16 and a few slight variants, some of which derive from MS2; (4) w38, w43 and the *Mercure de France* of 1745, which omit stanza 3; (5) w64R and the *Elite de poésies fugitives*, which follow w38 while giving a variant to line 14; (6) the remaining editions, numerous authorised editions which give (save w38) the same text, differing from that of the holograph (MS1).

Since the combined authority of the editions outweighs that of the holograph, the *encadrée* (w75G, xii.285-86) has been taken as the base text.

Manuscripts

MS1: a holograph of D2512, dated Brussels, 11 July 1741. Rouen, Bibliothèque de la ville, Archives de l'Académie de Rouen, Lettres de Voltaire 139.

MS2: a transcription of the verse by Jaucourt, who sent it to Théodore Tronchin on 4 November 1743. Geneva, Bibliothèque publique et universitaire, Archives Tronchin, MS 198, f.39*v*.

MS3: an old copy, undated, entitled: Quatrains par Voltaire sur le malheur d'avoir près de 50 ans. Paris, Bibliothèque de l'Arsenal, 6810, f.78.

[14] (Paris 1779), p.25-26.

Editions

Mercure de France of December 1743, p.2598-99 (MF); w38, w43 (1745), vi.349-50; w46, v.193-94; w48D, iii.165-66; w50, iii.193-96; w51, iii.167-68; w52, iii.71-72; w56, ii.129-30; w57G1, ii.129-30; w57G2, ii.129-30; w57P, vi.117-18; w64G, ii.142-43; w64R, v.397-98; w70G, ii.142-43; w68 (1771), xviii.287-88; w72P (1771), iii.388-89; w70L (1772), xxii.382-83; w72X, ii.126-27; w72P (1773), xiv.431-32; w71 (1774), xviii.243-44; w75G, xii.285-86; K, xv.161-63. The verse also appears in *Pièces recueillies de MM de Voltaire et Piron* (Au Parnasse 1744), p.21-22; in the *Mercure de France* of June 1745, ii.60-61; in *Voltariana ou éloges amphigouriques de Fr. Marie Arrouet* (Paris 1748), p.164-66; in *Elite de poésies fugitives* (London 1770), v.241-42; and in *Contes et poésies diverses de M. de Voltaire* (London 1778), p.179-80.

Base text: w75G.

Collated texts: MS1; MF (December 1743); w38, w46; w48D; w51; w52; w56; w57G1; w57G2; w57P; w64G; w70G; w68; w70L; K.

Stances [à madame Du Châtelet]

Si vous voulez que j'aime encore,
Rendez-moi l'âge des amours.
Au crépuscule de mes jours
Rejoignez, s'il se peut, l'aurore.

Des beaux lieux, où le dieu du vin   5
Avec l'amour tient son empire,
Le temps qui me prend par la main,
M'avertit que je me retire.

a   β, w38-w70L: *Stances*
    MS1, K: untitled
    MF: *Quatrains*

De son inflexible rigueur
Tirons au moins quelque avantage.   10
Qui n'a pas l'esprit de son âge,
De son âge a tout le malheur.

Laissons à la belle jeunesse
Ses folâtres emportements;
Nous ne vivons que deux moments,   15
Qu'il en soit un pour la sagesse.

Quoi! pour toujours vous me fuyez,
Tendresse, illusion, folie,
Dons du ciel qui me consoliez
Des amertumes de la vie.   20

On meurt deux fois, je le vois bien;[15]
Cesser d'aimer et d'être aimable
C'est une mort insupportable,
Cesser de vivre, ce n'est rien.

9-12   w38 omits this stanza.
9-16   MSI omits these two stanzas.
     MF:
       Nous ne vivons que deux moments;
       Qu'il en soit un pour la sagesse;
       Le plaisir et les agréments
       Sont faits pour la belle Jeunesse.
18   MSI: illusions
20-21   MSI interpolates the following stanza:
       Que le matin touche à la nuit!
       Je n'eus qu'une heure, elle est finie.
       Nous passons. La race qui suit
       Déjà par une autre est suivie.
22   MF: Cesser de plaire

[15] Cf. Houdar de La Motte: 'On meurt deux fois en ce bas monde; / La première, en perdant les faveurs de Vénus: / Je redoute peu la seconde; / C'est un bien quand on n'aime plus' (*Le Célibat*, lines 13-16, in *Œuvres de Monsieur Houdar de La Motte*, 10 vols, Paris 1754, ii.340).

Ainsi je déplorais la perte   25
Des erreurs de mes premiers ans,
Et mon âme aux désirs ouverte
Regrettait ses égarements.

Du ciel alors daignant descendre,
L'amitié vint à mon secours;   30
Elle était peut-être aussi tendre,
Mais moins vive que les amours.

Touché de sa beauté nouvelle,
Et de sa lumière éclairée,
Je la suivis, mais je pleurai   35
De ne pouvoir plus suivre qu'elle.

28   MF: Rappelait ses enchantements.
31   MSI: Elle est plus égale, aussi tendre
     MF: Elle était plus douce,
32   MSI: Et moins
34   MF: Et par

A MADAME LA MARQUISE DU CHASTELET

This epistle in praise of Mme Du Châtelet and Frederick II was in all likelihood written in the months following Frederick's accession to the throne on 31 May 1740, and probably on the first of the two occasions later that year when Voltaire left Mme Du Châtelet ('Je pars', line 7) to visit the newly crowned king. This first meeting took place in September, near Cleves (see above, p.544).

Only one version of the poem survives, a secondary manuscript which, while in places illegible, seems to be dated 'à [?]Moyland le 11 Septembre'. We know that Voltaire and Frederick both arrived at Moyland, near Cleves, on 11 September. Frederick had concerns of his own, namely an attack on the prince-bishop of Liège, and on this day he sent him an ultimatum. He and Voltaire left Moyland on 14 September, and Prussian troops occupied Maaseyk on the same day. 'All this', Theodore Besterman remarked, 'had been carefully planned in advance under cover of the philosopher-king's wish to meet the philosopher-poet.'[1]

Voltaire was unaware of Frederick's duplicity. His praise of him as a lover of truth and virtue, as a new Marcus Aurelius, becomes ironic. The irony increases when we realise that the poem echoes the verse epistle that Voltaire sent to Frederick on the occasion of his accession (see above). Indeed, line 31 of the present poem recalls lines 7-8 (variant) of the accession poem.

One final touch of irony should be noted. Whereas Voltaire praises both Frederick and Mme Du Châtelet in the poem, Frederick was not so gracious: he carefully excluded 'the divine Emily' from the meeting near Cleves.

The poem has never been published.

---

[1] See D2308, commentary, also Voltaire's *Mémoires* (M.i.16-17), and the *Politische Correspondenz Friedrich's des Grossen* (Berlin 1879-1939), i.46, 48.

Manuscript

MS1: a copy, dated 'à [?]Moyland le 11 Septembre' (Paris, BnF N 24342, f.45, 47r). Portions of the manuscript are struck out and illegible.

Base text: MS1.

_____

A Madame la marquise Du Chastelet

à [?]Moyland le 11 Septembre

O vous, l'appui, le charme, et l'honneur de ma vie[,]
Vous de qui la sagesse atteignant la hauteur,
Vous [...] sur l'aile du génie,
Et [...]

Un dieu depuis dix ans nous guide et nous rassemble,   5
J'ai vécu près de vous comblé de ses faveurs[,]
Je pars, et je [...] un roi qui vous ressemble[,]
Un roi qui comme vous sait régner sur les cœurs.

O tranquille amitié, vertu de la retraite[,]
Ne crois pas que jamais fuyant tes voluptés,   10
Loin de toutes [les] fleurs, une ardeur inquiète
M'entraîne en vil esclave au char des [...]

Malheur au cœur ingrat qui de l'amitié pure
Ignore les douceurs et foule aux pieds les lois,

a-b β: [*The title and date are bracketed on the left, and in the left margin is written* Voltaire.]
3 β: [*struck out and partly illegible*]
4 β: [*struck out and partly illegible*]
7 β: [*partly illegible*]
11 β gives: toutes de fleurs,
12 β: [*partly illegible*]

Qui d'un espoir frivole embrassant l'imposture 15
Abandonne un ami pour servir sous des rois.

Un roi peut-il aimer? les soins, l'inquiétude[,]
Les travaux, les plaisirs l'entraînent tour à tour[.]
Il faut la paix de l'âme, il faut la solitude
Un cœur trop partagé ne connaît point l'amour[.] 20

Mon roi[,] je l'avouerai, philosophe et sensible,
De cette loi cruelle est sans doute excepté.
Qu'il est heureux! il aime! et la vertu paisible
S'assied près de son trône avec la vérité[.]

Son cœur est au-dessus de sa grandeur suprême. 25
Mais enfin quoiqu'il fasse, il n'a que vos vertus.
Tout mérite est égal alors qu'il est extrême.
Il n'a pas dessus vous que le trône de plus.

Ce trône est peu de chose, à nos yeux, aux tiens même[,]
Ce n'est qu'un soin pénible, un illustre embarras[,] 30
Non ce n'est point le roi, c'est l'homme en lui que j'aime,
S'il n'était vertueux je ne le verrais pas.

Heureux qui sous les yeux du nouveau Marc Aurele,
S'exerce à la vertu loin des bigots jaloux[,]
Qui jouit de cette âme, et si pure et si belle! 35
Mais non moins fortuné qui vit auprès de vous.

À [MME LA MARQUISE DU CHÂTELET] EN LUI RENDANT COMPTE D'UN VOYAGE QU'IL FAISAIT AVEC MME LA DUCHESSE DE RICHELIEU

Voltaire was largely responsible for arranging the marriage of Armand, duc de Richelieu, and Marie-Elisabeth-Sophie de Guise of the house of Lorraine (D715; 31 March 1734). He was present with Mme Du Châtelet at the wedding, which took place on 7 April 1734 at the château de Montjeu, near Autun, and fêted the bridal couple with several poems.[1]

The young duchesse de Richelieu died in August 1740. This madrigal to Mme Du Châtelet was probably composed less than a year before, around the end of 1739 or the beginning of 1740, since there is only one reference in Voltaire's correspondence to a journey he took alone with the duchesse de Richelieu. He wrote to Frederick c.1 November 1739: 'Je pars, je suis Emilie et madame la duchesse de Richelieu à Cirey' (D2106); then on 9-c.12 January 1740 he told Cideville: 'j'accompagnai madame de Richelieu jusqu'à Langres. Je retournai à Cirey, de Cirey j'allai à Bruxelles' (D2137).[2]

The text

The poem is first mentioned in 'Vauger's lists of Voltaire's writings, 1757-1785', list I ('Pièces mentionnées dans la liste envoyée par m^r Vauger en 1757 ou 1758'), no.58 ('Sur un voyage que l'auteur faisait avec M. de Richelieu') (see D.app.161). It was first printed in Emile Lizé, *Voltaire, Grimm et la Correspondance littéraire, SVEC* 180 (1979), p.90-91. All versions of the poem give the same text.

[1] See *OC*, vol.14, p.507-13.
[2] Voltaire refers to this journey again in his letter to Henri Pitot, dated Brussels, 5 April 1740 (D2196, n.3).

Manuscripts

MS1: a copy, undated (Forschungsbibliothek, Schloss Friedenstein, Gotha, Ms. 1138ᵈ, f.167*v*).

MS2: a copy, undated (The Royal Library, Stockholm, Ms. Grimm, Frédéric Melchior, *La Correspondance littéraire*, 1761; Vu 29:2).

Edition

Emile Lizé (see above).

Base text: MS2.

A [Mme la marquise Du Châtelet]
en lui rendant compte d'un voyage qu'il faisait
avec Mme la duchesse de Richelieu

Je voyage avec deux beaux yeux;
Les grâces, la plaisanterie,
Le ton gai, le ton sérieux
Et l'esprit sont de la partie.
Mais je n'en suis pas plus heureux;   5
Car je vous adore, Emilie,
Et vous n'êtes pas avec nous.
Tous ces charmes brillants et doux,
Ces talents que la cour ignore,
Vous les réunissez en vous,   10
Et votre cœur possède encore
Le charme le plus grand de tous,
Celui d'aimer qui vous adore.

a   β, MS1: *A la même ...*

570

STANCES SUR LA MORT DE M. FALCKNER
DÉCÉDÉ À VIENNE LE 8 MARS 1739

In March 1739 Voltaire and Mme Du Châtelet were visited at Cirey by the Swiss mathematician Johann Bernoulli the younger (1710-90) (D1953, n.1; D1957). When the latter's cousin, Falkner Bernoulli, died in Vienna on 8 March of that year, Bernoulli asked Voltaire for a verse epitaph, and was rewarded with these stanzas, which form part of Voltaire's verse and prose letter of 16 April (D1983). '[J]e me crois né pour sentir comme pour penser', Voltaire tells Bernoulli, 'mon cœur se met sans peine à la place d'un père[1] qui pleure un fils digne de ses regrets et qui veut laisser un monument de sa douleur et du mérite d'un fils qui justifie ses larmes. D'ailleurs M. vous m'avez rendu cher tout ce qui vous appartient. Je voudrais être meilleur poète pour vous mieux servir. Voici ce que l'envie de vous obéir m'a dicté: voyez si on en sera content' (the poem follows).

By its content as well as its style, this extended epitaph would have elicited the praise of Bossuet. It indeed recalls his funeral orations by its themes of death and providence, its panegyric of the deceased, its balanced contrast between the temporal and the eternal, and its lyrical element. Of the alliterations and internal rhymes contributing to the harmony of the verse, the repetition of the sibilants in the first two lines is especially noteworthy for its evocation of the withering of the flower, a symbol of life's ephemerality.

The text

First printed (without the prose) in 1739 in the *Journal helvétique*, p.379, the poem was not published again until the twentieth

---

[1] Emmanuel Falkner Bernoulli.

century: see Otto Spiess, 'Voltaire und Basel', in *Basler Zeitschrift für Geschichte und Altertumskunde* (Basel 1948), xlvii.119. The two manuscripts present the same text, which is practically identical to the version in the *Journal helvétique*.

Manuscripts

MS1: a copy by Bernoulli of Voltaire's letter to him of 16 April 1739 (D1983). This is the most authoritative version we have, and has accordingly been taken as the base text (Basle, L.Ia.726, f.167).

MS2: a contemporary copy of D1983, limited to the verse (Halle, Misc. 38, 2°).

Editions

Journal helvétique (1739), p.379 (JH); Otto Spiess, 'Voltaire und Basel' (see above).

Base text: MS1. The title is that of the *Journal helvétique*.

Collated texts: MS2; JH.

Stances sur la mort de M. Falckner décédé à Vienne le 8 mars 1739

O mort[,] fille du temps, ton affreuse puissance
Sur sa brillante tige a séché cette fleur.
O mort tu nous ravis la plus chère espérance
Qui devait de nos murs assurer le Bonheur.

a-b β: [*without a title*]
    MS2: Vers de M. Voltaire sur la mort d'un cousin de M. Bernoulli

Ah! si la main de Dieu qui fait nos destinées   5
Pour prix de nos vertus eût prolongé nos jours,
Ce mortel enlevé dans ses jeunes années
Jamais de son destin n'eût terminé le cours.

Mais le ciel aux humains donne une autre existence
Nous volons dans le sein de l'immortalité.   10
La mort n'est point un mal; elle est la récompense
De nos jours innocents coulés dans l'équité.

Père, amis, citoyens, banissez vos alarmes,
Autour de cette tombe en vain vous soupirez.
Levez les yeux au ciel, il tarira vos larmes   15
Peut-être envierez-vous celui que vous pleurez.

5   JH: du Dieu

VERS AU BAS DU PORTRAIT
DE MLLE LE COUVREUR

The tragic actress Adrienne Lecouvreur (1692-1730), whom Voltaire knew well by 1722 (D129), received a verse epistle from him the following year (M.x.261-62) and on her death inspired a moving elegy (*OC*, vol.5, p.557-61). His works and correspondence are sprinkled with references to her acting style, which he admired for its naturalness and simplicity. Commenting on her death to Thiriot, he described himself as her admirer, her friend and her lover (D414; 1 June 1731).

This quatrain, intended to appear beneath a portrait of Mlle Lecouvreur, invites comparison with another quatrain intended for the same purpose and which forms part of Voltaire's letter to Thiriot of April 1739 (D1981). The latter quatrain reads: 'Seule de la nature elle a su le langage; / Elle embellit son art, elle en changea les lois; / L'esprit, le sentiment, le goût fut son partage; / L'amour fut dans ses yeux & parla par sa voix.' Voltaire continues: 'Cette leçon est, je crois, meilleure que la première. Faites donc vite graver cela, car je le changerais. Adieu. Je suis bien rarement content des vers des autres et des miens.' It is likely that the two quatrains, which resemble one another in vocabulary as well as in thought, sentiment and purpose, are the two versions of which Voltaire here speaks; they were probably written around the same time. Neither appears on any of the portraits of Mlle Lecouvreur (see D1981, commentary).

The text

Manuscript

MS1: a holograph, undated, forming part of Voltaire's 'Cambridge Notebook' (Cambridge, Fitzwilliam Museum, f.36r). MS1 was edited in

1968 by Theodore Besterman in Voltaire's *Notebooks* (*OC*, vol.81, p.104); Besterman observes (p.19) that the 'Cambridge Notebook' was written in all probability over a period of several years from *c*.1727.

Editions

Pièces inédites de Voltaire (Paris 1820), p.80 (P1); Voltaire's *Notebooks*, *OC*, vol.81, p.104.

Base text: MS1. The title is that of the *Pièces inédites*.

Collated text: P1.

Vers au bas du portrait de Mlle Le Couvreur

Eloquence des yeux, du geste, du silence,
Grand art de peindre l'ame, et de parler au cœur[,]
Quand vous embelissiez la scene de la France
        Il étoit une le Couvreur.

a β: [*no title*]
1 P1: du geste et du silence,

LES TROIS BERNARDS

Pierre-Joseph Bernard (1710-1775), known as Gentil-Bernard, numbered among his most successful works his *Art d'aimer*, a long poem patterned after Ovid's *Ars amatoria*. He was doubly favoured: protected by Mme de Pompadour, he owed almost everything to Voltaire, even his nickname. Bernard enters Voltaire's correspondence in 1732 (D478, D488, D494), and it was probably around this time that he and Voltaire met. Besides mentioning him time and again in his correspondence, Voltaire sent him three pieces of verse: the early eight-line poem beginning 'Ma muse épique, historique, et tragique' (M.x.494); the quatrain 'Au nom du Pinde et de Cythère' (M.x.515); and the present poem, known as *Les Trois Bernards*.

Bernard's *Art d'aimer*, though not published until 1775, was probably begun around 1740, and it was probably at about the same time that Voltaire wrote his *Trois Bernards*. The date of this short poem turns on Voltaire's correspondence of this year. As early as 6 January Frederick tells Voltaire: 'On commence à parler des Bernard et des Gresset sur le ton des grands ouvrages; on annonce de poèmes qui ne paraissent point' – a possible allusion, as Besterman points out, to Bernard's *Art d'aimer* (D2134 and n.2). On 26 January Voltaire replies to Frederick with a direct reference to the poem: 'Bernard me récita à Paris un chant de son *Art d'aimer*, qui me paraît plus galant que celui d'Ovide' (D2149). Then on 27 May Voltaire writes to Bernard himself, referring directly to his own poem: 'Vous serez toujours des trois Bernard celui pour qui j'aurai le plus d'attachement, quoique vous ne soyez encore ni un Crésus, ni un saint' (D2212). Addressing Bernard in this letter as 'Le secrétaire de l'amour', Voltaire exclaimed: 'Votre destinée, mon cher ami, est plus agréable que celle d'Ovide;[1] aussi

[1] In 8 AD Ovid was banished from Rome for reasons involving in part his *Ars amatoria*.

votre art d'aimer me paraît au-dessus du sien', and he concluded in the same vein: 'Vous avez commencé, mon charmant Bernard, un ouvrage unique en notre langue, & qui sera aussi aimable que vous. Continuez & souvenez-vous de moi au milieu de vos lauriers & de vos myrtes.'

Voltaire's *Trois Bernards* established the younger poet's reputation in Paris (*CL*, iii.457). He revelled in his popularity and continued to read his *Art d'aimer* in drawing-rooms and at supper parties over the next thirty years, without, however, publishing it. Then misfortune struck. Paralysed by a stroke in 1771, Bernard lost his memory and Voltaire's praise of his *Art d'aimer* became henceforth more measured. 'M. de Lisle [...] m'a communiqué *L'Art d'aimer* de Bernard', he told Saint-Lambert on 1 September 1773. 'Ce pauvre Bernard était bien sage de ne pas publier son poème. C'est un mélange de sable et de brins de paille, avec quelques diamants très joliment taillés' (D18534; see also D18607).

Voltaire's favourable depiction of Bernard in the poem is overdone. In describing the first Bernard, St Bernard of Clairvaux (1090-1153), however, he goes to the other extreme, revealing his antagonism towards sainthood by juxtaposing positive and negative terms.[2] More charitable is his depiction of the second Bernard, the financier Samuel Bernard (1651-1739), who, as Voltaire points out, was known for his wealth (see also D1158, D1489), but more for his philanthropy ('Bien plus grand saint, faisant plus grands miracles', l.5), giving on a number of occasions financial support to the state and to individuals.[3]

Les Trois Bernards was favourably received: 'Y a-t-il rien de plus agréable et qui sente plus l'homme de bonne compagnie que ce madrigal pour M. *Bernard*?' asked Baculard d'Arnaud.[4]

---

[2] Voltaire's portrait of Saint Bernard in the *Essai sur les mœurs* is more objective (ch.55, M.xi.450-53).

[3] See also *Des embellissements de Paris* (*OC*, vol.31B, p.230 and n.52).

[4] See Longchamp and Wagnière, *Mémoires sur Voltaire, et sur ses ouvrages* (Paris 1826), ii.484.

The text

First recorded in Grimm's *Correspondance littéraire* of December 1757 (*CL*, iii.457), *Les Trois Bernards* was first printed in 1764 in w64R (I.ii.695), and reprinted in the *Elite de poésies fugitives* (i.218) and the *Journal encyclopédique* (III.ii.107). Except for a few minor variants, all the eighteenth-century versions give the same text. Since the poem did not appear in an edition in which Voltaire participated, the Kehl text has been reproduced here.

Manuscript

MS1: a secondary manuscript (BnF MS 15362, p.244), entitled 'Les Trois Bernard', dated 29 June 1732; this date is belied by the evidence of Voltaire's correspondence (see above).

Editions

CL, iii.457; w64R, I.ii.695; *Elite de poésies fugitives* (London 1764-1770), i.218; *Journal encyclopédique*, 15 April 1764 (Bouillon 1764), III.ii.107; *Nouvelle anthologie françoise* (Paris 1769), i.69; *Le Trésor du Parnasse* (London 1770), v.274; K, xiv.306; M.x.515; the poem was also recorded by Baculard d'Arnaud: see Longchamp and Wagnière, *Mémoires sur Voltaire*, ii.484.

Base text: K.

Les Trois Bernards

Dans ce pays trois Bernard sont connus:
L'un est ce saint, ambitieux reclus,

a β: *Les Trois Bernard.*
1 M: En ce pays

Prêcheur adroit, fabricateur d'oracles;
L'autre Bernard est l'enfant de Plutus,
Bien plus grand saint, faisant plus grands miracles;   5
Et le troisième est l'enfant de Phébus,
Gentil Bernard, dont la muse féconde
Doit faire encor les délices du monde,
Quand des premiers on ne parlera plus.

4   M: celui de
5   M: plus de miracles;
9   M: des deux saints l'on

SUR LA BANQUEROUTE D'UN NOMMÉ MICHEL

This epigram, forming part of Voltaire's letter of 12 July 1740 to his Paris man of business Bonaventure Moussinot (D2268), concerns the recent bankruptcy of the *receveur général des finances*, Charles-François Michel, with whom Voltaire had had transactions for the past three years (D1304). He had bought an annuity from Michel, and in the disaster lost 40,000 francs (D2268, n.2). 'J'avoue que je ne m'attendais pas à cette banqueroute', he writes, 'et que je ne conçois pas comment un receveur général des finances de sa majesté très chrétienne, homme fort riche, a pu tomber si lourdement, à moins qu'il n'ait voulu être encore plus riche. En ce cas, Mr Michel a double tort.' But Voltaire was no Harpagon. Like Job, whom he cites in this letter, he took his loss philosophically, following his epigram with the words: 'Mais ce serait une mauvaise plaisanterie et je ne veux me moquer ni des pertes de Mr Michel, ni de la mienne.' As Besterman put it: 'one cannot help wondering whether [Voltaire's] detractors would have taken such a loss with equal good humour' (D2268, n.2). It is clear that Voltaire did, however, hope to regain some of his losses (*ibid.*; see also D2530, D2558).

The text

First printed in 1769 in the *Nouvelle Anthologie françoise* (Paris 1769), i.71, the poem did not appear in any edition in which Voltaire participated. There are two readings of the text: that of the holograph (MS1) and K; and that of the *Nouvelle Anthologie françoise* and the *Elite de poésies fugitives*, which contain a slight variant. The holograph has been taken as the base text; the title is that of the *Nouvelle Anthologie françoise*.

Manuscript

MS1: a holograph of Voltaire's letter of 12 July 1740 to Moussinot (D2268) (BnF 15208, f.252-53).

Editions

Nouvelle Anthologie françoise (Paris 1769), i.71 (NA); *Elite de poésies fugitives* (London 1770), v.275; K, xv.148-49.

Base text: MS1.

Collated texts: NA, K.

Sur la banqueroute d'un nommé Michel

Michel au nom de L'Eternel
Mit jadis le diable en déroute.[1]
Mais après cette banqueroute
Que Le diable emporte Michel.

a β, K: [*title absent*]
1 NA: Michel, aidé de l'éternel,

[1] St Michael the archangel cast down the devil, according to Revelation xii.7-9.

VERS À MONSIEUR DE LA NOUE,
AUTEUR DE *MAHOMET II*

Writing to Frederick II from Brussels in January 1741, Voltaire remarked (D2416) that he had seen at Lille a performance of the tragedy *Mahomet second* by Jean-Baptiste Sauvé de La Noue (1701-1761), the dramatist and actor who, on 25 April of that year, performed at Lille the title-role in Voltaire's own *Mahomet*. A few days earlier (15 April) he sent La Noue, as part of a prose and verse letter, the present poem, together with a manuscript copy of his own play (D2447 and D2495).[1] La Noue, however, took the liberty of showing the letter to friends. As a result these 'petits vers', though unfit to be seen, spread throughout Paris and were even disfigured and envenomed, Voltaire complains. He had reason, he adds, to believe that his 'bagatelle' reached the ears of cardinal Fleury, in whom he detected a change of attitude (D2495).

To what extent Voltaire's complaint is genuine it is hard to know. In any case he had recourse to a stratagem. Fearing that the last three lines of the poem were too daring, he toned them down as follows: 'Le mien de l'erreur est apôtre, / Faux dévot, prophète et brigand, / Qu'il soit le chapelain du vôtre.' On 5 June Voltaire sent this revised version, antedated to 15 April, to La Noue, together with an elaborate request. La Noue was to substitute the new poem for the old, return the old one to Voltaire, give a copy of the new to all those to whom he had distributed the old, and return to Voltaire the accompanying letter which would reveal the stratagem.[2]

Still another version of Voltaire's poem, together with La Noue's reply, appears in a letter of Pierre Pajot of 30 November 1742 (D2692). For other versions of La Noue's reply, see the

---

[1] On this date of 15 April, see Jacqueline Hellegouarc'h, 'Une supercherie de Voltaire en 1741. Les vers à La Noue sur *Mahomet*', *RHLF* 97 (1997), p.461-63.

[2] The stratagem is discussed in full by J. Hellegouarc'h, *ibid.*

textual notes on D2447 in the Supplement, and *Voltariana ou éloges amphigouriques de Fr. Marie Arrouet, Sr de Voltaire [...] discutés et décidés pour sa réception à l'Académie française* (Paris 1748), p.162-63.

The text

First printed in *Voltariana*, p.162, the poem entered Voltaire's works in MP61, p.197, and TS61, p.392-93. The manuscripts and eighteenth-century printings give basically the same text. W70L, the only authoritative edition to contain the poem, has been reproduced here.

Manuscripts

MS1: a holograph, in prose and verse, addressed to La Noue, dated 15 April 1741 (see Hellegouarc'h, p.462).

MS2: a contemporary copy, undated (New York Public Library, Recueil de pièces fugitives en vers et en prose, ii.237); see D2447 (Supplement) and Paul Le Clerc, 'Deux inédits relatifs à la correspondance de Voltaire', *RHLF* 72 (1972), p.297-98.

MS3: a holograph of Pajot's letter of 30 November 1742 to an unknown correspondent (D2692), endorsed '1742 / Du 30 9bre / Lettre de Mr Pajot / Vers de la Noue et Voltaire / Rép^{du} le 7 Décembre' (Th.B.CD101).

MS4: a contemporary copy in the hand of Mme de Graffigny, dated 28 May 1741 (Yale, Graffigny Papers, V², 55); published in *Correspondance de Madame de Graffigny* (Oxford 1992), iii.221.

Editions

Voltariana, p.162 (v); *Le Portefeuille trouvé* (Geneva 1757), i.33; *Journal encyclopédique*, March 1757, p.136; MP61, p.197; TS61, p.392-93; W64R, vi.207 and xvii.II.591; La Noue, *Œuvres de théâtre* (Paris 1765), p.vii;

Nouvelle Anthologie françoise (Paris 1769), ii.294; *Elite de poésies fugitives* (London 1770), iv.212; W70L (1772), xxiii.314; K, xiv.321.

Base text: W70L.

Collated texts: MS1; MS2; V; K.

Vers à monsieur de La Noue, auteur de 'Mahomet II'

Mon cher Lanoue, illustre père
De l'invincible Mahomet,
Soyez le parrain d'un cadet,
Qui sans vous n'est pas fait pour plaire.
Votre fils fut un conquérant;[3]
Le mien a l'honneur d'être apôtre,
Prêtre, filou, dévot, brigand:
Faites-en l'aumônier du vôtre.[4]

5

a   MS2: Vers de M. de Voltaire à La Noüe acteur de la Comédie françoise auteur de la tragédie de Mahomet second, en lui envoyant sa tragédie de Mahomet premier
    V: *V*** à La Noue comédien, auteur de la tragédie de 'Mahomet I'*
    K: *A M. de La Noue, auteur de Mahomet II, tragédie, en lui envoyant celle de Mahomet le prophète*
3   MS2: du Cadet
4   K: n'est point
5   MS2, V: est
6-7 MS1:
        Le mien de l'erreur est apôtre,
        Faux dévot, prophète et brigand,
7   MS2, V, K: Prêtre, Fripon,
8   MS1, MS2, K: Qu'il soit le chapelain du vôtre.

[3] Mahomet II, sultan of Turkey, took Constantinople in 1453.
[4] Voltaire's tragedy *Mahomet* (1741) also presents the founder of Islam in a negative light. Voltaire gives a mainly favourable account of the two Mahomets and of Islam in the *Essai sur les mœurs*, ch.6-7, 91-92. See also J. H. Brumfitt, *Voltaire historian* (Oxford 1958), p.82-84.

LETTRE [...] À M. DE FORMONT

Jean-Baptiste-Nicolas Formont (1694-1758), man of letters and
epicurean poet, met Voltaire through Cideville in his native
Rouen in 1723, and became better acquainted with him during
Voltaire's longer stay there in 1731 (D148, n.1, D419). In addition
to sending Formont much occasional verse, Voltaire submitted a
number of works to him for criticism and discussed metaphysical
ideas with him (D968, D988, D992). Hence the philosophical
references in these lines, which form the verse part of an epistle to
Formont dated Brussels, 3 March 1741 (D2439). The poem is of
particular interest in reflecting the disagreement between Voltaire
and Mme Du Châtelet over the philosophy of Leibniz (see notes to
lines 23 and 39). In its movement away from metaphysics in favour
of companionship, the poem invites comparison with the earlier
epistle *A M. de Formont, en lui renvoyant les œuvres de Descartes et
de Malebranche* (1731).[1]

The text

The verse was first printed in w56, ii.284-85. All the editions
published during Voltaire's lifetime give the same text (save OC61,
which omits lines 32-39), whereas K presents a slight variant and
omits the note. MS1 contains several minor variants. The *encadrée*
(w75G, xii.365-66), the most authoritative text, is reproduced here.
The title is from K. In all the versions, save K, the verse appears
without the prose.

[1] See D411 and *OC*, vol.8, p.530-32.

Manuscript

MS1: a contemporary copy in the hand of Mme de Graffigny dated Brussels, 3 March [1741] (Yale, Graffigny Papers, lxiii.167-68); published in *Correspondance de Madame de Graffigny*, iii.156-57.

Editions

W56, ii.284-85; W57G1, ii.284-85; W57G2, ii.284-85; W57P, vi.262-63; SO58, i.333-34; OC61, p.162-63; W64G, ii.303-304; W70G, ii.303-304; W68 (1771), xviii.363-64; W72P (1771), iii.272; W70L (1772), xxiii.195-96; W72P (1773), xiv.317-18; W75G, xii.365-66; K, xv.150-51.
Base text: W75G.
Collated texts: W56; W57G1; W57G2; W57P; SO58; W64G; W70G; W68; W70L; K.

Lettre [...] à M. de Formont

Formont, vous, et les Dudeffans,[2]
C'est-à-dire les agréments,
L'esprit, les bons mots, l'éloquence,
Et vous, plaisirs, qui valez tout,
Plaisirs, que je suivis par goût,   5
Et les Newtons par complaisance;[3]
Que m'ont servi tous ces efforts

a   β, W68: *Epître à Mad......*
      W56-W70G, W70L: *Epître à ......*
      K adds: A Bruxelles, 3 mars [1741]
5   K: Plaisirs, je vous suivis par goût,

[2] Formont had a long and close friendship with Mme Du Deffand (see D2195).
[3] Voltaire's *Eléments de la philosophie de Newton* had been published in 1738.

586

De notre incertaine science,
Et ces carrés de la distance,
Ces corpuscules, ces ressorts,   10
Cet infini si peu traitable? [4]
Hélas! tout ce qu'on dit des corps
Rend-il le mien moins misérable?
Mon esprit est-il plus heureux,
Plus droit, plus éclairé, plus sage,   15
Quand de René, [5] le songe-creux,
J'ai lu le romanesque ouvrage?
Quand avec l'oratorien(a) [6]
Je vois qu'en Dieu je ne vois rien,
Ou qu'après quarante escalades   20
Au château de la vérité,
Sur le dos de Leibnitz monté,
Je ne trouve que des monades? [7]
Ah! fuyez, songes imposteurs,

(a) Mallebranche

n.a   κ: [absent]

[4] Voltaire follows his poem with the remark: 'Mon cher ami, voilà comme je pense, et après avoir bien examiné s'il faut supputer la force motrice des corps par la simple vitesse, ou par le carré de cette vitesse, j'en reviens aux vers, parce que vous me les faites aimer' (D2439).

[5] Descartes. Voltaire remarked of him in the *Lettres philosophiques*: 'Alors sa philosophie ne fut plus qu'un roman ingénieux' (lettre XIV) (M.xxii.131). The *Eléments de la philosophie de Newton* was written in part to refute him (*OC*, vol.15, p.87-89).

[6] Malebranche, an Oratorian priest, maintained in his principal work, *De la recherche de la vérité* (1674-1675) that everything emanates from God. '[I]l ne doutait pas que nous ne vissions tout en Dieu, et que Dieu, pour ainsi dire, ne fût notre âme', Voltaire remarked in the *Lettres philosophiques* (lettre XIII) (M.xxii.122). In August 1741 he exclaimed to Maupertuis: 'Il n'y a pas un mot de vérité [...] dans tout ce que Mallebranche a imaginé' (D2526).

[7] On Voltaire's rejection of Leibniz's system of monads, see the *Eléments de la philosophie de Newton*, *OC*, vol.15, p.228-32, 241-44.

Ennuyeuse et froide chimère;   25
Et puisqu'il nous faut des erreurs,
Que nos mensonges sachent plaire.
L'esprit méthodique et commun
Qui calcule un, par un, donne un,
S'il fait ce métier importun,   30
C'est qu'il n'est pas né pour mieux faire.
Du creux profond des antres sourds
De la sombre philosophie,
Ne voyez-vous pas Emilie
S'avancer avec les amours?[8]   35
Sans ce cortège qui toujours
Jusqu'à Bruxelles[9] l'a suivie,
Elle aurait perdu ses beaux jours,
Avec son Leibnitz qui m'ennuie.[10]

[8] See also the conclusion of the *Epître à M. de Saint-Lambert* ('Tandis qu'au-dessus de la terre') (1748) (*OC*, vol.30A, p.444-45, l.36-48).

[9] Mme Du Châtelet, Voltaire and their party were again in Brussels for the prosecution of her lawsuit which had been dragging on for two years (see D1884, D2436, D2486).

[10] Mme Du Châtelet's *Institutions de physique*, which favours Leibniz, had appeared in 1740. Referring to her and himself, Voltaire wrote to Maupertuis from Brussels on 4 May 1741, 'Il y a deux personnes ici qui ne sont point du tout du même avis sur les imaginations de Leibnits' (D2476).

À M. DE CIDEVILLE

After his visit to Frederick in Berlin in November and December 1740, Voltaire arrived in Brussels in January 1741 with Mme Du Châtelet for the prosecution of her lawsuit (see D2486). From here he sent Cideville the following lines, which form part of a verse and prose letter of 13 March (D2444). The verse combines theological banter and echoes of La Fontaine with a veiled criticism of Frederick's aggression in invading Silesia (December 1740) – a criticism which is made explicit in the prose part of the epistle. What disturbed Voltaire was Frederick's renunciation of the ideals he had expounded in his *Anti-Machiavel* (1739). 'Il est vrai', he writes, 'que l'invasion de la Silesie est un héroïsme d'une autre espèce que celui de la modération tant prêchée dans l'Antimachiavel.' Just as a cat runs after a mouse even when transformed into a woman, Voltaire continues, again echoing La Fontaine, so Frederick flings aside his philosopher's cloak and seizes his sword as soon as he sees a province at his mercy.[1]

Writing again to Cideville from Les Délices on 12 April 1756, Voltaire looks back on his verses and disparages them. 'Il y a longtemps', he remarks, 'que je n'ai vu les paperasses, dont les Crammer ont farci leur édition. Ils ont jugé une petite lettre en vers qui vous est adressée digne d'être imprimée.[2] Ils se sont trompés, mais le plaisir de voir un petit monument de notre amitié m'a empêché de m'opposer à l'impression' (D6821).

The epistle *A M. de Cideville* has received little critical attention. Lines 15-25, however, were quoted in 1759 by Claude-Marie Guyon in his *L'Oracle des nouveaux philosophes*,

[1] La Fontaine, *Fables*, II.xviii ('La Chatte métamorphosée en femme').
[2] See w56, ii.286.

p.215, a work in which he censures Voltaire for what he considered to be his negative, anti-religious attitude.

The text

The poem was first printed in w56, ii.286. The editions published during Voltaire's lifetime all give the same text, whereas MS1 and K contain a slight variant. Since the combined authority of the editions outweighs that of the holograph (MS1), the *encadrée* (w75G, xii.370) has been taken as the base text. In all versions save MS1 and K the verse appears without the prose.

Manuscript

MS1: a holograph of D2444, dated in the top right-hand corner 'à Bruxelles ce 13 mars 1741' (Bibliothèque de la ville: Archives de l'Académie de Rouen, Lettres de Voltaire 137).

Editions

w56, ii.286; w57G1, ii.286; w57G2, ii.286; w57P, vi.264; so58, i.[335]; oc61, p.166-67; w64G, ii.305-306; w70G, ii.305-306; w68 (1771), xviii.367; w72P (1771), iii.274; w70L (1772), xxiii.207-208; w72P (1773), xiv.322; w75G, xii.370; K, xv.155-57.

Base text: w75G.

Collated texts: MS1; w56; w57G1; w57G2; w57P; so58; w64G; w70G; w68; w70L; K.

A M. de Cideville

Devers Pâques on doit pardonner
Aux chrétiens qui font pénitence:[3]
Je l'ai fait: un si long silence
A de quoi me faire damner.
Donnez-moi plénière indulgence.   5
Après avoir en grand courrier
Voyagé pour chercher un sage,
J'ai regagné mon colombier,[4]
Je n'en veux sortir davantage;
J'y trouve ce que j'ai cherché;   10
J'y vis heureux, j'y suis caché.
Le trône, et son fier esclavage,
Ces grandeurs dont on est touché,
Ne valent pas notre hermitage.
         Vers les champs hyperboréens,   15
J'ai vu des rois dans la retraite,
Qui se croyaient des Antonins;
J'ai vu s'enfuir leurs bons desseins
Aux premiers sons de la trompette.[5]

a   MS1: [*title absent*]
     W70L: *Lettre à monsieur de Cideville, conseiller au parlement de Rouen*
     K: *Lettre* [...] *à M. de Cideville*. A Bruxelles, ce 13 mars [1741]
3   MS1, K: Je la fait;

[3] It is amusing to recall that Voltaire partook of the sacrament at Easter 1769; see D15528, commentary, and D.app.300.
[4] Allusion to La Fontaine's fable 'Les Deux Pigeons' (*Fables*, IX.ii).
[5] On Frederick's invasion of Silesia, which had its uncertainties, see Walter L. Dorn, *Competition for empire, 1740-1763*, p.134-41, the *Précis du siècle de Louis XV* (end of ch.5), and the *Histoire de la guerre de 1741* (end of ch.1). Here in the *Précis* Voltaire's reference to kings who took themselves for Antonines (l.17) is partly explained: '[Le roi de Prusse] fit porter devant son régiment des gardes l'aigle romaine éployée en relief au haut d'un bâton doré: cette nouveauté lui imposait la nécessité d'être invincible. Il harangua son armée, pour ressembler en tout aux

Ils ne sont plus rien que des rois.   20
Ils vont par de sanglants exploits,
Prendre ou ravager des provinces:
L'ambition les a soumis;
Moi j'y renonce. Adieu les princes,
Il ne me faut que des amis.   25

anciens Romains' (*OH*, p.1333). More specifically, Voltaire told Frederick in his verse epistle of *c.*30 September 1736: 'L'esprit des Antonins revit encore en vous: / Pour le bonheur du monde il parle, il vous inspire, / C'est par lui que les cœurs sont déjà votre empire' (D1157). Antoninus Pius, Roman emperor from 138 to 161, had an unusually peaceful and prosperous reign; he was succeeded by his son-in-law, the Stoic philosopher Marcus Aurelius Antoninus, emperor from 161 to 180.

VERS POUR METTRE AU BAS DU PORTRAIT
DE MONSIEUR DE MAUPERTUIS

In May 1736 Pierre-Louis Moreau de Maupertuis (1698-1759) left with other scientists for the arctic circle in order to measure the length of degrees of the meridian and thus confirm the findings of Newton concerning the shape of the earth. He published his observations in 1738.[1]

When Voltaire wrote this quatrain (1741) he had known Maupertuis for almost a decade (see D533). The quatrain served as an inscription for a print of Maupertuis, engraved by Jean Daullé after Tournières, and was reproduced, beneath the print, in the four-volume 1756 Lyons edition of Maupertuis's works (vol.i, frontispiece). It forms part of Voltaire's letter of 17 July 1741 to Jean-Marie-François Du Parc, marquis de Locmaria (D2513), who, in the midst of a lawsuit, was attending to the print,[2] which shows Maupertuis, having returned from Lapland, formally attired, with a fur cap, and one hand resting on a globe (see the *Mercure de France* of September 1741, p.2048).

In his letter to the marquis de Locmaria Voltaire states his preference for inscriptions in French, despite the greater concision of Latin — hence his dissatisfaction with this 'chétif quatrain'. What was Maupertuis's opinion? In an undated letter to Johann Bernoulli, he says he would find Voltaire's lines 'fort beaux s'ils étoient plus conformés à la vérité' (D2513, n.3).

---

[1] See *Ode pour messieurs de l'Académie des sciences* (M.viii.439-42).

[2] The marquis de Locmaria (1708-1745) enters Voltaire's correspondence in July 1737 (D1351); Voltaire wrote to him in 1739 about Desfontaines's *Voltairomanie*, but received no reply (D1787, D1910).

The text

First printed (without the prose) in the *Mercure de France* of September 1741, p.2048, the quatrain entered Voltaire's works in OC61, p.197, MP61, p.189, and TS61, p.387. All eighteenth-century readings give virtually the same text. In the absence of a holograph, W70L, the only authoritative edition to contain the poem, is reproduced here.

Manuscript

MS1: a Beaumarchais-Kehl transcript of D2513 (Th.B.BK181); the quatrain is crossed out, and in the left margin is written: 'bon, quoique rayé'; again in the left margin, the following note is keyed to line 4: 'Ce quatrain fut gravé au bas d'un portrait de M. de *Maupertuis*'.

Editions

Le Mercure de France, September 1741, p.2048 (MF); *Œuvres de M^r. de Maupertuis. Nouvelle édition corrigée et augmentée*, 4 vols (Lyon 1756), vol.i, facing the title page; *Le Portefeuille trouvé* (Geneva 1757), i.26; OC61, p.197; MP61, p.189; TS61, p.387; *Nouvelle Anthologie françoise* (Paris 1769), ii.106; W64R, i.II.694; *Elite de poésies fugitives* (London 1770), iv.242; W72P (1771), iv.275; [Antoine Sabatier], *Tableau philosophique de l'esprit de M. de Voltaire* (Geneva 1771), p.30; W70L (1772), xxiii.307; W72P (1773), xv.288; K, liii.389.
Base text: W70L.
Collated texts: MS1; MF; K.

Vers pour mettre au bas du portrait
de monsieur de Maupertuis

Le globe mal connu, qu'il a su mesurer,
Devient un monument où sa gloire se fonde:
Son sort est de fixer la figure du monde,
De lui plaire et de l'éclairer.

a-b   MS1, MF, K: [absent]
 1   MS1, MF, K: Ce globe

'LORSQUE VOUS ME PARLEZ DES GRÂCES NATURELLES'

According to the *Mercure de France* of December 1755 (i.7), this poem was addressed to a M. Closier, and all eighteenth-century printings of the poem follow suit. In an early nineteenth-century text, however, the *Mélanges historiques, satiriques, et anecdotiques de M. de B[ois]-Jourdain* (1807), iii.78, the poem is indicated as having been sent to a M. Claris, whose poem on divine grace elicited Voltaire's.[1] Beuchot confirms this (M.x.527, n.1), stating that he had seen both the poem to Voltaire and Voltaire's reply among Claris's manuscripts. As for the name Closier, it is probably, as Beuchot suggests, simply the name Claris misread or badly written.

In a brochure entitled *Variétés littéraires. Voltaire était-il complètement étranger à la publication des Mélanges publiés sous son nom* (Paris n.d.), p.12, Albert de La Fizelière says that Voltaire disavowed his poem, in his own hand, in the margin of a copy of volume x of the *Nouveaux Mélanges*.

The poem, which is doubtless authentic, is Voltaire's only mention of Maurice de Claris (1711-1789), who was 'conseiller de la cour des aides' in Montpellier, and president in 1745; his *Odes sur la religion* was published in Paris in 1747. Moland dates the poem 1741 (x.527). This date is corroborated by Mme de Graffigny's letter to Devaux of 2 August 1741, in which she quotes Voltaire's poem, preceding it with the remark: 'Je t'envoye des vers que Thiriot m'a donné hier. Un jeune homme de Montpelier [Claris] a envoyé a Voltaire un fort mauvais poeme sur la grace, ou il traite Mr de Richelieu de divinité et Md. du Chatelet aussi. C'est la reponce.'[2]

Voltaire here disparages the concept of divine grace as he will again do in his alphabetical writings. 'Ce prodigieux amas de livres

---

[1] Claris's poem is printed below, p.601-602.
[2] *Correspondance de Mme de Graffigny*, iii.249-50.

composés sur cette matière est souvent l'effort de l'esprit, et toujours la honte de la raison', he tells us.[3]

The text

The poem was first published in the *Mercure de France* of December 1755. The eighteenth-century printings as well as the manuscripts are, with a few minor variants, basically the same. W70L has been taken as the base text since it gives the last authoritative printing of the poem during Voltaire's lifetime.

Manuscripts

MS1: a contemporary copy, undated, in the hand of Henri Rieu (St Petersburg, BV, Annexes manuscrites 51, f.3r). Here the poem is entitled: 'Réponse à M. Closier de Montpellier qui lui avait envoyé un poème sur la grâce'; the following notes are keyed to lines 2 and 3 respectively: 'M. le Maréchal duc de Richelieu' and 'Mme d'Egmont, sa fille'.

MS2: a contemporary copy in the hand of Mme de Graffigny, forming part of her letter to Devaux of 2 August 1741 (Yale, Graffigny Papers, V², 73-76); published in *Correspondance de Madame de Graffigny*, iii.249-50.

Editions

Mercure de France (December 1755), i.7 (MF); *Le Portefeuille trouvé* (Geneva [Paris] 1757), ii.244; MP61, p.169; TS61, p.373-74; W64R, xvii.II.578; NM (1770), x.392; *Elite de poésies fugitives* (London 1770), v.176; W68 (1771), xviii.490-91; W72P (1771), iv.188; W70L (1772), xxiii.253; W72P (1773), xv.301; *Mon petit portefeuille* (London 1774), i.18; K, xiv.315-16; M.x.527 and xxxii.420.

Base text: W70L.

Collated texts: MS1; MF; NM; W68; K.

---

[3] 'Grâce', *L'Opinion en alphabet* (M.xix.302).

Lorsque vous me parlez des grâces naturelles
Du héros votre commandant, [4]
Et de la déité qu'on adore à Bruxelles, [5]
C'est un langage qu'on entend.
La grâce du Seigneur est bien d'une autre espèce: 5
Moins vous me l'expliquez, plus vous en parlez bien;
Je l'adore et n'y comprends rien.
L'attendre et l'ignorer, voilà notre sagesse.
Tout docteur, [6] il est vrai, sait le secret de Dieu;
Elus de l'autre monde, ils sont dignes d'envie.   10
Mais qui vit auprès d'Emilie,
Ou bien auprès de Richelieu,
Est un élu de cette vie.

a-b   β: Réponse de monsieur de Voltaire
    MS1: Réponse à M. Closier de Montpellier qui lui avait envoyé un poème
sur la grâce
    MF: Réponse de M. de Voltaire
    NM, w68: Réponse à M. Closier de Montpellier, qui avait envoyé à l'auteur
un poème sur la grâce
    K: A M. Clozier, qui avait envoyé à l'auteur un poème sur la grâce
2   MS1, NM, w68, K, with note: M le maréchal duc de [K: M. le duc de] Richelieu
3   MS1, NM, w68, with note: Mme d'Egmont, sa fille
    K with note: la marquise du Châtelet était alors à Bruxelles.
6   K: Moins vous nous l'expliquez,

[4] The duc de Richelieu was 'commandant en chef' in his native Languedoc.
[5] Mme Du Châtelet; see above, p.588, n.9.
[6] A 'docteur en Sorbonne', i.e. a theologian.

APPENDIX

I

These lines, which have been attributed to Jean-Baptiste Rousseau, are a reply to Voltaire's 'Quoi, vous êtes monarque, et vous m'aimez encore!' (above, p.540). They are reproduced, with modernised spelling, from the duc de Luynes's *Mémoires* of 11 August 1740 (iii.233).

Réponse de Rousseau

Voltaire, qui jamais ne connut son talent,
En dépit d'Apollon tranchant de l'agréable,
Caresse son héros comme fit au vieux temps
    Le baudet de la fable.[1]
Mais tu connais, grand Roi, l'écrivain travesti   5
Du Chevalier des loups. En ta juste colère,
Imitant Salomon, de ce faux Seméi
    Tu vengeras ton père.[2]

---

[1] See *Aesop's fables* ('The Ass and the Lap-dog') and La Fontaine, *Fables*, iv.5 ('L'Ane et le Petit Chien').

[2] 'Pour entendre ces vers', the duc de Luynes writes, 'il faut savoir qu'il y a eu une pièce appelée le Chevalier des loups fort injurieuse au feu roi de Prusse et dont on ne connoît point l'auteur. Rousseau attribue cette pièce à Voltaire' (iii.230-31).

II

The following is Ezra Pound's verse paraphrase of Voltaire's *Stances* [*à madame Du Châtelet*] ('Si vous voulez que j'aime encore'; above, p.563-65). The text is taken from 'Impressions of François-Marie Arouet (de Voltaire)', in *Personae: the collected poems of Ezra Pound* (New York 1926), p.167-68.

If you'd have me go on loving you
Give me back the time of the thing.
Will you give me dawn light at evening?
Time has driven me out from the fine plaisaunces,
The parks with the swards all over dew,   5
And grass going glassy with the light on it,
The green stretches where love is and the grapes
Hang in yellow-white and dark clusters ready for pressing.
And if now we can't fit with our time of life
There is not much but its evil left us.   10

Life gives us two minutes, two seasons –
      One to be dull in;
Two deaths – and to stop loving and being lovable,
That is the real death,
The other is little beside it.   15

Crying after the follies gone by me,
Quiet talking is all that is left us –
Gentle talking, not like the first talking, less lively;
And to follow after friendship, as they call it,
Weeping that we can follow naught else.   20

III

The following epistle by Maurice de Claris together with his poem on divine grace elicited Voltaire's response (above, p.598). The text is taken from w70L, xxiii.251-52.

Epître à monsieur de Voltaire,
en lui envoyant un poème sur la grâce

Toi, qui fais des yeux d'Emilie
Passer dans tes écrits les feux et la douceur;
   Toi, l'Apollon de ta patrie,
Du goût et du talent juste appréciateur,
Voltaire, en le lisant fait grâce à cet ouvrage,   5
Fruits de quelques moments dérobés à Thémis.
Respectant mon sujet, j'y parle le langage,
Non d'un docteur subtil, mais d'un chrétien soumis.
De la grâce, en mes vers, scrutateur téméraire,
Suivant de la raison le faux jour qui nous luit,   10
   De ce redoutable mystère
   Oserais-je percer la nuit?
   Loin d'avoir cette vaine audace
   Sur le voile mystérieux,
Dont l'Eternel voulut envelopper la grâce,   15
Je ne porterai pas mes regards curieux.
Mais au maître des vers nobles, harmonieux,
Au rival de Milton, de Virgile et d'Homère,
Présenter un poème et tenter de lui plaire,
   Est-ce être moins audacieux?   20
Toutefois si je dis le motif qui m'inspire,
   Tu cesseras d'être surpris.
Richelieu l'a voulu, ce mot doit te suffire.
Eh! qui sait mieux que toi combien il a d'empire
   Sur les cœurs et sur les esprits?   25

C'est un pouvoir secret que toi seul peux décrire.
Chacun le retrouve en ce lieu
Tel que ta muse le renomme;
On l'adore ici comme un dieu,
Parce qu'il y vit comme un homme.   30

WORKS CITED

Adam, Antoine, *Les Premières Satires de Boileau* (Genève 1970; 1ère éd. Lille 1941).

Aldington, Richard, *Voltaire* (London 1925).

Amiel, Henri-Frédéric, *Journal intime*, éd. Bernard Gagnebin et Philippe M. Monnier (Lausanne 1976-1989).

Annuaire d'histoire liégeoise. Guide bibliographique pour l'histoire de la principauté de Liège au 18e siècle, dir. Daniel Droixhe (Liège 1995).

Arend, Elisabeth, '*Bibliothèque*' – geistiger Raum eines Jahrhunderts: hundert Jahre französischer Literaturgeschichte im Spiegel gleichnamiger Bibliographien, Zeitschriften und Anthologien *(1685-1789)* (Bonn 1987).

Aristote, *Rhétorique*, éd. M. Meyer (Paris 1991).

Artigas-Menant, Geneviève, 'Le portrait de Voltaire dans les *Miscellanea* de François-Louis Jamet', *Voltaire et ses combats. Actes du congrès international Oxford-Paris 1994*, éd. U. Kölving et Christiane Mervaud (Oxford 1997), ii.985-95.

Baldensperger, Fernand, 'Les prémices d'une douteuse amitié: Voltaire et Frédéric II de 1740 à 1742', *Revue de littérature comparée* 10 (1930), p.230-61.

Barber, W. H., *Leibniz in France, from Arnauld to Voltaire: a study in French reactions to Leibnizianism, 1670-1760* (Oxford 1955).

– 'Mme Du Châtelet and Leibnizianism: the genesis of the *Institutions de physique*', *The Age of the Enlightenment: studies presented to Theodore Besterman* (Edinburgh, London 1967), p.200-22.

Barthold, V.-V., *La Découverte de l'Asie. Histoire de l'orientalisme en Europe et en Russie*, tr. du russe par B. Nikitin (Paris 1947).

Bayle, Pierre, *Dictionnaire historique et critique* (Genève 1969, réimpression de l'édition de Paris 1820-1824).

Bédarida, H., 'Voltaire, collaborateur de la *Gazette littéraire de l'Europe* (1764)', dans *Mélanges d'histoire littéraire générale et comparée offerts à Fernand Baldensperger* (Paris 1930), i.24-38.

Beeson, David, *Maupertuis: an intellectual biography*, *SVEC* 299 (1992).

Belin, Jean-Paul, *Le Commerce des livres prohibés à Paris de 1750 à 1789* (Paris 1913).

Bengesco, Georges, *Voltaire: bibliographie de ses œuvres* (Paris 1882-1890).

Besterman, Theodore, *Voltaire* (Oxford 1969).

Bibliothèque de Voltaire: catalogue des livres (Moscou, Leningrad 1961).

Bibliothèque française, ou Histoire littéraire de la France (Amsterdam 1723-1746).

Boileau-Despréaux, Nicolas, *Œuvres complètes*, éd. A. Adam et Fr. Escal (Paris 1966).

Bolingbroke, Henry Saint John, vicomte, *Lettres sur l'histoire*, tr. Barban de Bourg (n.p. 1752).

Bony, Alain, 'L'élaboration de l'auteur supposé dans l'essai périodique: Swift, Defoe, Steele et Addison', dans *Le Journalisme d'ancien régime. Questions* (Lyon 1982), p.333-50.

Bots, Hans, 'Un journaliste sur les journaux de son temps: le cas de Pierre Bayle', *La Diffusion et la lecture des journaux de langue française sous l'Ancien Régime. Actes du colloque international, Nimègue 3-5 juin 1987* (Amsterdam, Maarsen 1988), p.203-11.

Boyer d'Argens, Jean-Baptiste de, *Mémoires secrets de la république des lettres, ou le théâtre de la vérité* (Amsterdam 1744).

Brumfitt, J. H., *Voltaire historian* (Oxford 1958).

Bruzen de La Martinière, Antoine-Augustin, *Le Grand Dictionnaire géographique et critique* (La Haye 1732).

Burckhardt, Carl-J., 'Der Honnête Homme', *Gestalten und Mächte* (Zürich 1961), p.339-70.

Camusat, Denis-François, *Histoire critique des journaux* (Amsterdam 1734).

Carayol, Elizabeth, *Thémiseul de Saint-Hyacinthe, 1684-1746*, *SVEC* 221 (1984).

Carlyle, Thomas, *History of Friedrich II of Prussia, called Frederick the Great* (London 1858-1865).

Chateaubriand, François René de, *Essai sur les révolutions anciennes et modernes*, *Œuvres complètes de Chateaubriand*, nouv. éd. (Paris n.d.).

Cioranescu, Alexandre, *Bibliographie de la littérature française du dix-huitième siècle* (Paris 1969).

[Colbert, Jean Baptiste, marquis de Torcy], *Mémoires de M. de *** pour servir à l'histoire des négociations depuis le traité de Riswick jusqu'à la paix d'Utrecht* (La Haye [Paris] 1756).

Condorcet, Jean-Antoine-Nicolas de Caritat, marquis de, *Œuvres* (Paris 1847-1849).

– *Vie de Voltaire* (1787).

Conlon, Pierre M., 'Voltaire's literary career from 1728 to 1750', *SVEC* 14 (1961), p.269s.

Corpus des notes marginales de Voltaire (Berlin, Oxford 1979-).

Costabel, Pierre, *Leibniz et la mécanique* (Paris 1960).

Cuche, Paul, *Précis de procédure* (Paris 1924).

Debever, R., 'La marquise Du Châtelet traduit et commente les *Principes* de Newton', *Bulletin de la classe des sciences*, 5ᵉ série, 63 (Palais des Académies, Bruxelles 1987), p.509-27.

Delamare, Nicolas, *Traité de la police, l'histoire de son établissement, les fonctions et les prérogatives de ses magistrats, toutes les lois et tous les règlements qui la concernent* (Paris 1713).

Desautels, Alfred R., *Les Mémoires de Trévoux et le mouvement des idées au XVIIIᵉ siècle (1701-1834)* (Rome 1956).

Descartes, René, *Œuvres de Descartes*, éd. Ch. Adam et P. Tannery (Paris 1897-1913; nouvelle édition 1996).

Desfontaines, abbé Pierre-Guyot, *Apologie de M. de Voltaire* (n.p. 1725).

– et le P. Pierre Brumoy, *Apologie du caractère des Anglais et des Français, ou Observations sur le livre intitulé, Lettres sur les Anglais et les Français, et sur les Voyages. Avec la défense de la sixième satire de Monsieur Despréaux, et la*

justification du bel esprit français ([Paris] 1726).

– et J.-J. Bel, *Dictionnaire néologique à l'usage des beaux esprits du siècle. Avec l'Eloge historique de Pantalon-Phoebus. Par un avocat de Province.* Troisième édition corrigée et augmentée de plus de deux cents articles, de la *Réception de l'illustre Messire Christophe Mathanasius à l'Académie française*, d'une *Réponse de Monsieur le doyen de l'Académie*, des *Remarques*, du *Pantalon-Phébeana ou Mémoires, observations et anecdotes au sujet de Pantalon-Phoebus*, de deux *Lettres d'un rat calotin à Citron Barbet au sujet de l'Histoire des Chats*, etc. Par l'auteur du *Dictionnaire néologique* (Amsterdam 1728).

– *Discours que doit prononcer l'abbé Séguy pour sa réception à l'Académie française* (n.p. [1736]).

– *Eloge historique de Pantalon-Phoebus*, dans *Dictionnaire néologique, op. cit.*

– et abbé François Granet, *Entretiens sur les Voyages de Cyrus* (Nancy 1728).

– *Lettres [– Suite des] de M. l'abbé *** à Monsieur l'abbé Houtteville, au sujet du livre De la Religion chrétienne prouvée par les faits* (Paris 1722).

– *Lettre d'un comédien français au sujet de l'Histoire du Théâtre Italien écrite par M. Riccoboni, dit Lelio, contenant un extrait fidèle de cet ouvrage, avec des remarques* (Paris 1728).

– et Louis Fuzelier, *Lettre [Lettre seconde] d'un rat calotin, à Citron Barbet, au sujet de l'Histoire des Chats par M. de Montgrif* (Ratopolis 1728), dans *Dictionnaire néologique, op. cit.*

– *Le Médiateur. Lettre à M. le marquis de *** (n.p. [1739]).

– abbé de Margon, J. Aymon, François Gacon, P. C. Roy, etc., *Mémoires pour servir à l'histoire de la Calotte* (Basle 1725; [?Paris] 1752).

– Adrien-Maurice de Mairault, abbé Jacques Destrées, abbé François Granet, Elie-Catherine Fréron, *Observations sur les écrits modernes* (Paris 1735-1743).

– *Pantalo-Phébeana, ou Mémoires, observations et anecdotes, au sujet de Pantalon-Phébus* (n.p.n.d.), dans *Dictionnaire néologique, op. cit.*

– *Paradoxes littéraires au sujet de la tragédie d'Inès de Castro* (Paris 1723).

– *Racine vengé, ou Examen des remarques grammaticales de M. l'Abbé d'Olivet, sur les œuvres de Racine* (Avignon 1739).

– et J.-J. Bel?, *Relation de ce qui s'est passé au sujet de la réception de Messire Christophe Mathanasius à l'Académie française* (n.p. 1727), repris dans le *Dictionnaire néologique, op. cit.*

– *La Voltairomanie, ou Lettre d'un jeune avocat en forme de mémoire, en réponse au libelle du sieur de Voltaire intitulé Le Préservatif* ([Paris] 1738).

– *La Voltairomanie avec le Préservatif et le factum du sieur Jore* (Londres 1739).

– *La Voltairomanie*, éd. M. H. Waddicor (Exeter 1983).

Desmaizeaux, Pierre, *Recueil de diverses pièces* (Amsterdam 1720).

Desnoiresterres, Gustave, *Voltaire et la société française au XVIIIe siècle* (Paris 1867-1876); Slatkine reprint: *Voltaire et la société au XVIIIᵉ siècle*, t.ii, *Voltaire à Cirey* (Genève 1967).

Diaz, Furio, *Voltaire storico* (Torino 1958).

Dickinson, H. T., *Bolingbroke* (London 1970).

Dorn, Walter L., *Competition for empire, 1740-1763* (New York, London 1940).

Droixhe, D., 'La diffusion des idées nouvelles', dans *La Vie culturelle dans nos provinces au XVIIIe siècle, Pays-Bas autrichiens, principauté de Liège et duché de Bouillon*, dir. Hervé Hasquin (Bruxelles 1983).

Drouet, J., *L'Abbé de Saint-Pierre* (Paris 1912).

Du Bos, Jean-Baptiste, *Histoire critique de l'établissement de la monarchie française dans les Gaules*, t.i-iii (Amsterdam 1734).

Dubuisson, Simon-Henri, *Mémoires secrets du XVIIIe siècle. Lettres du commissaire Dubuisson au marquis de Caumont, 1735-1741* (Paris 1882).

Du Châtelet, Gabrielle-Emilie Le Tonnelier de Breteuil, marquise, 'Réponse à une lettre diffamatoire de l'abbé Desfontaines, par Mme la marquise du Châtelet' (datée de 'Décembre 1738'), dans S. G. Longchamp et J.-L. Wagnière, *Mémoires sur Voltaire*, ii.423-31.

– *Institutions de physique* (Paris 1740).

Duchet, Michèle, *Anthropologie et histoire au siècle des Lumières* (Paris 1995; 1ère éd. Paris 1971).

Dugas, René, *Histoire de la mécanique* (Paris, Neuchâtel 1950).

Duranton, Henri, 'Les circuits de la vie littéraire au XVIIIe siècle: Voltaire et l'opinion publique en 1733', dans P. Rétat (dir.), *Le Journalisme d'Ancien Régime. Questions et propositions* (Lyon 1982), p.101-15.

– 'La très joyeuse et très véridique histoire du Régiment de la Calotte', *Dix-huitième Siècle* 33 (2001), p.399-417.

– 'Les *Mémoires de Trévoux* et l'histoire: l'année 1757', *Etudes sur la presse au XVIIIe siècle: 'Les Mémoires de Trévoux'* (Lyon 1973), p.5-37.

– 'Correspondance littéraire, lettre écrite et périodique', *Correspondances littéraires inédites*, éd. J. Schlobach (Paris, Genève 1987), p.9-20.

– (éd.) 'Lettres de l'abbé Claude-Pierre Goujet (1737-1745)', dans *Correspondance littéraire du président Bouhier*, t.ii (Saint Etienne 1976).

Duvernet, Théophile-Imarigeon, *Vie de Voltaire* (n.p. 1786).

Eisenzimmer, G., *Les Transformations de la justice de paix depuis son institution* (Mulhouse 1925).

Ellissen, Adolf, *Voltaire als politischer Dichter, dargestellt in einigen seiner kleinern Zeitgedichte. Eine historische Skizze* (Leipzig 1852).

Encyclopaedia of world biography (New York 1973).

Encyclopédie, ou Dictionnaire raisonné des sciences, des arts et des métiers, par une société de gens de lettres (Paris 1751-1765).

Fénelon, François de Salignac de La Mothe, *Lettre à l'Académie*, éd. E. Caldarini (Genève 1970).

Ferrière, Claude-Joseph de, *Dictionnaire de droit et de pratique, contenant l'explication des termes de droit, d'ordonnances, de coutumes et de pratique, avec les juridictions de France*, 2e éd., revue, corrigée et augmentée (Paris 1740).

Feuquières, Antoine de Pas, marquis de, *Mémoires sur la guerre, écrits par feu M. le marquis de Feuquières, lieutenant général des armées du roi, pour l'instruction de son fils*, 2e éd., t.i-iii (n.p. 1735).

Fields, Madeleine, 'Voltaire et le *Mercure de France*', *SVEC* 20 (1962), p.175-215.

Fletcher, Dennis, 'Bolingbroke and the diffusion of Newtonianism in France', *SVEC* 53 (1967), p.29-46.

François, A., *Histoire de la langue française cultivée des origines à nos jours* (Genève 1959).

Frederick II, king of Prussia, *Politische Correspondenz Friedrich's des Grossen*, éd. J. G. Droysen, M. Duncker, H. von Sybel, A. Naudé, K. Trensch von Buttla, O. Hermann et G. B. Volz (Berlin 1879-1912; neue Reihe 1939).

– *Histoire de mon temps* (1746), éd. Max Posner, Publicationen aus den K. Preussischen Staatsarchiven (Leipzig 1879).

Freind, Joannis, *Opera omnia medica* (Parisiis 1735).

Furet, François, et Mona Ozouf, 'Deux légitimations historiques de la société française au dix-huitième siècle: Mably et Boulainvilliers', *Annales, E.S.C.* 34, 3 (mai-juin 1979), p.438-50.

[Gayot de Pitaval, François], *Causes célèbres et intéressantes, avec les jugements qui les ont décidées, par M. ***, avocat au Parlement*, nouvelle édition, augmentée de pièces et arrêts qu'on a recouvrés depuis la première impression, t.VI (Paris 1736), nouvelle éd. (Paris 1754).

Gembicki, Dieter, 'Clio, l'argent et les chiffres: le cas de Voltaire', *Etre riche au siècle de Voltaire. Actes du colloque de Genève (18-19 juin 1994)*, éd. J. Berchtold, M. Porret (Genève 1996), p.237-54.

– art. 'Corruption/décadence', *Handbuch politisch-sozialer Grundbegriffe in Frankreich 1680-1820*, éd. R. Reichardt, H.-J. Lüsebrink, cah. 14/15 (1993), p.7-60.

Gibert, E. [Quernsey], *Observations sur les écrits de M. de Voltaire* (Londres 1788).

Gorjanc, Adele Alexandra, *Voltaire's conception of the four great ages of civilisation: its fortune among nineteenth-century French critics and historians, Diss. Abstr.* 28 (1967/1968), 2683 A – thesis University of Missouri, Columbia, 1967.

Goulemot, J.-M., A. Magnan, D. Masseau (ed.), *Inventaire Voltaire* (Paris 1995).

Graffigny, Françoise de, *Correspondance de Mme de Graffigny*, ed. J. A. Dainard *et al.* (Oxford 1985-).

Grimm, Friedrich Melchior, *Correspondance littéraire, philosophique et critique*, éd. M. Tourneux (Paris 1877-1882).

Grubbs, Henry A., *Jean-Baptiste Rousseau, his life and work* (Princeton 1941).

Gunny, Ahmad, 'Pour une théorie de la satire au 18e siècle', *Dix-huitième Siècle* 10 (1978), p.345-61.

– *Voltaire's satirical writings, 1732-1764* (thesis, London 1970).

Guyon, Claude-Marie, *L'Oracle des nouveaux philosophes. Pour servir de suite et d'éclaircissement aux Œuvres de M. de Voltaire* (Bern 1759).

Habermas, Jürgen, *L'Espace public. Archéologie de la publicité comme dimension constitutive de la société bourgeoise* (Paris 1978, French translation; 1st ed. 1962).

Hall, A. R., *Philosophers at war: the*

quarrel between Newton and Leibniz (Cambridge 1980).

Hankins, Thomas L., 'Eighteenth-century attempts to resolve the *vis viva* controversy', *Isis* 56 (1965).

Hanotaux, Gabriel, *Authenticité du Testament politique du cardinal de Richelieu* (Paris 1879).

Harsin, Paul, 'Le premier exploit de Frédéric II: l'affaire d'Herstal (1740)', *Trois Etudes sur le rattachement de Herstal à la principauté de Liège (XVIIIᵉ siècle), Documents herstaliens* 4.

Haslag, Josef, *'Gothic' im siebzehnten und achtzehnten Jahrhundert. Eine wort- und ideengeschichtliche Untersuchung* (Köln, Graz 1963).

Hasquin, Hervé, 'Voltaire démographe', *Etudes sur le XVIIIᵉ siècle* 3 (1976), p.577-91.

Havard, Jean-Alexandre, *Voltaire et Madame Du Châtelet* (Paris 1863).

Hawley, D. S., 'L'Inde de Voltaire', *SVEC* 120 (1974), p.139-78.

Hélin, E., 'Liège. Les cadres politiques et le substrat social', dans *La Vie culturelle dans nos provinces au XVIIIᵉ siècle, Pays-Bas autrichiens, principauté de Liège et duché de Bouillon*, dir. Hervé Hasquin (Bruxelles 1983).

Hellegouarc'h, Jacqueline, 'Une supercherie de Voltaire en 1741. Les vers à La Noue sur *Mahomet*', *RHLF* 97 (1997), p.461-63.

Henrion de Pansey, Pierre-Paul-Nicolas, *De la compétence des juges de paix* (Bruxelles 1822).

Hinrichs, E., 'Aus der Distanz der Philosophen zum Briefwechsel zwischen Voltaire und Friedrich II.', dans E. Hinrichs, R. Krebs, Ute van

Runset, *'Pardon, mon cher Voltaire', Drei essays zu Voltaire in Deutschland* (Göttingen 1996), p.9-47.

Holbrook, W. C., 'The adjective gothique in the XVIIIth century', *Modern language notes* 56 (1941), p.498-503.

Houteville, abbé Alexandre-Claude-François, *La Religion chrétienne prouvée par les faits* (Paris 1722), nouvelle éd., t.i-iv (Paris 1749).

Hughes, Michael, *Law and politics in eighteenth-century Germany: the imperial Aulic Council in the reign of Charles VI* (Woodbridge, Suffolk, and Wolfeboro, N.H. 1988).

Institut de France, *Les Registres de l'Académie française, 1672-1793*, t.ii, 1716-1750 (Paris 1895).

Jouhaud, Christian, *Les Pouvoirs de la littérature. Histoire d'un paradoxe* (Paris 2000).

Juge-Chapsal, C., 'Une polémique entre un Riomois et M. de Voltaire', *Bulletin historique et scientifique de l'Auvergne* 68 (1948), p.123-40.

Kapp, Volker, 'Satire et injure au XVIIIᵉ siècle: le conflit entre la morale et la politique dans le débat sur les libelles', *Cahiers de l'Association internationale des études françaises* 36 (mai 1984), p.155-65.

– 'L'image du "satirique" chez Frédéric le grand et l'attaque des Philosophes contre l'écriture pamphlétaire', *Ouverture et dialogue. Mélanges offerts à Wolfgang Leiner à l'occasion de son soixantième anniversaire*, éd. U. Döring, A. Lyroudias et R. Zaiser (Tübingen 1988), p.691-706.

Kölving, Ulla, et Jeanne Carriat, *Inventaire de la Correspondance littéraire de*

Grimm et Meister, *SVEC* 225-27 (Oxford 1984).

Koser, Reinhold, *Staatsschriften aus der Regierungszeit König Friedrichs II. (1740-1745)* (Berlin 1877).

Krauss, Werner, *Die Literatur der französischen Frühaufklärung* (Frankfurt 1971).

Kuhn, Thomas, *The Structure of scientific revolutions* (Chicago 1970).

La Motte, Antoine Houdar de, *Œuvres de Monsieur Houdar de La Motte* (Paris 1754).

Lancaster, H. C., *A History of French dramatic literature in the 17th century* (Baltimore, London, Paris 1929-1944).

Lanson, Gustave, *Voltaire*, 3e éd. (Paris 1919).

Laurent-Hubert, Madeleine, 'L'*Essai sur les mœurs et l'esprit des nations*: une histoire de la monnaie?', dans *Le Siècle de Voltaire: hommage à René Pomeau*, éd. Mervaud et Menant (Oxford 1995), ii.577-91.

LeClerc, Paul O., *Voltaire and Crébillon père: history of an enmity*, *SVEC* 115 (1973).

Leigh, Ralph A., 'An anonymous eighteenth-century character sketch of Voltaire', *SVEC* 2 (1956), p.241-72.

Léouzon Le Duc, Louis-Antoine, *Voltaire et la police. Dossier recueilli à Saint-Pétersbourg, parmi les manuscrits français originaux enlevés à la Bastille en 1789* (Paris 1867).

Leucht, Christian Leonhard (pseud. Antonius Faber, C. L. Lucius), *Der Europäischen Staats-Cantzley sieben und siebenzigster Teil, von Anton. Faber* ([Nürnberg] 1741).

Levesque de Burigny, Jean, *Lettre de M. de Burigny, de l'Académie royale des inscriptions et belles-lettres, à M. l'abbé Mercier, abbé de Saint-Léger de Soissons, ancien bibliothécaire de Sainte-Geneviève, etc. Sur les démêlés de M. de Voltaire avec M. de Saint-Hyacinthe; dans laquelle on trouvera des anecdotes littéraires et quelques lettres de MM. de Voltaire et de Saint-Hyacinthe* (Londres, Paris 1780).

Libby, Margaret Sherwood, *The Attitude of Voltaire to magic and sciences* (New York 1935).

Loirette, F., 'Montesquieu, Voltaire et Richelieu', *Etudes sur Montesquieu*, éd. R. Galliani et F. Loirette (*Archives des lettres modernes* 197; *Archives Montesquieu* 9, Paris 1981, p.3-30).

Longchamp, Sébastien G., and J. L. Wagnière, *Mémoires sur Voltaire, et sur ses ouvrages* (Paris 1826).

Luynes, Charles-Philippe d'Albert, duc de, *Mémoires du duc de Luynes sur la cour de Louis XV*, ed. L. Dussieux et E. Soulié (Paris 1860-1865).

Maclaurin, Colin, *Démonstration des lois du choc des corps* (Paris 1724).

Magnan, André, art. 'Journaliste', dans *Inventaire Voltaire*, éd. J. Goulemot, A. Magnan, D. Masseau (Paris 1995).

Malesherbes, Chrétien-Guillaume de Lamoignon de, *Mémoires sur la librairie*, éd. R. Chartier (Paris 1994).

Mariotte, Edme, *Traité du mouvement des eaux et des autres corps fluides* (Paris 1686; nlle éd., Paris 1700).

Martens, Wolfgang, *Die Botschaft der Tugend: die Aufklärung im Spiegel der deutschen moralischen Wochenschriften* (Stuttgart 1968).

Mason, Haydn T., *Pierre Bayle and Voltaire* (London 1963).

Mattauch, H., *Die literarische Kritik der frühen französischen Zeitschriften (1665-1748), Münchner romanistische Arbeiten* 26 (1968).

Mazière, Jean-Simon, *Les Lois du choc des corps à ressort parfait ou imparfait déduites d'une explication probable de la cause physique du ressort* (Paris 1727).

Meinecke, Friedrich, *L'Idée de la raison d'Etat dans l'histoire des temps modernes*, tr. de l'allemand par M. Chevallier (Genève 1973).

Mercier, Louis-Sébastien, *Tableau de Paris* (Genève 1979, réimpression de l'édition d'Amsterdam 1782).

Merian-Genast, E., 'Voltaire und die Entwicklung der Idee der Weltliteratur', *Romanische Forschungen* 40 (1927), p.1-226

Merlin, Hélène, 'Figures du public au 18e siècle: le travail du passé', *Dix-huitième Siècle* 23 (1991), p.345-56.

– *Public et littérature en France au XVIIe siècle* (Paris 1994).

Mervaud, Christiane, *Voltaire et Frédéric II: une dramaturgie des Lumières 1736-1778, SVEC* 234 (1985).

Mézeray, François Eudes de, *Histoire de France avant Clovis. L'origine des Français et leur établissement dans les Gaules* (Amsterdam 1696).

Moréri, L., *Grand Dictionnaire historique* (Bâle 1733).

Mornet, D., *Les Sciences de la nature en France au XVIIIe siècle: un chapitre de l'histoire des idées* (Paris 1911).

Morris, Thelma, *L'Abbé Desfontaines et son rôle dans la littérature de son temps, SVEC* 19 (1961).

Mortier, Roland, *Les Formes de la satire chez Voltaire, Documentatieblad van de Werkgroep achttiende eeuw* 15-16 (1972), p.43-64.

– 'La satire, ce "poison de la littérature": Voltaire et la nouvelle déontologie de l'homme de lettres', dans J. Macary (éd.), *Essays on the age of Enlightenment in honor of Ira O. Wade* (Genève 1977), p.233-46.

– article 'Satire', *Dictionnaire européen des Lumières*, éd. M. Delon (Paris 1997), p.974-79.

Moureau, François, *Un singulier Moderne: Dufresny* (Paris 1979).

– (éd.), *Répertoire des nouvelles à la main* (Oxford 1999).

Muralt, Béat-Louis de, *Lettre sur les Anglais et les Français, et sur les voyages* (Cologne [Zürich] 1727).

Nablow, Ralph A., *A study of Voltaire's lighter verse, SVEC* 126 (1974).

Nadel, G. H., 'Bolingbroke's *Letters on history'*, *Journal of the history of ideas* 23 (octobre-décembre 1962), p.550-57.

Nies, Fritz, 'Die semantische Aufwertung von fr. gothique vor Chateaubriand', *Zeitschrift für romanische Philologie* 84 (1968), p.67-88.

Nisard, Charles, *Les Ennemis de Voltaire. L'abbé Desfontaines, Fréron, La Beaumelle* (Paris 1853).

Nordberg, Jöran Anders, *Histoire de Charles XII, roi de Suède*, tr. Warmholtz (La Haye 1742-1748).

Noyes, Alfred, *Voltaire* (London 1936).

Observations sur les écrits modernes, voir Desfontaines.

Orieux, Jean, *Voltaire ou la royauté de l'esprit* (Paris 1966).

Olivet, abbé Pierre-Joseph Thoulier d', *Histoire de l'Académie française*, t.ii, 'Depuis 1652 jusqu'à 1700' (Paris 1729).

Perkins, Merle L., *Voltaire's concept of international order*, *SVEC* 36 (1965).

Pomeau, René, *D'Arouet à Voltaire (1694-1734)*, *Voltaire en son temps* 1 (Oxford 1985).

Pope, Alexander, *An Essay on criticism* (1711), dans Twickenham edition, t.i, *Pastoral poetry and an Essay on criticism*, éd. E. Audra et A. Williams (London, New York 1961), p.195-326.

Pound, Ezra, *Personae: the collected poems of Ezra Pound* (New York 1926).

[Procope-Couteaux, Michel Coltelli, called], *Jugement desintéressé du demeslé qui s'est elevé entre M. de Volt. et l'abbé Desfontaines* (n.p.n.d.).

Quéro, Dominique, *Momus philosophe. Recherches sur une figure littéraire du XVIIIe siècle* (Paris 1995).

Racine, Louis, *Mémoires contenant quelques particularités de la vie et des ouvrages de Jean Racine*, dans Racine, *Œuvres complètes* (Paris 1999), p.1114-1205.

Redlich, Oswald, *Das Werden einer Großmacht, Österreich von 1700 bis 1740*, 2e éd. (Munich et Vienne 1942).

Riesz, János, *Béat Ludwig von Muralts 'Lettres sur les Anglais et les Français et sur les voyages' und ihre Rezeption* (München 1979).

Roger, Jacques, *Les Sciences de la vie dans la pensée française du XVIIIe siècle: de la génération des animaux de Descartes à l'Encyclopédie*, 2e éd. (Paris 1971).

Rousseau, André-Michel, *L'Angleterre et Voltaire*, *SVEC* 145-47 (1976).

Rousseau, Jean-Baptiste, *Œuvres de Rousseau*, nouvelle éd. (Londres 1753).

Rousseau, Jean-Jacques, *Emile ou de l'éducation*, dans *Œuvres complètes*, t.iv (Paris 1969).

Rousset de Missy, Jean, *Recueil historique, d'actes, négotiations, mémoires et traitez, depuis la paix d'Utrecht jusqu'au second congrès de Cambray inclusivement*, t.xiv (La Haye 1742), p.306-56.

Sabatier, abbé Antoine, dit Sabatier de Castres, *Tableau philosophique de l'esprit de M. de Voltaire, pour servir de suite à ses ouvrages, et de mémoires à l'histoire de sa vie* (Genève 1771).

Saint-Hyacinthe, Thémiseul de, *Chef d'œuvre d'un inconnu; poème mis au jour par le docteur Mathanasius* (La Haye 1732)

– *Lettres critiques sur 'La Henriade' de M. de Voltaire* (Londres, La Haye 1728)

Sareil, Jean, *Les Tencin* (Genève 1969).

– *Voltaire et les grands* (Genève 1978).

Schalk, Fritz, 'Die schriftstellerische Selbstdarstellung Pierre Bayles und seine Zeit', *Studien zur französischen Aufklärung* (München 1964).

Schwab, Raymond, *La Renaissance orientale* (Paris 1950).

Sgard, Jean (dir.), *Dictionnaire des journalistes (1600-1789)* (Oxford 1999).

– *Dictionnaire des journaux (1600-1789)* (Oxford, Paris 1991).

– 'Voltaire et la passion du journalisme', dans Ch. Mervaud et S. Menant (dir.), *Le Siècle de Voltaire. Hommage à René Pomeau* (Oxford 1987), ii.847-54.

Showalter, English, 'Sensibility at Cirey: Mme Du Châtelet, Mme de

Graffigny, and the *Voltairomanie*', *SVEC* 135 (1975), p.181-92.

Sickel, W., *Bolingbroke and his times* (London 1901-1902).

Taton, René, 'Madame Du Châtelet, traductrice de Newton', *Archives internationales d'histoire des sciences*, 22ᵉ année (1969), p.185-210.

Todd, Christopher, 'La rédaction du *Mercure de France* (1721-1744): Dufresny, Fuselier, Laroque', *RHLF* 83 (1983), p.439-41.

Topazio, Virgil, *Voltaire: a critical study of his major works* (New York 1967).

Torrey, Norman L., 'Bolingbroke and Voltaire – a fictitious influence', *Publications of the Modern Language Association of America* 42 (1927), p.788-97.

Trapnell, William H., 'Survey and analysis of Voltaire's collective editions', *SVEC* 77 (1970), p.103-99.

Trénard, Louis, 'La presse française des origines à 1788', dans Cl. Bellanger, J. Godechot et P. Guiral, *Histoire de la presse française*, t.i (Paris 1969), p.207-19.

Trousson, Raymond, *Socrate devant Voltaire, Diderot et Rousseau. La conscience en face du mythe* (Paris 1967).

– 'Voltaire et le marquis d'Argens', *Studi francesi* 10 (1966), p.226-39.

Tucoo-Chala, Suzanne, *Charles-Joseph Panckoucke et la librairie française, 1736-1798* (Pau, Paris 1977).

Vaillot, René, *Madame Du Châtelet* (Paris 1978).

– *Avec Madame Du Châtelet 1734-1749*, *Voltaire en son temps* 2, éd. R. Pomeau (Oxford 1988).

Viala, Alain, *Naissance de l'écrivain. Sociologie de la littérature à l'âge classique* (Paris 1985).

Vercruysse, Jeroom, *Voltaire et la Hollande*, *SVEC* 46 (1966).

Vittu, Jean-Pierre, 'Qu'est-ce qu'un article au *Journal des savants* de 1665 à 1714?', *Revue française d'histoire du livre* 112-113 (3e et 4e trimestre 2001), p.128-48.

Voiture, Vincent, *Œuvres de Voiture*, éd. A. Ubicini (Paris 1885).

Voltaire, *Alzire, ou les Américains*, éd. T. E. D. Braun (*OC* 14, 1989).

– *Anti-Machiavel*, éd. Werner Bahner et Helga Bergmann (*OC* 19, 1996).

– *Commentaire historique sur les œuvres de l'auteur de la Henriade* (M.i.67-126).

– *Commentaires sur Corneille*, éd. D. Williams (*OC* 53-55, 1874-1975).

– *Correspondence and related documents*, éd. T. Besterman (*OC* 85-135, 1968-1977).

– *Dictionnaire philosophique*, éd. Ch. Mervaud (*OC* 35-36, 1994).

– *Discours de réception à l'Académie française* (M.xxiii.205-17).

– *Discours en vers sur l'homme*, éd. H. T. Mason (*OC* 17, 1991).

– *Eléments de la philosophie de Newton*, éd. R. L. Walters et W. H. Barber (*OC* 15, 1992).

– *Eloge historique de Madame la marquise Du Châtelet* (M.xxiii.515-21).

– *Essai sur la nature du feu, et sur sa propagation*, éd. W. A. Smeaton et R. L. Walters (*OC* 17, 1991).

– *La Henriade*, éd. O. R. Taylor (*OC* 2, 1970).

– *Histoire de Charles XII* (1727), éd. G. von Proschwitz (*OC* 4, 1996).

– *Œdipe*, éd. D. Jory (*OC* 1A, 2001).

– *Œuvres complètes*, ed. L. Moland (Paris 1877-1885).
– *Œuvres complètes de Voltaire / Complete works of Voltaire* (Genève, Banbury, Oxford 1968-).
– *Œuvres historiques*, éd. R. Pomeau (Paris 1957).
– *Notebooks*, ed. T. Besterman (*OC* 81-82, 1968).
– *Questions sur l'Encyclopédie* (M.xvii).
– *Le Siècle de Louis XIV*, éd. R. Pomeau, dans *Œuvres historiques* (Paris 1957).
– *Le Temple du goût*, éd. O. R. Taylor (*OC* 9, 1999).
– *Traité de métaphysique*, éd. W. H. Barber (*OC* 14, 1989).
– *Traité sur la tolérance*, éd. J. Renwick (*OC* 56c, 2000).
– *Vie de M. J.-B. Rousseau* (M.xx.327-57).
Voss, Jürgen, *Das Mittelalter im historischen Denken Frankreichs* (München 1972).

Wade, Ira O., *Studies on Voltaire with some unpublished papers of Mme Du Châtelet* (Princeton 1947).
– *The Intellectual development of Voltaire* (Princeton 1969).
Walters, Robert L., 'Chemistry at Cirey', *SVEC* 58 (1967), p.1822-23.
Westfall, R. S., *Never at rest: a biography of Isaac Newton* (Cambridge 1980).
Whestley, Katherine E., 'The relation of Edmund Smith's *Phaedra* and *Hippolitus* to Racine's *Phèdre* and Racine's *Bajazet*', *Romanic review* 37 (1946), p.307-28.

Yans, Maurice, 'Le destin diplomatique de Herstal-Wandre terre des Nassau, en banlieue liégeoise', *Trois Etudes sur le rattachement de Herstal à la principauté de Liège (XVIIIᵉ siècle)*, *Documents herstaliens* 4, p.3-76.

INDEX OF VERSE INCIPITS

GENERAL INDEX

A Liverpool
Legacy

By Anne Baker and available from Headline

Like Father, Like Daughter
Paradise Parade
Legacy of Sins
Nobody's Child
Merseyside Girls
Moonlight on the Mersey
A Mersey Duet
Mersey Maids
A Liverpool Lullaby
With a Little Luck
The Price of Love
Liverpool Lies
Echoes Across the Mersey
A Glimpse of the Mersey
Goodbye Liverpool
So Many Children
A Mansion by the Mersey
A Pocketful of Silver
Keep The Home Fires Burning
Let The Bells Ring
Carousel of Secrets
The Wild Child
A Labour of Love
The Best of Fathers
All That Glistens
Through Rose-Coloured Glasses
Nancy's War
Liverpool Love Song
Love is Blind
Daughters of the Mersey
A Liverpool Legacy

Anne Baker

A LIVERPOOL LEGACY

headline

First published in 2013
by HEADLINE PUBLISHING GROUP

1

Cataloguing in Publication Data is available from the British Library

ISBN 978 0 7553 9959 8

Typeset in Bembo by Avon DataSet Ltd, Bidford-on-Avon, Warwickshire

Printed and bound in Great Britain by Clays Ltd, St Ives plc

Headline's policy is to use papers that are natural, renewable and
recyclable products and made from wood grown in sustainable
forests. The logging and manufacturing processes are expected
to conform to the environmental regulations of the country of origin.

HEADLINE PUBLISHING GROUP
An Hachette UK Company
338 Euston Road
London NW1 3BH

www.headline.co.uk
www.hachette.co.uk

A Liverpool Legacy

Chapter One

Late March, 1947

Emily Maynard, known to the family as Millie, leaned back on her hard seat, enjoying the bright spring sun on her face. The heavy old-fashioned yacht was slicing through the water at a good pace and the only sounds were the ripple of water against the hull and the rush of wind in the sails. This was sheer bliss after the pressure of work and the hard, bleak winter.

It was Saturday and her husband Peter's sixty-fourth birthday. He'd taken a long weekend away from his business and brought the family with him to celebrate. He very much needed a break because he'd been working overtime, but this morning with his head thrown back and his chin thrusting forward, Pete looked at least a decade younger than his age.

'You keep me young,' he'd told Millie often. She was his second wife and at thirty-four was only two years older than his elder daughter from his first marriage. But Millie thought it was Pete's personality that kept him young, he always threw himself into what he was doing and brimmed with enthusiasm and contentment.

Almost everybody else in Britain was in a lacklustre mood. They had just endured a bitter winter, Britain's coldest and longest spell of heavy snow and severe frost for fifty years.

Many schools and factories had had to close for lack of heating, but theirs had not, they'd all carried on working wearing their outdoor coats and scarves.

'Sylvie, Sylvie,' Pete called, 'be a good girl and get my sunglasses for me. They're in my bag in the cabin.'

Millie watched Sylvie, her seventeen-year-old daughter, come round from the bow to oblige. She'd said she wanted to sunbathe but hadn't yet stripped down to the swimsuit she was wearing under her blouse and shorts.

'Not much warmth in this sun yet,' she said to her mother as she passed.

'It's only the end of March,' Millie said.

'And only a couple of weeks since the big thaw,' Pete told her. 'But it's lovely to see the sun again.'

The whole family loved Sylvie, as an infant in her pram, as a charming little girl, her eyes alight with mischief, and now as a young lady trying to appear more grown up than she was. Sylvie had not done all that well at school and had wanted to leave and work in the business. After a year at commercial college, Pete, and James his brother and partner in the business, had taken her on.

Pete said that Sylvie looked very like her, but Millie knew she'd never had stunning beauty like her daughter's. Both were petite and slightly built, but inevitably Millie's figure had filled out a little with childbirth and maturity.

Sylvie had a childlike face, a neat small nose and rosebud mouth. They both had fair colouring but while Millie thought of her hair as being pale fawn, Sylvie's hair shone golden in the sun, while her eyes were a very beautiful soft golden-brown – unusual with such blond hair. Her looks never failed to work their charm on Pete and her two much older half-sisters and she always got what she wanted. Millie thought Sylvie had been indulged all her life, possibly they'd over-indulged her, but she'd always been a happy and loving girl.

2

Millie and Pete also had two young sons, Simon was eleven and Kenneth nine, but they'd not taken them out of school to bring them. This was just a short break, primarily for her and Pete to rest and recover from their grinding workload.

It was no great novelty for them to come to Hafod, the holiday home in Anglesey that had been bought by Pete's father. James, his elder brother had used it in his youth but had long since lost interest. Other members of the wider Maynard clan occasionally visited but it was only Pete and his family who came regularly. They counted themselves lucky to be able to get away from Liverpool fairly often. The boat had also belonged to his father and the family all enjoyed sailing and fishing trips in it when they were down here, though they rarely went far.

In summer, the locals ran boat trips to Puffin Island for holiday visitors to see the seals, but it was some distance off and they knew a nearer place where more wildlife could be seen. Today they were heading to a tiny island, really just an outcrop of rock from the seabed, a mile or so off the coast. As far as they knew it didn't have a name though the family had always called it Seal Island because it was inhabited only by seals and seabirds which they could watch from the boat.

Pete remembered his parents taking him to Seal Island once and landing there to enjoy a picnic. He'd decided they'd do that too, it would be something different to celebrate his birthday. Now wearing his sunglasses, he was at the tiller and in a very upbeat mood. He loved messing around in the boat. He could handle *Sea Sprite*'s thirty-four feet single-handed and sometimes did. His eyes were like the ocean, bluish green, and they challenged the world and sparked with confidence in his own ability. They'd been planning this trip and looking forward to it over the freezing winter months.

Winning the war had put Britain on the breadline. The population was exhausted, all its reserves had been spent. It had run up huge debts and everything was in short supply. The country had had to switch its efforts from fighting a war to earning a living again, and it was now facing an uphill struggle for survival. Austerity Britain, the newspapers called it.

Bread had been rationed for the first time last year. Heavy manual workers were allowed more than clerical workers and housewives. The wheat content had been reduced to the 1942 level so the bread was darker and was known sarcastically as Victory Bread. Worse, to save grain, the amount of brewing was cut and then cut again more drastically, so there was little beer to be had. Butter, margarine and fat rations were cut, and no rice was imported because it was sent to starving Europe.

The politicians were making huge plans to provide a free health service, better housing and a decent education for all, but they had no money to do it. Businesses were being harried to produce and export more to pay for a better life. William C. Maynard and Sons was working flat out, struggling to do this.

'Dad, Dad.' Sylvie was sitting on the cabin roof and shouting excitedly. 'I can see the seals – over there.'

Millie straightened up to look. They were nearing the island, an inhospitable rocky cliff rising from the sea, with almost every ledge occupied by squawking seabirds.

'We'll have to go round to the other side to land,' Pete said.

The cliffs soon gave way to lower land and more seals could be seen now. Pete started the auxiliary engine and gave the order to collapse the sails. Sylvie leapt to do it, she called it crewing for Dad.

'I can see the inlet,' she said. Pete nosed the *Sea Sprite*

4

slowly into it. It was very sheltered and the water was calm. Millie kept checking the depth of the water to make sure they didn't run aground. A quarter of a mile or so in, Pete said he could see a place where it would be possible to tie up. The bank overhung the sea loch and a scrub of tangled brushes grew along the water's edge. He put out the old tyres he'd brought to act as fenders and said to Sylvie, 'Here's the painter, get ready to jump.'

'What do I tie it to, Dad?'

'There aren't many decent trees, are there? I'm looking for a few feet of clear space where you can get a foothold, but with a strong bush nearby. How about this place coming up?'

'Fine, how did you know about it?'

'Put it down to experience.' He edged the yacht closer until Sylvie could jump ashore to make the boat fast.

'Will this do, Dad?'

He climbed out to test the holding power of the bush. Millie knew he wouldn't be satisfied.

'Throw me a line from the stern,' he called. Millie did so and he tied the other end fast to a different bush. 'Now let's have the anchor.' Millie heaved it up and he swung that into the bank too. 'There, that should hold us. We'll be safe enough now.'

'I can't wait to see what's here,' Sylvie said, climbing across the short wiry turf that covered this part of the island. Millie and Pete followed more slowly.

'There won't be much of anything,' Millie said, 'if it's uninhabited.'

'I think we saw the ruins of a house when I came with my father, so somebody must have tried to scratch a living here once.'

They climbed higher until they could see the whole of the island laid out before them. There were seals in plenty swimming in the surf but one half of the island had been taken over by a large colony of seabirds. Pete had brought his binoculars and they tried to pick out different species.

Millie found it fascinating. 'I do wish we could take photographs,' she lamented, but film was almost impossible to obtain. They found the ruins of the cottage, now reduced to a few stones shaped from the local rock.

They retraced their steps back to the boat because Sylvie said she wanted to have her first swim of the year, but dipping in her toe made her decide the water was too cold. 'Too early in the season.' Pete smiled and clambered on board. 'I'm not going in.'

'What about lunch then? I'm hungry.'

'Already?'

'It's gone one o'clock, Dad.'

Millie opened up the hamper that Valerie and Helen had packed for them. Pete loved his daughters and wanted to keep them close, he always included them in family celebrations. Esme, their mother, had died of leukaemia after a long illness when they'd been teenagers, but Pete had managed to be father and mother to his girls for several years.

'I'm afraid they'll think of me as a wicked stepmother,' Millie had confessed nervously to him when she was first married. 'I can't be a mother to them.' She'd been barely eighteen herself at the time and couldn't imagine it.

Pete had laughed. 'Sweetheart, you won't have to be.' He'd dominated them all, she didn't doubt he'd dominated Esme, but with him they'd coalesced into a happy family unit.

'We aren't going to eat on the boat, are we?' Sylvie asked now.

'Why not?'

'This is a celebration birthday picnic, and it won't be a picnic at all if we stay here.' The cabin was small and cramped and didn't have a table. 'We've got to eat in style today.'

'All right, you find us a more stylish place, but don't forget we'll have to carry everything.' Peter filled the kettle with the water they'd brought and picked up the Primus so they could make tea.

'If it's to be a proper picnic we should light a fire,' Sylvie said.

'There aren't any trees here so where would we find wood?'

Millie brought the car rugs, and she and Sylvie carried the hamper between them. 'We shouldn't go too high,' Millie said. 'The wind is still cold up there.'

Sylvie chose the first level spot and shook out the rugs to sit on while Millie unpacked the hamper. Yesterday afternoon, Pete's older daughters had baked a sponge cake and a Scotch egg each to provide what luxury they could for the picnic. There was salad and bread to go with it.

Valerie and Helen were staying in the house with them. Both were married, Valerie had twin toddlers and Helen had a four-month-old baby to care for. They'd decided against the boat trip, it would not be suitable for the babies.

'Valerie's given us a tablecloth,' Sylvie enthused, 'so we can sit round it and make it a bit special.'

Pete lit the Primus and settled the kettle to boil. 'It would be more special if she'd given us chairs,' he said, lowering himself stiffly to the rug. Millie knew he found it more comfortable to eat on the boat where at least he had a seat, but it was a jolly meal. They all had hearty appetites and agreed the lunch was excellent.

When they returned to the boat, Sylvie stripped down to her two-piece swimsuit and settled down in the bow with some cushions and her book. 'I'm hoping to get a tan,' she said.

Pete baited some fish hooks and cast them over the side. 'Wouldn't it be great if we could catch enough fish to take

7

home to feed us all?' he said. But he was yawning and before long he had stretched out on one of the bunks in the cabin.

Millie was left to sit in the sun and keep an eye on the fish hooks. Helen had lent her a book and she was enjoying it. She glanced up and saw one of the lines twitch and leapt to pull it in, but it was only a three-inch tiddler so she threw it back into the water and rebaited the hook. It was soporific in the sun and she could feel herself dozing off too. She woke up to find Sylvie wearing her pullover again, helping Pete to pull in another of the lines with a silver fish jerking on the hook.

'It's quite big, isn't it? What sort is it, Dad?'

'Codling, I think.'

'There's another on this line,' Sylvie screamed with excitement. 'Gosh, Dad, I can see a whole lot of them in the water down below.' Millie jumped up to help.

'A fish this size would make a good dinner,' Pete chortled. 'So we need five, and if we could get six we could feed the twins too.' Within half an hour they'd caught six. 'The best afternoon's fishing I've ever had,' he said happily. 'That was a real treat. Have we got some paper or a towel or something to wrap them in?'

Millie found a clean tea towel for him and for the first time realised it was much cooler, the sun had gone and the sky was grey and darkening. She looked about her and felt a moment of disquiet. Her husband and daughter were still admiring their gleaming catch. 'Just look at this one, it must weigh over a pound.'

'Pete, I think there's a storm brewing,' Millie said. The wind had got up and could be heard whistling through the inlet.

Sylvie shivered. 'The sun went a long time ago.'

'Goodness!' Pete was frowning, clearly troubled. 'This is a surprise! It wasn't forecast.'

'We'll be all right, won't we?' Sylvie asked.

'I'm going to walk a little way down the inlet until I can see what the sea looks like,' he said and set off scrambling over the rocks. They both followed him.

When it came in sight Millie couldn't stop her gasp of horror. 'What a change since this morning!' The sea was pewter grey like the sky and was hurling itself at the rocky shoreline in thunderous crashes, resulting in lots of seething white foam. Beyond that they could see the huge swell and the white-crested waves, but they couldn't see far, the weather was closing in. 'It's raining over there,' Sylvie said.

'Let's go back to the boat,' Peter sounded shocked, 'before it starts raining here.' They went as quickly as they could and threw everything possible into the cabin to keep dry.

'What are we going to do now?' Millie asked. 'It looks pretty bad out there.'

She could see Pete was pondering the problem. 'Do we go now before the weather worsens, or do we stay here until the storm has passed?' he asked.

'How long will it take to pass over?' Sylvie wanted to know.

'That's in the lap of the gods, but we'd be all right in this inlet, it's very sheltered. We could stay all night if necessary.'

'What? Spend the night here?' Sylvie was shocked.

'We have enough food,' Millie said. 'We have the fish and just enough butter left over from lunch to fry it. There's a little bread too and half that cake.'

'But it's Dad's birthday and he's booked a table at the Buckley Arms for dinner,' Sylvie objected. 'I was looking forward to that. Valerie's arranged a babysitter . . .'

Millie froze. 'There's no way of letting them know we're staying the night,' she said slowly. 'Won't they be worried?'

'They'll imagine we're lost at sea,' Sylvie added. 'I vote we go.'

'It's twenty to five,' Millie said. 'We have to go now if we're going to have time to change and get to Beaumaris by half seven.'

'All right, we'll go,' Pete said. 'Really we have to. The girls will be worried stiff if we don't turn up.'

'They'd call out the coastguard,' Sylvie said with a laugh.

'*Sea Sprite* is a heavy boat and it's stood a few storms in its time. We'll be fine. Let's stow everything shipshape and get ready to leave.'

Millie could feel a heavy ball of anxiety growing in her stomach. She had faith in Peter's judgement and knew he was an experienced sailor but he rarely went out in the boat unless the weather was fine.

Chapter Two

Pete hoisted the sails and got the engine running before they cast off. He tied a lifeline to Millie, securing her to the boat, and as soon as Sylvie jumped back on board he did the same for her.

'You too,' Millie reminded him.

'You bet, there'll be some big waves out there.'

When they came in sight of the raging sea, Sylvie asked fearfully, 'Had we better wear our lifebelts too?'

'You're tethered to the boat,' Pete said, 'but it wouldn't do any harm.' They were at the mouth of the inlet and could feel the spray being thrown up. 'They'll keep you warm and dry.'

He had remarked on the size of the swell this morning but by comparison it was enormous now, and the rain had reached them so visibility was down to a few yards. No life jacket would keep them dry in this downpour. He turned to smile at Millie. 'You two shelter in the cabin. You'll be safer there.'

They did as he suggested. Sylvie threw herself on one of the bunks, shouting, 'This is awful!'

She looked frightened and Millie didn't blame her but she pinned the cabin door open and stayed in the opening watching Pete, in case he needed her to help in some way. He was gripping the tiller with a look of intense concentration on his face and pointing *Sea Sprite*'s bow directly at the huge wave sweeping towards them. She'd been out with him often enough to know that if a wave like that caught the boat sideways on it could swamp it and turn it over, and that could mean curtains for them all.

Millie's heart was in her mouth but she couldn't drag her eyes away from the next green curling wall that was advancing towards them. Suddenly, she felt the bow being tossed up and all she could see to the front of them was the dark sky. Then just as suddenly the boat plunged in the opposite direction and seemed to be diving to the bottom of the sea. As she grabbed the door for a handhold she heard Sylvie scream, 'Mum, what's happening?'

The boat smacked on the water with a thump, and there were ominous creaks and cracks in *Sprite*'s old timbers but behind the wave the boat popped up level again like a cork, and travelled on at breakneck speed.

'We're all right, love,' she tried to comfort her daughter, 'just a wave.'

'A big one.' Pete's voice was snatched by the wind which was now a howling gale and she had to watch his lips. 'Don't worry, we can manage them.' It helped to ease her panic that he still seemed quietly confident but the waves kept coming and her mouth had gone dry.

She couldn't help but think of all the ships that had been lost along the east coast of Anglesey. The place was notorious for shipwrecks. Not far from their house an obelisk had been erected to commemorate the loss of an ocean-going passenger ship. It had been heading for Liverpool and had foundered on its return from its first voyage to Australia. It had been newly built and state of the art for its time, but many people on it had lost their lives. She told herself that was a long time ago in the last century, though she couldn't recall exactly when. It didn't help to remember that *Sea Sprite* had been built in the eighteen nineties.

Millie couldn't stop herself leaning out of the cabin doorway to take another look. The wind felt strong enough to blow her head off, but suddenly it shifted direction, the boat shuddered and the boom thundered across with its heavy sail. The bangs, cracks and creaks from the mast sounded even more sinister.

'Mum, don't leave me,' Sylvie screamed, lifting her head from the bunk.

'No, love, I won't,' she said as calmly as she could. 'There's nothing wrong.' Her daughter's face was paper-white. 'Are you feeling seasick?'

'No,' Sylvie said and staggered to join her at the cabin door. She was shaking.

'We'll be all right, love,' Millie told her, giving her a hug. 'Try to relax.'

'What's making that noise? It sounds as though the boat's breaking up.'

That was exactly what it did sound like but it wouldn't help Sylvie if she admitted it. 'No, the *Sprite* is solidly built. You know it is.'

She saw then that Pete was beckoning to her. 'I'm going to see what Dad wants. You stay here where it's safe.' She ducked low and moved to sit on the seat that ran along the side of the boat, slithering along towards him. As soon as she left the shelter of the cabin the wind buffeted her and tore at her hair.

Pete put a hand on her arm but his eyes didn't lift from the sea. The next wave, a beautiful deep green cliff, was rearing up in front of them. Millie held on until they were over it and it was breaking up all around them in huge torrents of white foam.

He put his head down close to hers so she could hear him. 'It wasn't as big as the last,' he said. 'I'm worried about the mast, it's never made noises like this before. There it goes again, almost like a gunshot. This wind could break it off.' Millie felt a stab of sheer terror as he went on. 'I want the mainsail down, it's wet now and the weight is making things worse. We don't need it anyway and the boat would be easier to control if we weren't going so fast.'

'You want me to put it down?' Millie closed her eyes and shuddered. She'd acted as crew for Pete on other holiday trips and knew what had to be done, but today the *Sprite* was tossing about so much she could hardly stand up against the force of the gale.

Pete said, 'I'll do it if you like. This wind is gusting. Every so often it gives an extra powerful blast from a different quarter and that puts more pressure on the mast.'

Millie was watching the mast in awful fascination. 'It's doing it again,' she screeched, grabbing for his arm. The sail slackened for a moment as the wind turned and when the powerful blast hit it, the boom flew across as though propelled by an engine. All the time, the mast was protesting with creaks as loud as pistol shots and the yacht heeled over in an additional burst of speed.

'Oh my God!' Millie breathed as she hung on for dear life.

Pete's voice was in her ear. 'If I collapse the sail you'll have to hold the tiller.'

She felt another stab of fear. She'd steered the boat many times but never in conditions like these.

'Keep it on this course unless you see a big wave coming at you from a different quarter. If you do, aim the bow straight into it. That's the important thing. If the wind gusts and changes again, you could find it pulls you broadside on but you must keep the bow heading straight into the waves.'

'Yes, I know.'

'It's better now we're away from the island.'

'Right,' she said, and moved to take his position in the stern. 'Be careful.'

Sylvie was still watching them from the cabin door. He grinned and said, 'Aren't I always?'

The tiller felt like a wild thing, it wasn't easy to keep the boat on course. Millie only dared take quick glances to see what Pete was doing. He looked quite stiff, poor dear.

Then she realised the wind was gusting again. It took all her strength to hang on to the tiller and keep the boat straight. She heard the mast protest ominously yet again and felt the slight lull followed immediately by the boom beginning to swing. 'Going about,' she yelled to warn Pete.

She heard another thud and the boat jerked so violently the tiller was snatched from her grasp. She heard an almighty splash and screamed at exactly the same moment Sylvie did.

This was disaster. Nobody was controlling the boat; they were at the mercy of the wind and the sea. Sylvie was continuing to scream.

Millie saw another wave bearing down on them on the starboard side and lunged for the tiller. In the nick of time, she managed to bring the bow round so that they rode the wave safely. On her right, a rope had whipped taut straight across the stern.

She glanced round to see what Pete was doing because the main sail was still up. She couldn't see him. He wasn't here. Everything went black in a moment of sheer panic. Sylvie crashed on to the stern seat beside her to yank at her arm.

'Dad's gone overboard,' she screamed. 'Turn back. We've got to look for him.'

'Oh my God!' Millie felt she couldn't deal with this, she was terrified, but just as quickly she realised that if she didn't do something, all would be lost. The taut rope pulled tighter, it was made fast to the seat supports, and it dawned on her in that instant. 'That's his lifeline,' she screamed. Sylvie stared blankly back at her. 'He's secured to the boat. It's that rope, next to you. Quick, pull on it. Let's get him back on board.'

Sylvie knelt on her knees and tried. 'I can't,' she sobbed. 'I can't. It's impossible.'

'Why not?'

'It's too tight. I can't pull him in any closer.' She gave a scream of frustration. 'He's drowning. He must be.'

Though still struggling to control the steering, Millie glanced behind her and she knew another moment of panic. She could see they were towing Pete in their foaming wake, but the speed of the boat meant they'd never be able to pull his weight out of the water and get him on board. They needed to turn back to make the rope slack, but another wave was roaring towards them. They coasted that in the nick of time but already another wave was coming, it wouldn't do to let one catch them broadside on. She couldn't turn in this sea. The boat shuddered, the mast cracked and every other timber seemed in its death throes.

'We've got to get the sail down.' That should make it easier to turn. She had to grip Sylvie's arm to get her attention. 'That'll slow us.'

'But what about Dad? Can he breathe like that?'

'I hope so. You'll have to steer while I do it.' She saw Sylvie's mouth drop open in horror. 'You've done it before, Dad taught you.'

'Not now, I can't,' she whined. 'Dad could be drowning.'

Millie screamed with frustration. 'Pull yourself together. You've got to help him or he will drown. We'll all drown.' Sylvie's white face was awash with tears and rain, and her wet hair was blowing about her head. 'Please don't go to pieces on me,' she implored.

Obediently, Sylvie sat down and took the tiller. 'What course am I to steer?'

Millie no longer had the faintest idea. 'Just keep the bow nose on to the waves and the swell.'

Keeping low, she crept forward as quickly as she could to the bottom of the mast. She could see no sign of any cracks in it. The rope was wet and her fingers stiff with cold but eventually the knot gave and the sail came down.

She felt the boat slowing as she scrambled back. She had to help Pete. Crying with fear and frustration, she hauled with all her might on his lifeline and managed to twist a little of the spare round a cleat, but his body was acting like a sea anchor. They were travelling at a controllable pace but unless they stopped, she knew they'd never get him aboard. Should she stop the engine? What if she couldn't restart it? Without the mainsail they'd not get home without the engine. She knew very little about engines.

'Mum.' Sylvie's voice was excited. 'I can see land. We're heading straight for it. Where are we?'

Millie gave the lifeline one last turn round the cleat before collapsing on the seat beside her daughter to take a look. The rain and mist were clearing but it was almost dark. Yes, she could see a light and perhaps another one further over. They were fast approaching the coast of Anglesey, but she didn't recognise this part. Her stomach lurched and seemed to turn over. She knew just how treacherous this coast was for shipping. There were outcrops of rock all along here, some just beneath the water.

'Change places with me, Sylvie,' she said urgently. 'Keep pulling Dad's lifeline in. It's easier now.'

She took over the tiller, scared stiff by this new emergency. Where were they? Pete would have planned their course carefully but clearly they hadn't kept to it. If she continued on like this she'd drive them straight up on to the long stretch of beach she could now see ahead. But there was no sign of life there and she'd need immediate help for Pete. The beaches were always deserted except in the holiday season. They could be miles from anywhere.

In another flash of panic she realised that if she went aground on the beach, she'd never get the boat off again; heaven knows what it would do to the keel and the engine.

She had to make up her mind quickly whether to turn north or south and she couldn't think. Where were they? Pete never travelled without charts but there was no time to get them out. The currents and the tide would have carried them but where? Her mind stayed blank.

If she went north she could sail off into the Irish Sea and keep going until the engine ran out of petrol. South was her best guess. The population was greater to the south. Beside her, Sylvie grunted with effort.

'How are you doing?' she asked.

'I can't . . . It's not easy but Dad's closer,' Sylvie gasped. 'He gives no sign . . . But his face is sometimes free of the water, do you think he can breathe?'

'Oh God!' Millie felt sick. 'Yes, perhaps.'

'Do you know where we are?'

'Not really . . . But . . . that wouldn't be the lighthouse at Point Lynas, would it?' She felt a first spark of joy. Of course it was! Why hadn't she thought to look for it sooner?

'It is,' Sylvie said. 'It is. It must be. Thank goodness this murk is lifting. It's stopped raining over there so we can see it.'

'Going about,' Millie said to warn her as she turned south. The boom swung slowly across, dragging the sail. Pete insisted they kept all the tackle shipshape and ready for use and she certainly hadn't today. She looked back at the Point Lynas light. How far away from it were they? Could that long stretch of sand be Dulas Beach? If so, they might not be all that far away from home. She kept her eyes peeled as they chugged along the coast, hoping to recognise her whereabouts.

18

Fifteen minutes later she heard Sylvie's shout above the roar of the gale. 'That's Hafod.' Her voice was full of heartfelt relief. 'Mum, we're home, you've done it.'

Millie slowed the engine. Sylvie was leaping about and waving madly. The lights gleamed out of Hafod. Never had any sight been more welcome. In the gathering dusk she could make out two figures wearing yellow sou'westers running down to the jetty to meet them. The storm must have made Valerie and Helen anxious. Help was at hand.

Millie took a deep breath, she felt completely drained of energy but she slowed the engine right down as she brought the yacht in closer, and cut it at just the right moment so they slid alongside the jetty.

Chapter Three

Millie could hear the rain splattering against the window as she woke up in the double bed. Her head was swimming and she felt drugged to the eyeballs. The first thing she always did was to reach across for Pete. To feel only cold empty space shocked her. He wasn't there. It brought the events of the day before slamming back to her mind.

She remembered climbing stiffly off *Sea Sprite* and virtually collapsing, unable to do another thing. Valerie and Helen had taken over. She knew they'd pulled Pete out of the water and sent for the local doctor. He'd prescribed sedatives for her and Sylvie, and the girls had made them take hot baths and get into bed.

She felt across her bedside table for her watch. It told her it was half past four but she knew from the light it wasn't morning. She pulled herself across the bed to see Pete's alarm clock, but that agreed with her watch. She felt she'd been asleep for a long time but surely not for the best part of twenty-four hours?

She struggled out of bed, found her dressing gown and slippers and crept downstairs. The house was quiet but she could hear a voice and it drew her to the living room. Helen was swinging gently back and forth in the old rocking chair and cooing to her baby Jenny as she gave her a bottle. Helen had long dark hair with an auburn tinge and was said to have her mother's pretty upturned nose. Valerie was nothing like her to look at, she took after her father.

Pete's birthday cards were still spread along the mantelpiece. 'Pete,' she blurted out. 'Where is he? Is he all right?'

She knew she'd alarmed Helen. 'No, no, I'm afraid he isn't,' there were tears in her dark eyes. She got to her feet and hurried the baby out to her pram on the terrace. Millie followed. The storm had passed but the day was grey and dull. She saw her settle Jenny in her pram without much ceremony. Predictably, the baby began to protest, but her mother dropped a kiss on the child's forehead. 'Off you go to sleep, love.'

'What's happened to Pete?' Millie demanded. She felt she was peering through swirling mist and could feel herself swaying. She groped to a chair for support. 'Tell me.'

Helen took her hand and led her back to the rocking chair in the living room. 'There's no easy way to tell you, Millie. Dad was dead when we got him out of the water.'

'Oh God! He drowned?'

'No, they did a post-mortem on him this morning and found there was very little water in his lungs.' She mopped at her eyes and blew her nose. 'You told us he'd been swept overboard by the boom . . .'

'That's what Sylvie said.'

'Well, it cracked him on the head; we could see a big wound. They say it fractured his skull and that he was probably unconscious when he went into the water. That would be why he didn't help himself.'

Millie felt tears burning her eyes. 'It all happened so quickly, I wasn't able to take it in.'

'You did marvellously well, bringing the boat back safely. Val and I are very impressed with that. It could have been much worse.'

'Where is Val?'

'She took the twins out walking to tire them out. She thought she'd better ring Uncle James to let him know about Dad. He sent his deepest sympathy to you.'

Millie sniffed into her handkerchief. James and Pete had not got on well, but Pete had been two years older and head of the family. Because James was a virtual invalid and had hardly come to the office in recent years, Pete had run the business and they'd all relied on it to earn them a living.

'He's quite worried, Millie, about how the firm is going to manage without Dad.'

That thought was like a kick in the stomach to Millie. Pete was going to be missed both at home and at work. She was reminded that it was very much a family business. This was a total calamity, she couldn't face it. 'How's Sylvie?'

'Her hands were raw and bleeding from pulling on the rope. The doctor dressed them.'

'Where is she?'

'She hasn't woken up from the sedative yet.'

'Yes I have, well, I've half woken anyway.' Sylvie staggered in and slumped down on the sofa. 'I know Dad isn't all right,' she choked, 'but what's happening?'

Helen started to repeat the sad tale. Millie couldn't bear to hear it all again and went out to the terrace. Jenny's sobs were quieter, she was settling, but Millie picked her up as much to comfort herself as the baby.

Back in the living room Sylvie was sobbing noisily. Millie joined her on the sofa and sat as near to her as she could. She put one arm round her shoulders and pulled her closer. 'I can't believe this has happened to Pete. He was so careful with everything.'

'I'm sorry, I'm sorry, Mum,' Sylvie wept, burying her face on Millie's shoulder. 'I didn't mean to hurt Dad, please forgive me.'

'There's nothing to forgive, love . . .' It was a disaster that would change her life and those of all the family for ever, and it had happened so quickly.

'It's all my fault. I persuaded Dad to come back yesterday through that awful storm.'

'I know it's a terrible shock, love, but you mustn't blame yourself.'

'He wanted to stay there until the storm passed over, he was ready to stay all night. But I wanted to go to the Buckley Arms for dinner, I had a new dress to wear and I told him how much I was looking forward to it.'

Millie said firmly, 'Sylvie, it's not your fault, you mustn't think like that. Dad decided to come home because he knew Helen and Valerie would be worried if we didn't turn up.'

'Worried?' Helen sobbed too. 'What would that matter? Being worried is nothing compared to losing him like this.'

'See what I mean?' Sylvie lifted a face ravaged by tears. 'I didn't realise how bad that storm was, and I thought having a meal out was more important than his life.'

'You didn't *know*.' Millie held her tight. 'We none of us knew what would happen.'

'What are we going to do now?' Sylvie sobbed. 'How are we going to manage without him?'

'I don't know, love, I've been asking myself that, but it wasn't your fault.'

'It's utterly terrible,' Helen said, 'but you mustn't blame yourself, Sylvie. Dad wouldn't want that.'

Millie was worried about Sylvie, her beautiful eyes were puffy and red-rimmed. She kept breaking down in floods of tears if any of them spoke to her, even when they were trying to be kind. The accident cast a black cloud over everything and they talked endlessly of Pete.

They all wanted to get away from Hafod and its raw memories, and the next day Millie and Sylvie, with Helen and her baby, took the train home to Liverpool. Valerie elected to stay because she felt somebody needed to as there were a hundred and one things to be arranged and ends to be tied up. She said her husband Roger would join her at the weekend to keep her company.

Millie was glad to be back in her own home but it had been Pete's home for longer than it had been hers. He'd been born here and so had his father before him. His clothes and books were everywhere. She sat in his favourite armchair, fingered his favourite records and started to read the book he hadn't finished. She could sense his presence in every room and it drove home to her that he'd never be coming back.

She put off going to bed, knowing she wouldn't sleep. To be alone in their double bed would make her weep with grief and loneliness. She didn't know how she was going to break the news to their two sons, Simon aged eleven and Kenneth aged nine, that their father had died, so she put off thinking about that too. Sylvie was inconsolable and though she appeared to be sleeping when Millie looked in on her, she was woken by her daughter's screams at three in the morning.

Sylvie was having a nightmare, reliving her ordeal on *Sea Sprite*. She clung to Millie. 'I wish we'd never gone on that boat trip,' she wept. 'Why didn't we go up Snowdon instead?'

It took Millie half an hour to calm her. She made them both cups of tea, and took hers back to her own lonely bed. She was cold and couldn't sleep, she tossed and turned for another hour, thinking of Pete.

Years ago, when she'd been in trouble and couldn't have survived without help, Pete had come to her aid. He'd been her saviour, her mainstay and prop, and he'd taken care of her ever since. She needed him now desperately. Pete had been kind and generous to everybody but particularly to her and Sylvie. They'd wanted for nothing. He'd been a loving husband, always smoothing out any little problems or difficulties she had.

When finally Millie went to sleep she, too, had a nightmare in which she relived the storm that had caused Pete's death; she woke up sweating and agitated.

She was frightened and worried that she wouldn't be able to keep his business running. Who was going to run it now? Millie had been thrown out of the cosy niche she'd lived in and was floundering. She couldn't imagine how she'd cope without him.

She couldn't lie still any longer, she got out of bed and went down to the kitchen but she didn't want any more tea. She stared out of the window feeling lost, but finally went back to bed, cold and miserable. However impossible it seemed, she would have to cope.

Chapter Four

Millie's mind went back to 1928, to the days before she'd married Pete. She'd been Millie Hathaway then and those had been tough times, very tough, but she'd managed to survive. She'd faced an acute shortage of money through the years of her youth and there'd been nobody better at making one shilling do the work of two, but it was as though juggling with the pennies had scarred her mind and she now needed affluence to feel secure.

Her early childhood had been happy though she'd never known her father except in the photograph her mother Miriam had kept on her dressing table. He'd been killed in the Great War. Her mother had always worked in Bunnies, one of the big Liverpool department stores, and loved her job, but they'd never had much money.

When Millie was reaching her fourteenth birthday and was due to leave school, Mum had asked Bunnies if they would employ her daughter. They'd agreed, although business was not good at that time. Thereafter, they'd both set off to work in the mornings wearing their best clothes and looking smarter than those who lived in similar rooms nearby. But her mother was no longer feeling well. Her health was beginning to fail, and though she went to the doctor, he didn't seem to help much.

Millie had not been able to settle at Bunnies. Although employed as a junior sales assistant, most of her time was spent unpacking new stock and pressing the clothes before they were put out for sale. She was not allowed to work anywhere near her mother and was at the beck and call of other more senior staff. She ran errands, wrapped purchases and made the staff tea.

'You have to start at the bottom,' her mother told her. 'I did. You'll soon start serving customers, just be patient. At least you've got a job.' She had, and many of the girls she'd left school with had not.

Then she met Ryan McCarthy who lived nearby and worked for William C. Maynard and Sons who owned a factory down in the dock area. He brought her little gifts of luxury soap and tins of talcum powder that smelled heavenly, and beguiled her with stories about his job. He was seventeen now and working for the sales manager; he told her he was learning how to run the sales department. They were sending him to night school and he'd have to take exams but in a few years he'd have a job that paid a decent wage. He meant to go up in the world.

'If you don't like what you're doing,' he said, 'why don't you apply for a job with the company I'm with? They're a very good firm to work for.' He showed her a copy of the *Evening Echo* where they were advertising an opening for a school leaver to help in the laboratory attached to their perfume department.

Her mother hadn't been too pleased but she knew Millie wasn't happy at Bunnies. She'd done well at school and wanted a job with better prospects. 'Lab work appeals to me,' she'd said. She'd applied for the job and was delighted when she got it. They gave her a white coat to wear over her own clothes and she went home in the evenings with the scent of exotic perfumes in her hair.

Millie was fifteen when she started working for William C. Maynard and Sons. It was a small family firm with premises near Liverpool's Brunswick Dock and an enviable reputation for its luxury products. She had always loved its scented soaps and talcum powders, as had half of England. The firm found its customers amongst the wealthy.

Pete called it a one-horse firm because they made nothing from scratch. Instead they bought in the best quality half-prepared materials from companies that manufactured in bulk. Their soap was bought in pure shreds from a firm in Widnes and their raw material for talc was a rock-like lumpy powder from France.

What Maynard's did so well was to add exotic perfumes and colour, and shape the soap into large luxurious tablets finished to the highest possible standard. They were wrapped to look elegant and were advertised in the ladies' magazines that were gaining popularity in the late years of Queen Victoria's reign.

Millie found she'd been hired to keep the equipment clean and be a general dogsbody. She was expected to follow Arthur Knowles, the chemist in charge, round the lab as he worked on the perfumes, helping where she could. As they moved along, he explained what he was doing and why, and he was happy to answer her questions. He recognised her interest and did his best to encourage her. She felt she'd entered a new world that was truly absorbing and was soon very content in her new job. Mr Knowles was gentle and kind and treated her like a fond child.

She felt she had everything she could possibly want. The other young girls working near her in the office admired her handsome boyfriend, they thought Ryan McCarthy quite a catch. The only flaw was that her mother's health continued to deteriorate and she didn't approve of Ryan. 'He's wild,' she said, 'but perhaps he'll quieten down and grow out of it.'

Most of the working day Millie spent in the laboratory with Mr Knowles, and he was friendly with other members of staff who came into the department to chat from time to time. In the lunch break one or two would drop in to eat their sandwiches round his desk. Millie made the tea and pulled up a chair to listen to their conversation. Soon she was joining in.

She discovered that the boss, Peter Maynard, took a great interest in the perfumes they made, coming occasionally to work with them. It was he who decided which of the scents would be used in the products the company made.

She learned that every lunchtime many of the senior staff went to a small dockland café called Parker's Refreshment Rooms in the next street. They spoke approvingly of the food there. One day Mr Maynard asked if she knew the place.

'Yes,' she said. 'I walk past it twice a day, delicious scents drift out but I've never been inside.' She'd never had a hot meal anywhere but at home.

There was white lettering across the Refreshment Rooms' window: 'Large Helpings, Good Hot Meals Served Every Day, at Everyday Prices'. Millie was fascinated by the blackboard standing outside displaying the day's menu: Irish hotpot, beef stew and dumplings, casseroled mutton chops, apple pie and custard, rice pudding with rhubarb. It made Millie's mouth water just to read it.

In the week before Christmas, Millie was thrilled when Mr Maynard brought round two of the fancy boxes of soap and talc made in the factory to catch the Christmas gift trade, and swept her and Mr Knowles out to lunch in Parker's Refreshment Rooms. That day, there was roast pork with stuffing and roast potatoes followed by Christmas pudding.

'I've got two daughters pretty much your age,' Peter Maynard told Millie. He had a way of looking at her and teasing her gently. She liked him, he was popular with all his staff. They said he was a fair and considerate boss.

Her mother no longer had the energy to do housework when she came home from Bunnies, so Millie took it on bit by bit. She got up early to do it and make breakfast for her mother. On two evenings each week, she went to night school with Ryan, and he took her to the pictures and to dances at the weekend. Millie was in love and enjoying life.

Ryan had a friend whose family earned their living as greengrocers, making a series of weekly rounds through the residential streets of Liverpool selling fruit and vegetables from a horse and cart. Ryan earned a little extra pocket money mucking out the stable and giving the horse food and water on Sundays. Millie loved going with him to help. He had a key to the stable and considered it a valuable asset because there they could have peace and privacy.

For the last year, her mother had been taking the odd day off work because she didn't feel well enough to go, but Millie only realised how seriously ill she was when the doctor came to visit and told them she had breast cancer. The diagnosis seemed to knock the stuffing out of her mother and she went downhill quickly. Soon she had to give up work completely and spend much of her day in bed. She was able to do little for herself.

Millie looked after her with the help of the neighbours. She continued to go to work because her small wage was the only income they had. Ryan was very generous, he did their shopping when she was pressed for time, bought little extras for them, and sometimes put in money of his own. He also cleaned out the grate and laid the fire so Millie could concentrate on caring for her mother. She didn't know what she would have done without Ryan. With his help she was just about able to manage.

She continued to go to the stable with him on Sundays and by way of repayment he asked for favours. She was scared and held back but not for long. 'Why should I do all this for you when you won't do anything for me?' he asked. 'Anyway, you'll find it fun.'

Perhaps it was over the following six months, but that all changed the morning Millie woke up feeling that all was not as it should be with her body. She'd been fearful that she might become pregnant but Ryan had said no, he'd take good care that she didn't.

Today, she was horribly afraid he could be wrong. With sinking heart and full of dread she got up and rushed through her early morning routine. She said nothing to anybody, hoping against hope she was mistaken. At work, she did her best to forget it and immerse herself in her work.

The passing days brought worry and growing certainty, until Millie had to accept she was going to have a baby. It was a calamity. She was sixteen and knew there was no way she could possibly carry on in this way for more than another few months. She knew only one person who could help her but she was unable to screw up her nerve to tell Ryan. He lived for the good times, she was frightened of telling him, frightened he'd not respond in the way she needed. A baby would be a huge complication in his life too.

It was getting colder so she took to wearing her mother's larger bulky pullovers to hide her changing shape and blessed the fact that she was required to wear a shapeless white coat at work.

One Saturday night Ryan took her to the Odeon to see Humphrey Bogart and Lauren Bacall in *The Big Sleep*. He was keen to see it as he'd enjoyed many of the Philip Marlowe books. A neighbour was sitting with her mother and for Millie it was a rare break. In the semi-dark she held his hand, her eyes were on him more than on the film and she was taking in little of the story.

In the interval, she forced herself to say, 'Ryan, there's something I have to . . .' but he was intent on kissing her.

She turned her head away to avoid his lips and felt tears of fear and frustration burn her eyes. Ryan rubbed his cheek against hers and seemed not to notice.

Before going home, Millie knew Ryan would want to take her, as he usually did, to what he called 'our special place'. She would tell him there, she had to. She walked through the dark back streets with his arm round her; it didn't comfort her. He unlocked the door, took her by the hand and led her into the warm dark stable smelling strongly of horse. They always took time to pat and stroke Orlando before they threw themselves down on his meagre supply of hay and straw. Ryan was already unbuttoning her coat when she made herself say, 'There's something I have to tell you but I'm scared . . .'

He laughed and his lips came down on hers. 'No need to be scared of anything,' he whispered, 'not with me.'

He was unfastening the buttons on her blouse when she got the words out. 'I think I'm pregnant.' She heard his intake of breath as he drew away from her. It was too dark to see his face. 'Ryan?'

'You can't be! I mean, I've been using French letters. Well, most of the time.'

Terror had her in its grip. 'I'm afraid I am,' she choked.

'When? When will it be born?'

'I'm not sure.' It had taken her a long time to accept that she really was pregnant.

'You haven't been to the doctor?'

'No!' It was an agonised cry, tears stung her eyes again. 'He knows me, he comes to see Mum, he'd tell her. I can't pay the bills he sends for her, I can't add to them.'

'Oh God!' he said. 'Perhaps you're making a mistake. Perhaps you're not having a baby at all. Perhaps it's all in your mind.'

Millie shuddered. This was what she'd feared most. 'I can

feel it move inside me,' she said quietly. 'Sometimes it kicks me. There's no mistake.'

He was sitting up, putting distance between them. 'What are you going to do?'

Millie was horrified. He hadn't said, what are *we* going to do. She could see only one way out of her difficulties and made herself say, 'Couldn't we get married?' She held her breath waiting for his answer while tears ran down her cheeks.

'I'm still on a learner's wage,' he protested. 'What would we live on?'

Millie began to do up her buttons, there would be no love-making tonight. 'You could move in with me.' She desperately wanted his ring on her finger and his assurance that they'd face this together, but she hated begging for it. 'It wouldn't cost any more.'

'You've only got two basement rooms,' he said, 'and your mother's there.'

She scrambled to her feet and made herself say, 'She won't be with me for much longer. I'd better get back to her.' Normally, Millie couldn't bear to think of it but her mother now spoke of death in matter-of-fact tones.

'I hate the thought of dying and leaving you on your own when you're so young,' she'd said, 'but the McCarthys will look after you.' Now even that looked unlikely.

They walked home in silence, though Millie held on to his arm as she always had. She knew now that he wouldn't willingly marry her. She had ignored the disquietening rumours she'd heard at work about Ryan – that he was frequently late for work and not so highly thought of by management as he'd led her to believe. He'd given up going to night school though she had not.

He usually came round on Sundays to see her and chat, but the next day he did not. And he usually called for her in the mornings, but on the following Monday he didn't, though she saw him at work. They would wait for each other so they could walk home together but that evening there was no sign of him and she eventually gave up and went home alone with a heavy heart. She knew he was avoiding her and that filled her with dread.

On Tuesday she looked for him in the office but his colleagues said they hadn't seen him since yesterday morning, that he'd disappeared at lunchtime and hadn't turned up for work today. Millie had to hold on to the door for a moment, the room had begun to eddy around her. She felt sick with fear. Surely Ryan wouldn't abandon her when he knew she really needed him? She'd never felt more alone and had no idea how she would cope.

When she got home, Ryan's mother was waiting there for her. She was distraught. 'Have you seen our Ryan? He went to work yesterday and he hasn't been home since.'

Millie burst into tears. Mum was grey-faced and anxious and hardly able to pull herself up the bed. This would be another major worry for her. It took Millie a long time to get the facts out but there was no avoiding it now. Mrs McCarthy was furious and said a lot of hurtful things. Millie sat on the bed and her mother wept with her.

When at last they were alone, she said, 'Millie, you've made the same . . . stupid mistake . . . that I made . . . I wanted you to have a better life . . . than I've had.' There was agony on her face and she couldn't get her breath. 'But now look at the mess you're in.'

It had never occurred to Millie that her mother wasn't married. She called herself Mrs Hathaway and had always worn a wedding ring. Millie's eyes went to the photograph in the silver frame beside the bed. 'I believed you when you said my father died in the trenches,' she choked.

'He did. He was posted to France . . . That was the trouble.'

Millie mopped at her eyes and blew her nose. 'At least you knew that if he could, he would have come back to marry you.' She understood only too well that to have no husband and be with child was the worst sin any girl could commit. Society looked down on women who did that.

Ryan had no reason to leave, except that he didn't love her enough to stay and help her. It was cold, heartless rejection and if he'd slashed her with a knife it couldn't have been more hurtful. Millie was too upset to cook supper, she felt sick, and neither of them wanted to eat. She went to her bed in the alcove off her mother's room but hardly slept all night.

When her alarm went the next morning Millie got up as usual and made breakfast for her mum though she felt terrible. Her mother was listless and red-eyed, she hadn't slept much either.

In the cloakroom, before she reached the perfume department, Millie heard the rumours that were flying round. Ryan had disappeared and his account books had been examined; the sales he said he'd made did not add up. Somebody told her they'd heard he'd signed on as crew on a ship going deep sea. He wouldn't return to England for two years.

Millie climbed the stairs to the perfume laboratory in a state of despair, put on her white coat and tried to follow her usual morning routine. Within five minutes, she'd dropped and broken one of the glass flasks she was cleaning.

'What's the matter, Millie?' Mr Knowles asked. She didn't want to tell him. She was too ashamed, it was all too raw and painful and she was afraid she'd be thrown out of her job. She couldn't risk that. She needed to go on working for as long as she possibly could.

When she didn't answer he went on in his slow, gentle drawl, 'You've been crying and you don't look well. In fact you look positively ill.'

She couldn't explain. She couldn't even raise her eyes to look at him.

'Something's happened to upset you, but not here. All is well here, so it must be at home. How is your mother?'

Some time ago she'd told him Mum was ill, but he didn't know how much worse she was now. The memory of the anguish she'd caused her mother brought tears coursing down Millie's cheeks again and she broke down and began to tell him. Once started, it all came flooding out, even the name of her baby's father.

'Ryan McCarthy?' He was shaking his head. 'Well, that explains one thing that was puzzling us. You're better off without him, lass, I doubt he'd be much good to you. It seems your Mr McCarthy has been stealing and selling the company's soap for his own benefit. The books show he's been altering the figures over the last year.' He thought for a moment and then said, 'I'm going to tell Peter Maynard.'

Millie started to protest but he held his hand up. 'You aren't well enough to work and he'll have to know why.'

'I'm all right,' she insisted and made to go back to the sink where she'd been working, but suddenly she felt dizzy, the shelves with their many bottles were swirling round her. She would have fallen if he hadn't caught her and backed her into the chair.

'When will your baby be born?'

'I don't know,' she had to admit. 'I haven't told the doctor, he'd have said something to Mum, you see.'

'Oh my goodness!'

At that moment Peter Maynard walked in. 'Is something the matter, Millie?'

She could feel her cheeks burning but Mr Knowles said, 'Millie's in a bit of bother,' and went on to explain while her toes curled up with embarrassment.

'Why haven't you been to see a doctor?' her boss asked. 'You must know you need to.'

She felt petulant. 'It costs three shillings and sixpence to see him in his surgery, and he'd have told my mum. I didn't want her to know.'

'Oh dear, dear, dear,' he sighed. Then he said gently, 'I'm afraid you'll have to tell her. You can't go on hiding this for ever.'

'She knows,' Millie said. 'Ryan's mother came round to see us last night, and it all came out.'

Peter Maynard picked up the phone on Mr Knowles's desk and asked the operator for Dr Fellows. 'Right, young lady,' he told her, 'you can see the company doctor right away. You know Dr Fellows, he gave you a medical before you started work with us. His surgery is on the corner of the street just down there.'

'Yes, I know,' she said. 'Thank you.' Millie really needed to know how much longer she had before the baby would be born. She'd have to get things ready.

'You're all right to go that far?' Mr Knowles asked.

'Yes, I'm fine now.'

'Come back here afterwards and tell us what he says. When you can't work we'll have to find someone else to take your place.'

'Poor kid,' she heard him say as she closed the door behind her. So they felt sorry for her. Millie wanted to die with humiliation. Telling them had been awful, but it was a relief that they knew and were offering to help.

The doctor gave Millie a date for the birth that was only eight weeks off and confirmed that her baby was developing normally. He prescribed iron tablets and vitamins and told her she must eat more if the baby was to continue to grow, recommending milk, eggs and cheese. 'You'll need to book

37

a hospital bed for the delivery.' He explained how to go about that but not how she'd be able to pay for it.

She returned to the laboratory feeling reassured in one sense but overawed at the short time that was left before she had to take care of a baby as well.

She told Mr Knowles and was reaching for her white coat to return to work when he said, 'Go along to the boss's office, he wants a word. Go on, he told me to send you.'

Millie was swamped with the fear that he'd sack her. If he did she'd be without money for food or medicines for her mum. Since she'd given up work at Bunnies, she knew her mother had worried about having nowhere to turn but the workhouse. Millie had heard fearsome tales about the place from her neighbours, and she knew it would finish Mum if she had to apply. She tapped nervously on the boss's door, dreading what might be coming.

'Come in,' he called and looked up as she did so. 'Come and sit down, Millie. Did you get a date for when you can expect this baby?'

'Yes, the doctor says November the tenth.'

He frowned. 'That's not long.'

She was suffused with panic. 'Eight weeks but I feel fine. I can carry on working for another month or six weeks.' She had to struggle to get her breath.

'Millie, you can't. I'll have to advertise for another school leaver to help Mr Knowles.'

She was going to lose her job! 'I have to earn …' she was saying but everything was going black, the room was spinning and she was sliding off the chair.

She knew he'd stood up and was coming round his desk towards her. 'Be careful,' he called but he seemed a long way away.

She came round to find she was lying flat on the floor

and Mr Maynard was standing over her. 'You fainted,' he told her. 'It proves my point, you can't go on working now. You're not eating enough, are you? Lie there for a minute until you feel better and I'll run you home in my car.'

'I'm all right, really I am.' She insisted on getting to her feet by herself although he offered her a hand to help her up. 'I can't trouble you to drive me home.'

'It's no trouble. How d'you get here, by bus?'

'No, I walk, it isn't far. I feel much better now, I'll be fine.'

'I'd be afraid you'll faint again and fall under a bus. Come on, let's go. Where is Wilbraham Street? Is that the Scotland Road area?'

'Yes.' Millie had never ridden in a car before and would have enjoyed it if she hadn't been so worried about the future. He drew up outside the house where she and her mother had rooms and she got out.

A flight of five steps rose to the peeling front door, and the stout figure of Mrs Croft, her landlady, came bustling down to greet her. 'About your rent,' she said in ringing tones so half the street could hear.

Millie cringed. 'I'm sorry . . .'

'Sorry isn't enough. I'm tired of having to ask for it. You owe five weeks now. You said you'd pay something on account but you're making no effort. I know your mother's sick but I have to live too. I'm sorry, but it's now a question of pay up or get out.'

Millie was struggling not to burst into tears, she couldn't take any more humiliation. She felt searing indignity that her landlady had said that in front of her boss, and had to hold on to the railings that fenced off the steps to the basement.

She heard him say, 'How much is owed?' but couldn't

listen to any more of that. 'Millie, have you got your rent book?'

He had to ask twice before she took in that he meant to pay off her debt. 'I can't let you—'

'I don't think you have much choice,' he said.

He was right, she hadn't. She crashed down the steps to the basement, pushed her key into the door and called, 'It's only me, Mum,' so she wouldn't be scared. She rummaged in the sideboard drawer for her rent book and was back up on the pavement with it in moments.

'It's twelve shillings a week,' Mrs Croft demanded, 'and five weeks is owed.'

Millie was mortified to see Mr Maynard getting out his wallet. He handed over three pound notes and Mrs Croft scribbled in the rent book.

'I don't know how to thank you.' Millie wanted the pavement to swallow her up. She went down to the basement door which she'd left open.

He followed her. 'I can't believe you're battling against all this,' he said. 'You're so full of smiles and bubbling high spirits in the lab. It never occurred to me you were in a situation like this.'

They were in the dark living room, the door to the bedroom was open and her mother was lying on the bed. Millie went to see her as she always did when she came home. 'Hello, Mum, how are you feeling?'

Her eyes opened, she was sweating and listless, her skin was a greyish yellow, but she tried to smile. 'A little better, I've dozed all day.'

'Good.' It wasn't yet lunchtime, Mum had no idea what the time was, she'd lost track. 'This is Mr Maynard my boss, Mum. He brought me home.'

Miriam Hathaway tried to lift her head from the pillow but it required too great an effort. 'Hello,' she said. 'Pleased to meet you.' The bedclothes moved and it seemed she was about to put out her hand but that also needed more strength than she could find.

'I'm sorry to see you so poorly, Mrs Hathaway,' he said but her eyes were closing again. 'Who looks after you?'

It was Millie who answered. 'I do.'

He took her by the arm and steered her back to the living room, closing the door softly behind them. 'Do you have anyone to help you?'

'The neighbours do and Ryan McCarthy did. He was very good to us.'

'He got you into this mess. If you weren't having this baby, you might have managed.'

'Yes, but it's no good blaming him, is it?'

He smiled and gave her a look that spoke of affection. 'That's the only way to look at it now. Your mother needs proper nursing, she's really ill. You can't possibly cope with an invalid as well as a job and everything else.'

'I still have a job?' Millie sniffed into her damp handker-chief. 'I thought you'd said you were going to replace me.'

'I am. Millie, I'm going to find a nursing home for your mother where she'll be more comfortable. You're not well enough to cope with all this.'

'Mum will be fine here with me now, really she will. You've done such a lot for me, paid out so much money.'

'You've managed marvellously well until now. You're very brave and tougher than you look, but neither Arthur Knowles nor I saw you struggling, and we should have done. You must be worn out.' He was taking out his wallet again and put two more pound notes on the table. 'Buy some food, you both need to eat. And get some rest. I'll see what I can fix up for your mother and come back to let you know.' He patted her on the shoulder and walked briskly out.

Looking round her unchanged living room, Millie found

it hard to believe. Mr Maynard had come in like a fairy godfather, waved his wand and made everything seem almost rosy. She was not battling this alone any more. She went back to tell her mother, but she wasn't sure whether she understood. She sat by her bed for an hour holding her hand.

Pete Maynard went back to his car and sat in the driving seat for a few minutes to think. He'd rarely seen such raw poverty yet all was orderly and neat and clean. Her mother seemed close to death, but she was loved and cared for. He couldn't help but admire the girl being able to cope with all that as well as an unwanted pregnancy and a boyfriend who had deserted her in her hour of need.

He would have anticipated that from Ryan McCarthy. He'd had his fingers in the till for a long time. He should have had the guts to sack him when Sam West first voiced his misgivings about him. He hadn't deserved the second chance he'd been given. Yet it had not soured Millie, she hadn't blamed him for her predicament. She might be only seventeen but she had a real inner strength that he had to admire. She was only a couple of years older than his eldest daughter Valerie and to think of her in a similar position was heartbreaking. And Valerie would never have coped in the way Millie had.

That evening, he told his daughters that he felt sorry for the girl but the truth was he felt guilty. How could Millie take care of her mother, look after herself and run a home on the pittance he paid her? All she needed was more money and she'd have managed it. Except her pregnancy meant she couldn't work and that would cut off what little income she had and give her another mouth to feed.

Millie had caught his eye as she'd flitted about the laboratory like an exotic butterfly, beautiful and intelligent and always jolly as if she hadn't a care in the world. Arthur had taken to her and said, 'She's really interested in perfumes, always asking questions. She's a lovely girl, a very attractive girl.'

She was too attractive for her own good. He couldn't let her sink.

It was about six o'clock that evening when Millie answered a knock on her door to find Mr Maynard with two young girls on her step.

'These are my daughters,' he told her. 'Valerie is only two years younger than you and Helen is almost four years younger.' They each put out a hand to shake hers.

Millie's first impression was that they were still children and years younger than her. They were strong, healthy look-ing girls, Valerie resembled her father and Helen was especially pretty. Both were innocent, fresh-faced and beautifully dressed and she could see the Maynard family was on close terms. That he'd brought them to her house embarrassed Millie all over again, but she felt she had to ask them into her dismal living room.

'I want you to start packing,' Mr Maynard said. 'I've booked your mother into the St Winifred's Nursing Home and they'll send an ambulance to pick her up at ten o'clock tomorrow morning. I really do think that's the best thing for her.'

Millie nodded with gratitude. She couldn't fight him over this, couldn't fight any longer. 'You're very kind, but I don't know where St Winifred's is.'

'It's in Mossley Hill, a short walk from where I live. It might be difficult for you to reach from here. Probably it would mean taking a couple of buses in each direction. I thought perhaps I could find you better rooms nearby, but there's such a shortage of accommodation after the bombing that it looks impossible. When I asked my daughters what I could do about it, they suggested we give you a room in our house while your mother's there, so you can walk down and spend time with her whenever you want to.'

Millie could hardly take it in. 'We'll look after you,' Valerie said. 'Dad said I must be sure to tell you that.'

'We have a biggish house,' Helen added, 'with several guest rooms. You won't be any trouble.'

'I don't know what to say,' Millie faltered. She could hardly take it in, that all her difficulties were being eased so rapidly.

'You don't have to say anything. It'll do you good to have a change and a rest from here. I suggest you pack a bag for yourself as well as your mother and go in the ambulance with her. It's Saturday tomorrow so the girls won't be at school, they can pick you up from St Winifred's after your mother has been made comfortable.'

Everything turned out as Mr Maynard had said it would, and Millie felt there was no kinder man in the world. She had never felt so grateful and wished he was her father. There was an aura of peace about St Winifred's and her mother settled almost at once. Millie sat in the bright airy room with her until her eyes were closing.

Then it seemed the nuns had telephoned the Maynard house and Valerie and Helen came to collect her. Mossley Hill was an old, well-established and genteel suburb of Liverpool. They walked along two residential roads with large houses half hidden by walls and trees.

'This is ours,' Helen said and led the way through a high wrought-iron gate with the name Beechwood on it. The garden was vast with manicured lawns and lovely flowers, and the house looked as though it had been home to several generations of the Maynard family. It was large and had been freshly painted and had gleaming brasses on the front door.

'Our great-grandfather had this built in eighteen eighty-seven,' Valerie said. 'There's the date over the front door.'

Once inside, Millie was led from one enormous room to another. Everywhere sparkled with cleanliness and order. 'This is our sitting room,' Helen told her, 'and this is the drawing room but we don't use it much. This is our dining room,' a large table took up much of the room, 'we all have our meals here together, including Mrs Brunt and the gardener if they're here working.'

'Later you'll meet Mrs Brunt, she comes on weekday mornings to do the heavy work and Mungo is a nice old man who takes care of the garden,' Valerie explained, as she hurried her on. 'The kitchen is this way,' it seemed to be a whole suite of rooms, 'this is the pantry, this is the cold room and the storeroom, and here is the laundry and the ironing room.'

'What are those?' Millie paused under a row of bells along one wall.

'In the olden days they were for summoning the servants,' Helen told her, 'but Dad has had them disconnected as we don't have proper servants any more.'

'There's only Hattie now. Come and say hello to her, she'll be in the library.' Millie followed them in, and a slim, elegant lady in late middle age got up from the desk where she'd been writing. 'I do hope you'll be able to rest here,' she said, 'and that you'll soon feel better. The girls will look after you, but if there's anything more you need, just let me know.'

'Hattie is a sort of relative, she was married to Dad's cousin but was widowed when she was quite young,' Valerie said when they were out of earshot. 'When our mother was ill, she came to live here to look after her and us too. She takes care of the housekeeping. Both she and Dad are very family-minded and think we should take care of each other.'

'Come upstairs,' Helen said, 'and see our playroom and Dad's study.'

Millie was dazzled. 'You have a room just to play in?'

'Yes, and then we have to go up to the second floor to our bedrooms.' Valerie was throwing open the doors as she walked along the corridor. 'Dad thought this would be the best room for you, it's next to mine and Helen's.'

Millie found herself installed in a bedroom with a floor space greater than that of the whole flat she'd left. It had a lovely view over their garden and seemed luxurious, but it took her some time to feel at ease in her new surroundings. She found Hattie was kindness itself and took her under her wing, making sure she'd booked a hospital bed for her delivery and that she also saw a nearby doctor.

Millie was able to rest more and still spend many hours with her mother. The nuns were very kind and attentive to her needs, but Millie could see she was fading and found it agonising to watch her strength ebbing away. She eventually lapsed into a coma and died three weeks after the move to St Winifred's. Millie was heartbroken at losing her but knew how much her mother had suffered and that she hadn't feared the end.

Hattie arranged a simple funeral for her and Peter Maynard paid for it. Mungo helped her pick flowers from the garden to put on her coffin. Millie ached with her loss and was over-whelmed with gratitude. The Maynard household attended the funeral service at the church with her, but apart from Mr Knowles, there was nobody else.

It left Millie feeling in an emotional turmoil and she knew she'd reached another crossroads. She was alone in the world and frightened of what the future would bring. She was dreading going back to the flat but at the same time she was embarrassed by the never-ending kindness of the Maynards and was half expecting them to say, 'Enough is enough, you can't expect to stay here for ever.'

At dinner the next day she thanked them for their hospitality and all the help they'd given her but said she felt she should go home and not be a further burden to them.

'You've come through a very difficult time,' Peter Maynard said, his eyes kindly and full of concern, 'that can't be just shrugged off. You need peace to grieve and time to rest to get over it. I think you should stay another week or two at least.'

'So do I,' Hattie said. 'You don't look well, how could you? You need building up.'

'Anyway,' Valerie said, 'it's your birthday on Friday, you can't go before then, Hattie is planning a special dinner that night.'

Millie let them persuade her to stay. She was going to be eighteen but on the morning of her birthday, while the girls were at school and their father at work, she felt her first pains. She was panic-stricken and doubling up as she ran to find Hattie. 'I think the baby's coming,' she wept, 'but it's three weeks early.'

'What a good job you stayed with us,' Hattie told her and took charge. 'This is no time to be on your own.'

Millie's pains were getting worse and she could think of nothing else. She was scared stiff of giving birth but thanked her lucky stars that help was at hand. It was Hattie who called a taxi and took her to the hospital. Her baby girl was born that night, weighing six pounds four ounces. She named her Sylvie and was delighted to hear the doctors say her baby was healthy and normal in every way.

Millie knew all newly delivered mothers had a two-week stay in hospital to ensure the baby was thriving and they had sufficient rest. The hospital almoner came to see her to ask how she would pay, and feeling humiliated all over again Millie had to explain her circumstances and say she'd been living on the charity of others for the last few weeks.

The almoner told her she would put her down as a charity case and the hospital would provide free treatment. She was relieved that Peter Maynard would not be asked to put his hand in his pocket for her yet again, but found having to rely on the charity of others very hard. She had to get back to work as soon as she could, but how could she do it when she had a baby to care for? She was in an impossible situation and it terrified her. She could think of little else.

The following day, a vicar came round to talk to the patients. She didn't know him but he seemed to know something of her circumstances. He was kind and sympathetic and suggested she think seriously about having her baby adopted.

'I have thought about it but I feel it would be wrong,' she said through her tears. 'I want to keep her and bring her up myself.' It was what her mother had done for her, wasn't it?

'You should think of the baby's needs not your own,' he told her gently. 'Would your baby have a better life with an older married couple who can't have children of their own? They would be able to give her a good home, a settled home, and they would love her as much as you do.' He left her a card giving his name and telephone number and told her to get in touch if she changed her mind and needed his help.

Millie spent two terrible hours with her head buried in her pillows, torn to shreds in indecision. Should she keep her baby or give her up for adoption? If only her mother had lived long enough to see Sylvie, she would have been such a help and comfort.

She was no nearer to making up her mind when Sylvie woke up. She was due for a feed and began to whimper. Millie picked her out of her cot and hugged her. Sylvie opened her big round eyes and stared up into her face and Millie made her decision. She couldn't possibly give her up.

An hour later, the almoner came back to the ward to give her a parcel of baby clothes and a dozen napkins. They were not new but there was still plenty of wear in them. Millie accepted them with yet more gratitude. She'd made the right decision and was pleased her baby would have some clothes to wear when she went out. She'd cope somehow.

Hospital visiting was strictly limited to two hours on Wednesday and Sunday afternoons, and for new fathers half an hour between seven and seven thirty on the other evenings. Hattie came on Wednesday afternoons and the girls on Sundays, bringing little gifts for the baby.

'What a way to spend your birthday,' Valerie laughed. 'We've brought your presents as you'd gone before we gave them to you.'

Millie unwrapped them with a lump in her throat, feeling she didn't deserve such affection. There was a book from Valerie and chocolate from Helen. 'Thank you,' she choked, 'you're both very kind.'

Helen said, 'Although you weren't there we had the special dinner to celebrate, it was roast chicken. Hattie had it all prepared and we wished you a happy birthday.'

Millie couldn't stem her tears when they'd gone. She longed for her mother, and she couldn't begin to imagine how she was going to manage when she went back to their flat. She didn't expect to have any visitors in the evenings and felt very alone and uncomfortable at those times. She tried to read her book, it did interest her but it wasn't enough to shut out the cooing of new fathers and the delighted chatter from all the other beds.

But one night when visiting was already in full swing she looked up to see Peter Maynard advancing towards her bed with a great armful of big bronze chrysanthemums. Her heart turned over and she felt reduced to an emotional tangle of nerves.

'I've come to see the new baby,' he said, peering into the cot that swung on the foot of her bed. 'Very pretty. I hear you've called her Sylvie.' He put the flowers down on the end of her bed. 'Mungo picked these for you from the greenhouse.' He sounded like a fond father as he pulled out a chair to sit down. 'How are you, Millie?'

'I'm glad it's over but thrilled with my baby. She's lovely.'

'You look surprisingly well. Nice rosy cheeks.'

Millie's cheeks were burning. She was blushing and knew it was bashfulness at his unexpected visit.

'You must come back to my house when you're discharged from here,' he went on. 'You'll need to get your strength back and you'll have this new baby to look after. Better if you have Hattie around to start you off.'

His thoughtfulness brought the ever ready tears rushing to Millie's eyes again. How many wakeful nights had she spent wondering how she'd manage when she went home to Wilbraham Street without any income. 'I'm afraid I'm going to overstay my welcome with you,' she choked. She couldn't look at him.

'Millie, you'll never do that.' Her hand was on the counterpane and he covered it with his. 'You're welcome to stay. The girls love having you. They talk of nothing else but your baby and they're knitting bootees and bonnets for her.'

The sister came to the ward door and rang a bell. 'Time's up, fathers, time to go.'

Millie said, 'You're very kind. You're all very kind.'

He stood up and she felt him give her a fatherly peck on the cheek, then he paused to look down at her sleeping baby. 'She'll be a real beauty when she grows up, you mark my words.'

'Thank you for coming.' Millie thought she was being daring. 'But aren't you afraid you'll be thought to be Sylvie's father?'

He laughed. 'James, my brother, already believes I am, but everybody else knows that's not the case. Hattie says to tell you she'll come tomorrow.'

Millie watched him join the stream of men who were leaving, and buried her face in the flowers he'd brought. He looked so much older than all the others, but he was wonderful, absolutely wonderful. She wished he was Sylvie's father.

She spent the next half hour imagining how marvellous it would be if she could rely on Peter Maynard's support for ever. But real life wasn't like that.

Chapter Five

Peter Maynard drove home telling himself he was an old fool. He couldn't get Millie out of his mind. How could she overstay her welcome? He'd feel bereft if she left. She was a fiercely proud girl and seemed not to expect anybody to give her anything.

He'd been telling himself for weeks that he was not falling in love with her. What could be more ridiculous at his age? He'd thought he'd finished with all that when Esme died. For goodness sake, where was the sense in it when Millie was just eighteen? He was twenty-nine years older than she was, more than old enough to be her father.

When the time came for Millie to be discharged from hospital, he took Helen with him when he went to collect her. He had to give her and everybody else the impression that his feelings for her were fatherly.

Once back at the house, Millie found Helen and Valerie ever ready to pick up the baby to nurse and play with her. They'd brought down a cot they'd found in the attic and made it up in Millie's room. Mrs Brunt, their daily, brought her a pram that she said had been her grandson's but he was walking now and had grown out of it. Millie couldn't believe how kind everybody was being to her, and she could hardly credit their generosity.

She had not so far seen the old nursery on the attic floor

that had been used for Valerie and Helen. Hattie took her to see it. 'I asked Mrs Brunt to give it a spring-clean, it hasn't been used for years.' Millie was amazed at the child-size furniture, the playpen, the rocking horse and other toys as well as chairs and a sofa large enough for adults. 'Use it if you want to, it'll give you a quiet place where you can attend to Sylvie.'

Millie settled into the comfort of the Maynard household, her baby thrived and the weeks began to pass. One night, she was in the playroom having just given Sylvie her last feed and was winding her before she took her to her cot. Hattie and the girls had gone to bed but had run up to say goodnight to her. Helen had left the door ajar.

She looked up to find Peter in the doorway holding his nightcap, a glass of whisky. He smiled and said, 'You look tired, Millie.'

'I am.' She yawned. 'Sylvie wakes me at the crack of dawn, but at least she's sleeping through the night now. Hattie reckons that's pretty good for a babe of two months.'

He came in, sat down in the chair opposite and took a sip of his whisky. 'Millie, I don't think you should go back to live in that flat,' he said. 'I've been wondering if you should tell your landlady you want to end the tenancy.' That was enough to bring scalding tears to Millie's eyes again. 'Why don't you go there and decide which of your things you want to keep? We could arrange for them to be brought here and finish with that place.'

Millie was biting her lip. 'If I did that you'd have no way of getting shut of me. I'd have nowhere to go.'

'I don't want to get shut of you, Millie. I don't like to think of you and Sylvie alone in that flat.'

Millie stifled a sob. 'I've been worried about you paying the rent for me for all these weeks. I've let you do far too much . . .'

Sylvie had gone to sleep, she put her down in the opposite

corner of the sofa, so she could give her mind to what Peter was saying.

'It doesn't add up to any great sum and anyway, I've a proposition to put to you that will solve things.'

Millie had thought of little else for months but how to earn a living and look after her baby, and could see no way round it, but she was glad he was trying to help her.

He was looking at her intently. 'Hattie has been with us since my wife died and she feels ready for a change. Her sister Mary has just nursed her husband through a long illness, and now she's alone she wants Hattie to go and live with her in West Kirby. It seems a good idea. They're relatives on my mother's side and Hattie has been very good to me but now the girls are older, she feels I don't need her as much as Mary does. The only problem is the housekeeping. Would you like to take that over and act as housekeeper? I would pay you.'

'You don't have to pay me.' Millie was touched and almost overwhelmed by emotion. She brushed away a surreptitious tear. 'You've already paid out a small fortune on my behalf.'

'Of course I must pay you.' He looked serious and intent.

'I'd be happy to do it for nothing. It's just that I don't know whether I could do all the things Hattie does.' Another tear rolled down her cheek.

'Hattie is happy to stay on for a while to explain what needs to be done, and we'll give you time to get the hang of things. She says you're a great help about the house and already quite a good cook.'

'Well, I don't know. I used to cook for my mother of course, but plain stuff.' She thought of the complicated four-course meals Hattie put on the table and her confidence deserted her. 'She cooks delicious food and seems so efficient.'

He laughed. 'You will be too, with a little practice. Arthur Knowles was full of praise for the work you did in the lab and you're coping well with the baby, so perhaps you could find time to do a little more about the house.'

Millie suddenly realised what a gift he was offering. 'Yes, yes, thank you. You're giving me a wonderful chance. Where else would I get a job and a home and be able to keep my baby?' She looked at him suspiciously. 'Are you sure? It sounds so suited to my needs that it's almost as though . . . Well, it sounds as though you are trying to help me rather than provide yourself and the girls with a well-run home.'

He jerked to his feet. 'What if it is? We would miss you if you left us.'

Millie leapt to her feet too, flooding with relief. At last she could see her future beyond the next week or two. 'Thank you,' she said, standing on tiptoe to plant a grateful kiss his cheek. 'From the bottom of my heart, thank you.'

It came as a surprise to feel his arms tighten round her and his lips descend on hers in a passionate kiss. Tingling all over she responded, full of exuberant joy, but just as suddenly he released her and pushed her away from him.

'I'm sorry.' His face was the picture of embarrassment. 'I shouldn't have done that. It was taking advantage . . .'

'No, it wasn't,' she protested earnestly. 'You've done so much for me that nothing would be taking advantage. I'd do anything for you.'

He stood looking down at her for a moment. 'It would, Millie, that's the trouble.' He shot out of the nursery and she heard him hurrying downstairs to his bedroom on the floor below. He'd forgotten to say goodnight and usually he was punctilious about such pleasantries.

For her part she felt swept away by her feelings. Peter was a lovely, kind person and she felt full of gratitude and relief, but she'd been wrapped up with her baby and so full of her own problems that it had taken that tingling thrill when he kissed her to make her realise what she felt for him.

Of course she'd known he'd liked her. He wouldn't have done so much to help her if he hadn't, but that one kiss had changed everything, she was now overwhelmed with joy. She laughed out loud. She had something to thank Ryan McCarthy for after all. She was no longer an innocent young girl. She understood that all men needed love and sought it in this way.

She doubted now that Ryan had ever been truly in love with her. He'd been uncaring and had thought only of himself, but Peter Maynard? His first thoughts had been for her welfare, but in that one unguarded moment he'd betrayed his feelings for her and been mightily embarrassed. She'd seen love in his eyes. Love for her.

She felt warmth spreading through her, she was thrilled. She found it hard to believe that a man in Peter Maynard's position could fall in love with her, but why else would he go out of his way to be this generous to a girl who used to work in his business?

Now she thought about it, she had sensed that his attitude towards her was changing. He'd told her not to keep calling him Mr Maynard. 'I can't do with that sort of formality at home.' The way she thought of him was changing too, but she was living in his house and they were seeing more of each other, so it was bound to change in one way or another.

Millie picked up her sleeping daughter and went slowly to her bedroom. She'd been delighted, excited even at the thought of being his housekeeper and part of his household. That would have allowed her to keep her dignity and bring Sylvie up in pleasant and happy surroundings, but if she was right, this was a total miracle. She needed to discuss all this quietly with him. Millie could see why he wanted to fight his own feelings; nobody would see her as likely to make him a good wife.

Over the next few days Hattie took up most of her day as

she taught her how to run the house. It took Millie some time to realise that Peter was avoiding her. She began to think that perhaps, after all, it was a housekeeper he wanted.

Another month passed, and while Millie believed she was growing closer to the rest of the family, she felt she was being sidelined by Peter and this upset her.

The conversation at mealtimes tended to centre on Valerie and Helen, as they had both decided they wanted to have careers as teachers. Valerie was the more academic and wanted to go to university and teach history to teenagers, while Helen liked young children and wanted to teach in a primary school.

Peter smiled at Hattie. 'Teachers, would you believe it?' Esme had been a teacher. 'They're following in their mother's footsteps.'

'Don't you think it's a good idea?' Helen demanded.

'Yes, if that's what you want. You've both got time to change your minds a dozen times if you need to, but it's as well to have something to aim for.'

'It's essential,' Valerie retorted. 'You'd sweep us into the family business if we weren't set on something else. You'd better watch it, Hattie, or you'll end up there.'

'I'm looking for less work not more,' Hattie said. Recently, she'd spoken a lot about her plans and had set a date for leaving. 'Anyway, it's too far to come from West Kirby.'

'No it isn't,' Peter said. 'There's a fast train service.'

'See what I mean?' Valerie giggled.

'I'm too old and I know what a hard taskmaster your father can be,' Hattie teased. 'Now Millie's showing her mettle and can cope with you all, I look forward to a life of leisure with not a teenager in sight.'

They laughed together but Millie felt left out. Peter had hardly looked at her throughout the meal. It had been the same at other recent meals. There had been so much passion in that one kiss, it should have shown him that they loved each other, but it had made him less friendly. It had spoilt everything. Of course, she should have realised straight away that marrying a girl like her with an illegitimate baby was a step too far for a Maynard. They were an important family and he was her boss.

But it didn't have to be marriage, she'd settle for less. After all, she'd done that with Ryan McCarthy though she sensed that Peter would never treat her as he had done. She loved Peter Maynard and wanted as much of his love as he could give. She spent some time wondering what she could do about it, but this was bringing it to a head. She would have to make an opportunity to talk to him and tell him what was in her mind. Never mind the awkwardness and embarrassment; she'd have to get over that.

That evening, she fed and put Sylvie to bed a little earlier than usual. Nowadays she made preparations for breakfast before she went upstairs, so she busied herself in the kitchen until she knew the family had gone to bed and Peter was alone in the sitting room. At the last minute her resolve weakened, she felt shy of what she would have to say. Don't be a coward, she told herself, if he couldn't do it and she wanted it, then she would have to, so taking a deep breath she forced herself to join him.

He was slumped in his favourite armchair enjoying a nightcap of whisky. 'Hello,' he said. 'I'm going to miss Hattie and so will the girls, she's been a real friend to the family.'

Millie made herself sit down. 'Nobody will miss her more than me, I'm not at all sure I can fill her place. I'm going to need her, but I don't want to talk about Hattie.'

His eyes came up to meet hers and she knew she had his full attention. 'What is it?'

Millie forced herself to say, 'You're avoiding me and it's

the last thing I want. You showed your feelings and now you're sorry.'

He pulled himself upright in the chair, 'Yes,' he said stiffly. She waited but he didn't go on. She couldn't look at him.

'Why are you sorry? Have you changed your mind about me?'

She'd rehearsed these questions and thought it would pin him down, but though she waited, he said no more.

'I haven't changed my mind about you,' she added, and realised she'd never spoken of her own feelings. 'I love you,' she stammered. 'You've made me love you.'

She stole a glance at him to find his gaze was on her face. She felt he was looking into her soul. 'Millie,' he said at last, 'you're a young girl and you have all your life in front of you. I'm nearly thirty years older. More than old enough to be your father.'

'I know that.'

'You haven't thought through what it would mean. Youth leaps into things. I've grown more cautious, I've learned to consider things carefully first. You have so much more energy than I have, you'll want to be out doing things. There's so much of the world that's new to you, whereas I've had years of it and now need my armchair and slippers. I won't want to take you out dancing very often.'

Millie's mouth had gone dry, how could he believe such things should stop them? That first kiss had left her longing for more. 'I can live without dancing,' she said. 'You do a lot of things I've never even thought of. How do you know that I won't enjoy them too?'

He didn't answer for a long time. 'I'm not sure it's a good thing for you to tie yourself to an old man like me. I'm very staid and set in my habits. I know what I like and what I don't.'

She smiled. 'I think it would be a marvellous thing.' Again he didn't answer and she was forced to go on. 'Why are you afraid of getting married again?'

She saw the shock on his face. 'Married?'

Millie had misgivings but made herself go on. 'Wasn't that what we were talking about?' He finished off his whisky in a gulp and got up to refill his glass. It seemed he didn't want to discuss marriage. 'I know you like Hattie. She's much the same age as you and she likes the same things as you do. I see you laughing and talking together, she's everything you seem to be looking for.'

'Hattie? Yes, she's good company.'

'So why are you letting her leave? Is that down to your caution too?'

He was silent for some moments. 'No, not caution – it's a long story. She came to help us when we needed it. She sorted us out. Hattie and I have got to know each other pretty well over the years. But I thought you didn't want to talk about Hattie.'

'You've got me interested in her now. What you say makes it even less likely that she'd want to leave. Go on.'

He smiled. 'You know how to dig. You're better at it than the girls.'

Millie said, 'Aren't you going to tell me?'

'Well, many years ago, when we were both in our twenties, Hattie and I were very fond of each other. She had a friend called Esme and she introduced us. Somehow I turned to Esme and married her instead.'

Millie had to smile. 'Didn't that upset Hattie?'

'She married someone else soon after and went on to have three children. But we are related so we didn't lose touch. Her husband died of cancer about the same time as Esme died. I thought … and I think perhaps she did too, that we might get together again.'

'But you haven't.'

His smile was tremulous. 'The spark was no longer there – if it ever had been. Without that, marriage wouldn't have worked, would it?'

'Oh, the spark!' Millie felt her heart somersault. 'I think you've decided you like me,' she said shyly. 'Does that mean I have the spark for you?'

The question hung between them for what seemed an age. 'I suppose you must have,' he finally admitted.

'Well,' Millie said with utter conviction, 'you certainly hold the spark for me.'

'I do?'

'Absolutely. That makes two sparks.' Her confidence was growing. 'Couldn't we have a blaze?'

'Possibly, except that you're so painfully young.'

'It doesn't have to be marriage,' she said, daring again. 'Not with me. You must know I'd settle for less.'

'Millie!' He jerked upright in his chair. 'Do you think I would allow you to do that?'

The silence stretched between them endlessly while Millie tried to think. At last she said, 'So the problem is my age? Don't I seem a lot older than Valerie? Hasn't my life made me grow up more quickly?'

'Yes,' he said, 'you seem very much older than Valerie, but not old enough to get entangled with an old man like me.'

Pete felt no less embarrassed than he had the last time. He had to get away from her before he committed himself too far. Of course he was in love with her but how stupid could he get? James would laugh at him and so would all his friends. He daren't touch her, because once started he'd never stop. Yet it was taking more strength than he had to keep his hands away from her. The law would say he'd enslaved a girl too young to resist his persuasion. She was already cooking for him and handling his laundry; if he took her into his arms and showed his love, they'd call her Lolita.

He'd seen her breast-feeding her baby with a tranquil Madonna-like smile on her face and that would set any man's emotions on fire. He wanted to marry her, make it all legal and above board, but she was a minor. She'd need permission from a parent or guardian before she could marry. She'd told him when and how she'd discovered she'd been an illegitimate baby. Millie had said she knew of no other relatives and sobbed that she was afraid her mother had been turned out of the family home when her pregnancy became noticeable, and how she wished she'd been able to talk about that with her. But by the time she knew about it her mother had been too ill to open her mind to her. That had wrung his heart.

It seemed Millie's mother had brought her up single-handed and he'd seen the close relationship they had, but now when Millie needed her permission to marry, she was no longer alive. She'd said she knew of no other relatives. Pete had no official status as her guardian though he'd inferred to Hattie and the girls that he was acting in that capacity, but that wouldn't give him any legal rights and as he was thinking of marrying her himself he'd be laughed at. Perhaps also he'd be seen as taking advantage of a vulnerable young girl who had no one else to turn to.

Pete told himself he was several sorts of an old fool, but yes, it was what he wanted. He wasn't sure how it could be done or even if it could be done, but there must be some way. Millie seemed very sure of her feelings and he was too old to waste the years waiting until she was twenty-one.

He gave the matter a good deal of thought over the next few days, and then in the office where Millie could not possibly overhear him he telephoned Alec Douglas, the solicitor who had acted for his family for years, and to whom he paid a fee to help with any legal problems that might arise in his business.

'Alec,' he said, 'I need your advice on a personal matter.' He outlined his problem.

'Not a common problem,' he was told. 'More people have difficulties breaking up a marriage than putting one together. Well, I can't deal with that myself, it's not my field, but I can recommend somebody who can.'

Peter rang the person whose name he'd been given. 'Yes, it's perfectly possible. The young lady will need to apply to the Court of Summary Jurisdiction for permission. I can handle that for her if you would make an appointment for her to come in, and she gives me the details.'

'Is this permission easy to get?'

'They're unlikely to withhold it unless there's good reason.'

Pete sank back in his office chair. Now that the difficulties seemed surmountable, he felt he could seriously consider marrying for a second time. It was seven years since Esme had died and he'd been in emotional turmoil for several years after that, but it had been a happy marriage and once he was able to think of the future he'd wanted another wife. Hattie had sorted out his house and his family and was eminently suitable but they'd eventually decided not to settle for a marriage based on friendship.

He was now forty-six and many would consider eighteen-year-old Millie to be less than suitable. He didn't care, he loved her and she'd had enough guts to tell him she loved him. He'd been surprised at how tenaciously she'd talked about their feelings, it hadn't seemed to embarrass her. She was his best chance of happiness now and he decided to grasp it. He'd talk to her tonight when he'd got the girls off to bed.

Chapter Six

It was Hattie's last night with them and Pete had wanted an especially good dinner of four courses to say farewell. Millie had pushed Sylvie round the shops trying to buy extra food and had helped Hattie with the cooking. Pete opened a bottle of wine and gave the girls half a glass each as a taster. Millie knew he was in high good humour but put it down to the party spirit on Hattie's last night.

During most evenings while they ate, Sylvie dozed or kicked happily in her pram in the hallway but tonight the louder sounds of merriment made her howl to join them. It was Helen who picked her up and brought her to the table where she was passed round, wide-eyed and playful, smiling at them all.

It was later than usual when they finished eating, and Millie then had to give Sylvie her last feed of the night. She carried her up to the nursery to do it and was surprised to find Pete was following her. She started by changing her napkin because Sylvie was usually half asleep when she'd had her feed.

When she was ready to start she found Pete was standing at the door but making no move to go. She hesitated. 'You don't usually like watching me feed her, do you?'

'I do, Millie, very much, too much. I'm staying because I have something to ask you.'

'Oh, what is that?' Breast-feeding had become a matter of routine to her, she got on with it.

'Will you marry me, Millie?'

She felt the blood rush up to her cheeks and jerked up so suddenly that the baby lost her grip on her breast and wailed in protest. 'Marry you?' She stared at him open-mouthed while she fumbled to settle her baby again. 'I'd love to, you must know it would be a dream come true for me. Beyond my dreams really, but I thought you said I was too young. And there's Sylvie, she's another man's child.'

'I love you and I can love Sylvie because she's yours. She's a beautiful baby and less demanding of attention than my two ever were. I want you both close to me for the rest of my life. It can be arranged. Anything can be arranged so long as you love me.'

'I do,' she said. 'How could I not love you? You've done so much for me.'

'It's not your gratitude I want, Millie, that's not the same thing. It's full-grown love I'm looking for.'

'I love you very much. You know I do. Heart and soul.' He came over to sit beside her on the sofa and tried to kiss her, but the feeding baby got in the way.

It was after midnight when Pete and Millie went down-stairs again and found that Hattie and the girls had washed up, reset the table for the morning and gone to bed. Millie had never felt less like sleep, she was excited and it seemed Pete felt the same. He found the unfinished bottle of wine and poured what remained into two glasses.

'We've made the big decision,' he said, 'but there's a lot of practicalities to decide. I want you to know that I'll legally adopt Sylvie. I'll be her adoptive father if not her natural one, so you'll know I'll always have her interests at heart. She'll know no different.'

65

Millie nodded. 'She'll have a much better life, here with you.'

'I want you to have a better life with me too. I want to do the right thing for you. I want you to be happy. I want our love to last. Hattie has shown you how she thinks this house should run, but as my wife I'll expect you to change things you think might make it easier or better.'

'Pete, the more I see of you, the more I trust you. You always do the right thing for other people.'

'You'll need a year or so to settle down as a wife and mother, but you also made a good start in our perfume lab, and if you decide later that you'd prefer that to being a full-time homemaker, that would be fine by me. Is there anything else?'

She couldn't suppress a giggle. 'The thought of becoming stepmother to Valerie and Helen scares me.'

'It needn't. They're good girls,' he said, 'they've got their feet on the ground and we're all getting along very well together already. I shall make it a prime aim to see that things continue in the same way.'

Millie got up early the next morning to feed Sylvie and set about making tea and frying bacon for breakfast and very soon the family was all round her chattering like birds.

Pete smiled his understanding across the table to her as he announced, 'Millie and I have some news for you. We are going to be married.'

Valerie and Helen screamed with excitement. 'How marvellous! Can we be bridesmaids?'

'No,' Pete said. 'Due to my advanced years, it isn't going to be a wedding like that. It'll be a very quiet wedding.'

Valerie gasped. 'Millie, you mustn't let Dad talk you out of a white bridal gown and veil.'

'He hasn't. I've grown up too fast, left all that behind.'

'You must.'

'No, a white gown and a big celebration is not what we want. I've got Sylvie, you see. It'll be in church, but just for the family.'

'Millie, you'll be our stepmother!' Helen pulled a face.

'I'll try not to be a wicked stepmother to you.' Millie tried to smile.

'They aren't scared, Millie, they already know you. And they know you aren't going to change.'

Hattie laughed. 'I could see this was about to happen.'

The wedding took place at ten o'clock one morning just as Pete had planned, in the nearby church the Maynard family had traditionally attended. Only Hattie and his two daughters were present to witness it. Millie carried a bunch of flowers from the garden and they went home to lunch afterwards. There was no music, no marriage pageantry, but it was legal, and Millie set about being a wife and a homemaker. She'd never been happier and knew Pete felt the same, though it took her a while to feel at ease housekeeping on the scale he required for his family. He doted on his daughters, and Millie learned to love them as much as he did and miraculously they seemed to meld into a happy family.

'We Maynards were brought up to believe that the family was very important,' Pete had explained to her. 'We support each other and stick together. William, my grandfather, started the business in eighteen forty-nine and it proved profitable. He had ten children and as his family grew he expanded his company, with the intention of giving all his progeny and kinsmen a means of supporting themselves in perpetuity. Every boy born to the family after that has been given the name William to honour him. My father was William Alfred, I'm William Peter, and my brother is William James. Grandfather took a long-term view and we heirs should all show our appreciation of that.'

The years passed, Sylvie started school and Valerie and Helen grew up and went to college. Millie decided that she'd like to go back to work and do the training course Arthur Knowles had once recommended. She took time off to have her babies, and worked part time while Simon and Kenny were young. Pete encouraged her, saying she needed to reach her full potential to be truly happy.

Arthur Knowles was still running the perfume department when she returned. He'd worked there all his life and told her she needed to learn more about the science behind the making of perfumes. He lent her books and recommended others, and she went regularly to night school classes for years. Pete took her to Grasse to see the fields filled with flowers grown entirely for the production of perfume. Then he'd taken her to the French perfume houses where the flowers were distilled for their scent and from whom they bought it to use to manufacture their soaps and talcum powder.

Maynards had made little profit during the Depression of the 1930s and even less during the war, though they'd kept the factory working using the employees who were too old to fight. Their products had been reduced to utility standard; much plainer with minimum packaging.

Sadly, Arthur Knowles was killed early on in the war, and Millie had had to run the laboratory on her own after that. When at last peace came, the firm had used up its financial resources. The same could be said of Britain as a whole.

The population was exhausted but factories had to change immediately from making munitions to earning a living again. With so many of the ingredients in short supply, it had taken superhuman effort on Pete's part to recommence making the luxurious soaps and talcum powders they'd once found so profitable. But he had turned the company round, the profits were increasing.

★ ★ ★

The first morning she was back home in Liverpool, Millie slept late and felt she was jerked violently back to the loss and grief of the present, and the dreadful prospect of telling Simon and Kenneth that they would never see their father again.

The boys were weekly boarders at Heathfield, a preparatory school in Woolton. She couldn't bear to tell them the news over the telephone, so she waited. On Friday, she tried to ring the headmaster because she thought he ought to know, but he was teaching. His secretary made an appointment for her to see him before she picked the boys up at the end of the school day. She drove over to collect them that afternoon as she usually did, and had a quiet word with the headmaster first.

She took away two small boys with happy, innocent faces wearing their smart school uniforms. Simon was very like his father to look at, and the first thing he said was, 'How did Dad's birthday trip go?' That threw her a little, but she was non-committal and soon the boys were telling her about a sports match at the school.

Millie had spent days trying to think of the best way to tell them, but like Helen she'd come to the conclusion there was no best way. She'd made up her mind to say nothing in the car where her attention had to be on driving; instead she planned to get them home first and had set out an afternoon tea of sponge cake and scones on the dining-room table in readiness. Sylvie met them at the front door with a face ravaged by tears.

Simon could see there was something wrong and said, 'What's happened? What's the matter?'

They sat on hard dining chairs, one on each side of her, and she put an arm across each of their shoulders to pull them close. They all wept for Pete, Sylvie too, though in

69

truth she'd never stopped. Millie had never missed him more, he was so much better at explaining away their problems than she was.

Later that evening when she'd quietened them down a little, the phone rang. She was glad to hear Valerie's voice. 'I'm arranging for Dad's body to be brought to Liverpool,' she said. 'The police haven't officially released it yet though they say there will be no trouble about that. I'm told there'll have to be an inquest but it was described to me as routine. All the same, Millie, you'll be called to give evidence because you were with Dad at the time.'

Millie had been expecting it, but the prospect made her shudder all the same.

'Don't worry about it. The police tell me that the findings at the post-mortem mean Dad's death will almost certainly be found to be an accident. There won't be any difficulty.'

'What about Sylvie? Will they want her to give evidence too?'

'I'm afraid they might. I've given them your home address, you'll hear direct about that. How is Sylvie?'

'Taking it badly, she can't stop crying. The boys are coping better with the bad news. I'm going to take them all out for the day tomorrow to try and take their minds off it.'

'By the way, I've rung Uncle James again and he says he'll make the funeral arrangements, and would you let him know what hymns you would like in the service, and whether there's anything special you want.'

'I must go and see him,' Millie said. 'Pete and I should have gone back to work on Wednesday.'

'Uncle James won't expect you yet,' Valerie tried to soothe. 'Don't go back until after the funeral.'

'You're probably right, I'll leave it a bit longer but it's my responsibility to make sure there's enough perfume on hand to keep the factory working, and I'm sure the sooner Sylvie has something to occupy her, the sooner she'll feel better and more her normal self.'

Millie was worried about her changed financial position. She was suddenly head of her household and responsible for three children, though Sylvie considered herself grown-up now that she had started to earn. The problem as Millie saw it was that she wouldn't have Pete's salary.

He'd always spoken freely about their income, but he'd believed in enjoying life and she knew they'd lived up to the hilt on it. He'd encouraged her and Sylvie to spend their earnings on themselves. She knew he had life assurance and had made a will in her favour when they were married. He'd shown her a copy at the time but it was so long ago she'd forgotten the details. She knew where he kept important personal documents so she looked it out.

The sum assured on his life now seemed quite small. His will gave a legacy of three thousand pounds to Sylvie and to each of his older daughters, and a codicil added at a later date left the same to each of his sons. Millie could see that he'd left her the residue of his estate, comprising the family home on which there was no mortgage, all his goods and chattels as well as his half share of the business. It was more or less what she'd expected.

Pete had been a good provider and had taken his responsibilities seriously. She was comforted. She'd have her own salary and a share of the business profits and it all seemed manageable, she had no reason to worry. She rang Pete's solicitor to tell him about the accident and his words of condolence made her weep again after she'd put the phone down.

William James Cornelius Maynard had been in bed when his niece Valerie had telephoned; he rarely felt able to get up before eleven o'clock these days. His man Dando had had to help him into his dressing gown and slippers so he could speak to her, as his phone was downstairs in the hall. It had given him a nasty shock to hear of Peter's terrible accident. He'd felt quite faint and had had to go back to lie on his bed for half an hour.

He was sorry about Peter, of course he was. He'd not had a lot in common with his brother, but Peter had stood by him and supported him in his periods of illness. It was unfortunate that he couldn't run the business in his brother's place, but he was afraid his bad back would no longer allow him to spend long days in that office.

Lilian his wife and the eldest of his three sons, Roderick, had been killed in a freak daylight air raid in 1941. They had been visiting Lilian's mother and sister when the house had received a direct hit, wiping out all that side of the family. Roderick had been the son most interested in working in the business and the most able. Peter had praised him and said he always pulled his weight. He'd been the designated heir for the job of managing it.

Marcus, his youngest son, had started work in the office too, but both Pete and Roderick had thought his heart wasn't in it, that it didn't suit him. It had been his own wish to leave and he'd tried several other careers afterwards, some with more success than others.

Marcus had married in 1938 and James had expected that to settle him down, but the following year he'd been off again. He'd volunteered to join the King's Own Regiment where his public school education had been sufficient to ensure that he'd been sent for officer training and offered a commission. His rather aggressive manner seemed to suit the army and though he saw little actual fighting throughout the war, he'd achieved promotion to the rank of captain.

Always in the past he'd become dissatisfied in a year or two and moved on to another job, but the army didn't allow for personal choice, especially not in wartime. Now it was over, Marcus had written to say he couldn't wait to get out and that he felt he ought to do his duty by the family business and try to restore it to its pre-war profitability.

James was not sure Marcus had the ability to do that, but he would have to earn his living. At least he'd married well. Elvira had been an eminently suitable choice, being the daughter of a small but long-established firm of soap makers. Surely he'd settle down once he came home.

Nigel was older by two years and a totally different personality. He'd gone haring off to India in 1936 and James had heard little from him since. But Nigel had a better brain than Marcus, he was more academic and had achieved a degree in archaeology from Liverpool University, though he'd been unable to see that there were subjects that might be more useful to him in business than that.

He'd played around on archaeological digs in Crete and Syria for a few years, before joining the Colonial Service and going out to India, and once war had been declared he'd been trapped there for the duration. Now at last he had written to say he'd given in his notice and hoped to get a passage home. He, too, felt it was his duty to join the family firm.

He'd married two years after arriving in India. His wife Clarissa had been born there, and it seemed her father was a senior official in the Indian Railway Service. Her only experience of life in England had been seven years in boarding school, and James had misgivings about how she was going to get on without servants in austerity Britain.

He'd meant to talk to Peter about both his sons joining the firm but he'd not got round to it. Peter would surely have been happy to train them both. All would have gone well except for this terrible accident. But what really worried him was Peter's will. He'd have made a new one when he married for the second time, but in James's opinion Millie had been an unfortunate choice of wife. The best he could hope for was that Peter had left his half share in trust for his two young sons. As James saw it, if it was going to Millie it could give them problems. She could turn difficult. He didn't trust that girl.

All the misgivings he'd had when Roderick had died returned to plague him. His back had been troubling him from long before that but it was his profound grief at the death of his wife that had given him insomnia. He'd never recovered his health since then. He'd do his best for his two remaining sons by trying to return to work and take Peter's place to help them ease in.

He rang the vicar about Peter's funeral. He was sympathetic and James couldn't halt his words of comfort, but he promised to take over most of the funeral arrangements on his behalf. James rang their solicitor to tell him of Peter's death; he was full of sympathy too, and said he'd already been notified of his death by his wife and had looked out the will. The news couldn't have been worse and was very worrying: Millie would inherit Peter's half share of the business. It meant that half of the profit would be going her way and they'd never ease her out of the door while she owned half. It made James feel so sick that he had to go and lie down again. His brother's death was giving him so much extra work and worry.

Chapter Seven

Millie was dreading the funeral. There was something frighteningly final about that, it was the end of everything she'd known. And every time she closed her eyes, Pete's face was before her, seeming to urge her on as he often had, 'Come on, love, you'll get through it,' the corners of his mouth turning up in their habitual half-smile. He only left her thoughts when she had to concentrate on something else.

Pete had been brought to Liverpool by the undertakers and was lying in their chapel of rest. Millie went to see him the evening before the funeral and tried to persuade Sylvie to go with her. She was still very much troubled by what had happened and refused. Millie was afraid she was still blaming herself for the accident.

Pete had been laid in his coffin but it was open. She sat with him for more than an hour, thinking of all he'd meant to her. A white cloth had been used to hide the wound on the side of his head but she lifted it away to see for herself. She'd been told the swinging boom had fractured his skull and caused his death. She shuddered to see the wound but it settled her mind once and for all: there never had been any hope of saving his life.

She went home to explain this to Sylvie, believing it would help quieten her fears. 'I'll take you to see that wound for yourself,' she said.

But Sylvie shook her head at the thought. 'I couldn't! I've never seen a dead person.'

'There's nothing to be frightened of,' Millie said. 'Pete loved you, he'd never have done anything to harm you. Looking at him, I could almost believe he'd just fallen asleep.'

'That's what you want to believe,' Sylvie said.

Her insight surprised her mother. 'I think you should come and see him. You'll be able to say goodbye to him.'

Sylvie leapt to her feet. 'I've told you, Mum,' she flared, 'I'm not going. I don't want to,' and she went banging up the stairs to her bedroom before Millie could stop her.

The state allowed the bereaved an additional issue of clothing coupons and Valerie had applied for them on behalf of them all, but Millie was not in the mood to look for new clothes. She had a grey suit and thought that would do well enough. Pete would not think black clothes a necessity.

Sylvie had been fascinated with Dior's New Look which was said to be taking the women of the country by storm. She'd made cuttings of pictures from newspapers and magazines showing the longer more glamorous clothes, but very few had reached the shops in Liverpool. The government was campaigning against the new style, saying it was a waste of cloth and the country couldn't afford it at this time. Usually Sylvie needed no encouragement to add to her wardrobe, but though Helen took her when she went to buy her own outfit, they could find no black clothes in the New Look and so Sylvie bought nothing. She borrowed a navy coat and hat from Valerie.

James had been kind enough to make all the funeral arrangements. William Charles, Pete's grandfather, had bought a large family grave in a churchyard in Mossley Hill, and Pete was to join his forebears there. Helen had volunteered to provide the refreshments for the mourners in her house, which happened to be conveniently near the church.

76

Millie had given much thought as to whether their sons should attend and had come to the conclusion that it might help them cope with their grief if they did. The point of the funeral was to give family and friends an opportunity to say their last farewells. Both Simon and Kenneth had been close to their father.

The morning of the funeral was wet and overcast. Millie collected the two small boys from school wearing their school uniforms, their faces white and anxious. The church was full because the service was being held at lunchtime so the company staff could attend without taking much time off. Millie and Sylvie were in tears throughout the service. The sight of Pete's coffin standing on its bier at the front of the church and the organ music made it impossible to hold them back.

Out in the churchyard afterwards it was worse. Floral tributes were laid out along the grassy edges of the graveyard paths. Millie could see the family grave had been opened up in readiness to receive Pete and the ornate black marble superstructure lifted off on one side. She read again the list of names outlined in gold.

William Charles Maynard 1817–1895. His wife Isabel Louise Haskins Maynard 1826–1857, and nine of their children, five sons and four daughters.

Pete had told her his grandmother had died of a haemorrhage during her last childbirth, though her baby daughter had survived. Millie could understand why the Maynards considered William Charles to be the founding father of their family. He was said to have been kindly and paternalistic to his employees, and had meant to leave the world a better place than he'd found it.

He should have had an enormous family of descendants by now but fate had decreed otherwise. To help immigrants coming over during the Irish potato famine, he gave some of them work in the factory but they were half starved and ill, and brought disease to both his employees and his family.

Of his ten children, only Pete's father William Alfred 1851–1896 had survived long enough to provide strong sons to carry on the family business. He had married Eleanor Mary Willis Maynard 1860–1932 and now their son William Peter was about to join them.

Valerie and Helen paused with the boys to remember their forebears, and Millie felt the bonds tightening between her and their families, but Uncle James stood apart and said little beyond, 'Heartfelt condolences, my dear. A great loss, I shall miss Peter too.'

She had always felt that James hadn't bonded with the rest of the family. Their kinsmen the Willises were there in force, several elderly aunts, uncles and cousins. Millie knew most of them because Pete had kept in touch. In his youth, Pete had been close to his cousin Jeffrey Willis, a giant of a man, whom he'd seen as something of a war hero because he'd spent months fleeing from the Japanese advance across Asia. He came over to kiss Millie and tell her how sorry he was. She was especially glad to see Hattie Willis and gravitated to her for the final part of the ceremony.

It was thinking of Pete that gave her the strength to control her tears while she used the brass shovel to throw the first soil down on his coffin. 'You can do it,' he was saying. 'You always knew I'd have to leave you one day, I was so much older than you.'

Millie let most of her family leave the graveyard before her and spent a few moments seeking her mother's grave. Pete had marked it with a simple stone that read: Miriam Hathaway 1890–1928. These were the two people she'd loved most and they were lying not very far apart.

She had put flowers on her mother's grave fairly regularly at first but now the vase lying on its side and the few dried stalks caught up against the headstone made her feel guilty.

She retraced her steps to pick up one of Pete's many wreaths to put on her grave and found this time that Hattie had followed her. She caught at Millie's hand and said, 'We none of us forget our mothers.'

Hattie's was a face from the past and once they reached Helen's house she spoke kindly of Pete. 'You made the last seventeen years of his life happy,' she told Millie. 'I'm glad of that, he deserved to be happy.'

'How are you?' Millie asked. She'd been fond of Hattie who had been kind and motherly towards her when she'd needed it most. Valerie and Helen were making a fuss of her, they were glad to see her too.

Sylvie wouldn't leave Millie's side. 'Who is this old lady?' she whispered.

Hattie heard her. 'You won't remember me,' she smiled, 'but I remember you very well. You were a tiny baby when I saw you last. The prettiest baby I'd ever seen, I knew you'd grow up to be beautiful. Pete must have been proud of you.'

'No.' Sylvie burst into tears again, and started to gabble about being on the boat. Millie drew her away and it was left to Helen to explain Sylvie's problem.

'If there's anything I can do to help, you must let me know,' Hattie said as she kissed Millie goodbye.

James was woken every morning at nine o'clock when his man, Jasper Dando, came to his room to open his curtains and plump up his pillows. This morning when he set his breakfast tray across his legs, James saw there was a letter propped against the teapot.

'From my younger son,' he said, recognising the writing, but he liked to eat his boiled egg and toast before they grew cold so he put it aside until he had poured his second cup of tea.

Dear Father,

Thank you for your assurance that the firm will welcome me back. It has been frustrating waiting so long for my turn to be demobbed. I'm very much looking forward to returning to civvie street and getting down to the job of putting the old firm back on its feet.

I shall be free of the army by Wednesday next and expect to be in Liverpool on Thursday. Would you be willing to put me and Elvira up until we can find a house of our own? I hope we won't be a burden on you for too long.

The shock gave James such a jolt that he spilled tea on his eiderdown. Irritably, he tossed the letter aside and mopped at the stain with his serviette. It hadn't occurred to him that Marcus would want to come and live with him. The lad hadn't been able to get away quickly enough when he'd been twenty years of age, and he'd only been back for two or three days at a time since.

Thursday next? And bringing his wife too? James felt quite agitated. He'd lived alone with Dando since Lilian and Roderick had been killed, and he'd reached the time of life when he needed peace and privacy. He'd already been upset by Peter's death and the worry about his will, but now in addition it seemed his domestic life would have to change.

For years he'd organised it to suit himself. Almost every evening Dando drove him to the Connaught Club by seven o'clock where he ate a light dinner. He let it be known that it was a private club for gentlemen but it was actually a gaming club. In his youth he'd played roulette and blackjack and stayed until the early hours of the morning, but now his ill health prevented that and he had Dando bring the car to the door at ten thirty.

He knew many of the members and met them in the bar where he enjoyed a pre-dinner drink. Like him, many were widowers; mostly they were retired and had run Liverpool's largest businesses in their working life. They provided interesting conversation over dinner and James counted it his social life.

But as Marcus was being demobbed and had decided to return to Liverpool to work in the business, he really should . . . Yes, he felt obliged to provide a roof over his head. Perhaps it wouldn't be for long, although he couldn't count the number of times he'd discussed with his friends the acute shortage of residential property in the city in the wake of the bombing. Perhaps Elvira's family could help. Anyway, they must have enough money to buy a place of their own. It would just be a question of them buying a house when a suitable one came on the market.

When Dando came to take his tray away, he asked him to tell Mrs Trotter, who came in to clean on three mornings a week, to prepare a room for his son and his wife.

'Which room did you have in mind, sir?' Jasper Dando was a small and slightly built man, with a thin ferrety face and a deferential manner.

'The big one overlooking the back garden.' It was at the other side of the house and well away from his own. Dando slept in the old servants' quarters in the attic. He'd taken over two bedrooms and turned one into a little sitting room for himself.

'And how long will they be staying, sir?'

'Not too long, I hope.'

The following Thursday, James was having his lunch when he heard the doorbell ring. He listened when Dando went to answer it, and as soon as he heard Marcus's voice he put down his knife and fork and went out to greet him. A car with gleaming paintwork and sparkling chrome, brand new, a rare sight these days, was pulled up at his front steps and his son was unloading suitcase after suitcase on to the gravel.

'Marcus, my dear. Hello.' He hadn't seen him for some time and he seemed almost a stranger, though like him he wore thick bottle-glass spectacles in heavy dark frames. He was a big burly man, both tall and broad. He was also beginning to develop something of a paunch, and as for Elvira, he hardly recognised her.

He'd seen little of her since their wedding day when he'd thought her quite a handsome girl and a catch for Marcus, but she'd put on more weight than any woman should and now she looked matronly. Her cheeks were flushed and there was an aura of pent-up anger about her. She reached up to kiss him. It was an impatient peck on his cheek.

'How are your parents? Well, I hope,' James said. 'Do come in. Dando will show you up to your room.'

'This way, madam.' Dando was heading for the stairs.

'Would you kindly help with our cases?' Her tone was frosty.

'Sorry.' He turned back immediately to scoop up two suitcases.

'You've brought a lot of luggage,' James said.

Marcus gave him a quick hug. 'I've had to arrange for two more trunks to come by train, Pa.'

It looked as though they were planning to stay for months. 'You can use the bedroom next to yours as a storeroom.'

Mrs Trotter came from the kitchen to help with the baggage, wiping her hands on her apron. He'd asked her to work a few extra hours today.

Marcus looked at her vacantly. 'Hello, it's Mrs Trotter, isn't it?' He too seemed to be struggling to hide his anger. 'And Dando, how are you? Nothing has changed here.'

'No, little changes.' James went back to finish his meal wondering if they'd had an argument in the car. His omelette had gone cold and was tasteless.

Five minutes later, Marcus appeared at the dining-room door and asked apologetically, 'Do you have any lunch for us, Pa?'

'You didn't tell me what time you'd arrive. I'll have to ask Mrs Trotter.' He rang the bell for her.

'I have some soup I can heat up in a few minutes for you, sir, and I can make you a sandwich.'

'I'll have some soup too,' James said, pushing his empty plate away.

She picked it up. 'Sorry, sir, there's only enough soup for two. Shall I ask Dando to bring your pudding?'

Elvira sailed in looking like the lady of the manor. She was a big, tall woman who held herself well, with her large bosom thrust out before her. In her youth she'd had a pretty face and an hourglass figure but neither had lasted. Now she was getting older she was developing deep lines of discontent running from her nose to her mouth, but both she and Marcus looked very prosperous. 'Thank you for taking us in,' she said. 'I hope we won't have to trouble you for long.'

James hoped so too but he said, 'You're welcome to stay as long as you need, my dear.'

Dando appeared with the inevitable fruit salad which James's doctor had advised to help his constipation. He looked at it with disfavour, today it was mostly stewed apple. Dando was setting two more places at the table.

'We'll go round the local estate agents this afternoon,' Elvira said.

'There's Markham's in the village, isn't there?' Marcus asked. 'And Stanley Jones's in Woolton. We'll start there.'

'I think they may have closed,' James said slowly. He knew they had; many estates agents had closed their premises during the war as their trade shrank. The news caused a few moments of uncomfortable silence.

'We've brought our ration books.' Elvira pushed them

across the table to him and snapped shut her crocodile handbag.

'Oh dear, I know nothing about rationing.' James pushed them back. 'Dando deals with all that for me but I can't ask him to buy for you too. Why don't you cater for yourselves, Elvira?'

'Good, I will.' She sounded short. 'Marcus can show me where the local shops are.'

There was another silence and then Marcus asked as their soup arrived, 'What about dinner tonight?'

'In the evenings I mostly eat out, except for the weekends,' James said. The soup smelled delicious, he'd have preferred that to the omelette. 'With a few friends,' he added hastily. 'Old fogies really, I don't think you and Elvira would have much in common with them. It might suit you better if you found your own places to eat.'

'Yes.' There was no mistaking the relief on Elvira's plump face.

'And you can use your ration books to buy food for your other meals. I don't get up for my breakfast so it's just lunch I eat here, possibly more on Saturday and Sundays, but possibly not.'

James hoped he'd see John Maddox this evening at the Connaught Club. He'd spent his working life running an estate agent business and his son was carrying on, with offices in several suburban areas of the city. He would ask him to find a house for Marcus to buy. Or rent. A house of any sort, a flat, or rooms, furnished or unfurnished, anything. And there was Nigel to think of too. He was due to dock in Southampton in the next few weeks and it was no good expecting him to have fixed himself up with somewhere to live.

'You'd think now the war is over things would be getting easier,' Elvira said, biting into her sandwich.

'They will soon,' James said but she was soon into her conversational stride, going on about shortages. He got to his feet. 'It's time for my rest now. Why don't you ask Mrs Trotter to show you round the kitchen? She comes only three mornings a week and would normally be gone before now. Perhaps I'll see you at teatime. Dando usually makes a pot between four and five. Good luck with your search.'

Marcus held his breath as he waited for the door to click shut behind his father. He knew Elvira was seething and had held back until they were alone. 'I can see we aren't going to be made too comfortable here,' she said. 'You didn't tell me we'd have to share a bathroom with your father and he's not exactly welcoming, considering he hasn't seen us for two years or more.'

'He's an invalid; we can't expect much from him. We'll have to look after ourselves.'

'You mean I'll have to look after you.'

'We'll find a place of our own just as soon as we can.'

'And should anything decent ever come on the market, what are we supposed to use for money? You're a damn fool, Marcus. You should have stayed put until you'd earned enough to buy us a house. It was ridiculous to get up and go on the spur of the moment as you did.'

'You know why I had to,' he said through clenched lips. 'Don't start on that again.'

It didn't stop Elvira. 'It was a stupid thing to do. Hamish said there was nothing to worry about.'

'I thought there was. I don't want to end up in jail and—'

'Shush,' Elvira hissed, as the door opened and Mrs Trotter came in.

'If you've finished,' she said, 'I'll take your plates. Shall I make you a cup of tea before I go, madam?'

'Is there any coffee?'

'No, I'm sorry.'

'Tea will have to do then, thank you.'

As soon as they were alone again, Elvira went on, 'For heaven's sake don't let anybody hear you saying things like that or you really will end up there. Don't forget, our story is that we came straight from Catterick and that the army dispensed with your services yesterday.'

'As if I could,' he said angrily. 'You have your cup of tea, and when you're ready we'll go out. I'm going upstairs to start unpacking.'

But once up in the bedroom, he viewed the mountain of luggage and couldn't decide where to start. He eased off his shoes and threw himself on the bed to consider his position. It was the perennial problem that had dogged him all his life, a shortage of money.

In 1938 he'd started married life feeling he was the luckiest man alive. He'd been very much in love with his pretty new wife, who came from a well-heeled and generous family. He'd been working for a London insurance company at the time and her parents had given them a house in Streatham as a wedding present.

They'd both enjoyed a wonderful first year of marriage in London, their only problem being that his job hadn't paid very well. Elvira had thought he could do better; she and the growing fear of war and of conscription had persuaded him to join the army. She'd been sure he'd be offered a commission if he volunteered, and she'd been right about that. To start with he'd enjoyed his time in barracks and he'd liked his officer's uniform. Elvira visited his mess as often as ladies were invited, and sometimes when they were not. She got on very well with his fellow officers and their wives and said she enjoyed being an army wife, but almost all his pay went to settle his mess bill. Elvira turned out to be a lavish spender.

His first posting had been to Aldershot and Elvira had moved into a nearby hotel to be near him, but she'd left her friends behind and said she had nothing to do but wait for him to come off duty. To relieve the monotony she made frequent trips to London where she enjoyed shopping, restaurant meals with her friends and visits to the theatre.

'Wouldn't you feel more settled if you rented a flat or a cottage nearby?' Marcus had suggested.

'No point in getting settled there,' she'd said, 'you could be posted somewhere else at a moment's notice. There's a war on, you know,' but gradually Elvira built up another circle of friends.

A year later, Marcus had been sent to Catterick and Elvira had booked into another hotel there. It was the blitz that ended her trips to London and she put the house in Streatham on the market. Marcus assumed they'd always have enough money behind them to buy another house, but unfortunately while the blitz was on nobody had been keen to buy, and their first house had sold for less than it had originally cost.

When the war ended, the army began discharging personnel on the principle that those who had joined first were demobbed first, especially if their years of short service commission had expired. When Marcus was given a date in February 1946 and began thinking of a new career, he'd taken his first careful look at their finances and had the shock of his life. Elvira had run up a staggering debt in his name. He was more than shocked, he was frightened.

'I'll never be able to find a job that will let us live and pay interest on a debt like that,' he'd said. 'It'll cripple us. It isn't possible for me to earn that sort of money. You must ask your family for help, it'll have to be paid off.'

Marcus insisted she went home immediately to do it, but he couldn't bring himself to face her family while she did. He tried to close their joint bank accounts to stop her spending any more but he was summoned to an embarrassingly painful interview with his bank manager who told him he must start repaying the debt immediately.

When Elvira returned, he wished he'd gone with her and helped her plead for help, because she said, 'Daddy says he can't afford to give me any more money, I have three brothers and they need to keep every penny in their business because it suffered during the war.'

Marcus felt desperate. 'We've got to get money from somewhere,' he said, 'absolutely got to.'

Chapter Eight

Elvira had had ideas about how it could be done, which she talked over at length with her army friends. As soon as the war ended, the government had begun to dispose of the weapons, vehicles, uniforms and a long list of general goods that the fighting forces no longer needed. Elvira told him her friends were applying themselves to the lucrative market of war surplus and Marcus felt he'd been drawn into the ring almost without being aware of it. He knew several of the other members, he'd served with some, and he was soon introduced to the civilian members.

Marcus spent the next fifteen months travelling the country to attend auctions of army surplus materials, mostly vehicles, but he'd been advised to say nothing about it. 'It would be safer for us all if your family and friends at home think you are still in the army,' he was told and he'd been sworn to secrecy.

The ring he'd joined often went to auctions twelve or fifteen strong. They aimed to buy as cheaply as possible by bidding only against strangers, never against each other. This could have a dramatic effect on the prices on which the auctioneer brought his hammer down.

Sometimes the ring held an unofficial auction between themselves afterwards, and the difference between the price the article had been bought for and the price it achieved now was their profit which they shared.

The members had also learned to sell on the goods. Armoured cars were sometimes knocked down to the ring for as little as £45, and Marcus had taken his turn at delivering them to several docks on the east coast, where he understood they were being shipped to Russia. The civilian market had a voracious appetite for cars, vans and lorries of every description. The ring learned to re-spray and re-register them and they sold like hot cakes.

Marcus had heard what they were doing described as collusion and it made him nervous but, even worse, he was afraid that sometimes the vehicles were stolen. He counted himself honest and hated the thought of theft, but he couldn't control what the other members did.

It had become common knowledge amongst those who were interested that the government had sold off sixty operational bombers and a number of fighter bombers. Then Marcus heard from other members of the ring that first two Beaufighters and then two Mosquito fighter bombers had taken off from an airfield in Oxfordshire and neither the pilots nor the aircraft had been seen again.

It was rumoured that Special Branch had established they'd been sold to the Israelis and that had started an international hunt for those responsible. A week or two later he heard that two pilots had been arrested and further arrests of those running the scheme were expected shortly. Marcus knew that a member of his ring was involved and felt sure that the activities of other members would be investigated.

He was worried stiff. He'd thrown in his lot with them for long enough to pay off his debt, and now felt he had to stop and cut himself off from activities like that. Elvira wanted him to continue. 'We need a house and a thousand other things. We need capital behind us. You'd be a fool to stop now.'

'That's easy for you to say,' he objected. 'The police won't be after you. You'll be in the clear whatever happens.'

'Don't be so silly,' she said. 'You didn't steal anything. You didn't sell armaments to other nations. All you did was odd jobs, running around at the beck and call of others who were doing those things.'

'It was fraud and collusion,' he said.

'Nobody was hurt, it was only government money.'

'That won't stop me being charged.' Marcus felt he'd been forced into doing it. Nothing else would have paid off the debt Elvira had run up. She tried to persuade him to carry on, but once he'd told the men running the ring that he wanted to stop there was nothing Elvira could do about it. They were not pleased, and he had to swear over again that he'd never mention the ring or anything about it to anybody. Fortunately, Greg Livingstone had been a good friend of Elvira's family so Marcus had been allowed to drop out.

After that Elvira was keen for him to find a job. 'I think you should either work for your family or mine,' she'd said. 'You'll earn more that way than trying to work for someone who doesn't know you.'

Marcus hadn't liked that, it sounded as though she no longer trusted him to do well in the world. Elvira's father was a formidable man and she had inherited many of his traits – both were dictatorial, self-opinionated and demanding. Marcus decided that working with his own family would be the better option, especially after he heard about Uncle Peter's accident.

Elvira agreed, though for different reasons. 'Your family will need you,' she said. 'Who else is there to run their business? This could be a good thing for you, and it's the right time to start.'

For Marcus, once they reached Pa's house everything

seemed to go wrong. Elvira had forgotten what the house was like and said it was uncomfortable, and Pa dropped two bombshells at teatime that first afternoon. He said, 'I'm expecting Nigel and his wife to come home from India within the next few weeks. He wants to work in the business too.'

That really upset Marcus, the last thing he wanted to do was to work with his brother. He'd never got on with him. Nigel had made it quite obvious that he thought him a dimwit. He'd looked down his nose at him. At school, the teachers had held Nigel up as a good example to him, whether it was for class work or on the games field. Nigel had acquitted himself well at Cambridge and landed a job he'd wanted in the Colonial Service, while he had struggled all his life to keep his head above water. Everybody seemed to like Nigel better. Marcus had had to accept that his brother outclassed him.

'Where will they live?' Elvira wanted to know.

'Here with me – until they find a home of their own. Where else can they go?'

That shocked Marcus too and he could see Elvira wasn't pleased, but Pa had even worse news for them. 'Millie is going to inherit Uncle Peter's half share in the business.'

'Millie will?' Elvira's face fell.

Marcus swallowed hard, that was a setback. 'Is Uncle Peter allowed to do that?' he asked. 'After all, it is a family business and should be kept in the family, not given to a girl like that. What about me and Nigel?'

'I don't like it either but according to Alec Douglas, Peter's will is legal and there's nothing we can do about it. He says he's applied for probate.'

'But who is this Alec Douglas? Is he right?'

'Of course he's right. The business has been paying him a retainer to handle its legal problems for years. We've had one or two difficulties and he's dealt with them satisfactorily, but Peter always liaised with him and I think they became quite friendly.'

'So we can't contest it?'

His father lost his patience. 'There are no grounds on which we can.'

'But that means we own a half share of the business between the three of us and the other half is owned by *her*.'

'No, Marcus, it means I own the other half. You don't own any shares.'

Marcus felt he'd been choked off and said no more, but Elvira said plenty to him as soon as they were alone. It rankled that Millie was going to own half the business. He hadn't seen her for a few years but he remembered her well. A small, slight but friendly girl, of about his own age; he'd quite liked her when he was young, but she'd made her fortune by marrying his uncle. Over the next few days he and Elvira could think of little else.

When he next took afternoon tea with his father he said, 'It isn't fair that Nigel and I are going to run the business and own none of it. Millie is going to gain by our efforts, isn't she?'

'Yes, it means she will be entitled to a half share of the profits.'

'Well, I don't think that's on. We won't be able to earn enough to live on.'

'If you and Nigel are running the business, you will both be earning a salary from it.'

'But the same applies to her, and that doesn't make me any happier.' Pa didn't realise how extravagant Elvira was. 'Isn't there some way we can ease her out of the picture?'

James sighed. 'You and Nigel could offer to buy her share from her. In fact, I think you should.'

'How much would that cost?' Elvira's voice was harsh.

'We'd have to agree a price with her. Between you, you could surely rake together what is needed. You could try anyway. More than likely she won't have the slightest idea what the shares are worth. It could be a good investment for you. Yes, it makes economic sense to buy her share.'

Marcus had a moment of panic. No amount of raking would find his share of the money needed to buy Millie out, and Elvira looked as though she was about to have a fit. He said, 'We could make things generally difficult for Millie so she'll want to get out. Without Uncle Peter she'll back down if we put on a united front. She won't know much about business, not coming from where she did.'

His father said slowly, 'I've never really got to know Millie and what I've seen of her I don't like. She's a very good-looking woman but an obvious gold digger and a bit of a floozy. To produce a baby in the way she did makes her disreputable. I don't know what Peter was thinking of, he should have had more sense than to accept her bastard and marry a girl like that. Still, Marcus, you should be able to handle her. By all accounts you controlled the other ranks in your regiment, largely called up from the same back streets of Liverpool Millie came from. At least you'll be able to start work straight away.'

Now the funeral was over, Millie thought she ought to be getting on with her life, but she felt at sixes and sevens and hardly knew what she was doing.

On Thursday evening, Valerie rang up to ask how she was. 'I ought to go back to work.' She really needed to check that all was well in the lab. It was her responsibility to make sure there was enough perfume on hand to keep the factory working. 'And Sylvie would be better off at work. Unless I make an effort to occupy her, she spends her time in tears in her bedroom.'

'You've both had a terrible shock. Try and rest . . .'

'But the house needs cleaning and I feel such a mess. I'm just drifting, spending too much time staring into space, thinking of Pete.'

'Millie, I'll come round in the morning to help you clean up. Helen will look after the twins for me and we'll fix something up for the weekend to keep you and Sylvie occupied. Monday is plenty soon enough for you to go back to work.'

Millie was very grateful. Valerie came and pressed Sylvie into helping her clean and polish. When Millie mentioned that her hair needed washing, Valerie had her upstairs to the bathroom and her head in a bowl of warm water five minutes later. Valerie knew how to set hair and did a good job for her. In the afternoon, she sent her and Sylvie off to collect the boys from school with instructions to take them straight to Helen's house. She had invited them all to have supper there.

It was the same over the weekend, and Millie was grateful that she and her children were kept occupied by Pete's older daughters. She got up early on Monday morning to take the boys back to school and get herself and Sylvie down to the works by nine o'clock. It was a dark, wet morning and there was little traffic about because petrol was very scarce. Pete had been given a rationed allowance in order to run the business but they had to use it sparingly. It was rumoured that a modest ration for pleasure purposes might soon be restored.

She drove down to the factory and office of William C. Maynard and Sons. The building was upriver from the Pier Head in the heart of the industrial area near the docks. Good views could be had up and down the Mersey from the front windows, though some had been covered with grimy mesh to prevent break-ins.

They'd had the building extended in 1934 when business was seen to be picking up after the depression of the twenties and early thirties. Their own building had suffered some bomb damage which Pete had had repaired under the government emergency scheme, which covered the minimum to keep it safe, but nothing had been done since. It looked shabby and down-at-heel, but then so did most of the buildings in Liverpool. Paint had been unobtainable during the war. Millie made up her mind to do something about it as soon as she could.

As they entered the building the strong scent of many perfumes immediately enveloped them, and they could hear the machine stamping out tablets of soap as they climbed the stairs to the offices on the upper floor. Millie paused outside the door to the typing pool. 'Come and collect me when you're ready to go to lunch,' she said to Sylvie. They often went to Parker's Refreshment Rooms in the dinner hour as it saved the rations for other meals.

Sylvie didn't look well but she was dry-eyed and seemed more composed than she had for days. Millie dropped a kiss on her cheek before walking along the corridor to the rather grandly named Perfume Laboratory, which was at the back of the building overlooking desolate ruins, buildings that had been bombed in the blitz and were still waiting for redevelopment. Pete had bought for the company a cleared bomb site next to the building to provide added space to load and unload goods and materials, and also to use as a car park.

Millie ran the lab with the help of Denis who had joined the firm three and a half years ago at the age of sixteen to learn the trade as an apprentice. He was proving very competent and she was able to leave a lot of the routine work to him now.

Arthur Knowles had fired her own interest and taught her most of what she knew. Denis's mother was Arthur

96

Knowles's daughter and as Arthur had run the lab for years and been very friendly with Pete, they'd both taken a keen interest in Denis. Millie was grateful for the help Arthur had given her and wanted to hand on her knowledge to his grandson. Not that Denis resembled Arthur. He had a round, youthful face, inquiring brown eyes and dark curly hair that fell all over his forehead.

Millie opened the door and caught the powerful waft of fragrance, a potpourri of the many scents she blended. It was a large room set up as a basic laboratory where dyes could be mixed and perfumes blended. Almost all the wall space was covered with shelving holding bottles and jars of every size filled with essences and essential oils, all carefully labelled and dated.

There were huge copper containers holding the concentrates she produced, and big stands held more jars, bell jars and aluminium drums, making avenues up and down the room so it was impossible to see across it. There were two sinks and benches at which she could work. She had her desk in the furthest corner, while Denis had taken over what had been her workstation when she'd started – a small table with a bookcase and chair in a corner near the door.

As she closed it behind her Millie heard an exasperated voice say, 'Well, come on, I want to know what this is for.'

She pulled up short when she saw James's younger son leaning over her equipment. A nervous looking Denis stood at attention beside him. 'Hello, Marcus,' she said coldly. 'What are you doing here? Has something gone wrong?'

Denis looked relieved to see her. 'Morning, Mrs Maynard,' he said and scurried out of sight to the other end of the room.

She could see that Marcus was ill at ease. 'We didn't expect you to come in, Millie. How are you?'

She gulped. 'As well as can be expected. I thought I'd left enough essentials to keep the factory working, but of course I expected to be back on Wednesday.' She could think of no other reason why he should be here. 'Is the factory running out of perfume?'

'No,' he said awkwardly. 'Father thought you might not want to work here any more. He asked me to familiarise myself with what needed to be done.'

'Heavens! The last thing I want is to stop working. From now on, I shall need something to fill my day.'

Marcus looked embarrassed. He was Pete's younger nephew, and was some two years older than Millie. He was balding a little now but that was only visible from the back. He had a rather lordly attitude and Pete had said he was inclined to throw his weight about. His father spoke proudly of him, though he'd spent most of the war years behind a desk in Catterick.

Millie asked slowly, 'Are you saying that you're coming to work in the firm?' She didn't like the idea.

'Father wants me to.' His eyes wouldn't meet hers. 'Now Uncle Peter has . . . gone, everything will have to be reorganised, won't it?'

'Yes, but . . .' Millie felt she should have been consulted; after all, they must realise she'd inherit Pete's share and she'd worked here for years. 'Is he in today? Your father?'

'Yes,' he mumbled.

'I'd better go along and see him,' she said, 'to tell him you won't be needed to do my job. I'll continue to take care of the dyes and perfumes.' She could hear him blustering as he followed her along the corridor but she took no notice.

Some years ago, Pete had given up the largest office in the building to James because he complained of difficulty in getting up another flight of stairs to his smaller one. A large mahogany table took up some of the space as it was also used as their boardroom. Its several windows provided good views of the Mersey.

She rapped sharply on the door and went in, closely followed by Marcus. James lowered the newspaper he'd been reading and pushed himself back from his grand mahogany desk. He was three years younger than Pete but had developed heart trouble in his forties and had suffered two small strokes. He'd had considerable ill health since and was absent from work a good deal of the time.

It had been Pete's opinion that he'd slowed down to the point of doing next to nothing and should have retired years ago. But James needed to believe he was still capable of doing a day's work so Pete had taken over all responsibility for running the business while encouraging his brother to think he was still playing an important part.

'Emily!' He was struggling to pull his bulk from the chair and come to greet her. He had a florid complexion and very little hair left, his pink scalp was shiny and he was seriously overweight. 'There was absolutely no need for you to come in, my dear. How are you?'

'A bit shocked, James, to find Marcus in the lab trying to familiarise himself with my job so he can take it over.'

James looked taken aback. 'Oh my dear, that was not the intention, not at all. You mustn't think like that. We were afraid you'd be needing help now.'

'Not with a job I've been doing for years.' She stood resolute before him. 'He was trying to pick Denis's brains on lab work but I'd prefer him to deal with me.'

'He didn't want to bother you at this difficult time. Come and sit down.' James pulled out a chair in front of his desk and urged her to it. 'How are the children? They must be very upset.'

'They are but—'

'Peter's death affects all of us. It also affects the business. I

99

meant to have a word with Pete, but events have overtaken me there. To be honest, I'm thinking of retiring. There doesn't seem much point in carrying on now Marcus has been demobbed.'

She stared at him. 'What?'

'Now the war's over I need to find another career,' Marcus told her.

Millie turned back to his father. 'Are you telling me Marcus is going to take over from you?'

'Millie, it's been on my mind since poor Peter . . . well, since he died,' James took off his heavy spectacles and mopped at his eyes, 'that you might like to sell his share of the business to another member of the family.'

Millie was astounded. 'Why?' she demanded.

'Well, we thought you might prefer to move on now Peter's gone.'

'Sell to Marcus, you mean?'

'Well, yes, Marcus and Nigel.' James was struggling. 'They need to earn a living and the business won't support us all, not like it used to. They work well together and both want to find a new direction in life.'

'But they know nothing about the business,' Millie protested. 'We need somebody who does.' Most of their senior managers had been working for them since before the war. Pete had believed them to be totally reliable but they were all close to retirement age now, and there wasn't one who would want to run the company. 'Wouldn't it be better to bring in an experienced professional manager from a similar trade?'

'I don't believe that will be necessary. Both my sons are adaptable and quick to learn.'

'But Marcus has spent years in the army and Nigel in the Colonial Service in India. They can't run the company without an understanding of—'

'These are hard times, Millie,' Marcus came to his father's aid, 'and there's no point in hiding the fact that we're disappointed with the way the business is performing. It isn't making the profit we'd hoped for. The war drove it almost out of existence, but it should be pulling up now. It needs more vigorous management, a different approach, a tougher hand with the staff.'

Millie was horrified. 'It's doing well, Pete was a good manager.'

James was waving his plump hands about and his large nose was developing a purplish tinge. 'We need to watch our expenses, increase our sales, cut out the dead wood . . .'

Millie's mouth had gone dry. 'You count me as dead wood?'

'No, Emily, not you. Not you at all. You mustn't take everything we say personally.'

Marcus asked, 'Didn't Peter tell you we were worried about the business?'

'No, quite the opposite. I thought—'

'Peter was worried too.' James was trying to support his son.

'No,' she was shocked, 'no, he wasn't.'

'I don't suppose he wanted to talk about it when he was home with his family. We're all upset about it. It's depressing to see the family firm go down like this.'

'James, what are you talking about?' Millie was aghast. 'I can't understand where you get that idea. You must know the war almost brought the company to a standstill because all our young staff were away fighting and soap was rationed. It still is because the politicians have decided scarce fats are needed for food.

'We could sell every tablet of soap we make but although we're able to get more of what we need, the lack of essential ingredients is still holding us up. All the same, both turnover and profit were up in last year's accounts.' Pete had said they were continuing to climb slowly. 'He was delighted and thought the company was getting back on its feet.'

They were looking at each other somewhat disconcerted. James said, 'Oh, I think you're mistaken, my dear.'

Millie could feel a wall of anger building up inside her. For years, James had been leaving almost every decision to Pete. It offended her that they were running down what he'd achieved. She took a deep breath, she needed to keep her temper now.

'What you say isn't true,' she said, looking Marcus in the eye. 'Pete has already pulled the firm out of the doldrums. He's turned it round. Of course it still has a long way to climb before it's making the profit it once did, but it is making a profit and everything is on course for that to continue. Pete worked very hard . . .'

James put up his hands to stop her. 'We know how hard Peter worked. Please don't think we don't appreciate all he did, but with new blood in the company, Marcus feels he can pull it together and make it achieve more.'

Marcus added for good measure, 'There's been no growth for years and very little profit.'

Millie was so furious she could hardly get the words out. 'I'm telling you there has. Have you looked at last year's accounts?' She turned to his bookcase in which the latest figures had always had a slot. Today the folder wasn't there. 'If you look at them, you'll see that both profit and growth have increased. I think he worked marvels.'

'The point is,' Marcus said at his most lordly, 'do you wish to sell Uncle Peter's share so that you, too, can make a fresh start and get on with your life?'

Millie could feel tears prickling her eyes but she was determined not to let them fall. 'I haven't had time to think much about the business since the accident, but I'll give it some thought now. I'll need to work and managing the perfume laboratory is all I know. Without Pete's salary, I'll need to maximise my income to support the children.'

James said disparagingly, 'Peter always had expensive tastes. You may have to live more economically in the future. Selling your share would give you a little money for your new life. You think about it, my dear, and let us know what you decide.'

Millie got up from the chair so quickly that it rocked. She made it back to her desk before her tears began to fall.

She felt sick with worry. It had never occurred to her that Marcus would want to buy her out of the business. That had come as a shock, especially as she'd never needed her job more. She'd thought she was good at it but perhaps . . . She leapt out of her chair and strode to the window to stare down into the shabby dockland street. Oh goodness! She must not let them get her down.

Pete had always shielded her from arguments with his brother, she wasn't used to it and it had infuriated her to hear him say they were worried about the way he'd been running the company. Marcus had been dogmatic about last year's results being bad, but she was almost sure he was wrong. She felt confused and could no longer trust her memory. It was many months since the accounts had been drawn up and she and Pete had talked about them. She didn't have a copy of them here in her office, though there'd be one in Pete's desk.

She needed to see for herself exactly what the figures were but the office Pete had used was up another flight of stairs in a turret at the end of the building, and she was afraid Marcus had already taken it over.

Chapter Nine

Millie decided to run along the corridor to see their accountant Andrew Worthington. He'd been working for them for only four months, since their previous accountant had retired. He'd been recommended to them by a relative and Pete had been pleased at the way he'd settled in. He'd thought him efficient and had told her they'd made a good choice. When she went in she was glad to see he was working on the new comptometer that they'd had to apply for a government permit to buy. He jerked to his feet when he saw her.

Pete had thought him a young man but he was actually six weeks older than Millie. Thin and rather gaunt, he'd spent months evading capture by the Japanese forces when Singapore had fallen. That he'd succeeded had made Pete see him as a war hero, but he was self-effacing and all they could get out of him was that he'd been lucky enough to have Pete's cousin who could speak Malay as a companion, and that he'd organised everything.

'You want to see a copy of last year's accounts?' Andrew pulled a chair up to his desk for her and slid a file in front of her. Millie opened it but was looking at the figures through a haze of angry tears. 'I was so sorry to hear about your husband,' he went on awkwardly. 'It must have come as a terrible shock to you. An accident like that alters everything in a moment. I liked Pete. He was a good boss to work for.'

That didn't help her tears. Neither did the sympathy she saw in his deep green eyes. 'Shall I ask for some tea for you, Mrs Maynard?'

'Yes, ring for some tea please.' She mopped unashamedly at her eyes. 'James has just told me he's going to retire and Marcus and his brother are going to take over the running of the company.'

'Oh!' He went back to his seat on the other side of the desk. 'I can see why that upsets you,' he said gently, 'but there will have to be changes.'

'I know that, but Marcus is saying Pete didn't run the company efficiently, and I know he tried very hard. They're trying to tell me we made no profit last year.'

'That isn't true.' Andrew Worthington was on his feet again. He turned to the last page of the document in front of her. His finger prodded at it. 'Here you are, you can see the figures set out in black and white. Your husband lifted the company out of the doldrums of the war years, got it producing again. You can be proud of what he achieved.'

Millie was frowning. 'That's what I thought. Well, it's what Pete told me. We've just completed another year, haven't we? Has the improvement continued?'

'Yes, the year ended on April the fifth. I've started to work on the accounts. I can't give you any figures yet but it all seems fine. I think the profit will have increased.' He supported his chin on his hands in thought. 'Why would Marcus say such a thing when you'd probably know the exact figures? Anyway, it would be easy for you to check.'

Two cups of tea arrived. Millie sipped hers gratefully and tapped at the documents she'd been given. 'I knew all this because Pete was always talking about the business. He was very involved in it. I couldn't help picking up basic facts. Marcus must think I'm a fool.'

'It makes him look a fool. Hang on.' Andrew Worthington

sat back in his chair and thought for a moment. 'He does know the position is good. His father brought him in to introduce him a few days ago, and we talked about the annual accounts. He knows what the position is.'

'What? Both he and his father say the company needs stronger management, that progress is slow.'

'Whatever they are saying, they both understand the current position. Mr Maynard senior would have received a copy of these accounts from my predecessor. Look at the bottom, there's a list of the managers who received it.'

Millie studied the printed name William James Cornelius Maynard in disbelief. 'Then why are they saying such things?' She blew her nose. 'I know James used to think of me as Pete's child-wife playing around in the lab, but that was years ago. Surely they'd give me credit for learning something since?'

The accountant was shaking his head.

'They've offered to buy me out.' She was so upset she felt her head wasn't working as it should.

'How much did they offer you?'

'No figure was mentioned. It was just the suggestion that I'd need money for my new life without Pete.' Millie stopped and tried again to think. 'What reason could they possibly have to talk of the business being run down when they know very well it is not? Would that make it cheaper to buy me out?'

His emerald eyes were searching hers. 'Wouldn't they expect you to ask for an independent assessment of the value?'

'They think I'm too stupid to do that. They think I'll jump at any offer of money. And I think they want to get rid of me, so they talk about the business as if it's too run down to be worth very much.'

'How could they expect you to believe that when you work here and can check on the profit being made at any time?'

'I don't know, but I want to stay. I'm not going to be bought out.' She spoke with more feeling than she'd intended. 'I need to work. I've got children to support and making perfumes is all I know.'

'Good for you. Your husband told me you'd developed quite a "nose", he was proud of you. Scent is very important in this trade.'

That made Millie feel better, she smiled at him for the first time. 'It is, but Marcus doesn't know much about the business and even less about perfumes. It'll all be new to him.'

'Then he'll find that you're important to the running of this business.'

'Am I?' That perked her up.

'Yes, could anybody else take your place?'

'Pete would have been able to. He had a good "nose" too, but as general manager he had too much other work. Denis would be able to make a good attempt at it but he'll be called up to do his National Service as soon as he's twenty-one, so it's no good thinking of him.' She got to her feet. 'I'm not going to let them put me out. I need to work. I'll carry on.'

'That's the spirit,' he said.

She went back to her own desk feeling a nervous wreck. She found it hard to believe James and Marcus were saying things to her they knew were false. She must treat it as a warning and not trust anything they told her. She could only surmise that they wanted her out of the business and were prepared to go to any lengths to achieve it.

It pleased her that she had an ally working here, Andy Worthington had made her realise she was in quite a strong position. He was on her side. She wouldn't be fighting the Maynard clan without support.

★ ★ ★

107

A few days later an official envelope was pushed through Millie's front door while she and Sylvie were having breakfast. It seemed the consequences of Pete's terrible accident would never be over. It advised her that the inquest would be held the following week in Holyhead at ten thirty in the morning, and that both were required to attend.

She rang Valerie, who said, 'I've been told to attend too and so has Helen, because we got Dad out of the water. Helen's husband will lend us his car so we can all go together. He's going to find the petrol from somewhere.'

'I have Pete's car here,' she choked.

'Eric's would give us more room and we'll need it because we'll have to take the children.' Eric had been lucky enough to buy a big new car just before the war started.

'Thank you, I'm glad Sylvie and I don't have to go on our own.'

'Shall we stay at Hafod the night before to make sure we get there on time? With the children it will make it easier.'

'Yes, whatever suits you, Val.'

When she told Sylvie, she said, 'I don't want to go. I couldn't.'

Millie put her arms round her and gave her a hug. 'I'm afraid you'll have to, love,' she said. 'It's the law of the land.'

They packed their funeral clothes to wear to the inquest and, as arranged, Helen drew up at their gate in mid-afternoon on the day before. Millie had always enjoyed the journey, with the lovely scenery of mountains and small hill farms on one side and the seascape on the other, but today nothing would ease her troubled mind. She and Sylvie sat on the back seat with the twins between them.

Since their hurried departure from Hafod, the house had been cleaned and tidied as it always was by Mrs Olwen Jones who lived in a nearby cottage. When they arrived, there was a jug of fresh milk in the larder and a vase of fresh flowers picked from the garden on the living-room table. Valerie had brought most of the food they'd need for dinner tonight and breakfast and lunch tomorrow.

She said to Millie, 'Why don't you and Sylvie take the twins for a walk along the lane while Helen and I unpack and get the dinner on the table?'

'We could give baby Jenny an airing in her pram at the same time,' Millie said. They set off in the late evening sunshine. Millie was glad to stretch her legs after the long car journey but it bothered her that Sylvie wouldn't even look towards the jetty and the sea. Tonight it was calm, benign and beautiful. She could almost feel Pete's presence in the lane with them. *Oh Pete, Pete, if only you were with us, it would seem like a normal holiday break.*

Helen got them to Holyhead in good time the next morning, and the officials in charge were relaxed and polite. Millie had the impression they saw it as a low-key affair. They started on time and she was the first witness to be called to the stand. Then it was Sylvie's turn. Everybody was very gentle with her and she managed to give her evidence clearly though tears were streaming down her face. When she came back to her seat, Millie put an arm round her shoulders and pulled her closer.

The proceedings were conducted at a fairly brisk pace. The children were very good and were passed over to other family members while their mothers gave evidence. They heard from the doctor who had been called to the jetty, then came the evidence found at the post-mortem and the coroner gave the verdict as accidental death.

'Thank goodness that's over,' Helen said as she led the way out to the car.

'It's all very well for them to call it routine,' Sylvie sniffed, 'but it was about my dad and it didn't seem like routine to me.'

'It's all over now,' Valerie tried to comfort her. 'All we have to do is learn to manage without Dad.'

'That's going to be the hardest part,' Helen said with a little sniff.

After they'd eaten lunch at Hafod, she drove back to Liverpool and dropped Millie and Sylvie at home. 'Would you like to come in for a cup of tea?' Millie asked, feeling much in need of one.

'No thanks,' Valerie said. 'The twins are beginning to get stroppy after being confined in the car for so long. Better if I get them home.'

Millie nodded. 'Thank you both,' she said as she kissed them goodbye. 'You made it all bearable for me and Sylvie.'

Millie had found the inquest easier to get through than she had expected and afterwards the days began to pass quietly. She'd been in touch with Pete's life assurance company, filled in the forms they'd sent her and complied with their requests. They'd confirmed that all was in order and they would pay out but explained that the money would be sent to his executor to be included in Pete's estate.

His will had named his solicitor, Alec Douglas, as his executor and Millie had spoken to him two or three times about the will. He'd told her that James had questioned its validity.

'I did suggest to Peter that he might consider putting the half share of the business in a trust fund for his sons, but he said, "I don't need to do that. I trust Millie, she's their mother and she'll know how to manage things. They're her sons too, she'll look after them." '

Millie could feel the tears burning her eyes again. Any mention of Pete brought back the terrible feelings of loss. She hoped after this she'd completed all the formalities associated with his death and could put them behind her.

What she needed was to get used to her new life and learn to stand on her own feet. She craved peace to enable her to get on with it. When Mr Douglas rang her again and said he'd like her to come in and see him, she thought he'd completed the task.

'No, I'm sorry, I'm a long way off that. I've applied for probate but I'm afraid there's a difficulty I need to discuss with you.'

When three days later she was ushered into his office, he looked grave and she knew immediately that something was wrong.

'I'm afraid I have some bad news for you, Mrs Maynard. I've been trying to collate your husband's investments and bank account monies. You gave me a list.' He riffled through the papers on his large desk. 'Yes, here it is, but I'm afraid the total doesn't amount to a great deal, probably not as much as you or he anticipated.' His solemn eyes behind rimless glasses surveyed her face. 'Does he have any other bank accounts or investments? Money that you've forgotten, that should be included in this list?'

Millie could feel herself going cold. 'No, I don't think so. Pete wasn't much concerned about money. He hardly ever spoke of investments or savings.'

'I see.' He sighed. 'Well, the problem is that he has left legacies to his five children totalling fifteen thousand pounds and there would seem to be insufficient monies accruing to his estate to meet that sum.'

'What about his life insurance?'

'Yes, I have the two thousand seven hundred sixty-nine pounds from that. It was taken out a long time ago. Yes, almost forty-six years and unfortunately the war altered the value of money out of all recognition. I also have statements of the three bank accounts.' A sheet of paper came across the desk to her. 'Here are the figures. You'll see that another seven thousand three hundred pounds is needed to cover payment of the legacies.'

'Oh dear, so the children won't get as much?'

'Yes, they will, but it will have to come from the residue of the estate which he has left to you.'

'What?' She was shocked and stared at him open-mouthed.

'The residue includes his house, his half share of the family business and all his goods and chattels. The house, I understand, is free of mortgage.'

'Yes.' She'd understood that to mean she'd always have a home for herself and her children. 'It belonged to his grandfather and it was handed down the family to Pete.'

'I'm afraid the law requires that your husband's wishes are carried out to the letter. What remains of his estate, the residue, cannot be calculated until that is done. In other words, in order to pay the legacies he's gifted to his children, money will have to be raised from his estate.'

Millie felt suddenly cold. 'That seems—'

He held up a plump hand. 'It can be done, you mustn't worry. For instance, it would be possible to raise money against the value of the house, a mortgage in reverse so to speak.'

'Yes, but we'll need the house, it's our home. The children will need a home.'

'I realise that, but it doesn't mean you'll have to sell it. You'll still be able to live there. It's a substantial house, I understand.'

'Yes, but wouldn't the mortgage in reverse mean monthly repayments?'

'Yes, or it could be sold and a smaller house bought for your use.'

Millie felt paralysed. She'd spent all her married life in that house. It was spacious and comfortable and the only permanent home she'd ever known. She forced the words out at last. 'I don't want to sell it.'

'There are other ways, of course. Perhaps sell some of the goods and chattels such as the car?'

'Not the car, I need that. Anyway, it wouldn't be possible to raise enough on that.' She thought for a moment, 'But there's Hafod, I could sell that, and I'd be glad to see the back of the boat.'

He sighed, 'Well, there is a difficulty there. I'm afraid Hafod didn't belong entirely to your husband. That house and its contents were left to Peter and James jointly by their father. I understand they enjoyed holidays there as children. When probate is granted you will inherit half of it, so you would need to ask James if he would be willing to buy your share and advance you the money to meet the cost of the legacies.'

Millie felt near to panic. 'James hasn't been near the place for years. He's not in good health and I don't think he ever leaves home. I'd be afraid to mention Hafod to him in case he asks me to buy his share.'

'Oh dear. You could raise money against your share of the business.' That really sent shivers down her spine. Millie had made up her mind to refuse James's offer to buy her out but would she be able to now?

'No, I want to keep that.'

He seemed to lose patience. 'I think you should discuss this as soon as possible with someone who can advise you on financial matters,' he said. 'Possibly your husband's bank manager will be able to help.'

Millie felt dazed. 'The legacies will have to be paid before the will can be settled?'

'Yes, I'm afraid so.' He stood up as if to indicate he'd explained it all, so she stood up too.

She'd not anticipated anything like this but she didn't doubt the truth of what she'd been told. Pete had enjoyed the good things in life, he'd looked upon money as a commodity to be used, and he'd always been very generous to his friends and family. She was not going to have anything like as much money to live on as she'd first thought. Would she have enough to continue to live as they had?

As she walked up the wide leafy road, Millie assessed the home she expected to inherit. Pete's grandfather had had it designed by an architect and built to his own requirements in 1887. It had many bay windows both rounded and square and lots of ornamental brickwork. She'd thought it enormous the first time she'd seen it, but somehow Pete's family seemed to spread through its many rooms. It didn't bother them that some were rarely used. Somebody would go in and dust them sooner or later. Once there had been an enormous garden too, but when the shortage of domestic labour began to bite during the Great War, Pete's father had sold off some of it as housing plots.

Millie was not the sort of person who could keep her troubles to herself and as soon as she saw Sylvie, she poured her worries out to her.

'Dad's left me three thousand pounds?' Sylvie was pleased and didn't seem to take in the downside.

Millie rang Valerie and talked it through with her. 'That's just like Dad,' she said. 'He was always over-generous to everybody. I'll be very glad of the money.'

That made Millie worry all over again about her income and it drove her back to the accountant, Andrew Worthington. She went along to his office the next morning and poured out her financial troubles to him, showing him the figures Mr Douglas had given her.

'What is the best thing for me to do?' she asked. 'I don't want to raise money on the house and then find I have to pay interest on it every month. What would you advise?'

'Better if it's not my thoughts straight off the cuff,' he said. 'I'll need a while to think about that.'

'Can we talk about it at lunchtime? Will that give you long enough?'

'Yes, I'll try.'

'One o'clock then? What do you do for lunch?'

'I bring a sandwich.'

'Good, I've done the same today.' In the interests of economy she had to stop taking Sylvie out to lunch every day, even if it was only to Parker's Refreshment Rooms. Pete had taken them both there on a more or less regular basis. 'I'll come here, shall I? You've more space than I have.'

'Yes, Mrs Maynard,' he said. 'Please come here.'

'Look, this office is overfull of Maynards and we're talking personal issues now. Call me Millie.'

'Right, in that case I'm Andrew.'

She managed a wavering smile. 'I know,' she said and fled back to the lab.

Chapter Ten

When Millie took her sandwich to the accountant's office at lunchtime, he was working on his calculating machine again.

'Come and sit down.' He pushed the comptometer and the business files to the end of his desk and took the documents she'd left with him from his desk drawer. 'I've looked at your figures,' he said, 'but there's not much I can suggest. You'll have to raise the money from somewhere.'

'I got that far by myself,' Millie said, her unexpected problem making her short, 'and I know I need to do it quickly, because everything stands still until it's done.'

'I'm afraid that's it exactly.'

She sighed. 'I've no money of my own so it will have to come from the residue of Pete's estate. What in your opinion would be the best way for me to raise it?'

She thought Andrew Worthington looked switched off. 'I'm afraid that's for you to decide. It's a matter of personal choice, isn't it?'

Millie felt hurt. It seemed he didn't want to help her. His dark green eyes appeared to look through her. Suddenly he shook his head. 'If you want to go on working here, I'd advise that you keep the half share of this business. To sell that to his relatives would weaken your position and strengthen theirs.'

'I have to go on working here.' Her voice grated harshly though she didn't mean it to. 'It's my only income.'

'Well, that's not entirely true.' His eyes came to rest more squarely on her face. 'Your half share of the company entitles you to half the profits and it could be a growing income. My advice would be to hang on to that at any price.'

She took her sandwich from a creased paper bag and took a savage bite. 'Yes, I do realise that, but I need to raise seven thousand three hundred pounds.'

'You say you want to keep the house but it would be sensible to sell it and buy a smaller place to live in.'

'That would take ages,' she said impatiently. 'I want to get all this settled.' She had half a dozen other reasons why she didn't want to do that. She loved the house and, anyway, it would be unsettling for them all when they needed peace. 'There'll be the boys' school fees and a hundred other things I'll have to pay.'

'You don't have to spend money on school fees. You could give up the idea of sending them on to public school.'

Millie felt her back go up at that. 'It was Pete's choice,' she said. 'He wanted them to have the same advantages he's had.'

'The world is changing. Who is to say it will be an advantage to them? The grammar schools are free now.'

'For some.' Millie paused for a moment. 'Did you go to a grammar school?'

'Yes, to the Institute. Your boys would get a good education there.'

Millie didn't answer. For herself she'd have seen a grammar school the chance of a lifetime, but she couldn't think of it for Pete's sons because he'd wanted them to go to his old school, the school where all the Maynard boys had been educated.

'I'm sorry,' he sounded off-hand, 'there really isn't much else I can suggest.'

'No, I was clutching at straws.' She must think seriously about selling the house.

Andrew Worthington took his lunch from a drawer and unwrapped the table napkin to reveal cheese sandwiches.

'That's a good idea,' she said. 'I should have thought of table napkins myself.'

'There's no greaseproof paper to be had anywhere.'

'I know. This paper bag held half a pound of Marie biscuits originally. It was all I could find.'

That relaxed the tension somewhat. He smiled. 'Sorry, but the only way to raise any money is from what you've been left. Did your husband have anything of value that you won't need? A watch, for instance?'

Millie was wearing Pete's watch on her wrist. She found it a comfort to have his belongings near her. His fountain pen was in her handbag too, but selling both wouldn't help to raise the sum she needed.

Ten minutes later, she went back to her desk and sank slowly into her chair. Had she been a fool to see Andrew Worthington as an ally? He hadn't been very friendly today. In fact, he'd seemed cold and standoffish. They'd not been on the same wavelength.

When the door closed behind Millie, Andrew Worthington sat back to think. The figures she'd shown him were easy enough but it had been an effort to get his head round what she wanted from him. She was an attractive woman and newly widowed, and one glance at these documents showed that really she was in a comfortable financial position. She had a fairly high-powered job here too and was a member of the owning family.

He was used to handling professional difficulties but it was a long time since he'd tried to see personal problems other than his own and he didn't think Millie Maynard had too much to be worried about.

Andrew had been very sorry to hear of Pete's death, he'd

liked him and he was a good manager, whatever the rest of the family told Millie. He knew James had recently started coming to the office more regularly, which he'd expected because Pete's death would have left a vacuum at the top.

He'd thought James was coming in to run the company until he heard his colleagues discussing him. They said James didn't know what was going on, that he'd been left high and dry decades ago, and he wasn't actually doing anything. He was leaving them to get on with things as they always had.

One possible explanation he could think of was that James was fighting for his own side of the family and could it really be that they wanted Millie out of the business? They seemed to resent her inheriting such a large share of it and possibly were also afraid she would take a greater share in the running of it. She had long experience of its perfume needs and perhaps Pete had talked through its management problems with her over the years. Andrew had heard Albert Lancaster say she was better equipped to run it than Marcus. He was beginning to get a better grasp of the situation.

And he was beginning to feel sorry for Millie, she was trying to come to terms with her loss and do the best for her children. She had a good brain and talked sense and was popular with the staff. All the other managers would be glad to help her. Perhaps it would be better if he let them get on with it.

That evening, Millie went home to make a scratch dinner of bubble and squeak with a fried egg on top for herself and Sylvie. They were washing up together afterwards when they heard the front-door bell ring. Millie went to see who it was, still clutching the tea towel.

Helen was on the step with the late evening sun glinting on her dark auburn curls. She was lifting her baby out of the pram. 'Can I come in for a few minutes? How are you, Millie?'

'All right, I suppose.' She opened the door wider. 'Yes, come on in, we could do with cheering up. How's Jenny?'

'She's fine.' Helen followed her to the sitting room. 'Have you finished eating?'

'Yes. Hi, Helen.' Sylvie came to take the tea towel from her mother's hand. 'I've got the kettle on for tea, do you want a cup?'

'Yes please.' Helen sank down on the sofa with the babe in her arms. 'I was afraid you'd be worried. Valerie told me that Dad has left each of us offspring a legacy, with no thought as to where the money is to come from.'

Millie leapt to his defence. 'He was only sixty-four and in good health. He didn't know he was likely to—'

'No, of course not,' Helen said hurriedly.

'Besides, it was the war that drove the business down and made him spend his capital.'

Helen's face was concerned. 'Millie, I've come round to tell you that you don't have to raise money to pay me. Eric agrees. We aren't short, we don't need it and I'm afraid you might. Eric is doing very well.'

Millie caught her breath. 'I know that, but . . . Your father wanted you to have it.'

'I don't need it, Millie.'

'Are you sure? It's very generous of you.'

'Of course I'm sure.' She was smiling tremulously.

'Still, to give up what's legally yours . . . Thank you, I'm . . . I'm touched.'

'Will it solve the problem?'

Millie was biting her lip. 'It will help of course. Ease things. I'll only have to find four thousand three hundred pounds instead of seven thousand three hundred pounds but I don't know how to do that.'

'Have you had a proper look round this house? There's a

120

lot of stuff here that used to belong to Grandpa. It's all old. Some of it could be worth something.'

'Antiques, you mean? I don't know much about that sort of thing.'

'Neither do I but Eric does, that's his job. He's out tonight, but why don't I bring him round here tomorrow night to see if there's anything of value?' Her eyes were full of compassion.

'Yes please, Helen, I'd be glad if you would. I wouldn't mind selling off some of the old-fashioned stuff.'

Sylvie came in with the tea, but they didn't stay to drink it, Millie was keen to have a preliminary look to see if she could identify any treasures. They all trooped upstairs.

Most of the hard furniture Pete's grandfather had chosen for the house was still in use. Over the years they'd bought new sofas and armchairs because modern ones were thought to be more comfortable.

'What about the attics?' Helen said. 'We used to play up there when we were kids. There's lots of old furniture and household stuff up there.'

Millie was amazed at the vast number of Maynard belongings that had been dumped in their attic and forgotten. When she'd first moved here the big house had excited her, and she'd made several exploratory trips through the rooms, but the contents hadn't seemed important at the time and she remembered little of what she'd seen. Here were Victorian sofas and easy chairs stuffed with horsehair and embellished with carved mahogany, and there were other household odds and ends of every sort.

'What is this?' Sylvie held up a strange sort of cup and giggled.

Helen giggled too. 'That extra ridge of china is supposed to keep a gentleman's moustache dry. It's a moustache cup.'

Millie laughed. 'There's loads of things here and I have no idea what most of them are for.'

When Helen was leaving half an hour later, Millie put her arms round her and gave her a big hug. 'Thank you for giving up your legacy and for coming to help me.'

'It's what Dad would want,' she said simply. 'He didn't mean to drop you in it.'

That night Millie slept better, at last she could see an acceptable way out of her financial difficulties. What a fool she'd been not to take a good look round the house before she worried herself sick like that. The following day she was better able to cope at work and that evening Eric came round as arranged. The baby was asleep in her pram when Helen ran it into the vestibule.

'I'll take Eric upstairs,' she said, 'so he can get started.'

Valerie had come with them. 'I'm not staying,' she said. 'I've just come to tell you that I'm going to give up my legacy too.'

'Val – you don't have to,' Millie protested. 'I don't expect—'

'I do have to,' she said. 'Helen wanted to do it. That made me see it would be greedy and selfish of me to accept when you're struggling to bring up Father's second family.'

'You are truly Pete's daughters,' Millie choked. She felt swamped with love and gratitude; she was aware, too, of Sylvie's heightened interest. 'But I'm hoping Eric will be able to find enough of value amongst the goods and chattels to raise what I need. I know you aren't as well placed as Helen, and you have the twins to bring up.'

Valerie had her father's sea-blue eyes; like his, they were full of compassion. 'Roger and I will manage.' Roger was a schoolteacher.

'Yes, but if Eric finds another way, you may not have to.'

'I'd feel guilty if I took money from you.'

'Mum.' Sylvie was tugging at her arm, her face scarlet. 'I'm going to give up my legacy too. I feel guilty now. If I took the money, I'd feel terrible. I'd have twice the guilt.'

'No,' Millie said firmly. 'Darling, you can't.'

'I want to. I know I'll feel better if I do.'

'I'm afraid what you feel and what you want doesn't enter into it.'

'It does,' Sylvie screamed at the top of her voice, suddenly in a state of near hysteria. 'It does.' Millie tried to put her arms round her but Sylvie elbowed her out of the way, all self-control gone. 'I don't want Dad's money.'

Valerie caught her in her arms. 'Stop screaming, be quiet, and listen to me,' she said firmly. 'Millie is right.' Sylvie was struggling and she had to give her a little shake. 'It's a question of satisfying legal requirements. Val and I have to ask Mr Douglas, Dad's solicitor, to draw up a deed of variation that we then have to sign before the will can be changed. But you are under age and you can't. Your legacy and those for Simon and Kenny will have to go into trust funds until you've turned twenty-one, and there's nothing you or your mum or Mr Douglas can do about it.'

Sylvie was silent, the colour in her face had drained, leaving it paper-white. Valerie led her to the sofa and pulled her down to sit beside her. 'You don't need to worry,' she went on more gently. 'Eric may well find enough of value to sell amongst the junk upstairs so none of us need go short.'

Millie sank down on Sylvie's other side and took her hand between her own. She was worried about her daughter. Pete's death had left her more traumatised than she'd realised.

'I've got to go.' Valerie looked at her over Sylvie's head. 'I've left Roger putting the twins to bed and he's usually exhausted by this time of day.' She got up, 'Bye, Sylvie.' She patted her shoulder.

Millie got up to see her to the door. 'Poor Sylvie,' Valerie whispered. 'She's really upset.'

'She thinks it's her fault Pete died,' Millie said. 'It's playing on her mind.'

Millie returned to her daughter and pulled at her hand. 'Come upstairs and see if Helen and Eric have found anything saleable,' she said.

'I don't want to. I'll stay here and keep an eye on Jenny.'

'She's fast asleep in her pram. Come on,' Millie insisted, 'you used to love playing up there.'

Reluctantly she came but dragged her feet more as they passed the bathroom on the first floor. 'Go on then,' Millie said, 'give your face a quick rinse. It'll make you feel better. I'm dying to see if Eric has found anything of interest.'

Eric had made quite a collection of broken furniture and chairs with worn upholstery on the landing. 'I'm afraid there's nothing here that's worth a lot,' he said. 'It was not top of the range when it was new. Your grandparents, Helen love, went for machine-made furniture. But so much was lost in the air raids and so very little furniture has been made since that there's a shortage of everything. Almost any furniture sells like hot cakes and for good prices. I'll get a carpenter to mend these things and I'll have the old armchairs re-upholstered. Some of them are quite elegant and well worth the trouble.'

'Won't that cost a lot?' Millie asked anxiously.

'There will be a cost, yes, but when they're sold you'll recoup all that. We find it pays better than selling them worn and broken.' Eric was an auctioneer and owned a share of a company that held sales all over the north of England. 'Don't worry. I'll do it through the firm.'

'Will it take long?' Millie wanted everything settled as soon as possible.

'It won't be quick,' he admitted.

124

'Then I'll have to be patient.'

'Dad and Grandpa thought this was just rubbish,' Helen said. 'It's doing no good up here, just taking up space. You might as well get what money you can from it.'

When they started looking through the bedrooms that were no longer used, Millie was surprised and delighted to find they were unearthing articles of real value. Helen had opened the drawers of what had once been her grandmother's dressing table.

'Look at all this jewellery!' Even Sylvie's interest was captured. They began to open up the small leather cases and boxes.

'I think your grandfather paid good prices for most of this,' Eric said. 'This gold Boucheron brooch is top quality.' It was in the form of a feather, studded with diamonds, sapphires, emeralds and rubies. He took out his eyeglass to look at the hallmarks. 'Yes, it's eighteen carat and dated eighteen eighty-nine. Still in its original leather box too.'

'It's gorgeous,' Sylvie said. They found pearl necklaces, bracelets, rings and earrings.

'You won't need to sell all this,' Eric told Millie. 'You can raise all you're likely to need on just half a dozen or so of these items.'

'I'd like you and Valerie to have some of it,' Millie said. 'It's quite a hoard. You must choose what you like most. What about this pendant?'

Sylvie took it from her to hold up to her neck. 'I love this.'

'Hang on a moment,' Eric cautioned. 'It's one thing to sell off some of the goods and chattels to raise money for legacies to be paid, but it's not OK to start distributing stuff until the will is settled. It isn't legally yours yet.'

Millie said. 'Thank goodness you know something about wills, Eric.'

He smiled. 'A lot of stuff comes to our salerooms following probate.'

Sylvie was putting all the jewellery back in the drawers. 'When this is yours, Mum, I'd like to have that pendant.'

'Then you shall,' she said.

Eric said, 'I think your grandparents were interested in china too. There's a pair of Royal Doulton candlesticks here, and over there a pair of Doulton figures. Your best plan, Millie, is to let me take just enough to raise the one thousand three hundred pounds you still need to pay the legacies. Let's pick out things you don't want to keep, and I'll put them in the first sale I can. I think it'll be a week tomorrow.'

'That would be marvellous,' Millie said. 'And how soon will I get the money?'

'Just a day or two later.'

'I rang Mr Douglas this afternoon about drawing up a deed of variation,' Helen said, 'and he asked me to come in to sign it next week. Val said she'd ring him tomorrow morning to do one for her, so there need be no delay.'

'And I'll send a van round tomorrow to pick up the stuff from the attic,' Eric said, 'and put that in hand. It's no use to you and it'll give you a bit of cash to get you started on your own.'

Millie was filled with relief; she took a deep breath. 'I'm so grateful to all of you. It's a real weight off my shoulders, I can tell you. You've sorted my financial problems.'

'That's what families are for,' Eric said. 'To help each other out of the holes we find ourselves in.'

Millie felt much better as she went to bed that night. She hadn't expected ever again to find the sort of loving support Pete had given her, but she had. Val and Helen had the Maynard genes and she should have known they'd do their best to help her. Pete had brought them up to be like him. Never again would she feel overwhelmed by a shortage of money.

Chapter Eleven

Millie had barely settled at her desk the next morning when the internal phone buzzed. It was Marcus's voice. 'Where did Pete keep the keys to his desk?' he barked. 'I can't get into it.'

'Let me think. Yes, on his key ring.'

'Well, where is that?'

'I might have it here, I'm not sure.' She felt for her hand-bag. 'Just a minute while I look.' She'd driven his car in this morning but had she used his keys? He'd given her a set of her own. She found two sets. 'Yes, Marcus, I have them here.'

'For goodness sake! How can I take over if his desk is locked up? Send them up right away with that lad that works for you.' She heard his phone crash down.

She felt her cheeks blaze with anger all over again. Marcus was treating her like a junior employee who had made a stupid mistake. She was not going to put up with that from him. She would soon own half this business, and Marcus owned no part of it. She was a major shareholder and the only one with much experience of working in it.

She put Pete's key ring in her pocket and got Denis to find an empty cardboard box for her. Pete's office had been up in the turret that jutted up at one end of the roof and he'd liked it because it was quiet. She'd often climbed these stairs in the past and had to steel herself today not to think of those happier times.

Marcus had a tray of tea and biscuits on his desk and was splayed out in Pete's chair in a position of exaggerated relaxation. 'You've come yourself,' he scowled.

'I'd like to keep Pete's personal possessions,' she said icily. 'If you'd be good enough to move out of the way, I'll put his things together.'

'I thought I'd done that.' He lowered his feet to the floor and stood up. 'I put them on top of the bookcase in case you thought they were worth keeping.'

The little heap of belongings did look pathetic but Pete had valued them. She put the photograph in a silver frame of herself with all his children, the couple of pens and one or two books into the box she'd brought. The agate clock that Valerie had given him last Christmas was still on his desk, and so were a set of cut-glass inkwells. She swept those into her box too.

She unlocked the drawers and opened them one by one to add Pete's leather gloves, his silver propelling pencil, his desk diary, a street guide and his favourite dictionary to her box. She was conscious of Marcus watching every movement she made.

'You can clear all those papers out,' he told her. 'I'll get the cleaner to dust the drawers out.'

Millie was taking every document she saw that referred to the perfumes and dyes that they used, though she knew she probably had copies. 'There are a few files here to do with running the business, you'll need them,' she said, replacing them in the drawer.

He peered down at them. 'They look pretty scruffy, are they very old?'

'We still have an acute shortage of stationery so we've had to make do. These are the current files on matters Pete handled personally. You'll need to read them through if you're going to do his job.'

Marcus glared at them with distaste.

'Ah, now here is something else.' Millie pushed it towards him. 'A copy of last year's accounts, including the balance sheet. I gather you haven't seen it.'

'I have now,' he mumbled.

'It'll be well worth your while to study it. It'll put your mind at rest and show you just how wrong you were about the current trading position. You'll be able to give the good news to Uncle James and settle his mind too.'

He was tight-lipped and scarlet-faced. She was twisting the desk keys off the key ring. 'Here are the keys to your desk.'

'What about the rest of those keys. I want them too.'

'Sorry, Marcus, this was Pete's key ring and these are the keys to our house and car. I'm sure you'll understand why I don't want to give them to you.'

His colour deepened to crimson. 'What about the office door? How do I lock that?'

Millie shrugged. 'Why would you want to? Pete never did. He liked the staff to come in during the day and talk to him so he knew what was going on, and it has to be open at night so the cleaners can get in.' She couldn't stop herself adding sarcastically, 'I know you intend to turn over a new leaf and do things differently but you're not thinking of doing your own cleaning, are you?'

She heard his gasp of indignation as she carried her box out. Pete would say she was wasting her energy battling Marcus when she should be spending it on solving her other problems. With hindsight she knew it was a mistake to get his back up. She went back to her desk feeling drained after that spat.

James Maynard was delighted when his friend John Maddox approached him in the bar of the Connaught Club to tell him that his agency had a furnished flat coming vacant at the end of next week. 'It's in Woolton and one of our better flats,' he said. 'Ground floor, two bedrooms and in reasonable condition. It would suit your son until he finds a house where he wants to live permanently.'

'We'll take it,' James said without hesitation. 'I'll give you a cheque for the first month's rent.'

'Don't you want to see it first? I expect they'd let you in to have a quick look round tomorrow.'

'No, it sounds fine,' he was pleased that he'd succeeded so quickly.

He was finding Elvira difficult to live with. She spent hours in the bathroom, ran out all the hot water and the lock was always on when he wanted to use the place. She rubbed everybody up the wrong way and both Dando and Mrs Trotter had complained about her. She'd altered the atmosphere in his house and he could get no peace in his own home. James couldn't wait to get her out.

The next morning he had his breakfast in bed as usual but instead of opening his newspaper, he put on his dressing gown and went down to the dining room to see Marcus to tell him the good news.

'A furnished flat?' Elvira looked up from her porridge, her face creasing with disdain. 'We were hoping for a house, we need a bit of space.'

'I'm told it's one of their better flats.' James was defensive. 'It's in a good area and has two bedrooms.'

'Only two? Is there a good bathroom?'

'I don't know what the bathroom's like.' James was getting cross. 'I haven't seen it.'

'You haven't?' Elvira was suspicious.

'There is a bathroom, I know that. I've paid the first month's rent. I had to, before somebody else stepped in. You'll have to pay a deposit against damages as well.'

'Good gracious,' she said, 'we won't cause any damage.'

'We'll go and check it out this morning,' Marcus said hurriedly.

'Is it worth moving there if we are shortly to move somewhere better?' Elvira asked with her nose in the air.

James could feel his anger growing. The woman was insufferable. 'There'll be no question of you moving on quickly,' he said, 'you'll have to sign a six-month lease.'

'Oh. Well, Redwood's are quite hopeful about finding us a house,' she said.

'You're expecting a gentleman's residence, I presume?' James was scathing. 'Well, there's absolutely no reason why you can't wait for a house if you prefer. Nigel will need a roof over his head too.'

'We'll go and look at it today,' Marcus said again, trying to save the situation.

'I wouldn't want to put Elvira to any trouble,' his father said. 'She clearly knows what she wants. My friend John Maddox thought it would be suitable for you and offered it as a favour to me, and I was trying to help, but I'm sure Nigel will be glad of it. Maddox knows all there is to know about the present housing market.'

James rushed for the stairs in a fury. The wretched woman had taken over his house, his staff and caused endless disruption. Now when he'd gone out of his way to help her and found her a place to live, she'd refused to go. A flat wasn't good enough for her. After that, he was going to make quite sure Nigel got it and not her.

It was only when he calmed down he realised Elvira would still be living in his house if he did that.

A few days later, James was having his afternoon tea when the phone rang. He recognised Nigel's voice. After a lot of preliminaries he said, 'We've arrived in Southampton. We've got a hotel for the night and we'll catch a train up to Liverpool tomorrow. I've made enquiries and it'll get us to Lime Street at five o'clock.'

'I'll ask Marcus to come and meet you,' he said and went back to do it.

It was only after James had poured himself another cup of tea and sat down that he noticed the black thunder on Marcus's face. 'He's coming to stay here too?'

'Yes, the flat isn't quite ready. The cleaners will be going in tomorrow.' There were six bedrooms in James's house but the congestion would be in the bathroom; he hoped Clarissa would not spend as long there as Elvira.

'And he's going to work in the business too?'

'I told you he was.' Clearly Marcus had hoped Nigel would get a better offer somewhere else. 'He'll probably need a few days to sort himself out before he starts.' James recollected that Marcus had always felt overshadowed by his older brother. Well, all that childish jealousy was a long way behind them now. No doubt they'd learn to get on and work together, they'd have to.

When Dando came to take away the tea tray, James asked him to prepare a room for Nigel and his wife. Dando's eyebrows rose in silent protest.

'They'll only be staying for one night,' he said. 'I've found other accommodation for them.'

'I'm glad to hear that, sir,' he replied but James didn't miss the reproachful look he directed at Elvira. Her lips were compressed into a hard straight line.

'Have you heard any more from Redwood's about your gentleman's residence?' James asked pointedly.

'Not yet.'

'You need to hurry them up, Elvira. You know as far as I'm concerned you're welcome to stay here, but it gives Dando and Mrs Trotter more work. She's asking if a washer–woman could come once a week.'

'We'll pay for that,' Marcus choked out.

'Wouldn't the laundry be easier?' Elvira asked haughtily.

It pleased James to be able to say, 'It works out cheaper to have a washerwoman.'

At four thirty the following afternoon, Marcus stood up. 'Are you coming with me to meet my brother, Elvira?' he asked.

'No,' she said coldly. 'I'll say hello to him when you get him here.' Marcus went off without another word, and Elvira returned to her book. At teatime she usually read and ignored both of them.

James was still in the sitting room when Marcus ushered Nigel and his wife in an hour later. James swept him into a hug that showed real warmth. 'Welcome home,' he said, and turned to study his daughter-in-law. 'Lovely to meet you at last.'

Clarissa was slim and elegant. She smiled and kissed his cheek. He thought she had a very gracious manner; the years she'd spent at Cheltenham Ladies College had given her real polish. Nigel looked very well, he'd kept an eye on his weight, and though he was two years older than Marcus, he looked younger.

'It's just dinner, bed and breakfast here,' James told them. 'I've found a flat for you and today the cleaners are going in. I wasn't sure whether the beds would be made up in time for you to sleep there. Anyway, you can go along tomorrow morning and make sure all is as you want it.' He couldn't resist baiting Elvira. 'Perhaps you could go with them to give them a hand? They'll have a lot of unpacking to do.'

Elvira rewarded him with a scowl but agreed to do it. James went on giving them details of the flat. 'I hope you find it adequate.'

'I'm sure we will,' Clarissa said sweetly. 'We're very grateful for your help.'

133

When James took Nigel and Clarissa upstairs to see their bedroom, Marcus turned to his wife. 'You stupid fool,' he burst out. 'You never stop complaining about living here but when Pa finds us a place you tell him it's not good enough.'

She looked down her nose at him. 'Do you really think you'd be happy living in a furnished flat?'

'We'd both like it better than living here with Pa. And it would stop you finding fault with Dando and Mrs Trotter. You're getting up everybody's nose here, the sooner we get out the better. You've got all day to go round the estate agents while I'm at work. For heaven's sake badger them and find us somewhere.'

'Your father loves Nigel more than you,' Elvira hissed spitefully. 'He's putting on a big dinner tonight to welcome him home. He did nothing like that for us.'

Marcus was very much on edge and he blamed it on having to live in his father's house. Pa and Elvira had taken a dislike to each other and were at daggers drawn. He kept sniping at her and Elvira had a shrewish tongue and could make Pa feel acutely uncomfortable. He was making it very clear that they'd overstayed their welcome.

Redwood's, the local estate agent, had sent them particulars of two very desirable houses that had come up for sale, but Marcus knew he couldn't afford them. Elvira insisted they went to look over them and, once seen, she was very keen. The larger, more expensive one was for sale or rent. 'If you can't afford to buy, at least let us rent it,' she said as they walked out to their car. 'We've got to find somewhere else to live. Staying with your father is getting desperate.'

Ever since Elvira had chained him to a huge debt, he'd been scared of being overdrawn. It was debt that had driven him into the hands of those fraudsters because there had been no other way he could pay off a debt of that size.

'The rent would take most of my salary,' Marcus protested, 'and we've sold off most of our furniture. It would be almost impossible to get more.' Elvira's extravagant ways were giving him sleepless nights and he couldn't risk running up another debt.

'It's a lovely house. It's what we've been waiting for,' she insisted.

'It's too big. We don't need six bedrooms and a huge garden, we can't afford it. We need something smaller and cheaper.'

Elvira flared up. 'It always boils down to lack of money. You'll never earn enough to buy us a house of our own. You're wasting your time here. Your father's a skinflint, he pays you a pittance and we live like paupers in his house, but the real problem is that you're a yellow-bellied coward.'

Marcus drove faster, wanting to put distance between them and that tempting house. She went on, 'When you were earning enough to accumulate a bit of capital, you got so frightened you gave it up.'

He found that hurtful. 'It wasn't exactly earning, was it? It was cheating and stealing. I wanted an honest job.'

'You were scared of being caught.'

He could see she was fulminating, and clashes of this sort turned him into a nervous wreck. He shot up Pa's drive to the front door, jammed on the brakes, causing a spray of gravel, and escaped for a lonely tramp to the nearest pub.

James had had a bad back over the last few days. He'd had his usual breakfast tray in his room and slept a little afterwards. He got dressed and had a little lunch downstairs, but returned to his bed for a nap afterwards. By half past three, he was feeling a little better and in need of his tea. As he went downstairs, Elvira came in, slamming the front door behind her and divesting herself of her coat and hat. At the same time, Dando sailed across the hall in his stately manner, carrying the tea tray to the sitting room.

James rubbed his hands with satisfaction. 'Ah Dando, you've found us a cherry cake, very nice.'

Elvira shot into the sitting room ahead of him as though there was a tornado behind her. 'You can pour, Dando,' she said; sometimes he left it to her.

'I'll have two pieces of that cake while you're at it,' James told him.

Dando turned to Elvira. 'Madam?'

'Thank you no, I don't care for cherry cake.' She looked angry.

'Have you been shopping?' That seemed to be her usual pastime.

'No, Redwood's sent us particulars of a very nice house,' she said. 'We've been to see it.' She put a sheet of paper in front of him.

'Splendid, when are you moving in?'

That seemed to upset her. 'Marcus says we can't afford it.'

'I'm not surprised.' James liked to goad her.

'No, your firm doesn't pay him enough.'

'I doubt he'll get more anywhere else. I told the accountant his salary was to be ten per cent more than the going rate for a manager. Nigel thinks it generous.'

'But it isn't enough to afford a house of our own. Could I make a suggestion?'

'Of course, my dear.' He was beginning to feel riled but was still acting the gracious father-in-law.

'Would you consider giving Marcus a few shares in the business? I mean, he's working in it and it seems only right and fair to hand them on down the family. A share of the profit might give us enough to pay a mortgage.'

James almost choked on his cake. 'No,' he barked, 'I wouldn't. Marcus isn't worth what he's paid now. He's doing damn all as far as I can see. I'll hand on my shares when I'm good and ready.' He gulped at his tea, feeling affronted. 'You've had free board and lodging here in my house for weeks, and you've got the cheek to ask for more.'

Elvira leapt to her feet and left the room, leaving most of her tea in the cup.

Marcus returned that evening feeling low. He met his father in the hall on his way to the Connaught Club for his dinner. 'My shares are mine,' James said to him belligerently, 'and they're going to stay mine. I'd like to retire when you and Nigel are capable of taking over and I'll need the payout from them to survive on my pension.'

Marcus was at a loss. 'Has Elvira said—'

'Yes, and I don't want that wife of yours putting her oar in. It's none of her business. You must keep her out of it.'

Marcus felt like groaning. He found Elvira waiting for him upstairs ready to do battle.

'To stay here and carry on like this is pointless,' she said angrily. 'It's getting us nowhere and your father wants us out. He told me so very rudely this afternoon. Come on, I'm hungry. Do you want to get changed before we go out?'

The current arrangement was that if they wished to eat an evening meal at home Elvira would buy something and cook it. Today, she'd done nothing. Marcus didn't care whether he ate or not but she was insisting on going out. At the restaurant they usually patronised they consumed their soup in sullen silence.

When the plates had been taken away she said, 'Well, we've got to do something. What is it to be?'

Marcus wanted to go to bed, he felt at the end of his tether. 'What do you suggest?'

'There's nothing to stop you rejoining that auction ring. I

137

told you I'd seen Greg Livingstone the other day. He was doing a job in Liverpool.'

Marcus was tempted but he'd been clean since coming home and working for the business, and he wanted to stay that way.

'You're scared,' Elvira said disparagingly. 'There's nothing to worry about. You gave up nine months ago and nothing has happened since. You'd have earned enough to buy us that house if you'd carried on and we'd be in a much better position now.' She pushed a piece of paper across to him. 'Greg gave me this phone number. You can contact him there.'

Without a word he pushed it into the breast pocket of his suit and went on toying with his fish. It was presented on the menu as white fish which suggested nobody could name the species; it was overcooked and tasteless.

'Will you do that?'

'I don't want to, it's against the law.'

'You're being stupid about this,' she said scornfully. 'Are you enjoying working in your family's business?' She knew he wasn't, he'd complained often enough about Nigel being high-handed and Millie treating him like a fool.

'There's only one reason to go into business and that is to make money. If it isn't doing that for you and you don't like working there, where is the logic in staying?' Elvira laid down her knife and fork.

Marcus was suspicious about Elvira's relationship with Captain Livingstone although she said he was a friend of her family. He had known him too, they'd been members of the same mess, but it was Elvira who had made the original arrangements that had allowed him to pay off his debts.

'Where did you see Greg Livingstone?' he asked.

'In the Bon Marche, a department store. I was buying gloves on the ground floor and he was walking through to the lift. I went up to the men's department with him, if you must know, and helped him buy a new dress shirt. He said he'd be glad to have you back in the ring and would find other jobs for you.'

'I don't want that. There must be another way.'

'There isn't,' she said shortly.

Chapter Twelve

It was six o'clock on Friday when Marcus got home from work. Nigel had given him an uncomfortable afternoon in the office and he'd called in at the Sailor's Return to help ease him into the evening. When he opened the front door, he was shocked to find a mound of Elvira's suitcases piled up in the hall.

He rushed to the sitting room where his wife had her feet up on a footstool and was deep in a book. 'All that luggage!' he choked. 'Where are you going?'

She gave him a withering look. 'I told you last night, I've had enough of you and your father. I'm going home.'

Marcus stared at her with his mouth open. Last night they'd had a real set to about the discomforts of living with his father, and in a fit of temper he'd told her that it was her spendthrift ways that kept them here. If she'd saved the money from the Streatham house they'd be able to buy another now when they needed it. In return, she'd told him a few home truths about his lack of ability, but he hadn't registered that she'd intended to leave.

'You're going home to your family for a short break?'

'Don't you ever listen? I've had enough of this place, I'm going for good.'

'Elvira, no, I love you, I want you here. Just take a short break, have a rest and come back.'

'That won't help. I've ordered a taxi for half eight tomorrow morning, there's a train at five past nine.'

'I could run you to the station if that's what you want, but say you'll come back.'

'No, Marcus, I hate this place, you do nothing but argue and complain, and your father is worse. I've had enough.'

He slumped into an armchair, feeling cold with horror. 'If I can find us somewhere else to live, will you come back? This isn't final is it?'

'Yes it is. We're neither of us happy. I'm on my own all day and bored out of my mind. I'm ready to call it a day.'

Marcus wasn't bored, he felt pushed to the limit and a bag of nerves. 'We should have accepted that flat instead of letting Nigel have it.'

'It's more than that, we've had enough of each other and we both know it.'

He felt sick, his life was a misery.

When they went to bed, he couldn't sleep, while Elvira snored for most of the night. He was awake again when her alarm went off and aware she was dressing quickly. He sat up and tried once again to persuade her to come back after a short stay.

'No, my mind is made up,' she told him. 'Either you join the ring again and earn enough for our needs, or we're finished. If you won't then I will join Greg's ring, and you and your family can stew in your own juice. Have you got that? Goodbye then.' She collected up some small bags and he heard her clattering downstairs.

Marcus rushed after her in his pyjamas and caught her as she opened the front door. 'All right, I'll do it,' he said. 'I'll join the ring again and do a few jobs for Greg until we have enough to buy a house.'

She looked up with a triumphant smile. 'A decent house?'

'Yes, you can choose it, have what you want. Come back and unpack your cases.'

'No, I've told Father I'm coming, so I better had.' She was pushing her cases out on to the step. 'But I'll come back in a week or so if you ring the number I gave you and tell Greg you want to do a few more jobs. Bye.'

Marcus went slowly back to his bedroom and threw himself on the bed. Elvira was blackmailing him but he'd have to do as she demanded or stay here with Pa. He felt exhausted and closed his eyes, and was so lacking in energy he didn't feel he could get dressed and go to work, not today. He'd made a life-changing decision to please Elvira but it terrified him. It was the last thing he wanted to do.

It seemed only minutes later that Elvira came bustling back into the room again. 'Marcus, my taxi hasn't come. I'm going to take the car, where are the keys?'

He sat up with a jerk. 'No,' he protested, 'you can't take it. I earned the money for that car.'

'If I hadn't made all the arrangements with Greg, you'd have done nothing.'

'I'll run you to the station, I said I would.'

'You aren't dressed yet. I'll miss the train if I don't go now.'

Marcus pushed his feet to the floor. 'What does it matter? The trains to Rochdale run every hour.'

'I'm fed up with waiting around for taxis while you breeze off every morning in the car. I'm taking it. You can try taxis for a change.'

He'd left his keys on the tallboy. He heard them rattle as she picked them up. 'I want my car back. I'll come and get it at the weekend.'

'It's my turn to have it. I haven't had a look in up to now. Just ring that number and get started with Greg and soon we'll have two cars.' The door slammed behind her.

Marcus felt ready to weep. Elvira had run a little MG of her own before they'd been married. She'd written one off in a nasty accident and when the basic petrol ration for everybody was cut off completely, she'd been charged with buying petrol on the black market and her MG had been mothballed for the rest of the war. Unfortunately, Elvira had sold it before the petrol ration was restored.

Later that morning, Marcus rang for a taxi to take him to work and arranged to be collected every morning at a quarter to nine for the next week. Once in his office he found the slip of paper Elvira had given him in the top pocket of his jacket and laid it on the desk in front of him. It took him ten minutes to screw up his nerve to ask the operator to connect him.

He was scared stiff, there was no point in pretending otherwise. He was afraid they'd all be caught. Greg Livingstone couldn't go on running a racket like this forever. Sooner or later he or one of the other dozen or so members of the ring would be caught. It was a miracle the fraud had lasted this long.

Greg was friendly enough. 'I'll meet you in Manchester tomorrow morning at about eleven.' He dictated an address where an auction of surplus military vehicles was to be held. 'There'll be plenty of jobs to keep you busy, mostly ferrying cars from one part of the country to another.'

'Excellent.'

'Give me some telephone numbers so I can contact you.'

Marcus dictated his office number. 'Be sure to ring me here,' he said. 'I can't talk on the phone at home without being overheard.'

Chapter Thirteen

Elvira had been growing increasingly impatient with Marcus for the last year or so. He'd caused great concern for the others in the ring by wanting to opt out and work in that hopeless business for his father. She'd had a hard job convincing Greg that he had no intention of pulling the plug on them, and as proof she'd had to agree to doing a few jobs for him herself. She'd very quickly been drawn into the ring and found she enjoyed working for Greg. Soon she was sleeping with him too. Her life suddenly became much more interesting. She felt she was in the thick of things.

Marcus was a drag on her, a hanger-on dithering over everything, and he was scared of his own shadow. Also, he hadn't the nerve or ability to play a major part in the work of the ring, while she could. He was stuck with the menial jobs, but what had really got her down was living with his father, he was a real pain in the neck.

She'd got to know Greg and the other members of the team during the years she'd spent as an army wife. She didn't see her relationship with Greg as anything more than a bit of fun. He would take any woman he could get and would never be a faithful partner. What they shared was the thrill of organising the ring and making big money, and it was giving her money of her own. She had no intention of buying a house to share with Marcus. She'd had enough of marriage and had decided she'd be better off on her own. She was preparing to ditch Marcus. From now on she was going to take care of herself.

Greg was very safety conscious. 'Marcus could be a problem,' he told her. 'He's the sort that'll collapse under pressure. He'll tell all, land us all in trouble, if the police get hold of him.'

'I'll see he doesn't,' Elvira said.

Greg had made careful plans to ensure not only his own safety but that of the other members of the ring. He encouraged them all to send money to Spain; he meant them all to get out with as much cash as they could before any net closed round them. Mostly what they earned came in cash, and he preached to every member of the gang about taking care of it. They must not let a huge balance build up in their personal bank account, as that could attract attention to them. That would never be a problem for her and Marcus, and neither would unusually heavy spending, another thing he warned against, as that would be normal for them.

Greg had accounts in several different banks and several deposit boxes too, and he didn't settle anywhere; he rented and moved every six months or so. He always rented at least two flats in different towns, and he changed his telephone numbers regularly. Above all, he did his best to impress on members of the team that they must not keep written records. Any instructions they had to write down must be destroyed as soon as the job was done.

Millie was fascinated by what she and the family had turned up in the unused rooms of her house. She'd learned a lot about Pete's parents from sorting through their possessions and she found Sylvie was equally intrigued. They went back to it again at the weekend and Simon and Kenny were more than happy to join them.

The boys unearthed a box of toys in the attic and brought

it down to the playroom. Soon the floor was covered with lead soldiers and the boys were setting up a battle scene.

'These must have belonged to Dad.' Simon was thrilled at the thought.

'Or possibly Uncle James,' Sylvie reminded them.

Millie sat back on her haunches. 'You still like the same things. Children don't change much, do they?'

'Would Dad have looked like me when he was my age?' Simon wanted to know.

'Quite possibly, yes.'

That sent the children scurrying back upstairs to look for old photographs. Millie went to the kitchen to organise lunch. They were gone for some time, and she thought the hunt through old family possessions not only interested them but eased their grief. There was comfort in the thought that Pete had played with these toys. It showed them the stability of the family.

They came down when she was about to call them to eat. 'Not many photos there,' Sylvie said, but she produced a framed sepia print of two small boys with their parents.

'There you are,' Millie was delighted with it, 'your father and Uncle James with Grandpa and Grandma.'

'I don't see much family likeness,' Simon said.

'That's because their clothes are so different. This must have been taken ... Let me think.'

'It was taken in eighteen ninety,' Kenny said. 'The date is on the back.'

She turned it over; the date had been pencilled there. 'That would make Dad about seven years old and Uncle James about four.'

Kenny said, 'It was taken in the back garden. You can see it's our house.'

'The Maynard family as it was in eighteen ninety,' Millie said.

'They had servants then.' Sylvie produced some postcard-size photographs. 'Look at these people ranged behind the family. They had a housekeeper and two maids, and these two men who I think must be gardeners.'

'The Maynards must once have been an important family,' Simon said.

'We still are,' Kenny said, 'we've got a factory. But why don't we have servants?'

'We have Mrs Brunt to do the heavy work, and Mungo to do the garden.'

'But they aren't proper servants, are they?' Kenny said. 'Are we poor now?'

'Not as rich as we were,' Simon said sadly.

'Times change,' Millie told them. 'Nobody has servants these days because there are plenty of better jobs about.'

'I still can't see much family resemblance.' Simon was once again studying the framed print.

'Good,' Kenny said. 'We don't want to look like Uncle James when we grow up, do we?'

Millie wanted to learn more about Pete's family, and when the children were in bed that night she returned to his parents' bedroom, but she kept turning over the things she'd already seen. She gave up and went to the study instead. She'd hardly ever come here when Pete was alive and she hadn't used it much since. It was a darkish masculine room furnished in high Victorian style, and must have been used by his father and grandfather before him. The scent of cigar smoke still seemed to hang there though Pete had never smoked.

There was a large and heavy roll-top desk, and several cupboards in which old business files were packed tight. She blew the dust off one dated 1900 and opened it on the desk. Her interest was gripped in moments, here was the balance sheet for that year, showing a handsome profit. She took out

147

more. Year after year, good profits had been made. She was particularly interested in the years of the Great War, and found as she'd expected that turnover fell away, but less so than in the war they'd just had. She was pleased to see it had recovered quite quickly in the years that followed.

Tiring of balance sheets, she started opening the drawers in the desk and came upon some large leather-covered notebooks. She opened one and found the pages were closely covered with writing that was small and crabbed and hard to read. It took her a few moments to realise it was a diary. The writer had not made entries every day but had recorded his or her thoughts and deeds and dated them, filling several pages at one sitting.

Millie was thrilled with her find, this was exactly what she needed; she couldn't have asked for a better way of finding out more about Pete's family. But whose diary was it? She knew Pete had never kept one, but it wasn't his father's either. She'd just seen examples of his handwriting in the business files, and he wrote in large, strong script.

On one of the flyleaves she saw the name Eleanor Mary Willis Maynard. So the diary had belonged to Pete's mother, the mother-in-law she had never met. Millie counted the diaries, there were twelve in all and they completely filled the large bottom drawer of the desk. They were all dated. She looked through them until she found the earliest one, it was for the year 1878.

She took it, but before going to bed she went to the playroom where the children had left the albums of photographs they'd been looking at. She wanted to see what her mother-in-law had looked like.

A good-looking woman was smiling out of the sepia prints. She wore her hair piled on top of her head with a few wisps of fringe and was stiffly corseted into a wasp waist. Her wedding pictures were here. She'd been married in the family church as Millie had, but her dress had been much more ornate. Pete's father looked young and elegant in full morning dress and he had a moustache. It had been high summer and the overdressed guests were pictured in the back garden, there was even a photograph of a five-tier wedding cake. Life, Millie mused, had been very different then.

She went to her room intending to have a long read, but she was tired and once she'd settled against her pillows she soon gave up, the writing was too squashed and tiny to decipher easily. But over the following days and weeks she dipped into them every night before she went to sleep, and found them absolutely riveting. She'd discovered that Pete's mother Eleanor had married William Frederick Maynard in 1877 when she'd been seventeen and he twenty-six. Eleanor had written:

It is not easy starting married life under the eyes of Freddie's father but he insisted that we live with him. It wasn't our choice, we were looking for a small house for ourselves, but Freddie said, 'I'm afraid we have to give in on this, poor Pa is lost without Mum and he needs you to take care of the house.'

That terrified me at the time, as I knew little about housekeeping, and he is very fussy and often finds fault with what I do. But then he doesn't like me.

The trouble is that Freddie's father, William Charles Maynard is a disappointed man. He wanted Freddie to marry his cousin Margaret Haskins. They grew up together and were great friends, she was the cousin whose company he enjoyed most, but he knew she was in love with someone else and he wanted to marry me.

Freddie had his way over that, but my father-in-law doesn't approve of my family, he thinks the Willises are not in the same class as the Haskins and the Maynards. My family have been watch and clock makers for generations but modern industrial methods have put them out of business. The watches that my family designed and made by hand, piece by careful piece, and then fitted together, are now stamped out on machines and made to sell at half the price. My family are reduced to repairing the new timepieces when they go wrong. Watch repairers, Charles calls us with such a note of disdain in his voice.

His father had this dream of earning a fortune and building a great family dynasty to enjoy it. It was his aim to build up and manage a profitable business on which his family and their progeny could live in comfort for the rest of their lives, but now his life's work is almost in tatters. He has the business and the house, but his big family has been decimated, and he is looking to me and Freddie to produce a big family and replace the generation of Maynards that has been lost.

I want babies, I would love to have a family and so would Freddie. He wants sons to follow him in the business and he wants to please his father. I come from a large family and the Willises are, to say the least, prolific. Within three months we had happy news for Freddie's father, his first grandchild was on the way. There was such rejoicing and he started to look on me with more favour.

When Millie discovered that Eleanor was Freddie's second wife she felt they had much in common. She could see things from her point of view and it brought the mother-in-law she'd never met closer to her. It seemed Freddie's first wife had died of tuberculosis at twenty-three years of age without having any children.

But that night Millie read that Eleanor's hopes were dashed.

We are all sick at heart, I have had my second miscarriage, but Freddie said, 'Don't give up hope, we'll wait until you are stronger and then try again. You are still very young.'

But his father was in tears when he came to my room see me. Seeing such a proud man in tears and knowing I am the cause of it is very upsetting.

Millie knew all had eventually come right for Eleanor when she'd had Peter, and was glad she'd been able to put her miscarriages behind her.

Back in the present, things did not seem to be coming right for Sylvie. She'd always been rather shy and introverted but she'd seemed to enjoy her job in the firm's typing pool. This was run by Miss Franklin, a spinster who looked older than her years, and who also acted as James's secretary when he came to work. The firm started young girls there straight from commercial college, so they could gain experience before being promoted to secretary to a senior member of staff.

Sylvie had made friends among her colleagues, and went out occasionally with Louise Lambert and also Connie Grey and her brother, who worked in the production department. But she'd never had a special boyfriend and had always seemed content to spend most of her leisure time with the family.

Now suddenly she was moody and rebellious and dissatisfied with everything. Millie knew that she was grieving for Pete, and that the manner of his sudden death had been horrifyingly traumatic for her. She was hoping that in time Sylvie would get over it. She filled her weekends with trips out with Simon and Kenny, and visits to either Valerie's home or Helen's.

Eric had sold off some of the jewellery and both girls had done exactly what they'd said they'd do. When Millie knew there was sufficient money in Pete's account to pay the legacies he'd willed to those of his children who had not reached their majority, she rang Mr Douglas to ask if she could expect Pete's will to be settled now.

'Yes, my dear, all is in order. I'll arrange for a trust fund to be drawn up for the children and their legacies to be paid in. But the law is notoriously slow and the Probate Registry will take its time to settle your husband's affairs as it does for everybody else. I'm afraid you'll have to be patient for a few more weeks.'

Now her financial difficulties had been solved, Millie felt she could wait. She enjoyed her job but thought Uncle James and his sons were being difficult. They were spending a lot of time together in James's office. James told her they were assessing the present set-up of the company and making plans, but when she'd asked him later about the plans, he evaded the question, and he never came to the lab to discuss any changes.

Pete had called a meeting of the department heads once a month so everybody knew what was being planned and what progress had been made. Apart from Andrew, all of them had worked for the firm for twenty to thirty years and had kept the place running during the war. Tom Bedford ran the soap production, while Albert Lancaster was responsible for talcum powder. She dreaded the time when they'd want to retire and was grateful it was still a year or two off. Dan Quentin their sales manager was a little younger, very efficient and always smartly dressed, and their buyer was Billy Sankey. He was a bit of a maverick but they were all fond of him.

Pete had trusted the senior managers and they'd always done their best for him. They were continuing to work hard now and everything was running smoothly, but it was nearly four months since Pete had died.

Yesterday, she'd had a word with Tom Bedford. 'James brought Marcus to the factory floor the other day,' he told her. 'When I approached them and asked if I could be of any help, they said no. They didn't speak to anybody but they were taking notes as they walked round and peered into everything.' Albert Lancaster told her much the same thing.

Millie had no idea how they spent their time in the office. As far as she could see, they were doing precious little.

Millie continued to find the diaries fascinating and was trying to read more of them, but the pages were so crammed with tiny writing which was hard to decipher that it was taking her a long time. There were little anecdotes about Pete and his brother, snippets of information about the Maynard business and information about the garden and their favourite recipes. Millie was totally hooked.

She'd decided it would take years to read them from beginning to end, and she was dipping first in one diary and then another in her search for facts about the family. She knew she must be more methodical, and began marking the passages she'd read.

She thought of giving one of the books to Sylvie and getting her help, but Sylvie was at last acting like a normal teenager wanting to be out and about all the time. What she needed was more sleep.

The diaries were heavy on her stomach in bed and Millie took to reading them at the roll-top desk on Sunday afternoons as well, and asked herself how much of his mother's life Pete had known.

The diaries were in his desk drawers so it seemed likely he'd read them, but he'd been very open, talked about everything and he'd never mentioned them to her. She thought he'd have encouraged her to read them if he'd known what was in them. He'd been proud of what his father had achieved, and talked of him from time to time. Tonight Millie had come to bed early and was feeling drowsy until she read:

Freddie and I were invited by a business connection to a pheasant shoot on an estate in Wales. It was a clear sunny day but cold and we wives were taken up to the moor to join them for a picnic lunch in a specially erected tent. Our vehicle was pulled by four horses and also carried the food and the servants to serve it.

It was a substantial meal with hot soup and a casserole taken up in hay boxes and as the men had had a successful morning, they were in a jolly mood and spent rather too much time over it. The beaters were sent off promptly to drive the birds into position for the first afternoon shoot and when reminded, the men rather hurriedly picked up their guns to resume their sport. We ladies went for a short walk in the opposite direction to allow the servants time to repack the dishes and tidy up the brake for our return.

We heard a few shots and then agitated cries and calls, and knew something had gone wrong. We rushed back to the tent but the shooting brake had already gone racing past us and we heard that a serving woman had been accidently shot and was being taken to the doctor.

It was only when I saw Freddie sagging against a tent pole in great distress that I realised he was the one who had shot her. Everybody was kind to him, offering support, condolences and brandy, and agreeing that the woman had caused the accident. She had no reason to be in the place where it had happened. It made them lose interest in pheasant shooting and we all went back to the house.

Mrs Trott was a woman from the village, not one of our host's servants, and had been hired for a few days to help with the shooting party. When the news reached us at dinner that she had died, poor Freddie was in a fever of remorse, made worse when we learned she was a widow of only a few months, her husband having been killed in a threshing accident at harvest time. Even worse was the news that she

154

had a two-month-old son being cared for by a neighbour.

I have never seen Freddie so stricken. Some of the house guests left the next morning but we couldn't go home. Freddie wished to make amends. Our host sought other relatives of the Trott family but none were to be found and the neighbour to whom the child had been entrusted already had seven children of her own and no wish for more.

As the child was an orphan, Freddie could see only one solution: we would add him to our family, a brother for our darling Peter. Both Freddie and I had been longing for another baby. What I really wanted was a little girl, but Freddie wanted sons to run his business when they were grown up. This baby boy, although dressed in rags, was quite handsome, and appeared well fed and healthy. Peter was now coming up to two and a half years old, so this baby would fit into our family very well.

We will bring him up in greater comfort than his mother could ever have done. He will receive a good education and will have a better life than he would otherwise have done, and at two months of age, he need never know that we are not his natural parents. Neither need Peter, he is not old enough to understand. The child had been named Sidney, but we had him christened William James.

Millie sat back feeling shocked. The Maynard family had secrets she'd never even suspected. Had Pete known about this? She was quite sure James did not, he'd been proud to say that he and his sons were of the Maynard bloodline, and superior to her who had only married into the family. Well, she could certainly put them in their place now, and wouldn't it serve them right? She positively itched to do it.

They'd been more than rude to her, shown their dislike and their wish to put her out of the business. Next time they came to the lab trying to make trouble for her she would have all the ammunition she needed to silence them.

It was only when she'd thought it over that she asked herself if Pete would do that. He was a much kinder, more generous person than she was; she'd heard him say several times that he must not be unkind to James. James was his brother and allowances must be made if he did not feel up to coming to work.

Perhaps Pete had known and that was why he'd not told her about his mother's diaries. It had been his parents' secret too, and on further consideration she decided she must respect their wishes. She could not tell James or his sons that they'd been born into a background as lowly as hers. Pete wouldn't want her to do that.

She was glad now that she hadn't told Sylvie about the diaries. Goodness, she'd even thought of asking Valerie and Helen to read some of them, and would have done had they not always seemed so busy with their own families.

Millie was wide awake now and continued to read. Eleanor was comparing her two boys.

Peter is much the brighter. He's more alert, into everything while James is quite bucolic and doesn't seem to have Peter's energy. Freddie believes nurture plays a greater part in a child's development than nature and quotes the Jesuit saying, 'Give me a child until he is seven and I will show you the man.'

They'd both wanted to believe the upbringing he'd have would enable James to play a useful part in running the business.

Well, there would be no argument now. Pete had definitely turned out to be the more able person.

Chapter Fourteen

A few days later, Millie found a typed memo on her desk calling a staff meeting at ten o'clock that morning in James's office, which was also used as their boardroom. 'About time,' she said aloud to Denis.

She set out promptly and met Andrew Worthington heading in the same direction. She'd hoped she could count on him as an ally against Marcus, but she'd been disappointed by his lack of interest in her problems. Except to say an occasional good morning, he'd barely spoken to her since that lunchtime when she'd asked for his help.

There was no one else within hearing and today his dark green eyes looked into hers as he asked diffidently, 'How are you getting on? Did you decide how you were going to raise the money you needed for those legacies?'

'Yes, it's all sorted,' she said cheerfully. 'The family stepped in to handle it.'

'Good, good,' he said, with a look of surprise on his thin face.

Millie led the way to James's office where Miss Franklin was placing a typed agenda in front of each chair. The heads of the departments were already assembling round the boardroom table. James was fussing around and she found that as well as Marcus, his elder son Nigel was here.

'Hello, Nigel,' she said, 'I haven't seen you for years.

Welcome home.' He'd really changed. He was more elegant than Marcus, with a pencil moustache and a deep tan.

'Thanks. I'm glad to be back.'

'When was it you went to India?' she asked. 'Nineteen thirty-six?' He was wearing a well-cut suit with his pocket handkerchief showing just the right amount of corner protruding from his breast pocket. He'd taken great pains with his appearance.

'Yes,' he said. 'I was very sorry to hear about Uncle Peter. How are you?'

'I'm managing, thank you.' Millie saw Marcus was closing the door so she sat down and Andrew took the seat next to her.

Andrew Worthington opened the file he'd brought and said to Millie, 'I've got the figures worked out for last year. I think you'll be pleased, there's a further increase in profits.'

He'd regularly attended Pete's monthly staff meetings where they'd been greeted with cups of tea and if possible biscuits. He could see there would be no such comforts this morning.

James rapped on the table and called the meeting to attention. 'I'd like to start by introducing my elder son Nigel to you,' he said.

Nigel beamed round the table, looking fit and much slimmer than the rest of his family.

'I've been waiting for him to be demobbed,' James went on, 'before I felt I could—'

The door opened and Dan Quentin and Albert Lancaster came noisily in to join them. 'Are we late? Sorry, Mr Maynard.'

Into the silence that followed, Andrew heard Millie say, 'Demobbed, Nigel? I didn't know you were in the army, I understood you were working in the Colonial Service.'

'I was,' he said in the same rather lordly manner his brother had. 'Everybody is being demobbed at the moment; that was a slip of Father's tongue. I knew it was my duty to come home and join the forces but, try as I might, I couldn't get a passage. But I was needed there in the Colonial Service.'

James rapped impatiently on the table. 'As I was saying, I've been waiting for my sons to return home before I retired. I want you to know that I've decided to go at the end of the year. And starting in the New Year, Nigel and Marcus will take over from me and run the company.'

Millie straightened in her seat. Andrew could see she didn't like that but he thought under the circumstances she should have expected that Peter and James would be replaced by younger family members.

James went on in a strong, dictatorial voice, 'Nigel and Marcus will bring new energy into the company. They have a great many plans and they're going to reorganise everything to take the business into the future. As you know, it's a changing world and if this company is to be as successful as we all hope, then we will all have to change with it. It's going to take a lot of hard work but I know you'll all be behind the fourth generation of Maynards, helping them to achieve it.'

That seemed to Andrew like a lot of hot air meant to motivate them to work harder, but a not unusual way to open the meeting. The men were all nodding their agreement.

Millie asked with frigid politeness, 'Do we need new plans?'

'Of course we do, Millie, we have to progress. A business can never stand still. Either it drives forward or it starts to fall back.'

Andrew rustled his documents. He believed James knew exactly how good their progress had been since the war ended.

159

Millie spoke up again. 'May we know what new plans Nigel and Marcus have?' There was a moment's silence. James's antipathy was evident, Millie's interruption was unwelcome.

Marcus took over from his father. 'I'm sure you'll all agree we need new lines. The company has launched nothing new on the market since before the war and we have only light floral perfumes.'

'We three have discussed it,' Nigel said, 'and we believe a stronger perfume might be more attractive to today's customers.'

James took over again. 'We need a change of emphasis on what we produce, a perfume with more general appeal so we can increase our customer base. I'm sure you all agree with that.'

'No,' Millie said firmly. 'I'm not sure that I do.'

But James took no notice. His face was glowing with enthusiasm. 'Look how popular "Evening in Paris" is proving to be. The sales have grown overnight. We need to get away from flowers and use something stronger, woodland spices perhaps. If we forge ahead with the work now we could get it launched on the market in time for the Christmas trade.'

'That would be quite impossible,' she said quietly.

Andrew heard a snigger that was quickly changed to a cough. He could see that the three experienced department chiefs were taken aback by James's announcement. Since Millie would own half the company once probate was granted, he thought she was right to speak up.

Marcus rounded on her to demand, 'Why not, if we're all prepared to put our backs into it?'

'I can't believe that you and your father know so little about the business your company is in,' she said. Andrew could see that the men were ready to applaud that. 'There are two very definite reasons. Firstly, we are slowly growing our customer base, but it takes time because we make luxury products that sell at high prices that not everybody can afford.'

'Of course.' Marcus was getting angry. 'We all understand that.'

'We can't compete in the mass market for toiletries. Lever Brothers make a superb range which they can sell at very reasonable prices because they operate on a huge scale. What our customers are looking for is something that is different, more top of the market. Their tastes are different.

'Secondly, it takes at least one year and sometimes much longer to develop a new scent and put it into soap and talc. The perfume has to be stabilised so the soap we make today smells exactly like the soap we made last month, or last year come to that.'

'Obviously,' James growled. 'That's common sense.'

'The finer the perfume, the longer it takes to develop,' Millie went on furiously, 'and we also have to be sure that the soap still holds the scent while it is being used. Don't forget it can be in the soap dish on the side of the bath for a month or longer.

'And thirdly, Billy Sankey has to make sure he can obtain a steady supply of the essential oils and fixatives and anything else we put into a new perfume.' She paused for breath. 'Where is Billy? Is he not in this morning?'

'Yes, he is,' several voices assured her. Billy Sankey was their buyer.

'Why isn't he here?' She looked from James to Marcus. 'Did you ask him to come?'

'Er . . .' Father and son were looking at each other. Andrew smiled behind his hand, he guessed they hadn't rated Billy highly enough to ask him to a senior staff meeting. He was a bit of a rough diamond but he was reputed to be very efficient at his job.

161

'We can't do anything without Billy,' Millie said firmly. 'Not while so many things are in short supply. He draws up the contracts with our suppliers. There's also the new wrappers for the soap to be printed and the tins for the talc to be made and contracts drawn up for them to ensure we don't run—'

'Hold on, Millie,' James interrupted. 'We've heard enough of your opinions.'

She carried straight on. 'There's another very important thing I haven't said yet. We don't need new lines at this time as we can sell everything we make ten times over. Isn't that so, Mr Quentin?'

'It is.' Dan Quentin was their sales manager who had fought in the war and returned when it finished. He looked like a polished country gentleman and exuded charm. 'It's never been easier to sell because the country has been starved of everything for six years. A good deal of our production is going for export and we could sell twice the volume being made.'

'There you are,' Millie said. 'Those of us who have been involved in running this company are agreed that our strategy must be to increase production over the next year or two. We can take our time over preparing new lines. They aren't needed at this time. Ask any of the staff here.' Andrew noticed that the men's smiles disappeared at that invitation.

James rapped on the table and said in icy tones, 'We need to keep to the agenda or this meeting will drag on all day.'

'I quite agree,' Millie said, picking up her notebook and pencil and getting to her feet. 'James, you haven't really made plans at all, those were just vague ideas from the top of your head.' She looked from Marcus to Nigel. 'You both need to learn something about this business and how the company functions before you can run it successfully.' Then she strode out, closing the door quietly behind her.

Andrew's jaw dropped. Millie had more guts than he'd given her credit for but she'd lost her temper with them. That had been a mistake and it had really got their backs up. That was not the way he'd have done it.

There were a few moments of silent embarrassment; both Nigel and Marcus looked more than a little put out by Millie's outburst. It was left to James to pick up the agenda and carry on. The meeting broke up some ten minutes later, having floundered and run out of impetus.

Andrew went back to his office, slumped into his chair and absent-mindedly took a sip from the cup he'd left on his desk. The tea had long since gone cold; he crashed it back on its saucer and considered what he'd learned at the meeting.

It had been very noticeable that the other side of the family had talked brashly about their big plans for the perfume department without ever discussing them with Millie. As she owned half the company he could understand why she'd been a bit miffed, but she'd shown up their incompetence in front of all the senior staff. Nobody likes to have their mistakes pointed out to them in public and James and his sons seemed particularly needy about being thought to be in control. They would have hated that.

Nobody had taken to Marcus. He might be Pete's nephew but he didn't have his charisma. The general opinion was that he was snooty, that he treated everybody as though they were inferior beings and, worse, that he was quite sure he could help them do their jobs more effectively. Andrew knew they laughed about Marcus behind their hands and said he had an overblown ego. They would have enjoyed seeing Millie lay into them. None of them knew anything about Nigel.

But the joint owners of this company had had a very public fight. James and his sons looked set to do their utmost to force Millie out. Andrew reckoned she'd be lucky to hold out against them. He was afraid she might have a big fight on her hands.

Millie was livid as she went back to the laboratory to busy herself with routine tasks, hoping the work would calm her down. Half an hour later the phone on her desk rang. Denis answered it and called, 'It's for you. It's Mr Douglas, your solicitor.'

Millie hurried to talk to him. 'I've received probate for your husband's will,' he told her. 'I can now settle his estate. Could you come in and see me this week?'

'What about tomorrow?' Millie made the appointment feeling glad it would soon be settled.

Moments later the door flew open, and James followed by Marcus stormed in. 'Out,' James he said to Denis, waving him towards the door. 'Take an early lunch.'

'No,' Millie protested, 'he's helping me. Why are you ordering my staff about?' But Denis had disappeared. 'What's the matter?'

James was angry. 'To take that confrontational attitude to us in front of the staff was totally uncalled for.'

'Yes, I know, I'm sorry.'

'It was unforgivable, Millie,' James blustered. 'I'm glad you realise you mustn't say things like that. It lets the side down, does the firm no good, and it's very bad manners.'

'I apologise. I should have chosen my words more carefully.'

'You tried to make a fool of Marcus.'

Millie was not going to have that. 'Oh no, Marcus made a fool of himself.' She swung round to him. 'You made yourself look a complete ass.'

'Millie, you can't—'

'Just for once hear me out.' Millie was getting angry. 'Pete got this company going again after the doldrums of the war

164

years. Now it's being run by the senior staff without Pete, but they're doing all right. And today, without knowing the first thing about it, you burst in and give them a wake-up homily about working harder and getting new products out by Christmas. I had to point out why it wouldn't be possible. They'd have thought me pathetic if I'd gone along with that.'

James looked fit to burst, his face was puce.

'All right, Father,' Marcus said, 'let me handle this.' He turned to Millie. 'Obviously we're not going to find it easy to work together. We seem to be temperamentally unsuited.'

She said as patiently as she could, 'Perhaps if we tried, we could find a way.'

'You'll have to find a way,' James thundered. 'You've got to work together.'

Marcus said in a more amicable tone, 'I understand you're going to inherit Uncle Peter's half share of the company. Father says you're considering selling it back to the family.'

'No,' Millie said.

'You haven't made up your mind yet, have you?' James's furious gaze levelled with hers. 'You said you wanted time to think it over.'

'I did not. I thought I'd made it clear at the time that I meant to keep it. Without Pete, I need to go on working. Making perfumes is what I know and there aren't many jobs about like this. I want to stay.'

'Well, of course,' James began more diplomatically, 'we could keep you on as an employee after we'd bought your share.'

'No thank you,' Millie said. 'I'll not agree to that.'

James was holding up his hand. 'Don't dismiss it like that. Maynards started this business, they've always owned it and you aren't family.'

Millie's blood was coming to the boil. 'I married into it.'

James said vindictively, 'It isn't right that you, a stranger, will hold so many of our shares. Nigel and Marcus are true Maynards.'

Millie was ready to burst with fury. She wanted to let fly and tell him how mistaken he was and that he and his sons were not of the Maynard bloodline. She wanted to tell him that Eleanor's diaries said he was the son of a village woman who had wandered in front of the guns at a pheasant shoot. That Frederick and Eleanor Maynard had brought him up out of the kindness of their hearts because he had no living relative left to do it.

Millie had to bite her lips. It took real effort to choke back the words. She wanted to put him in his place, use the knowledge which she knew would do it. Instead, she made herself say as calmly as she could, 'Pete decided it was right and that is the legal situation.'

James lost his temper. 'You're a girl from the wrong side of the tracks who got her hooks into Peter. You thought you'd made your fortune, didn't you? He must have been out of his mind to marry a girl like you, a junior employee heavily pregnant with the child of a fraudster and a thief.'

Millie felt that like a slap in the face. It took her breath away. She'd thought all that was long since forgotten. Never had she been so tempted to get her own back, but it was a Maynard family secret that had been kept for over six decades and not hers to tell.

She managed to grind out, 'You might remember that Pete and I have two small sons. You can't deny that they are of the Maynard bloodline. In time, Pete hoped that one or both might work in the business.'

'But they are no use to us at this time, and may never be.'

Millie took a deep breath. The words to destroy James hovered on her tongue, but it might also destroy the family and their company. It was in her interests, and those of Simon

166

and Kenny, to maintain the peace and keep the business growing. She said, 'James, I've spent most of my life working in this business. I know ill health has kept you out of it, but you left everything to Pete and you've lost touch with what is going on here. You know nothing about how this business is trying to recover from the war. You remember only how it used to be run twenty years ago.

'And as for you,' she fumed, turning to Marcus, 'you must accept the heads of departments know more about running it than you do. All your experience has been elsewhere. It's no good sitting in your father's office pontificating about it, he can't help you. You need to start at the bottom, talk *to* the staff not *at* them. Treat them as intelligent human beings. You've got to find out what's possible and what's not. Above all, talk to the accountant and find out where the money is made.'

'We've done that,' James thundered.

'Then why are you running down what Pete has achieved? Why all this nonsense about you three turning the company's fortunes round?'

'We have to,' James insisted. 'The object now is to make more money.'

'I suppose, Millie, you think you could make a much better job of it.' Marcus was flushed and haughty. 'You see yourself as general manager, do you?'

She was furious. 'No, I do not. As I told you, I want to stay here in charge of perfumes, which is just as well as you won't find it easy to replace me. I own half this company, that's as much as you three own together. If you have any plans, you need to consult me first. If you want to change the way Pete has set things up then we'll have to discuss it.'

'You have a very high opinion of your own ability,' Marcus sneered. 'I do hope it's justified. That illegitimate daughter of yours has certainly not inherited much brain, but why would she, when her father was a fraud and a thief? She's quite useless. I dictated some letters to her the other day and she made a complete hash of them. They had to wait until Miss Franklin came back from holiday to sort them out.'

Millie was truly shocked by that and it took all the wind out of her sails. She hadn't expected that; both Tom and Albert had praised Sylvie's work, but that was before Pete had died. She should have guessed her work would suffer.

'Please be patient with her,' she choked. 'Pete's death has upset her dreadfully. She was with him when it happened and found it traumatic. She's really quite competent.'

'She deserves the sack,' Marcus said belligerently. 'If she was anybody else she'd get it.'

A movement caught Millie's eye and she looked up to see that Sylvie had come in behind him. Her face was white and her mouth open in horror. It was obvious she'd overheard. Her glazed eyes were on Marcus. 'Is that true?'

Millie threw her arms round her daughter and pulled her close. 'Everybody's work suffers when they're upset,' she tried to comfort. 'Don't let it worry you. You'll be all right once you're over this. It's a bad patch for us all.'

'Not that.' Sylvie pushed her away angrily. 'About me being illegitimate and Dad not being my real father? Who is this fraudster and thief?'

Millie felt suffused with horror. Sylvie had been listening for some time.

'Didn't you know?' Marcus asked her contemptuously. 'I thought it was common knowledge.'

Sylvie burst into tears and Millie turned on Marcus. 'Please go,' she said angrily.

Chapter Fifteen

As the door banged behind them, Sylvie wailed, 'It is true, isn't it? Dad wasn't my father! Why didn't you tell me, Mum?' Sylvie felt the world as she knew it had turned upside down. 'Why didn't he?'

'We should have done, I'm sorry.'

'But you didn't,' she cried through a storm of tears. 'Why not?'

'It wasn't that we meant to keep it from you, Sylvie.' Millie was almost in tears too. 'By the time you were growing up we all saw you as part of the family. You'd been accepted into it.'

'But I thought we were a family. I didn't know that Dad wasn't my father.'

'He thought of himself as your father. Legally he was because he'd adopted you. He was a doting father to you.'

'But he wasn't my natural father. Marcus said everybody else knew. Did you think I'd never find out?'

'To start with we were waiting for you to grow up so you could understand. I didn't think enough about telling you and I'm kicking myself now.'

'Well, you left it too late. It's important to know who your father is. He's part of who I am.'

'Yes, and I'm very sorry. There were always so many other things going on. I should have told you long ago.'

'Do Valerie and Helen know?'

'Yes, they knew me before you were born. Pete explained it all to them and they accepted you as part and parcel of me. They had no need to talk about it or even think about it. You were absorbed into the family.'

'But I'm the cuckoo in the nest. It isn't my family at all. Who was my father?'

'Look, it's nearly lunchtime. Why don't you fetch your sandwiches and we'll eat them here and I'll tell you all about it now.'

'I couldn't eat anything, I'm churning inside. I feel sick. Connie and I were going to walk down to the river at lunchtime but I don't want her to see me looking like this. She'd want to know what's happened and I couldn't possibly tell her, could I?'

'No, but you'll feel better if you eat. Get your sandwiches and—'

'I don't want anyone to see me like this,' Sylvie screamed. 'I look a mess, and my eyes feel terrible.' They always looked red and puffy if she cried.

'Give me the key to your desk. I'll ask Denis to get your handbag and sandwiches.'

'Mum! He's heard it all. I know he has. He tried to stop me coming in, to divert my attention.' Sylvie was appalled at the thought. Soon it would be all round the office.

'No, James sent him out and he's only just come back and he's been crashing bottles about at the other end of the lab, hasn't he?' She knew her mother was trying to comfort her.

Millie handed Denis the key. 'Sylvie, why don't you bathe your eyes at that sink while I put the kettle on for tea?' The cold water eased them but it didn't really help, how could it?

'You weren't married when you had me?' Sylvie asked. 'I can't believe you'd do such a thing.' This was a real shock, everybody knew it was the greatest sin a girl could commit, and it would ruin her whole life.

'Wait until Denis comes back with your sandwiches, then I'll explain everything.'

Sylvie couldn't look at him when he returned to slide her things on to Millie's desk. 'I'll go to lunch now, shall I, Mrs Maynard?'

Millie nodded. She opened her sandwiches, her face anguished and her lips tight. 'Eat,' she urged, 'and I'll tell you.'

What she had to say came out like a confession. Sylvie listened avidly to her mother's story, it horrified her. 'I was your age and I loved your natural father. His name was Ryan McCarthy . . .'

'Was he Irish?'

'Well, Liverpool Irish. His family had come here in the years before he was born. I believed him to be a decent person. We'd grown up together in the same street and he had a job here with Maynard's as a salesman. He said they were a good firm to work for and persuaded me to apply for a job, that's how I first came here.'

Sylvie's head reeled. 'So Dad knew him? Everybody here knew him? Was Dan Quentin working here then?' Quentin was their present sales manager.

'Yes, no, I can't remember.'

'And is it true that he was a thief and a fraud?'

'I'm afraid it is. He treated company stock as though it was his personal property.'

'That's awful! And to think he's my real father. What did Dad do about him? He must have been furious.'

'He didn't have to do anything because Ryan went away. He left Liverpool, disappeared.'

Sylvie could see her mother's face twisting in remembered pain. He'd deserted her when she found she was pregnant. 'You've heard nothing of him since?'

Millie shook her head. 'Even worse, I wasn't the only one to find myself with a baby before I had a husband. My mother did

171

the same thing. My mother's family threw her out and didn't want to know her or me. She'd had to bring me up single-handed and it was only when she was dying that I understood why we had no other relatives. We were poor, really poor, but Pete came to our rescue and gave us a good life.'

It was a lot to take in but Sylvie understood now just how much she owed him. 'And I caused his death,' she said bitterly.

'No you did not.' Millie rounded on her. 'Haven't I told you half a dozen times it was Dad's decision to sail home in that storm?'

But to Sylvie, it was only too obvious that, but for her, Pete would still be alive today. She'd persuaded him to sail back because she'd wanted to have dinner at that posh hotel, the Buckley Arms.

'Whatever you do,' Millie gripped her wrist, her eyes burning with intensity, 'make sure you don't make our mistake. It can land you in terrible trouble.'

Sylvie let out a long, slow breath. 'Ugh! A baby is the very last thing I'd want. But if it happened, I know you'd help me,' she said.

'Of course I would, and I understand how you must feel now suddenly hearing all this, but it's better if you take life's big milestones in the right order.' She sighed. 'Do you feel better now you've eaten?'

'Yes.' She did a bit. 'The girls in the typing pool said I was lucky to come from a rich middle-class family like the Maynards and I was proud of it. Now I find I'm Liverpool Irish,' she knew she sounded bitter, 'and my father was a scoundrel.'

'It all happened years ago, it's ancient history. It changes nothing in your present circumstances.'

'It does, Mum. It's not just me who knows, everybody else does too and they're talking about me.' Sylvie shuddered at the thought, it scared her. And on top of that, there was Marcus, she'd never be able to take shorthand from him again, not after hearing him say she was rubbish and should get the sack. And she knew she'd been making mistakes for others and her typing was messy. She'd done a bit for Mr Lancaster recently and most likely he thought the same way about her.

'Right,' Millie said, 'perhaps you'd better take the rest of the day off.'

Sylvie was relieved. She couldn't have faced working this afternoon. She listened when her mother rang the typing pool and thought it was Connie Grey who picked up the phone. Millie left a message for the supervisor. Then she rang Helen but she wasn't at home, so she tried Valerie's number. Sylvie heard her answer, and thought she said, 'Poor kid, send her to me.'

'I'd rather go home,' she said mutinously, getting to her feet.

'No,' Millie said. 'You'll feel worse if you go home and spend the afternoon alone. I'm afraid you'll cry on your bed. Come on, get your coat, I'm coming with you.'

They'd come to work on the bus this morning because of the shortage of petrol, so they had to wait in the drizzle at the bus stop to go to Valerie's, but Sylvie found the cool damp air calming although the name Ryan McCarthy was going round in her head on a loop like Kenny's toy train.

Millie felt ready to weep, she ached in sympathy for Sylvie. She was furious with Marcus for throwing all that in her daughter's face. She had come very near to enlightening him and his father about their own origins.

Valerie was very understanding. She said to Sylvie in matter-of-fact tones, 'Dad fell head over heels in love with your mother. He couldn't wait to marry her and you came as part of the package. You were the prettiest, most engaging baby ever, and we all loved you. In fact, the whole household fussed over you and continued to do so until Simon arrived. Dad adopted you legally, and always treated you as one of us. So what is there about that to bother you?'

'Uncle James was nasty about it,' Sylvie still had a sob in her voice, 'he called us names.'

'He said I was a slut who hooked your dad to make my fortune,' Millie said.

'It wasn't like that at all.' Valerie was indignant. 'The truth is, Dad was making all the running and we encouraged him because we liked playing with you.'

'But Dad wasn't my real father. Uncle James said he was a fraudster and a thief.'

'We never knew him,' Valerie told her. 'But he deserted your mother when he'd got her in a mess and when she really needed his help. He wasn't a kind man so he wouldn't have looked after you as well as Dad. You were far better off with us,' she looked up and smiled at Millie, 'and so was your mother. So it all turned out for the best, didn't it?'

Millie could hear the twins waking from their after-lunch nap upstairs. 'There they go,' Valerie said to Sylvie. 'Come and help me sort them out and bring them down.'

Millie lay back on the sofa, closing her eyes in gratitude and relief. As they were coming downstairs, she heard Valerie say, 'Have you heard the news? Princess Elizabeth has become engaged to Prince Philip of Greece, isn't it exciting? Where did I put the newspaper?'

It was produced and Sylvie's interest was captured by the pictures and the article about the royal wedding plans. It said it would take place in November and provide a welcome touch of romance for the country, struggling as it was with austerity and shortages of every sort.

174

It was said that Princess Elizabeth would not be able to have a trousseau because she hadn't enough clothing coupons, although other members of the royal family were said to be giving her theirs. There was speculation about her wedding gown and where she and Prince Philip might go for their honeymoon.

The long summer school holidays were about to start and Simon and Kenny would be home at the end of the week. Valerie and her husband had planned to spend the next week at Hafod and some time ago had offered to take the boys with them. They had been keen to go.

'Why don't you come with us?' she suggested now to Sylvie.

'A good idea,' Millie said. 'You might feel better if you had some time away from work.' She'd tell James she thought it advisable for her to start her two weeks summer holiday straight away. As a family they'd always taken their holidays together and Millie had booked them to start in another week's time.

'I don't want to go to Hafod,' Sylvie was alarmed, 'I never want to go there again.'

Valerie took hold of her hand. 'You need to go back,' she said seriously. 'It'll lay your ghosts. When you see the house, the mountains and the beautiful beaches again, common sense will tell you they had nothing to do with Dad's death. It was the storm …'

'And the boat.'

'It was just a terrible accident, Sylvie. You must see it as that. Yes, it happened on the boat but a lot of other things caused it. We haven't had the boat out since, but Roger has always loved it and it will need to be checked over anyway. He'll be happy to take Simon and Kenny out if they want to go.'

Sylvie blew her nose in her wet handkerchief. Millie offered her a drier one from her own pocket. 'Hafod is a lovely place for a holiday, you used to enjoy it.'

'We'd all like to go somewhere different for a change,' Valerie said, 'somewhere warmer and more exotic. But right now that's impossible. There's rationing and austerity in Britain and we are allowed to take only twenty-five pounds in foreign currency. Anyway, half Europe is in ruins. I think we're lucky to have Hafod. At least we can get away from home once in a while. Why don't you come with us?'

'There'll be plenty for you to do,' Millie tried to persuade her. 'You know what Simon's like, he always wants to be out doing things.'

She was rewarded by Sylvie's snuffle, 'All right.'

As they left the laboratory, Marcus felt his father take his arm and hurry him up to the privacy of his office in the turret. Nigel was there, still brooding over what had happened at the meeting. All three of them were furious at what Millie had said.

'That was humiliating, she made me look a fool,' Marcus complained. 'She flew at me.'

'Losing your temper with her and shouting and waving your arms around is not the way to go about getting what we want,' Nigel said firmly. 'You're all aggression. What could be more stupid than to say Pete wasn't running the business properly and deny it was making a profit?'

'That was Father's idea.' Marcus was ready to scream with temper. 'He was hoping to buy Millie's share for less than it was worth.'

'We thought we could get rid of her quickly by offering to buy her out,' James said, trying to calm his sons. 'That is the fair way of doing it.'

'But we don't have any money, Father. Do you?'

'No, I haven't. You know doctors' bills have taken a huge bite out of my income. And ill luck and the war have dogged our efforts.'

'You shouldn't have told her the firm was losing money and tried to get it on the cheap,' Nigel said. 'That was the wrong way to go about it. She knew it was a lie and so did the rest of the staff. She's no fool, you know, and she was married to Uncle Peter for eighteen years, she's bound to have picked up a few pointers from him.'

'This business was started by our grandfather and it's all wrong that half of it has been given to her.'

'But it has and she's refused our offer to buy her out.'

Nigel was losing his temper too. 'Perhaps that's just as well.'

'Don't be silly, Nigel, we could have taken a loan from the bank, but anyway, she's not going to budge on that.'

'All right, as Millie has refused to let us buy her out, we'll have to find some other way to get rid of her.'

'I'm going to demand an apology.' Marcus was belligerent. 'The nerve of her, telling me what I should do.'

'Don't go near her until you calm down,' Nigel advised. 'In fact, it might be better if it was the other way round. You apologise to her.'

'I couldn't. I wouldn't. I feel more like kicking her into the middle of next week.'

'Leave her to me,' James said. 'I could try and talk her round. We'll get nowhere if we descend to shouting at each other. We can make things difficult for her, can't we? Two can play at that game.'

'We'll have to think of something,' Nigel agreed.

'Yes.' James nodded. 'She makes out she knows a lot about the business but I find that hard to believe.'

'Don't underestimate her,' Nigel said. 'That's been your problem from the start. The staff seem to think she knows more than we do, they turn to her.'

'Why don't you do something then?' Marcus snapped. 'You're supposed to have the brains.'

'Right, I'll make a friend of her, disarm her and think of some way to loosen her control of this company.'

'Particularly financial control,' his father said. 'It gives her too much power.'

After she'd seen Sylvie settling down with Valerie, Millie felt she really had to return to work. As usual, Tom Bedford had sent her a copy of the factory schedule and for the next two weeks they'd be making soap with the wild rose perfume. She needed to check through her aluminium drums and arrange for a sufficient amount of that perfume to go down to the factory floor.

That done, she rang James's office meaning to tell him Sylvie was upset and needed to start her holiday straight away, but there was no answer. She rang Miss Franklin to tell her about Sylvie, and it was she who told her James had gone home because he didn't feel well. Then she set about working through the other drums of wild rose perfume and marking those that should be ready for use in another month or so.

Later that afternoon, Nigel came into the lab alone. 'I'm sorry about what happened this morning,' he said, sounding calm and reasonable. 'Is Sylvie all right?'

Millie sighed. 'No, I'm afraid she's still very troubled over Pete's death, and what she overheard Marcus say made matters worse. Much worse, I'm afraid.'

'I know, Millie, I'm sorry.'

She tried to explain why Sylvie felt so guilty about the part she'd played in Pete's accident. 'Valerie is looking after her. She's going to take her back to Hafod on Saturday for a week's rest.'

'The accident must have been terrible for you too, terrible for everybody, but I'm afraid you upset Father, he's had to go home to rest.'

'We're all upset,' Millie said. 'Marcus was extremely rude about me as well as Sylvie, and he raked up things from the past that Sylvie didn't know about.'

'I have apologised but I—'

'I know that's not your fault but the truth is we didn't see much of your father at work while Pete was running things. He'd turn up once or twice a month when he felt like it, and he's only coming in now to make sure you two take Pete's place. He thinks he's easing you in but he has no idea what goes on here and he's giving you the wrong slant on things.'

'I can see that.' Nigel looked contrite. 'You'll have to make allowances, Millie. I've been in India for nine years. I've lost touch with everything.'

Millie was relieved Nigel was trying to make peace. Years ago the family had always met up at Christmas and for birthdays. She could remember holidays when Marcus and Nigel had spent time with them at Hafod. Marcus had always been prickly while Nigel had got on better with Pete and his daughters, but really, she hadn't known him well nine years ago.

'It's going to be you, me and Marcus who will be running this place in future,' he said. 'Father doesn't have the energy and anyway, as he said, he wants to retire. I'd like to think we could do it without fighting like this.'

Millie managed a wry smile. 'So would I, I'm delighted to hear you say that. The staff must be beginning to think . . . Well, Marcus is getting their backs up. We're going to have to get on together. We can't waste our energy fighting.'

'No, we'll need all our push to run this firm. I know I've a lot to learn, and I probably know less about perfume than any other part of it.'

'If you've got time now I could start showing you round. Uncle James spoke of getting a new fragrance out by Christmas. Come and take a sniff at some of these. I've got seven new fragrances started up, but they'll need months if not years of work before we can use them. What do you think of this one?'

He took a long sniff. 'Yes, I like it. It's a strong woody scent. Is it what Father was thinking of?'

'Yes, it's sandalwood. Try this one, it has an oriental scent, and this one is fruity.'

'Mm, refreshing, it smells of citrus and blackcurrant. I like that too.'

'It's not difficult to find a fragrance that people like, but I often turn up problems that make it unusable.'

'What sort of problems?'

'When we put it in the soap we might find the scent fades too quickly. It could bring customers out in a rash, or it's impossible to find a sustainable source of an essential ingredient. Sometimes it's just plain too expensive.'

'I see.' His dark eyes smiled into hers and she decided he was quite a charmer, not like Marcus at all. 'There's more to perfumes than I thought.'

'Yes, I'm afraid there is.'

'Can you explain the basics of what you do?'

'Well, let's go back to the strong woody scent that you liked.'

'The sandalwood?'

'Yes. I showed you the concentrate and I made that by mixing raw oils and essences. These have to be left for several weeks until they've blended and matured. Then before it can be used, I need to dilute the concentrate in alcohol to the required strength to scent the soaps and talcum powders. Then I leave it again for a further few weeks in these great copper containers to blend again. After that it needs a fixative to ensure the scent remains for as long as the tablet of soap is being used. There are many fixatives but the best are expensive.

'My job is to make sufficient volume in lavender, wild rose and verbena to ensure there's always enough ready to use to keep the factory working. I also produce the dyes to colour the white soap with faintest tinges of pink, lavender and honey-yellow to match the scents, and I have to ensure a uniform quality each time I do it.'

Millie knew she was giving him more detail than he'd be able to take in but she went on showing him round her lab.

'Thank you,' he said at last. 'It'll take me years to understand all this. Look, Millie, we need to get to know each other too. Why don't you and Sylvie come to my place for supper on Saturday night?'

She was surprised but pleased. This was a complete turnround. 'Valerie is taking Sylvie to Hafod on Saturday.'

'Oh yes, so you said. Well, no reason why you can't come by yourself. I'd like you to meet Clarissa, my wife. It'll be a quiet meal, just the three of us.'

'Thank you, I'd like that,' Millie said.

Chapter Sixteen

Millie was glad to go, the house felt empty without Sylvie, and it gave her less time to worry about her. Nigel's house seemed not unlike hers, Victorian with large rooms. When she rang the front-door bell, he came to let her in. She'd thought him elegant in the office, but tonight he shone. He was wearing an immaculate white shirt, silk tie and smartly cut grey lounge suit that looked new.

'You found the place all right?' he asked as he took her coat.

Removing her lacy apron, Clarissa came out of the kitchen to say hello and lead her into the lounge. She was very slim and ultra-sophisticated with her dark hair done up in a French pleat and a rather haughty expression on her handsome face. Her finery surpassed Nigel's. She was wearing a blue silk two-piece, with a nipped-in waist and flared peplum over a generously full and long skirt, and she carried it on high heels with magnificent elegance.

Millie couldn't hold back her gasp of admiration. 'My goodness, you do look grand,' she said. She'd seen very few people actually wearing the New Look; people just didn't have the clothing coupons to buy it. She recognised what it was from newspaper and magazine pictures.

'We stocked up on clothes in India before we came home,' Clarissa said disarmingly. 'The local tailors there aren't bad.'

Pete hadn't done much dressing up, he'd always worn pullovers when he was at home or visiting his family. Millie had washed and ironed her best summer dress for this occasion, but it was of the vaguely military style popular two years ago. It was of cotton and a rather more faded shade of blue than Clarissa's. She had never felt more dowdy.

She sat down and accepted a glass of dry sherry, trying to pull her skimpy skirt further down her legs. 'You look very settled,' she said, looking round the comfortable room and knowing they'd only recently moved in.

'Heaven forbid,' Clarissa said in indignant tones. 'I do hope we don't have to settle here. We have only the ground floor of this house and the neighbours upstairs come tramping through the hall at all times. It's awful, but after the blitz there's nothing much available.'

'Father found this for us,' Nigel said, 'or we'd have had to push into his place alongside Marcus and Elvira. He knows an estate agent and it was as a favour we were allowed to rent it.'

'Do you have somewhere decent to live, Millie?' Clarissa asked.

'Yes.' It was Nigel who answered. 'Uncle Peter took over Grandpa's house when he died, so Millie does have comfort.' There was no resentment in his voice.

But Clarissa was complaining. 'We feel very cramped here after the house we had in India, we really could do with more space. We'd like to start a family, but I couldn't contemplate having a child here, it just isn't suitable.' She sighed. 'Though really, we can't put it off much longer.' Millie knew they'd been married for four years.

They did have a separate dining room and the supper table was very stylishly set with flowers, starched damask, sparkling silver and cut glass. Despite rationing, Clarissa managed to serve very good food.

'I love cooking,' she said. Tonight she produced duck with a raspberry sauce. 'Oranges would go better with duck, but I couldn't get any.'

'I believe they are importing them again,' Nigel said, 'but they're only available on the blue ration books for the under-fives.'

'It's absolutely gorgeous with raspberries, I'm enjoying it,' Millie told her. 'It's a real treat.' She knew ducks were not bred in large enough numbers to make rationing feasible but were available on the black market. They cost a small fortune.

'Clarissa went to haute cuisine cookery classes,' Nigel told her proudly. 'It's her hobby.'

'Do you like cooking?' she asked Millie.

'I used to, Pete enjoyed meals like this. But once rationing started, our meals had to become simpler.'

'I'm probably very lucky to have married a cook like Clarissa.' Nigel smiled across the table at her.

'Lucky tonight anyway, I've made a summer pudding for you,' Clarissa's hand nudged the small silver bell placed near her wine glass and made it tinkle. 'Nigel,' she asked, 'what makes you keep putting this on the table?'

He shrugged. 'Habit, I suppose.'

Clarissa laughed, and said to Millie, 'He set the table for me tonight. Back home the bell was always set at my place so I could ring when we were ready for the next course. Here it's pretty pointless.' She got up to clear the plates and take them to the kitchen.

'Clarissa was brought up in India,' Nigel said. 'She's finding the lack of help in the house difficult.'

'I'll manage better when rationing finishes and we get a better house,' Clarissa sighed as she returned with the pudding.

Millie drove home thinking that although Nigel was

184

showing no envy for her house, his wife certainly was. The evening had not eased her worries, it made her wonder if Nigel was good at hiding his true feelings and if he might be playing some deeper game.

Valerie and Roger returned from Hafod the following week-end and brought Millie's children home. They all looked tanned and well, even Sylvie. Millie had arranged to take her own annual holiday over the next two weeks so she could spend time with them.

At Simon's suggestion she'd arranged a few days' camping in the Lake District which they stretched to a week because they hit a spell of good weather. Millie found the break from work restful and was glad to be able to give her full attention to her children. The boys talked all the time about their father, asking many times about exactly how the accident had happened, but she thought they were coping with it better than Sylvie.

Simon was twelve now and would be returning to his prep school for his last year and was facing examinations to get into Liverpool College. He said, 'I would quite like to be a day boy, Mum, and I think Kenny would too. We could get there on the bus.' It was quite close.

'Your father was a boarder and he wanted you to have that advantage.'

'I'm not sure it is an advantage,' he said, which made Millie think about it in a new light, but they were going to finish this school year as weekly boarders at Heathfield.

Sylvie had pink cheeks and looked rested, her suntan made her more beautiful than ever. She'd seemed more her normal self until Millie talked about her returning to work as she'd already had two weeks' holiday.

'I don't want to go back, Mum, not yet, please.' She pulled a face. 'You've still got another week. I don't want to

185

be at work on my own. Couldn't I take another week with you and the boys?'

That made Millie anxious, Sylvie used to enjoy her work, but she rang Miss Franklin who was supervising the typing pool to tell her Sylvie would be away for another week.

During that week, Millie had drawn up a programme of visits to the seaside and the museums in Liverpool and Chester, but the weather turned wet, so mostly it was the museums. Simon had invited a school friend to stay with them so Millie had quite a busy time. Sylvie's friend Connie had a birthday, and she was invited to her party on the Saturday night. Millie took the boys to the cinema to see Charlie Chaplin in *Monsieur Verdoux* and they all laughed till their sides ached.

'I had a lovely time, Mum,' Sylvie said the next day. 'Connie's brother Graham brought me home on the back of his scooter, it was quite exciting. He works for Mr Lancaster and he's very nice.'

Millie wished her friendship with him would develop. A boyfriend might be Sylvie's salvation. She needed something to take her mind off her troubles.

The following week, Simon went to stay with his school friend and Kenny went to stay with Helen because Millie and Sylvie had to go back to work. Millie hoped Sylvie would now settle back into her normal working life and for the first few days it seemed she would.

Denis had kept everything in the laboratory functioning smoothly. He was showing a real interest in his work and proving reliable. She was pleased with him, and because he was doing more, it made her life easier.

Over the weeks that followed, Millie kept telling herself things were manageable and she could cope. Valerie and Helen made sure that when she was at home her time was filled as pleasantly as possible with family activities.

Uncle James came to the office only on odd occasions, but Marcus and Nigel were always trying to make changes to the way the staff worked, and when she asked him to explain what the advantages would be, Marcus would turn aggressive. Millie was aware that it was ruining the usual harmonious atmosphere, though the senior staff continued to come to the lab to chat and show their support.

Since Andrew had confirmed that the profits were slowly increasing at that staff meeting, Millie felt they were becoming friends and he was on her side after all. From time to time she'd taken her lunchtime sandwiches to eat in his office to mull over work-related problems.

Last week, he'd taken her to Parker's Refreshment Rooms to have a hot meal and said he'd enjoyed it. But all the same, something of the stiffness between them remained. Today, he'd invited her to have another lunch at Parker's, and when they'd eaten cottage pie and plum duff and the need to pay for it arrived, she'd said, 'Let me settle it this time,' and put out her hand to take the bill.

'No,' he'd said with such firm politeness that she knew he felt offended. She could see that Andrew was proud and believed the man should pay when he invited a woman out. But Millie knew to the penny what his salary was and that she had more. It was a delicate situation. He said little as they walked back to the office. They were going upstairs to the office and at the top would go their separate ways, but she didn't want to part from him while this discomfort hung between them.

'I enjoyed the meal', she said to him. 'It was a lovely break to get out of the office.' Behind them, other people were returning from their lunch break and they had to draw aside against the corridor wall out of the way. 'I'd like to do it again. What about next week, say Friday?'

'A week today?' His eyes lit up, a smile was tugging at his lips. 'I'd like that very much.'

'But only on my terms, that we pay turn and turn about. Your way makes me feel I'm sponging on you. Agreed?'

'Of course. Put like that, what else can I say?' His smile broadened.

'It's better to know where we stand,' she said and turned towards the lab. She liked Andrew, and now she no longer had Pete she felt she needed friends.

In her twenties when she'd gone to college, Millie had made close friends with some of the girls on the same course, and they'd vowed to keep in touch. To start with, they'd met every few weeks to have a sandwich and a cup of tea at lunchtime, either in Parker's or some other small café. But eventually most had found jobs in different towns and now only Lizzie Green remained in Liverpool.

Millie continued to meet her occasionally. Lizzie had married and had had a son who was almost the same age as Simon. They'd spent more time together when they both had babies, but Lizzie had gone back to work when war was declared. Recently, she'd been having marriage problems and their meetings since Pete's accident had not been such happy occasions because they'd each poured out their anguish to the other and that left Millie feeling low. Though she was full of sympathy and continued to meet Lizzie occasionally at lunchtime, she found Andrew, despite the occasional embarrassments, more congenial company.

At mid-afternoon that same day, Millie was working with Denis when Sylvie, in torrents of tears again, came running through the lab to find her. Millie's heart sank. 'What's the matter?'

She ushered her to a chair near her desk and Denis asked, 'Shall I make you some tea?'

Millie nodded gratefully while Sylvie wailed, 'It's Marcus, I can't stand him. He asked me to come and take dictation and when I told him Betty Jackson had been designated to work for him, he said he was trying to catch up and he'd already overloaded her with work. He was horrible.' She was shaking with sobs. 'He dictated letter after letter in great bursts he knew I'd never get down. I think he was doing it on purpose.'

'No, love, that's probably just the way his thoughts come out.' It upset Millie to find Sylvie now felt she wasn't good at her job. 'I think others find him difficult too.'

'No, he keeps asking me, "Have you got that? It's important and I don't want it messed up." His letters are really long and complicated and I think he's deliberately getting at me.'

'What are these letters about?' As far as Millie could see, Marcus wasn't doing any real work. Tom Bedford and Albert Lancaster had come to the lab to talk to her and they both said Marcus was keeping out of their way.

'I don't know. Something about soap but they don't make real sense to me.'

'Who is he writing to?'

'He dictates a name and address, garbles it and never gives me a file with other letters from which I can copy it. I have to ask him to repeat it, sometimes more than once, and he looks at me as though I'm an idiot. When I'd finished the letters and took them back, he didn't sign them like everybody else and hand them back to me to post. "Just leave them with me," he said. "I'll need to make sure you haven't typed a lot of nonsense again." '

Millie swallowed hard. 'You're saying he's bullying you?' She considered asking Sylvie to take an extra carbon copy next time so she could see what he was writing about, but she was afraid Marcus would find out and be furious with Sylvie.

'Mum, he's trying to drive me mad. I know he is. In fact, he's succeeding. I don't think he ever posts the letters.

They're just a way to get at me. Sometimes he looks at me with real hate in his eyes. I know it's me he doesn't like.'

Millie's felt cold with horror, what Sylvie was saying frightened her. Surely she couldn't be right. It made her worry more about her daughter. 'When you get more used to taking letters from him—'

'Mum, I'll never get used to him.' Sylvie's big golden eyes blazed. 'I can't do it, and there'll be more and more work from him because Betty Jackson is leaving to get married.'

Millie knew that because Betty Jackson had sent her letter of resignation to her. She'd been Pete's secretary and they'd all got on well for years, but her fiancé had a job in London so she wanted to leave.

Sylvie was very upset and seemed obsessed with the idea that Marcus was out to harm her. If so, she was in an even worse state than Millie had supposed.

'Shall I have a word with Marcus?' she suggested. 'Tell him to go easier on you?'

'No! No, don't do that.' Sylvie was growing agitated. 'It'll tell him he's getting to me and make him put more pressure on.'

Millie felt Sylvie should not back off if she truly believed Marcus was bullying her. Had she also lost the ability to stand up for herself? She said, 'I'll ask Miss Franklin not to send you to take letters from Marcus.'

'Mum,' she cried, 'I've already done that.'

'Well, hopefully you've solved the problem,' she said. 'Come on, drink your tea and we'll knock off early today. We need to collect Kenny from Helen's house on the way home.'

Kenny came running to open the front door to them in high good humour and threw himself into Millie's arms. 'I've had a lovely time this week. Eric took me to work yesterday. There was an auction sale on, and the stewards let me hold up the goods for the buyers to see. It was good fun. I think I'll be an auctioneer when I grow up. Valerie is here too but I'm not to tell you anything about—'

'Come on in,' Valerie called. 'Helen's got some news for you.' Millie could feel ripples of excitement in the atmosphere as soon as she entered the sitting room. A sandwich cake was set out on the tea trolley with the cups and saucers.

'To celebrate,' Helen said, waving her hand towards the cake. 'I'm going to have another baby. We wanted to have two and I'm thrilled.'

'They'll be close together in age,' Valerie said, 'and she doesn't realise how much work that will give her.'

'Eric is over the moon.'

'Congratulations to both of you.' Millie kissed her cheek.

Sylvie was managing to smile again. She asked, 'Do you want a boy this time or another girl?'

'Eric would like a son, but I don't mind.' Helen's dark eyes shone with happy anticipation. 'All I want is a fit and healthy baby.'

On the bus going home Millie shared a seat with her daughter and said, 'Isn't Helen happy? I'm delighted for her and I'm glad you've seen how she welcomes another baby into the family.'

Sylvie was staring out of the window. Millie felt it her duty as a mother to point out, 'Helen has timed everything right. She studied for a career in her teens and waited until her twenties to marry and have babies. I didn't feel that burst of joy when I first realised I was expecting you. I was too young and had no husband. It all came right in the end for us, but I was worried stiff at the time. And after I had you I had to find time to study for a career. It isn't the easiest way to do things. You will be happier if you get your timing right.'

Sylvie made no sign that she'd even heard her little homily.

They had a quiet weekend and by Monday morning

Sylvie seemed better and able to accept that she'd have to go in to work. Millie was anxious about her all day but over supper Sylvie told her that she'd been sent to take letters from the accountant and found them manageable because they'd all been short and to the point.

'So you've had a good day?' Millie asked.

Sylvie pulled a face. 'Denis has let the story out, just as I said he would. Everybody knows,' she said, 'they're all talking about me, I'm sure, but they've been kind.'

'You don't know it was Denis who spread the gossip,' Millie pointed out. 'It could have been anybody.'

Sylvie snorted in disbelief. 'Somebody has certainly opened his mouth but everybody's on my side. Mr Lancaster said it doesn't matter what sort of a family you come from, it's what you make of yourself that matters.'

Millie smiled, so all had gone well. 'And Mr Worthington treated you well?'

'He was sort of normal, but kind too,' she said. 'Marcus has commandeered his secretary and left him high and dry without one.'

'Frances Somerton?' Frances had been employed for several years and was one of their senior secretaries. She'd worked for their previous accountant. Obviously Marcus considered her senior enough to please him.

'They're saying he's increased her salary and told her it's promotion, so she's happy about it. He'll probably be kind to her.'

Millie thought that high-handed of Marcus but let it pass. She thought it important to settle Sylvie and now she could see how she could help her. The next morning she went to have a word with Andrew in his office. As usual, he was busy working when she went in.

'Do you have a minute?' she asked. 'I've a favour to ask of you.'

'Of course.' He pushed the comptometer to one side.

Millie sat down. 'You know my daughter? She took dictation from you yesterday.'

'Sylvie, yes, a charming girl.'

'Did you find her work adequate?'

He was frowning. 'Perfectly adequate, yes.'

'Marcus has complained that she's useless.'

'Good lord! He must have got out of bed on the wrong side. No, Sylvie's all right.'

'She tells me Marcus has commandeered your secretary's services.'

'So I gather. He didn't ask how I would feel about that.'

'No, he's not the most thoughtful.' Millie hesitated for moment. 'I'd like you to ask Miss Franklin to promote Sylvie in her place. Will you do that?'

His dark green eyes were staring into hers. 'Why – yes, if that's what Sylvie wants. Usually the girls aren't keen to work for me. They don't like typing figures and at certain times I produce page after page of them.'

'I think she'd be very happy to work permanently for you.' Millie went on to tell him something of Pete's accident and the terrible effect it had had on Sylvie. 'She thinks Marcus is bullying her, but she won't stand up to him so he'll do it again if he gets half a chance.'

He hesitated. 'Are you worrying too much about your daughter? She seems to be coping well enough. She spent a week helping Frances Somerton to reorganise my files so I've seen something of her. She gets on well with people.'

'She did ask Miss Franklin not to send her to work for Marcus again, but that's the easy way out, she isn't standing up for herself.'

He smiled. 'But isn't it the sensible way? She doesn't come out with her fists up spoiling for a fight. I'd say she's perfectly capable of looking after herself.'

'You think I'm always spoiling for a fight?'

'Oh dear, forgive me, I didn't mean . . .' His eyes came up to meet hers. 'If I'm speaking out of turn, I'm sorry, but you don't let Marcus and Nigel get away with anything.'

'I can't,' she choked. 'Pete would have kept them in order but I have to do it now.'

'Well, tackling James and Marcus and telling them in the strongest possible language exactly where they're going wrong was, I think, unwise. And you did it in front of the senior staff so it's no secret that the owners of this company are battling it out. It got their backs up, Millie, so they're looking for revenge. It guarantees they'll do their best to deliver as much hurt as they can, but for Marcus to turn his ire against your daughter is despicable. She's just a kid and less able to punch back, but he knows you won't like it, so he targets her.'

'You think it was my fault?' Millie was horrified, that hadn't occurred to her.

'Yes, but what I'm trying to say is that I think she handled Marcus the right way. He's a powerful man and has had a lifetime to hone his sarcasm. In a battle of words Sylvie knows she can't beat him, but it doesn't mean that in the future she won't find some other way to give him a dig.'

'Perhaps.'

'She's the sort who thinks before she speaks, and with due respect, you instantly leap in to lock horns.'

Millie jerked to her feet. This wasn't what she'd wanted to hear. 'I'd appreciate it if you'd ask for Sylvie's services, and let both her and Miss Franklin believe it was your idea.'

'Millie, please don't take umbrage! I'll be glad to help Sylvie in any way I can. I'm on your side. I know you're finding things hard at the moment. I'm doing my best to help you.'

Millie felt somewhat mollified. 'I suppose you think I'm

an over-protective mother but Sylvie was very upset. Please be patient with her.'

'I will.'

She stood for a moment, trying to think of a way of saying Sylvie's self-confidence needed boosting, but she failed to find the right words and in the end said, 'Thank you,' and fled back to the lab.

Chapter Seventeen

Andrew Worthington stood up when Millie did, and went to open the door for her but she whisked out before he reached it. He collapsed back on his seat in surprise. Millie Maynard had revealed quite a lot of herself and her difficulties. He'd intended to ask Miss Franklin to appoint another girl as his secretary and had in mind to ask for Louise Lambert. She'd filled in for a few days when Frances had been off sick and they'd got on well together, but he was happy to do what Millie Maynard wanted. He picked up the phone and spoke to Miss Franklin before she could come up with some idea of her own.

The more he saw of Millie, the more he liked her. She'd been friendly and sociable to him and had real guts and a quick brain, but she was trying to fight Sylvie's battles as well as her own and she needed to think more before she responded to Marcus's attacks.

Millie was an attractive woman but Sylvie was a real stunner. He'd watched her scribbling down her shorthand on the other side of his desk with her blond hair falling forward, half hiding her face. When he stopped dictating her head would come up and her big golden-brown eyes would look up, waiting for more.

She'd turned all the boys' heads on the factory floor. They talked about her, why wouldn't they? She was the boss's daughter, or so they'd thought. Like everybody else in the firm, he found the recent gossip about the Maynard family totally fascinating. Knowing more had made him sympathetic towards Millie. The staff agreed she had a tough fight on her hands and were all on her side but Marcus was out to retaliate now. The general feeling was that he'd get her down in the end and she'd give up.

Millie didn't look like a fighter, she was small and slight. He'd heard the men say Pete had doted on her and denied her nothing; she was generally popular and said to be a soft touch for anybody in trouble.

He liked Sylvie too, there was nothing the matter with her work, what she'd done for him was fine, but she was shy and not outgoing like her mother. What she needed was experience to give her more confidence. If she felt guilty about the part she'd played in Pete's accident he could see that it would make her very vulnerable to Marcus's jibes. He felt sorry for them both.

Andrew had had family troubles of his own and they'd left him feeling raw for years. He understood only too well how painful and upsetting they could be, he'd wanted to bite off people's heads. He'd married Annabel three years before the war broke out and believed they were both very happy and had the sort of marriage that would last for ever.

He'd wanted a family, but once married Annabel had said, 'Don't let's rush into responsibilities like that. Let's have a good time while we're young. I'm not ready for babies yet.' She'd been twenty-six then. When his call-up papers came he didn't want to join the Pay Corps, which was where many accountants ended up.

'But the Pay Corps is the best place for you,' Annabel insisted. 'You're a fool if you can't see that. Look at Agnes's husband, he volunteered and asked to serve in the Pay Corps.' Andrew had known Malcolm well, they'd been work colleagues. 'He's doing his bit for the war effort, and they both

197

know he'll be safe. He's stationed at Aldershot and unlikely to leave England. Agnes has found a cottage to rent nearby so she can see him when he's off duty. They're having a good time and they're happy about it. Why can't we do the same?'

Andrew had been younger than Agnes's husband, and he'd aimed to be part of the fighting force though he didn't achieve that. With hindsight, it had proved a big mistake. He should have done his best to stay with Annabel.

Shortly after he had completed his training in 1940, he'd received a posting to the Far East. Annabel had been envious, she'd always wanted to travel and now he was doing it without her. She accused him of abandoning her in war-torn Liverpool, and when the Germans started bombing the city she'd written angry letters describing her hurt.

Andrew was stationed at battalion headquarters in Singapore and put in charge of the battalion's finances. That was hardly a full-time job and he was given additional duties, often the job of organising social events. He'd had a thoroughly good time of it and felt guilty that he'd left Annabel in greater danger than he supposed himself to be. He'd worried about her and her letters left him agonised.

All that changed after Pearl Harbor, when the Japanese entered the war and set out to capture all of South-East Asia. They advanced very quickly and rumours began to circulate that Singapore could fall, but it was the largest British base in the Far East and there were said to be 85,000 British and Australian troops stationed there, so it was hard to believe.

Andrew and his friend Graham Brown watched anxiously as the enemy advanced but assumed the generals in charge were making plans to hold so important a base. They could see large numbers of European civilians were leaving and the harbour had never been so busy. Women and children were packing large passenger liners to capacity. Australian freighters took the maximum number of passengers they could squeeze on board. People were even crowding on to the local native craft trading round other Asian ports.

More and more Pacific islands were falling to the Japanese. It began to look as though Singapore really was in danger. If the worst happened, the advice Andrew heard was that British soldiers would be treated as prisoners of war if they surrendered but gunned down if they tried to escape.

Over drinks in the mess, Andrew began discussing what they could do should Singapore fall, though nobody treated that seriously because they couldn't believe it would happen. One glance at the map showed them that once captured it would be almost impossible to escape as virtually the only ways out of Singapore were by sea or air. There were other rumours about the enemy, that they were treating their prisoners with far more brutality than the Germans did, and ignoring the Geneva Convention. The consensus of opinion in the mess was that it might be wiser to avoid being caught.

The Japanese began bombing the city. They brought up big guns to add shells to the savage bombardment. Andrew and his friends drew money out of their bank accounts, collected together any small valuables they might exchange for necessities and packed a few basic essentials.

On 14 February 1942 the Japanese entered Singapore in a storm of gunfire. Out of the blue, the British and Australian forces suddenly surrendered, taking everybody by surprise. Large numbers of British troops surrendered and became prisoners. Others were rounded up by the Japanese, of whom some were taken prisoner but many were beaten and gunned down.

The next day, the 15th, was even worse. Law and order had completely broken down. The disaster they'd discussed over beer in the mess was now a reality. Andrew and his friend Graham shed their uniforms and raced for the harbour.

Ear-splitting bursts of gunfire close by and fires breaking

out in many parts of the city meant that most of the ships had hurriedly put to sea to avoid danger. Andrew was afraid they were too late.

They spent that night sheltering in a warehouse, kept awake by gunfire and the ever present fear that the enemy would burst in and capture them. At two in the morning the door creaked open. They were wide awake in a moment but able to breathe again when Andrew recognised the newcomer as Sergeant Willis, a military policeman who had worked with him once or twice on crowd control for the social events he'd organised.

Andrew had found him a likeable fellow. He was a few years older, and a professional soldier who had seen more of the world. He discovered Willis spoke a little of the local Malay language. He had been a reassuring presence, and had become a good friend. Andrew pulled a ledger towards him and sighed. He needed to get on with the job instead of day-dreaming about the past.

Millie craved normal routine and a quiet life. She wanted to see her children happy and everyone pulling their weight in the business so that it grew in profitability.

Things were quieter because Simon and Kenny had gone back to school for the autumn term. Marcus and Nigel seemed to be keeping out of her way, for which she was grateful, and although James's official retirement date wasn't until the end of December, he only came to the office for a few hours once in a while.

Sylvie was not rushing to the lab to see her quite so often, which Millie thought was a sign she didn't need as much support. Until Sylvie said, 'I don't like the way Denis hangs around when I come to talk to you. It's as though he's waiting to hear more gossip he can pass on to his friends.'

'Sylvie! Denis isn't like that. I thought you liked him.'

'But he does spread what he hears in the lab. How else would my life story have got round the factory? Besides, he gives me funny looks.'

Millie tried to smile. 'I think you're imagining that.'

'I'm not, Mum.'

At least Sylvie said she was pleased with her promotion and liked working for Andrew Worthington. She seemed happier now she'd moved out of the typing pool and into a room with three other secretaries. Things were settling down, and routine was more like it had been in Pete's time. He had always held a party on Guy Fawkes' night.

'Can we do it this year,' Kenny asked, 'and ask all our friends round?'

Because they went to boarding school, the boys didn't have many local friends. Kenny meant the family and all their friends, including many who worked for the firm. They'd always built a big bonfire in the garden and baked potatoes in their jackets in the embers. Millie wanted to keep up Pete's traditions but couldn't make up her mind whether it was a good idea or not. They'd had fireworks last year but Pete would not be here to let them off.

Nevertheless Simon and Kenny began collecting firewood and constructing a guy in the garden shed.

'I'd like to ask Connie and Louise,' Sylvie said. 'They don't have bonfires at home.'

Millie had heard that Louise's brother was engaged to a girl working in sales, and had given up hope that Sylvie's friendship with him would strengthen. She wanted her daughter to have more of a social life and that made her agree to have a little party, but she'd not intended to have all the staff until Albert Lancaster, who treated her more like a daughter than an employer, came to the lab one morning and said, 'I'm making some fireworks, are you going to have the usual bash? If you are, I'll bring them round and let them off in your place.'

'You'll have to take charge of any display of that sort,' Millie said.

'I know.' He patted her shoulder. She felt inveigled into inviting much the same crowd as Pete had last year.

They'd only started having fireworks again to celebrate the return of peace. It would not have been wise to cause even minor explosions in wartime. Fireworks were virtually unobtainable in the shops, so they had to make their own, but Pete and other members of the staff were either chemists or saw themselves as amateur chemists. Their home-made fireworks tended to be more blast than visual display but were part of the present make-do-and-mend culture, and were better than nothing on bonfire night.

Millie worried for a long time about whether she would invite Marcus and his side of the family but felt compelled to, as they'd no doubt hear of the party in the office. James said he didn't think he was well enough to stand about in the cold, but Marcus and Nigel accepted. Nigel said he would bring his wife.

'I'm glad Nigel and Marcus are coming,' Helen said. 'They used to be good company. We had marvellous holidays with them at Hafod when we were young.'

'Marcus was always in trouble,' Valerie remembered.

'Pete thought he was a little wild,' Millie said. She gave thanks that potatoes were not rationed and at this time of the year were plentiful. Valerie organised the buying of them, the scrubbing and the hour or so baking in the kitchen oven before they went out to the embers of the bonfire. Experience had told them they wouldn't bake through unless the kitchen oven played its part. Sylvie and Helen made toppings for them, begging scarce ingredients from whoever would part with them.

That morning, they went round the local butchers' shops and cleared them out of unrationed sausages. Millie would have liked to make a green salad to complete the meal but the lettuce had all died in the garden after a week of frost. She made a large pan of mushy peas as she had last year.

Sylvie was looking forward to the party though she knew her mother was on edge, afraid some disaster would occur. That afternoon she helped Simon and Kenny sweep the garden paths free of leaves and twigs, and hang the coloured Chinese lanterns that Dad had bought before the war on the trees and fences.

The boys had been given a broken chair and they tied the guy they'd made on to it, and managed to get it to balance on top of the bonfire. Everything was ready and they were keeping their fingers crossed that it wouldn't rain, because even a shower would mean more smoke than flames.

That evening Valerie and Roger were the first to arrive, and carried up their sleeping twins to Millie's bed. Sylvie had made up the old cot in the nursery for Helen's baby and wheeled it into her mother's room, so they'd all be together.

Val and Helen told Millie they were taking charge of the kitchen and she needn't worry about the food. Roger had brought the ingredients to make hot toddies and was making up two bowls of punch, mostly lemonade for the youngsters but with a little added strength for the older guests.

They had a lovely clear night for it, the sky sparkled with stars but it was very cold. Over the last week they'd been having hard frosts at night and it looked set to continue. Millie put extra chairs in the conservatory so that those who couldn't face the cold could see what was going on. She was dithering about when she should light the bonfire but Eric went out and did it fifteen minutes before the guests began to arrive.

Soon they were streaming in and Millie was kept busy greeting them. Nigel and his wife swept in together with Marcus. Dando had run them down. Sylvie was introduced to Clarissa and thought she looked glamorous.

Millie had insisted on inviting Denis, though Sylvie had asked her not to. Sylvie wanted to avoid him; he was too ready to spread gossip. She was watching for Connie and Louise, they'd promised to bring more wood from their gardens and a packing case or two, but when they arrived Denis was suddenly at her side. Connie liked him and got him to help toss their wood up on the bonfire. 'That's a smashing guy you've got on top,' he said.

Red embers were appearing in the fire and Eric and Roger were inserting potatoes into them with long fire tongs. One of the guests had brought some sparklers and was handing them round, and the party was beginning to hum.

Sylvie knew Denis would have latched on to them if she'd given him the slightest encouragement, but just as Connie was going to do that anyway Millie called out to him to help her serve the hot drinks.

There was Oxo for the kids, though Millie called it beef tea, and hot toddy for the adults. Sylvie collared three glasses of hot toddy for herself and her friends but after one taste, Louise said, 'I don't like this, it's all nutmeg and spices, and there's not much kick in it.' So they ditched it in the rhododendrons and went inside to get some Oxo.

Denis was carrying a tray of it from the kitchen to the table in the conservatory when Connie stopped him so they could take a mug each. As he turned to move on, his elbow caught Marcus's arm, his tray tilted, the mugs slipped and beef tea splashed everywhere.

'Look what you're doing you idiot,' Marcus barked in the same ferocious voice he used in the office. For once Sylvie felt sorry for Denis.

'Sorry, sir.' Denis's cheeks flamed.

Millie and Valerie came rushing in with cloths to mop up. 'Why do you have to overfill your house with this crowd?' Marcus shouted at Millie. 'Don't we see enough of our employees in the office?'

Sylvie was glad to see that his smart camel overcoat had caught a goodly amount of the splash and so had the turn-ups of his trousers.

'I think I'll go,' he said to Valerie. 'This isn't our sort of gathering. Come on, Nigel.' He held the conservatory door open for him, letting in an icy November blast. 'Are you and Clarissa coming?'

Nigel was talking to Tom Bedford and his wife. 'You'll need to call a taxi, Marcus,' he said. 'We'll stay a little longer. The bonfire has hardly got going.'

Marcus's face turned puce and without another word he went, slamming the conservatory door behind him with such force that a pane of glass fell out and splintered on the floor with a crash.

'Oh heavens!' Denis said. He apologised to Millie as Valerie rushed to get a dustpan and brush to sweep up the fragments.

'Don't worry about it,' Millie said. 'It wasn't your fault. Look after him, Connie. Get him a drink and go out and enjoy yourselves.'

'Marcus acted like a pig,' Valerie whispered. 'I asked Nigel and his wife round for supper the other night and they were both a bit toffee-nosed. He's changed too, no fun at all. I don't know how much we have in common any more.'

Connie put a full mug into Denis's hand and led him out to the garden. 'What a lovely smell of wood smoke,' she said.

The night was alive with the roar of flames and the crackle and spit of damp wood. Simon and Kenny were in charge of winding up the gramophone and putting on the records, but Millie was trying to choose the records they should play.

'Don't make the music too loud,' she said, but Kenny turned the sound up as soon as she went back indoors.

Roger raked the potatoes out of the fire and Helen cut them and handed out table napkins to hold them. They were so hot they still needed their gloves on, but they were soft and succulent and smelled delicious on the frosty air.

They could hear sounds of fireworks going off nearby and glimpse occasional streaks of colour flash in the night sky. Helen, still the schoolteacher at heart, told them that they were commemorating the true story of Guy Fawkes trying to blow up the Houses of Parliament. Tom Bedford was getting ready to let his own fireworks off and made them all stand back.

The bangs were enormous, 'Like heavy guns,' Millie said, pulling a face, but there were Catherine wheels and rockets too.

When the display finished, the older guests crowded back into the conservatory for another hot drink because the cold was beginning to bite. Connie and Louise were taken home by a relative. In the frosty semi-dark, with the bonfire dying away, Sylvie found herself alone with Denis. He said, 'Have I offended you? I get the feeling you're trying to avoid me. I'd like us to be friends.'

Offended her? He'd riled her! 'You told everybody about me,' she told him. 'You started the gossip about Dad not being my real father.'

He seemed horrified. 'No, I didn't!'

She hesitated. 'How else would everybody know? You heard what Uncle James and Marcus screamed at Mum in the lab and passed it round the whole factory.'

'No, Sylvie, I've said nothing about that to anyone.' He seemed hurt that she should think he had.

'But you overheard Marcus having a go at Mum, didn't you?'

'He was shouting, I couldn't help but hear.'

'Yes, and afterwards everybody was talking about us. Albert Lancaster sympathised with me about it.'

'Sylvie, a fight between the bosses will always cause gossip. You're getting some of the backwash, that's all. It's no secret that James and his sons resent your mother and therefore you too. I understand they're showing it all the time by trying to talk her down at staff meetings. Of course there's gossip about it but the staff are solidly on her side.'

'But all that talk about me being illegitimate was cruel.'

'It was Marcus who brought that up.'

'And now everybody knows.'

'Everybody has known for years,' he told her, 'that's not news. There are dozens of people working in the office and the factory who've worked there since before your mother started. When the boss took up with her it was the romance of the century, and they gossiped about every detail of it. They liked Peter Maynard, he was fair to everybody; he forgave their mistakes and looked after those in difficulties. If he wanted to marry your mother, they were all for it too.'

'But it was news to you?'

'No it wasn't. My mother was Arthur Knowles's daughter. He ran the lab for years.'

'My mother told me about him.'

'Grandpa helped bring me up. My father was killed in a road accident when I was small and when my grandmother died a few years later, it made sense that we move into Grandpa's house.'

'Mum says he taught her most of what she knows.'

'When I was still at school I remember my grandfather holding forth about it, about how happy their marriage turned out to be. Everybody talked about your mum and dad.'

'Yes, but I didn't know he wasn't my real father.'

'He treated you as though you were. Perhaps he wanted you to think he was.'

'It came as a shock to me.'

'I know it did, and it must be a shock to find out that the rest of us have always known.'

Sylvie felt somewhat comforted that he understood.

'It's all ancient history, nobody's thought of it for years, but yes, we knew the full story. Had Peter not died so suddenly, he would have told you in his own time and his own way, and you'd have accepted it and felt fine about it.'

Sylvie was heartened. That's exactly what Mum had said.

'Come on, we'd better go in,' Denis said. 'I think the party is over.'

Sylvie was sorry to hear the guests thanking her mum and taking their leave. She didn't want the party to end. Denis had been good company after all. 'Don't you go.' She put a hand on his arm. 'Mum will want you to stay and have supper with the family.'

The dining table had been extended to its limit and those remaining sat round to eat sausages and mushy peas with more baked potatoes. Sylvie was surprised to find Andrew Worthington was among those invited to stay.

When the party was finally over and the sleeping babies were being brought downstairs, Millie arranged a lift home for Denis with Helen and Eric as he lived in the same direction.

When Sylvie was seeing them off, Denis said to her, 'Will you come out with me on Saturday night, to the pictures or something?'

'Yes, I'd like to.' Sylvie felt a warm glow. Mum was right about him. Denis wasn't a bad sort.

It was late when the family went to bed that night and Sylvie couldn't sleep. Denis had stirred up deep memories of the man she'd thought was her father. She'd loved Peter Maynard, but it seemed everybody who knew him had loved him too. Denis had said he'd forgiven his employees their mistakes, so he'd surely forgive her for persuading him to put to sea in that storm.

They had to get up for an early breakfast the next morning because Millie had to take the boys to school on the way to work. They were in a rush and she was irritable.

'It was a good party,' Simon told her. Kenny chorused his approval.

'Marcus caused a bit of a scene,' Sylvie pointed out. 'There was a deathly silence for a few moments. All the chatter ceased.'

She could see her mother was frowning. 'It was the first party I've given since your dad died,' she said, clutching the steering wheel and staring straight ahead.

'It was a success,' Sylvie assured her. 'Lots of people said they enjoyed it. Nigel was being nice to us all.'

She saw her mother pull a face and knew she was upset. 'Nigel gave me a bit of a jolt too.'

'Was he nasty?'

'No, really he was trying rather too hard to be pleasant, but I went upstairs to the bathroom and found him and his wife in your bedroom, Kenny. He was showing her round the house and said, "I hope you don't mind, Millie, Clarissa wanted to see where my forebears used to live." Clarissa was all sweetness and light, and said, "His grandfather designed it and had it built, didn't he? It's part of Maynard history." '

'I hope he didn't touch my things.' Kenny was indignant.

'It won't be your toys they're after. Clarissa was admiring our house and leaking envy through every pore. I think she fancies it.'

'What a cheek they have,' Kenny and Simon chorused.

'What could be more normal than that Dad should will all his worldly goods to the family he loved?' Sylvie demanded. 'He'd want to know we had a house and enough to live on. It's what everybody does, isn't it?'

Chapter Eighteen

For Millie it was a quiet and restful morning and she was enjoying doing some of the routine work in the laboratory. But at eleven o'clock Billy Sankey, their buyer, came tearing angrily into the lab to see her.

'Millie,' he said, 'I can't be doing with James's boys, they've gone too far.'

She straightened up from her workbench with a sinking heart. 'What have they done now?'

'Marcus is trying to elbow me out of my job.'

'No, Billy, no. It's not your job he wants.'

'It is, Missus. He came to my office as bold as brass and said he'd be heading the buying team in future. That's got to mean I'm reduced to being his assistant. I'm not having that.'

'Billy, he can't do your work.' Millie was exasperated with Marcus.

'I know. No doubt he'll expect me to go on doing it all and he'll take the kudos.'

'Calm down. Come and sit down.' Billy could do neither, he was breathing flames.

'Denis, would you please make two cups of tea for us?' Millie asked.

She forced Billy into a chair but he raved on. 'He's got an ego the size of a house. Just because his family own this business he thinks he can walk straight in and do any job better than we can.'

'You do an excellent job.'

'I know but he thinks he can do it better. He thinks he can run the whole outfit, make it earn more money. I'm not staying to be put upon by him. I'll leave and get a job somewhere else. There's lots of jobs to be had these days.'

'Billy, we need you here. I don't want you to go, we can't manage without you. I'll talk to Marcus, leave him to me.'

He was still snorting with rage. 'He said I dressed like a scarecrow and was a disgrace to the firm.'

Millie giggled and failed to control it. She broke into a laugh and eventually Billy managed a wry smile. 'Well, you have to admit you are not our smartest dresser.' She laughed again.

He sighed. 'Perhaps it's time I ditched this suit.' The cuffs and pockets were fraying and it looked as though it hadn't ever been pressed during the years he'd worn it.

'If it makes you feel any better,' Millie said, 'I thought Marcus was trying to take over my job, and there's nothing else I can do.'

'You're good at it, Missus. He'd be hopeless.'

'Marcus doesn't know what he can do or where he fits in, that's his problem. How old are you now, Billy?'

'Fifty-nine and I've worked here since I was fourteen. Been round just about every department in that time, I have.'

'You know more about how we function than Marcus does, and he doesn't like that. You don't really want to leave us, do you? After all, another six years and you'll retire and draw your pension from us.'

'I'd rather stay, Missus, and that's the truth.' He took out his handkerchief and mopped his brow.

'Right, well, I'd better have a word with Marcus then.'

Millie got up with a sigh. She thought it better not to give Marcus any warning and went slowly up to the tower

211

to see him. She felt full of dread, afraid he'd start another row. She hoped that James hadn't come in today because that would mean she'd have to argue with two of them. She rapped on the door and walked straight in and was relieved to find Marcus alone.

'Millie!' He lowered his cup to its saucer and put down a half-eaten biscuit beside it. There was another waiting untouched. 'To what do I owe this honour?'

'It's no honour,' she said. 'Marcus, I hate having to confront you like this, but you're always causing trouble of one sort or another.'

'Not again,' he sighed. 'What is it this time?'

'You've upset Billy Sankey. I know we've been through all this before, but couldn't you just take a quiet interest in what our buyer does? Ask him questions, look at his files and then when Billy retires in six years' time you'll understand what's required and be able to control the buying? Instead you're giving him the impression you know it all and that he knows nothing of value to us.'

'And that isn't right?'

'No. He's spent all his working life here, he knows what he's doing and he's got all the contacts. We wouldn't survive without him. So stop badgering him. Billy stays.'

Marcus was going puce with rage but before he could speak Millie strode from the room and ran down to the lab. Moments later Denis slid a cup of tea in front of her and disappeared again behind the high racks in the lab.

An hour later when she'd calmed down she went to speak to Billy. He wasn't his usual cheery self. 'I've had a word with Marcus,' she said, 'and I've told him we need you on the job. I've asked him to leave you alone. Don't worry about it. I won't let him push you out.'

He had a hangdog look. 'Thanks, Missus.'

'You keep out of his way, Billy. Just get on with your job.'

Sylvie was cross with herself. She'd agreed to go to the pictures with Denis on Saturday, having forgotten that she'd arranged to spend that afternoon and evening with Helen. Valerie had bought her a dress length of gorgeous blue and grey striped taffeta to reward her for babysitting the twins and Sylvie was eager to make herself a party dress for the Christmas season. Helen was very good at sewing and had offered to help her cut it out and show her how to make it up. Sylvie was keen to learn the basics of dressmaking because it stretched both money and coupons and meant she could have more clothes.

Helen had suggested she come on Saturday because Eric's company was holding a three monthly specialist sale of clocks and watches, and he generally didn't get home until seven o'clock on those days. Helen liked a bit of company, and Sylvie had spent similar Saturday afternoons with her and usually stayed on to have supper with them.

As her mother was parking the car outside the office, Sylvie saw Denis heading through the door ahead of them. The glow she'd felt for Denis's company had faded, and she'd made up her mind to call off her date with him as she wanted to get her party frock started. She said to her mother, 'I'll call in the lab on my way in,' and told her why.

Her mother frowned. 'You could get Helen to cut out your dress and then leave early and still go to the pictures with Denis.'

She was reluctant. 'I suppose I could,' she said.

'You do that.' Millie opened the lab door and Sylvie could see Denis fastening his white coat. 'If you've agreed to go out with him, you shouldn't back out. That wouldn't be kind.'

On Saturday, Sylvie felt she'd had a rewarding afternoon. She'd watched Helen lay out her paper pattern on the dress length and cut it out with expert ease. She'd given her the job of tacking some of the pieces together, then got out her sewing machine and showed her how to run up two of the main seams. Sylvie was pleased with the progress they were making and thrilled when Helen said, 'It's going to look very smart when it's finished.'

Eric rang up to say they were particularly busy and he'd be later getting home than he'd expected. Sylvie hadn't told her sister she would be leaving early until she'd arrived, and Helen had made a sponge cake for tea which was her favourite and had planned to make egg and chips when Eric came home. Baby Jenny was very good all afternoon, billing and cooing at them and wanting to play, and she knew Helen wanted her to stay.

When the time came for Sylvie to leave, rain was bucketing down and she had to borrow Helen's umbrella to run to the nearest bus stop. She was getting wet and cold and had to wait so long for a bus that she was afraid she'd be late for her meeting with Denis. She wished she hadn't allowed her mother to stop her calling this date off.

When finally the bus drew up at the stop, there was standing room only and it was all fogged up and smelled of wet macintoshes. It took her some time to realise someone was trying to attract her attention. It pleased her when she realised it was Denis. He was beaming at her and pushing through the other passengers to reach her.

'Sylvie, I'm so glad to see you, relieved really. What are you doing on this bus?'

'I've spent the afternoon with Helen.'

'I was afraid I was going to be late for our meeting. The last bus broke down and we had to wait for a replacement to come from the depot. Anyway, now we've met, I don't have to worry about that.'

Sylvie felt cheered. Denis looked quite handsome though

his hair was more than damp. When they got off in town, the rain had eased. He took her arm and threaded it through his.

'What would you like to do? *The Jolson Story* is showing at the Odeon or there's music hall at the Empire with George Formby topping the bill.'

'Oh, I'd like to see George Formby. He cheers everybody up, doesn't he? And Mum doesn't approve of him for my brothers so she won't take me there.'

'Not approve, why not?'

'It's his humour. The double innuendo, we children are too young.'

'It's pretty harmless, isn't it? A bit like Old Mother Riley.'

'Yes, and Mum takes us to see her. We all think she's great fun.'

Denis looked serious. 'Should we see George Formby if your mother doesn't approve?'

'That's exactly why we should.' Sylvie smiled. 'You don't always have to think of pleasing her.'

'I do because she's my boss – well, mostly I do, anyway.' He grinned at her. They went to the Empire and he bought chocolates for her.

'Marvellous,' she said, 'thank you very much. It's very generous of you to spend your sweet coupons on me.'

Sylvie loved the excitement of the theatre. The Sand Dancers were a supporting act and they laughed so much at their antics that Sylvie's sides ached. She couldn't help but notice that Denis spent almost as much time looking at her as he did watching the stage. He bought her an ice cream in the interval but Sylvie was getting hungry despite that, and her tummy was rumbling audibly. It was still only nine thirty when they came out but it was very dark. The rain had stopped, leaving a clean but cold blustery night.

'Let's walk down to the Pier Head,' he suggested. 'It's too

early to go home yet and there's always plenty of life down there.'

'And it's the bus terminus, so it's easy to get home when we want to.'

He put his arm round her waist and pulled her closer. Sylvie shivered as much from the thrill of that as from the cold. She decided her mother was right. Denis was a very nice person and it was great being escorted round by him.

The river seemed alive with lights glistening on the black water. A ferry boat was tying up ready to take passengers across the river. There were lights, too, on the fish and chip van parked on the front and the breeze was carrying the delicious scent to them.

'Would you like fish and chips?' he asked.

Sylvie laughed. 'I'd love some,' and she told him why she'd missed her supper. The fish had sold out but he bought them three pennyworth of chips each, and they leaned over the railings looking down on the landing stage to eat them. She'd never enjoyed chips more.

Sylvie was very aware of him standing closer to her than he ever had before. Suddenly, he pulled her even closer into a long, thrilling hug and bent to kiss her full on the lips. When he lifted his face from hers, he smiled and said, 'I've been hoping for a long time that you'd let me kiss you. Will you come out with me again?'

'Yes,' she said breathlessly.

'I've admired you from a distance for ages,' he said. 'I'd like you to be my girlfriend. Will you?'

Sylvie nodded, too overcome to speak.

'I'm afraid I'm not much of a catch for a girl like you.'

'Why not?' Sylvie was enjoying this.

'You're the most beautiful girl in the office. In all Liverpool really and just look at your family. I'm aiming high aren't I?'

To Sylvie it felt like balm. 'Not too high,' she said. 'I think we're well suited.'

He kissed her again and they spent the next half hour with their arms round each other battered by the blustery breeze. Denis began to worry that he was keeping her out too late and when her bus pulled into the terminus they both got on it.

'This is going a good bit out of your way,' she said. 'There was a bus waiting there that would have taken you straight home.'

'I'd like to see you safely home first,' he said. When they got off the bus he walked her along the road to her front gate. The lights were full on downstairs and radiating out into the garden. 'Your mother has waited up for you,' he said.

'It isn't that late.'

'I was told to deliver you home by ten thirty even though it is Saturday night.'

'Mum said that?' Sylvie wasn't sure she liked it. 'She must think I'm not old enough to look after myself.'

'Perhaps it's me she doesn't trust.' He kissed her again rather briskly, and pushed the gate open for her. 'Better if you go in now. I'll see you on Monday.'

Sylvie had expected another cuddle and more of a kiss than that after he'd come out of his way to see her home, but his hand was on her shoulder urging her through the gate. Mum was interfering and he was too much in her pocket. 'Goodnight,' she said, and used her key to let herself in.

Millie was crossing the hall, wearing her dressing gown. 'Hello, love,' she said. 'Have you had a good time?'

'It was all right. Mum, you've got to trust me to look after myself.'

'I do. Would you like a cup of cocoa? I'm just going to make some for myself.'

'No thank you,' she said icily. 'You're pulling the strings where Denis is concerned. I don't like you telling him to deliver me back to the door and at what time he has to do it.'

'Oh dear,' her mother said. 'It doesn't sound as though you've enjoyed yourself. You're a bit grumpy. That's a shame.'

Chapter Nineteen

Christmas was fast approaching and as this would be Millie's first without Pete, she was missing him more than ever and was thinking of him all the time. Tom Bedford procured a turkey for her as he had relatives who were farmers. Valerie had invited her and her children to have a midday Christmas dinner at her house and Helen was going to provide a cold supper and singing round the piano in the evening, so she handed the turkey over to them to feed the family.

Sylvie and the boys were invited to one or two pre-Christmas parties and at home they were busy making Christmas cards and additional decorations for the playroom. There was much whispering and secrecy about presents. The weekend before the holiday they brought down the tree and all the old decorations from the attic, and they had noisy fun hanging decorations and dressing the tree. As they'd used the same ones since before the war they remembered each one almost as though it was an old friend and exclaimed with delight as it came to light.

All the preparations reminded Millie that Uncle James had said he wanted to retire at the end of the year. In the past, whenever an employee retired, Pete had arranged some little ceremony and a parting gift to celebrate the occasion. When Marcus took over his office it was one of several tasks Millie had suggested he take over. Millie had had to step in for the last two men who had retired from the factory floor but now

James's retirement date was drawing closer and she felt it might cause resentment if she went ahead and organised something for him herself.

James hadn't come to the office for the last few weeks so she couldn't consult him, and as she'd heard no mention of any retirement arrangements, she climbed up to the room in the turret one morning to see Marcus.

He wasn't in, his desk was bare and his waste-paper basket empty. It was easy to see he hadn't come to work this morning. She felt a flush of anger; he and his brother had arrived saying that as family members they would step into Pete's shoes and run the company, but Marcus was following in his father's footsteps and rarely coming to work, and doing nothing when he was here. She thought he was a waste of time and money, a liability for the business.

Millie ran down to the boardroom to see Nigel. He had impeccable manners and leapt to his feet as she entered. She couldn't help complaining about Marcus and let him see her anger.

'What does he do with himself all day? He's supposed to be here in working hours, and he never gives any explanation or apology for his absence.'

Nigel backed her towards a chair. 'I'm sorry, I know Marcus isn't the easiest person to handle at the moment. He's got personal problems and we're all worried about him.'

'I suppose his absence is easier to take than having him here boxing Billy's ears and causing mayhem.' Millie relaxed and tried to smile. 'Straighten him out, Nigel. The business can't go on carrying him for ever.'

'I know. Father is losing patience with him too and I feel caught between them. Please give him another chance.'

Millie shrugged. 'What else can I do?'

'Why were you looking for him? Did you want him to do something?'

'Yes,' Millie explained. 'I wanted him to arrange something for your father's retirement. What would he like us to do? I can't ask him as he doesn't come in any more.'

Nigel sighed with exasperation. 'I don't know.'

'He'll want to come in and say goodbye to everybody, won't he? Make his retirement official.'

'Yes. Perhaps we could ask him to come in on his last day and give a little farewell speech. Then we could take him out for a celebratory dinner that evening.'

'But that will be New Year's Eve,' Millie pointed out, 'and everywhere gets booked up well ahead. We might have left it a bit late to book for a large number. Anyway, the staff may want to make their own arrangements for that night. Wouldn't it be better if we had it the week before? He could come in during the afternoon and make his farewell speech to the whole factory during their tea break. Then perhaps a dinner with the senior managers that evening.'

'I'll ask him,' Nigel said. 'Father has pretty fixed ideas about what he wants.'

'How is he?'

Nigel shook his head. 'Not well. No longer well enough to work. He couldn't cope with a full day's work now.'

'Nigel, it must be at least a decade since he worked a full day.'

'Yes, poor Father. I'll find out what he wants us to do.' Nigel smiled at her. 'I'm glad you remembered. We need to make a bit of a fuss of him.'

Millie went back to the lab shaking her head. It seemed both Nigel and Marcus had forgotten their father was about to retire. What were they thinking about?

The next morning Nigel came to the lab to see her. 'Father isn't feeling at all well,' he said. 'He says too many people round him exhaust him, and he doesn't feel he needs to speak to the whole staff. He'd prefer us to call a senior staff meeting on the last morning so he can say goodbye to them, and perhaps a lunch just for the family. He gets very tired towards evening and likes to stick to his usual routine.'

It sounded, Millie thought, as if James was failing more than she'd thought. 'Did you ask where he wanted to have this lunch?'

'The Adelphi.'

'Have you booked it?'

'Not yet, but I will.'

'At least he knows what he wants,' Millie said.

'Yes. There's one other thing.'

'Yes?' Millie thought he'd probably like a commemorative gift like a gold watch, that's what she'd done for other retirees. She could see Nigel was watching her closely.

'He believes a small bonus would be appropriate, a one-off payment to crown a lifetime's work.'

Millie felt suddenly sick. Alarm bells were ringing in her head. 'A small bonus? How much does he feel would be appropriate?'

'He said ten thousand at first, but I told him the company might find it difficult to meet that and persuaded him that you'd probably find five thousand a reasonable compromise.' He handed her an envelope. 'I asked him to put it in writing so we could authorise it and put the matter in hand. That's all right, isn't it?'

Millie froze. She felt she was being rushed into handing over a large amount of company money to James. Her house had had to be valued for probate and a figure of five and a half thousand had been put on it. So the amount proposed was hardly small. 'I'll have to think about it,' she said.

'Yes of course.' Nigel was smiling. 'Don't take too long. We should really present a bonus cheque to him on the day he retires.'

When the lab door closed behind him Millie went back

to her desk and slid limply on to her chair. The last thing she wanted was to pay James anything. But a bonus big enough to buy a substantial house when the company was struggling to supply its markets in this post-war era? She asked herself what Pete would do in these circumstances. She didn't think he'd want to do it either.

It took her a long time to tear open the envelope Nigel had given her and study the contents. It read, '*In accordance with the agreement made between me and my brother Peter on 3 August 1920, I request in writing a payment to be made to me from company funds as a bonus to reward a lifetime of hard work for the company.*'

There was the sum in black and white, £5,000. On the left-hand side it was signed by James and on the right-hand side was a line awaiting a signature, with the name Emily Jane Maynard typed underneath.

Millie took a couple of deep breaths before opening the bottom drawer of her desk. She wanted to see a copy of the agreement that had been drawn up in 1920. When Marcus had demanded the keys to Pete's desk she'd hurriedly cleared out everything that appeared to be of importance. She hoped to find it here.

She felt all thumbs and couldn't see what she was looking for, she needed to calm down. She lifted an armful of files and papers on top of her desk and started again more carefully but there was nothing like that here. She dropped them all back in again and closed the drawer with her foot. She didn't like the way Nigel and James had gone about this. They were trying to pressurise her into setting this up quickly. A small bonus indeed and the story about it being a compromise!

Another moment's thought and she sprang to her feet, snatched up the letter and went along to Andrew's office. She found him rifling through his file cabinet.

'While you're there,' she said, 'would you have a copy of

an agreement made between James and Peter in nineteen twenty?'

'Nineteen twenty? I don't think so. Would that be when their father handed the business over to them?' He came back to his desk.

'I don't know. No, it sounds more like a legal document drawn up to set out the rights of the partners, and possibly how the business was to be managed.' She pushed James's letter across to him and collapsed onto his visitor's chair. 'James is asking for a retirement bonus of five grand from company capital.'

He whistled through his teeth. 'Five grand?'

'It's a bit much, isn't it?'

Andrew was deep in thought. 'There's enough money to do it if that's what you want, over thirteen grand at the moment. Your solicitor should have a copy of the agreement and the best advice I can offer is, don't sign this until you've had a word with him and found out the legal position. It may be they need your goodwill for this, and you might decide it makes better economic sense to spend the money on other things.'

'I don't think he deserves a bonus.' Millie was cross that he'd even asked for it. 'We've been paying his salary for years and he hardly ever comes to work.'

She went back to her office and rang Mr Douglas. When his secretary answered, she asked if she might speak to him and was lucky enough to find he hadn't a client with him.

'Is something the matter, Mrs Maynard?' he asked, and when she told him he said, 'Bring the letter and come and see me this morning. I shall be free after eleven o'clock.'

She was impatient to have this sorted quickly but had to catch the bus because it was one of the days when she was running short of petrol. She found the quiet, formal atmosphere of Mr Douglas's office calming.

He had a document laid out in front of him. 'I looked out the agreement,' he said, 'and I've run my eye over it. You wanted to know what it lays down with regard to the payment of a bonus to your brother-in-law?'

His secretary placed a cup of tea in front of Millie. 'He's asking for one,' she said, sliding his letter across the desk to Mr Douglas. 'What I want to know is, does he have a legal right to this? Do I have to agree to him having it?'

'There's no mention of bonuses in this document,' he said, looking over his glasses at her, 'so the answer to that is no, he has no legal right to be paid a bonus, but that doesn't mean he can't have one.'

'I think the company will need cash soon. No maintenance has been done since before the war and our equipment will need to be brought up to date. I'd prefer to keep the money for that.'

'Very wise, my dear.' He took a sip from his own cup of tea. 'What this agreement lays down is that the profit accumulated by your business is jointly owned and therefore you must both agree as to how it is to be used. That is why you have to sign this if you want James to have a bonus.'

'I don't. He hasn't kept regular office hours for more than a decade. He hardly comes at all any more and I don't think he deserves it. He isn't well, you see. That's why he's decided to retire early.'

'Well, there is something here about retirement. Now where did I see that? Yes . . . "It is agreed that retirement can take place and a pension paid from the age of sixty-five. The pension being pro-rata . . ." etc. But he's retiring early, you said.'

'He'll be sixty-three on New Year's Day.'

'Ah yes, the younger brother.' Mr Douglas adjusted his glasses and went on in his pedantic manner, 'Then there is no legal requirement for his pension to be paid until he reaches the age of sixty-five, unless you wish to pay it, of course.'

Millie allowed herself a little smile. 'Thank you.' Mr Douglas went on to explain the significance of the agreement to her and that gave her the confidence to make decisions. 'Could I have a copy of this agreement, d'you think?'

'By all means, I'll get my secretary to send you one.'

Millie wished him a Merry Christmas and travelled back to the lab with her mind made up. She would refuse to give James a bonus. She felt victorious, what she'd learned from Mr Douglas had given her an insight into what Nigel was trying to do and how she might get the better of him this time.

She'd been a fool to think he was easier to cope with than Marcus. He'd been friendly and agreed both sides of the family had to get along for the good of the company, but she could see now that that had been a façade. Nigel was no better than his father and brother. His methods were different, that was all, and it made him more dangerous.

It was almost lunchtime when Millie returned to the office. She was going upstairs to the lab when she met Andrew. 'How did you get on?' he asked.

'It was good advice you gave me, Mr Douglas has straightened me out.'

'Good. Have you brought sandwiches today? How about coming to my office to eat them? Come and tell me what he said.'

Millie was in good spirits, she felt she wanted to talk to somebody and who better than Andrew? He was doing his best to help her. Ten minutes later she was in his office biting into her bloater paste sandwiches and telling him what she'd found out.

'All three are determined to do me down,' she said. 'They thought they could get money out of the company this way and I'd feel unable to stop them. I bet Nigel would have persuaded his father to buy a house with it, either for him or Marcus.'

'He could buy them one each with that. They are beginning to build again, there's a new estate going up near us.'

'Not the sort of houses they aspire to. They keep on at me. It makes me wary, on edge, wondering what their next scheme will be.'

Andrew smiled. 'You've beaten them every time.'

'Yes, with help from you and Mr Douglas.'

'Millie, I'd avoid another fight with them. It just makes them more determined to have their own way.'

'I won't be able to avoid a fight. Not if I refuse Uncle James a bonus.'

'Well, be sure to work out your reasons first. Get your argument cut and dried and then say what you have to, quietly and calmly. Stay in control. Don't lose your temper even if Nigel does. Or . . .' He pondered for a moment. 'You could just return their document unsigned, with a letter giving your reasons.'

Millie was nervous, she hated having arguments with Pete's relatives and she was in no doubt this would cause one. If only Pete were here to handle this. Back in the lab, she gave Denis some work to do and then, with a pencil and paper in front of her, wrote out the reasons why she would not agree to this bonus. She'd decided to stay well away from Nigel and was drafting a letter explaining why she was refusing it when he came into the lab.

Her heart sank when she saw him. He pulled out the chair in front of her desk to sit down, and with great affability said, 'Have you had time to think about Father's bonus? We do need to move on this if we're to get it organised in time. Everything's closing down for Christmas.'

Millie could hear a brass band in the street below playing

'Hark, the herald angels sing'. She took a deep breath and pushed James's letter of request back to Nigel.

'I haven't signed it,' she said quietly. 'I don't think the company can afford to pay out such a bonus when we're trying to build it up and recover from the war.'

Nigel looked shocked. She could see he hadn't expected an outright refusal. 'But there are company profits amounting to thirteen thousand pounds that haven't been shared out.'

'Yes, I believe Pete and James agreed not to share out the profits for a year or two, and it has taken time and a lot of hard work to save that. I think we all understand that this building will need a lot spent on repairs as soon as materials are available. Nothing has been done since before the war.'

'Of course, but surely the bonus could be afforded?'

'Our machinery is old-fashioned and almost worn out. It would make economic sense to bring the factory up to date, and we are in dire need of a fleet of new delivery vans.'

'Yes, but—'

'I think your father and I should both keep our share of the profits in the company to spend in that way. We might even want to expand into new premises if the opportunity comes up. We wouldn't want shortage of cash to hold us back, would we?' Nigel was looking desperate. 'Of course,' she went on, 'if you feel your father must be rewarded with a bonus, he could take it out of his own half share of the accrued profit. I've discussed it with Mr Douglas. Why don't you do the same?'

'Perhaps I will.'

'But if my share of the profit is reinvested in the business – in new machines for instance – and James's is withdrawn, then my share of the business increases while his goes down, and I will eventually own the controlling share.'

'What?' He looked horrified.

'Well, it's obvious, isn't it?' Millie smiled. It hadn't been obvious to her until Mr Douglas had pointed it out. Like Nigel, she'd never given it any thought.

Nigel's face was flushed and angry. 'Are you trying to grab control of the company and ease us, the rightful owners, out?'

'No,' she said, trying to sound as superior as he did. 'I'm pointing out the legal position.' Thank goodness she'd found out the facts first. 'And also, in the same agreement you mention, the retirement age was fixed at sixty-five and Uncle James does not reach that age for another two years. There is no legal right for him to claim a pension now.'

Millie had never seen Nigel so irate and confused before. 'Are you telling me you'll deny him a pension too?'

'No, Nigel, I am not. I said he has no legal right to claim one from the company for another two years, but I am willing to allow him to draw it immediately. After all, he has been claiming a salary for nearly a decade and doing nothing for it, and the pension is lower so it will be to the company's advantage.'

Millie realised she was doing what Andrew had advised her not to, she was getting Nigel's back up.

He was so enraged he couldn't speak.

'What I'd like us to do,' she went on gently, 'is to concentrate on running the business as efficiently as we can. If we can keep the staff working contentedly, and we all work for the same goal, it will be to our mutual benefit.'

Nigel slammed out, leaving his father's letter requesting the bonus on her desk. It gave Millie great satisfaction to tear it into small pieces and drop them in her waste-paper basket.

Chapter Twenty

It was Christmas Eve, and Sylvie and the boys hung their stockings round the nursery fireplace as they always had. Once they'd gone to bed, Millie filled them with tangerines and nuts and small novelties that she'd been able to buy.

She was woken up early on Christmas morning by the sound of carols being played on the gramophone outside her room and the boys racing round the house in high good humour. Kenny appeared with a tray of morning tea, followed by Simon dragging a sleepy Sylvie and putting her in the double bed beside her.

They'd hardly had time to pour out their tea before the boys were back with their arms full of Christmas stockings and colourfully wrapped presents. They took turns to empty their stockings and open their gifts, cooing over the contents and spreading them across her eiderdown.

For her part, Millie enjoyed opening and exclaiming over the little gifts her children laid before her. With help from Helen, Sylvie had made her a blouse, Kenny had made home-made chocolate truffles, and Simon had bought her a new address book, of which she was very much in need. What she enjoyed most was seeing her children happy and excited.

When lunchtime drew near, she drove them to Valerie's house, with the boys singing carols on the back seat. Helen and her family were already there and the succulent scent of roasting turkey filled the house. The festive spirit was much in evidence, though they all talked of Pete and drank a toast to absent friends before they ate their Christmas dinner.

The evening spent at Helen's house playing games and singing round the piano was equally jolly, though Millie admitted to herself afterwards that without Pete it could never be as much fun as earlier Christmases.

It was the day of James's retirement ceremony, and the last time he would come to the office. As arranged, at eleven o'clock Millie and all the senior staff collected in the board-room. There was an uneasy atmosphere, they didn't know whether to sit at the boardroom table as they usually did, or collect round Nigel's desk near the big window looking out over the Mersey. He and his father were already there. Coffee and biscuits were being served.

To Millie, it was only too obvious that James was cross, Nigel was agitated and the rest of the staff were growing increasingly on edge. 'Where is Marcus?' James kept asking. 'Where can he have got to? Has anybody seen him?'

He delayed his farewell speech for fifteen minutes. It was an uncomfortable delay and in the end he started before there was any sign of Marcus. By then, James was unable to concentrate on what he was saying, he kept losing the thread and his speech was neither clear nor coherent.

They were all relieved when Nigel suggested they make their way to the Adelphi Hotel. Andrew had already offered Millie a lift and he took Tom Bedford and Albert Lancashire as well on the back seat. When they arrived, they were surprised to find Marcus waiting for them at the front door, looking nervous.

'There you are,' Tom Bedford said. 'There's been a hue and cry out for you.'

'I think the plan was for you to join us earlier in the boardroom,' Millie said mildly.

Nigel and his father were on their heels. 'Where the hell have you been?' James demanded as soon as he saw his younger son.

'Sorry, Pa.' Marcus seemed to wilt. 'I was held up.'

'Held up? Where, for God's sake? You didn't sleep at home last night, where have you been? You knew this was a special occasion and you've disrupted everything.'

'Sorry, Pa,' he said again and scuttled off.

'Out all night?' Tom Bedford murmured to Millie. 'Has he been out on the tiles carousing? He doesn't look as though he's had much sleep.'

Millie thought he was right. Marcus looked both nervous and exhausted. His hair was still wet so he'd just had a bath to make himself presentable for this lunch.

'It's almost as though he has another job,' Andrew whispered, 'and he's putting more effort into that one than this.'

Millie had to agree, but she couldn't imagine what could have kept him up all night.

They were shown up to the private room Nigel had booked for them, and James was ushered to his place at the head of the table. Each place setting had a name in a silver holder. Millie found she was to sit next to James; she hadn't expected this. As a waiter pulled out the chair for her, she heard James say, 'Nigel, I wanted you on one side and Marcus on the other, that's only right.'

'That's where I put Marcus, Pa.'

Millie could see him pulling out a chair at the other end of the table. She thought he must have switched places with her. It didn't please her any, but what could he be up to? Perhaps he wanted to put distance between himself and his father. She thought the dining table very smart with its starched damask linen and sparkling glass. It was very elegant but then the Adelphi was reputed to be Liverpool's best hotel.

'The food here is said to be as good as it was in the middle of the war years,' James remarked. Millie wondered if he meant that as a joke, but he was in no mood to make jokes. She'd heard it said that hotel meals everywhere were becoming increasingly frugal as rations were reduced.

She decided she would make an effort to find out what Marcus was up to. She was puzzled and curious, and she could see that James was equally flummoxed. She wasn't sure what Nigel thought, he was very much in control of himself and didn't show his feelings. She was afraid the brothers were working on another scheme to get her out of the business. That was the only thing that made sense.

Chapter Twenty-One

Millie was getting on well with Andrew Worthington. He was friendly and she'd never been more in need of a friend. He'd become something of a confidant and she discussed business matters with him and got another viewpoint and good advice. She felt she was getting from him what Marcus and Nigel should have been providing.

Earlier that morning, Millie had been reading a trade paper at her desk when an advertisement caught her eye. A small local soap manufacturer was seeking another company in a similar line of business with a view to merging with them. She went along the corridor to show it to Andrew. 'We buy some of our raw soap from them, don't we?' she asked.

'We do. They might be a good fit for Maynard's.'

'I've no ambitions to merge with anyone but I'm wondering if it is the company owned by Elvira's family. I can't remember what her name was before she married Marcus.'

'Could it be Hampton?'

'It might, I'll have to ask Marcus. He might be in favour if it is.'

'He and Nigel have just gone out for lunch.'

'There's no hurry for this. Shall we go too?' He'd asked her if she'd have lunch with him today in Parker's Refreshment Rooms.

'Yes, we need to get to Parker's fairly early or all the best dishes go. It's the best food in the district.'

Millie had told him that Pete used to take her and Sylvie there regularly, and now he'd agreed she would pay her share, they went more often. As they went in and made their way to an empty table in the window, four diners stood up to leave from a nearby table.

'Why, hello.' One clapped Andrew on the shoulder and hovered beside them.

Andrew seemed pleased to see him and said to Millie, 'This is Jeffrey Willis, a friend I meet here a couple of times a month. We spent a lot of time together in the war. He's in the regular army.'

'Millie!' Willis had put out a hand to greet her, but now he bent to kiss her cheek as well. 'How are you?' He was a large rugged-looking man wearing the uniform of the Military Police with three sergeant's stripes on his arms.

'Of course,' Andrew said, 'you know each other. I should have remembered that you might.'

'We do.' Millie smiled. 'Jeff is a Maynard relative.'

'On the poor side of the family, a sort of third cousin,' he grinned, 'but Pete and I were good friends. I miss him, Millie.'

'I do too.' She wished she could say that more easily without having to fight off tears. 'You were Pete's favourite cousin.'

As they pulled out the chairs to sit down, Willis did too and went on, 'I thought at first my old mate Andrew had found himself a girlfriend.'

'Millie is my boss,' he protested awkwardly.

'I take it he's making the grade with you?' Jeff asked.

'Why yes.' Millie wondered what he meant by 'making the grade' and said, 'He's doing a good job for us.' She knew a flush was running up her cheeks.

'When Pete said his accountant was retiring and that he

needed to find a new one,' Jeff said, 'I recommended Andrew.'

'I didn't know that,' he retorted. 'When I was demobbed you threw me an advert torn from a newspaper and said I should apply.'

'Well, I couldn't guarantee Pete would take you on, could I?' he said. 'But I knew you both and thought you'd suit each other. And you needed to settle down in civilian life, didn't you?'

It was obvious that they'd forged a strong bond of friendship and trust during the war years. They began to talk about war surplus goods. She'd read an article in the newspaper this morning about the government being defrauded of much of the value.

'Does your work involve searching out fraudsters like that?' she wanted to know.

'No, worse luck,' Willis said, 'my job isn't nearly so interesting. I bring in the squaddies who get drunk and start fighting in pubs. Or it's petty crime, or car stealing.' He stood up. 'Right, it's back to the coal face for me. I'll see you next week, Andrew.' He smiled at Millie. 'Glad to see you looking better and I hope things continue to pick up for you. By the way, I recommend the rabbit stew. It was excellent today.'

Millie had hoped Sylvie was settling down at last. Andrew had assured her yet again that her daughter's behaviour was perfectly normal and her work well up to standard. Denis had taken her dancing on two consecutive Saturday nights and she'd come home in a happier frame of mind. But that evening she had a real flare-up at Kenny.

After supper had been cleared away, Millie was watching Kenny set up his train set on the nursery floor while Simon unearthed scenery and additional carriages from a collection of old boxes. Spread out everywhere were engines, rolling stock and station buildings once owned by their forebears, some of which were damaged or broken. It was Simon who asked Sylvie to help them set out the scenery round the track.

Millie liked to see them all playing together and it pleased her when Sylvie got down on the floor to join in, but she was more interested in the rolling stock than the scenery. She tried for some time to link up a long line of old coal trucks and cattle trucks to a newer engine.

'That won't work,' Kenny told her.

'It will, I've done it. It's a much longer train than yours.'

She set the engine to run and in less than two yards it had uncoupled from the trucks and went chugging away on its own. Kenny laughed and clapped his hands. 'I told you it wouldn't work,' he chortled.

Sylvie tried again. 'It's just a question of linking it on.'

'It won't,' he said. 'They're made by different makers. The coupling doesn't quite match.'

Sylvie leapt to her feet, kicking over the station in her haste. 'It's just old rubbish. I don't know why I waste my time doing this,' and ran upstairs in a storm of tears.

Kenny looked up at his mother in alarm. 'What have I said? What's the matter with her?'

'It's not you, love.' Millie put down her book and followed Sylvie upstairs to try and comfort her. She could see that her daughter was far from being back to normal, whatever others might tell her.

At work the next day, it occurred to Millie in the middle of doing a routine job in the lab that instead of waiting for Nigel and Marcus to think up another plan to do her down, there was no reason why she shouldn't go on the attack, get them on the run for a change. She picked up the internal phone and asked Andrew what he planned to do at lunchtime.

'Nothing special, I've brought my usual sandwich to eat here.'

'I need more of your advice,' she said. 'I'd like to join you.'

'I'll be very pleased to have your company,' he told her, 'but I hope you're not looking at trouble again.'

'Not exactly, it's different this time.'

When she went along to his office at half twelve, he'd arranged for a pot of tea to be brought up for them. 'Has Marcus had another swipe at you?' he asked.

'No, but I think he and Nigel must be working on something. Marcus is always going out, but what does he find to do? They must be up to something. It's like a weight hanging over my head, and I've heard attack is the best form of defence. What can I do to worry them?'

'What d'you mean?'

'You understand the legal set-up of companies and the money side better than I do, what can I do to upset them in the way they do me?'

'Ah, you want to go on the offensive. You can offer to buy them out.'

Millie laughed. 'I don't have that sort of money.'

'But they won't know that, will they?'

'They might, Alec Douglas could have told them what happened over Pete's will.'

'He won't have. Although Douglas acts for the company and James discusses company affairs with them, matters relating to Pete's will are strictly private between you and him.'

'You're sure?'

'Yes, that would be professional practice. Though now the will is settled anybody can read it in Somerset House, but that won't tell them what transpired between you and the solicitor handling it.'

Millie thought it was all very complicated. 'What else could I do?'

'You could merge with another similar company. We were talking about it the other day, weren't we? You saw an advert from a small soap manufacturer wanting to do that.'

'Yes, it's still on my desk.'

'If you did that, it would give you a smaller share in a bigger business, and as it would dilute management it could make things easier for you.'

Millie smiled. 'I could discuss that with them.'

'It's not a bad idea. To double the size of the firm brings an advantage in scale.'

'It would bring new managers, wouldn't it? What if I can't get on with them?'

'You would. Or you could set up on your own. You have the experience to do that.'

'That would take even more money. Heavens, Andrew, I'd never have the nerve. Think of all the things that could go wrong for me.'

'Most of the staff would follow you. It would leave your in-laws without experienced staff, working in an old building that needs maintenance, and using outdated machinery and equipment. That could be a recipe for disaster.' He laughed. 'You'd survive longer than them, and once they went under you'd pick up their trade. You might make your fortune that way.'

'And pigs might fly. What would you recommend I do?'

'Seriously?' He pulled a face. 'I don't think I'd recommend any of those things. I was just outlining the possibilities. Stay as you are, and continue to push production as hard as you can.'

Millie felt disappointed. 'Perhaps I'll just threaten, and not do anything.'

'Millie, can't you see that that will get their backs up just as much? Don't do anything like that. You should try to get on better terms with them or at the very least lie low for a while and wait and see what happens. Perhaps they'll give up sniping at you.'

Millie tried to take his advice. She had a long discussion with Nigel about the importance of increasing production, and he seemed to take it on board and said he would do his best. It didn't quieten her fears.

Sylvie and her friends often went out for a walk at lunchtime and ate their sandwiches at the Pier Head but it was a cold, grey January day with a heavy dark sky and they decided to eat round their desks in the typing pool. They were chatting about boyfriends when Sylvie told them Denis had invited her to meet his family and spend the evening at his home, Connie said, 'For a boyfriend to invite you to meet his mother means he's serious.'

'Denis is always serious.'

'Serious about you, you nut,' they chorused. 'He must love you.'

'Denis? He's just a friend.'

'Well, I wish he'd be my friend,' Connie said and they all laughed. 'You said he'd asked if you'd be his girlfriend, that's not just being a friend. Doesn't he kiss you?'

'Yes.'

'Well then, don't you like being taken out by a boy-friend?'

'Yes, of course I do.' Sylvie enjoyed going out with him but hadn't thought any further ahead.

'Don't you want to get married?'

She did, of course she did, but she was in no hurry. 'I'll

wait until somebody really romantic comes along before I go that far,' she said. 'It'll have to be somebody special.'

'Denis is special,' Connie told her. 'He's lovely. And he's made up his mind about you, hasn't he?'

'He is good-looking,' another girl said.

'Handsome,' she was corrected. 'He's well thought of here, he'll go far. Good husband material and I bet he can be romantic.'

'My mother's always singing his praises,' Sylvie sighed, 'but that's a bit off-putting, isn't it?'

'No, don't be daft,' they chorused. 'Your problems start if your parents don't like your boyfriend.'

Having learned that her friends approved of Denis, Sylvie started to look at him in a different light. Perhaps, as Connie had said, she didn't know a good thing when it was staring her in the face.

Millie was pleased to see Sylvie taking a real interest in dressmaking, she always seemed to be sewing some garment these days.

'Mum, I'd love to have a sewing machine,' she said, 'for my birthday if not before. I'm desperately in need of one. I'd be able to get my dresses finished in half the time.'

The best Millie could do in these times of shortage was to take her to the sewing room and show her the one that had been in the house for decades.

'That must have come out of the ark,' Sylvie said. 'It's too old-fashioned. I can't work that treadle. I'd like a new hand sewing machine like Helen's.'

Simon laughed at her. 'There's nothing the matter with this one,' he said. 'I'll show you how it works.'

'I could show you how it works too,' Kenny piped up. 'I've had a go.' He fetched his toy boats to show her. 'This schooner was Grandpa's and half the sails were missing and I wanted red sails on this yacht so we made all these on that machine.'

Simon said, 'Give me those two bits of your cloth.' He sat down at the machine and stitched them together in a moment. His stitching was neat and even. 'If we can make sails for boats on it, you'll have no trouble making dresses.'

Sylvie looked embarrassed to hear her young brothers say that. Millie blessed them for doing it but said, 'It's cold in here. Why don't we lift it into the playroom where Sylvie can use it in comfort?' Her children used the playroom quite a lot and there was a gas fire there.

Helen was Sylvie's mentor when it came to dressmaking, and they often spent time together sewing on Saturday afternoons. Denis was collecting her regularly from Helen's house to take her out on Saturday evenings.

Millie was pleased to see that at last her affair with Denis was blossoming and thought Sylvie's new contentment was mainly due to that. She could put Pete's accident out of her mind now she had other things in her life.

Marcus had done what Elvira had pressed him to do some time ago; he had rejoined the ring. Greg had welcomed him back with a good lunch and he'd met up with the ring in Leeds, Sheffield and Warrington and put in bids as instructed in rigged auctions. He'd ferried vehicles from one town to another and he'd been glad to have the money that it had generated. But today he'd met Greg at an auction in Manchester and he'd really put the fear of God into him.

'This afternoon, I want you to do something different,' he said. 'I'm going to drive you to a building estate where workmen are erecting prefabs. A lorry is due to deliver a load of white goods, refrigerators and cookers, that sort of thing. I want you to wait for it and stay out of sight of the workmen.' Marcus was primed with the make of the lorry and given several ignition keys and maps. 'The job is to drive it away from the site before it can be unloaded and take it to a warehouse in Leeds.'

Marcus gasped with shock but Greg ignored that and went on, 'I want you to take off that suit and put on this pullover and dungarees so you look like another workman. Make sure you know the quickest way out of the estate.'

Cold and frightened, Marcus tried to blend into the background as he waited for an hour. By that time he was shaking like a leaf but luck was on his side when the lorry drove on to the site. The driver jumped out with a clipboard of papers and went off, presumably to look for the foreman, leaving everything open for him. It was easier than he'd expected but it was the first job he'd done that was blatant theft and it terrified him.

When he'd delivered the loaded lorry to a garage six miles away, he was given the keys of a large Ford car that had just been re-sprayed, re-registered and given a new set of number plates, and asked to drive that back to a garage in Liverpool. It had been nearly two in the morning when he found the garage and, as he'd expected, it was closed. He'd been told to park in the street outside, push the documents and keys through the letter box and take himself off quietly.

The problem then was that his only means of getting home was shank's pony. Public transport stopped running early these days, and the fuel allowance that taxi drivers could claim was easily used up. He knew he was near the docks and closer to the factory than to his home. It made sense to go straight there.

He had keys to the office but needed to avoid the night-watchman. Using his torch he crept straight up to his room in the turret without showing much light. He hadn't eaten since lunchtime and was hungry, and he'd have loved a cup of tea but didn't know how to go about making it here. He found his gabardine mac hanging on his coat stand and, using it as a blanket, slumped on his chair and put his feet up on another. He managed to sleep fitfully until he heard the factory below him come to life.

Wearing the gabardine to cover his dungarees, he crept out of the office and caught a bus into town where he could get a taxi to take him home. He kept it waiting while he washed his face and changed into another suit and was back in the office showing himself to Nigel and several of the senior staff to get kudos for coming to work early. He'd never enjoyed tea more than the first cup that morning. He asked for biscuits but must have sounded disappointed when he heard they had none, because the woman in the kitchen made him a slice of toast with a scraping of jam on it.

It gave him satisfaction then to ring Greg and let him know he'd had no problems carrying out the tasks he'd been set. Greg promised him more work and said he'd be in touch.

Marcus was missing Elvira and wanted to persuade her to return as soon as possible. He rang her family home several times but it was the housekeeper who picked up the phone, and she said each time, 'Mrs Maynard is not at home this morning.'

When Marcus asked when she'd be back, she said she didn't know. He also wanted to retrieve his car. He needed it, so he could leave it in a convenient place to drive home when he did another job for Greg. He went home at lunchtime and fell asleep on his bed but that evening when he tried again to ring Elvira it was her brother, Cecil, who answered. He was always friendly, but the result was the same. Marcus was toying with the idea of ringing again and telling Cecil that he'd come over to collect his car, but he was too tired to think of doing that tonight.

Marcus now regretted leaving the ring nine months ago. If he'd kept his nerve and stayed, he'd have accumulated enough money to buy a house by now and Elvira would still be with him. Without her, he was feeling lost and near to the end of his tether.

One afternoon a week later, Millie was working quietly in the lab when she became aware of unusual noises not very far away. 'What's that?' she asked Denis. 'What's happening?'

'Sounds like a . . .'

Millie had already reached the lab door; as soon as she had it open she realised there was a skirmish going on in a nearby office. She shot down the corridor towards it with Denis at her heels, and stopped appalled at the open door of Billy Sankey's cubbyhole of an office.

Marcus was spreadeagled on the floor bleeding profusely, and Andrew Worthington who had got there before her was pulling Billy away from him.

'Have they been fighting?' she asked. Of course they had, a chair had been overturned and there were documents spread across the floor.

Half the people in the office had gathered in the corridor and were watching open-mouthed as Andrew helped Marcus to his feet. Billy was dancing with rage and shouted, 'He started this. He came to my office and waved his fists at me.'

Millie turned to Tom Bedford who appeared beside her. 'Please take Billy somewhere quiet and calm him down,' she said.

But Billy wasn't ready to leave yet. 'That man's a bloody maniac.'

Struggling for breath, Marcus glowered round at them all and dabbed gingerly at his nose which was bleeding. His shirt and tie had gleaming bright red stains.

'What was all that about?' Millie wanted to know.

'You said Billy was efficient,' Marcus sneered. 'Ten days

ago I asked him to get me some stationery and he still hasn't produced it. If I'm to work I have to have it.'

Billy was furious. 'You ordered three leatherbound notebooks,' he stormed at him. 'Everybody knows all that fancy stuff is going for export. I'd told him if he really wanted them I'd try. I've got somebody working on it, but tapping into the export trade can't be done overnight.'

'He was very rude.' Marcus was flushed with rage.

'He called me a lazy bastard,' Billy screamed. 'I'm not having that. I showed him our stock of ordinary notebooks but they aren't good enough for the likes of him. Leather covers are essential.'

'He's like a wild animal with his fists.'

Tom finally got Billy moving away. He called over his shoulder, 'He's all fighting words but he won't square up. You're a bloody coward, Mr Maynard.'

Millie raised her voice above the hubbub. 'It's all over now. Please all of you go back to your desks and get on with your work.'

She and Nigel half dragged Marcus into the boardroom and sat him down. He slumped back, struggling for breath.

'Don't ever do that again,' Millie ground out between clenched teeth. 'You're not in the army now. You've got to learn to handle people properly if you want to go on working here.'

'Billy Sankey went for me,' he puffed. 'He's a rough customer, an uncontrollable thug.'

'If you leave Billy alone, he'll do a good job,' Millie told him. 'They all do. You're upsetting people and disrupting the work here. There has never been a brawl in the office before, certainly not in the last eighteen years, and we're not going to have another.' She paused for breath. 'Is that understood?'

Marcus grunted which could have meant anything.

'I'll leave you to handle this,' she said to Nigel and went back to the peace of the lab.

It took her a long time to calm down enough to be able to get on with her work. She'd barely accomplished anything when she heard the lab door open and footsteps coming towards her. It was Nigel.

'I'm sorry, Millie,' he said. 'You'll have to forgive Marcus.'

She didn't feel ready to do that yet. 'He behaved out-rageously.'

'Make allowances for him, I mean. He's in a bit of a state.'

'I can see that.'

'I mean he has problems at home. Living with Father isn't easy, he says it's made Elvira ill. She's gone to visit her father just to get away. They're both desperate to have a place of their own. Marcus isn't himself at the moment.'

'Oh dear. But why does he have to fuss about having expensive notebooks? There's a paper shortage and we're allocated only so much and it isn't good quality, but if it was good enough for Pete to make notes on, it should be OK for Marcus. Leather covers indeed! We can't afford to buy fancy goods like that for the office. I take it the office has quietened down?'

'Yes, they're all back at their desks.'

'I do wonder whether Marcus wants to go on working here. He's tried it once before, I believe, and given up.'

'Yes, but it wouldn't help if he had to start job-hunting now. Give him another chance, Millie, please. I think he'll settle down eventually.'

She shrugged. 'Let's hope he does.'

At lunchtime, Millie met Marcus at the front door. His glance was malevolent and he looked uncomfortable as he said, 'I apologise, Millie, for my part in causing that fracas. I have already apologised to Billy Sankey.'

247

'In that case,' she said, 'I accept it and hope we don't have to mention this affair again.'

'Thank you,' he said stiffly.

Sylvie began to feel she was getting together enough new clothes to feel smart when she went out with Denis. The popularity of the New Look was spreading like wildfire across the country, and Sylvie and the girls in the office embraced it wholesale. It was so different from the old styles that it made last year's wardrobe almost unwearable. Women's magazines were full of ideas to lengthen skirts by six inches. Sylvie unpicked and remade several of her dresses.

But Princess Elizabeth was keeping to the old knee-length skirts and had even worn them on her honeymoon. The girls in the office thought she looked unfashionable and totally out of date, but Helen said she did it because the government had let it be known it considered the New Look to be a wicked waste of cloth in these difficult times and had berated women for following ephemeral fashions.

Sylvie had given up eating her lunchtime sandwiches with Connie and Louise, now she spent the time with Denis. Sometimes they went to the Pier Head and sometimes walked to a little park, with sooty shrubs and more bare earth than grass. If it was wet she joined him at his desk in the lab though she knew her mother was sometimes at her desk at the other end of the room hidden by high racks holding flasks, bottles and drums.

She felt she was really getting to know Denis and the more she saw of him, the better she liked him. He took her out every Saturday and every Sunday, and usually on one night in the week. Mum got iffy about her having late nights in the week so she couldn't see more of him. She'd told Sylvie she must not get too tired to do her work properly.

One Sunday, she'd been out with Denis all afternoon and

as he'd walked her home that night he'd said, 'I think I'm falling in love with you.'

Sylvie felt heat rush up her cheeks and was glad it was too dark for him to see. She reached up to kiss him. 'I'm so glad you love me, so happy.'

He was hesitant. 'Do you think you could love me?'

'Oh I do. I really do.'

His arm tightened round her waist. 'That's wonderful. Will you wait for me? I'll have to do my National Service soon, but after that . . .'

'Of course, for you I could wait for ever.'

She felt she was walking on air for a week or two after that. Denis loved her and she was head over heels in love with him. Her mother remarked on how much happier she seemed but she couldn't tell her the reason, it was a secret between her and Denis. She hugged it to her and he admitted he didn't want to talk about it to anybody else. Not yet.

Chapter Twenty-Two

Marcus had been doing several jobs each week for Greg Livingstone, and Nigel had asked him why he was never at his desk in the office, and that had scared him. He'd not arrived home last night from Barrow until after midnight and he felt tired out. He'd spent only an hour at his desk this morning when Greg Livingstone rang him.

He hadn't expected to hear from him again so soon and didn't feel ready to do another job for him, but he didn't want to put Greg off and instead of refusing he said, 'I'm shattered. I haven't recovered from the last job yet. I hope it's not another long drive.'

'It's a bit further than Barrow,' he replied. 'But do this job and if you prefer shorter trips I'll keep you in mind for them in future.'

Marcus had already decided his best plan was to work just long enough to get enough money to buy a house, and then distance himself from Greg and everybody in that ring.

'I want you to drive a van from Liverpool to Manchester tomorrow to be re-sprayed.'

'All right.'

'At the garage you deliver it to, they have a lorry on which they've done their work.'

'It'll be empty?'

'Yes, it'll look clean and there'll be a full set of documents for it. It's going for export, so it needs to be driven to the docks at Harwich. Then take the train back to Manchester and the same garage will give you a car to bring back to Liverpool.'

Marcus hesitated. 'It'll take hours to get to Harwich and back,' he said. He was nervous about absenting himself from the office for long periods when he was supposed to be working, but he agreed to do the job. At least he wouldn't have to steal these vehicles though he knew they'd all be stolen property.

He tried to ring Elvira, he wanted to tell her how much money he'd saved towards their house, but he got the housemaid again and had to put it off until evening when her family would be home. As soon as Pa went out that evening, he tried to phone Elvira again. It was Cecil who picked up the receiver. There had to be a few pleasantries but when Marcus asked to speak to Elvira, he said, 'She's moved out, didn't you know? She told us she was hoping to move into a place of her own.'

Marcus felt the strength drain from his legs. 'Where has she gone? Did she leave an address?'

'Only to Liverpool,' he said. 'She left her phone number and it's right here.'

Marcus took the little notebook from his breast pocket in which he recorded contact numbers, and Greg's instructions for the jobs he wanted done. He wrote down the number as Cecil dictated it and it seemed familiar. Why hadn't she told him she was looking for a place of her own in Liverpool? Why would she need it when she'd said she'd come back to live with him?

Once he'd put the phone down he flicked back the pages and compared the new phone number with the one on which he'd rung Greg Livingstone. They were one and the same.

It bowled him over and made him gulp with distress, but he'd long been suspicious of Elvira's relationship with Greg.

She'd threatened to work for him if he refused to do it, but he'd felt for a long time that there was more to it than that. Did this mean she was living with him? It sounded very much like it, but he had no idea where Greg lived, only that he had a Liverpool phone number. Marcus felt sick.

He reached for the phone book and flicked through it to find Greg's number because it also gave subscribers' addresses, but the number wasn't listed, it was ex-directory. He flung the book on the floor. Anyway, for all he knew, Greg could be using that as an office and be living somewhere else.

He felt in a flat spin. He had only the vaguest idea of what was expected of him in the family business. There was no point in pushing papers about his desk. He would go to the Sailor's Return and have a drink. Perhaps a whisky would clear his head.

An hour later he felt just as fuzzy. He went home and went to bed. If Elvira did not mean to return to him, he didn't know what he'd do. He needed her. He had to have somebody in his life. Pa was an irritation and Nigel had always been a pain.

He would do the job tomorrow in order to keep open the arrangements he'd made with Elvira, but he had to speak to her. He had to know what she meant to do, and whether she was prepared to return to live with him as his wife. If she wasn't, there was no point in him doing anything. He might as well give up.

Marcus lost his way twice when he was taking the lorry to the docks at Harwich, so the journey took even longer than he'd expected. But a dock worker showed him where he could get a meal and he managed to sleep on the train going back to Manchester. His head still felt woolly and he'd had a little weep, because he was afraid he might lose Elvira, but he was still coping, just.

When he'd picked up the car he was to take to Liverpool, he decided to drive straight home and sleep in his own bed. He'd get up early in the morning and deliver the car to the garage before going to work. He had no wish to spend another night on his office chair.

It was dark and getting late, and he got lost again when he was coming into Liverpool. It was a stupid thing to do because he'd spent most of his life here and prided himself on knowing his way around. He was tired again now, and the suburban streets were confusing, he needed to look at his street map.

He was passing a row of shops and over the post office he caught the name of the district; he was in Gateacre and knew he was not far from home. He slowed down, slid past a parked black Jaguar that reminded him of his own and pulled into the kerb in front of it. He shone his torch on the street map and found his route home; he'd have no problem now. He reached for the bag of caramels he'd bought earlier and looked again at the car behind him. He had a strange feeling about it.

One of the good things about the post-war world was that there were very few cars on the road and new ones were quite rare. He got out to stretch his legs and take a closer look at the car. One glance at the number plate told him it was indeed his own. His head began to reel and he had to lean against the car to stay upright. Elvira must be very near.

This was a good-class area, mostly houses built just before the war, but within yards was a rather grand block of flats. Had she found herself a place here? But Elvira didn't like flats, she wouldn't have chosen to live in one, would she? Greg Livingstone had separated from his wife some years ago, so he might live in a flat. Elvira must have moved in with him! That was what Marcus feared and wasn't this proof of exactly that?

His stomach was heaving and he knew he was going to be sick. He bent over the gutter to retch and retch, but little came up, his stomach was empty. He wiped his face on his handkerchief and looked at his watch. It was eleven o'clock and the streets were empty. He was angry now, really angry. Why wouldn't Elvira talk to him, tell him truthfully what she intended to do?

He tried all the car doors but they were locked. Frustration rose in him, the car was his and he wanted it. He'd believed Elvira only intended to keep it for a few days, and she'd more than had her share of driving it now. He had a spare set of keys but they were at home. He'd fetch them. He was trying to do two jobs at once and he'd never needed the car more.

Marcus walked up to the main entrance of the block of flats and wrote down the name Blackwood Court that he saw written in gold script on a plaque near the front door. Then he slowly drove the car he was delivering to the end of the road and wrote down the name, Bridlington Rise, that he saw there. Just to be sure, he marked the place on his street map. He meant to come back and get his car.

He went home as he'd planned, and before getting into bed he found his set of spare car keys and put them into his jacket pocket so as to be ready. He was desperately afraid Elvira had left him for good and hardly slept a wink that night, but he was up early and delivered the car to the garage just as it was opening, and asked the proprietor if he could give him a lift to Gateacre.

One of the garage hands got into the car he'd just delivered and drove him there. Marcus fingered the keys in his pocket feeling full of anticipation, he'd soon be sitting in his own car again and this job would be easier.

The place looked a little different in the cold light of morning and he couldn't at first see his car, but here he was in Bridlington Rise and there was Blackwood Court. He got out and gave the lad a tip for his trouble. Now where exactly was his car?

It took him a few moments to realise it had gone. He felt a huge void in his stomach as he walked past the block of flats, then to the end of the road and back. People were getting up to go to work. His car was definitely not here.

It was very bad news in one sense but did it mean Elvira had just been visiting? Maybe she'd spent the evening here; it had felt like the middle of the night to him but it had been before midnight. Marcus walked on until he came to a bus stop and shortly afterwards he caught a bus to the Pier Head and from there walked to the office. He rang Greg Livingstone to tell him he'd completed his tasks without incident and asked if he'd seen Elvira. 'No,' he said, 'not for some time.'

Marcus didn't believe him. 'She took my car and I can't manage without one. If you see her, tell her I really need to speak to her.'

There was a slight pause before Greg said, 'I can get you a car. There's a Morris Twelve coming up.'

Marcus sighed, knowing that would be a re-sprayed military vehicle bought cheaply at auction or one that had been stolen. Pa would have a fit if he thought he was parking a stolen car outside his front door. 'I suppose that'll have to do if I can't get another Jag.'

'OK,' Greg said easily. 'Let me know,' and went on to offer him several short trips around Lancashire and Cheshire.

The Jaguar that Elvira had taken had been bought new, and he'd had to pay well over the advertised price to get it, as most cars being made had to be exported. At the end of the war, all British car manufacturers had rushed back into production with their old pre-war models but Marcus knew Jaguar had been working on a brand new design that was said to be an absolute corker. He'd put his name down on the list to buy one as soon as it became available.

Now, he picked up his phone again and asked when it might be available and was surprised and delighted to hear it could be as soon as the end of the month. He confirmed he was ready to take delivery, having read in the press that due to scarcity, new models of the Jaguar XK120 were being resold on the open market at a big mark-up in price, though he meant to keep his.

'What colour do you want? There's a choice between oyster white or ice blue with a metallic finish.'

Marcus had never seen a metallic finish but it sounded exotic and very desirable. 'Ice blue,' he decided.

That lifted his mood. He needed a car and had the money to pay for it. Why worry that he'd have to work for Greg a little longer before he could buy a house? He deserved a treat after the trials of the last weeks.

Millie felt little had changed between her and her in-laws. Nigel was avoiding her, he'd settled into the grand boardroom office and she hoped he was taking over some of the duties of management. Marcus scowled at her if he met her about the corridors, though she saw very little of him. He'd caused no more fights but he'd become the centre of attention again because he'd come to work in a fantastic new car.

It was the sort of car that most people could only dream about, and nothing like it had been seen on the roads before. Its shape was pleasing and very different, and its engine was said to outclass everything else. It was capturing the export market in both Europe and America.

As soon as Marcus left it in the car park a crowd gathered round it to take a closer look. It caught the eye of sailors and workmen as they were walking along the road and they stood for a moment to admire it through the fence. A few even came inside. Tom Bedford and Albert Lancaster drooled with envy.

Millie wondered how he could suddenly afford it when Nigel had said he was unable to afford a house of his own. Was he earning money from somewhere else? He was so frequently absent from his desk in the office here that it seemed more than likely. Her curiosity was growing.

She thought Sylvie was much brighter than she used to be. She came in one Sunday evening and said, 'Denis has been asking me for ages if I'll go home with him. His mother thinks he should take me to be introduced. I've been invited to have a meal there on Wednesday evening and I said I would.'

That seemed to Millie an indication that the relationship was progressing favourably and that Denis was attaching importance to it. 'He was a bit worried about whether he should ask you too, but I told him no. You wouldn't think it wrong for me to go on my own.'

'No, but you mustn't be too late coming home because you'll both have to get up for work the next day.'

'I won't. Denis said to tell you that he'll see me safely home.'

Wednesday turned out to be a dark miserable morning, too cold to hang about at the bus stop, and as Millie had a few petrol coupons in hand she decided to drive to work. Today, Marcus was pulling into the car park just ahead of her, so for once he'd arrived on time.

She met Albert Lancaster on the front steps and he said, 'Come and see the talcum powder we made yesterday. It's as good as pre-war, a lovely soft slippery feel to it. You'll like it.'

She knew Billy Sankey had set up a new supplier of white magnesium silicate for them, as well as regular deliveries of powdered soapstone. She followed him into the factory to see it.

'A big improvement, we have to be pleased with that,' she said.

They were currently selling talc in stiff cardboard sprinkler cartons but Albert was hopeful that soon they'd be able to package it in tins as they had before the war.

'Billy Sankey assures me that he's found a firm who'll be able to make and supply the tins, so we need to decide on the shape and colour we want so he can negotiate a price.' Albert took her upstairs to his office and opened some of their old design books on his desk. 'What d'you reckon?'

Millie thought that perhaps they should go back to their old design, it sold well, but she took Albert and his pattern book along the corridor to Dan Quentin's office to hear what he thought would best help it to sell in the present market.

It was so cold that she leaned against the lukewarm radiator under the window that overlooked the car park while they decided to keep the old shape and the flower picture but have it against a pale cream background. Dan and Albert had got as far as discussing the wording for the logo they'd have printed on the tins when a movement outside caught Millie's attention.

It was less than an hour since she'd seen Marcus arrive but now he was heading back to his car. He got in and started the engine. Hastily she excused herself and ran down to the car park, meaning to follow him to see where he was going. She jumped in her car and as she drove out on to the road she could see he'd been held up at the traffic lights some hundred yards further along.

She blessed the fact that he'd acquired such a fancy car. He was easy to follow because traffic was light and most of the cars were black and of pre-war shape, as was her own. That allowed her to stay some distance behind him as she didn't want Marcus to see her. He was heading into the centre of Liverpool. She decided he must definitely be working for someone else and he didn't want her to know.

She found he'd parked his car near Exchange Station and was heading inside. He had no luggage so was he meeting somebody off a train? Hurriedly she parked her car well away from his and made her way into the station.

There were a lot of people about so it wasn't as easy to pick him out now, and she didn't want him to see her before she saw him. Yes, there he was buying a ticket, so where was he going? She hung back watching him from a distance. He bought a newpaper and then headed towards one of the platforms. She saw him get on the train that was waiting there. It would take him to Southport or any of the many stations on the way.

She went back to her car feeling she'd learned precious little. She couldn't imagine what he intended to do in Southport. It was definitely not the weather for a trip to the beach.

All morning it grew darker and the heavy cloud developed a yellowish tinge. Millie kept a watch on the car park but Marcus's car did not return. Immediately after lunch it began to snow, and as it was settling on the ground and building up on the roofs, Millie saw it as yet another problem. She rang the bus depot to see if the buses were continuing to run, because that was what Pete had done in the past. When she heard that they were still running but there was some doubt as to how long they could continue, she went to see Nigel and suggested they close the factory and office early and let the staff get off home.

'I agree,' he said, locking up his desk. 'It looks quite nasty. Better if we get off home while we can.' He made all haste to do that, leaving her to tell everybody else. Millie did so, going slowly along the corridor of offices occupied by their senior staff.

When she reached Andrew Worthington's office, she found Sylvie there taking dictation. He said, 'You go, Sylvie, there's nothing urgent amongst those letters.'

'Thanks, Mr Worthington.' She closed her notebook.

Millie said, 'You haven't chosen a good day to go home with Denis, the buses will stop running if this carries on.'

'Mum! Please don't stop me now.' Sylvie was keen to go. 'I'll be all right.'

Millie went to the window, it was snowing heavily and the sky was now pewter grey and leaden. 'It's not much after three o'clock and look at this. What will it be like by nightfall? What if you can't get home?' She glanced up to find Andrew's dark green eyes watching her sympathetically.

'I'll walk if I have to. What does Denis say?'

'Nothing to me, why would he?' Millie didn't want to discuss Sylvie with Denis. She felt what they did was their business and preferred to wait until she was told.

'I'll go and talk to him now. Goodnight, Mr Worthington.' Sylvie sped towards the lab while Millie followed at a more leisurely pace.

When she caught them up, Denis said, 'Please let her come, Mrs Maynard. My mother . . . Well, she was going to bake.'

Millie hesitated. 'She'll have gone to a lot of trouble, won't she?'

'I'll see her to your door, I promise.' He looked so intense, so full of hope that she knew she couldn't say no. 'I'll make sure she gets home safely.'

'All right, but early please. This isn't a night to be out late.'

'Thank you, thank you.' Both were all smiles now and went off together.

Millie slumped on to her desk chair. Moments later she heard footsteps coming up the lab.

'I take it you agreed?' It was Andrew. 'I saw them rushing off together in great excitement.'

'I hope I've done the right thing.'

'I'm sure you have. They're old enough to be responsible for what they do. You can't look after Sylvie for the rest of your life.'

'No, I hope I don't have to.'

'You'll be on your own at home tonight.'

She nodded. 'Yes.'

'That's what I thought, I'm glad I've caught you. Why don't you spend the evening with me? We'll have a drink and then a meal.'

Millie was taken aback. She hadn't been out with a man for years, not on a prearranged evening date. She was a grieving widow.

He said, 'I've been meaning to ask you for ages, and if you're to be alone tonight this seems a good time to do it. After all, I enjoyed your hospitality on bonfire night; you must allow me to ask you out in return.'

She smiled. 'Thank you, I'd like to go out with you.' For once she felt a bit shy of him but reminded herself that Andrew was a colleague, so it wasn't like a real date. 'It's not much fun waiting alone for a teenage daughter to return home.'

'Well, I've already arranged to have a drink with Jeff Willis at the Sailor's Return, across the road, so I'll need to take you there first. But you know him.'

'Yes, I like him, talking to him is always interesting.'

'Then you and I will go on for a meal afterwards.'

Millie went to the window. The snow was still swirling down. She could see the Sailor's Return on the other side of the shabby street, though she'd rarely been inside. At street level it had the usual rather noisy bar but upstairs was a large lounge where in cold weather an open fire roared up the

261

chimney. Pete had occasionally had a drink there with one or other of the managers and said he thought the premises had been arranged to attract the local workforce. They certainly patronised it in large numbers.

'I need ten minutes to clear my desk and lock up for the night,' he said.

'So do I, but I won't be ready then, I told Tom Bedford I'd make sure the whole place was secured for the night.'

'OK. Give me ten minutes and I'll come back and walk round with you,' Andrew said. 'I ought to know how to lock the place up.'

For the first time, Millie really thought about Andrew. She'd been accepting his support and advice for some time and counted him a friend, but she knew virtually nothing about him. Pete had been impressed with his war service but she'd not asked, and he'd volunteered little. She should have shown more interest.

Chapter Twenty-Three

Andrew had been spending a lot of time thinking about Millie and felt he'd taken a great step forward in persuading her to spend the evening with him. By the time they were crossing the road, it was really dark and the snow was four inches deep. He took her arm as it was rutted and slippery. 'I hope this isn't going to stick on the streets for days,' he said.

The pub lounge was a warm and cheery place and he recognised some of the customers as Maynard's staff, despite being released to go home early on account of the weather. Andrew saw his friend waiting for him in front of the fire.

'Good, you've brought Millie with you.' Jeff beamed at her. 'Come and get a warm, Millie. How are you?' He settled her in the chair nearest the blaze and Andrew went to get their drinks.

It pleased him that they seemed to have plenty to say to each other but when he returned and put the glass of lemonade she'd asked for in her hand, it brought the flow to a halt.

Andrew said, 'I believe I owe my life to Jeff,' and that started Jeff telling her how they'd escaped from Singapore together when it fell to the Japanese. Andrew had not enjoyed the experience but Jeff had relished it and was happy to sit back and talk.

His huge bulk overhung the chair. Millie smiled at him. 'Pete told me about your wartime experiences, he was very impressed. I gather you had an exciting time.'

'I wouldn't describe it as exciting,' Jeff said drily. 'We were on the run from the Japanese for ten months. We had to go native and live on the beach.'

'I was terrified most of the time,' Andrew told her. 'I wouldn't have survived on my own.'

Jeff was beginning to hold forth. 'When the British surrendered, we decided we'd rather make a run for it than be rounded up and sent to Changi prison for the duration.'

'Yes, I and my friend Graham had made all sorts of preparations, drew out money from the bank, and packed a few clothes. We'd seen the European civilians scrambling to get out but we left it too late.'

'His friend Graham was killed.' Jeff's voice was matter-of-fact.

Millie looked appalled. 'That's terrible, how did it happen?'

'To start with we tried to get passages to a British port but the liners had all left by then, so had all the freighters, filled to capacity. We met up on our first night when we all hid in the same warehouse on the quay. Jeff speaks a little Malay and negotiated with several hundred cigarettes and treble the standard fare to get all three of us as deck passengers on a local junk bound for Jakarta.'

Jeff took up the tale. 'We cast off in a hail of shells and small-arms fire, but the master was determined that nothing would stop his vessel leaving. A bullet caught Graham in the back of his head and he collapsed at our feet, there was nothing we could do for him. He wasn't the only one, two other passengers and a sailor were also killed, and several were injured. Once out to sea the master ordered his crew to throw the bodies overboard.'

That had been the first time Andrew had been under fire

and experienced deadly danger. His neck had crawled with fear and he'd been very glad of Jeff's support. He felt sick as he remembered how he'd done his best to say a prayer over his friend before his body was committed to the sea. He'd had to write to Graham's parents after he'd got home and that had been painful too. Jeff had more stoicism, though they'd had little to say to each other that day. They didn't find out they both came from Liverpool for some time.

'It was not a luxury voyage,' Jeff said, sitting back with his glass of beer in his hand. 'There were twelve other deck passengers, mostly Malays and Chinese. At night it was cold and we lay down on deck to sleep under an old sail. During the day we were hot and sweaty and had nothing but a bucket of seawater to wash in and there was little shelter from the hot sun, but we had enough local food to avoid feeling hungry and we were evading capture. The boat made slow progress. Occasionally an enemy plane came over, circled to look at us but left us alone.'

'You must have been petrified,' Millie said.

'We were both pretty much on edge,' Jeff agreed, 'suffering from prickly heat, indigestion and more than a touch of gastro-enteritis. When we reached Jakarta we felt the same oppressive dread that the Japanese were approaching and would soon engulf the city. Shops and homes were already being abandoned. We took a room in a shabby hotel on the waterfront while we tried to find some way out of the place. We were aiming for Australia by then.

'We knew the Japanese were moving quickly but we no longer had access to a wireless and met nobody who could speak English, so we had no idea how near the enemy was. It took us a week or so to get on a junk heading for Bali. We intended to wait there until we could pick up a vessel to take us to Australia, but the Japanese were in control of the sea lanes so there was less shipping of any sort.

'It seemed safer to hire a canoe to take us to Lombok, a nearby island that was much less developed, because the Japanese tended to occupy the towns and didn't always penetrate the jungle areas beyond. Once there, we walked several miles out of the little town to live on the beach. The local fishermen fed us and showed us how to build a shelter and we spent our days helping them push their canoes into the waves and haul in their catch.'

Andrew met Millie's gaze. 'When I've told people that, they often say, "You must have enjoyed it. It would be like a long holiday, wouldn't it?" But as the months passed and we grew bored, it felt as though we'd be there for ever.'

'We spent hours telling each other about our homes and our families,' Jeff said.

Andrew felt, as things turned out, that he'd said far too much.

'We were both larger than the local men,' Jeff swept on, 'and stuck out like sore thumbs so we were scared of being picked up by the enemy. But we had no idea where they were, or whether that was likely or not until we met up with Hans, a Dutchman who came to the beach to barter his farm produce for fish. He spoke good English and as he also had a wireless he was able to tell us that the Dutch had surrendered and the Japanese now controlled Java and were advancing on through the islands of the Flores Sea towards New Guinea. We knew that by May, half of New Guinea had fallen to them. Hans was getting anxious about the safety of his wife and two small children.'

'How old were they?' Millie asked.

'Two and four. Then at last we had a stroke of luck. Hans heard that an Australian fishing boat had to put in to Lombok for repairs and would be heading back to Darwin. He arranged with the captain to take us there, together with his wife and children.'

266

'We were destitute,' Andrew said, 'but the Australian Army took care of us.' He remembered the enormous wave of relief he'd felt then. He'd lost a lot of weight and felt his physical endurance had been tested to the limit.

Jeff was very jovial. 'The first thing I did was to write to my wife to let her know I was safe. We were flown home on an Australian Air Force cargo flight.'

Jeff liked to talk about getting out of Asia; he saw it as a wartime adventure in his military career and he could give the tale a touch of drama. But then he'd returned home to a welcoming wife and family.

Andrew couldn't bear to think of it. He'd written to Annabel too but for him the tale didn't have a happy ending.

Just then he saw Marcus come into the pub with a sprinkling of snow on the shoulders of his overcoat. He took it off and sat down, and moments later the barman came with his drink. He hadn't noticed them yet but he was looking round and suddenly he leapt to his feet, snatched up the coat he'd taken off and rushed away, leaving his glass of whisky virtually untouched on the table before him.

Andrew wondered why, he'd seemed to be looking in their direction but surely catching sight of him and Millie here would not make him hare off and leave his drink? He guessed then that it was seeing Jeff that had made Marcus scarper. His uniform and booming voice made him stand out. Had Marcus not recognised Jeff Willis as his cousin, or had he not wanted to?

Later, before they left, Millie went to the ladies' cloakroom and Jeff said, 'I meant to ask you about Marcus Maynard. He belongs to the other side of the clan. How does he get on with Millie? Are they friendly? Do they pull together at work?'

'No, quite the opposite, he doesn't like her, doesn't think she's good enough to be a Maynard.'

Jeff laughed. 'We Willises aren't good enough for him either. He doesn't want to know us, but I gathered from Pete that even the true-blood Maynards have an occasional dust-up.'

'Funny you should mention Marcus. He came in here a short time ago and then went off in a hurry.'

'Well, it's near the business, isn't it?' They could see Millie coming back to join them and Jeff said, 'She's all right. You must bring her round to have a drink with us some time.'

It had stopped snowing, but four or five inches had settled on the road and was showing tyre ruts and footprints now. Andrew took Millie's arm to walk her back to the car park. 'We've got two cars,' she said. They had a covering of snow and were the only vehicles left.

'Safer to leave yours here tonight,' he said, trying the door handle to make sure it was locked. 'I'll run you home. Will you be able to get into work tomorrow? If the buses aren't running, ring me and I'll fetch you.'

He drove Millie slowly and carefully into town and they had dinner at the Stork Hotel in an almost empty dining room. Without Jeff's ready flow of boisterous conversation, Andrew was trying hard to find something to say. He should have paid more attention to her and not let Jeff take over the first part of the evening.

But sitting opposite Millie's smiling face cheered him up. This was what he'd wanted to do for a long time. She talked about her family and asked about his, but he couldn't bring himself to mention his personal difficulties. He felt on safer ground talking about the business.

She asked, 'What are you hearing about Nigel on the grapevine? Is it thought he's settling in and taking some responsibility for running the business?'

That made him smile. 'What they're saying is that you are doing that. It's you they go to when they've got a problem, not Nigel.'

'But does he do any useful work?'

'I don't know what he does. Better if you ask Tom or Arthur. I know they think Marcus is a complete waste of space. Mostly, when they have anything to say, it's to complain about him.'

'Yes, I'd like to sack Marcus but that would bring his father's wrath down on my head. I don't know what to do about him. What can you suggest?'

'I've absolutely no ideas to offer on that.' He laughed.

On the drive home she said, 'I'm sorry, I shouldn't bother you with these business problems. But I have nobody else who would understand and be able to help me.'

'Millie, it doesn't bother me in the least. In fact, I rather like it.'

At her garden gate she thanked him for what she called a very pleasant evening. He said, 'I'm afraid Jeff rather took over the early part.'

'That opened my eyes to how you spent the war. I don't suppose you would have told me half as much.'

She was right about that, he wouldn't have. He ached to take her in his arms, hug her and say, 'We've both had our losses and disappointments but let's put all that behind us. Together we could start afresh.'

But Millie gave no sign that she was interested in him, other than as a helpmate. She asked, 'Would you like to come in for a drink, a cup of tea? Or I do have cocoa.'

He wanted to say yes, he wanted to prolong this evening. But already she was looking away, her mind on other things. 'It doesn't look as though Sylvie is home yet.'

'Thank you but no,' he said. 'It's time I went home.'

He waited until her front door closed behind her and then drove off feeling he never would find anybody willing to share his life.

★ ★ ★

269

Denis's mother, Geraldine, welcomed Sylvie into the warmth of her home with a cup of tea and said, 'Denis's grandfather really took to your mother when she was a young apprentice like Denis is now. He said she was really interested in perfumes and seemed to retain everything he told her about them. Now she's done the same for Denis.'

Geraldine was a jolly person and had plenty to say; Sylvie liked her. What she said about times past in the lab reminded Sylvie that she had been born on her mother's eighteenth birthday. She decided she must be a slow starter because here she was at eighteen years of age having taken no interest in boys until now. Denis was her first boyfriend.

Savoury scents were coming from the kitchen making Sylvie's mouth water and later on she sat down to a meal of steak and kidney pie with roast potatoes and cabbage. At home, Sylvie refused to eat offal of any sort but felt she couldn't leave the kidney on her plate here, as Denis's mother might take it as an insult, especially in these times of shortage. She ate it and found it delicious. Perhaps she'd been wrong about that too.

At eight o'clock Denis opened the curtains to see what the weather was doing. 'It's stopped snowing,' he said, 'it's a lovely clear night now, but the snow's sticking.'

'Ring the bus depot,' his mother said, 'and find out if the buses are still running.'

The answer to that was no. 'I'll walk you home,' he said.

'Then you'd better start soon,' his mother said. 'It's some distance and you'll have to walk both ways. Why don't you phone your mother, Sylvie, and tell her you're setting out now? She could be worrying about you.'

Sylvie tried but her mother didn't pick up the phone. It rang and rang until she had to assume that she wasn't there. 'I wonder where she's gone on a night like this,' she said. 'She was worried about the snow.'

'Do you have a key?' Denis asked.

'Yes.'

'Then we'll make a start. She'll probably be there before we are.'

Geraldine insisted that Sylvie borrow her wellingtons and gave her a carrier bag to put her high-heeled court shoes in. She also provided extra socks and a warm scarf to wrap round her head. 'It'll be freezing hard by now.'

It was a lovely moonlit night and every roof and tree had its thick covering of crisp snow. There was almost no traffic and nobody about. Their footprints were the first on the pavements. It was a delight, the snow had transformed the mundane streets into a fairyland, but the wind was icy against Sylvie's cheeks and it was slippery underfoot.

'Take care,' Denis warned, and Sylvie felt his arm go round her waist to steady her. 'I've got to get you home in one piece, haven't I?' She smiled and he stopped to kiss her. She could see love, adoration almost, in his dark eyes. She shivered with delight and put up her face to be kissed again. Whatever had made her think Denis wasn't romantic?

Their progress was slow and it took more than an hour to reach her home. 'Mum's home now,' she said. The lights were on in the hall and as they watched they saw the light go on in the kitchen. Denis gathered Sylvie in his arms to kiss her a final goodnight, but she kept him with her for another half hour and by then they both felt very cold.

'Come on in,' she said, 'I could make you a hot drink to warm you up before you walk back.' She felt him hesitate. 'Come on,' she urged. 'Why not?'

Millie met them in the hall. 'Thank goodness you've got here. Denis, I rang your mother to tell you the buses had stopped running but she said you knew and had set out to walk home at eight o'clock. I was beginning to worry about you.'

'We're fine, Mum.'

'Denis, you aren't going to walk back again, are you?'

'I'm going to make him a hot drink first,' Sylvie said.

'It'll be midnight before you get home.' Sylvie had to stifle a giggle at that. It wasn't the walk that had taken so much time.

'I suggest you stay the night with us,' Millie went on. 'Why don't you ring your mother and tell her? We can make up a bed for you and you can come straight to work with us in the morning.'

Sylvie set about making three cups of cocoa while Millie found Denis a pair of slippers that had once been Pete's so he could take his wellingtons off, and she took him up to the old nursery where the gas fire was popping and giving out welcome heat.

Sylvie fell asleep that night thinking of Denis, and the love for her she'd seen in his eyes. To think of him sleeping downstairs gave her a lovely feeling of security.

Chapter Twenty-Four

When Andrew pulled up on the drive of his mother's house and walked to the front door, he remembered that other time years ago when he'd done this. It wasn't so much that he hated Jeff Willis retelling their Asian experiences but that it made the years roll back to 1942 and reminded him of how much he'd lost. He let himself in and found his mother had already gone to bed. He made haste to do the same.

He'd have been wiser to do what Annabel had asked of him in the first place, opt for the Pay Corps and the chance to stay in England with her. His life might have been different now if he had. How many times had he regretted that he hadn't? Thousands as he'd fled from the Japanese, but many more times since he'd returned to England. That had been one of the blackest days of his life.

As soon as the plane bringing him and Jeff home had landed, they tried to ring their wives but were told to try again later as the lines were still being repaired after a recent air raid.

A British Army colonel congratulated them on escaping from the Japanese and granted them a month's leave, telling them their salaries would be paid since the fall of Singapore. Andrew tried again to telephone Annabel but still no luck. Together he and Jeff boarded a train to Liverpool. Andrew thought of him now as a trustworthy friend; they'd parted in

Exchange Station with a handshake and a promise to keep in touch.

It was the evening rush hour; there was a queue to use the phone booths and no taxis. Andrew boarded a bus to Mossley Hill, bubbling with anticipation. The bomb damage shocked him. There were stark ruins, gaps where he remembered buildings, windows boarded up, holes in the road and piles of rubble everywhere. He couldn't wait to get home to Annabel and almost ran down the road to the semi-detached house they'd bought when they married.

Thank goodness these houses were undamaged but they looked shabbier than he remembered. The rose bushes he'd planted in the front garden were in full bloom and the little lawn neatly clipped; it gave him pleasure that Annabel had been taking care of things in his absence.

He dropped his bag on the doorstep to ring the bell, rattle the knocker and put his key in the lock. As soon as the door opened he caught the savoury scent of a good stew. His stomach rumbled in anticipation. How marvellous!

Annabel came rushing up the hall to meet him, her dark hair flying out round her beautiful face. He put out his arms to give her a welcoming hug but she stopped dead as soon as she saw him and her mouth fell open. 'Oh my God!' she gasped. 'I thought you were dead!'

The hall was spinning round him, he couldn't get his breath. Her shock was palpable and he knew beyond doubt that his return was unwelcome. The bottom was dropping out of his world.

He stared at her half paralysed but managed to choke out, 'Didn't you get my letter?' before he saw the man come to the dining-room door. They had been eating; their plates were still half full of stew.

'Darling,' he turned to Annabel, 'who is this?'

She looked numb and was unable to answer. For the first

time he noticed her thickening figure. 'You're pregnant?' He felt as though he'd been kicked. Scalding vomit was rising in his throat.

He couldn't stay here, couldn't look at her beautiful slanting brown eyes. He couldn't stop his fists clenching ready to punch the fellow who'd taken his place. He was older, taller, better looking, a civilian in a well-fitting suit. Andrew felt he was falling apart.

Annabel was weeping and trying to justify what she'd done. 'You went away. You left me. I haven't seen you for years. I couldn't manage on my own, Victor rescued me.'

Victor was calmer than either of them and took over. 'After the fall of Singapore, Annabel received a telegram saying you were missing believed killed. We really believed . . . I mean it's now August.' The official telegram was produced in evidence.

'You didn't write to let me know you were all right,' she accused, near to hysteria. 'What did you expect me to believe?'

'I wrote to you when I reached Darwin.' It was clear she'd never received it.

Andrew didn't know how he got out of the house he'd thought of as his own. He couldn't think. For an hour he walked the suburban streets not caring where he went. He still loved Annabel, still wanted her. He'd adored her, given her everything he could, but Annabel had rejected him. She'd turned her back on him, didn't want any more to do with him.

It began to rain, which made him shiver, he'd grown used to the jungle heat, but it brought him back to the present. It was after ten and dark and he had to find somewhere to spend the night.

He'd go to his mother's house. She was a widow and would be glad to see him, she always was. He hoped to see a phone box. He wanted to let her know he was coming. After his reception from Annabel, he was reluctant to walk in on her but he couldn't remember where the phone boxes were and neither could he think of her phone number. Once it had been his phone number, his mother hadn't moved from the family home. Well, not as far as he knew.

At least he knew the way. He'd been brought up in and around this district and had never moved far until he joined the army. He walked on until he came to his old home. He hesitated at the front gate, worried now about his mother. Did she still live here? Would she be coping after three years of war and widowhood?

No glimmer of light showed, there was no sign that anybody lived here, but a heavier flurry of rain drove him to the front door to ring the bell. He held his breath until he heard her coming to shoot the bolt off the door.

'Andy!' Her face lit up in a huge welcoming smile, she threw her arms round him. 'How marvellous to see you again.' She laughed with delight. 'Ugh, you're wet, like a drowned rat, come to the fire.'

Her welcome couldn't have been more different to Annabel's. That night, he'd pulled the blankets over his ears in his childhood bed. He'd had to tell his mother about Annabel, it had filled his mind and he'd broken down and wept. It was years since his mother had seen him cry and that had humiliated him further.

Even so, within an hour of entering his mother's house it was as though he'd never left. His mother said she was looking forward to having his company for the whole of his month's leave so he'd done the right thing by coming home.

But nothing could take away the raw hurt of Annabel's rejection. He'd believed she loved him and he'd trusted her. The last thing he'd expected was that she'd take another lover. Just to let that cross his mind cut him to ribbons. If his flight from the Japanese advance had taken all his physical stamina, Annabel's defection had delivered an emotional death blow. He couldn't look at life in the same way again. She'd changed him for ever. He felt finished, totally drained and exhausted.

When his leave was up he'd reported back to the army as ordered, and been posted to Catterick Camp in Yorkshire, where he'd put his head down and been a cog in the army financial service. For years, he'd done nothing about getting a divorce, it had seemed too hard. One part of him hoped Annabel would get fed up with Victor and return to him, but his mother thought he'd feel better if he was free of her and kept saying so.

At the end of the war in 1945, a flood of divorces had been reported in the newspapers and Andrew had finally got round to it. Victor bought his share of the house from him so his mother thought he was finally free of Annabel. He wasn't, he still thought of her, imagining things as they once were.

He met up with Jeff Willis every so often and had been introduced to his wife and three children. Jeff had survived their adventure in the Far East with less damage, but Andrew had always known he had a tough core. When the army no longer required Andrew's services in 1946, he'd returned to live with his mother and started job hunting. It was then that Jeff had handed him the advertisement torn from a newspaper. 'You'd be all right working for this fellow,' he'd said. 'Pete Maynard is a relative of mine. I reckon you'd get a fair deal from him.'

'William C. Maynard and Sons? They're quite a big Liverpool firm, I didn't realise you had relatives like that.'

'I come from the poor side of the family, though I count Pete a friend. I think you'll like him.'

Andrew had liked him and he'd got the job. All he'd wanted after that was a quiet life.

Millie was afraid the first anniversary of Pete's death would be difficult to get through and couldn't help thinking how different her life would be now if she still had him with her. It fell on a Sunday and Valerie invited all the family to lunch on that day. They were all looking forward to the birth of Helen's baby which was due in another ten days. She was sewing baby clothes and Valerie was crocheting a shawl, and Millie had helped by knitting a bonnet and matinee coat.

Late in the morning when Millie and her children had reached Valerie's house, Eric telephoned to say he was taking Helen into hospital, and could he bring baby Jenny over to stay a little earlier than he'd arranged?

That put them all on tenterhooks and they could talk of nothing else. Eric brought Jenny and ate a hasty lunch before returning to the hospital. Millie had thought it would be a sad day with them all talking about Pete and remembering how much he'd meant to them, but the imminent birth changed everything.

Sylvie played with baby Jenny, and eventually they went on to discuss the future, the party Val was planning for the twins who would soon have their fourth birthday, and Simon who was facing exams and a new school in September.

Valerie was putting the twins to bed that night and Millie was tucking Jenny into a cot in their bedroom when Eric phoned to say Helen had had a baby boy weighing seven and a half pounds and they wanted to call him Peter after her father. Millie had to wipe away a tear before she went downstairs to rejoin the rest of the family. Eric opened a bottle of wine to drink to the new baby's health and happiness, and then because they'd all enjoyed it so much, he opened another.

In future, this date would be remembered as baby Peter's birthday and not as the day of his grandfather's terrible accident. Millie knew she need never fear it again. She could see her family was ready to move forward and think of the future again, and she must try to do the same.

Sylvie began to dream of spending the future with Denis. She was quite sure he was the man for her. He could kiss her and bring her blood to the boil in a few moments. Every time she went out with him he brought her home, and they were spending longer and longer outside her front gate with their arms round each other, trying to say goodnight. But it was very cold, and darkness provided their only privacy. Sylvie thought longingly of the shed at the far end of their back garden. It would provide a lovely hidey-hole for them. One Tuesday she took the key to the shed door from the kitchen and looked inside. It was full of gardening equipment and furniture but nobody had been in since the end of the summer.

She decided it would suit them very well and pushed everything closer together to make more space. The cushions for the garden furniture had been packed away in a tea chest. She swept the floor and arranged them there in readiness. Then she oiled the catches on both the front gate and the side gate so Mum wouldn't hear them being opened. At work the next day, she felt quite excited about what was to come that evening.

Connie and her friends in the office had talked of an imaginary line drawn on the ground in front of them, which they were forbidden to cross until they were married. Sylvie knew her mother had crossed that line, and back in the old days when she was young it wasn't just a line, it was a great ditch with hedges that had to be climbed too. But the war had changed how many people felt about that. Loving Denis as she did, she could understand the thrills and temptations that had led Mum to do it and longed to experience love like that herself.

That evening, Denis took her to see Danny Kaye in *The Secret Life of Walter Mitty*, and it was such a laugh that she forgot everything else. When he took her home afterwards the night was cold and clear and the moon almost full. He tried to kiss her goodnight at the front gate, but she took his hand and led him silently across the front lawn and into the back garden, keeping well away from the light blazing out from the hall windows. Very little light came from the sitting-room windows at the back because the heavy curtains were drawn.

Inside the shed the dark seemed thick and black, but Sylvie had brought a torch and shone it round to show him. 'We'll be safe from prying eyes here,' she said.

'Won't your mother see the light and know you're here?'

'No, too many trees and bushes in between, and anyway once she's drawn the curtains she won't look out.'

He put his arms round her and kissed her and she urged him down on to the cushions. 'We might as well be comfortable,' she said. It was lovely to lie down with him and feel the weight of his body against hers. Sylvie undid the buttons on his coat, made him slip his arms out and used it to cover them instead. His kisses were eager and she returned them with equal joy. She wanted more and took off his tie and undid his shirt buttons, pushing her hand inside to stroke his warm smooth skin. She meant to encourage him to take a step further with his love-making.

Denis lifted himself up on his elbows. She knew he was smiling. 'Sylvie,' he said, 'you're leading me on. I think you're trying to seduce me.'

'Of course I am.' She laughed softly.

He kissed her again. 'I'm flattered, very flattered, but no. That must wait until we're married.'

Until we're married! His words thrilled her to the core. He hadn't mentioned marriage so far but he was thinking of it! She hugged him again. She'd already imagined walking down the aisle to him in a beautiful white gown. Now she knew he wanted the same thing.

'Yes.' He seemed suddenly shy. 'Would you be willing to wait? I really do want to marry you.'

'Oh yes,' she breathed and pulled him even closer. 'There's nothing I want more,' she had to smile. 'So it doesn't matter now if we do make love, we can go all the way.'

'Sylvie! No we can't. We need to stop now before things get out of hand.'

'Don't you want to?' She was suspicious.

'Of course I do. But we can't, not yet.'

'Come on, love me now.'

'What if I give you a baby?'

'Then we'd have to get married straight away, wouldn't we?'

He laughed. 'If only we could.'

'Why not?'

'Quite apart from everything else, I can't afford it yet. I'm an apprentice. I can't get married until I'm earning enough to support a wife and family.'

'Don't be a stodgy. This is the brave new world, isn't it? By September you'll be twenty-one and time served. Mum likes you, she'll not want you to leave. She'll give you a permanent job.'

'She can't, Sylvie,' he said gently. 'She knows I'll have to do my National Service. I'll be called up for that as soon as I'm out of my apprenticeship.'

Sylvie's mood plummeted, she'd forgotten about that. Everybody knew men had to do two years' National Service, either when they reached the age of eighteen or when they'd completed an apprenticeship or college course. Denis had spoken of it more than once and so had Mum, but her dreams of the future had been more real than life itself.

'That's why I asked if you'd wait. It'll be at least two and a half years. I can't marry you until I've done that. You will wait for me, won't you?'

Of course she would. 'Two and a half years will seem forever.'

'It will, but the war is over, so it's not as though I'm likely to be killed.'

'Come on, we can't wait all that time to find out about things like this.' She pulled him down again to kiss him.

She felt him pull away from her. 'Sylvie, I couldn't risk it. I couldn't go away and leave you on your own having a baby. I couldn't live with myself if I put you in that position.'

'Mum would look after me if that happened. She's already told me she would.'

Sylvie felt him straighten up with determination. 'You can't take risks like that and rely on other people to bail you out when you find you've got a problem. You have to learn to stand on your own feet.'

'It's only if the worst happened, and I know Mum would want to take care of me. I'd stay with her until you came home. For me there wouldn't be a problem. I don't need to wait until I'm twenty-one to do the things I want.'

'You do, Sylvie,' he said quietly. 'You've had a wonderful upbringing. Your family has given you all the love and care in the world, as well as everything else money could buy. They've also met every one of your passing whims, so you've received everything you thought you wanted. You've been too well protected, too well cared for. Adult life in the real world isn't like that. You have to face up to what it throws at you.'

Suddenly Sylvie felt like a spoilt child. Denis seemed much older and wiser than she was.

'Your dad spoilt you, even if he wasn't your real dad. Your mother spoils you too.' He stood up. 'If you were my wife, I might not be able to ease your difficulties in the same way. I've been trying not to say grow up because it sounds heartless, but I think you need another year or two to learn that you can't always have everything handed to you on a plate.'

She was indignant. 'I don't think you love me after all.'

'Sylvie, of course I do.' He pulled her to her feet. 'I love you, but I don't think you're ready for marriage yet. If you had a baby you'd have to take care of it and sometimes put the child's interests above your own.'

'I would,' she protested, 'of course I would.'

'No, Sylvie, I'm not sure you'd be able to. You always put your own needs first. It's always what your mother can do for you, not what you can do for her.' Denis went on, 'An adult knows other people have feelings too, which leads me to say that your mother would not approve of you bringing me here like this. Anyway, it's high time you went in. I expect she's already worried that you're later than usual.'

He felt on the floor for his coat and put it on. Sylvie felt she'd been found wanting. 'So I'm not ready for marriage yet? That's it then?'

'Where are you?' She knew he was feeling for her. His arms went round her and his lips found hers again. 'Please don't be upset. Whatever we feel we want, we'll have to wait another two and a half more years before we can have it, there's no way round that.'

Chapter Twenty-Five

Simon had done well in his exams and Millie was delighted when she received a large envelope from the headmaster of Liverpool College where she had applied for a place for him. She was informed that Simon could start in September.

Millie was given an appointment to take him to meet the headmaster and be shown round the school. Enclosed also were forms for her to fill in, and a uniform list.

'Mum,' Simon said, 'I don't want to be a boarder. Liverpool College is nearer than Heathfield, near enough for me to get there and back on the bus every day.'

'All your family have been boarders at that school,' she said. 'Your father was happy there and he wanted the same for you and Kenny.'

'Mum, everything has changed since the war. Dad can't be here with us now, but I know he'd let me live at home if I told him that was what I wanted.'

Millie had to laugh. 'Are you trying to get round me?'

'Say I can. I know they let boys do that these days.' He was looking at her with imploring eyes but really there was nothing Millie wanted more than to keep her children close.

'We'll have to see,' she said.

'What about me?' Kenny wailed. 'I don't want to be the only one boarding.'

'You'll be the only one at Heathfield anyway,' Simon retorted.

When Millie sat down to read the brochure for his new school she found they had opened a junior school in recent years, and she thought perhaps Kenny might prefer to go there as a day boy to sit the exam for the senior school. When she suggested it to him he was over the moon, so she telephoned the school secretary to find out if they had a place available for him. They had, so she wrote to the headmaster at Heathfield to tell him. It would be better for Kenny to stay close to his brother.

When she kept the appointment the headmaster had given her, she took both her boys with her, and spent most of the afternoon looking round both the junior and senior schools. Millie was delighted that she'd have her boys at home with her in future.

The summer holidays came and Millie took her children to Hafod for two weeks. Sylvie asked if Denis might come with them as he would be twenty-one at the end of September and could expect his call-up papers shortly after that. It took a lot of forward planning in the lab but he came and fitted in well with the family. The weather was warm and sunny so they could picnic on the beach and swim, and they had a lovely trip up Snowdon. They didn't go anywhere near the boat, nobody mentioned it, or suggested a fishing trip in one of the several boats advertising holiday trips.

For Millie, time seemed to fly past, and she thought things were getting easier too. At work, she was relying more and more on Andrew, he readily offered the sort of help that Nigel and Marcus should have provided. She sought his company too, but sometimes it gave them both uncomfortable moments.

Occasionally he asked her out for a drink or a meal which she enjoyed, but she felt somewhat embarrassed that he always insisted on paying. Ordinarily, she'd have repaid him by inviting him to meals at her house but he was now

Sylvie's boss and when she tried that, neither seemed at ease.

Andrew went striding to the lab one morning, pulled out the chair Millie kept for visitors and sat down. 'Will you come out and have dinner with me on Wednesday?' he asked. 'I have in mind the Adelphi Hotel.'

'Thank you, yes, I'd love to. The Adelphi sounds very extravagant. Is it a special occasion?'

'It's my birthday, I'll be thirty-eight. I'll book a table. Seven o'clock all right for you?'

Millie was smiling at him. She was a very attractive woman and very good company, and she certainly had plenty of guts. He couldn't help but admire how she'd stood up to Marcus and Nigel. She'd stood up for the staff too and fought their battles. It seemed she'd settled them down. Marcus was keeping a lower profile now and there had been peace in the office for the last few months. At the same time she was virtually running the business and it was making an increasing profit.

Andrew knew he loved Millie but felt she was wary of him. She wasn't encouraging him to show her any affection, and he didn't know whether she wasn't interested in men generally or whether it was just him. He'd told himself a dozen times that he must give her time, that she would still be grieving for Pete. But there was this additional problem that she was his boss. He'd seen her home and knew she had a higher standard of living than he could ever offer on his salary. It didn't make for an easy relationship.

On Wednesday evening, he picked her up in his car and was touched when she gave him a birthday card and a silk tie. 'You've even spared me some of your own clothing coupons,' he said.

'Just one, and there are strong rumours that clothes will be off ration soon.'

'I like it very much,' he said, 'exactly my sort of tie.' He undid the tie he was wearing and bundled it into the glove box, then put on the one she'd given him. 'How does it look?'

'Fine,' she told him.

When the soup came, Millie started to talk about Marcus. 'He bothers me. He's never in his office, and he doesn't appear to be doing much work. What does he do all day?'

'We've all noticed that he goes out a good deal and that he's very tense, nervous and sort of fidgety.'

'Nigel says his wife has left him, so I suppose he's upset, but I feel in my guts that's there's more to it. He's up to something.'

Andrew didn't want to talk about Marcus. He wanted to talk about Millie, he wanted to know more about her, she intrigued him.

There was casserole to follow. It was beautifully served and there was nothing the matter with it but his mother produced several casseroles each week. Nobody was going hungry but very little variety was available on the current rations. Millie told him the casserole was good but he longed for something different, pheasant or lobster would be marvellous.

He drove her home afterwards. When he pulled up outside her gate he got out of the car to go round and open the door for her but as usual she beat him to it. 'Thank you,' she said. 'I've really enjoyed your birthday outing. Would you like to come in for a nightcap?'

'Better not,' he said. 'It's getting late and it's a working day tomorrow.' He couldn't hold back the urge any longer. He took her into his arms and kissed her full on the mouth.

When he felt her struggle to pull away from him his toes curled with embarrassment. And, even worse, it made him feel rejected all over again. He should have had more sense than to do that.

Millie caught at his hand and said softly, 'I'm sorry, Andrew. I'm very grateful for all you do for me. You're a marvellous friend but I can't forget . . . Well, you know how it is.'

He did and it made him feel depressed.

Sylvie had had time to think about what Denis had said. He may not have said 'grow up' in so many words but that was what he'd meant, and she had to admit there might be some truth in it. He'd been right when he'd said she'd had a happy childhood, and perhaps Valerie and Helen had indulged her too, but that boat trip and Dad's accident had thrown a real whammy at her and changed her world. She hadn't stood up to that very well. She'd wailed and cried and felt sorry for herself. She'd seen problems everywhere and made others for herself and her mother. Her family had tried to comfort and help her. She'd taken all their support for granted.

She missed Dad terribly but Mum must miss him even more and Marcus was giving her problems at work as well, but Mum was making the best of what she still had and trying to help her too. Sylvie told herself she was no longer a child and must learn to take setbacks on the chin.

She knew that life with Denis would bring a whole new world to her feet. She loved him, and if she had to wait for two years while he did his National Service then she'd have to grin and bear it. She'd been searching for some time for a gift for Denis to mark his twenty-first birthday.

One evening she said to her mother, 'There's hardly anything in the shops to choose from. I saw a pair of second-hand cufflinks in a jeweller's shop window that were quite nice, but by the time I thought about them and went back, they'd been sold.'

'Sylvie, your father had several pairs of cufflinks, as well as other pieces of jewellery. Why don't you give Denis something that belonged to him?'

'Would that be all right? I mean, it wouldn't really be from me, it would be handing on . . .'

'Of course it would be all right. You were talking about second-hand stuff a minute ago, what could be better than to give him something of Dad's? Why don't you come upstairs and see what there is?'

Her mother led her up to her bedroom and opened the top drawer of the tallboy where Pete had kept things like that. When Sylvie saw the collection of gold cufflinks, tie pins and the signet ring, she was bowled over. 'Denis would be thrilled with any one of these,' she said. 'Would you really let me give him something of Dad's?'

'Of course,' Millie said. 'What is it to be?'

'Denis doesn't use cufflinks that much, so the ring, I think. I remember Dad wearing that.'

'Take it then, you can get it polished up and wrapped.' Millie thought for a moment. 'Should I give him a pair of cufflinks, d'you think? After all, we've always got on well.'

'Why not?' Sylvie giggled. 'They're doing no good lying here. I like this pair best.' She picked them up and put them in her mother's hand.

For Millie, it was a peaceful morning and she'd pottered about the lab with Denis doing what she enjoyed most. She'd managed to buy a tin of instant coffee and at eleven o'clock Denis made them each a cup and they sat down at her desk to drink it.

She noticed that he stirred and stirred. 'Can I speak to you about something personal?' he asked. 'I've been meaning to for some time.'

'Of course, Denis. What is it?'

'I would like to ask your permission to marry Sylvie.'

Millie jerked her head up in surprise. Denis's face was scarlet. 'Well . . . Well, have you asked her?'

'Yes, yes, some time ago, but we wanted to keep it to ourselves for a while.'

'If it's what she wants, then I'd be very happy about it.'

'Oh good. Sylvie's only eighteen, you see, so she'd need your permission.'

Millie took a deep breath. 'When do you plan for this to take place?'

'Not yet, not until I've done my National Service, but I'd like us to be officially engaged, and I thought I'd better ask first.' His words were coming out in a rush now. 'I'd like to get her a ring before I go away.'

Millie said slowly, 'Sylvie's said nothing to me but I could see you were pairing off. I'm sure you'll be very good for her. I'm pleased, Denis, very pleased for you both.'

'It's my twenty-first birthday the week after next. I won't be having a proper party because it's so difficult to get extra food and drink, but my mother would like you and Sylvie to come round to tea on Sunday. It'll be just a family meal to—'

'I'd love to come and I'm sure Sylvie would too. Thank your mother. It's very kind of her.'

Millie had always liked Denis, he was serious, hardworking and reliable, and she'd known and admired his grandfather. She felt Sylvie had made a wise choice. It was bothering Millie that he would soon be called up, and as he was doing more and more of the work, she knew she was going to miss him in the lab.

'I need to find somebody to take your place when you go,' she told him. 'It won't be easy because you can do almost everything here now, but a pair of hands to do the basics would be better than nobody. If we found somebody now, you could show them what to do over the next few weeks. I don't suppose you know anybody who'd like the job?'

'Are you thinking of starting another apprentice like me?'

Millie sighed. 'I don't know. We took you on a full five-year apprenticeship because you were keen and your grandfather had taught me.' Denis had been their first real apprentice, Millie had been hired to wash and sterilise the equipment. It was only after she was married to Pete that a learning programme had been drawn up for her.

Denis crashed his cup down on the saucer. 'I know I'm looking a long time ahead, but when I finish my National Service I'd like to come back and work here. You see, there aren't many jobs like this around, and I don't want to move too far away from here. My mother is dreading being left on her own while I do my army service.'

The government had laid down that ex-servicemen and women must be offered their old jobs back after they were demobbed, should they want them, and Millie fully approved.

'We'd be delighted to have you back, Denis, though you're now qualified to do my job and with a bit more experience you could.'

'But you're doing more and more admin work now,' he told her. 'Everybody comes to you rather than . . .'

'It's a long time ahead but we're expanding quickly and I hope there'll be enough work for both of us by then. I'm glad you're thinking of a career here. We'll all welcome you back.'

'Thank you. Not another apprentice then?'

'I don't really have time to teach another school leaver from scratch. I think it would be easier for me to manage with basic help and bottle washing, so no, not another apprentice.'

'Then can I talk to you about my mother? She hasn't worked in a lab like this but now Grandpa has died and I'm leaving home, she needs something to fill her day and she'd love a real job. She could do the basics I'm sure, if I showed

291

her what's needed. She knows a good deal already because Grandpa never stopped talking about his work. She's done secretarial work so she could help with the paperwork.'

Millie sat back in her chair and smiled. Why not? 'How old is she?'

'Fifty-three, too old for a normal apprenticeship.'

'Yes, ask her to come in and have chat with me. We could give her a try, couldn't we? What about next Monday? Would straight after lunch be a convenient time for her?'

'Yes, that's great. I could go home and bring her in.'

Sylvie had heard about it by the time they were going home that evening. 'I like his mother,' she said, 'and I think you will. She'll be more capable than an ordinary school leaver.'

The following Monday, Millie returned to the lab after eating her sandwiches in Andrew's office to find Denis waiting at the door for her.

'This is my mother, her name is Geraldine,' he said. She was sitting at Denis's desk in the far corner.

'Hello, I hope Denis has shown you round,' Millie said. 'Come down to my desk and we'll have a chat.' Geraldine was a big woman, tall as well as plump, with greying hair, but her face strongly resembled that of her father. She bustled rather than walked and looked very capable.

'I'm keen,' she said, 'to follow in the family footsteps and work in your laboratory.'

Millie thought she would be ideal.

Sylvie was getting excited. On Friday, Denis had said, 'Now our engagement is official, I want to buy you a ring. I don't know much about jewellery or what style you'd like, so I've been into that jewellery shop in Church Street and arranged it. Tomorrow I'm going to take you there and you can choose the ring you want.'

Sylvie was fizzing inside as he led her into the shop. Her feet sank into deep carpet and she was dazzled by glistening rings, necklaces and brooches displayed all around her in glass cases. Denis spoke to a salesman dressed in a very formal suit. He spread a black velvet cloth on the counter and ushered Sylvie into a chair in front of it.

'Up till now we've had to rely on a supply of second-hand jewellery,' he told her, 'but at last we've had a delivery of new rings that I can show you.'

Sylvie looked at the first tray he brought and thought they all looked beautiful. 'Denis,' she whispered, 'some of these rings could be very expensive and I don't want to put you in hock.'

'You won't,' he said, 'that's why I came in the other day. I can afford any of these he's showing you.'

'Trust you to do the right thing.' She smiled and gave herself up to deciding which one she liked best. She pointed out a three-stone diamond ring. The salesman was about to lift if from the tray but Denis's hand reached it first and he slid it on her finger. His touch sent thrills up her arm.

'I like that one too,' he told her.

'While you're here, you should try on some of the other rings,' the salesman said. 'This is a very nice sapphire,' it had a small diamond each side of it. 'Or there's this emerald in a similar design.'

Sylvie tried them on but came back to her original choice. 'You wouldn't prefer this solitaire diamond?' Denis asked. She shook her head. 'Then we'll have the three-diamond one,' he told the salesman.

'It fits you perfectly.' He smiled at her, and twisted it on her finger, 'Could have been made for you. Shall I wrap it up?' He produced a small leather box for it.

'Would you like to keep it on?' Denis asked her.

Sylvie looked at it sparking fire on her finger. 'Yes, I

think I would.' She'd chosen to spend the rest of her life with Denis and she couldn't have felt happier about it. She'd always wear this ring. Really they would be exchanging rings, but she'd wait until his birthday to give him his.

Outside on the pavement he took her arm and said, 'You thought of me in there, you didn't want me to spend more than I could afford. Did I get it all wrong?'

'No, you didn't get it wrong. I'm trying harder to grow up.'

Denis hugged her closer. 'On my birthday I'm going to take you to the Bear's Paw to celebrate. We'll have a slap-up supper and a dance. I'm told it's Liverpool's premier nightclub.'

Neither of them had been to a nightclub before, and Sylvie was delighted.

Denis came to work as usual on his birthday and Millie gave him a birthday card and the gift-wrapped cufflinks. 'Thank you,' he said. 'I'll feel very smart when I wear these.'

'They belonged to my husband,' she told him. 'They're better than anything I could see in the shops. He didn't wear them very often.'

'I shall think of him when I wear them,' Denis said. 'I'll take good care of them.'

To go out that evening, Sylvie wore the fashionable New Look blue and grey striped taffeta party dress that Helen had helped her make. She loved the feeling of long voluminous skirts rustling about her legs and was very pleased with the way it had turned out.

They went to first house at the Empire to see a variety show and then on to the Bear's Paw and were shown to a table on the edge of a tiny dance floor. 'Gosh, it's dark in here, isn't it?' Denis whispered.

Sylvie half wished there was more light so that her outfit could be appreciated. The other customers seemed older,

294

some were in evening dress. Wine glasses were tinkling and soft dance music was playing. It seemed a very sophisticated place and Sylvie loved it. They were both hungry and ate the first two courses before she brought out her birthday gift to Denis. 'I hope you like it.'

He smiled. 'A signet ring. I'll treasure it.'

'It isn't new, it belonged to my dad.'

'Your mother said the same about these cufflinks. I'll wear them with pride, treasure them all the more.'

'Really, we're exchanging rings.'

Denis stretched across the table to kiss the tip of her nose. 'Very right and proper that we should, now we're engaged,' he said.

Chapter Twenty-Six

Marcus felt Elvira was doing her best to choke him off and he was getting brassed off with the treatment. He rang Greg's number one day and she picked up the phone. 'Are you living with him?' he barked.

'No, I'm working for Greg too, so we can get some money together for the house,' she said shortly. 'It's better if we both carry on earning the money while we can. After all, we know how painful it is to be short of a penny or two. We don't want to go back to that, do we?'

'But where are you living?'

'I'm staying with an old school friend. You've got hold of the wrong end of the stick. Greg has never been anything more than a friend.'

Marcus wanted to believe her but a few days later Greg said there were too many calls coming in on his number, it never stopped ringing, and it might attract the wrong sort of attention when it was supposed to be a residential number.

'In future, don't bother ringing in when the job has gone as expected, only do it if something goes wrong,' he told Marcus. 'It'll be safer that way.'

Marcus thought it was to stop him speaking to Elvira, but then something did go wrong. He'd been delivering a car to a garage in Barrow-in-Furness, only to find the place had been cordoned off by the police. That threw him into a panic but he saw it in time to drive on. He went round a few corners until he was well out of sight then pulled into the side of the road and sat back for a few minutes to calm his nerves. He was sweating but blessed the fact that he hadn't left his own car in that garage as he sometimes did, he'd been expecting to pick up another car from them to take back to Liverpool.

Greg sounded shocked when Marcus found a phone booth and rang him. 'Bring that car back to Liverpool,' he told him. 'I'll ring you tomorrow at work to let you know where you can deliver it.'

'I'm not doing that. I don't want it outside my office or my father's house.'

Greg tried to persuade him that it wouldn't attract attention in his office car park, but he wasn't having that. 'I could park it outside your flat,' he said, but finally Greg suggested another garage in Liverpool and as Marcus had been working for him for so long, he knew where to find all the bent garages.

Everything went quiet for a week after that, but it left him shaking in his shoes. When he rang Greg to find out what was happening, he told him that a man had been shot on the garage premises and had since died.

'It's caused a lot of trouble, of course. The police have arrested and charged a man with murder and it seems they found a cache of illegally held firearms on the premises so they're busy investigating that. That has nothing to do with us and it looks as though it will blow over, but in future,' Greg said, 'we will not be using that garage.'

Marcus knew he'd been lucky to avoid being caught up in any violence until now, but knowing it was there made him more fearful than ever. He carried on doing more jobs but the faces of the men in the ring were changing, some dropped out and new ones took their place. The atmosphere amongst them was changing too, they seemed less confident and, like him, more fearful.

Marcus was asked to collect a truck from a garage in Carlisle. He was having a pie and a cup of tea in a café next door when he recognised George, who had been a long-term member of the ring. He looked furtive and he spoke of his worries that the scam could not go on much longer without one or other of the members being caught. That terrified Marcus, the thought of being caught always had, though Greg did his best to talk that possibility down.

Marcus felt he'd reached the point when he couldn't stand much more and was coming to the conclusion that he'd have to stop. The job was playing havoc with his nerves, and besides, he'd done what he'd set out to do, he'd saved enough money to buy the house Elvira had set her heart on. It was time they got out.

He overslept the next morning and was an hour late getting to the office. He met Nigel as he was going in and he said impatiently, 'For goodness sake, Marcus, why can't you get here on time?'

That made him feel guilty and completely stressed out; it was Friday the thirteenth and even the date gave him collywobbles. He couldn't put it off any longer. The first thing he did when he reached his desk was to ring Greg and ask to speak to Elvira.

'I've got to see you,' he told her. 'I can't go on like this. I've done everything you asked of me and I want things to change. I want to know when we're going to get this house.'

He could hear her consulting Greg, then she said, 'Marcus, there's an auction of surplus equipment at that military establishment near Chester. Greg and I are both going but we need more people. Why don't you come too? You and I will have time to talk there.'

'All right,' he said, but he didn't like the fact that Greg

would be there too. 'I've not been there before, where is this place?' He took his little notebook from his breast pocket and opened it on his desk.

'It's Dale Barracks,' she said. 'Greg says to come by public transport so you can do some driving.' She went on to give him precise directions about how to get there and he wrote them down carefully.

Marcus wasn't pleased. She was staying too close to Greg who was using him like a lackey. He had to bring this situation to an end one way or another.

Over recent weekends, Millie had been having long sessions with the family turning out the attics and spare bedroom cupboards, and setting out all they found of value or interest in one room. Then, starting with their grandparents' jewellery and personal effects, she let each of them choose what they wanted to keep for themselves.

Millie thought her sons should keep what was left of the personal belongings, pocket watches, etc., that had belonged to their father and grandfather, but what fascinated them were the old train sets and tinplate toys. Helen brought Eric round to view the collection and advise on what would be worth putting in his saleroom. He recommended that Simon and Kenny keep their share of binoculars, pens and watches until they were grown up.

'By then,' he said, 'you may appreciate and want to use your grandfather's effects, and even if you don't they're likely to appreciate in value and be worth more.'

There were other pieces of jewellery that nobody wanted, several small pieces of furniture and a whole lot of ancient garden ornaments and furniture, and gardening equipment, outdated fishing tackle and cameras that Eric took away to sell. Millie had asked him to invest the proceeds and divide it between Pete's grandchildren. The whole process took some time because Eric had to wait for specialist sales to sell some things. But today, Sunday, he had told her he'd come round in the afternoon with all the figures.

While she was waiting for him to come she opened one of Eleanor's diaries at the roll-top desk in the study and started to read. She was so engrossed that she heard nothing until his footsteps were coming down the hall. She jerked to her feet and not wanting Eric to know about the diary, slammed it shut and put it on top of the other two that were on the desk.

'Hello, Millie,' Eric greeted her. 'Kenny let me in.' He pushed his briefcase onto her desk and added a cake tin he was returning. 'Helen said to thank Sylvie for the cake and tell her it was excellent. How are you?'

Suddenly there was a sound of sliding wood, and both Eric and Millie spun round to see that part of the ornamental beading along the back of the desk seemed to have collapsed. Eric said, 'Heavens, have I broken . . .?'

Millie whipped the things off the desk and piled them on the carpet. Together they peered at the damage. Eric bent nearer and lifted the beading back in position round the series of little drawers. He started to laugh. 'It's a secret drawer, did you know about it?'

'No.' Millie was amazed. 'What happened? What did you do?'

'I must have pushed my briefcase against something . . . See this flower in the carving? The drawer must open when it's pressed. Yes, look.' He pushed it closed to demonstrate the action. 'Secret drawers are not unusual in old furniture like this, and look, there's something in it.' Eric reached inside and brought out a notebook. He flicked through the pages before handing it to her. 'Just a notebook,' he said, but Millie had seen that it contained the same tiny, crabbed handwriting as the diaries. It was smaller than the others, and

300

she'd seen a lot of blank pages too. She cradled it in her hands like a hot potato.

Eric reached for his briefcase. 'I've brought you the figures. Shall we run through them?' He pulled up another chair to the desk and took out a file of documents. But Millie couldn't concentrate on what he was telling her. Her head was swimming. Why had this diary been hidden in a secret drawer instead of being kept with the other twelve? Did it contain something more important, even more secret than the truth about James's birth?

For the rest of the afternoon, Millie was on tenterhooks wanting to read the diary she had just found. As soon as Eric went home she snatched it from the study, ran up to her bedroom, and sat on her bed to open it. On the flyleaf she read: 'To our beloved son Peter. The truth cannot be told yet but I write all this down so that when you are grown up you will know the truth and understand.'

Millie was more intrigued than ever. She turned to the first page and it was dated 1886. So Peter would have been an infant when Eleanor had written this.

Freddie and I both come from large families but babies don't come for us. It's not for want of trying. I have just had my fifth miscarriage and Freddie and I both feel very low. We have not yet told Father-in-law as he will be as upset and disappointed as we are. I had four miscarriages in the first two years of marriage and we waited a whole year for me to regain my strength before trying again, but with the same result.

It now seems hopeless and Freddie thinks we should give up and resign ourselves to childlessness before repeated miscarriages ruin my health. He hasn't yet screwed himself up to tell his father. Poor Papa-in-law still lives in hope that we will give him grandsons to continue the Maynard line.

I was back on my feet again but at low ebb when on Sunday afternoon I went to visit my parents, meaning to tell them my bad news and have their sympathy. Before I had time to say anything, they were telling me how concerned they were about the health of my little sister Alice, only sixteen, and the youngest of the family.

'Suddenly, she seems to have outgrown her strength,' Mama said, wringing her hands. 'She's lethargic, eats little, and spends far too much time alone in her room lying on her bed.'

'Shall I go and fetch her down for tea?' I offered.

'I wish you would.'

Poor Alice did indeed look ill, drained and woebegone. She seemed pleased to see me and I persuaded her down to the sitting room. By then Mama had wheeled in the tea trolley, and when pressed to eat, Alice nibbled half-heartedly at a cucumber sandwich.

It seemed completely the wrong moment to add to their worries by telling them of my fifth miscarriage. I wanted to cheer Alice up and tried to interest her in a game of croquet after tea. Father, looking serious, said he'd ask the doctor to call, but Alice was adamant that she didn't need a doctor.

'I'm beginning to feel better,' she told them, though she was sucking on her upper lip and dragging it in over her teeth.

'A change of air might help,' Mama said. 'Could she spend a few days with you, Eleanor?'

'Of course,' I said, thinking it might do us both good. I turned to Alice and said, 'Why don't you come back with me this afternoon?'

She agreed with alacrity, and I went upstairs with her to help pack a few necessities. 'What's the matter?' I asked, as soon as we were alone. I could see that something was.

She shook her head, her eyes bright with unshed tears. 'Later,' she gulped, 'I'll tell you later,' inferring she wouldn't be able to hold back her tears if she talked about it before we got away.

Normally I drive myself over in the governess cart but Freddie had dropped me off en route to the golf club, as he thought me not sufficiently recovered to cope with the pony. We played a game of croquet as we had to wait for him to come back to pick us up.

'I'm glad you're coming to stay,' he told Alice, thinking she was coming to divert my thoughts from yet another miscarriage. 'It'll do Eleanor good to have a bit of company.'

Alice was very subdued on the way home and as Freddie could hear everything we said, I didn't press her to confide. Once we reached home, I asked Mrs Bowler, our housekeeper, to take Alice's bag up to our guest room and have the bed made up. I hurried her into the garden where nobody would hear us. 'Whatever is the matter?' I asked. The last time I'd seen her she'd seemed perfectly normal. 'What's happened?'

Alice grew agitated and burst into tears, she was clearly in a desperate state. It took promises of help and a lot of persuasion before she whispered that she was with child. It was a bombshell I wasn't expecting. I was shocked but at the same time envious, and said, 'I didn't know you even had a boyfriend!'

There is no sin so great as producing a child before gaining a husband. I didn't learn until the following day that the father was Robert Haskins, a 26-year-old distant cousin of ours several times removed, and a rakish young officer in the militia. He'd already been sent with his regiment to Abyssinia and didn't even know of the trouble he'd landed Alice in. His parents, General Sebastian Haskins and his lady wife, lived nearby and were revered by our parents. Alice had been meeting him without Father's consent or telling anybody.

'Did his parents know he was meeting you?'

'Robert doesn't get on with them,' Alice wept. 'He says they order him around as though he's still ten years old and expect instant obedience.' I couldn't believe Alice hadn't seen him as a dangerous friend before this had happened! 'You must swear to keep it a secret,' she implored.

'Alice, this isn't a secret that can be kept for long.'

'But for now, keep it from our parents and everybody else, please.'

'There's no way I can keep it from Freddie,' I told her, 'not while you're living in his house.'

She nodded, and eventually she let me tell him.

Freddie was horrified. 'Little Alice? Her reputation will be in ruins! Nay, not merely her reputation, this will ruin her whole life. No decent man will look at her, let alone marry her after this.'

I spent that night tossing and turning, pondering on why some girls who don't want babies have them forced on them, while wives like me, who long for them, try and try to produce them but fail. By morning, I knew what I wanted. I knew how to solve Alice's problem as well as my own, but it was much harder to persuade Freddie that it would be possible to do and keep the whole process a secret.

The next morning, before I let Freddie get out of bed to go to the factory, I said to him, 'We are desperate for a family, we could keep Alice's baby and pretend it's ours. The baby will be much in need of a home and, after all, it will be related to us. It would solve our difficulties, Alice's difficulties and please your father.'

'I don't see how we can possibly keep it a secret.'

'Yes, we can. For Alice's sake we have to. What a blessing we didn't tell anybody about this last miscarriage. Nobody knows. Nobody will question—'

'Dr Richards knows. He attended you so he'll certainly have questions if you try to pass the baby off as yours. And

304

what about Alice? She'll need a doctor when her time comes. It can't be done, not and be kept secret.'

'It has to be done, Freddie. Think of the gossip if we let this be known! Think of Alice's reputation. Think of your father's feelings as well as our own. I know you want a family and I certainly do. Really we'll be aunt and uncle to this baby, but where is the harm in bringing the child up as its parents? Alice can't do it, can she? There has to be a way to keep all the details between ourselves.'

I had been thinking of hiring a nurse, choosing a woman who had brought many babies into the world and hoping and praying that Alice wouldn't need the services of a doctor when her time came.

It took Freddie a little while to come round but eventually he said he'd been friendly at school with a man who was now a doctor. He was actually an orthopaedic surgeon working in the Royal Southern Hospital, but he'd ask his advice about dealing with Alice's predicament. He gave Freddie the name of a doctor who had rooms in Rodney Street and suggested that I make an appointment to take Alice to see him.

Alice, of course, was nervous and embarrassed, but he was very matter-of-fact and spoke more to me than to her. He checked her over and told us that the baby was developing normally, and that she could expect to be delivered about the end of March.

That shocked me because it was only four months off and there was little noticeable change in her figure. He said that was because she was very young and healthy. Alice enjoyed a daily walk and had played a lot of tennis in the summer. He booked her into the Tavistock Nursing Home where, he said, she would be well cared for when her time came.

I came out feeling relieved that all had been satisfactorily arranged. Alice had a big weep when I got her home and thanked me a dozen times. She also thanked Freddie and said *she was sorry he'd have to pay for it all. He laughed that off, of course, and the next day drove us round to find out exactly where this nursing home was.*

It was in Aigberth and conveniently close to home. It looked like an ordinary large Victorian house except for the board alongside the gate announcing its name, and the fact that it could provide luxury accommodation and treatment to patients suffering from many diseases.

That weekend, I went to visit my parents again and took Alice and Freddie with me. Mama holds open house on Sunday afternoons for our many siblings and their families, and teatime there is always well attended. The state of both my health and hers was asked for more than once. Alice told them she was feeling better and everybody agreed she was looking a little better. I told Papa that I would like Alice to stay with me for at least six months and that I meant to restore her to perfect health and give her a good time over the Christmas season.

Freddie told them that Alice would be company for me when my condition would make it difficult for me to get about. We received their blessing for our plan and Alice took me up to her room where we packed her clothes and belongings to take back with us.

'So far so good,' Freddie said, as he drove us home, 'but you both can't stay in purdah from now until the end of March. Soon the situation will become obvious.'

He was afraid of upsetting Alice's feelings by putting it bluntly but she understood only too well that shortly her condition would be noticeable, while I would remain relatively slim. I had my own ideas about overcoming that. I began to wear a little padding round the waist and abdomen while Alice took to wearing my clothes. She had been wand slim and I was a couple of inches wider round the waist. She fitted into them well enough and with the waist in the normal place looked only a little plumper. That enabled us to get through the many Christmas celebrations with our secret intact. Many wives withdraw from the social scene towards the end of pregnancy and we were planning to do the same.

Alas, we did not get away with it. In January, Mama came calling to see how we were getting on and took in the situation at a glance. She fainted and it took our combined smelling salts and care to bring her round.

'I'm horrified at your behaviour,' she told Alice and both were in tears. 'Think of the shame you bring to our family.' But she thought I had done the right thing and was supportive towards me. We knew we could trust her to keep the secret. She said even Papa must not be told.

It didn't end there. First our sister Mary came and then our sister Grace and her eldest daughter. They, too, were shocked and surprised but understood the need to keep it secret.

Alice went into labour in the afternoon of 29 March 1883 and I took her to the Tavistock Nursing Home in Aigberth. You were born that evening weighing six pounds twelve ounces, and given the name William Peter Maynard.

Millie put the diary down feeling exhausted and really quite shocked. In reality, the Maynard family had died out. Freddie had been the last of the line. It seemed Pete had been more Willis than Maynard.

Millie wondered if he'd known. She'd never heard him extol the superiority of the Maynard bloodline, and he'd always been careful to treat everybody according to their abilities. After much thought she decided that he probably had known. It seemed likely, as he had been brought up in this house and used the desk. Perhaps it was Pete who had hidden this last notebook in the secret drawer.

Millie turned over a few blank pages and found Eleanor had written a postscript almost two decades later.

June 1906

    Dearest Peter, I can't tell you how much joy bringing you up gave me and Freddie. You were the most lovable of sons, kind to your younger brother and responsive to all your relatives, especially to me and Freddie. Everybody loves you and has tried to spoil you.

    You were a great comfort to your grandfather, William Charles Maynard, in his old age. To the end of his days he rejoiced that you were a Maynard and hoped you'd marry and have a large family to carry it on. You became the centre of his life and he spent many happy hours in your nursery.

    I'm sure you'll remember your Aunt Alice. She loved you dearly and came to see you often. She married Edgar Rowlands, a solicitor, when she was twenty-two and they now have three daughters and a son. Her plan was not to tell him the truth about your birth but I know that later she did.

    She still came over to see us regularly, bringing her husband and their children – your half-siblings. I expect you remember them, Daisy, Rosa, Daphne and Charles. Daisy, the eldest, was born seven years after you and therefore you didn't play much together. I've always rejoiced that Alice was happy in her marriage.

Millie was bemused by what she'd learned from the diary and could think of nothing else for days. She wanted to tell Andrew and perhaps get him to read some of the diaries. She wanted to discuss all the ins and outs of it, but it still affected the living. She wanted Valerie and Helen to think of their family as they always had, and what about James and his sons? Millie felt she couldn't break a silence and tell family secrets that had been kept hidden for so many years.

Chapter Twenty-Seven

Andrew was away on his two weeks' annual holiday. 'I'm going to take my mother to Bournemouth,' he'd told Millie. 'She hasn't been too well recently. I'm hoping the change and the sea air will buck her up.'

Already Millie was missing him. At work these days she was doing more of the general administrative work and sometimes Andrew helped her with it. She sighed and looked again at the document Marcus had put on her desk. He was referring everything back to her as though she was his boss. Nigel, too, was inclined to do that. When they'd first started work here, she'd done it willingly to ease them in, but Marcus was making no progress.

Their annual bill for the company's insurances had come in and she'd asked him to check it and assess the cover held by the firm to decide whether it was adequate, before passing it on for payment.

Marcus had sent the file back to her asking if she thought the cover against accident and workmen's compensation was still adequate now they'd taken on another twenty-five workmen in the factory.

No, she scribbled on his letter, *increase pro-rata*. Also they'd increased their delivery vans from four to six and they were being billed only for four. It almost made her smile, Marcus had recently been involved in buying and insuring the vans, how could he forget their existence so quickly?

She got to her feet and was about to take the papers to Nigel's office to ask him to see to it as Marcus couldn't be trusted to do anything, but no, she decided this time she'd have a quiet word with him. Let him sort it out, he had little enough to do anyway.

She ran upstairs to the turret and stood at the door to his office. He was not there but she didn't think he'd gone far, there were papers all over his desk and one of his drawers was open. It was a circular room with small windows all the way round and had views in every direction. Magnificent views up and down the Mersey on a clear day. She crossed the room to the opposite side and looked down at the car park. Yes, Marcus was here, his car was down there looking large and elegant from above.

She went back to his desk, picked up his expensive gold-plated fountain pen and wrote across the insurance schedule, *Don't forget the two new delivery vans, Marcus. For some reason they've been left out.*

She was screwing the top back on his pen when she noticed the small notebook on his desk that he'd left open, and the words he'd written there under today's date: *Dale Barracks, military surplus auction. Twelve midday.* She stood staring down at it for a long moment. Was that the sort of place he went when he wasn't here? But it was half eleven now, he'd never get to Chester by twelve. She went back to the window. She'd not made a mistake, his car was still there.

She spun herself back to his desk and snatched up his little notebook to riffle through the pages. Manchester, Warrington, Barrow and even Harwich, Marcus had been to all these towns, some of them several times. There were telephone numbers and names of people and of garages; directions on how to get to these places and reasons for making the trips.

Millie felt the sweat break out on her forehead, she couldn't believe her eyes. She had always wondered what

Marcus got up to. Here it was, with dates and little ticks when he'd completed the jobs.

It looked very much as though he was lining his own pockets at the taxpayers' expense, but was she right? She didn't want to accuse him of breaking the law if he wasn't. She looked through his notebook again. Could there be an innocent explanation? She didn't think so, it looked like criminal activity. But what should she to do about it?

She slid the book into her pocket, closed his office door quietly, and ran back to the lab. She felt safer at her own desk with Denis clattering bottles at the back, but she still couldn't think. She wanted to talk to Andrew about it but he wasn't here. He was away in Bournemouth with his mother. She had to do something, but what? Take it straight to the police? But she didn't want any adverse publicity for the firm.

She could show it to Jeff Willis. He was a military police-man so this should be right up his street. Yes, he'd know exactly what should be done, though Marcus would see that as shopping him.

She paused, remembering that Jeff had told her he was involved only in minor crime, pub fights and suchlike, but it was one thing to keep mum about the lifetime secrets of Marcus's grandparents, and quite another to help hide what looked like criminal activity from the police.

But how to contact Jeff? If only Andrew were here, there'd be no problem. She'd have to look in his office. She'd seen him consult a flip-up telephone directory on his desk that contained the numbers he used most. She took a scrap of paper along to his office and turned up the name Willis. He had two contact numbers, one marked home, the other office.

Back in the lab she thought about it again. Was she doing the right thing? Yes, she had to do something. She lifted the phone and asked the operator to connect her to Jeff's office.

'I'm sorry, he's not here at the moment,' a female voice answered. 'Would you like to leave a message?'

'Yes,' she said. 'My name is Millie Maynard. Please let Mr Willis know I'd like him to get in touch with me as soon as possible, urgently. Tell him I'm worried.' She left her number.

She slid Marcus's little notebook into her desk drawer and hoped he wouldn't miss it any time soon. Then, nervously, she went to the window to see if his car was still there. It hadn't been moved.

An hour later Jeff rang her back and she tried to tell him what she wanted. 'I'll come over straight away,' he told her.

In less than fifteen minutes he was striding down the lab to her desk, and she handed over Marcus's notebook. 'I want your opinion,' she said, 'but please be discreet.' She watched him as he studied it, his large frame overhanging her visitor's chair. 'I think what he's written looks suspicious, but it's possible I've got it all wrong. I don't want this to go any further unless he's breaking the law.'

'Don't worry, I understand,' Jeff said. 'Is he in the building?'

'According to what he's written there, he was planning to go to Chester today, but his car is still down in the car park. It hasn't moved all morning.'

He looked up and smiled. 'It seems from this that he drives other vehicles, moves them on. This is very interesting.'

'Is he involved in war surplus fraud? I've heard there's a lot of that going on.'

'It looks pretty much like it.' Jeff was continuing to study the pages.

'But hunting down people doing this isn't the sort of work you do, is it?'

'It isn't, but I can pass it on to those who are engaged in it. They'll be more than interested. Can I see his office?'

Millie took him up to the turret and watched while he searched Marcus's desk drawers. He unearthed quite a collection of maps and street plans. 'These will be additional evidence.' He took a few away with him. 'Thank you,' he said, 'you can leave this to me. It is very useful information for us.'

Millie sank back at her desk, relieved that she'd dealt with the matter and it was now out of her hands. But Marcus wasn't going to be pleased.

Marcus got off the train in Chester and was heading towards the taxi rank when he met two men he recognised, Clive Armstrong and Paul Johns, fellow members of the ring. They shared a taxi to Dale Barracks where a crowd was collecting and Greg had arranged to meet them. Elvira was with him and she came forward to greet Marcus while Greg led away the other two.

Elvira's appearance shocked him. He'd not seen her for some time and she'd slimmed down and smartened up, she looked ten years younger. Wasn't that what women did when they had a new man in their life?

'I've had enough of this,' he told her. 'We need to get back together and buy our own house. You agreed we would sort this out if I came here today.'

'Yes,' she said, taking his arm, 'but the auction has started. You can buy me lunch at the Grosvenor Hotel afterwards and we'll talk about it then.'

She pushed him into position near the auctioneer, rammed a catalogue into his hand and told him to bid for the vehicles that they'd marked. The members of the ring spread through the crowd and gave no sign that they knew each other. An hour and a half later, between them they'd bought half a dozen heavy lorries at knock-down prices. Elvira came back to his side and steered him towards a field that was doing duty as a temporary car park. Marcus found himself sitting in the passenger seat of his old car while Elvira drove them into Chester.

'About the house,' he said. 'I have enough money to buy a good one now but I want you to choose it. I want you to be happy with it.'

'Good, I think the time has come to make a change. We need to get well away before this racket goes belly up.'

Marcus was delighted, there was nothing he wanted more. 'You're ready to give it up and have a quieter life?'

'Yes, these days there aren't many sales as big as today's. Greg thinks the services have more or less got rid of their surplus equipment.'

'The other jobs are worse,' Marcus said. Recently he'd been ferrying expensive, almost new cars from a nearby garage into one of the Liverpool docks. Sometimes he'd take three or four in a day. He'd seen the ship's derrick swinging a Jaguar like his up on the deck in a net. He knew the cars had been given new number plates and false documents and had probably been stolen to order. 'Jobs like that are more dangerous. They're making me nervous.'

'You always were nervous,' she retorted, 'nothing new in that, but I agree, I think soon we'll have to get out.' Elvira lifted her eyes from the road to give him a quick smile. She might look more like the woman he'd married but her attitude had toughened up.

'I'm glad to hear that. So we'll go ahead and buy a house now. Whereabouts do you want to live?'

'A long way away from your father,' she said. 'It might be better to get out of Liverpool altogether.'

Marcus agreed with that. 'I've had enough of Pa too, as well as his family business.' He thought of Millie and Billy Sankey and shuddered. 'It's not that easy getting on with the people running it. I'd be more than happy to leave all that to Nigel.'

314

Elvira parked the car and they went up the steps into the Grosvenor Hotel. 'A clean break then?' she said, as they were shown to a table in the dining room.

'Yes. Somewhere we have no connections. Bath perhaps or Cheltenham.' Marcus dropped his voice. 'Just in case the law decides to start looking for us some time in the future.'

'That has occurred to me. It's important then that you don't say anything about where we're going to your family. I certainly won't to mine.'

'Nor to Greg Livingstone,' he cautioned.

'No, we mustn't leave any clues.' He could see Elvira was pondering the options. 'What about getting a house down on the south coast? Portsmouth or Dover, somewhere where we could nip across the Channel if the worst happened. We need to give it some thought before we decide, but it's a good idea to have an escape route in case of emergency.'

Marcus thought it an excellent idea; it gave him a feeling of security. He was turning a corner; things were coming right for him at last.

'We can buy the house and get everything in place,' she said, 'then stay on with Greg for a bit while things are going well. We don't want to be troubled by shortage of money again, do we? Then we can retire altogether and disappear to the house we've bought.'

A waiter came to ask if they were ready to order. Marcus was running his finger down the wine menu, 'Let's have a bottle of wine,' he said. He felt he had something to celebrate.

'No, a glass each will be enough,' Elvira said. 'We've got to work this afternoon. Greg has a job for you.'

When the waiter moved away, she said, 'Greg is getting the paperwork for those heavy trucks in order. They're going to be exported to the Eastern Bloc and will have to be driven to Felixstowe. That's why he asked you to come here on public transport.'

'Oh.' Marcus hadn't been to Felixstowe before and wasn't keen on going now. 'It's straight to the docks then?'

'Yes.' Elvira took a sheet of paper from her handbag. 'You have to go to the Trimley Dock in Felixstowe. I've got the directions here. Do you want to scribble the road numbers down?'

Marcus slid his fingers into his breast pocket for his notebook and was shocked not to find it there. He groped for a second time, then searched round his other pockets and felt a rush of blood to his cheeks. He was always so careful with that book. What had happened to it?

'They're booked on a Russian ship with an unpronounce-able name.' She was looking at him. 'Haven't you got anything to write with?' She handed him a pencil.

Marcus was suffused with panic. 'Thanks, thanks. Have you got a bit of paper too?'

She opened her handbag again and tore a sheet in half. 'You do tear up directions like these as soon as you've used them, don't you?'

'Yes,' he lied, 'I make sure I do. I burn them.'

'Well, this time you might not need directions as you'll be going down in convoy.'

'I'd better have them in case I get separated,' he said. Marcus felt he was going to pieces but he knew he mustn't show it. She mustn't guess. Could his notebook have been stolen? Were the police on to him? He had to force himself to swallow the food while all the time Elvira was saying how delicious it was.

Once he was in Elvira's car, heading back to the army barracks, he closed his eyes and tried to relax. He remembered using his notebook at his office desk this morning. Had he left it there? He'd have liked to go back and pick it up before driving down to Felixstowe, but with Greg making up a convoy of six trucks, that wouldn't be possible.

316

He was third in the convoy so he couldn't get left behind, and counted himself lucky just to be able to follow the truck in front. His head seemed addled. When the other drivers stopped for a meal at a pull-in, he ate too, but the loss of his notebook made him a bag of nerves.

Marcus went with the other five when they picked up a limousine in Felixstowe. They dropped one man in Manchester and the rest went back to Liverpool. Marcus was thankful he hadn't been asked to drive. The others were in a jolly mood with another successful job in the bag, but Marcus could think of nothing but his lost notebook. If that got into the wrong hands, it could sink them all.

They dropped him off at the office as dawn was breaking in the east. His car stood alone in the car park. His companions insisted on taking a closer look at it and they told him how lucky he was to have it. By then, Marcus felt emotionally drained and totally exhausted.

As soon as they left him, he let himself into the building and went up to his office in the turret. His first impression was that nothing had been moved, there were files and papers all over his desk, but though he searched through them he couldn't find his notebook. Had he left it here? Yes, he felt certain that he had. He could remember writing down the directions to Dale Barracks, but even worse were the countless directions, addresses, telephone numbers that he'd written previously.

His heart was pounding as he looked carefully through all the papers again in case it was hidden amongst them. It was essential that he found it. He searched the top drawers of his desk. He went round his room examining every surface where he might have put it down. He even looked on the floor in case he'd dropped it, but it wasn't here.

Somebody must have taken it. That could only mean that the person who'd taken it understood the meaning of what he'd written. It must mean that somebody was on to him. Could it have been Nigel? That would be the lesser evil, but even so, with sinking heart he put his head down on his desk and wept.

Soon it was full daylight and the factory beneath him was opening up for another day's work. He'd had very little sleep so perhaps it was as well he felt too much on edge to even think of it. He kept a safety razor and a comb in his desk drawer for occasions like this and went to the cloakroom and used them. When the office staff came in he rang the kitchen to ask for a cup of tea.

His night's work had left him feeling like a zombie and gave him plenty of time to think of the consequences this might have for Greg and the other members of the ring. Elvira would be furious. He was half dreading and half hoping that Nigel would come up to his room waving the notebook at him, demanding an explanation. At least then he'd have some hope of keeping it under wraps, but the office was eerily quiet. An hour passed but Nigel didn't come near.

He felt full of resentment for his brother. Nigel was getting on better with Pa than he was; everything was plain sailing for him, not only here in the office but with his wife who treated him with affection. He'd expected to find his father easier to live with once Elvira had gone, but he was as difficult as ever. He sighed as he remembered this was Saturday morning. It was a half day but he'd agreed to go out to lunch with Pa and the family.

Pa had said the club where he usually ate was invaded by hordes of youths at the weekends and that he and his cronies stayed away. So regularly at weekends Nigel and Clarissa invited Pa round to meals at their flat, and since Marcus was now alone, they invited him too. Occasionally, to repay them for their hospitality, Father asked them round for a drink and afterwards Dando would drive them all to a restaurant.

Marcus couldn't make up his mind to do anything. His hand hovered over the telephone, he wanted to speak to Elvira, he needed her, she'd know what he should do, but this might land her in trouble. He sent for more cups of tea, cleared his desk and waited, feeling half paralysed.

At mid-morning his internal phone rang. His hand shook as he picked it up. It was Nigel. 'I'll need a lift home with you, Marcus. Pa's taking us to lunch today. I've had to leave my car for Clarissa so she can join us. I'll see you in the car park at quarter to twelve, all right?'

'Yes,' Marcus managed, but that meant it wasn't Nigel who had taken his notebook.

'Don't forget.'

'I won't.'

There was only one thing he could do now and that was carry on as though there wasn't a time bomb out there that could explode in his face at any moment. Every nerve and every muscle in his body felt tight with tension.

As the appointed time drew near, he locked his desk and stood at the window taking deep breaths until he saw Nigel emerge from the building, then he went down to drive him home. He must appear to be his normal self and not let Nigel and Pa see that he was rattled.

They were shedding their coats in the hall of his father's house when the doorbell rang. Marcus turned round and answered it and was shocked to find two men on the step who introduced themselves as detectives and flashed their identification in front of his face. He didn't take in their names, only the horror that they were plainclothes detectives employed by the Liverpool Police Authority.

'Mr Marcus Maynard?' one asked. 'At one time Captain Marcus Maynard of the King's Own Regiment?'

'Yes.' Marcus felt the strength ebb from his knees.

'We're making inquires and would like to ask you a few questions. May we come in, sir?'

Marcus could only stare at him. Nigel took over. 'Yes of course, do step inside.' They didn't have to be invited twice. 'What sort of inquiries?' he asked.

'And you are, sir?'

Marcus pushed himself forward to say, 'My brother, Nigel Maynard.'

'It concerns only Mr Marcus Maynard, sir.' By now Pa had come into the hall.

'Come this way,' Marcus said hurriedly. He wanted privacy for this and was leading them towards the empty dining room.

But his father stepped forward. 'Bring them in here, Marcus, where it's warm,' he ordered. 'With this coal shortage we can have only one fire.'

They all went into the sitting room and Marcus had to follow. He felt in a state of near panic. His sister-in-law Clarissa was elegantly sipping a glass of sherry, and five pairs of expectant eyes stared at him.

One of the detectives took out a notebook. 'We would like to know if you are acquainted with a Major Gregory Livingstone?'

Marcus ran his tongue over his lips, his mouth was bone dry. 'Er – yes, I knew him in my army days.'

'When did you last see him?'

This was awful. 'Not since I was demobbed.'

'And when was that, sir?'

Marcus could feel the sweat standing out on his brow. 'Er … Last summer.'

His father as usual was impatient and answered for him. 'You came here with Elvira to live with me on the seventh of August, it's a date engraved on my mind if not on yours. So it was the sixth of August you were demobbed, wasn't it?'

'Last year?' asked the detective, with pencil poised.

Marcus swallowed hard. 'Yes, August the sixth, nineteen forty-seven.'

He'd been demobbed a year earlier but he'd misled his father to hide the year he'd been employed on nefarious duties involving war surplus. It had been a harmless fib then to prevent questions from his family but now he'd lied to a police officer. He was afraid that might cause trouble for him but what else could he say when Pa was listening? He was scared and could feel his hands shaking. He pushed them in his trouser pockets so they couldn't be seen.

'Did you know Captain Clive Edward Armstrong?'

'Yes, we served together – with Greg Livingstone.'

'When did you last see Clive Armstrong?'

Marcus shook his head. It had been this morning when he'd said goodbye to him. 'I think he might have been demobbed before me. I don't remember.'

'But not recently?'

'No.' Marcus wished this would end but it didn't. He was then asked if he knew several other people – civilians. He did but he denied it. Photographs were produced and he studied them to gain time to get his nerves under control. He was flustered and it didn't help.

'What have they done?' his father wanted to know.

'It's just a routine inquiry, sir,' the detective answered smoothly and turned back to Marcus, 'Thank you, sir,' he said. 'That's all for the moment.'

Marcus couldn't wait to show them out of the house. His mind was reduced to jelly, he couldn't think. Dando was taking some bottled beer into the sitting room and slowly Marcus followed him.

'What was all that about?' his father demanded.

'I've no idea,' Marcus said. His first glass of beer didn't touch the sides. Did they have his notebook? He'd written

321

the name Greg in it and possibly Clive too. This was a disaster that could topple the whole ring. It had been a mistake to return home. It was the address he'd given the army; that must be how they'd traced him. He could have gone anywhere in England, found a job anywhere and the law might never have caught up with him. He'd been a fool to come home and try to work in the family business.

He'd tried it before and it hadn't worked then, it wasn't working now. Always there was somebody on his back and he didn't know what he was doing. What he ought to do was make a run for it now.

Chapter Twenty-Eight

Marcus sat through the restaurant lunch trembling with fear. He didn't know what to do, he couldn't think straight. He could hear Clarissa's pleasant piping voice and Pa's deep tones booming out but he wasn't taking in a word they said. A menu was put in front of him but he couldn't focus on it. He didn't hear what Nigel ordered but he said, 'I'll have the same.'

Once they returned home, Pa went upstairs to rest on his bed. Feeling absolutely exhausted, Marcus did the same. He hadn't had much sleep last night and thought half an hour's rest would help to clear his head.

He woke up slowly to find it was a clear, moonlit night. It puzzled him to find he was in bed with his clothes on until he remembered it was meant to be an after-lunch rest. He switched on his bedside light and found it was half past seven. He felt hungover and heavy but warm and secure lying here in his own bed.

There was a knock on his door and Dando's head came round. 'Your father's sent me up, sir, to see if you're coming down to supper. He's in the dining room waiting.'

Marcus wasn't hungry. 'I don't feel very well,' he said.

'Shall I bring you a little something up on a tray, sir?'

'Yes, Dando, please.' He felt quite woozy and totally devoid of energy, what he needed was more sleep. He'd overdone things going to Felixstowe. Doing two jobs was making him ill, it was too much for anyone.

Dando brought his tray. Marcus couldn't finish the soup but he enjoyed the apple pie and custard and felt a little better after that. He got up to clean his teeth and have a bath, then he got back into bed and fell sound asleep again.

He was woken the next morning by Dando bringing up Pa's breakfast tray. He lay still for a moment listening to the church bells, then turned over to look at his alarm clock. Pa was having a late breakfast, the bells were calling the congregation to the eleven o'clock service. Marcus's head felt clearer. He called out to Dando as he returned across the landing.

He came in and opened his curtains. 'Good morning, sir, I hope you're feeling better. Will you get up or would you like your breakfast up here?'

Memories of the previous day were flooding back to worry Marcus, the last thing he felt like was getting up. 'I don't want any breakfast, thank you, just tea this morning.'

Those two policemen had said, 'That's all for the moment,' which must mean they intended to come back. But it was Sunday, they wouldn't come back today. Or would they? He'd given a false date for his demob. If they checked that, they'd be on to him like terriers, turning up all sorts of evidence. He had to get away from here as soon as possible, but where could he go? Elvira would have to help him and so would Greg.

Greg! They could be on to him too! And Greg had told him many times that if there was any sign of trouble like this, he must be warned as soon as possible. But Greg would go berserk if he told him he'd written down all his instructions in a notebook and now he'd lost it. It could be used as evidence that he'd been involved in a whole range of thefts and other nefarious duties. Possibly it could be used as evidence against Greg and Elvira and others in the ring. Marcus writhed with fear as he thought of that but he ought to warn them.

At least he didn't need his notebook to call Greg, he could remember his number, but the only phone in the house was in the hall and he didn't want Dando to overhear what he was saying. He went through his pockets, collecting all his pennies. When he was dressed, he'd walk down to the nearest public phone box and ring from there.

The more Marcus thought about his situation, the more frightened he became. He had good reason to be anxious, he lay back against his pillows expecting every minute to hear a sharp ring on the doorbell and find those detectives had returned. Of course they could come back today. It wasn't as though it was just him, there were a goodly number of criminals involved, cheating the state out of thousands if not millions. He heard Pa lumbering along to the bathroom and a little later he came to his bedroom door.

'Nigel and Clarissa have invited both of us to Sunday lunch,' he said. 'It's time you were shaving and getting ready.'

Marcus groaned, he'd forgotten all about that. He couldn't go. He had things he must do. 'I don't feel well, Pa. Can you make my excuses?'

'What's the matter with you?' Pa was irritable. 'You've been acting strangely all weekend.'

'I've eaten something that's upset me. Must have been yesterday at that restaurant.'

'You hardly ate anything there.'

'I've vomited twice,' Marcus lied. He couldn't possibly go. 'The last thing I want is more food.'

'All right, but you'd better go to the doctor tomorrow if you aren't better.'

'I will,' he agreed, relieved to get rid of Pa. Then he lay back on his bed and listened. If Dando was going to drive Pa to Nigel's place, he'd have the house to himself and could ring Greg from here. He rehearsed the words he'd say. There must be no mention of the lost notebook, no mention of the names the police had asked about or his lie about his demob date. Just that they'd visited. Marcus sighed, knowing that wouldn't do; Greg would want to know exactly what they'd said, and what questions they'd asked.

He heard Pa and Dando go out, so the coast was now clear. He shaved and dressed and was ready to go downstairs when he heard the front door open. It made him jump and fear brought a lump to his throat. Had Dando returned? Of course he had, why had he never questioned what he did between dropping and collecting Pa from his various appointments? No matter, he'd walk down to the phone box.

It was a cold day though fine and clear, but he was acutely anxious about what Greg was going to say. He slid his four pennies into the apparatus and gave the operator the number. He could hear it ringing and ringing until the girl came back to him. 'There's no answer, I'm afraid. Try again later.'

He was filled with frustration, he'd worked himself up to warn Greg and now he was out. He strode on down the hill for five minutes, looked in some shop windows before returning to the phone box to try again, but the result was the same. He felt desperate, he had to warn Greg. Time was going on, if he didn't speak to him soon, he'd have to tell him the policeman had come this lunchtime, not yesterday.

He wanted to get right away from Liverpool before the police came back. He rushed home and began to pack. That done, he took two suitcases down to his car and locked them in the boot, then drove to the phone box to try Greg's number again.

He couldn't believe his good fortune when Elvira picked up the receiver. 'You've got to help me,' he said, 'the police are on to me.' He told her about the two detectives who had called on him at lunchtime, inferring it was today.

He heard her sharp intake of breath and knew the news

frightened her. 'There's been nobody round here. What did they want to know?'

'Did I drive a truck to Felixstowe on Friday, and have I ever taken vehicles to Harwich.' Marcus wanted them to know how serious it was but he didn't want the finger of blame pointed at him.

'Oh my God! What did you say?'

'I denied everything, what else could I do?'

'Did they ask about the auctions? Did you say anything to make them suspicious?'

'No, nothing, I'm not daft. The auctions were not mentioned, but I can't stay at Pa's place. The police could be back at any moment. I've packed a couple of bags, I'll come over.'

'No, Marcus, you can't come here,' she said sharply.

He shivered. It felt as though she'd thrown a bucket of cold water over him, she didn't want him. 'You've got to help me,' he implored.

'I will, don't worry.'

'Is Greg there?'

'No, he's out at the moment but he won't be long.'

'Are you living with him in that flat?'

'No, I've told you, but don't come here. Not under any circumstances.'

'Why not?' he demanded.

'They could be watching you, you might be followed.' That scared him even more. He didn't dare tell her that they'd already asked about Greg and Clive.

'Then what am I to do? I'm almost out of my mind.'

'That's only too obvious. Calm down and let me think.'

Marcus was at screaming point. 'It's a dire emergency. I've got to get away.'

'Don't panic,' she said coldly. 'Of course we'll help you, it won't help any of us if you get arrested and grilled by the police. Look, I need to alert the others. I'll ring you back,

Marcus, when Greg comes in and we've had time to think. Don't worry about the police, I doubt they'll be back today.'

'I'm afraid they will, I'm worried stiff. You've got to …' He heard the money run out and the phone go dead.

Another wave of panic ran through him. He had no more pennies but Elvira had said she'd ring him and she knew where to contact him. He took a couple of deep breaths, there was nothing for it; he'd have to go back to his father's house.

All was quiet when he let himself in. Pa was home again, his coat and trilby were in the cloakroom; he'd be having his rest now. Marcus went up to his room but left the door open so he'd be sure to hear the phone ring in the hall below.

He'd never felt further from sleep but he lay down on his bed to wait and at last he heard the phone ring. He scrambled off the bed and rushed downstairs in his stockinged feet. Dando had already answered it. 'It's your wife, sir, she'd like a word.'

He whispered into the phone, 'Hello, I can't say much now, I could be overheard.'

'You don't need to say anything, we've got the picture.' Elvira's voice was forceful. 'Listen carefully, Marcus. Get yourself down to Dover. Book yourself into the White Cliffs Hotel for a few nights, that'll give you time to fix yourself up with something more permanent. It's a small place two streets back from the harbour. Greg and I will meet you there. Have you got that?'

He assured her he had.

'Don't tell anybody where you're going. You mustn't leave a path that can be followed. That's very important, Marcus.'

'I know.' He shuddered. At least Elvira and Greg understood his problem. They were as keen as he was to keep him out of the hands of the police.

Suddenly it was Greg's voice speaking to him. 'Marcus,

you must have done something that's attracted police attention.'

'No, I haven't,' he wailed.

'Then it's that car of yours, it sticks out like a sore thumb. If that was seen anywhere suspicious, it would be child's play to follow you. Get rid of it tomorrow. Stapleton's garage on the Dock Road will take it off you for cash. You'll even gain money on the deal because of the long waiting list for new Jaguars. Get yourself a Morris Eight. No, on second thoughts, it would be safer for you to travel by public transport for a time.'

'Yes,' he said faintly. He was suddenly aware that his father was coming downstairs. He lumbered past him and went into the sitting room. Moments later Dando emerged from the kitchen with a tea tray. Marcus missed something of what Greg had been saying.

'. . . you can't just disappear,' he was going on. 'You must spin a story to your family to explain your absence. We don't want your father to report you as a missing person as that could start a hue and cry for you. We don't want the police to speculate about your movements and it would look very suspicious if your father told them you had disappeared.'

'All right.'

'We'll all lie low for a while and see if it blows over, but we might have to jettison everything. We need to see how things go.'

'Lie low? But I can't ever come back here. I wouldn't want to.'

'Marcus, tomorrow morning take the train down to Dover. Be sure to have your passport with you, in case we have to skip over to France. We'll see you in the hotel.'

'What was the name of it again?'

He heard Greg's tongue click with irritation. 'The White Cliffs, two streets back from the harbour. You can't miss it.'

Marcus went back to his room and threw himself on the

bed to think. He'd not taken any holiday since he'd started in the office. He'd been half afraid that in his absence Nigel would get his feet further under the table and he'd be elbowed out. He would tell everybody he wanted his holiday now and that he was going to see Elvira in Rochdale, they'd understand why.

Marcus went down to join his father for tea in the sitting room and spin him the story about needing a holiday now. He gave Elvira as his reason, and went on, 'I haven't had a break since I started last summer. I feel I need a rest and it'll help me get over this stomach upset.'

Then he rang Nigel and gave him the same story. 'Two weeks' holiday starting tomorrow? For goodness sake, Marcus,' he said, 'you don't give us much notice. Did you finish drawing up those tables I asked you to do?'

Marcus couldn't remember agreeing to do anything for Nigel. 'Er . . Not quite finished,' he said.

Nigel sighed impatiently. 'Well, it won't take you long to drive to Rochdale. Could you come into the office first and bring me what you've done? I'll finish the job while you're away. And be sure to tell Millie that you're going to see Elvira. Please don't give her any more grounds for complaint.'

'All right.' He'd have to make time for that. What he needed to do now was to find out the times of the trains to Dover. He drove his car down to Lime Street Station and found there were two possibilities between eleven and midday, one train involving a change at Euston the other ran via through Birmingham. Neither would be easy, he'd have to wait three hours in Birmingham for a connection, or he'd have to take a taxi to cross London.

Chapter Twenty-Nine

Marcus didn't sleep too well but he was up early on Monday morning. He'd been making his own breakfast since Elvira had left, and as he would be on the train at lunchtime and most didn't have restaurant cars these days, he needed a substantial one. He found two eggs in the kitchen as well as sausages, and he fried them all. This was not the moment to think of rations.

He switched on the wireless to listen to the news while he ate. His fork stayed poised between his plate and his mouth when he heard the announcer say, 'Four pilots have been arrested and charged with flying stolen aircraft out of the country. It is understood the planes were sold to Eastern Bloc countries. The thefts occurred between March and May last year and the arrests were made possible by liaison between Interpol, the Air Force Police, and British civilian police forces. More arrests are expected to follow.'

Marcus was so shocked he allowed egg yolk to drip on his tie. He'd heard Greg Livingstone laugh about the effrontery shown by those pilots and he was a great friend of ex-Flying Officer Gilbert Robertson who was dangerously reckless. Marcus was ready to bet Greg had had a hand in making the arrangements and he was in no doubt now that the net was closing in on them all.

He couldn't eat another mouthful. Dropping his knife and fork on his plate, he switched off the wireless and shot upstairs, in the grip of abject terror. He felt pursued by a thousand fears as he remembered seeing a military policeman in the Sailors' Return holding forth to Millie on that snowy afternoon; he was afraid she already knew he was caught up in a web of criminal activity.

He was very tempted to drive straight down to Stapleton's garage, ditch the car and get them to take him straight to the station. But no, it would be safer to stick to what he'd told Pa and Nigel he was going to do. He needed to have the police sent off on a wild goose chase if they did return.

He knew he had to keep his wits about him and stay calm. He put on his coat and went out to his car, but as he drove he was writhing in emotional turmoil. He went up to his office in the turret but couldn't remember what he'd come here to do. He phoned down to the kitchen to get a cup of tea.

It took him the best part of an hour to find the file Nigel had asked for. He'd done very little of the job and couldn't face his brother while he was shaking like this. Instead, he took it to the typing pool and asked the nearest girl to deliver it to Nigel in the boardroom.

Marcus wouldn't have gone anywhere near Millie but she was talking to the sales manager at the head of the stairs as he retraced his steps. She broke off and said, 'Can I have a word with you, Marcus? There's something I'd like to show you.'

What could he do but follow her through the lab to her desk? She pushed a trade periodical in front of him. The print danced before his eyes. He had to ask, 'What's this?'

'It's a company advertising for another to merge with. The name is Arthur Hampton and Sons.' She sat down. 'Do you know them?' He stared blankly down at her. 'I've had a word with Andrew Worthington about it and he says we buy raw soap from them, and their business might be a fit with ours.'

'Merge with them? Why?' Marcus tried to focus on what she was saying; his mouth was dry and his tongue felt too big. There was no way he could get his head round merger problems now, he couldn't care less. Was she making a play to gain more shares or more power in their business? He didn't care about that either. His head was reeling. The lab was beginning to spin slowly round him.

Millie was staring up at him. 'Does this business belong to your wife's family? I'm afraid I don't remember her maiden name.'

Elvira's maiden name? He couldn't remember it either. He pushed her periodical back at her. 'It isn't this. It's nothing to do with her.'

'Still, it might be an idea to discuss a merger with Nigel. What d'you think?'

He couldn't grapple with this. He said, 'I saw you with a military policeman. In the pub across the road that day it was snowing. What was he saying to you?'

Her face, confused and shocked, eddied past him. 'What's he got to do with this?'

'Was he talking about me? He was, wasn't he?' Millie had been tormenting him for ages and he was going to let her have it. He lunged for her throat and he heard her scream. For once he had the upper hand. She was trying to fight him off but he was twice her weight. Suddenly, she jerked her knee up to his groin with all her might. He gasped and the pain almost made him let go. He caught a glimpse of her face, there was terror in her eyes, she was frightened of him. Good, he wasn't going to let her get the better of him, not this time.

She screamed at him, 'Marcus, what the hell d'you think you're doing?'

He swung her office chair round and got her head down on her desk but she was screaming and screaming. He took a firmer grasp on her neck and banged her head twice. He hated her, she thought she was so clever and she'd made him feel a fool.

Suddenly, something that felt like an animal pounced on him from behind the racks of jars and demijohns. It weighed a ton and knocked him off balance. Not an animal, he was being hauled away from Millie. He fell back, catching a glimpse of a white coat before he cracked his head on the desk. Marcus struggled upright, gasping for breath, his head was reeling and it hurt. He felt dizzy, and now there were two white coats swinging round him. It was the new woman they had working in the lab, she looked as ferocious as her son. He had to get away.

He tried to turn but tripped and fell against her desk. He pulled himself upright again and hurtled down the lab. In the corridor, men were coming towards him with arms outstretched, trying to stop him. 'Out of my way,' he roared.

A familiar face yelled at him, 'For God's sake stop.'

Marcus aimed a punch at his nose that hurt his knuckles and skidded on down the stairs at breakneck pace. He had to get to his car. He banged his shoulder on the front door but he was through it and outside. Cold, wet rain blew in his face; he'd left his raincoat in his office but, no matter, his keys were in his jacket pocket.

He almost fell into the driving seat and started the engine, but men were streaming across the car park after him. He locked his car door and headed it towards the exit. Albert Lancaster was standing in front of him and waving him down. Marcus jerked on the steering wheel to avoid him and scraped along the wing of an Austin 12, before he rolled out on to the street and turned down-river towards the Pier Head. His lovely car would be damaged but he had to sell it anyway.

He couldn't see very well, something was blinding him. He wiped his eyes with the back of his hand and saw it was coated with blood. He squinted at a heavy dray coming towards him being pulled by two carthorses. The driver was staring at him with his mouth open, looking shocked. Marcus whizzed passed with inches to spare.

At least he'd got away from all those people who were chasing him. He was on course for the garage, all he had to do now was to sell his car and get the 11.42 train to Dover. He drove another couple of miles but he couldn't see again. He switched on the windscreen wipers but it didn't help much.

Blood was dripping into his eyes and he caught a glimpse of a large truck chugging towards him. He knew he was too far over to the right on the road, and tried to correct it as he felt in his pocket for his handkerchief. The crash when it came wrenched the steering wheel out of his hand. The screech of metal scraping on metal was deafening, somebody was screaming. His head crashed against the steering wheel and was then flung painfully backwards and a searing pain shot up his leg.

Chapter Thirty

Nigel was in the boardroom dictating letters to his secretary Louise Lambert when his concentration was broken by the noise outside in the corridor.

'What's that?' he barked, but he knew because he'd heard something similar before. Was Marcus having another fight with Billy Sankey? Horrified, Nigel rushed to the door to find out. Pandemonium raged in the corridors, every office door was open and desks were being deserted.

Nigel stood back and roared, 'What is the matter? What is going on?'

Frightened faces turned towards him. 'It's Marcus,' he heard from several lips. 'He's tried to strangle Millie.'

Nigel's jaw dropped, he felt sick. Had Marcus taken leave of his senses? He pushed through the crowd to the lab.

Millie was coughing and spluttering. Her desk was surrounded. Her screams had brought others running from nearby offices. Denis was trying to explain what had happened and they were all firing questions.

'Marcus attacked Millie? What did he do?'

'Millie, how d'you feel?'

She was coughing so much she found it hard to get the words out. 'I can't get my breath, he's hurt my throat.'

'You sound hoarse.'

'Where is he?'

'He's gone, he ran away like a scalded cat.'

'Heavens, Millie.' Billy Sankey pushed himself over to her and lifted her head up to look at her neck. 'He tried to strangle you. We should get you to a doctor.'

'I'll be all right.'

Billy said, 'I was afraid he might turn on you. You took my part against him.'

'Mum!' Sylvie came and threw her arms round her. 'I told you Marcus was going mad, now d'you believe me? He's out of his mind. What did he do to you?'

'He grabbed my throat.' Millie coughed. 'My head hurts too. He banged it on my desk.'

'We should get the doctor.'

'I'm all right now.'

A glass of water appeared in front of her. Millie could see Nigel had come and was looking down at her, and the story had to be told again from the beginning.

'I can't believe it.' He sounded shocked.

'It's true enough,' Billy Sankey assured him. 'Look at his finger marks on her neck. He must have put some force behind them to do that. I think the police should be informed, this is serious bodily harm.'

'No,' Nigel said, 'I don't think we should, it would be bad publicity for the business. We should all calm down.'

Sylvie said furiously, 'Who cares about the publicity? He would have killed Mum if Denis hadn't stopped him. He saved her life.'

Billy said, 'I'm going to ring the police straight away. The man's damn dangerous. He shouldn't be allowed to get away with this. First me and now you, missus. Who knows who he'll go for next? He could kill somebody.'

'No, wait,' Nigel protested. 'Let's think carefully before . . .'

Billy pushed past him and others sided with him. 'This is

337

a police matter. He shouldn't be allowed to go on working here.'

'He never did much work.'

'Where's he gone?'

Tom Bedford had just joined them. 'He came rushing downstairs as if he was being chased, almost knocked me over.'

'But where's he gone?'

'Mum, I'll take you home,' Sylvie said. 'You won't feel like work now.'

'Millie shouldn't drive after that. She should see a doctor.'

Sylvie said, 'We came on the bus this morning.'

'Millie, I'll drive you home,' Nigel offered.

'I'm all right now,' Millie put in. 'Don't make so much fuss. I think I should stay here if Billy's calling the police in. They'll want to talk to me.'

'The colour is coming back into your face,' Geraldine agreed. 'You're sure you're all right?'

'I'll be fine. I just need to sit here quietly for a while.'

Tom Bedford began to herd his colleagues out. 'Give her space. Millie needs air.'

'What can I do that will help?' Sylvie wanted to know.

'A cup of tea,' Millie coughed. 'I'd love a cup of tea.'

She felt as though she'd been mangled and was glad to be left alone to recover. Her neck was sore and her heart was still thumping, she'd really believed for an awful minute that Marcus was going to kill her.

In the past, she'd occasionally caught him looking at her with such fixed intensity that it made her feel uncomfortable, and she'd often been nervous when she was alone with him, but nothing had prepared her for an attack like that. She'd really thought her end was coming and she'd been terrified. She'd seen black hate for her on his face. But why had he asked about the military policeman at the pub? Did he know she'd spoken to Jeff Wills and put the police on his trail?

Nigel was furious with his brother. Recently he'd been acting queerly and he was nervous about what Millie was going to tell police. He didn't want Marcus to get into more trouble and this was the second time he'd caused a fracas in the office. He was making their side of the family look like dangerous fools. Things were going very wrong.

He went out to the car park, meaning to drive over to see his father. He had to involve him or he'd be upset and angry when he found out later. He had difficulty reaching his car, the car park was heaving with their employees. All were excited, aghast even, at the scratches Marcus had inflicted on several cars as he'd driven recklessly out.

'He was like a mad thing,' they shouted. 'Look what he's done to the gatepost!'

Nigel had to raise his voice above the noise they were making. 'Go back to work, all of you,' he bellowed. His hand shook as he opened the door of his car. He was shaking with fury as he edged his way out of the car park and drove upriver towards Maplethorpe. He arrived as his father was coming downstairs, and Dando was taking his morning coffee to the sitting room. 'Shall I bring you a cup, sir?' he asked.

'No, I don't want coffee.' Nigel threw himself down on the sofa. 'Pa, Marcus has attacked Millie.'

His father didn't seem to hear, he was already angry with Marcus. 'I don't know what Marcus is playing at, wanting his holiday on the spur of the moment, wanting to go chasing off after that wife of his. Do you know what he did this morning? He cooked all our rations, all the food we had in the house, for his own breakfast and then he didn't eat it. Dando found a plateful of fried eggs congealing on the kitchen table. You can guess what my breakfast had to be,

Dando had to warm up the food Marcus had left to make a sandwich for me. There was nothing else to eat in the house.'

'Pa, he tried to strangle Millie. He caused an uproar in the office and then shot off like a bat out of hell.'

'Strangle Millie? I've often felt like doing that myself. I'd like to strangle both of them.'

'Please be serious, Pa. How can we run the business when he's causing mayhem? I'm sick of him, he's out of control.'

'Well, there's not much I can do about that,' his father said. 'I blame Elvira. Perhaps he'll be better when he's had his holiday.'

Nigel did not hold out much hope of that. He was no sooner back at his desk than Miss Lambert came in to let him know that two uniformed policemen had arrived. 'Show them in,' he said, thankful that the staff were now back at their desks and the office quiet.

The officers introduced themselves and showed him their identity cards. One took out a notebook.

The more senior of the two said, 'We received a phone call from a member of your staff saying that your brother went berserk and showed extreme violence towards a Mrs Millie Maynard and would have killed her if another member of staff hadn't intervened.'

Nigel played down the events as much as he could to protect his brother and avoid bad publicity for the business. The officers asked to speak to Billy so Nigel sent Miss Lambert to get him.

Billy appeared, looking dishevelled and angry. He was sweating and too agitated to tell the story clearly, swearing and stumbling over his words and showing his personal hatred of Marcus. He didn't come over well.

They turned to Nigel and said, 'And following this episode your brother ran out of the building and disappeared? Do you know where he could have gone?'

'He'd arranged to take a fortnight's holiday starting today and said he was going to see his wife.' They asked for Elvira's address. 'She's staying with her parents in Rochdale.' He gave them the address. Then they wanted to talk to Millie so Nigel led them along the corridor to the lab.

Millie looked unusually white-faced and she still had vivid red marks on her neck. She made no fuss about what had happened and simply recounted what had taken place. Nigel was glad to see there wasn't much the matter with her. As he was seeing the policemen out, it occurred to him that they had shown more concern for Millie than he had. To remedy that he said, 'Perhaps I should ask the doctor to check her over, make sure she's all right.'

'I would,' the senior one said.

As soon as he'd seen them off the premises, Nigel went back to his office to ring the doctor the company used for medicals and accidents. He practised on his own from a surgery at the end of the road and his wife acted as his receptionist.

She picked up the receiver. 'He's already on his way,' she said. 'A Mr Denis Knowles asked him to call and see Millie.'

That made Nigel scowl but he hoped the matter would now blow over, and as it was lunchtime he put on his coat and set off to the Sailor's Return for a whisky to settle his nerves. However, as he was crossing the car park another police car pulled in and two different officers got out. Nigel's first thought was that the police had started to hassle him. He strode up to them and said with icy politeness, 'Can I help you?'

'We've come about a Mr Marcus Maynard,' he was told. 'We understand he has relatives working in this business.'

'Yes, I am his brother,' he said shortly, worried now about what else Marcus had done.

'Could we go inside? Somewhere—'

'No,' he was impatient, 'I'm just on my way out.'

'Oh. I'm afraid we have some bad news for you, Mr Maynard. Your brother has had an accident.'

He snorted with contempt; after what Marcus had done, he might have guessed. 'I suppose he's crashed his car.'

'Yes, I'm afraid so, a bad accident.'

'And he's hurt?'

'I'm sorry to tell you, Mr Maynard, that it was a fatal crash.'

Suddenly, Nigel was aware of the strength ebbing from his knees, he felt near to collapse. 'What? He's dead?' He found that hard to believe. 'Are you sure it's him?' The police officer put out a hand to steady him. 'What's happened?'

'Yes, we're sure it is him. He had his passport on him and there were documents in the car showing this firm's letter heading.'

'My brother was going to Rochdale. Why would he need his passport?'

'We don't know, sir, but it was in his pocket. To make quite sure, we would like you to identify him, but as I said, there isn't much doubt.'

'Right, then I might as well do that now,' Nigel said.

'Well, we thought tomorrow morning, sir. He's only just been taken to the morgue.'

Nigel shuddered, he didn't want to think about that; the inference was that they didn't want him to see Marcus yet because he needed to be cleaned up and made presentable. 'So where did this accident happen?'

'In Regent Road in Bootle, some three miles or so from here. Do you know it?'

'No, not really. Is it near the docks?'

'Yes, near Huskisson Dock.'

'Could you take me to see the place?'

The police officer was showing reluctance. 'Well, we don't really advise it.'

'Take me please,' he ordered.

The traffic was quite heavy but before long Nigel could see the large six-wheeler truck slewed across the road. The roof of the car was half under the front of the truck, squashed almost flat; the truck's momentum had carried it several yards. The ice-blue paintwork or what was left of it was unmistakable, it was definitely Marcus's Jaguar.

Nigel felt sick, hot acid rushed into his throat. 'Was anybody else hurt?'

'Not badly hurt, but the truck driver was taken to hospital. He was badly shocked. The officer opened his notebook and read: 'The driver was shouting, "The bugger came straight for me. There was nothing I could do." '

Nigel closed his eyes and swallowed hard. 'Oh God! Poor Marcus.'

Millie was feeling a little better by the time Geraldine brought the doctor to her desk. 'Hello,' she said. She knew him as she'd had dealings with him over the years. 'I think I'll be all right, there was no need to call you out.'

'Well, as I'm here I might as well take a look at you,' he told her. He shone a torch down her throat and examined her neck. 'I think you're right, Mrs Maynard. Your throat will be sore and your neck will look bruised for a while, but there's no great damage done and nature will heal it.'

'I tried to tell them,' Millie said.

'Take frequent hot drinks and a couple of aspirin to ease the pain.'

'I think you should go home.' Billy Sankey had not gone away. 'You can't possibly settle to work after that. I'll take you. You've had enough for one day. Sylvie should come too to look after you.'

'I don't need looking after,' Millie said. But she allowed him to drive her and Sylvie home. It had been an awful day, everybody had rallied round but she'd really missed Andrew and wished he'd been at work.

Nigel was back working in the office when his father rang him. 'The police are here asking questions about Marcus,' he said. 'They want to speak to you too. Can you come here now?'

This irritated Nigel. 'For goodness sake! Marcus is dead, why can't they leave us in peace?'

'You'd better come,' James told him, his voice serious. 'It seems Marcus was up to all sorts of tricks. They think you and I could be involved too.'

'What nonsense. What sort of tricks?'

'Worse than anything I thought possible. I asked the police not to go to the office to question you, we don't want this talked about. You had better come here.'

Nigel was angry. 'They have no business to keep on at us like this,' he retorted.

'Come home now,' James ordered.

Nigel went.

'What is it?' he asked when his father opened the front door to him.

'Elvira has been arrested and is being questioned in the police station.'

Nigel was truly shocked when he heard what the police had to tell them and though he protested his innocence, he went voluntarily to the police station to be interrogated.

Chapter Thirty-One

The day following Marcus's death was Denis's last day at work. A few days after his twenty-first birthday he'd received his call-up papers. Sylvie told herself the fun was over and now she had to be brave. He'd been for his medical examination and been graded A1. He was told he'd be sent to Taunton to do his basic training.

'Such a long way,' Sylvie mourned to the girls at work. 'I won't be able to see him all the time he's there.'

'It'll only be for six weeks,' Connie told her briskly, 'then he'll be posted somewhere else. At least the war's over and you don't have to worry about him being injured or killed.'

A few weeks ago, Millie had asked Sylvie to help her buy a pewter tankard and have it engraved as a gift from William C. Maynard and Sons, and she had ready a certificate duly signed to prove he'd completed an apprenticeship with them.

Having decided it would be too dangerous to have a crowd in the lab, she'd asked Nigel if they might open up the boardroom during the afternoon tea break so the twenty-four office staff and the half dozen or so in the factory whose work brought them into contact with Denis, could say goodbye to him. She'd ordered three dozen assorted fancy cakes from Sayers to be delivered today, and sent out a general invitation.

Millie's throat still hurt when she swallowed and her neck now looked worse than it had yesterday because the bruising had come out. Everybody was in a subdued frame of mind. Nobody was in any mood to enjoy a party. 'But we'll do it,' Millie said, 'we have to.'

They gathered in the boardroom at three o'clock, all looking rather glum, and Millie made her farewell speech to Denis, though she had to break off twice to clear her throat and take a mouthful of water. She made the presentation, wished him well on his National Service, and told him the company would welcome him back.

Only twenty of the cakes were eaten. Millie told the younger staff members to take the rest of them home.

On his first day back, Andrew had been in his office for only ten minutes and was thinking of going to the lab to see Millie when the door opened and she was there smiling diffidently at him. 'Such a lot has happened while you've been away,' she said. 'I must bring you up to date. I really missed you last week.'

He had hoped she might be pleased to see him, but what she told him was a catalogue of work-related disasters. She hadn't missed him in the way he'd missed her.

'I was trying to talk to Marcus about that merger we discussed and he suddenly went berserk.'

'Berserk? What d'you mean? He didn't attack you?'

'Yes, I thought he was going to kill me.'

'Heavens, Millie, he's dangerous! You can't let him go on working here.'

She looked numb. 'Marcus is dead,' she said.

'Dead?' Andrew was astounded and he listened speechlessly as Millie told him how it had come about and all the harrowing details.

'The staff can talk of nothing else. They're all shocked at

346

what has happened. I gave everybody time off to go to his funeral if they wanted to. When I saw Nigel and his father there, they both looked shattered, and Uncle James had visibly aged.'

Andrew felt shocked too. 'We must put all that behind us now,' he said, 'and look to the future.' It had all happened without him and had changed for ever the dynamics in the office.

'Have you had a good holiday?' she asked eventually.

'Yes, restful. My mother is getting on in years and as you know she hasn't been well. She enjoyed Bournemouth, and I think it's done her good.'

'What did you do?'

'Nothing exciting, we strolled along the prom, sat in deckchairs listening to the band, and read. In the evenings we saw the shows on the pier.' He'd have preferred to be out on the Downs hiking, or on the beach swimming. He'd wanted to be with Millie.

Millie was more beautiful than he remembered and he could hardly drag his gaze away. She had on a dress he hadn't seen before, it was the colour of the sun. He wanted now to tell her how much he loved her, but that wasn't what she wanted to hear. He pushed his hands deeper into his pockets so they wouldn't reach out to touch her.

'I've got to go,' she said, 'work is pressing.' But she agreed to come back to eat her lunchtime sandwich with him, and he had to be satisfied with what little of her company he could get.

That afternoon Jeff Willis rang him and said, 'Had a good holiday? I've got news for you. Could you bring Millie Maynard and come over to the Sailor's Return for a drink at five o'clock? She asked me to do something for her.'

'So she told me. What sort of news?'

'Good news. She'll be pleased.'

347

'That's a change. The news is bad here. OK, we'll see you at five.'

Millie had not been in the lounge of the Sailor's Return since that snowy day in the winter. Today it seemed dusty and close in the warmth of September.

She'd been disappointed in Andrew's attitude earlier that morning, she'd really been looking forward to his return from holiday and she'd tried to tell him so, but he hadn't seemed that interested.

When he'd come striding down the lab during the afternoon, she'd wondered if he'd had a change of heart. It turned out he had not, but all the same, she was intrigued when he told her about Jeff's request.

Jeff's presence seemed to fill the room, he always seemed larger than life. 'I want to thank you, Millie.' He shook her hand and patted her shoulder at the same time. 'The information in that notebook of Marcus's has proved invaluable in several ways. It has done wonders for my career. I've been given a much more interesting job. No longer do I have to round up drunken military personnel in the pubs and bars. I'm now a detective, rounding up real criminals, and you're about to see a whole circle of fraudsters brought to justice. In future, the government will be able to get the true worth of any war surplus goods it still has to sell.'

'That's marvellous news,' she said.

'What about a drink to celebrate?' Andrew suggested.

'I've already tried,' Jeff laughed. 'Gin is off, whisky is off and the only beer is mild,' his voice dropped an octave, 'and I think that has been watered.'

A few days later, Millie had barely sat down at her desk when Tom Bedford, who was staid and never rushed, shot in with two newspapers folded to a story on the front page. 'Millie,' he said, putting them on her desk, 'you ought to read these, all the national newspapers are carrying the

348

story. Trust Marcus, this is going to throw a spanner in the works,' and he hurried off.

She pulled the first newspaper in front of her. 'Civilian and military police join forces to break large criminal ring,' she read, and was immediately gripped by the story. It appeared that a large gang had been systematically stealing, or buying up at fraudulent giveaway prices, government war surplus equipment and selling it on to unfriendly foreign countries. 'One of the accused, Marcus Maynard, was recently killed in a traffic accident. He was a member of the prominent Maynard family and Managing Director of William C. Maynard and Sons, a reputable Liverpool business established on 1870, making luxury toilet products. Fifteen other people have been charged, including Marcus Maynard's wife, and are expected to appear in court today.'

A list of names followed that included Gregory Livingstone and Captain Clive Edward Armstrong and gave potted histories of each.

Millie straightened up in her chair. She was horrified but it did explain what Marcus had been doing when he wasn't in the office. She read the other newspaper article and it said much the same thing. She leapt to her feet and headed for the boardroom. The corridors were full and the door to the general office was wide open.

Millie could see the staff gossiping in little groups and heard the whispered name of Marcus Maynard.

'Is it true?' she was asked.

'I don't know.'

Nigel had only just arrived and was opening his briefcase.

'Have you seen this?' she demanded, tossing the newspapers on his desk.

He wouldn't meet her gaze and seemed mightily embarrassed. 'Yes,' he grunted.

'What d'you make of it? Is it true?'

'I'm afraid it is,' he said through tight lips.

'How long have you known about it? This is appallingly bad publicity for the company. Couldn't be worse.'

'Yes, I know, I'm sorry.'

That surprised her, Nigel always seemed to believe that his side of the family could do little wrong. 'What are we going to do about it?' she asked.

'What can we do? I've had enough. I shall hand in my notice and leave.'

Millie gasped. 'Good gracious! But you'll need to look for another job.'

'No, Clarissa and I are returning to Calcutta. We've both had enough of austerity England, and she's been keen to go back for some time. Her father wrote telling me of an international paper-making company that has just opened up a new factory in Calcutta. They advertised here for administrative staff, so I applied and I heard this morning that I've been given a post.

'I should have told you what I was doing, but all this publicity about Marcus means I can't possibly stay anyway. It tars me with the same brush. I'm sorry if this means you're left in the lurch again to see to everything. Father says he'll try and come back to work for a few days a week to tide you over.'

'Nigel, you mustn't let him come,' Millie said quickly. 'I'll be able to struggle through with the help of the managers. They're a good bunch, and very efficient.'

'Are you sure?'

'Yes. Uncle James isn't well enough to come back, and we none of us want his general health to suffer.'

'Good, I'm sure he'll be relieved.'

'Don't worry, Nigel,' she said, 'we'll manage. I hope things work out for you in Calcutta.'

★ ★ ★

To Millie, it felt as though a tornado had blown through the business and it left her feeling very much on edge. Everything seemed to have changed almost overnight. She immediately called the senior managers to the boardroom for a meeting. Marcus's dramatic death had caused considerable unrest and she needed to let them talk about that and settle down.

She started by saying, 'I have to tell you that Nigel has given in his notice. He doesn't want to go on working for us after what has happened.'

Billy Sankey was very outspoken as usual. 'Good riddance to both of them, I say. They did damn all work and caused maximum trouble. We'll be better off without them.'

'Nigel did try,' she said. 'He's planning to return to India, he doesn't like life in this country. That does leave us short-handed at management level and I think we'll have to recruit someone to take Nigel's place.'

'You can do it,' Albert Lancaster said. 'You've been doing it since Pete died.'

'But I can't do everything and Denis Knowles has gone too, which gives me more work in the lab. I need to think this over but I thought I'd let you know how things stood first.'

'We want to help you,' Tom Bedford told her. 'We'll all keep our own departments running as smoothly as we can.'

'I'm not all that hard pressed at the moment,' Dan Quentin, the sales manager, said. 'Everything the factory makes is flying off the shelves. The population has been starved of luxuries for so long they can't get enough of them now. So if there's anything I can do to help, Millie, I have time and I'd be glad to.'

'Well, there is. I'd like you to give some thought to our Christmas market, while it's still some time ahead. Actually, as you know what sells, there's no one better than you to do it.

We'll need new packaging or, better still, new products, but nothing that's expensive or will disrupt our standard lines.'

'Right,' he said, 'I'll give it some thought.'

Millie gave it more thought too. She'd expected more help from Nigel than he'd ever delivered though he had done some work and had seemed to be improving. Marcus had always been more a liability than a help, so their departure had removed some of her problems.

But suddenly she was in sole charge and feeling the responsibility and her workload was growing, not least in the lab now that Denis had gone. She was surprised at how much his mother Geraldine had picked up in the few weeks she'd been with them, and knew she was better than any school leaver could be, but with the best will in the world she couldn't do as much as Denis had.

Millie missed his cheerful presence but she could see his mother and Sylvie missed him even more. Every morning, a letter from him came through the letter box for Sylvie, and she knew she was writing regularly to him. Both she and his mother gave her snippets of information about how he was faring, but they were all finding the first weeks difficult.

One morning a few weeks later, they were having breakfast when Sylvie looked up from the letter she'd just received to shout with pleasure. 'Denis has nearly completed his basic training. When he does, he'll be given a forty-eight-hour pass.'

At work Geraldine was equally excited by the news and they were both making big plans for his visit. He came a few days later but Millie caught only glimpses of him. He laughed as he told her, 'As soon as I mentioned I'd served a five-year apprenticeship in a perfume laboratory, I was given a posting to work in a hospital laboratory.'

'He's going to Netley Hospital near Southampton,' Sylvie added. 'Such a long way.'

'Yes, I'm going straight there after my leave. I tried to tell them that it wasn't that sort of a lab and I knew nothing about medical work, but I was told I'd be taught what I needed to know.'

His first visit seemed quickly over and everything settled back to an even tenor. He would now receive regular leave of forty-eight hours at a time. Sylvie mourned the fact that a large proportion of it had to be spent travelling, but his flying visits became part of her life.

Millie thought she was growing up fast and had at last put Pete's accident behind her. She was taking more responsibility about the house, as well as doing more with the boys. They had soon settled down in their new school and Millie was enjoying having them living at home.

For them all, time was flying ever faster. Millie wanted to continue the family traditions and once again held open house on Guy Fawkes' night. Uncle James said he'd come. He looked very frail when he arrived and Dando had to help him into an armchair in the conservatory. She heard James say to him, 'Wait in the car outside, don't go away.'

By then Valerie was talking to James, so Millie said, 'There's no need for you to wait outside in the cold, stay here and join in.'

'Thank you, madam,' he said. 'I don't think Mr Maynard will want to stay very long.'

Later, when Millie gave James a glass of whisky, he said, 'I came to congratulate you on producing growing profits from the business. You've done very well.'

'Thank you.' She was pleased that he, too, wanted to put their earlier conflicts behind them. 'How is Nigel?'

'He says all is well, but I don't know whether he's settling in his new job.'

Uncle James stayed only for half an hour and it saddened Millie that the other side of the family was not as happy as hers.

Chapter Thirty-Two

At Christmas, Dan Quentin's designs for the seasonal trade proved to be outstanding and gave them their most profitable Christmas ever. Millie enjoyed another family-orientated Christmas and a very jolly New Year's Eve.

They were all back at work again and she was decanting perfumes in the lab when Valerie rang her. She was surprised, as the family didn't usually contact her during working hours.

'Millie,' she said, 'I've just had a phone call from Nigel. He says his father had a stroke the night before last and died in hospital. He said—'

'Good gracious! What a shock, but he did look ill the last time we saw him. Did Nigel phone you? Is he back home?'

'No, he phoned long distance, radio telephone. He's still in Calcutta. He's coming home for the funeral so that won't be until January the twelfth. Nigel hopes to get here by the eleventh and wants me to liaise with the vicar about the arrangements for the funeral service.'

'Are you all right with that?'

'Yes, yes of course, just surprised he didn't ask you to do it.'

Millie was too. James might have forgiven her but clearly Nigel hadn't. 'He hasn't recovered from working with me, we didn't always see eye to eye,' she said.

'The funeral refreshments are to be held in his house, Dando will take care of all that.'

'What else did he say?'

'Well, it seems he and Clarissa aren't planning to return to Calcutta after the funeral. He'll be in touch when he gets home.'

'Thanks, Val, for letting me know.'

Millie sat back to muse on this latest twist of fate. She'd always thought James had played up his ill health to avoid doing his share of the work, but perhaps she'd mis-judged him. Perhaps she hadn't appreciated how ill he was. He'd certainly died young. It dismayed her that Nigel hadn't managed to settle in his new job in Calcutta. Clarissa had been looking forward to returning to India.

Millie asked all her family to accompany her to the funeral, as she expected nobody else apart from Nigel and Clarissa to be there. But on the day, she was surprised to see a large number of elderly gentlemen in the church.

'They're Pa's friends,' Nigel told her. 'He had a wide circle of friends and acquaintances, knew almost everybody in Mossley Hill. He went to a club every evening. Millie, I'd like to talk to you about the business.'

'Of course, but you won't want to do that today surely?'

'Tomorrow then. There's something I'd like to settle.' His manner was brisk. 'I'll come to the office, shall I? After lunch, about two o'clock. Is that all right for you?'

Later that afternoon, when they were back in the office, Andrew said, 'Nigel isn't wasting much time. He expects to inherit the other half of this company from his father and I bet he wants you to buy it from him.'

'That's the first thing I thought of,' Millie said. 'Quite a turnaround for him if we're right. Would it be a good thing for me to buy it?'

'Yes, a very good thing, because then you'll own it all. It'll give you a free hand and be up to you how it is managed.

Well,' he paused to think, 'it'll be a good thing as long as you don't pay over the odds.'

'Perhaps you should start figuring out what would be a reasonable price to pay.'

'Nigel will probably employ a firm of accountants to do the same thing. You'd better be prepared to negotiate hard.'

'Yes, I'll need your help with that. But it isn't his yet.'

'No, you're right, first he'll have to have it valued for probate and that usually means a conservative figure.' Andrew's green eyes smiled into hers. 'This isn't the best time for him to sell. He should hang on to it for a year or so.'

'Perhaps he wants the money, though he'll have Uncle James's house to sell too.' Millie frowned. 'D'you know, I had no idea Uncle James had a social life and all those friends. Really, I hardly knew him.'

By lunchtime Andrew had given her two figures. 'If you can get it for the lower one, you'll be doing reasonably well.'

'Will it be fair to him?'

'It'll be fair to both of you. But before you settle on a figure, you need to know what it was valued at for probate. Be sure to ask him for that. And whatever figure you eventually settle on, get him to agree that you pay him half now and the other half in a year's time. On no account agree to pay more than the higher figure.'

'Can I buy this out of company funds?'

'Half the company funds belonged to James, and you'll have to pay them over to Nigel if you buy. The other half belongs to you and you can use the money in any way you want.'

'Aren't I lucky to have someone as canny with accounting as you are?'

She was waiting for Nigel at two o'clock and had arranged that Geraldine would make them some tea. He didn't look well and less than confident when he arrived. There was no sign of his previous bombastic manner.

She was sympathetic. One way and another, Nigel had had a hard time of it. 'Terrible thing to have to rush home to bury your father,' she said. 'I gather you didn't manage to settle in Calcutta.'

'No, the political situation in India has changed completely.'

'I'm sorry, that must be unsettling.'

'Very. Now they have self-government, the top jobs are not being reserved for Europeans and they're all leaving. Even Clarissa's father is retiring early so I gave in my notice too.'

'How is Clarissa?' Millie asked.

'Well, upset at the way things have turned out. We'd like to get settled somewhere more peaceful before we start our family.'

'Do you have somewhere in mind?'

'Yes, that's why I've come to talk to you. I wanted to ask if you'll buy Father's half share of this business once it's mine.'

Millie sucked her lip. 'In theory,' she said, 'I'll be happy to buy it, but we can't make any concrete arrangements now. It'll have to be valued for probate and I'll need to know that figure before we can agree on a price.'

'Yes,' Nigel sighed, 'it will all take time, but I need to know where I'm heading. You see, Clarissa's brother owns a business making shoes in Northampton but it's in need of more capital. He's happy to take me in as a partner but I'll have to invest money in the company.'

'I see.'

'Clarissa's family think that my experience working here will be a great help to them.'

Millie doubted that; as she saw it, Nigel was unlikely to

357

find a job that really suited him and settle down. But she took the opportunity to outline Andrew's other conditions and confirmed that she would buy if the price was right.

'There's another thing, Millie. I discovered from Pa's will that he owned half of Hafod and that will be mine too. Would you be prepared to buy that from me as well?'

'I was half expecting that,' Millie said. 'Won't you be interested in keeping it? It's a good place for weekends and holidays, especially for children.'

'No, I don't think Clarissa and I are interested in holidays like that.'

'It needs to stay in the family, of course,' Millie said. 'When it's been valued, let me know. If it costs too much for me I think Helen and Eric might be interested.'

The even tenor of Millie's life was resumed. In the months that followed, they spent many weekends and holidays at Hafod. Val and Roger had the boat checked over and repainted, and she and Sylvie had been out in it again, but neither really enjoyed it in the way they once had.

Helen's baby was thriving. Sylvie had always been particularly close to Helen and she was often round at her house helping with the children. Millie, too, made a point of seeing Jenny and baby Peter every weekend. His first birthday came and Helen and Eric had a little celebration with the older members of the family.

It was also the second anniversary of Pete's accident. Valerie spoke of him, remembering some of the good times she'd spent with him, and Helen, Sylvie and the boys joined in. Millie remembered him with love and gratitude and felt that the passage of time had eased the pain and anguish for all of them.

Several more months passed before James's will was settled and Nigel was able to sell to Millie. He and Clarissa had gone down to Northampton so that he could start work at the shoe factory and learn the ropes. He wrote to tell her that the half share of William C. Maynard and Sons had been valued at a little less than Andrew's lower figure, and he offered it to Millie at the probate value.

'Jump at it,' Andrew said. 'It's something you'll never regret buying.'

'Would it be doing him down?' She was frowning. 'You said it was worth more.'

'Millie! Don't tell me you feel sorry for him after what he did to you?'

'A bit. I can't see him being a roaring success in the shoe industry. I'd be willing to pay him your lower figure,' she said, 'if you're sure I'd not be paying too much.'

Andrew smiled. 'That price is fair to you both.'

Nigel came up to Merseyside to tie everything up, and called in the office. 'How are you finding Northampton?' Millie asked.

'It's not all that easy,' he admitted. 'I have so much to learn and we're still living in cramped conditions. But I have a buyer for Pa's house, so we'll be able to get something better now. And once I'm a partner, we'll have a little more income. Things will improve.'

'I hope they do,' she said. 'Andrew has worked out that this is a fair price to pay for your half share.' She pushed some papers across her desk to him.

Nigel smiled. 'That's very kind of you. Pa said you were doing well here.'

'Yes,' she said, 'we all work very hard. Helen tells me you and Eric have agreed a price for your half share of Hafod.'

'Yes, he drives a harder bargain than you.'

Millie had been getting more help from Andrew since Nigel had ceased to be employed, and though they were coping, the business was growing and she knew before long she would have to have more help. At home in bed, Millie had considered advertising for an executive manager to run the company, but after her experience with Nigel she knew finding the right man would not be easy.

Recently, she'd been feeling closer to Andrew and thinking more and more about him. He had attractive dark green eyes that frequently showed his concern for her, and a quirky smile that lit up his face. She'd always valued his companionship and when he'd been away on holiday during her dark hours of need, she'd really missed him. It made her realise just how much she relied on him for advice and support, but it took almost another year of quiet routine to see that he had also woken her from the trance she'd been in since Pete's accident. She knew now that it was love she felt for Andrew, and she wanted much more of his company.

It took Millie a long time to make up her mind about how best to run the business, but she'd finally decided the way that would bring her most satisfaction would be to find another accountant to take over some of Andrew's work so that he could do more on the management side. She didn't doubt he would be capable. She knew he'd fit in well with the other managers, they'd all taken to him, but she didn't know whether he'd want to spend less time on accounting and take on wider responsibilities.

Somehow their relationship had always had an awkward edge to it. For a long time, Andrew had seemed to be reaching out to her, wanting more than friendship, and she was beginning to think she'd been a fool to push him away when he'd tried to kiss her.

Pete would be the first to say, 'It's no good hankering after me, I'm history now. It's time you got on with life. I want you to enjoy it. If you feel you'll be happy with Andrew, tell him so and go for it.'

Perhaps she was dreaming of a rosy future for them,

happily married and working together to make the business a real success. Perhaps she'd left it too late for them to get together, perhaps she'd pushed him away once too often and he no longer wanted that. Perhaps he wouldn't want to take on management duties. His ideas about the future could be very different from hers, but she knew there was only one way to find out. If she wanted things settled, she would have to ask him. She would have to lay all her cards on the table and openly discuss all her ideas with him.

The next morning, as soon as she'd made sure that all was under control in the lab, she went along to Andrew's office. It was easy enough to talk about the business side and ask if he wanted to help her run the company. Business was what they usually talked about in his office. She started to outline her plans.

His dark eyes beamed at her. 'You're offering me a wonderful opportunity,' he said, 'and I'm thrilled you want me to help you. You and I work well together. It's a splendid idea.'

They spent all that day and most of the next getting an advertisement into several newspapers for a young qualified accountant to take on some of Andrew's work, and deciding how the duties and responsibilities of the business should be divided up between them. Millie shared his enthusiasm, excitement sparked between them and when his hand happened to brush against hers, she thought they both felt the thrill. She hoped he'd speak of it. She was certain now that it was love she felt for him, she wanted more, but hesitated before taking the last step.

It was only when they'd drafted everything out on paper and given it to Sylvie to type that their excitement calmed down. Millie regretted that she'd given no indication of what she felt for him, said nothing about love or marriage, so that part of her plan was still up in the air.

What she'd intended to do was propose marriage to a man who had said nothing about his feelings for her. It was a subject they'd never discussed and she was finding it difficult now. The very thought made her nervous because she was afraid she might have read signs she thought she'd seen all wrong. She went home and worried about it all night, but she knew if that was what she wanted, she'd have to propose to him.

Sylvie and Geraldine were in high spirits, looking forward to seeing Denis again. Millie decided his visit would provide an opportunity to have a private talk with Andrew. She would invite him to have supper with her at home. Sylvie would be tied up with Denis and though the boys would be there, when she sent them off to do their homework she could rely on them doing exactly that.

When she invited Andrew, his smile was dazzling. 'Supper at your house tomorrow evening? I'll look forward to that. Thank you. At what time?'

'Straight from work,' Millie said, heartened by his response. 'It'll be nothing special, I'm afraid, an informal meal with the boys. In fact, Sylvie's going out to dinner so you'll be eating her ration.' Millie planned to make the stew tonight so it would only need warming up tomorrow.

'That sounds great,' he said, 'excellent.'

All the same, when she went along to his office at five o'clock the following day, she was feeling a little on edge and he was quieter than usual. He drove them home, parked on her drive and presented her with a bottle of red wine. She took him to the kitchen where she lit one gas under the stew pan, and another under the pan of potatoes. Then she filled the kettle and gave him a bottle opener for the wine.

From the window, she could see the boys in the garden kicking a ball about. Millie tapped on the glass, signalling for them to come in. She'd set the table this morning and made everything ready and she'd agreed with the boys that they should take over the job of cooking the potatoes and cabbage.

'Hello, Mum.' They came in looking hot and untidy.

'Wash your hands before you do anything,' she said hastily, and when they came back she added, 'This is our accountant, Andrew Worthington. Sylvie is his secretary.'

Simon offered him a damp hand and assumed a formal grown-up manner. 'How d'you do?' She could see Andrew was not at ease.

'We know you, don't we?' Kenny said, peering up at him. 'You came to our bonfire night party.'

'Yes,' Simon said, 'and Sylvie talks about you sometimes.'

Kenny added, 'She said working for you was better than working for Cousin Marcus.'

Millie pulled a face, and picked up the wine and two glasses. 'Call me when everything's ready.'

She took Andrew up to the playroom where she lit the gas fire. It popped and spluttered and, seated one on each side of it, she knew the time had come to say her piece. But Andrew was sitting straight and stiff on the edge of the armchair, staring at the glass in his hand.

That gave her cold feet and she decided to put it off until they'd eaten and the wine had had time to take effect. He talked about the new arrangements in the office until Kenny came running up to tell them that Simon was dishing up the dinner.

The food was passable, just, the boiled potatoes and cabbage were overcooked but the wine was good and by then their inhibitions were melting. The boys chatted about school and it was quite a relaxed meal. Sylvie had made queen of puddings for them which was excellent and the boys made a cup of tea. Afterwards they cleared the table between them and dealt with the washing-up.

Millie sent the boys to do their homework and took

Andrew into the sitting room. The room felt a little chilly though Simon had put a match to the fire she'd laid ready when he'd come home from school. The time had come, and she couldn't put it off any longer.

She took a deep breath and said what she'd rehearsed. 'Andrew, there's something I have to say to you. I feel in a way I've used you. I've accepted all your kindnesses and advice and shown you little regard in return.'

'No, no,' he protested, 'nonsense, you've just promoted me.'

She shook her head. 'I don't mean that. I've pushed you away when you were trying to . . .'

'Kiss you?' He came nearer to sit beside her on the sofa. 'I'm sorry. I was showing no understanding of your feelings.'

'What I'm trying to say,' Millie stumbled on, 'is that I'm over Pete and . . .'

His arms went round her in an exuberant hug, 'Millie, I was afraid I'd never hear you say that. I love you. I have for ages. I'm absolutely thrilled.' His lips came down on hers. 'I've known almost since I first saw you that I wanted you in my life,' he told her.

They stayed on the sofa with their arms round each other and had the heart-to-heart talk Millie thought they should have had sooner. She knew she hadn't yet made clear what she wanted and said, 'Dare I ask what your thoughts are about marriage?'

'I'm all for it.' His eyes looked into hers for a long moment. 'To you? Are you asking me if . . .?'

'Yes. I haven't always been kind . . .'

'My darling Millie,' he laughed. 'Marry you? You must know I'd jump at the chance. I was afraid the only thing you wanted from me was help with the job. I was prepared to settle for that if it was all you could give.'

'I'm sorry. I choked you off, didn't I?'

'I should have been more patient,' Andrew was saying when Kenny came down in his pyjamas.

'We've got ourselves bathed and ready for bed,' he said. 'We've done everything you said we must. We haven't been a nuisance, have we?'

'No, love, you've both been very good,' Millie said. 'Come on, we'll both come up to tuck you in and say goodnight.'

As they were coming downstairs afterwards, Andrew said, 'I feel very lucky to be gaining a family as well as a wife. My lonely days are over.'

'You haven't told me very much about yourself,' she said. 'Compared with me, you're really quite shy.'

He told her then about his first marriage and asked about Sylvie's father.

'I was in love with him when I was seventeen,' she said, 'but he left me in the lurch when I was pregnant. Pete rescued me, but not until after Sylvie was born. I had no idea how I was going to cope. I agonised long and hard about it and promised myself then that I'd never allow myself to be in that position again.'

'Quite right,' he said.

'But it's left me with a hang-up. I can't sleep with you until we're married. Apart from that, it would be setting a bad example to my children.'

'I do understand,' he said. 'I promise to respect your wishes. I feel everything is in reach now.'

It was late when Denis brought Sylvie home that night.

'I'd better be off,' Andrew said. 'We all have to go to work tomorrow. Can I offer you a lift home, Denis?'

'Yes please,' he said, 'though I don't have to be up early.'

Millie thought her evening ended rather abruptly, but she was very happy and more confident about the future than she had been for a long time.

Chapter Thirty-Three

Millie still felt on cloud nine when she arrived in the lab the next morning. She knew Andrew was already here, she'd seen his car in the car park, and a few minutes later he came to see her, but Geraldine was chatting about Denis and Sylvie. Millie caught his eye and he indicated that he'd like them to go to his office, where they could talk in private.

He hurried her down the corridor, pushed the door shut behind them and caught both her hands in his. 'Millie, I hardly slept a wink last night, I couldn't stop thinking about you.' His eyes were shining, 'I can't believe you really want to marry me.' He pulled her into his arms and kissed her.

'There's nothing I want more,' she said, 'and afterwards I want you to come and live in our house, we've loads of room.'

The phone on his desk rang, and clucking with impatience he broke off to answer some routine query. When he'd put it down he smiled across his desk at her and said, 'We haven't talked about what sort of a wedding you want or all the hundred and one other arrangements we'll have to make.'

'I've been thinking about it. I'd like to get married quickly with no fuss.'

'So would I.'

'But then there are my children. I think it would be better if we gave the boys time to get to know you.'

'It might, they'll need time to get used to the idea of a new father, won't they?'

Millie nodded. 'Yes, I want us to be a happy family.'

'Perhaps we should be engaged for a while.'

'Yes. They've lost their father. I don't want them to think I'm deserting them for you.'

'But you'd still be there with them.'

'Yes, but I want ours to be a proper marriage so a lot of my attention will be on you.'

Andrew came round and took her into his arms again. 'Millie, I do love you.'

She whispered, 'Pete said that he'd told his daughters he wanted to marry me before he proposed to me. He said it was obvious they wouldn't see me as a replacement for their mother, but he wanted them to be happy too. It turned out very well for us all and I'd like that for my sons.'

'Then we must do it that way. What about Sylvie?'

'She has Denis now, so I think she'll have less trouble than the boys.'

'But she's my secretary and soon she'll be my stepdaughter.'

'I know, but she'll get used to the idea.'

He laughed. 'Millie, I was thinking of myself. How do I treat her? I mean, I'd have a different relationship with my secretary than I would with my stepdaughter, wouldn't I?'

'That is something you'll have to work for yourself. But we can ask her if she wants to carry on working for you, or whether she'd prefer to change to someone else. Let's start by telling the children. Come round again for dinner . . .'

'No, let me take you all out together to have a slap-up meal. We can tell them it's by way of celebration.'

'I'd like them to make up their own minds about it being a good idea. Sylvie says she likes you but I want the boys to like you too. Better to start on a lower key, take them out on a day trip, and tell them we plan to get married over tea and cakes. Just let it sink in slowly.'

'Whatever you think best,' Andrew agreed. 'You know them better than I do.'

'Right, then to start with, we'll just tell Sylvie and the boys and Pete's daughters and let them know it's a family secret. We'll leave it a week or two before we say anything here at work.'

'I need to tell my mother straight away,' Andrew said. 'It'll mean big changes for her and I don't think she'll welcome them. I'll take you to meet her.'

'Yes, and you must bring her to meet the children and see where you'll be living. Everyone will accept it, if we give them time.'

The following day over their lunchtime sandwich, Andrew said, 'I told my mother about you last night.'

Millie smiled. 'What did she say?'

'That she was glad I'd found somebody at last. She kept asking questions about you and wanted to know if you'd be coming to live with us. Afterwards she looked very sad. She'd told me ages ago that when my father died and I was away during the war, she felt lonely and frightened.'

Millie was concerned. 'How old is she?'

'Seventy-six but she hasn't been too well recently.'

'She doesn't like the idea of being left on her own?'

'She doesn't say that, but I'm sure you're right. Come home with me this afternoon and have a cup of tea with her. She needs to get to know you.'

'Andrew, I need to get to know her and the sooner the better. Sylvie can go home on the bus today and I'll come with you.'

'Good, as you say, the sooner the better. I don't think she likes change.'

'Does anybody at her age? It's Friday, let's leave early, say

368

four o'clock, so I can spend a bit of time with her. I don't want to seem rushed.'

Millie followed Andrew's car through pleasant suburban roads and saw him pull into the drive of a smart, semi-detached house. It had been freshly painted and the garden was well cared for, but she found Elsie Worthington looked very frail and thin, and walked with the aid of a stick.

'Just a touch of rheumatics,' she told Millie. 'It's beginning to catch up with me now but I still enjoy pottering round the house and garden. I don't let it stop me doing things.' She had a tray set with her best cups and saucers and the kettle filled in readiness. 'I was so pleased when Andrew phoned to say you were coming for tea. Though I'm afraid I have no cake to offer you.'

'Don't worry, Mum,' Andrew said from the kitchen, 'I've got the kettle on and I'm just getting a few plates. I told Sylvie I had to provide an afternoon tea for her mother and got her to nip round to the Refreshment rooms. She managed to get three cream slices and borrow a packet of ginger nuts from the kitchen at work, though she told me I'd have to replace that.' He brought them into the living room.

Millie laughed, and Andrew's mother said, 'Resourceful as ever.'

She had plenty of small talk and asked about Millie's children. Millie invited her to come and meet them on Sunday afternoon.

She drove home pondering on Andrew's present situation. Clearly he was doing much of the housework and his mother would not relish being left on her own. She knew what she had to do. All those years ago Pete had taken over responsibility for her mother and she was in the position to sort the problem out for Andrew now. He would not be happy if his mother was left on her own.

★ ★ ★

By Sunday afternoon Millie had finalised her plans. She was watching for Andrew's arrival and went out to his car when she saw him pull up on her drive. Elsie Worthington seemed stiff and fragile as she helped her into the house and through to the conservatory. Millie had decided they'd have their afternoon tea here because although the sun was shining, there was too sharp a breeze to have it in the garden.

'What a lovely house you have. So big and bright.'

Millie introduced her to her children. 'Sylvie baked the Victoria sponge this morning and the boys made the scones and the gingerbread men,' she said as she poured out the tea. The children handed round the food and Elsie praised everything.

'If Andrew comes to live here, he won't know he's born. Home-made cakes too.'

'I hope he will come,' Millie smiled at him. But she thought her guests were not entirely at ease and when they'd finished their tea, she said, 'The children have promised to clear away and wash up, so while they're doing that let me show you more of my house. Andrew hasn't seen it all yet. Can you manage the stairs?'

'Yes, no problem,' Elsie said cheerfully but it took her a long time to get up.

Millie had spent a couple of hours spring-cleaning the room that Hattie had used, and took them there now. It had two big windows with views over the garden and a gas fire fitted into the grate. Two small armchairs were pulled up to it and there was a bookcase and a small table. On the other side of the room was a single bed and two wardrobes. Once it had been the main bedroom of the house and for Hattie the adjoining dressing-room had been turned into a bathroom.

'This is a magnificent room,' Elsie said, 'a bed sitting-room.'

'Would you be happy living here?' Millie asked. 'I'd want

you to spend most of your time downstairs with us, but if the boys get too boisterous for you, you can come up here and find peace. I've asked Andrew to make this his home when we're married, but we'd both be worried about leaving you on your own, so I'm inviting you to come too.'

'Oh Millie you are so kind! Are you sure?' Elsie was blinking back tears of emotion. 'I'm so pleased. I didn't dare hope … You are so thoughtful. I know Andrew will be happy with you. Did he put you up to this?'

'No,' Andrew said, 'it's entirely Millie's idea. Thank you.' Andrew's eyes too were glistening with unshed tears. He put an arm round Millie's waist and kissed her cheek. 'I told you she was one in a million.'

Millie had started holding monthly senior staff meetings again so they all knew what was going on in the company. Four months later, she and Andrew announced their engagement at one of them. They received hearty congratulations and several said they'd make a good team. They were all happy to see the business settling into the new regime and continuing to increase its profits. The office had settled down and everyone was pulling their weight. They'd all recovered from a bad patch.

Millie felt equally happy about how things were going at home. Andrew was developing an interest in the city of Liverpool, its history and how it had grown and developed. He'd found books about how the slave trade had been carried on in the old days, and gave them to Simon and Kenny to read. He took the whole family on expeditions to see places of interest in the city, and swept Valerie and Helen and their families along too.

Sylvie, too, seemed to be on an even keel. 'I've decided it would be better if I didn't work for you,' she told Andrew. 'The other secretaries are saying it's a very cushy number for

371

me as you'd have to make excuses for any mistakes I make.'

Millie asked Miss Franklin to switch her to someone else. She became Tom Bedford's secretary, while Andrew was allotted Connie Grey's services in her stead. Sylvie was living in a fever of anticipation and continuing to write to Denis every day and it seemed they were making plans for a big wedding.

Millie was more than content with the way things were turning out but she was longing to be married and have her own affairs settled.

One Sunday, Andrew took all the family out on a visit to Speke Hall and they returned home tired and hungry after a long day out to yet another pre-cooked casserole. Andrew had stayed to eat supper with them before going home, and afterwards Sylvie had sent them out on to the terrace to enjoy the last of the sun while she and the boys washed up.

Stretched out in the garden chair, Millie said, 'Andrew, you've practically made yourself one of the family, I don't think we need to wait any longer for our wedding.'

He jerked upright in his chair and felt for her hand. 'That's wonderful. It can't come soon enough for me. I've had to make a big effort to be patient.'

'I know you have and so have I. Let's go ahead and set the date.' Millie felt a thrill of anticipation akin to what Sylvie was showing. 'It's time we thought of ourselves and what we want.'

He pulled her to her feet. 'I want to kiss you but I can't show any passion here, we're too near this family of yours. Let's walk round the garden, find a more private spot.'

Millie had to laugh as he led her behind the bushes. 'Fancy having to do this at our age.'

They'd had plenty of time to discuss and agree on what they wanted. It was to be a quiet church wedding, with just the immediate family on both sides. Valerie had offered to put on the wedding breakfast and had been collecting items of food for that for some time. Simon, as the man of the family, was to walk her down the aisle and give her away, and there was to be as little fuss as possible.

'No,' Sylvie objected, when she heard what was planned, 'you can't do that, it would be too quiet. I want to be your bridesmaid and wear a long frock. I want you to look like a bride in a white gown.'

'Hold on,' Millie told her, 'you can be my bridesmaid but I can't wear a white gown.'

'Yes, you can, clothes rationing finished long ago.'

'No,' Millie insisted, 'absolutely not. I'm past all that. I'm a widow marrying for the second time, I've had three children and we're all going to wear ordinary clothes.'

'Not too ordinary,' Helen said. 'Let me make your outfit, it can be my wedding present to you. You need a really stunning dress, it's got to be New Look at the very least.'

Since it had first burst on the fashion scene the style had become somewhat modified, the waist was not quite so cinched, the skirt not quite so full and long, but it was still radically different to wartime fashions and more people were wearing it. It had changed women's wear for good.

'But first,' Helen went on, 'I'm going to take you out to choose a hat that suits you and fits the occasion. Then we can choose a pattern for the dress and look for the right material.'

Millie took an afternoon off the following week to go shopping with her, and chose a blue hat.

'No,' Helen said, 'it suits you but it's too plain and service-able.' They went to another shop where Millie tried on a dozen hats. Helen picked out one in a soft peach organza with a wide floppy brim. 'This is more a wedding hat, try it on.'

Millie looked at herself in the mirror and thought the hat was a revelation. It added a warm tint to her face. 'I love it,' she said. 'How clever of you to know it would suit me.'

'The pattern next,' Helen said, and it took Millie a long time to decide on that. 'Now we need some filmy material in the same shade as your hat, georgette or chiffon, I think.' Helen was not satisfied until she had an exact match in soft silk chiffon.

'That's terribly extravagant,' Millie protested, 'especially as it will need lining.'

Helen was already buying taffeta in a similar shade, 'It can't be too extravagant for a wedding dress. What about Sylvie? She must have a dress that tones with yours, and as she'll be making it up herself, it needs to be easier material to manage than silk chiffon.'

They eventually bought Sylvie a dress length of fine cotton cambric, with a flower pattern on a peach background.

'Once I've cut your dress out I can adjust the pattern to Sylvie's size so you'll look like a bride and bridesmaid.'

'I love the full skirt,' Millie told Helen when she tried it on during a later weekend visit, 'and I'll be a very fashionable bride.'

Helen stood back to view her handiwork. 'The material drapes beautifully across this narrow bodice.'

'I shall be able to wear my dress for parties afterwards,' Sylvie said. 'I love it.'

Valerie had come upstairs to help. 'You'll both look very elegant and summery,' she told them.

They were still discussing the dress when they rejoined the family downstairs. 'What about me?' Kenny wailed. 'I don't want to be left out of this wedding. What can I do?'

'You could be a page,' Sylvie suggested.

Kenny was suspicious. 'Would I have to dress up in silly clothes?'

'Yes, of course,' Sylvie told him. 'A white satin shirt and velvet breeches.'

'No, I'm too old for all that, it's baby stuff. I want to wear a smart new suit.'

'That won't do,' Sylvie was scornful, 'you wouldn't look anything like a page.'

Kenny looked hurt. 'What does a page have to do?' he asked.

Andrew smiled at Millie and said, 'Kenny, I need to find a best man. Do you feel you could manage that? You'd have to stand at the front of the church with me, and look after the wedding ring until the vicar says it's time to put it on your mother's finger.'

'You could do that in a smart new suit,' Millie agreed.

His face screwed up with delight. 'Yes, I'd like that,' he said. 'Is it a more important job than Simon's?'

Millie chose to be married in the Maynard family church in Mossley Hill. She told the vicar that she wanted a quiet, simple wedding but he thought that with her Maynard connections she should have the organ and the choir.

The guest list was growing beyond her first estimate as Millie remembered friends and distant relatives, so the venue for the wedding breakfast was changed to Helen's house, because it was nearer to the church and a more suitable size to hold a large party. After all the planning and the waiting, the day seemed suddenly to be on them.

At eleven o'clock on a sunny June morning, it all began to take place as Millie had planned. Dressed in her finery, Millie felt strangely nervous and half afraid something might go wrong to spoil the occasion, but she felt heady with excitement too.

She arrived at the church on time with Simon who suddenly seemed almost grown up. It calmed the butterflies in her stomach to see Sylvie, her bridesmaid, looking very elegant, waiting in the porch for her. They paused until the music changed before Simon led her forward. The congregation stood and all the way down the aisle friendly faces were turning to smile at her. She was surprised to find the church almost full although Andrew had predicted it would be, because all those working in the business had been told they could take time off in order to come if they wanted to.

When she saw Andrew waiting for her, smiling encouragingly and looking handsome and his usual confident self, she had no doubts that she was doing the right thing and they would both be happy. She was able to give her attention to the age-old traditional service after that, knowing she was making her promises with all her friends and family round her, and they would be kept.

Coming out of church into the bright sunlight with her wedding entourage crowding behind her, there were the photographs to be taken. After that Millie led the way across the churchyard to the Maynard family grave, where she wanted to leave her flowers. She'd found it impossible not to think of Pete, but she knew he'd approve of her new husband. He'd wish her well if he could. She was touched when Sylvie laid down her little nosegay of flowers too, and all his family followed suit, laying down the flowers they'd worn.

Then Valerie and Helen were leading the bridal pair to Eric's car, decorated with white satin ribbons. He drove them to his home so that they could stand beside the steps leading to their front door to greet their guests who were walking the two hundred yards or so along the pavement. Hattie and her sister had come and Jeff Willis and his wife. Denis had managed to get leave and brought his mother, and of course the four managers who ran the company had been invited with their wives.

Later that afternoon, the bridal couple drove to Hafod for

their honeymoon. Millie felt supremely happy; as far as she was concerned, she had everything the world had to offer.

Fifteen months later, Denis was demobbed from the army, having completed his National Service. Sylvie had been looking forward to this moment for a long time and had been growing increasingly excited. She'd been building up a bottom drawer, making herself a whole new wardrobe, and was also planning a honeymoon at Hafod.

On his first evening home, she'd brought Denis round to see Millie. She thought his shoulders had broadened, his skin was tanned and he'd matured into a handsome young man. She kissed him. 'Welcome home,' she said.

'I've come to ask if my job is still open,' he told her. 'Sylvie and I want to get married and I have to be able to support her.'

'Of course it is.' Millie smiled. 'I've been half afraid you'd decide you preferred working in a hospital laboratory.'

'No, perfumes are in my blood.'

'Good, business is burgeoning here, we really need you.'

Denis started work in the lab almost immediately and preparations for their wedding went into top gear.

'He'll need six months to get back into the routine,' Millie said to Andrew, 'and then I'll move out and hand responsibility for the lab over to him.'

'And will you make your office in the boardroom then?' he asked. Andrew had moved into the turret when they'd taken on another accountant.

'It's the only available space.' She laughed. 'Such a grand room, but it'll have to be there. Fancy me having that as my office.'

'Why not? You've been running this business very successfully for years, and you own it too. Pete would be proud of what you've achieved. And by the way,' Andrew dropped a kiss on her forehead, 'I'm proud of what you've achieved too.'

'I think it's time I started bringing the boys in during their school holidays,' she said. 'They're old enough to start learning what we do here. I'd like them to carry the firm on in their turn.'

'Spoken like a true Maynard.' Andrew laughed. Millie laughed with him, she'd never told him that there were no Maynards left. Eleanor's last notebook was back in its hiding place in her roll-top desk. It was a secret she intended to keep for the time being. Perhaps she'd tell her boys when they were old enough.

By the time Denis had been working for six months, he and Sylvie had found a small house being built on a nearby estate. They proposed to buy it on a mortgage and start their married life there.

Sylvie walked down the aisle in a white lace bridal gown. She had asked Andrew, as her stepfather, to give her away, and had insisted that he, and all the other gentlemen in the wedding party, wear full morning dress. Andrew gave a very apt and amusing speech at the hotel reception that Geraldine had arranged.

As the clapping died away, he sat down next to Millie. 'I do love you,' he whispered. 'I hope they'll be as happy as we are.'

'There's something I need to tell you that might make you even happier, she said. 'We're going to have a baby. Let's keep it a secret for now, as I wouldn't want to steal Sylvie's thunder today.'

As Andrew hugged her, Millie felt truly blessed to see her entire family so happy in the present, and with so much to look forward to in the future.